"十二五"国家重点图书出版规划项目

中国社会科学院创新工程学术出版资助项目

总主编：金　碚

经济管理学科前沿研究报告系列丛书

THE FRONTIER REPORT ON DISCIPLINE OF FINANCIAL MANAGEMENT

何　瑛 主编

财务管理学学科前沿研究报告

图书在版编目（CIP）数据

财务管理学学科前沿研究报告 2011/何瑛主编. —北京：经济管理出版社，2015.3
ISBN 978-7-5096-3626-8

Ⅰ.①财… Ⅱ.①何… Ⅲ.①财务管理—研究报告 Ⅳ.①F275

中国版本图书馆 CIP 数据核字（2015）第 039421 号

组稿编辑：张 艳
责任编辑：杨 雪
责任印制：黄章平
责任校对：车立佳

出版发行：经济管理出版社
（北京市海淀区北蜂窝 8 号中雅大厦 A 座 11 层 100038）
网 址：www. E-mp. com. cn
电 话：(010) 51915602
印 刷：三河市延风印装厂
经 销：新华书店
开 本：787mm×1092mm/16
印 张：31.5
字 数：708 千字
版 次：2015 年 7 月第 1 版 2015 年 7 月第 1 次印刷
书 号：ISBN 978-7-5096-3626-8
定 价：98.00 元

《经济管理学科前沿研究报告》专家委员会

《经济管理学科前沿研究报告》
编辑委员会

《财务管理学学科前沿研究报告》编委会成员

序　言

为了落实中国社会科学院哲学社会科学创新工程的实施，加快建设哲学社会科学创新体系，实现中国社会科学院成为马克思主义的坚强阵地、党中央国务院的思想库和智囊团、哲学社会科学的最高殿堂的定位要求，提升中国社会科学院在国际、国内哲学社会科学领域的话语权和影响力，加快中国社会科学院哲学社会科学学科建设，推进哲学社会科学的繁荣发展具有重大意义。

旨在准确把握经济和管理学科前沿发展状况，评估各学科发展近况，及时跟踪国内外学科发展的最新动态，准确把握学科前沿，引领学科发展方向，积极推进学科建设，特组织中国社会科学院和全国重点大学的专家学者研究撰写《经济管理学科前沿研究报告》。本系列报告的研究和出版得到了国家新闻出版广电总局的支持和肯定，特将本系列报告丛书列为“十二五”国家重点图书出版项目。

《经济管理学科前沿研究报告》包括经济学和管理学两大学科。经济学包括能源经济学、旅游经济学、服务经济学、农业经济学、国际经济合作、世界经济、资源与环境经济学、区域经济学、财政学、金融学、产业经济学、国际贸易学、劳动经济学、数量经济学、统计学。管理学包括工商管理学科、公共管理学科、管理科学与工程三个学科。工商管理学科包括管理学、创新管理、战略管理、技术管理与技术创新、公司治理、会计与审计、财务管理、市场营销、人力资源管理、组织行为学、企业信息管理、物流供应链管理、创业与中小企业管理等学科及研究方向；公共管理学科包括公共行政学、公共政策学、政府绩效管理学、公共部门战略管理学、城市管理学、危机管理学、公共部门经济学、电子政务学、社会保障学、政治学、公共政策与政府管理等学科及研究方向；管理科学与工程包括工程管理、电子商务、管理心理与行为、管理系统工程、信息系统与管理、数据科学、智能制造与运营等学科及研究方向。

《经济管理学科前沿研究报告》依托中国社会科学院独特的学术地位和超前的研究优势，撰写出具有一流水准的哲学社会科学前沿报告，致力于体现以下特点：

(1) 前沿性。本系列报告能体现国内外学科发展的最新前沿动态，包括各学术领域内的最新理论观点和方法、热点问题及重大理论创新。

(2) 系统性。本系列报告囊括学科发展的所有范畴和领域。一方面，学科覆盖具有全面性，包括本年度不同学科的科研成果、理论发展、科研队伍的建设，以及某学科发展过程中具有的优势和存在的问题；另一方面，就各学科而言，还将涉及该学科下的各个二级学科，既包括学科的传统范畴，也包括新兴领域。

(3) 权威性。本系列报告由各个学科内长期从事理论研究的专家、学者主编和组织本领域内一流的专家、学者进行撰写，无疑将是各学科内的权威学术研究。

(4) 文献性。本系列报告不仅系统总结和评价了每年各个学科的发展历程，还提炼了各学科学术发展进程中的重大问题、重大事件及重要学术成果，因此具有工具书式的资料性，为哲学社会科学研究的进一步发展奠定了新的基础。

《经济管理学科前沿研究报告》全面体现了经济、管理学科及研究方向本年度国内外的发展状况、最新动态、重要理论观点、前沿问题、热点问题等。该系列报告包括经济学、管理学一级学科和二级学科以及一些重要的研究方向，其中经济学科及研究方向15个，管理学科及研究方向45个。该系列丛书按年度撰写出版60部学科前沿报告，成为系统研究的年度连续出版物。这项工作虽然是学术研究的一项基础工作，但意义十分重大。要想做好这项工作，需要大量的组织、协调、研究工作，更需要专家学者付出大量的时间和艰苦的努力，在此，特向参与本研究的院内外专家、学者和参与出版工作的同仁表示由衷的敬意和感谢。相信在大家的齐心努力下，会进一步推动中国对经济学和管理学学科建设的研究，同时，也希望本系列报告的连续出版能提升我国经济和管理学科的研究水平。

金碚

2014年5月

目 录

第一章 财务管理学科2011年国内外研究综述

与经济学、会计学和金融学等传统学科相比，很长时期以来，财务管理都从属于其他学科，直到20世纪以后，它才逐渐发展成为一门独立的学科。也正因如此，财务管理理论的研究起步也相对较晚。但自20世纪50年代以后，财务管理理论研究如雨后春笋，取得了迅速的发展。截至目前，财务管理理论的思想、结构和方法已趋于成熟和稳定，并随着时间的推移成为一门独立的学科，但是由于诸多方面的原因，国内外关于财务管理理论的研究在研究内容、研究方法、研究视角等方面还是求同存异。为了系统地梳理2011年财务管理理论研究的最新进展，本书精选了国内外与财务管理理论相关的99种期刊中的共1000余篇文章、104种图书及10次重要的国内会议进行文献述评和比较分析研究，为财务管理理论未来可能的研究趋势和方向提供有价值的建议。

第一节 财务管理理论结构

财务管理的理论结构是指财务管理理论各组成部分（或要素）以及这些部分之间的排列关系（王化成，2000），构建科学合理的财务管理理论结构不仅能够弥补财务管理研究中的一项空白，而且也是正确进行财务管理理论研究的需要，并能够高效地指导财务管理实践。综观目前国内外关于财务管理理论的研究，虽然跟财务管理相关的文章很多，但深入系统地研究财务管理理论结构的文章相对较少，且这些文章基于不同的视角，对财务管理理论结构有着不同的划分。

国外具有代表性的观点有：Aswath Damodaran（1998）提出财务管理理论主要包括筹资决策、投资决策和股利决策，其余大多数学者重点从应用角度提出了许多有见地、有深度的财务理论，如美国佐治亚州立大学 William Megginson 教授将其归纳为12项，成为财务管理理论的核心。国内虽然文章数量不多，但对财务管理理论结构的讨论很激烈，其中代表性的观点有：刘恩禄等（1990）认为财务管理理论体系由基本理论（经济效益理论、资金时间价值理论、资金保值理论、财务控制理论、财务分析理论、财务公共关系理论、资金运动规律、资金成本理论、财务系统理论、财务信息理论和财务机制理论）和应用理论（财务预测理论、财务决策理论、财务计划理论、财务调控理论、财务分析诊断理论、资金筹措理论、资金投资理论、资金日常管理理论和资金分配理论）两个部分构成。王庆成（1991）认为财务管理理论体系的构成要素可以概括为：财务管理对象、财务管理职能、财务管理主体、财务管理环境、财务管理目标、财务管理原则、财务管理体制、财务管理环节、财务管理方法。其中，对象、职能、主体、环境主要是从财务本质出发展开的；目标、原则、体制主要是从资金运动规律性出发展开的；而环节和方法，主要是从资金运动规律的运用展开的。李相国等（1991）提出按认识的不同层次将财务管理基本理论体系划分为五个组成部分：研究财务管理及其基本特征、目标的理论，研究财务管理的主体、客体和理财环境的理论，研究财务管理职能、研究财务管理运行机制的理论，研究财务管理规范的理论和研究财务管理方法原理的理论。郭复初等（1997）提出财务理论体系包括财务基本理论、财务规范理论和财务行为理论三个组成部分。财务基本理论指的是财务本金理论、财务对象理论、财务职能理论、财务假设理论和财务发展史；规范理论包括财务法规理论、财务政策理论、财务管理体制、财务人员管理和财务组织管理；行为理论包括财务管理的目标、筹资理论与方法、投资理论与方法、资金耗费理论与方法、收益理论与方法和分配理论与方法。张先治（2011）认为可将财务管理分为理论范畴和应用范畴两个部分，其中理论范畴包括基本理论、基础理论和拓展理论，应用范畴包括应用主体和应用领域，并基于财务管理是在多学科基础上发展起来的一门学科的事实，提出按照财务管理依赖的基础理论，将其划分为基于经济学的财务学、基于管理学的财务学、基于会计学的财务学和基于统计学和数学的财务学四个方面。王化成等（2010）从财务管理环境出发，提出将财务管理理论划分为四个部分，即基础理论、通用业务理论、特殊业务理论和其他理论，四者都包含若干子理论。李心合（2012）认为传统财务管理在数理的新古典框架内发展，形成了数理财务理论体系，包括一个目标函数（公司价值最大化）、四个模块（投资决策、融资决策、股利决策和营运资本管理）和一个财务工具箱（会计报表与比率、现值、风险收益模型、期权定价模型），但是随着财务管理实践的发展，传统数理财务学的现实偏离性、学科断裂性和环境滞后性表现得更加明显，因此就需要不断拓展财务研究视角和研究领域，向制度财务学、利益相关者财务学、行为财务学、生态财务学、财务社会学等学科领域拓展。

本书借鉴了王化成、李志华、卿小权、于悦、张伟华和黄欣然在《中国财务管理理论研究的历史沿革与未来展望》一文中提出的对财务管理理论研究的分类标准，并根据需要对分类标准进行了局部修改和细节补充，在此基础上构建了财务管理理论结构。进而在该结构下，对 2011 年国内外发表的财务管理理论方面的期刊、图书和会议进行了梳理和分类。财务管理理论结构按内容分类如表 1 所示。

表 1　财务管理理论结构

理论结构	一级内容	明细内容
基础理论	基本范畴	财务管理的内涵、目标、环境、假设、本质、职能、内容、出发点等
	财务与会计的关系	—

续表

理论结构	一级内容	明细内容
基础理论	财务管理方法	财务预测方法、财务决策方法、财务控制方法和财务分析方法、财务预警方法、财务指标设计、财务工具研究等
	价值观念	资金的时间价值、投资的风险价值等
	代理理论	基于代理理论的业绩评价系统、非效率投资行为、股权激励、岗位薪酬设计、内部控制、会计信息披露等
	市场效率	—
	治理结构	公司治理机制、公司治理模式等
通用业务理论	筹资理论	资本结构、资本成本、控制权收益、融资顺序、融资方式、融资战略、融资决策、筹资困境、融资风险等
	投资理论	资本预算、投资管理、价值评估与管理、投资者行为等
	营运资本管理理论	营运资本筹资、营运资本投资、营运资金管理绩效、现金管理等
	分配理论	股利分配、对企业其他利益相关者的分配问题、股利分配与管理者激励等
特殊业务理论	集团公司财务管理	集团公司财务管控模式、集团公司财务管理战略、集团公司对子公司的内部控制、集团公司财务治理结构、集团公司激励与约束机制、集团公司资金管理模式、内部银行制度、内部金融服务体系构建、企业集团的股权设计、内部资本市场理论、集团公司绩效管理等
	企业并购财务管理	并购战略的确定、并购过程中换股比率的确定、资产重组中的交易费用问题研究、并购的协同效应、并购的风险管控、对被并购企业负债的管理和资金杠杆的利用、控制权的落实、并购税制问题、并购价值、并购绩效等
	国际企业财务管理	国际结算与信用管理、跨国企业资金管理、跨国企业财务管理战略、跨国企业财务管理模式、跨国企业税务筹划、跨国企业资本运营、跨国企业转移价格制定、跨国企业治理结构等
	企业破产财务管理	破产企业资金管理、破产企业治理结构、破产会计信息质量监控、节税收益、破产成本与最优资本结构、破产财产清理估价、破产财产管理、破产财产出售、破产费用管理、破产财产分配等
其他领域	其他	财务管理发展理论、财务管理比较理论、财务管理教育理论、行为财务、非营利组织财务等

第二节　财务管理理论 2011 年国内外研究综述

在全球金融危机过后，企业的财务状况更加受到利益相关者的关注，管理者在制定发展战略和实践管理的过程中也更加注重财务安全，整个资本市场对财务管理理论和实践的先进性、可操作性、可持续发展性等的要求达到了新的高度。为了应对这一变化和需求，国内外学者纷纷在原有理论的基础上进行拓展和创新，将原有理论模型在现有条件下应该做出相应的调整，或者借助其他学科（如心理学、神经学、生态学等）的启发来创建新的模型，为当前的财务偏好做出另类解读，这些努力使得财务管理理论在近年来有了快速发展。

根据前面总结的财务管理理论结构框架，本书对 2011 年国内外与财务管理理论相关的期刊、图书、会议等文献资料进行梳理和分类，使读者更易掌握该领域前沿动态的全貌。在本次文献资料搜集整理过程中，共得到与财务管理理论相关的期刊文章1043篇，其中国外期刊文章355篇，国内期刊文章688篇（见表2）；图书104种，其中国外图书44种，国内图书60种；在国内共召开与财务管理理论相关的重要会议10次。

表2 2011年财务管理理论期刊文章统计

单位：篇

检索地域	理论结构	小计	合计
国外期刊	基础理论	183	355
	通用业务理论	102	
	特殊业务理论	35	
	其他领域	35	
国内期刊	基础理论	368	688
	通用业务理论	199	
	特殊业务理论	99	
	其他领域	22	

财务管理理论涉及管理学、经济学、统计学等多学科内容，在进行相关文献的检索时，主要根据文献来源的权威性和专业性进行挑选，以保证文献的质量。因此，本次文献资料整理的检索来源为：国内期刊主要来自CSSCI检索的83种期刊，包括管理学、经济学、统计学和高校学报，另外考虑到专业的特殊性，加上了《中国会计评论》，共计84种；国外期刊则挑选了上海财经大学会计学院公布的"会计财务英文期刊目录"中的14种，另外增加了*Financial Management*，共计15种；图书方面，英文图书主要来自对亚马逊英文网站和Wileyson数据库的搜索，中文图书则以亚马逊中文网站和当当网上搜索到的2011年财务管理理论图书为准（见表3）。

表3 文献检索来源

文献类别	检索地域	检索范围
期刊	国外	1. *Accounting Review* 2. *Accounting Organization and Society* 3. *Behavioral Research Accounting* 4. *Financial Management* 5. *Journal of International Financial Management and Accounting* 6. *Journal of Management Accounting Research* 7. *Journal of Business Financial & Accounting* 8. *Journal of Corporate Finance* 9. *Journal of Empirical Finance* 10. *Journal of Financial Management & Analysis* 11. *Journal of Finance* 12. *Management Accounting Quarterly* 13. *Management Accounting Research* 14. *Review of Quantitative Finance and Accounting* 15. *Review of Financial Studies*

续表

文献类别	检索地域	检索范围
期刊	国内	1. CSSCI 来源的 20 种管理学期刊 2. CSSCI 来源的 44 种经济学期刊 3. CSSCI 来源的 4 种统计学期刊 4. CSSCI 来源的 15 种高校综合性社科学报 5.《中国会计评论》
图书	国外	亚马逊英文网站、Wileyson 数据库
	国内	亚马逊中文网站、当当网
会议	国外	—
	国内	1. 中国会计学会 2011 年学术年会 2. 中国会计学会财务成本分会 2011 年年会暨第二十四次理论研讨会 3. 中国会计学会财务管理专业委员会 2011 学术年会 4. 第 17 届中国财务学年会 5. 中国会计学会管理会计与应用专业委员会 2011 年学术年会 6. 2011 营运资金管理论坛 7. 第三届海峡两岸会计学术研讨会 8. 第十届全国会计信息化年会 9. 中国会计学会环境会计专业委员会 2011 年年会 10. "资本市场与金融创新"国际论坛

一、基础理论

本书所谓的基础理论指的是和财务管理基本问题相关的理论，包括财务管理基本范畴、财务管理方法、价值观念、代理理论、市场效率、治理结构、财务与会计的关系等。2011 年国内外公开发表的期刊中，内容涉及财务管理基础理论的文章共有 551 篇，其中国外的文章有 183 篇，文章来源主要是 *The Accounting Review*、*Financial Management*、*Journal of Financial*、*Review of Financial Studies*、*Journal of Corporate Accounting & Financial* 等期刊；国内的文章共有 368 篇，主要来源于《会计研究》、《管理世界》、《金融研究》、《中国会计评论》等期刊。在基础理论方面，国内外的研究重点都集中在代理理论和治理结构这两部分，具体的研究成果如下详述：

（一）国外研究成果

2011 年，在国外研究成果中，涉及基础理论的文章共有 183 篇，主要侧重于财务管理方法、代理理论、价值观念、市场效率和治理结构五个方面，其中重点研究了代理理论和治理结构两个方面。

1. 代理理论

在代理理论方面，国外公开发表的文章共有 51 篇，研究的内容主要包括股权激励、岗位薪酬设计、会计信息披露、内部控制基于代理理论的业绩评价系统等，其中重点研究了岗位薪酬设计、内部控制、基于代理理论的业绩评价系统三个方面。

关于股权激励，Lilian Ng、Valeriy Sibilkov、Qinghai Wang 和 Nataliya Zaiats 探讨了美

国证券委员会关于要求企业2003年所有股权激励计划必须经过董事会同意的规定对企业的影响。研究显示，该规定出台以后，绩效较好的企业增加了它们的股权薪酬提案提交活动，且股权激励方案的质量也有所提升。此外，该规定也造成了企业薪酬激励结构的改变，表现为股权薪酬激励的降低和现金薪酬激励的增加。Jeff P. Boone、Inder K.Khurana和K. K.Raman研究了CEO股权激励对于公司价值增值的影响。研究结果显示，尽管存在着CEO使用盈余管理手段提供低质量信息的现象，CEO股权激励仍然通过影响公司的股权资本成本，使得公司价值增值。

关于岗位薪酬设计，对于CEO薪酬对公司行为和价值的影响，Jens Hagendorff和Francesco Vallascas以美国银行的并购活动数据为样本，研究了银行CEO的薪酬激励对于CEO选择不同程度的风险投资行为的影响。研究发现，薪酬激励在一定程度上鼓励了CEO积极抓住银行管制放松所带来的风险投资机会，并且，高薪酬风险敏感度的CEO也会选择更多的风险投资行为。James Jianxin Gong通过以名义CEO薪酬价值、事后实现的薪酬（expost realized pay）和事前薪酬业绩敏感性（ex-ante pay-for-performance sensitivity）衡量CEO薪酬，研究了CEO薪酬与CEO任职期间股东价值增加的关系。研究结果显示，事后意识到的工资和名义薪酬价值较高的CEO创造了更多的股东价值，而绩效工资的高低也与任期内股票市场价值变化和累积的股票收益相关，CEO薪酬效率（以增加的股东价值和CEO薪酬的比率来计算）与绩效工资的敏感度正相关。Kristina Minnick、Haluk Unal和Liu Yang研究了在银行并购交易中，高管薪酬和股东利益的关系，并进一步探讨了高管薪酬的绩效工资的敏感性对于公告日收购方的股票收益和并购后企业经营绩效的影响。研究表明，当CEO的薪酬和公司的股价相挂钩时，CEO会极力去寻找价值增值的投资，而高管薪酬绩效工资敏感性高的企业，公告日收益率高，此外并购后经营绩效也会有提升。

其中，在高管薪酬设计的影响因素方面，Ben Amoako-Adu、Vishaal Baulkaran和Brian F. Smith探讨了双层股权结构和单层股权结构这两种不同股权结构的集中控制权方式对于高管薪酬的影响。研究结果显示，在双层股权结构企业中，相同领导地位的家族成员较非家族成员薪酬更高，双层股权结构的家族成员较单层股权结构企业的家族成员薪酬也更高，且来自更多的股权激励。Merle Ederhof实证研究了职位提升这一潜在的激励机制的程度对于中层管理者的薪酬激励的调节作用。研究结果显示，对于提升到高层管理层的潜在激励机制较弱的中层管理者，以红利为基础的薪酬激励能带来能多的效用，研究结果验证了明确的薪酬激励较微弱的潜在的激励机制的优越性。Jing Chen、Mahmoud Ezzamel和Ziming Cai基于管理权力理论和锦标赛理论，并结合中国上市公司的数据，研究了高管薪酬的决定因素。研究发现，结构性权力（高管持有的股权）、声望权力（高管的教育背景）与高管薪酬正相关，而高管的政治权力和高管薪酬相关性不明显。Ingolf Dittmann、Ernst Maug和Dan Zhang研究了三种限制CEO薪酬的方法，并进一步探讨了这三种CEO薪酬的限制方法的经济后果以及企业如何应对。研究显示，对CEO薪酬的限制有时会带来意想不到的后果。在这三种限制CEO薪酬的方法中，事后实现薪酬的限制（restrictions on ex post realized pay）使得CEO的风险偏好降低，带来的影响最小，且从平均来看，采取这种方式 CEO 最终得到的报酬也最多；对于薪酬体系某一部分的限制，如期权、股票等，对于企业价值的影响也是很小的，因为只要不是在薪酬限制过度的情况下，企业仍然可以在该激励水平下从市场招聘相同水平的 CEO；而对于事前支付薪酬的限制（restrictions on the ex ante value of pay）往往会导致企业对 CEO 能力和努力需求的降低。

关于会计信息披露，Lisa Koonce、Nick Seybert 和 James Smith 研究发现，因果推理是财务报告和自愿信息披露的重要组成部分，并通过回顾心理学领域关于因果推理的理论，探讨了如何将因果推理应用到关于财务报告和自愿信息披露的研究中。John R. Robinson、Yanfeng Xue 和 Yong Yu 探讨了经济力量对于不遵守规定披露的影响程度以及美国证券委员会的强制性行为带来的影响，并以美国证券委员会 2006 年采用的评估薪酬披露规定实证研究了不遵守规定披露与 CEO 薪酬、专有成本和先前的媒体关注度的相关性，以及对于 CEO 薪酬减少的影响程度。研究结果显示，信息披露缺陷与过高的 CEO 薪酬以及先前的媒体关于 CEO 薪酬的批评正相关，而与专有成本不存在相关性。此外，信息披露缺陷程度和随后的 CEO 薪酬减少不存在相关性。Chenyang Wei 和 David Yermack 研究了 2007 年美国证券委员会关于要求企业披露 CEO 的养老金和递延补偿对于企业的影响。研究显示，信息披露后，对于 CEO 拥有较多养老金和递延补偿的企业，其债券价格上升，而股票价格下降，且债券和股票的流动性都有一定程度的降低，表明了企业风险降低、股权价值向债务价值的转移以及公司价值整体的下降。Francois Aubert 和 Gary Grudnitski 通过两个阶段的分析研究了强制采用 IFRS 披露财务报告对欧洲企业的影响及重要性，在第一阶段采用资产报酬率分析了 IFRS 对欧洲 13 个国家 20 个行业的影响，发现只有德国和挪威在采用 IFRS 之后 ROA 有显著下降，其余国家的 ROA 都有所上升；第二阶段研究了 IFRS 下的会计信息质量，发现除了在芬兰、希腊和瑞典采用 IFRS 后可操纵应计利润的质量更高，其他国家没有明显变化。Günther Gebhardt 和 Zoltan Novotny-farkas 研究了强制采用 IFRS 对欧洲银行会计信息质量的影响，发现依据国际会计准则第 39 号下所识别出的亏损能显著减少收入平滑，这种效果在银行监管比较严格、银行所有权广泛分散、在美国交叉上市的国家不太明显，进一步证明了机构会对财务报告产生影响。Junming Hsu、Weiju Young 和 Ching-Hui Chu 以台湾公司为例研究了公司股价在审计报告和其他报告报出日附近的变动情况，研究发现，在审计报告报出 5 天后会出现负的超额收益，如果在报告日之前内部人持股减少，则超额收益的下降会更大，这表明投资者能获得可靠的内部信息或者说内部信息存在泄露的可能。此外，台湾地区在报告报出 20 天后的平均累计超额收益率为 25%，这一数值明显低于英美国家。

关于内部控制，Dan Dhaliwal、Chris Hogan、Robert Trezevant 和 Michael Wilkins 依据萨班斯—奥克斯利法案第 404 条报告，研究了内部控制重大缺陷的披露和企业债务资本成本的变化之间的联系。研究发现，平均而言，当企业披露内部控制存在重大缺陷时，其公开交易的债务资本成本会增加，未被监管的企业较被监管的企业债务资本成本变化更加明显。进一步分析表明，银行监管的效果似乎是上述监测结果的主要驱动力。Jean C. Bedard 和 Lynford Graham 研究了对于企业内部控制缺陷的侦查以及内部控制缺陷按严重程度进行分类的影响因素。研究显示，企业内部控制缺陷的侦查主要来源于审计师和审计报告的使用者，其中审计师通过控制测试发现了近乎 3/4 的内控缺陷，尤其是重大缺陷，基本都是审计师发现的。对于之前已经发生过的错误的陈述，审计师会将其归类为重大缺陷，当没有错误性陈述时，内控缺陷的严重程度则取决于使用的用户和内部控制缺陷的特点。Jeong-Bon Kim、Byron Y. Song 和 Liandong Zhang 探讨了存在内部控制缺陷的公司和没有内部控制缺陷的公司贷款合同的不同。研究结果显示：①存在内控缺陷的企业贷款合同的条款更多；②内控缺陷的程度和贷款的利率呈正相关；③对于存在内控缺陷的公司，贷款合同中借款方还附加了非价格条款；④存在内控缺陷的公司对于银行的吸引力较弱；⑤当公司披露存在内控缺陷，银行会增加贷款的利率，而如果企业披露了对于内控缺陷的修复，银行会降低贷款的利率。Beng Wee Goh 和 Dan Li 研究了企业的内部控制和条件稳健性（conditional conservatism）的关系。研究结果显示，企业的内部控制和条件稳健性存在着正相关。

具体表现为：①存在内控缺陷的企业条件稳定性较低；②和存在内控缺陷且并未对该缺陷进行修补的企业相比，随后进行修补的企业条件稳定性较高。Christine Petrovits、Catherine Shakespeare 和 Aimee Shih 研究了非盈利机构内部控制薄弱的原因，并进一步探讨了内部控制薄弱对非盈利机构的社会捐赠和国家资助的影响。研究结果显示，非盈利机构年报对内部控制薄弱的披露负面的影响社会捐赠和国家资助。William F. Messier、J. Kenneth Reynolds、Chad A. Simon 和 David A. Wood 研究了使用内部审计职能作为管理培训基地对于外部审计费用的影响以及外部审计师对于内部审计职能的看法。研究显示，对于使用内部审计职能作为管理培训基地的企业，外部审计费用会更高，而外部审计师认为无论内部审计师参与与否，管理培训基地的能力是一样的。Shu Lin、Mina Pizzini 和 Indranil R. Bardhan 实证研究了内部审计职能与企业重大缺陷披露的相关性。研究显示，重大缺陷的披露与内部审计职能的整体教育水平、审计内容质量和实地考察的融合程度、涉及财务报告的审计活动以及对于已经发现的问题的修复的监控负相关。

关于基于代理理论的业绩评价系统，宾夕法尼亚州立大学的 Guojin Gong、Laura Yue Li 和 Jae Yong Shin 探讨了高管薪酬契约中相对业绩评估的使用以及对与相对绩效评估类似的指标的选择。研究显示，25%的样本公司在制定高管薪酬决策时会将相对业绩评估指标作为评估的依据。当企业决定使用相对业绩评估指标时，会将相对绩效评估的成本和收益同时作为一种激励机制考虑。Haijin H. Lin 和 David E. M. Sappington 探讨了 CEO 如何激励管理者对项目进行评估、决定是否实施这个项目、进而如何提高该项目绩效，同时，他们还探讨了计划和生产过程中的道德风险。研究结果显示，最初的计划的道德风险与随后的生产的道德风险相比往往有更多的限制，此外，为了消除计划的道德风险，对于最初认为有利可图的项目往往是投资不足的，而最初认为不盈利的项目则表现为过度投资。Jasmijn C. Bol 和 Steven D. Smith 首先研究了客观绩效评估的可控性和衡量程度对于监管者主观绩效评价的影响，并在此基础上探讨了当客观绩效评价的可控性相对较低时，主观绩效评价的不同溢出效应。研究结果显示，监管者的主观绩效评价会受到客观绩效评价指标

（如销售绩效）的影响。此外，当客观绩效评价受到不可控因素的影响时，监管者对于主观绩效评价的调整存在着不对称性，表现为当不可控因素是不利因素时，监管者会调高主观绩效评价，而当不可控因素是有利因素时，监管者却不会相对应地调低主观绩效评价。Steven Young 和 Jing Yang 研究了在高管薪酬契约中每股收益的绩效表现对企业股份回购活动的影响。研究结果显示，股份回购和每股收益报酬安排之间有很强的正相关关系。进一步的分析表明，股东净收益也与这种关联相关。具体来说，在总购买中股份回购者的支出幅度在增大，在现金盈余下由于每股收益目标的存在，使得企业回购和现金绩效之间的正相关关系更为显著。对价值被低估的企业而言，每股收益指标更有可能通过股份回购释放错误的定价信号。在每股收益条件下，回购者行为与较低的异常应计项目有关。Jasmijn C. Bol 研究了管理者绩效评估偏见的产生原因以及其对于员工激励的影响。研究显示，管理者绩效评估偏见包括中心偏见和宽大偏见，来源于经理人激励和偏好。此外，信息收集成本和员工与管理者的关系强弱与中心偏见和宽大偏见正相关，而管理者绩效评估偏见不仅会影响当前的绩效测评，对未来的员工激励也会有影响。Charles D. Bailey 和 Nicholas J. Fessler 研究了在重复任务的条件下，任务的复杂性和吸引力对于薪酬激励对任务绩效影响的调节作用。研究显示，薪酬激励只有在任务相对简单和对员工不存在相对吸引力的情况下，才对任务绩效影响最大，并且影响的是初始绩效，而不是由于需要进行重复任务所产生的能力提升的绩效。而任务吸引力会降低薪酬绩效的影响，当任务比较复杂，薪酬只会促使员工更努力，但不一定带来更好的绩效。

此外，George C. Drymiotes 探讨了为提升公司治理效果而制定的规章制度或者对管理层的监管，可能会给企业带来的意想不到的后果，即可能不仅没有降低管理者操纵，反而促进了管理者操纵行为的发展。研究显示，如果管理者可以通过操纵行为来降低监管的效率，则管理者会花费时间和精力利用操纵行为影响监管活动，即监管行为反而催化了更多的管理者操纵行为。因此，企业有时需要在一定程度上降低监管的力度，以削弱管理者在对抗监管过程中对公司资源的浪费和企业价值的牺牲。Charles J.P. Chen、Zengquan Li、Xijia Su 和 Zheng Sun 研究了中国地方政府的寻租动机如何激励私营上市企业建立政治关系，并探讨这种关系是否会导致企业的控制结构更为集中。研究显示，在市场导向机制较弱或者地方政府对于资源的分配有较大话语权的情况下，企业更倾向于建立政治关系。此外，有政治关联的公司的所有者更倾向于通过占据董事会主席或首席执行官的职位来主导董事会或集中股权，证实了集中控制结构便于利用政治关系来进行寻租的猜想。

2. 治理结构

治理结构方面，2011 年国外公开发表的论文共有 77 篇，研究的内容主要是公司治理模式、公司治理机制等。在公司治理模式方面，重点研究了内部治理，包括董事会特征、外部董事、非执行董事在公司治理中的角色等；而在公司治理机制方面，主要的研究内容是公司的激励机制、监督机制以及公司治理的效率分析。

（1）公司治理模式。

关于公司治理的模式，Ronald W. Masulis 和 Shawn Mobbs 利用外部董事市场将除 CEO

以外的内部董事进行不同程度的分类，探讨了不同的董事特征、外部声誉等对企业绩效的影响。研究结果显示，拥有外部董事职务的董事对于企业绩效有着积极影响。Philip Hardwick、Mike Adams 和 Hong Zou 通过使用随机前沿分析方法（stochastic frontier approach）去衡量利润效率，采用二阶段回归模型探讨了英国寿险公司以一系列董事会特征去计量的公司治理机制对于利润效率的影响。研究结果显示，在单独讨论的情况下，董事会特征对利润效率影响不大，但是一旦将公司治理机制的交互效应考虑在内，非执行董事的比例会对企业的利润效率产生很大影响。Arun Upadhyay 和 Ram Sriram 研究了董事会规模、企业的信息环境和资本成本的关系。通过使用标准普尔的 1500 家企业为样本，研究发现，董事会规模和企业的信息透明度正相关，且董事会规模较大的企业资本成本也相对较低，即董事会规模的大小会影响企业提供透明的信息环境，进而影响企业的资本成本。Ming Jian 和 Kin Wai Lee 探讨了 CEO 声誉和公司资本投资的关系。研究显示，声誉较好的 CEO 在公布资本投资时股票市场的效应更好，此外，对于需要较多自由现金流且发展潜力较小的资本投资，良好的 CEO 声誉能在一定程度上消除股票市场上的不利影响。Edith Ginglinger、William Megginson 和 Timothée Waxin 探讨了员工董事对于公司估值、股利支付、内部董事会结构和绩效的影响。研究发现，持有公司股权的员工董事对于公司的估值和盈利能力有积极的影响，但是不能影响企业的股利支付；而员工工会选举的董事会代表会影响企业降低股利支付比例，但是不影响企业的估值和盈利能力。Aiyesha Dey 、Ellen Engel 和 Xiaohui Liu 从企业经营绩效和薪酬两个方面研究了企业对于 CEO 和董事会主席是否由一人兼任的决定。研究显示，企业选择领导权结构是基于业务和经济环境的替代结构以及对成本和效益的评估，当企业的经营绩效较差，或股东财富减少时，企业会倾向于将 CEO 和董事会主席职位分开。同样，如果 CEO 的薪酬较高，企业则倾向 CEO 和董事会主席由一人兼任。

其中，CEO 卸任对于企业价值的影响方面，Mine Ertugrul 和 Karthik Krishnan 研究了董事会在公司股价下跌前辞退 CEO 的原因以及该辞退行为对企业价值的影响。研究发现，董事会在公司股价下跌前辞退 CEO 的原因包括以下两点：①被辞退的 CEO 可能从事了非法的或者违反道德准则的活动；②董事会认为 CEO 的能力较差，不足以引导企业的发展，这在独立董事比例较高和 CEO 薪酬以股权为基础的企业中比较常见。该辞退方式在辞退日后的短期内可能会导致企业经营绩效的下降，但是随着新的 CEO 继任，企业的经营绩效也会很快回复。Rudiger Fahlenbrach、Bernadette A. Minton 和 Carrie H. Pan 研究了企业 CEO 卸任之后被任命进入董事会对企业价值和绩效的影响。研究显示，企业任命前任 CEO 为董事对企业是有利的，前任 CEO 可以协助董事会更好地对继任 CEO 的绩效进行考核，且在需要的时候前任董事也能继续接任 CEO 的职位。

Gloria Y. Tian 和 Garry Twite 通过使用澳大利亚公司 2000~2005 年的数据，在考虑了内部公司治理和外部市场规律关系的前提下，研究了内部公司治理对于公司生产率的影响。研究显示，产品市场的竞争力和公司治理存在替代效应，即良好的内部公司治理会引起企业生产率的提高，但是当面临高度竞争的产品市场时，内部治理的效果会有一定程度的降低。

家族企业的治理模式方面，Ronald W. Masulis、Peter Kien Pham 和 Jason Zein 研究了世界各地的家族企业集团的融资优势、控制动机和组织的选择。研究发现，家族企业能够缓解国家和企业层面的融资约束。企业股权结构对投资决策的影响方面，Matthew J. Clayton 和 Bjorn N. Jorgensen 研究了当企业产品市场存在互补或者替代关系时，企业股权结构对于企业投资的影响。研究显示，如果产品市场的产品之间是互补关系，企业会增加长期股权的比例，从而降低投资；而当产生市场的产品之间是替代关系时，企业则相应地增加短期股权的比例，从而会增加投资。

（2）公司治理机制。

公司治理机制包括激励机制、监督机制以及公司治理的效率分析三个方面内容。

激励机制方面，Martin J. Conyon 和 Lerong He 研究了中国上市公司的高管薪酬和公司治理的关系，并对中国和美国的高管薪酬进行了比较。研究显示，国有企业的高管薪酬和 CEO 激励相对较低，独立董事较多的企业的高管薪酬在较大程度上和绩效挂钩。Adair Morse、Vikram Nanda 和 Amit Seru 研究了权利较大的 CEO 是否会通过引导的董事会改变绩效衡量指标的权重，从而达到操纵激励性薪酬的目的。通过使用美国的数据，研究证实了 CEO 会利用其对于董事会的影响力，引导董事会在进行绩效评估时去考察其表现最好的指标，从而达到操纵其激励性薪酬的目的。Lawrence D.Brown 和 Yen-Jung Lee 研究了财务会计准则关于费用化员工股票期权对于企业股权补偿政策的影响。研究结果显示，企业会减少对员工股票期权的使用，且企业更倾向于采用限制性股票和长期激励计划去替代员工股票期权。

监督机制方面，Mahbub Zaman、Mohammed Hudaib 和 Roszaini Haniffa 以审计委员会的有效性代替公司治理质量，采用了全新的包含审计委员会的独立性、专业能力、勤奋程度和规模等衡量指标，研究了公司治理质量对于审计费用和非审计费用的影响。研究结果显示，公司治理的质量和审计及非审计费用呈正相关关系，此外，由于业务的复杂性，大客户的审计费用和非审计费用也呈正相关关系。

公司治理的效率分析方面，Wei Luo、Yi Zhang 和 Ning Zhu 研究了在中国这个新兴经济市场，银行持有公司股权如何通过影响高管薪酬来影响企业绩效。研究发现，银行持有的公司股权与高管薪酬正相关，进一步的研究显示，高水平的高管薪酬会给企业运营效率带来负面影响，即银行持有公司股权会导致企业绩效的降低。Vineet Agarwal、Richard Taffler 和 Mike Brown 探讨了管理质量（管理声誉）与企业绩效之间的关系。研究结果显示，虽然良好的企业管理似乎与较低的后续市场回报相关，但这只在完全信息市场条件下存在。质量管理与企业价值是相关的，管理质量高的企业其权益成本会更低，收益更加稳定，高收益持续的时间更长，在奥尔森模型下企业的价值也更高。Liu-Ching Tsai、Chaur-Shiuh Young 和 Hui-Wen Hsu 通过使用中国台湾证券交易市场的数据研究了大股东控制、多元化经营对于公司经营绩效的影响。研究显示，大股东会通过多元化经营策略来侵占小股东的利益，而多元化经营和企业的价值没有必然联系，因而，大股东是导致公司多元化经营情况下经营绩效较差的主要原因。Mara Faccio、Maria-Teresa Marchica 和 Roberto Mura 研究了大股东多元化与企业风险承担的关系。研究显示，大股东之间的投资组合多元化程度存在着很大的异质性，正是这种异质性，导致了多元化大股东控制的公司承担了比非多元化大股东控制的公司更多的风险投资，且大股东多元化对于企业风险承担的影响是很大的。Chia-Ling Lee 和 Huan-Jung Yang 研究了组织结构和竞争对于绩效测量系统设计的影响，以及上述三者对于企业绩效的影响。研究显示，组织结构对于绩效评估系统的设计影响重大，且当企业之间竞争激烈时，绩效测量系统和企业绩效有着很强程度的正相关关系。

其中，对于公司治理和企业价值的关系，Manuel Ammann、David Oesch 和 Markus M. Schmid 通过使用基于国际治理标准的来自 22 个国家的以前未被使用的大量数据，实证探讨了基于企业层面的公司治理和公司价值的关系。研究结果显示，公司治理以及企业的社会行为对于公司价值有着很强的积极影响。

对于公司治理和企业绩效的关系，John R. Becker-Blease 研究了收购条款对企业创新的影响。研究发现，收购条款对创新存在着积极的影响，进一步研究显示，只有董事和高管接受和采纳的条款才对企业创新有着积极的影响，而类似于国家层面的反收购法规等企业创新不相关或者负相关。Xavier Giroud 和 Holger M.Mueller 探讨了产品市场竞争程度对与公司权益收益率的影响。研究发现，较差的公司治理会导致较低的权益收益率、较差的经营绩效和更低的公司价值，因为治理不力的企业在这一市场下，劳动生产率更低且投入成本更高。

此外，Steven Ongena、Günseli Tümer-Alkan 和 Bram Vermeer 研究了企业选择银行的决策，包括决策时考虑的因素、决策制定者和决策流程中决定的企业和银行的关系。通过对捷克共和国的大部分银行进行实证分析，发现把银行信誉作为重要考虑因素的企业一般不会减少银行对其提供的服务项目，而优先考虑银行服务价格的企业则可能会终止或者减少银行提供的服务项目。Susan M. Albring、Inder K. Khurana、Ali Nejadmalayeri 和 Raynolde Pereira 探讨了在知晓高管从金融中介机构借入贷款会增加对自己的外部监管的前提下，企业高管仍然使用债务工具进行融资的原因。研究显示，高管对于银行贷款的选择是与其股权激励薪酬和企业的盈利性相关的。Divya Anantharaman 和 Yuan Zhang 探讨了管理者对于分析师关注变化的回应。研究显示，当分析师关注减少时，管理者会增加对于公共财政指引的关注，尤其是对正在发行股票、股票流动性低和公共财政指引关注水平低的企业而言；而当分析师关注增加时，管理者则不会做出回应。此外，管理者对于是否保留对分析师的关注，则是对分析师关注带来的收益和提供指导的边际成本进行权衡后的结果。Kwadwo N. Asare 和 James E. Hunton 从实证分析的角度探讨了公司治理评级如何影响分析师盈利预测的准确性。研究结果显示，当治理评级高于平均水平时，分析师在其预测范围内表现出更多的确定性，此外，公司治理评级和国家之间存在显著的互动关系，即当公司治理评级低于平均水平时，英国的金融分析师表现出较强的反应，而当公司治理评级高于平均水平时，美国和英国的金融分析师表现差异不大。

Gilad Livne、Garen Markarian 和 Alistair Milne 通过探讨采用公允价值计量基础的资产负债表和利润表项目如交易性金融资产、可供出售金融资产和交易收入与 CEO 津贴福利（包括现金和以股权为基础的薪酬）的关系，研究了公允价值会计的使用对美国银行业 CEO 津贴福利的影响。Joseph P.H. Fan、K.C. John Wei 和 Xinzhong Xu 采用自上而下的研究方法研究了新兴经济市场的公司财务和治理，分析了新兴经济市场和发达经济体中公司的组织和行为上的差异，以及从根本上影响企业组织和管理行为的制度因素。Christa H. S. Bouwman 研究了企业之间公司治理实践的传播。研究显示，当企业选择了新的董事会成员，该成员会将之前公司的公司治理实践应用到新的公司，因而较高的董事会成员重合度的企业之间的公司治理机制相似。

3. 财务管理方法

财务管理方法方面，2011 年国外公开发表的文章共有 44 篇，研究内容主要包括财务分析方法、财务预测方法、财务决策方法、财务控制方法。

关于财务分析方法，Tsung-Kang Chen、Hsien-Hsing Liao 和 Chia-Wu Lu 构建了一个基于流动性的企业信用模型，它和传统的结构形式的信用模型不同，它重点关注了企业的流动性，并有一定的可能获取短期信贷信息。此外，它与传统的基于会计基础的破产预测模型也不同，它能够多期预测流动性短缺的内源性。Patrick Bolton、Hui Chen 和 Neng Wang 通过构建一个简易和易操作的模型，展示了外部融资成本对企业的最优投资决策、融资决策和风险管理政策的影响，该模型还强调了企业内生流动性（现金和信贷额度）的边际价值是企业决策的重要影响因素。此外，研究还表明，投资取决于边际 q 流动性的边际价值比，流动性管理和金融性套期保值是互补的风险管理工具。Carmen Cotei 和 Joseph Farhat 探讨了采用两阶段双变量的概率模型（two-stage Bivariate Probit-Tobit model）制定企业的融资决策，并论证了该模型较标准单方程概率模型能更有效地去帮助企业制定决策。此外，研究还显示，当企业拥有较高程度的信息不对称时，会优先选择权益工具而非债务工具去进行融资。L. A. Gil-Alana、R. Iniguez-Sanchez 和 G. Lopez-Espinosa 研究了和价值相关的会计信息的规模效应问题，并进一步探讨了外源性指数如员工人数对于规模效应的影响。研究显示，外源性指标较内源性指标（如市场价值、股权账面价值等）数据统计的效果更好。Andreas Simon 和 Asher Curtis 研究了个别分析师关于准确或者乐观的激励因素的选择对于他们在进行股票推荐行为中选择评估模型的影响。研究显示，比较准确的分析师会倾向于选择严格的价值评估模型从而给出更有利可图的股票推荐，而准确度稍差的分析师则会乐观地依据以增长为基础的启发式地进行股票推荐。研究还表明，声誉因素即准确的预测会引发分析师更多地使用严格的价值评估模型进行股票推荐。

关于财务预测方法，Robert Freeman、Adam Koch 和 Haidan Li 研究了历史的盈余反应系数能否有效地帮助企业分析未来关于盈余的消息，从而更准确地预测价格。研究结果显示，利用混合回归提供的盈余反应系数较企业特有的回归提供的盈余反应系数能更准确地预测价格。Huong N. Higgins 探讨了一种以分析师盈利预测为企业价值评估的关键因素，进而预测股票价格的财务预测方法。该方法是建立在剩余收益模型的基础上，通过改变自相关，能更准确地预测股票价格。Jan-Henning Trustorff、Paul Markus Konrad 和 Jens Leker 探讨了使用最小二乘支持向量（least-squares support vector machines）和 Logistic 回归模型进行违约分类和违约概率估计的相关绩效，研究结果显示，在样本为小训练样本和输入的数据方差比较高的情况下，支持向量机比 Logistic 回归模型能更好地预测信用风险。

关于财务决策方法，Somnath Das、Kyonghee Kim 和 Sukesh Patro 研究管理者如何通过估计盈余管理和预期管理之间的关系来协调使用这两种管理方法，以及他们各自约束条件的改变对这两种管理方法之间关系的影响。研究结果显示，当经理人使用盈余管理能力的限制较少时，管理人员利用盈余管理和预期管理进行互补。然而，如果对盈余管理的约束增加，管理者会使用预期管理替代盈余管理。Brad A. Badertscher 研究了企业股价被高估的程度和持续时间对于盈余管理替代机制选择的影响。研究显示，当企业股价被高估时，管理者会倾向于采用盈余管理等方法去维持被高估的股价，且随着股价被高估的持续时间的增长，管理者会从一种类型的盈余管理过渡到另一种类型，并最终会采用非公认会计准则进行盈余管理。Fatima Alali 和 Bikki Jaggi 探讨了不同类型的银行的盈余管理结果的不同，以及盈余管理方法的选择。研究显示，规模较大的银行较规模小的银行更多地使用贷款损失储备金去管理收益，而对于资本比率的管理这两类银行之间没有区别。J.Santana-Martin 研究了在所有权主导的环境下，对于盈余管理的防御措施的效果。研究结果显示，对于盈余管理的防御措施会促进控股股东巩固和提高他们的盈余管理激励措施，以避免市场参与者不必要的审查和在政治寻租活动盛行环境下的管制。Leslie G. Eldenburg、Katherine A. Gunny、Kevin W. Hee 和 Naomi Soderstrom 以加利福尼亚的非盈利医院为样本研究了真实的盈余管理活动。研究显示，对于采取盈余管理的医院，在核心的病人护理活动保持不变的情况下，其非经营性和非创收性活动的支出会减少，而对于真实盈余管理和绩效薪酬激励的关系，研究发现具有更高激励机制的医院增量支出有着显著的减少。总而言之，这些结果对实际经营决策管理盈余的使用提供了证据。

关于财务控制方法，Barbara E. WeiBenberger 和 Hendrik Angelkort 研究了财务会计和管理会计系统的整合对于控制效果的影响。研究显示，财务会计和管理会计系统的整合对于控制效果有着中介作用，并指出和财务报告一致是管理者设计管理会计系统的一个重要依据。George Batta 研究了会计信息对于信用违约互换定价的相关性。研究显示，在回归模型中，如果加入额外的会计信息，会计信息对于信用违约互换定价的解释作用会被削弱，且这种作用是间接的。

此外，David Veenman、Allan Hodgson、Bart Van Praag 和 Wei Zhang 研究了企业高管的股票期权行权和普通股票交易包含的信息内容，并进一步探讨了管理者的交易决定对于企业未来盈利绩效和当前盈利能力的信号传递效应。研究显示，对于行权的股票期权的清算传递了负面的未来盈利信息，而对于先前已持有的股票的销售则没有该效应，此外，股份回购传递了积极的未来盈利信息，但是期权转换的回购方式没有该效应。Nilufer Usmen 探讨了在风险中性条件下的价值寻求框架，在这一框架下转让定价是利用税收套利以及存在于部分国际资本市场的金融套利机会的方法。文章提出了一个转移定价方案的成本结

构，在该结构中，当企业内部市场交易的利润和资金流动在触发水平之下时，转移定价的成本就是可接受的。该价值收益独立于任何财务或税务套利效果，即使在没有任何税收套利机会和资本市场是完全一体的条件下，价值收益也将存在。

4. 价值观念

2011 年，与价值观念相关的国外公开发表的文章共有 6 篇，代表性的文献有：In-Mu Haw、Simon S.M. Ho、Bingbing Hu 和 Xu Zhang 研究了股份回购对企业价值和现金持有的贡献。研究结果显示，在对投资者保护较强的国家，股份回购对企业价值的贡献更大，此外，由于股份回购在企业总支出的比重增加，在强投资者保护国家中，现金的边际价值在增加；相反，在弱投资者保护国家中，现金的边际价值在下降。Mohamed Azzim Gulamhussen、Carlos Pinheiro 和 Rui Sousa 基于代理理论研究了管理层持股对于市场价值、企业绩效和风险的影响。在控制了企业特性、管制政策和宏观经济状况的条件下，研究显示，管理层持股与市场价值（托宾 Q 值）和企业绩效（ROA 和 ROE）正相关，此外，管理层持股与风险负相关。Mariarosaria Agostino、Danilo Drago 和 Damiano B. Silipo 基于欧洲银行产业的数据，研究了采用国际会计准则前后的会计信息市场价值的变化，从而探讨了国际会计准则的价值相关性。研究显示，对于信息透明度高的银行，国际会计准则的采用提升了盈利和账面价值的信息内容，而该效果对于信息不透明的银行则表现不明显。Asokan Anandarajan、Bill Francis、Iftekhar Hasan 和 Kose John 从宏观经济层面和银行自身的角度分别探讨了信息透明度、会计准则、法律、银行规模、风险和组织形式等因素对价值相关程度的影响。研究结果表明，在宏观经济层面，强制性的会计信息披露的程度、会计计量方法的不同以及法律环境的不同是影响盈利和账面价值的价值相关性的最关键因素；在银行自身因素层面，组织形式和风险的影响最大。

5. 市场效率

2011 年，与市场效率方面相关的国外公开发表的文献共有 5 篇，代表性的文献主要是：John M. Griffin、Nicholas H. Hirschey 和 Patrick J. Kelly 研究了金融媒体对于国际市场的影响。研究结果显示，在发达的经济市场，公司新闻发布当日，公司的股票价格会有明显的波动，而在新兴的经济市场，公司发布新闻对于公司股价没有影响。Muliaman D. Hadad、Maximilian J. B. Hall、Karligash A. Kenjegalieva、Wimboh Santoso 和 Richard Simper 实证研究了印尼上市银行的以每月利润为基础的技术效率和生产率以及股票市场的绩效。

（二）国内研究成果

2011 年，国内的研究成果中，涉及基础理论的文章共有 368 篇，主要侧重于代理理论、治理结构、财务管理方法、基本范畴和价值观念五个方面。

1. 代理理论

代理理论方面，国内公开发表的文章共有 166 篇，和国外研究的内容一样，国内的研究重点也主要包括内部控制、对于代理成本的探讨、会计信息披露、股权激励、岗位薪酬设计、非效率投资行为等。

在内部控制存在的原因分析、综合评价以及对内部控制管制的优化等方面，古淑萍从新制度经济学视角探讨了内部控制存在的原因及其与内部控制制度的关系、内部控制制度的组成和特征等内容，以期为完善企业内部控制的理论和实务提供一些启示。朱华建、张盛勇和高宏伟基于对 2000~2010 年《会计研究》等国内主要七种期刊的分析，研究了 21 世纪以来我国内部控制研究的主要特点、内部控制研究的不足和对于内部控制未来研究方向的建议。崔志娟基于内部控制信息披露“动机选择”的视角研究了高管层决策、内部控制和内部控制披露的逻辑关系，并以此为基础提出了内部控制管制的思路和政策建议。马颖以《合同法》等为法律背景，以过程控制为导向建立了企业合同内部控制系统，并结合金融危机中外贸公司的实践案例，探讨评价了其合同控制过程的控制手段、主要载体以及内生条件等，以期帮助企业寻找合同内部控制制度的变迁路径，有效地进行风险管理。杨洁通过构建基于 PDCA 循环的内部控制综合评价指标，确立了综合评价内部控制有效性研究方法和基本模型，为内部控制体系有效性的综合评价提供了一种新的可行方法。方红星和金玉娜探讨了高质量内部控制对盈余管理的影响，结果表明：高质量内部控制能够抑制公司的会计选择盈余管理和真实活动盈余管理；披露内部控制鉴证报告的公司具有更低程度的盈余管理；尤其是获得合理保证的内部控制鉴证报告的公司，其盈余管理程度更低。王奇杰以博弈论为理论基础，通过构建不完全信息条件下内部控制信息披露的信号博弈模型，探讨了分离均衡、混同均衡以及准分离均衡的实现条件。研究结果表明，由于信息不对称和上市公司粉饰内部控制信息的成本较低，内部控制信息披露中很难存在分离均衡，更多的是混同均衡以及准分离均衡。腾晓梅基于企业集团内部资本配置活动的控制，提出在现有内部控制活动应用指引中增加内部资本配置活动控制指引、在内部控制手段应用指引中增加对内部成员企业的绩效考核指引，以满足企业集团基于战略控制的需求。赵新龙探讨了从内部监管、出资人和社会监督三个维度追究国有独资公司董事经营责任，并构建立体的责任体系以保障国有资产保值、增值。杨雄胜根据逻辑学原理，综合运用人类学、生物学、社会学、组织学、管理学、经济学知识，对内部控制进行了范畴意义上的概念定义，并以信息化为背景，对内部控制做出了便于计算机软件固化和动态优化运行的操作性框架定义。张艳和钟文胜从系统论及财务报告控制机制协同性的角度，对当前内部控制披露制度的监管含义作了进一步探讨，以期对其中存在的争论及未来内部控制披露制度的完善提供另一种思考视角。樊行健和宋仕杰探讨了内部监督模式的生成基础，并构建了内部监督流程，通过风险导向提高内部监督的效果，通过成本效益原则提高内部监督的效率，从而为相关政策的制定提供参考。王海兵、伍中信、李文君和田冠军在回顾以人为本的企业内部控制相关文献基础上，分析了“人”和企业内部控制系统的相互作用，提出人本内部控制的概念和构建基础，构建了以利益相关者为导向的、以企业社会责任风险管控为中心的人本内部控制战略框架。吴秋生和杨瑞平根据不同目的的内控评价在具体评价活动中所体现的内涵与协作需要，探讨了对于内部控制评价的整合。徐虹和林钟高从历史与现实多个方面探讨了信任水平、组织结构与内部控制制度设计之间共生互动的联系，并研究了信任水平与组织结构对内部控制制度设计与选择的重要影响。

对于内部控制与企业经营绩效和企业价值的关系，李铁宁和罗建华基于直接效应和中介效应，运用回归分析和结构方程的方法，研究了担保企业高管领导能力、企业人员管理活动与内部控制绩效之间的内在关系。实证研究发现：担保企业高管领导能力中的部分因素对内部控制绩效有显著影响；担保企业的人员管理活动对高管领导能力与内部控制绩效起部分中介作用，而且中介效应的强度要大于直接效应；担保企业高管领导能力对内部控制绩效的影响大于内控制度的影响。卢锐、柳建华和许宁研究了内部控制质量与高管薪酬业绩敏感性之间的关系。研究结果发现：内部控制质量越高的公司，其管理层薪酬业绩的敏感度也越高，而且，相对于非国有控股的上市公司，国有控股上市公司的内部控制质量和薪酬业绩敏感度之间的协同性更加显著。周继军和张旺峰研究了内部控制、公司治理与管理层舞弊的关系，研究结果显示：企业的内部控制质量与管理人员的舞弊概率显著负相关；而合理的公司治理机制不仅能够直接降低管理人员舞弊行为的概率，而且作为内部控制的环境因素，可以有效地提高企业内部控制的整体质量，使其更好地发挥抑制管理人员舞弊行为的作用。孙芳城、梅波和杨兴龙研究了内部控制、会计信息质量与反倾销应对的关系，研究结果发现：公司内部控制越好，会计信息质量越高，被最终裁定的反倾销税率就越低；公司风险评估越好，更能及时地进行风险识别、分析和应对，被最终裁定的反倾销税率就越低；公司反舞弊机制越好，会计信息的可采性越高，被裁定的反倾销税率越低。张继勋、周冉和孙鹏研究了内部控制披露的详细程度、内控审计意见类型对投资者感知的重大错报风险和投资可能性的影响。研究发现，上市公司详细披露内控，能明显降低投资者感知的重大错报风险，提高投资者的投资可能性；此外，不同审计意见类型也能影响投资者对重大错报风险的感知及其投资可能性。田高良、齐保垒和程瑶以净利润和账面价值与股票价格之间的关系定义价值相关性，研究了财务报告内部控制缺陷对会计信息价值相关性的影响。研究发现，当公司存在财务报告内部控制缺陷时，其净利润的价值相关性下降，投资者在确定股票价格时会更多地参考账面价值，同时，其净利润和账面价值对股票价格的总体解释能力下降。钟玮和刘洋研究了内部控制信息披露与公司效率的关系。研究结果显示，我国上市公司内部控制信息披露质量对公司效率具有重要影响。张晓岚、沈豪杰和金俊超基于信息熵的基本原理，研究了内部控制信息披露质量和盈余质量额关系，研究发现内部控制信息披露质量指数越高的上市公司，其盈余质量越高，也即存在更少的盈余操纵行为；反之，内部控制信息披露质量越低的公司，盈余质量越差。于海云研究了内部控制是否有效及效率高低对于企业价值的影响，研究发现，内部控制质量高的企业有动机通过自愿性信息披露向市场传递企业价值较高的信号，由于信号传递作用，企业更容易获得较低成本的商业信用和银行信用借款，提升了企业价值，而内部控制质量低的企业没有动机进行内部控制信息披露，从而不得不付出较高的债务融资成本，降低了企业价值。郑小荣运用事件研究法，探讨了内控监管对于股东利益的作用途径，并分析了内控监管对公司舞弊防范能力和运作效率的影响机制，研究结果显示通过内控监管强化内控在总体上不能显著增进股东利益。夏芸和徐欣研究了内部控制信息披露质量与债务契约之间的相关性问题。研究发现，内部控制信息披露质量的提高能有效增加企业获得新增贷款的可能性，并且能显著降低企业债务融资成本和改善债务期限结构。杨德明和冯晓利用上市公司2007年和2008年的相关数据，实证研究了银行贷款、债务期限与上市公司内部控制的关系，结果发现，银行能在一定程度上识别上市公司的内部控制质量，表现为内控质量较高的公司能获得更多的长期贷款、更长的贷款期限，但银行仅能识别国有上市公司的内部控制质量，却无法识别民营上市公司的内部控制质量。

关于企业的内部控制缺陷和内部控制的信息披露，王惠芳在对我国上市公司内部控制缺陷认定现状及困境探讨的基础上，从理论前提衔接、规范制定思路及内控缺陷程度区分等方面重构了内部控制缺陷认定的基本框架。林钟高、曾祥飞和褚姣娇基于成本收益视角探讨了内部控制治理效率，并指出内部控制治理效率最大化的核心是控制权配置效率最大化，基本的衡量标准是内部控制治理收益与内部控制治理成本的对比。杨有红和李宇立探讨了内部控制缺陷的认定，即包括缺陷识别、缺陷严重程度评估、缺陷认定权限划分、缺陷应对措施制定、缺陷对外披露五个方面。刘亚莉、马晓燕和胡志颖基于治理特征的研究，探讨了上市公司内部控制缺陷的披露，研究结果显示：当年才成立审计委员会的公司以及董事长与总经理两职合一的公司报告内部控制缺陷的可能性更大；报告内部控制缺陷的公司会计师事务所变更频繁，重述报告的比例更高。陈宏明和史亚男探讨了上市公司内部控制信息披露的影响因素，并提出了改进意见。贾宗武和夏勇以2009年沪市426家制造业上市公司作为样本，应用描述性统计、参数及非参数检验、相关分析、Logistic回归分析等统计方法，实证研究了上市公司内部控制信息披露的影响因素。何建国、张欣和周曙光基于公司治理的视角，研究了上市公司内控信息披露质量及其影响因素。研究结果显示：内部控制信息披露质量与董事会规模、独立董事比例、控股股东为国有、设立内部审计部门显著正相关，与董事长兼任总经理显著负相关，与监事会规模、第一大股东持股比例之间不具有统计显著性。刘丽梅探讨了企业内部控制过程中存在的问题，并提出相应的解决对策，从而有助于我国企业内部控制规范的有效实施。张庆龙和夏兴凯在国内外政府部门内部控制述评的基础上，提出了加强政府部门内部控制立法、与企业内部控制框架协调、正确界定政府部门内部控制目标、建立健全内部审计机构等几点建议。

独立董事是股份公司两权分离条件下为防止“内部人控制”、保护公司内部弱势群体而产生的，关于独立董事的设立对于企业的影响，郑路航基于我国A股上市公司为样本，实证研究了我国上市公司聘请的独立董事的知名度是否会影响其履职效力。研究结果发现，学界“名人”独立董事对提高财务报告质量和抑制公司高管违规有显著影响，但同时发现学界“名人”独立董事和企业界“名人”独立董事在发表意见时没有履行好勤勉的职责，发表独立意见的可能性较小。李昆进和蔡博文通过建构理论模型，研究了独立董事效益和聘用不同比例的独立董事对于董事会投票行为的影响。研究结果表明，聘任独立董事比例越高，董事会效率越佳，公司价值越高。李秋蕾探讨了我国央企控股的上市公司独立董事薪酬采取的间接薪酬制从其理论基础、选聘程序、后续培训和薪酬标准几个基本方面的不合理性和不可行性。曹洋和林树研究了独立董事的独立性与会计专长特征对上市公司财务报告质量的影响，结果显示：具有高校及研究机构、金融机构、事务所和企业背景的会计专业人士担任独立董事与盈余管理水平负相关，有政府背景的会计专业人士不仅没有

抑制盈余管理，反而提高了盈余管理水平；会计专业背景的独立董事越多，公司聘请“十五大”或“四大”事务所的概率就越高；具有会计专业背景的独立董事任期若满六年，其独立性则较低。郑春美和李文耀通过建立条件 Logistic 回归模型，从会计监管的视角研究了独立董事制度的有效性问题。研究结论表明，独立董事起到了一定的监督作用，但由于独立董事势单力薄，仅拥有某些象征性职权，独立董事制度的作用有限，需要对独立董事制度的设计和运行机制重新进行审视。邓小洋和李芹从上市公司盈余管理的角度出发，实证研究了公司独立董事制度的有效性问题，研究结果表明：独立董事能有效地发挥作用。韩钢和李随成基于我国上市公司内部监督机制存在的问题，探讨了独立董事监督机制的现状和有效性。研究显示，现次级委员会设置是影响上市公司独立董事内部监督是否有效的因素，并且呈正相关性。

对于代理成本的探讨，高雷和张杰基于代理成本的角度，运用 Logistic 二元逻辑回归模型和稳健最小二乘法研究了代理成本、管理层持股与审计质量之间的关系。研究发现：代理成本高的公司会寻求高质量的外部审计，倾向于聘请大规模的会计师事务所；管理层持股能起到完善公司内部治理机制的作用，减少代理冲突，从而降低公司对外部审计质量的需求。林川、曹国华、丘邦翰和毕家豫研究了 CEO 控制权、成长性因素对审计定价的影响。研究发现，由于中国上市公司的代理成本较高，所以 CEO 控制权与成长性因素都对审计定价有显著的正向影响，但是由于处于成长初期的中国上市公司较多，CEO 控制权对审计定价的影响并不依赖于成长性因素。张宜霞以中国内地在美国上市的公司为样本，研究了财务报告内部控制审计收费的影响因素及影响方式。研究发现，公司规模、会计师事务所的声誉与审计收费显著正相关；公司财务报告内部控制的复杂性与审计收费正相关，此外，在会计师事务所看来，相对于有传统的常规业务流程的公司，没有传统的常规业务流程的公司的财务报告内部控制更复杂。

熊艳和李常青就上市公司对代理问题的解决是“拜托债权人”还是“拜托机构投资者”这一问题逐层展开了研究，考察了两者的治理路径、治理效果及角色替换情况。研究结果发现：债务治理机制会加剧第一类和第二类代理冲突，机构投资者则能缓和第二类代理冲突；债务杠杆与公司价值负相关，机构投资者持股与公司价值正相关；在治理过程中，机构投资者表现出了对债务杠杆的替代效应。即实证结果支持了我国的公司治理需要“拜托机构投资者”的假设。关爱浩以代理成本经典概念为依据，深入研究了财务监督体制下国有垄断企业四类代理成本，并通过比较国有垄断企业和民营企业之间的市场价值创造效率损失，测算出了国有垄断企业四类代理成本。杨兴全和吴昊旻基于成长性、代理冲突与公司财务政策之系统关联的多维视角分析，将成长性差异作为一个关键变量时，探讨了其对于公司代理冲突的影响及其治理与公司财务政策选择的关系。研究结果发现：成长性差异显著影响公司财务政策；公司治理与公司业绩的关系受制于成长性的高低，成长性通过投资决策、融资选择与股利政策等关键财务政策的中介作用影响公司治理与其价值的相关性。袁淳、刘思淼、薛蔚、吴晓彤、姜沙沙和眭芯研究了公司债券发行额度和代理成本之间的关系，研究发现：公司债的发行并不能降低代理成本，而且公司债发行额度越大，代理成本越高。高煜和任保平从公司治理的广义视角下研究了大股东和小股东之间的代理问题，并指出在信息不对称的条件下，大股东的寻租行为会对小股东收益、资本市场发展、收入分配等方面产生负面影响。党印通过综述公司治理中的代理成本问题，包括代理成本的界定、影响因素、经济后果和如何控制代理成本，从而为我国国有企业发展提供借鉴意义。徐传谌和闫俊伍在承认委托人和代理人是“经济人”的前提下，研究了国有企业委托代理问题。并提出解决委托人问题应在建立现代企业制度前提下进行产权改革，进一步明晰产权，赋予权利的同时明确相应的责任；而解决代理人问题则主张市场化，培育充分竞争的市场环境，提高国有企业自组织行为能力。吕伟研究了控股股东代理成本对公司税务决策的路径及其经济后果的影响，研究发现，控股股东构造了较为复杂的股权转移交易方式，为上市公司和控股股东节约了大量税务成本。但由于代理成本的存在，在多种纳税筹划方案中，控股股东并未选择对上市公司最为有利的方案，而选择了能够取得现金最多，控股股东利益最大化的方案，进一步研究发现，尽管控股股东未选择最优的方案，但投资者仍给予了该纳税筹划行为以积极反应，提升了企业价值。胡永平以国有发电公司为样本，采用 Heckman 两阶段回归方法，实证研究了 CEO 政治关联对代理成本的影响。研究结果显示，CEO 政治关联会显著增大代理成本。其中，央企 CEO 政治关联会显著增大隐性代理成本，而地方国企 CEO 政治关联会显著增大显性和隐性代理成本，且其对代理成本的增幅明显大于央企，说明国企普遍存在的 CEO 政治关联加重了代理问题。苏治和连玉君以异质性随机前沿模型为基础，定量估算了中国上市公司的代理成本。并以此为基础，进一步分析了代理冲突时公司价值的影响，以及各种治理机制的作用效果。

关于企业的会计信息披露，向锐和章成蓉基于修正的 DD 模型，对会计信息风险进行了度量，考察了公司财务特征与会计信息风险之间的关系。研究发现，公司成长机会、财务杠杆和财务困境对会计信息风险有显著为正的影响，而资产有形性、公司规模和经营现金流对会计信息风险有显著为负的影响。高敬忠、周晓苏和王英允以管理层盈余预告为例，研究了机构投资者对信息披露的治理作用的影响，研究发现：随着机构投资者持股比例的增加，管理层采取的盈余预告精确性提高（更具体的形式和更小的误差），及时性也增强；银行、财务公司类机构、一般基金类机构对管理层盈余预告选择的积极治理作用相对较强，而养老、保险类机构对管理层盈余预告选择的积极治理作用则相对较弱；处于不同持股规模时，管理层盈余预告的精确性、及时性均随着机构投资者整体持股比例增大而提高。钱爱民和张新民应用“增长、盈利、风险”三维平衡原理，建立基于企业价值创造的财务状况质量三维综合评价理论框架，并通过结合新准则在会计信息披露方面的主要变化，构建出一套较为完整的企业财务状况质量评价财务指标体系。程隆云、李志敏和马丽基于对上市公司环境信息披露的动因的理论分析，研究了公司特征和所有权结构对环境信息披露水平的影响，结果表明，代表公司特征的四个变量中，公司规模、公司盈利能力和公司营运能力与环境信息披露水平显著正相关。代表公司所有权结构的三个变量中，股权集中度与流通股比例与环境信息披露水平显著正相关。高利芳、曲晓辉和张多蕾以发布独立社会责任报告表明企业具有相对较强的社会责任感为内在假设，研究了社会责任报告的发布是否与会计准则的遵循即高质量的会计信息相关联。研究结果发现独立社会责任报告的发布与信息的透明度正相关，但与信息的价值相关性和可靠性没有显著联系。

江炎骏、徐勇、刘得格和周美华采用事件研究法，研究了我国上市公司发布社会责任报告的市场反应。研究结果表明，社会责任报告发布的市场反应不显著，而企业社会责任报告的质量显著正向的影响市场反应。喻凯和龙雪晴运用描述性统计和两阶最小二乘法研究了自愿性信息披露对上市公司股票流动性的影响。研究显示，自愿性信息披露会促进上市公司股票的流动性，同时自愿性披露信息中财务方面信息对上市公司股票流动性的提高作用最大。雷宇从公司信息披露的角度，研究了声誉机制的有效性以及声誉机制有效性受公司实际控制人性质的影响。研究发现，良好的声誉会带来高质量的信息披露，但是声誉机制的这种效果受公司实际控制人性质的影响，此外，声誉机制对于国有企业更加有效。徐聪研究了上市公司信息披露差异化的必要性和可行性，并提出了上市公司信息披露差异化的衡量标准和内容。蔡刚和钟朝宏从上市公司为什么选择披露信息、采取何种披露管理模式、遵循何种思路着手，探讨了企业社会责任信息披露的理论动因、管理模式及其影响因素。

曾月明、崔燕来和陈云从公司股权特征、董事会特征以及财务压力三个方面探讨了信息披露违规的影响因素。研究结果表明：股权集中度、管理层持股比例、独立董事比例对信息披露违规行为的影响不显著，而股权性质、董事会规模、公司的盈利能力和偿债压力对信息披露违规行为有着显著的影响。金智、柳建华和陈辉以信息披露违规公司的处罚公告为切入点，从信息披露监管外部性的角度，研究信息披露监管的有效性。研究结果表明，同行竞争者对处罚公告产生显著的信息传递效应，并且信息传递效应的程度与公司会计信息质量显著正相关，这说明监管当局对违规公司查处的信息披露监管产生了显著的外部性，并且这种外部性与会计信息质量显著正相关。杨忠海和周晓苏研究了政府最终控制、控股股东行为对财务报告透明度的影响。研究发现：控股股东掏空行为显著降低了财务报告透明度；国家最终控制的上市公司的财务报告更不透明，并且政府干预动机越强，财务报告透明度越低；财务报告透明度与最终控股股东的所有权比例呈“U”形变化，与其他股东的制衡能力呈同向变化。张然和张鹏通过借鉴西方的自愿信息披露理论，并结合我国转轨经济的制度背景，探讨了我国上市公司自愿业绩预告的三类动机：资本市场交易、管理层股票收益和管理层能力信号传递。研究结果显示：融资需求高、管理者利益协调程度高、会计业绩好的上市公司更有动机自愿披露业绩预告，而国有上市公司相对于非国有上市公司自愿披露动机更弱。高文亮和张正勇通过对中国石油和壳牌石油 2006~2009 年度社会责任报告在形式和内容上进行比较，分析了中外企业社会责任报告披露的异同之处，然后对改进我国企业社会责任报告披露提出了一些重要启示：统一社会责任报告的编制框架；完善利益相关方的参与和信息反馈机制；开展社会责任报告第三方审验；社会责任报告内容要体现平衡原则；选择适当的社会责任报告披露形式以提高披露的效果。张淑慧和彭珏使用多元回归数学模型研究了自愿性信息披露对财务治理效率的影响，研究发现：在控制了股权集中度、资产负债率、审计委员会的设立、监事会会议次数、管理层持股、农业财税补贴、公司规模、成长性和盈利能力的条件下，农业上市公司中，积极进行自愿性信息披露的公司财务治理效率更高。

王霞、薛岳和于学强以财务重述公司为低会计信息质量的研究样本，探讨了CFO背景特征与会计信息质量的关系。研究发现，CFO的财务专长（是CPA）与会计信息质量正相关，CFO是女性的企业会计信息质量更高。进一步的研究发现，CFO的财务专长不仅有助于降低会计差错发生的概率，而且有助于降低会计差错发生的频率。李茜和张建君结合高阶理论和制度理论，研究了高管特点和企业行为的关系，以及企业所有制对高管特点与企业行为的关系的调节作用。研究发现：高管特点对企业行为产生直接影响，高管的高学历和过程型工作背景对提高企业效率有积极作用，而高管的产出型背景不利于企业的市场多元化。朱明秀研究分析了财务业绩、CEO薪酬与商业银行社会责任之间的关系，并揭示了商业银行社会责任的影响因素。研究发现：上市银行财务业绩显著影响其社会责任，但对社会责任的不同衡量指标影响方向相异；CEO薪酬对社会责任具有显著的正向激励作用，但对财务业绩好的银行的激励作用显著小于财务业绩差的银行；资产规模与社会责任之间具有显著的负向相关性；控股股东性质显著影响上市银行社会责任。

对于股权激励对企业研发投资支出以及技术创新的影响，黄淙淙研究了产权性质、股权激励对企业技术创新的影响，并在充分控制其他影响企业技术创新的因素后，研究发现：第一，经营者持股和以股票期权为主的股权激励机制显著地促进了企业技术创新；第二，民营产权弱化了经营者持股对企业技术创新的促进作用；第三，以股票期权为主的股权激励机制对企业技术创新的影响并未显著受到产权性质的约束。唐清泉、夏芸和徐欣探讨了股权分置改革前后我国企业管理层股权激励对研发投资的影响，并在此基础上检验了管理层股权激励的内生性。研究发现，高管股权激励存在内生性，在控制了内生性之后，股改前股权激励与研发投资之间存在倒“U”形曲线关系；股改后股权激励对研发投资具有显著的正向影响。盛明泉和蒋伟研究了我国上市公司股权激励对公司业绩的影响，研究的结果表明，激励的高级管理人员占高管总数的比例与公司业绩呈显著的正相关关系，但目前对高管和核心员工的股权激励强度并没有产生应有的积极作用。唐芸和唐清泉研究了不同产权背景下高管薪酬与技术创新选择之间的关系。研究发现：高管股权激励越大，高管越倾向于自主创新；会计短期业绩越多，高管越倾向于技术引进；在中央控股的企业中，采取股权激励作为高管主要薪酬方式比会计短期业绩更有利于自主创新；地方国企的技术创新方式选择与高管薪酬的长短期激励方式有关；对于私有企业而言，高管薪酬对企业技术创新的影响并不明显。左晶晶和唐跃军研究了高管薪酬激励和股权激励对企业国际化程度的影响。研究证实，由于边际递减效应在一定程度上形成所谓的过度激励，中国上市公司高管股权激励与企业国际化程度之间表现为倒“U”形关系。

关于股权激励和企业绩效的关系，赵青华和黄登仕借用Cobb-Douglas生产函数，分析了高管股票期权（ESO）激励及其与高管权力交互作用对公司业绩的影响。结果发现，实施ESO有助于公司业绩的提高；而公司业绩与公司的资产规模、劳动力报酬的支付等关系密切，同时大多基于上期的盈利惯性；在考虑权力累积量和ESO激励强度的情况下，两者的交互作用对公司业绩具有显著的副作用，而在 ESO 激励力度较小的情况下，高管以此谋私利的动机不足。褚晓琳和张立中通过建立不完全信息动态博弈研究了股权激励对于公司绩效的影响，研究结果显示：股权激励只有真正激励经理人员努力工作，减少其损害股东利益的行为时，股权激励才与公司绩效正相关；反之，股权激励与公司绩效负相关。吕长江和张海平研究了我国股权激励计划对公司投资行为的影响。研究发现，股权激励机制有助于抑制上市公司的非效率投资行为。具体地，相比非股权激励公司，推出股权激励方案的公司抑制了投资过度行为，也缓解了投资不足的问题。林大庞和苏冬蔚基于盈余管理的视角，通过 Heckman 两阶段模型，研究了股权激励对于公司业绩的影响。研究发现：使用盈余管理修正业绩前，实施股权激励的上市公司，其平均业绩显著高于未实施股权激励的公司，同时股权激励与业绩呈正相关关系，而通过盈余管理修正业绩后，股权激励与业绩间的正相关关系减弱。谭庆美和吴金克以我国中小企业板上市企业的数据为基础，研究了中小上市企业管理层持股与绩效之间的关系。实证结果表明，中小上市企业管理层持股的内生性特征并不显著，Tobin Q、总资产收益率与管理层持股之间均存在明显的"N"形关系。谢振莲和吕聪慧探讨了管理层股权激励对盈余管理的影响，研究结果显示管理层股权激励程度越大，盈余管理程度越大。饶雨平针对国有控股企业不同于非国有控股企业的治理特征，分析了股票期权理论与现实的矛盾冲突，探讨了国资控股企业如何实施股票期权激励。

张海平和吕长江基于资产减值会计的视角，研究了股权激励计划对公司会计政策选择的影响。研究发现：从盈余管理动机的角度看，股权激励会影响公司会计政策的选择。在股权激励方案推出前后，实施股权激励计划的公司管理层基于自身利益的考虑，利用资产减值政策操纵会计盈余影响股权激励的行权条件。刘旭妍和余新培探讨了上市公司利用股权激励制度向管理层进行不合理的利益输送时，对其他股东利益的损害，并提出了可以从以下四个方面加以规范和治理：一是加强股权激励制度监管；二是进一步规范行权价格；三是加强上市公司股票期权信息披露；四是进一步完善公司治理结构。吕长江、严明珠、郑慧莲和许静静研究了上市公司选择股权激励计划的原因，研究显示，中国上市公司选择股权激励方案有其特有的制度背景和公司动机。这些动机彼此之间具有相互作用，且公司治理的影响更为重要。与国外相类似，对人力资本的需求是上市公司选择股权激励的动机；不完善的治理结构、严重的代理问题也会使公司有动机选择股权激励，但是，部分上市公司选择股权激励的动机是出于福利的目的，股权激励没有作为代理成本的替代却成为代理成本的结果。同时，处于市场化程度越高的地区，公司越有动机选择股权激励。

岗位薪酬设计方面，刘运国、蒋涛和胡玉明基于 ST 公司，从业绩信息的异质性和管理层权力两个方面，研究我国上市公司高管免予薪酬惩罚问题。研究发现：业绩信息异质性越强，管理层权力越大的 ST 公司高管越有可能免予薪酬惩罚。同时发现短期负债是上市公司高管不能免予薪酬惩罚的重要因素，而开董事会次数越多越能免予薪酬惩罚。梁英研究分析了产品市场竞争对于高管报酬激励效应的影响，研究结果显示，与国企相比，产品市场竞争对民营企业高管报酬激励效果的提高更为显著；与竞争弱的行业相比，在竞争强的行业里高管报酬的激励效果更好。产品市场竞争程度影响企业报酬机制的安排，在不同的竞争环境下企业应采用不同的报酬契约安排。刘善敏和林斌研究了作为大股东掏空手段之一的资金占用对经理人薪酬激励的影响，研究结果显示，资金占用确实降低了经理人的业绩薪酬激励强度，并且实际控制人性质影响该激励强度。王华兵和李雷研究了分部经理间战略协同程度、分部经理关于分部的私人信息数量、分部经理对分部短期财务业绩的影响以及分部经理对分部长期财务业绩回报的影响四个因素在分部经理契约设计中对确定非财务指标权重的作用。研究发现，分部间的战略协同程度越高，分部经理激励契约中的非财务指标权重就越高；分部经理关于分部的私有信息越多、分部经理对分部短期财务业绩的影响越大，分部经理激励契约中非财务指标的权重就越低。黄福广、李广和李西文研究了行政级别变量本身以及对于高管薪酬和代理成本之间关系的影响，研究发现，国有控股和民营上市公司内高管薪酬与代理成本之间的关系差异明显；在国有控股上市公司中，行政级别引致的行政激励对公司高管具有显著的激励作用，并且行政激励对薪酬激励具有一定的替代效应。吴春雷和马林梅通过数学模型推演，从理论上研究了不同监督力情况下高管减薪的后果，研究发现：在企业持续经营过程中，高管减薪能够导致高管控制权收益对薪酬的替代，替代作用产生了负的激励效果，并且替代程度越大，负向激励效果越明显；监督力的强弱是决定替代程度大小的关键因素，不变或弱化的监督力能够强化高管控制权收益对薪酬的替代程度。杨淑玲通过建立一个委托代理模型来分析高新技术企业的治理机制，并研究了高新技术企业的治理机制、高管薪酬与绩效的关系。高雷和戴勇研究了管理层激励、企业发展潜力以及财务风险三者之间的关系。研究发现：管理层激励和企业发展潜力正相关，说明高效的管理层激励体制有利于提升企业的发展潜力；在不同的规模下我国上市公司管理层激励体制对企业财务风险影响有所差别；企业发展潜力与企业财务风险负相关，说明发展潜力越好的企业控制风险的能力越强。周仁俊、杨战兵和李勇研究了我国上市公司管理层薪酬结构的特点以及薪酬结构与经营业绩的相关性。研究结果表明，高薪低在职消费型激励效果最佳，低薪高在职消费型激励效果最差，其余的薪酬结构激励效果居中；货币薪酬的提高会增强薪酬结构的激励效果，在职消费水平的提高则会降低薪酬结构的激励效果，股权激励对薪酬结构的影响是双向的并在一定程度上受货币薪酬的影响；货币薪酬、持股比例与经营业绩正相关，在职消费与经营业绩负相关，但显著性水平存在差异。黄寿昌、陈星光和李朝晖以管理层异质性作为概念基础，对管理层薪酬契约的决定效率和激励效率实施了联合检验。研究表明，董事与高管之间的“合谋”使我国上市公司管理层薪酬契约更多地满足了董事与高管的个人偏好而不是股东价值的最大化，董事与高管以超额薪酬方式共同分享“企业租金”的行为导致管理层薪酬契约偏离了最优契约标准。此外，董事与高管“合谋”对管理层薪酬契约效率的消极影响在国有上市公司进一步恶化，并随着第一大股东持股比例的上升有所弱化。吴春雷和马林福通过推演企业高管效用与企业支付之间的均衡模型，研究了高管薪酬管制与外生监督力变化强度共同作用下的有效性，结果发现：薪酬管制的效果表现为高管控制权收益对薪酬的替代以及基于替代的企业业绩变化，而且薪酬管制的综合效果因监督力变化方向和强度的差异而不同；

如果实施薪酬管制并忽视或减弱了监督力，那么高管控制权收益的增长和企业业绩的下降幅度都是最大的，从而解释了薪酬管制如何通过替代性传导机制导致高管腐败频发的现象。高前善通过分析国企高管薪酬制度存在的问题，并结合市场经济本身的缺陷以及国企的“国有”特征，论证了政府规范下的市场化是制定公平的国企高管薪酬管理体制的必然选择。孙玥璠、杨有红和张真昊运用“委托—代理”理论，并结合我国国情，构建了国有企业外部董事激励机制的博弈论模型，进而研究了国有企业外部董事激励机制对外部董事行为的影响。孙世敏、王昂和贾建锋以价值创造为业绩标准，采用动态基础薪酬制度，探讨了将薪酬激励与非薪酬激励相结合在一起的经营者激励机制，并得出结论：第一，实行动态基础薪酬制度可以有效提升经营者努力水平；第二，经营者激励应采用薪酬激励与非薪酬激励相结合的手段，并依据非薪酬激励敏感度灵活设计两者的组合比例；第三，垄断行业经营者努力水平低于竞争性行业，需要引入竞争机制。陈珠明、刘家鹏和李鹏程基于内部控制人的角度研究了我国上市商业银行的高管高薪问题，结果表明：高管薪酬与银行的绩效、资本充足率显著相关，从内部人控制角度来看，独立董事比例与高管薪酬显著负相关，董事会中经理任职比例越高，高管薪酬也越高；同时，高管薪酬与第一大股东的持股性质显著负相关，而监事会人数对高管薪酬影响不显著。袁光华和付磊采用实验研究的方法，研究了将绩效考核和激励制度相结合对雇员努力的强度和努力的持久度的影响。研究结果表明，绩效指标与奖惩挂钩可以提高对应的绩效指标的业绩。激励制度可以有效提高雇员努力的持久度，但是努力的强度并没有明显的提升。杨蓉和杨唤词研究了金融行业上市公司高管薪酬中存在的公平和效率问题，即高管薪酬与业绩缺乏相关性，以及高管薪酬水平差距过大的问题。刘红霞和李辰颖分别从现金薪酬和股权薪酬两方面研究了经理层声誉与薪酬的关系，实证结果发现，在控制了企业规模、绩效、行业、地域、经理层年龄、管理层持股比例和董事会规模等因素的影响后，经理层的声誉与其薪酬显著正相关。李业昆、张亚涛和苏增军根据绩效薪酬的基本原理，并结合零售企业薪酬特点和绩效薪酬状况，研究了零售企业有效实施绩效薪酬的前提条件。李春玲、李壮和李隽箬基于多元回归模型，研究了零售业上市公司高管团队内部薪酬差距的影响因素，研究表明：第一，零售业上市公司高管团队内部薪酬差距受公平感、公司业绩、规模、地区、股权集中度的显著影响，其中发挥主要作用的是公平感和公司绩效，并且公平感对薪酬差距影响略强于公司绩效，而核心高管素质和公司成长性对薪酬差距影响不明显；第二，公司绩效、公司规模和地区因素对薪酬差距有显著的正向影响，而公平性、股权集中度对薪酬差距有显著的负向影响。杨蓉探究了垄断行业企业高管以年报重述为路径，通过影响企业财务业绩来提高薪酬的可能性。研究发现：高管控制与高管薪酬显著“正相关”。虽然更正报告及补充更正报告与高管薪酬“负相关”，但是在高管控制下，垄断企业高管仍然可以通过补充年报重述路径影响其薪酬。陈峰研究了上市商业银行高管薪酬与银行绩效的关系，研究发现，前三名高管薪酬、行长薪酬与银行绩效正相关，高管年龄与银行绩效负相关，高管任职时间、高管是否持股与银行绩效没有呈显著的线性关系。张卫国、梁小翠和陆静运用广义最小二乘法研究了上市银行 CEO 薪酬、董事薪酬的影响因素。研究发现，CEO 薪酬与公司治理变量及代表股东权益的 EPS 显著相关，这表明 CEO 薪酬已经与企业绩效初步关联；独立董事薪酬与银行规模、股权结构、公司治理、CEO 薪酬以及 ROA 及其滞后变量显著相关，而关联董事薪酬与银行规模、董事年龄、CEO 薪酬、ROA 和 EPS 的滞后变量及监管政策变量显著相关；不同类型的高管薪酬影响因素存在很大差异，这与银行各类高管在经营管理过程中的工作性质有密切关系。陈银博研究了上市银行的高管薪酬的多种关联因素，研究结果显示，我国上市银行高管薪酬不但与净利润额、净利润增长率等经济指标显著相关，而且受股东及董事的观念影响。张娴初和王大成探讨了高新技术企业在科技创新人才薪酬激励中面临的各种问题，并提出了以企业战略为导向，采用领先型薪酬水平战略，推行以技能为导向的高弹性的薪酬结构及其提高薪酬支付的民主性在内的薪酬体系整体对策。陈菊花、隋姗姗和王建将基于迎合效应的薪酬结构模型分析，将在职消费纳入薪酬契约中，探讨了薪酬管制前后怎样的薪酬结构会致使国有企业经理人为了自身利益最大化而做出迎合投资者情绪的投资决策。研究表明，薪酬管制并没有如现有文献所诟病的那样降低了经理人的激励效率，在制度创新尚未成熟前，在职消费与限制性股票的契约组合反而成为经理人自我激励的方法。沈永建、姜龙、蒋德权和钱蓓蓓探讨了将价值创造和会计业绩相结合去评价和考核管理层，并指出，薪酬决定者对管理层的隐性考核可以激励管理层在未来进行更多的价值创造。朱丽莉和王秀丽通过对国内外关于盈余管理与管理层薪酬间关系的文献进行梳理，从研究内容、理论依据及研究方法三个方面对相关文献进行了评述，并在此基础上对未来的研究给出了建议：未来的研究中应关注对管理层隐性薪酬的研究；应充分考虑我国特殊的宏观微观环境对这一领域的影响。朱方明和林雨杰通过研究行业、地区、企业规模、企业效益、股权集中度差异下高管薪酬存在的差异，由此引申出上市公司高管薪酬制度存在的问题，并提出对策建议。张金麟、高文品和赵勍通过对高管薪酬进行总体性描述分析，并按上市公司的行业特征、地域特征和规模特征分别对高管薪酬进行了统计分析。在此基础上，他们提出了关于中国上市公司高管薪酬激励的几点建议：完善高管人员的激励与约束机制；设计合理的业绩评价体系和严格执行高管薪酬的决定程序；进一步增强高管薪酬的信息透明度；建立和完善经理人市场。宋增基、夏铭和陈开从公司治理视角分析了上市银行 CEO 报酬及银行内的报酬差异与银行经营绩效间的关系。研究结果表明，中国上市银行员工薪酬激励与银行绩效有显著的正相关关系；缩小银行高管薪酬和员工薪酬差异对银行绩效有显著的正相关影响；股权激励对上市银行绩效的影响并不显著；银行高管内部薪酬差异却存在锦标赛竞争机制，即银行高管间适当的薪酬差异可以提升银行绩效。陈建林从年度报酬、持股水平、薪酬差距角度出发，分析中美两国上市家族企业的薪酬机制结构、激励效果及其异同，并提出完善中国上市家族企业薪酬机制的努力方向。王志强、张玮婷和顾劲尔从资本结构的视角来审视上市公司的高管薪酬，并探究公司管理层防御现象。研究发现：①我国上市公司普遍存在管理层防御现象；②平均而言，国有企业高管薪酬水平高于民营企业，但资本结构相近，因此，相比于其所承担的人力资本破产成本，国有企业高管的薪酬水平太高了；③与民营企业相比，国有企业存在着更为严重的管理层防御问题。

对于企业的非效率投资行为，窦炜、刘星和安灵通过分析不同控制权配置模式下的企业投资行为决策模型，对大股东控制下的企业不同控制权配置形态与非效率投资行为的关系进行了研究，结果表明，在大股东绝对控股条件下，企业的过度投资扭曲程度与控股大股东持股比例呈负相关关系，而投资不足则与其呈现出正相关关系；在多个大股东共同控制条件下，企业的非效率投资行为会根据多个大股东之间的监督或共谋而呈现出不同，当多个大股东互相监督时，企业的过度投资行为将得到缓解，而投资不足加强；而当多个大股东互相共谋，形成股东联盟时，企业过度投资行为将会加强，而投资不足缓解。计方和刘星基于委托代理理论，从非效率投资视角考察了机构投资者的公司治理效应。研究发现：机构投资者能够发挥监督作用，其持股比率与公司投资过度、投资不足程度显著负相关；相对于非国有控股的上市公司，机构投资者对国有控股上市公司非效率投资行为的监督与抑制受到限制。马春爱通过构建财务弹性指数来测算公司的财务弹性情况，并采用Richardson的残差度量模型，探讨了中国上市公司的非效率投资情况。研究发现：高财务弹性公司更容易出现投资过度问题；公司在财务弹性处于极高或极低水平时更经常表现为投资不足；财务弹性对公司的非效率投资行为存在一定的制约作用，财务弹性较低的公司会更加审慎地进行投资。

此外，邓靖松和刘小平从信任激励的角度，把高管人员的信任激励归纳为对其满意度、忠诚和绩效的作用三个方面，在此基础上，研究了信任激励的相关对策，即根据高管人员被信任感产生的前提，从管理者的公平知觉、授权知觉、组织支持知觉和分享知觉等四个角度，分别采取机会均等、授权分权、帮助与提携、认可与赏识等相应的信任激励措施，以达到减少高管人才流失的激励目的。李增福、曾庆意和魏下海同时从应计项目操控和真实活动操控两个方面探讨了债务契约对公司盈余管理的影响，研究结果表明，公司债务水平越高，两种盈余管理程度都越高。进一步研究表明，国有控股公司负债水平对应计盈余管理无显著影响，但与真实盈余管理正相关；非国有控股公司的负债水平与应计盈余管理和真实盈余管理都显著正相关。杨孙蕾、许慧和许家林以DD模型计量的信息风险为研究切入点，通过信息不对称理论和风险管理理论分析，提出债权人长期借款将依据信息风险程度的观点。且研究结果表明，债权人能有效地对上市公司的高固有信息风险进行降低长期借款比例的调整。谢刚、侯景亮和贾建明运用探索性因素分析法和验证性因素分析法，通过构建中国城市商业银行经营战略、企业文化与经营管理层胜任力与经营绩效的结构模型，研究了经营管理层胜任力与经营绩效的关系，研究结果表明：经营管理层管理技能胜任力对经营战略与财务绩效间的关系起到完全中介作用，经营管理层关系管理胜任力对经营战略与非财务绩效间的关系起到完全中介作用，经营管理层内在素质胜任力、关系管理胜任力分别对企业文化与非财务绩效的关系起到完全中介作用。郭弘卿、郑育书和林美凤探讨了会计师事务所人力资本、薪资与经营绩效三者间之关联性。实证结果显示：会计师事务所人力资本越高，则薪资水平越高；会计师事务所薪资水平越高，经营绩效越好；即会计师事务所人力资本越高，经营绩效越好；员工薪资在人力资本与经营绩效间之间扮演着中介之角色。纪建悦和李坤通过面板数据单位根检验、协整检验和误差修正模型，对利益相关者关系与企业财务绩效之间的长期和短期关系进行了实证研究。研究结果表明：利益相关者关系与企业财务绩效之间存在长期和短期均衡关系，企业应在不同时期对各利益相关者采取差异化管理策略，满足他们各自的利益需求，与利益相关者建立良好的关系，这是提升企业财务绩效的关键。

2. 治理结构

治理结构方面，2011 年国内公开发表的文章共有 146 篇，国内研究包括高管变更对于企业绩效的影响、公司治理结构评价体系、公司治理对企业社会责任的影响、机构投资者的治理效应、公司治理与经营绩效和企业价值的关系等，侧重点主要是公司治理机制和公司治理模式、公司治理结构与财务管理其他方面的关系、公司治理理论基础等。

关于高管变更对企业绩效的影响，叶玲和李心合以 2003~2007 年为时间窗口，以沪深两地 A 股上市公司为研究样本，分析研究公司经营业绩与 CEO 变更的关系，以及不同继任模式对公司业绩的影响。实证结果显示：公司经营业绩下滑会引起 CEO 发生变更，非国有上市公司 CEO 变更可能性高于国有上市公司。CEO 变更后，公司经营业绩得到改善，国有上市公司业绩提升幅度低于非国有上市公司。在常规变更样本中，外部继任公司业绩改善程度优于内部继任公司，而在非常规变更样本中，回归结果则相反，内部继任公司业绩提升幅度高于外部继任公司。进一步分析发现，业绩提升主要来源于线下项目、非经常性损益类项目，而非公司的主营业务。刘美玉以 2006~2008 年发生 CEO 强制性变更的上市公司为样本，研究了 CEO 强制性变更及继任模式对企业绩效的影响，研究结果表明：CEO 强制性变更后的企业绩效好于变更前的企业绩效；外部继任的企业绩效好于内部继任。王立新和沈金洲基于现金持有市场价值模型，研究了中国上市公司高管变更的治理效应，研究结果显示，就整体而言，高管变更能够显著提高现金持有的市场价值，意味着高管变更具有治理效应，但这种价值提升效应依赖于公司的治理机制、所有权性质以及高管变更类型。张媛春和邹东海以 2002~2005 年期间以协议转让方式更换控股股东的上市公司为样本，对样本公司 2002~2008 年的财务数据进行了统计检验，研究了控股股东的更换是否能提高上市公司的绩效，研究结果证明我国上市公司控股股东的更换并不能有效地提高公司绩效。丁友刚和宋献中以我国 1997~2008 年 300 家政府控制的上市公司为例，考察了高管更换与公司业绩的关系以及更换前后公司业绩的变化。研究发现，在政府控制的情况下，高管升迁与公司业绩无关，高管非升迁与公司业绩确实存在负相关关系，但是这种负相关关系只是在经济业绩比较低时才显著。此外，高管更换并没有给公司带来积极的财务业绩改进。谢梅和李强以股权分置改革为背景，研究了 116 家发生终极控制人直接变更和最终变更的上市公司在其控制权转移后三年的综合业绩变化情况及原因。研究结果显示，控制权最终转移比直接转移对公司综合业绩的改善作用更为显著，不管终极控制人是由国有控制实体转为民间控制实体，还是在民间控制人之间转移，都没有对业绩产生显著作用，但终极控制人在国有控制实体间转移却对公司业绩产生了负面影响。

关于公司治理结构评价体系，郝书辰、陶虎和田金方在利用试验性因子模型检验假说合理性的基础上，构建了国有企业治理效率评价指标体系，进而通过因子综合评价模型，

从实证的角度验证了治理效率假说的合理性，从而客观地评价了“新国企”的效率。杨红芬和罗进辉通过使用主成分分析方法从控股股东行为与股东权益、董事与董事会治理、经理层治理、信息披露四个维度共 16 个治理变量构建了公司治理指数，研究了公司治理评价及其对中小股东利益的影响，并给出结论：较低的治理水平会伴随着较低的市场价值，从而损害中小股东的利益。曹廷求和钱先航首先从公司治理和风险管理的关系入手，通过引入强制性和自主性治理的观点，在界定治理收益、治理成本等核心概念的基础上，从公司治理整体的角度定义了治理风险，再基于治理风险视角分析研究了公司治理和风险管理，研究结果显示，强制性的治理要求超过了公司自身最优水平，会导致治理收益小于治理成本，从而引发治理风险的累积。同时治理风险也与法律环境有直接关系，越是强制性的法律越容易导致治理风险的发生和累积，而超越强制性治理的自主性治理不仅会避免治理风险的发生，而且能给公司带来更多的治理收益。雷辉、张一雄、涂蕾和邵华伟通过将公司治理体系分为股权结构、董事会治理、经理层治理、信息披露及透明度、伦理维度五个层面，再运用主成份分析方法来寻求上述五个层面各代理变量的线性组合，构建了上市公司治理水平体系。吴正杰和宋献中从绩效测评标准选择演进的脉络出发，分类简述了绩效测评标准选择存在的诸多困惑，并分析了造成这种状况的原因，另外尝试了基于组织学习理论提出具有系统性、动态性、认知性和近似性的多环绩效测评标准选择方法。杨建仁、左和平和罗序斌探讨了中国上市公司治理结构评价至少应包括股权结构评价、董事会评价、监事会评价、经理层评价、股东评价及信息披露与公司的独立性评价六个方面的内容，并围绕这六个方面选取指标建立了一个包括六个一级指标、十七个二级指标，四十个三级指标的上市公司治理结构的评价指标体系，再运用层次分析法确定指标权重，并计算得到上市公司治理结构完善指数作为评价中国上市公司治理结构水平的标准。

李云鹤、李湛和唐松莲通过构建企业生命周期划分指标，从企业发展进程的动态层面考察了我国上市公司资本配置效率的动态演变，并检验公司治理机制在企业不同生命周期中的治理效果。结果表明，我国上市公司过度投资随企业生命周期呈先降后升的趋势变化，且不同阶段差异显著，但投资不足在企业生命周期内几乎不发生变化。公司治理机制对公司资本配置效率的治理效果随企业生命周期发生演变。在过度投资组，董事长与总经理两职合一在成长阶段显著抑制过度投资，大股东持股在衰退阶段则加剧过度投资。在投资不足组，管理层持股能够降低公司投资不足，成长阶段中董事长与总经理两职合一、成熟阶段中的独立董事反而加剧投资不足。

关于公司治理对企业社会责任的影响，冯丽丽、林芳和许家林研究了股权集中度是否对企业社会责任履行产生影响后发现：股权集中度越高，上市公司越倾向于履行社会责任；国有上市公司股权集中度与社会责任履行显著正相关，非国有上市公司股权集中度对社会责任履行的影响不显著。姜涛、王怀明通过构建 Logistic 回归模型对大股东持股、治理环境和信息披露质量的关系进行了实证分析，研究发现，提高第一大股东持股比例和增加大股东个数对信息披露质量有正面影响；在治理环境好的地区，提高第一大股东持股比例有利于改善信息披露质量。肖作平、杨娇结合中国的制度背景，从理论上多维度地推演了公司治理各层面对公司社会责任的影响。研究结果表明，当公司治理水平高时，控股股东的机会主义行为受到限制，内部人也受到了更严格的监督，从而在一定程度上阻止了控股股东、内部人等利用自身的权力将公司利益占为己有，侵害其他相关利益者利益的行为，此时公司将对其他相关利益者履行更多的社会责任。余峰艳和郝项超从最终控制人的视角，采用手工搜集的 2006~2008 年的数据对行政背景会损害独立董事独立性进而降低财务信息质量的假设进行了实证检验。研究结果表明，与其他国有控股上市公司相比，聘请了具有行政背景独立董事的公司的财务信息质量更差。杨熠、李余晓璐和沈洪涛以 502 家重污染行业上市公司为研究对象，选取 2006~2008 年度上市公司披露的环境信息，构建环境信息披露指数，系统考察了绿色金融政策下公司治理因素对企业环境信息披露水平的影响。研究结果发现，国有股权、第一大股东持股比例、审计委员会以及设立环保部等公司治理因素对环境信息披露水平的提高影响非常显著，而绿色金融政策则强化了这些因素的环保作用。信息披露的影响。研究结论表明：公司盈利能力与环境信息披露正相关，盈利能力越强的公司越倾向于披露环境信息；企业规模与环境信息披露正相关，规模大的公司更有动力披露环境信息，以减少信息不对称而产生的代理成本；发展能力、上市公司的负债程度与环境信息披露负相关，但不显著。同时，重污染行业与环境信息披露正相关，重污染行业为向社会传递其主动承担环保责任的信息，环境信息披露比例高于非重污染企业，且披露的环境信息内容丰富。李建升和李巍基于浙江纺织企业的调查数据探讨了企业社会责任与企业财务绩效的关联性，研究结果发现，前期企业财务绩效和后期企业的社会责任状况显著正相关，而前期企业社会责任和后期企业财务绩效之间、同期企业社会责任和企业财务绩效之间呈负相关趋势，但统计不显著。

对于机构投资者的治理效应，彭丁以控制权结构为研究载体，利用 2005~2008 年深圳证券交易所上市公司的数据，考察了机构投资者的治理效应，证实了机构投资者对于改善上市公司治理结构能够起到积极作用，公司控制权结构对于机构治理具有重要影响，因此加强公司内在环境的治理是促进机构投资者发挥新兴作用的关键所在。戚晓曜、黄炳艺和王泽填以我国上市公司为样本，实证研究了公司治理与证券投资基金持股的关系。研究结果表明，我国证券投资基金持股决策与上市公司的公司治理水平具有显著关系。高丽和胡艳在理论分析的基础上实证检验了投资者关系管理对机构股东积极治理的调节作用和中介作用。结果表明，机构股东积极治理的价值效应不显著，但在加入投资者关系管理调节变量后，价值效应显著。钱露采用相对监督收益的标准，考察目标公司股权结构对机构投资者参与治理决策的影响。研究表明，目标公司如果只存在一个机构投资者会有利于其参与公司治理，如果存在若干持股数相当的机构投资者则不利于其参与公司治理。

关于公司治理与经营绩效的关系，杨棉之和张中瑞选取 2008~2009 年沪深 300 成分股为样本，采用多元回归分析法对上市公司债权治理与公司绩效的关系进行实证检验，结果表明：当以不同的指标表示公司绩效时，债权对公司绩效的影响方向和影响程度不同，长期资本负债比率与公司绩效显著正相关。赵玉珍和张心灵研究了债务治理与公司经营绩效的关系，其研究结果显示，我国上市公司的长短期债务均具有治理效应，并能够形成可观测的经营绩效，但治理效应的大小受债务期限结构的影响，且长期债务对可观测经营绩效的作用程度大于短期债务。黄新飞和张娜研究了债务重组的公司治理效应，并运用 SPSS 筛选变量分析法对 2003~2007 年中国宣布债务重组公报的上市公司数据进行实证研究，结果显示，我国上市公司债务重组没有有效地改善公司的治理绩效。胡苏以 2005~2008 年中国 A 股非金融类上市公司为样本，考察了独立董事治理对公司长期借款融资的影响。实证研究表明，独立董事比例和独立董事薪酬与长期借款比重正相关；在民营上市公司和市场化水平较低的地区，独立董事治理机制对上市公司获取长期借款的作用更为有效。魏卉、杨兴全和吴昊旻以 2004~2006 年非金融行业上市公司为样本，检验终极控制人现金流权、两权分离、治理环境和终极人性质对股权融资成本的影响，终极控制人的两权分离程度与股权融资成本之间的关系是否受治理环境的影响，以及上述治理环境与股权融资成本的直接和间接关系是否与终极控制人性质有关。研究发现：①两权分离与股权融资成本显著正相关，而现金流权与股权融资成本显著负相关；②治理环境本身与股权融资成本负相关，且治理环境的显著改善能弱化两权分离对股权融资成本的负面影响；③相对于非国有上市公司，国有公司的股权融资成本较低，且上市公司的国有性质在一定程度上能强化治理环境对股权融资成本的正面作用。刘石兰以金融危机时期（2007~2009 年）的上市信息技术企业为样本，研究了公司内部治理结构对整体销售绩效的影响，研究结果显示：董事长兼任总经理分别与整体销售绩效、销售利润率和销售增长率呈正向关系；大股东持股比例与销售费用率存在负向关系；高管层年度薪酬水平分别与整体销售绩效、销售利润率和销售费用率正向相关；管理层领取年度薪酬的人员比例与整体销售绩效、销售利润率均呈负向关系。王克明和王平考察了中国上市公司治理结构、现金股利变化与盈余变化持续性之间的关系。研究发现，现金股利变化对盈余变化持续性的影响有类似成熟资本市场所呈现的预测作用，但作用较弱，而且这种预测作用的强弱受到公司治理结构的影响；现金股利变化对盈余变化持续性的预测作用则表现直接，且并非通过股利变化的市场反应表现出来。马忠、陈登彪和张红艳在考虑代理冲突程度、业绩表现与公司内部治理的内生关系基础上，研究了代理冲突程度和业绩表现这两个表征治理效率的公司特征因素对公司内部治理与盈余质量关系的影响。研究发现，在公司代理冲突程度较高和业绩表现较差时，公司内部治理水平的提升显著改善了盈余质量，而相对于代理冲突程度的影响而言，业绩水平在影响公司内部治理与盈余质量相关关系中起主导作用。周中胜以 1999~2004 年所有沪深两市的上市公司作为研究样本，通过构建证券市场资源配置效率模型和反映行业公司治理状况的 G 指标，考察了我国上市公司的治理状况对证券市场资源配置效率的影响。研究发现，我国证券市场的资源配置效率存在行业差异，且行业平均公司治理状况越好，资源配置效率越高。进一步的研究发现，公司治理与产权以及市场竞争在促进证券市场的资源配置效率方面存在互补效应。周剑使用调整的资本结构影响模型，以 2000~2009 年中国 1700 多家上市公司财务数据为分析对象，研究了后金融危机背景下企业经营业绩的影响因素，实证分析发现：金融危机期间，企业资本结构与公司规模显著正相关，资产构成在一定区间内，可促使企业经营业绩最大化，资本结构对企业经营业绩的影响在金融危机期间更加明显。檀文、王海涛和王凯通过选择竞争较激烈的日常消费类上市公司为研究对象，运用该类公司 1998~2009 年间的面板数据，通过对数据的 Hausman 检验，运用随机效应的面板模型实证分析了日常消费类上市公司外部治理对公司绩效的影响。实证结果表明，日常消费类上市公司产品市场的竞争性与公司绩效呈显著的负相关，而健全的法律法规体系与公司绩效正相关，此外，控制变量管理层持股比例、独立董事比例、公司规模和资产负债率与公司绩效呈正相关，董事会规模、流通股比例与公司绩效负相关。

关于公司治理与企业价值的关系，刘银国和朱龙通过图构建一个能够恰当反映和评价中国企业公司治理水平的 CGI 指标体系及企业价值计量模型，并运用回归分析，研究了中国企业公司治理与其价值的相关性。研究结论表明公司治理水平对企业短期绩效的影响相比于对反映企业长期绩效的企业价值的影响更为显著。郭清根和鲁小东采用数据回归方法，对 2001~2008 年沪深 1371 个上市公司员工收入、内部治理与公司价值间的关系进行了实证研究，结论证明，上市公司价值与员工收入紧密相关，加入员工收入变量后，公司内部治理因素对公司价值的影响发生变化。研究还发现，与现有研究结论不同，样本期管理层持股对公司价值有负影响。党文娟通过建立收益—成本模型来说明兼职外部董事是否会影响公司价值，以及怎样影响公司的价值，模型说明管理者兼任外部董事的数量往往超过公司的最优数量，但是，只要管理者有科学、合理的激励约束机制，可以避免管理者过度兼职的问题，而不必对管理者兼职行为进行限制。张耀伟基于 2004~2006 年中国上市公司截面数据，在实证检验不同治理机制间替代效应的基础上，系统分析了终极控制、公司治理与企业价值间的互动关系，验证了公司治理的中介效应。结果显示：①董事会治理与其他治理机制间存在显著的替代效应。第一大股东持股比例的增加会强化董事会治理与股权制衡度、监事会治理之间的替代效应，而会弱化董事会治理与管理层激励、信息披露之间的替代效应；②终极控制股东两权偏离对公司价值具有显著的负面效应；③公司治理对公司价值具有显著的正向效应，其在终极控制对公司价值的作用机制中具有显著的中介效应，中介效应占总效应的比例超过 50%。

蔡春、蔡利和田秋蓉基于内部审计价值增值功能，以 2007~2009 年 A 股上市公司为研究对象，考察了内部审计质量对公司价值的影响，研究表明，内部审计对公司价值的影响主要是通过公司经营绩效实现的，在考察样本中的中小企业板上市公司，内部审计质量与公司价值和公司价值增值显著正相关。吴爱华和葛文雷通过逆向归纳法分析进入权、专用性投资和知识对创新治理模式的影响方式及微观机理。研究结果表明，充分的进入权在物质资产密集型企业总是最优，对于知识资产来说容易出现为适应知识的互补性而投资不足或是为侵占知识而过度投资两种情况，进入权对专用性投资的激励作用是对称的而所有权是非对称的。彭剑君、朱庆须和蒋伊丹基于企业社会责任理论、利益相关者理论，从社会责任衡量指标与财务绩效指标入手，通过实证研究考察我国银行业社会责任与财务绩效之间的关系，从而为银行业处理社会责任与自我发展的关系提供依据，促进银行业经济的发展。

公司治理机制方面，刘羽芬、刘小元和李永壮从委托代理理论的视角，实证检验了公司治理机制对企业经营效率的影响。实证研究表明，高管持股对产能提升策略营运效率具有显著正向影响；董监事薪酬、机构法人持股、员工薪酬对大陆区域转投资策略的营运效率具有显著正向影响。林琳和潘琰首先以 12 个指标评估中国百强公司网络投资者关系管理（IRM）的及时性，再通过董事会结构和股权结构两个维度对公司治理与公司网络 IRM 及时性的关系进行实证检验。研究发现，公司治理机制尤其是股权结构对网络 IRM 及时性产生了显著影响，高管持股激励机制及国有性质股权有利于提升网络 IRM 及时性，而第一大股东对网络 IRM 及时性具有显著的负面影响。

王新霞、刘志勇和孙婷深入考察了股权分置改革对股权结构进而对公司绩效的影响机理，并基于我国上市公司数据构建模型，实证分析了股权分置改革对股权结构与公司绩效的关系变迁的影响。研究结果发现，股权分置改革对我国上市公司股权结构，对公司绩效的影响方式产生了显著影响，股改后股权集中度与公司绩效间的正向关联显著性降低，股权制衡度与公司绩效间的正向关联显著性增强，流通股比重与公司绩效的关系由不显著正相关转变为显著负相关关系，国有股比重与公司绩效的关系由显著正相关转变为显著负相关关系，法人股比重与公司绩效的关系由显著负相关转变为不显著正相关关系。陈德萍和陈永圣深入分析了国内外关于股权结构与公司绩效的影响因素，再运用回归分析法，以 ROE 作为公司绩效的度量指标，考察了中小企业板上市公司股权集中度、股权制衡度对公司绩效的影响因素。研究结果表明，股权集中度与公司绩效呈显著的正“U”形关系。张俊瑞和马晨以 2005~2009 年间中国 A 股上市公司补充与更正报告中出现“会计差错更正”项目的公司为研究对象，以是否发生财务重述为因变量，采用配对样本分析方法考察了股权结构对财务重述的影响。结果发现，股权集中度越高，发生财务重述的概率越低，国有股比例越高，发生财务重述的概率越高，流通股比例越高，发生财务重述的概率越低，管理层持股比例与财务重述之间呈“U”形关系，而法人股以及机构投资者抑制财务重述的作用不明显。蒲艳萍和刘婧采用多元回归方法，研究了股权结构和公司治理两方面对控股股东经营性关联交易的影响，并进行了实证分析，研究结果发现：第一大股东持股比例和股权集中度分别与控股股东经营性关联交易规模成正“U”形关系，股权制衡度与控股股东经营性关联交易无关，独立董事比例在监督和制约关联交易方面作用不显著，监事会在遏制控股股东关联交易方面发挥了积极的作用。刘艳妮、张航和邝凯在对中国商业银行股权结构现状进行深入分析的基础上，利用 14 家上市商业银行 2007~2009 年的面板数据，以衡量股权结构集中度和股东性质的多项指标为解释变量，对上市银行股权结构与综合绩效的关系进行实证分析。结果显示：第一大股东持股比例、前五大股东持股比例之和与综合绩效呈倒“U”形的二次曲线关系，国有股比例与综合绩效负相关，外资持股比例与综合绩效正相关。刘媛媛、黄卓、谢德逊和何小锋以我国 2007 年上海证券交易所上市的 730 家公司作为研究对象，通过实证研究分析方法研究了中国上市公司股权结构与公司绩效的关系，分析得出：国有股比例与公司绩效具有显著的正相关关系，境内法人股比例与公司绩效也具有显著的正相关关系，而人民币普通股、外资股比例与公司绩效之间无显著相关关系。研究结果还表明，资产规模与公司绩效正相关，资产负债率与公司绩效负相关。李斌和孙月静以我国A股上市公司2008年控制权数据为样本对上市公司的控制权特征及其对公司绩效的影响进行了实证研究，研究结果说明国有公司和民营公司的控制权特征有显著差异：国有公司的控制度和所有权比例显著高于民营公司，而两权分离度低于民营公司，国有公司大部分都是直接控制，民营公司多采用间接控制，民营公司中的相对控制比例比国有公司要高。同时，在我国上市公司中控制权对公司绩效有显著影响，且在实际控制人不同的公司里影响也不尽相同。

谭庆美、何娟和马娇以中小企业板2004~2009年数据为基础，分析了中小上市企业董事会结构、股权结构与绩效之间的关系。实证结果表明，中小上市企业的董事会结构、股权结构与绩效之间的内生性特征不显著。周翼翔基于动态内生性视角，对董事会结构与公司绩效关系进行实证分析后发现：董事会结构与绩效之间存在跨期作用的可能，但这种跨期影响比较弱，它受绩效变量选择的影响；董事会结构与绩效自身也存在着动态正向调整的过程，在实证中若不加考虑，有可能会得出有偏差的结论。张完定和郑广文从实证的角度并结合相关理论和已有的研究成果，分析中国上市公司董事会的特征（董事会持股比例、董事会的规模、董事会人员构成和董事会领导结构等）对管理层舞弊的影响，并得出相关的结论，进而为有效发挥中国上市公司董事会监督管理职能，有效遏制管理层舞弊的发生乃至为公司治理机制建设提供思路。对于董事会的基本功能，谢志华、张庆龙和袁蓉丽认为，董事会的基本功能是决策功能，董事会的结构是否合理，应该以是否影响决策效率为标准，因此，董事会成员的构成应该更关注其对决策效率提高的作用，而互补性的董事会结构是最有利于提高决策效率的。张娜、关忠良和郭志光利用我国14家上市银行2006~2009年的面板数据，对银行企业董事会特征与银行绩效间的关系进行了实证检验。研究结果显示：独立董事、女性董事对银行绩效具有显著的正向影响；董事会规模、董事长与总经理的兼任对银行绩效具有反向影响；董事会会议与银行绩效呈现正相关关系，但并不显著。袁琳和张宏亮通过对10家设立财务公司或结算中心的集团公司的结构式访谈及调研，研究了董事会治理与财务公司风险管理之间的关系，研究结果发现财务公司治理结构与风险控制机制相对于结算中心更健全，但作为财务公司风险最终承担者之一的集团董事会在风险管理中的责任及功能被弱化。武晓玲和瞿琦从公司治理结构的角度，以2003~2007年沪深股市690家A股上市公司作为样本，在考虑公司特征和行业差异的前提下，运用多元线性回归模型分析了股权结构和董事会特征对上市公司债务期限结构的影响。研究结果显示，第一大股东持股比例与债务期限结构显著负相关，董事会规模、独立董事比例与债务期限结构显著正相关，国有股比例、管理者持股、董事长和总经理两职合一与债务期限结构的关系不显著。周建、李小青、金媛媛和尹翠芳通过梳理和归纳有关董事会—CEO关系及其对公司绩效影响研究的理论渊源，然后构建了董事会—CEO关系与公司绩效研究的理论模型，并分析了现有研究存在的不足，指出了未来研究值得关注的方向，以期为后续研究提供借鉴和启示。李坚飞和欧阳文和首先从股权结构的角度对控制权指标进行了选定和度量，然后研究了控制权和公司绩效的关系，并以中国ST民营企业数据进行实证。结果表明，公司的ST化与股权的制衡化以及第一大股东对董事会、总经理

的直接控制能力下降（控制权弱化）存在显著正相关关系。朱博文和潘旭使用2003~2010年51家商业银行的数据检验了银行董事会结构的内生决定因素及其对银行收益与风险的影响。研究表明：董事会规模与银行规模正相关，与其贷款领域负相关，与以资产收益率衡量的CEO谈判力量显著负相关。在董事会独立性方面，董事会独立性与银行多样化经营程度显著正相关，与以资产收益率和行长年龄衡量的CEO谈判力量负相关。在董事会结构对银行收益和风险的影响方面，董事会规模与银行资产收益率负相关，董事会独立性与银行资产收益率正相关，但均不显著；董事会规模和独立性均与银行不良贷款率正相关。敬文举和刘凯旋研究了商业银行公司治理的进展和改革着力点，并指出优化董事会结构、加强内部控制建设并重视利益相关者的作用，是银行公司治理的重要内容，而提高创新能力、服务能力和抗风险能力，是银行保持长久竞争力和实现利润最大化的基础和前提。石凯和刘力臻在对中国16家上市商业银行绩效进行前沿效率分析的基础上，建立以董事会规模、外部董事监事占比、CEO薪酬和管理层人均薪酬为基础的二元选择模型，对中国商业银行运营效率同董事会治理的关系进行了实证研究。结果表明，独立董事在商业银行公司治理中的作用并不明显，CEO薪酬和董事会规模对商业银行业绩并无显著影响，董事会规模过大无益于商业银行经营效率的提高，管理层人均薪酬的增加则有助于银行效率的提高。顾湘和朱丹以2008~2010年的中小板上市公司相关数据作为样本，研究了股权结构和高管持股的特征，并按大股东的控股地位将样本分为三类，分析在不同情况下大股东持股比例、股权集中度、股权制衡度和高管持股对经营绩效的影响。李明星、曹利莎、江涛和张同建实证研究了我国农业上市公司董事会治理绩效，实证研究表明：董事会规模、董事会结构、薪酬激励、独立董事聘任与独立董事资质等因素对董事会治理绩效的改进存在着显著的促进作用，而职责明晰、股权激励、声誉激励与独立董事业绩考评等因素对董事会治理绩效的改进却没有产生现实的激励。王立文利用2004~2008年间196家中国上市公司的平衡面板数据检验了公司经营复杂性、监督成本、私人收益、CEO影响力、股权结构、制度环境六个因素对中国公司董事会构成的影响。研究发现：公司经营复杂性、监督成本、私人收益、CEO影响力四个因素对中国民营上市公司董事会构成的影响同国外已有结论存在很大的差异，股权结构和制度环境是影响中国民营上市公司董事会构成的重要因素。李礼研究分析了我国政府治租对上市公司治理结构的影响，研究结果发现：①政府治租之后，事件公司高管人数没有显著变化而持股比例显著下降，高管事后持股比例不及事前的一半；②政府治租之后，公司前五大股东持股比例之和显著提高，但第一大股东的持股比例却显著下降，大股东之间制衡能力增强。冯根福和国荣实证分析了中国证券公司内部治理对公司经营效率的影响，研究结果表明：中国证券公司股权集中度与公司经营效率呈显著正相关关系，股权制衡度对公司经营效率的影响不显著，国有控股性质有助于提高公司经营效率，中国证券公司的董事会规模、独立董事比例与公司经营效率呈显著负相关关系，董事长与总经理的两职分离有利于提高公司经营效率，监事会规模、监事会独立性与公司经营效率负相关，但均在统计上不显著，中国证券公司管理层规模、管理层报酬与公司经营效率呈显著正相关关系。刘远亮和葛鹤军利用中国银行业有三年以上外资参股的银行面板数据，就引入外资对中资银行经营绩效的影响进行实证分析，实证结果显示：外资股权与银行的资产收益率呈显著正相关，引入外资在一定程度上优化了中国商业银行的股权结构，增加了银行的利润，提高了银行的盈利能力。孙慧杰和杨静运用 2001~2009 年的面板数据分析了上市公司治理风险，从风险的角度验证了大股东的控制权风险显著加大了公司治理风险。因此，应充分发挥董事会以及独立董事的监督职能，增强董事会在风险管理与监督控制方面的职能；还应完善激励机制，将高管薪酬与公司的长期绩效挂钩，以此来降低高管人员的治理风险。

张学洪、章仁俊通过借鉴 LLSV 掏空模型来考察大股东持股比例、投资者保护与掏空行为的内在逻辑关系，并进行了实证分析。研究结果表明，第一大股东持股比例与掏空行为呈现出典型的倒“U”形曲线关系，且当企业存在占优控制型大股东时掏空行为更严重，同时法律环境水平的提高能够有效抑制掏空行为，而信用水平对掏空行为的约束效果并不明显。聂丽洁、高焙以我国制造业上市公司为样本实证研究了大股东对公司投资—现金流敏感性的影响。研究结果表明，我国制造业上市公司投资支出与内部现金流之间存在正相关关系，即存在投资—现金流敏感性。黄智结合我国目前大股东掏空现象愈演愈烈的实际情况，对大股东“掏空”行为的动机、方式进行了分析，并提出了相应的监管对策。彭小平和龚六堂基于双层委托代理模型的分析着重研究了控股股东掏空行为与公司股权结构及公司价值之间的关系，通过分析指出：控制股东掏空资产收益的比例随着其自身现金流所有权的增加而减少，随着其控制权和所有权之间的分离程度而增加，随着投资者法律保护的增加而减少，控制股东的掏空行为会进一步降低公司的价值，而且降低的程度会随着控制股东的控制权和所有权的分离程度的增加而增加。冉明东应用公司治理的理论框架，探讨了控股股东采用交叉持股方式控制企业（集团）所产生的“双刃剑”效应，从动机和效应两个层面探讨了交叉持股、公司治理与企业价值之间的关系，并通过正反两个案例进行剖析。杨克智和索玲玲以 2003~2009 年沪深 A 股主板上市公司为样本，采用配对检验和多元回归的方法，研究了终极控股股东与会计稳健性“有效需求不足假说”和“利益侵占假说”。研究发现：①终极控股股东控制权比率越高的组，会计稳健性越小，即或有控股样本公司会计稳健性高于相对控股组样本公司，而相对控股样本组公司又高于绝对控股组样本公司；②终极控股股东控制权与所有权分离程度越大，会计稳健性越低；③终极控股股东为国有性质的公司会计稳健性高于民营性质的公司。

公司治理模式方面，姚伟峰在前人研究的基础上，首先对影响商业模式创新的重要三维因素进行分析，然后建立相应的模型，研究了不同公司治理模式对企业商业模式创新路径选择的影响机理。研究结果表明，公司治理机制通过影响企业商业模式创新动力、风险选择及创新程度（新颖性），从而对商业模式创新路径产生决定性作用。马连福和高楠以 2006~2008 年沪市上市公司为研究样本，以聘请具有境外背景独立董事为切入点和中介变量，用独立董事所具备的境外背景来代表其实质上的决策制定和监督能力，在上市公司现有的股权结构框架下，对“股权结构—董事会结构—公司绩效”这一关系进行了深入的探索。研究结果显示，聘请具有境外背景独立董事虽然有利于公司绩效的提升，而且也在一

定程度上抵消了一部分股权结构的影响，但却是不显著的。高文亮和罗宏研究了薪酬管制、薪酬委员会与公司绩效的关系，研究发现，薪酬委员会的设置与高管薪酬正相关，薪酬委员会的设置并没有显著影响上市公司薪酬业绩敏感性，意味着薪酬委员会的作用有待加强，国有企业薪酬委员会的设置与公司绩效正相关，在非国有企业样本中并没有发现类似证据，可能是由于国有企业存在着薪酬管制。同时，薪酬委员会的设置使高管薪酬趋于市场化，起到了薪酬激励的作用，进而影响了国有企业的绩效。方长丰和刘淑莲以 16 家上市商业银行 2004~2009 年的面板数据为样本，以风险、收益和效率为绩效评价标准，从宏观经济环境、产业结构和公司治理结构三个方面对中国商业银行绩效的影响因素进行实证研究。研究结果表明，市场结构和宏观经济环境与中国商业银行的行业平均绩效具有较强的相关性，市场份额对银行综合绩效产生显著负向影响，公司治理结构对银行综合绩效没有产生显著影响。陈震和李艳辉基于上市公司管理层权力理论视角，对 2006~2009 年间受到中国证监会或交易所处罚的违规上市公司进行实证分析，探讨高管人员薪酬、薪酬—业绩敏感性与公司违规行为之间的关系。研究发现，高管薪酬与公司违规发生概率之间存在负相关关系，过低的年度薪酬会增加公司违规的概率，与配比公司相比，业绩较差的违规公司有着较低的高管薪酬—业绩敏感性，高管可以依据公司的业绩选择利己的薪酬—业绩敏感性。张荔、施继攀和章卫东实证研究了股东性质、多元化类型与公司业绩的关系，研究结果显示，上市公司多元化经营的程度与股权的性质有关，中央控股的上市公司非相关多元化程度显著低于地方控股和私人控股的上市公司，地方控股的上市公司非相关多元化程度与私人控股的上市公司无显著差异，上市公司多元化经营的类型也与公司业绩有关，上市公司相关多元化经营的程度与公司业绩显著正相关，上市公司非相关多元化经营的程度与公司业绩显著负相关。魏锋和陈丽蓉实证研究了业务多元化、国际多元化与公司业绩之间的关系以及这种关系的解释。研究发现，业务多元化和国际多元化都会降低公司的经营业绩和市场价值，而且国际多元化的价值折价程度比业务多元化的价值折价程度更严重，这种价值折价可由我国上市公司管理层激励机制来解释，即管理层激励并未达到降低公司代理成本的目的，反而成为管理层通过多元化追求私人收益的一种手段。聂志萍通过选取国有企业控制权转移的样本，研究了有偿转让和无偿转让两种对价方式对盈余管理的影响，并探讨了不同的对价方式下控制权转移是否改进了企业的中短期及长期的市场绩效。石军利用中国上市公司 2004~2006 年的数据实证分析了公司的成长性是否会影响公司管理者操纵盈余，研究结果表明：在中国上市公司中，公司成长性越高或经营风险越大时，盈余管理程度越高；而当公司成长性与经营风险并存时，盈余管理程度也会较高。彭晓杰以公司控制权转移为背景，围绕公司盈余管理研究了上市公司财务报告质量的影响机制，研究结果表明，发生控制权转移的公司财务报告质量在控制权转移前逐年下降；但控制权转移后则有明显改善。高敬忠、韩传模和王英允使用 2004 年第一季度到 2007 年第四季度中国 A 股上市公司的样本数据，研究了公司诉讼风险对管理层盈余预告披露精确性、及时性选择的影响，并给出了相应的建议：监管部门应出台相应政策，降低高质量盈余预告的诉讼风险和成本，并对故意误导投资者的低质量预告行为加大惩罚力度。杨棉之和卢闯以工具变量和面板数据模型等方法考察了盈余质量对股东—经理人代理关系的影响。研究发现，以应计质量为盈余质量的度量，盈余质量高的上市公司经理人代理成本较低，盈余质量改善的上市公司经理人代理成本发生了显著下降。张勇以 2006 年交通运输制造业上市公司为样本，验证了利用资产减值进行盈余管理对股价的影响，研究结果表明，资产减值准备的正常计提向市场传递谨慎性会计信息，会促使股价上涨，非正常计提则导致股价的泡沫化。姜英兵和王清莹以 2008 年 A 股上市公司为样本，选取 2006~2008 年间的相关数据作为估计真实活动盈余管理变量的基础，研究了中国上市公司股权结构对真实活动盈余管理的影响，研究发现：可疑公司运营年度会表现出较低的经营现金流量和较低的可操控性费用，并有调高利润的趋势，公司规模过大容易引发真实活动盈余管理行为，国家股、法人股、高管持股与真实活动盈余管理正相关，流通股与真实活动盈余管理负相关，第一大股东持股比例与真实活动盈余管理成“U”形关系。刘永泽、唐大鹏和丛中岳从社保基金持有上市公司股票前后公司盈余管理变化的角度来衡量社保基金持股对上市公司的治理效果。研究结果表明社保基金与其他投资机构者一样发挥了监督作用，能够积极参与公司治理，有效抑制盈余管理，提高公司的治理水平，同时发现，国有持股比例、公司规模对社保基金的这种治理效应也有一定影响。于忠泊、叶琼燕和田高良从外部公司治理的角度，研究了媒体关注、机构投资者、分析师等外部治理因素对公司盈余操控行为的监督作用。研究发现：控制其他因素之后，越多的新闻报道伴随着越严重的盈余管理行为，新闻媒体能够发现、揭露上市公司的盈余管理行为，但是没有纠正功能；机构投资者交易越活跃，持股比例越高，公司盈余的操控程度越小，说明机构投资者对公司的盈余管理有治理作用，但国有控股削弱了这种功能，使得机构投资者只能在民营企业通过交易、持有股份参与公司治理；分析师也是公司外部治理的重要力量，对公司的盈余管理行为起到一定的制约作用。

公司治理结构方面，关于家族企业的治理结构，边文霞通过运用进化博弈论分析了家族企业治理结构演变的内生路径，研究结果表明，在经济发展过程中，家族企业的治理模式是家族企业自发有序形成的适应性制度安排，不过由于演进的学习路径的不同，最终形成了不同的公司治理模式。赵卫斌基于文化视角研究了股权制衡与家族企业的价值的关系，研究结果显示，股权制衡总体上对家族企业提升企业价值具有正面作用，但当企业处于良好的发展环境时，股东间利益冲突开始增加，家族股东实施利益侵占的可能性大增，股权制衡的重要性凸显，此时有效的制衡更能提升企业价值。曾爱军和傅阳基于我国深圳市上市家族企业相关数据，借助回归分析法及相关系数法，研究了上市家族企业资本结构与企业经营绩效之间存在复杂关系，研究结论显示：深圳市上市家族企业资本结构与每股收益之间存在负相关关系，资本结构与摊薄净资产收益率之间存在强的正相关关系，资本结构与每股经营现金流之间存在负相关关系但不明显。

公司治理理论基础的研究方面，刘金石和王贵以不同的经济学分析框架为划分依据，在探究不同公司治理理论的源头、评介其共性与个性特征的基础之上，对三种主要的公司治理理论：“股东至上理论”、“利益相关者理论”与“组织控制理论”进行比较分析，并

结合金融危机的时代背景，进一步思考了金融危机对公司治理理论研究的启示。时现、陈骏和王睿通过问卷调查、文献查阅等多种方式，对亚太地区 13 个国家和地区进行了调查、比较和研究，并借鉴国际内部审计师协会 2006 年发布的内部审计治理成熟度模型，系统地评述了亚太地区治理类型和公司治理特征，研究了公司治理模式、治理水平和内部审计的关系，探讨了内部审计功能定位、目标选择和报告关系的确定等相关问题，最终形成了内部审计在公司治理中的作用随公司治理模式的变化而变化、内部审计活动受公司治理水平的影响而呈现出不平衡发展状态的结论。

此外，周冰通过将公司法人治理分为属于治本之道的内部治理机制和治标之策的外部治理机制，并结合我国的具体情况，探讨了在我国实现良好公司法人治理机制的路径，并提出通过持续构建科学合理的公司决策、执行和监督体系，来实现我国公司价值的普遍提升。公司控制权与剩余索取权的计量是公司治理研究的基础性问题，冉明东从线性模型出发，并结合了鲁能集团的案例，探讨了对公司控制权与剩余索取权计量模型的选择，并给出结论，在相关股权结构的研究中，尽可能采用矩阵模型对“两权”进行计量。

高素英、赵曙明和田立法以 11 个行业中的 197 家上市公司为样本，检验了创新战略、高管人力资本、员工人力资本与企业绩效的关系机理。研究结果显示：高管人力资本、员工人力资本对企业绩效分别有着显著的直接效应；员工人力资本是高管人力资本影响企业绩效的完全中介变量；创新战略与高管人力资本在影响企业绩效时存在显著的干扰型交互效应，创新战略与员工人力资本对企业绩效的交互效应不显著。

刘明辉、韩小芳运用配对样本 T 检验探讨财务舞弊公司后续治理中董事会成员和审计师如何变更，并建立面板数据 Logit 模型研究董事会变更对审计师变更的影响，得出了以下结论：从公告前一年到公告后第三年，财务舞弊公司的董事会发生了显著变更，但只有其非常规性变更才对审计师变更有显著正影响。俞欣、郑颖和张鹏通过五粮液公司的案例分析了上市公司发生丑闻时对同行竞争者产生的溢出效应，通过考察公司的治理结构发现，白酒行业的公司治理水平普遍较低，与实际发生的传染效应相一致，其中部分竞争者的股票价格上升，显示出竞争效应。通过比较同行间公司治理水平的差异发现，公司治理水平较低的公司受到负面传染效应的影响，而公司治理较高的公司受到正面竞争效应的影响。

陈辉以 2003~2009 年沪深两市仅发行了 A 股的上市公司为样本，使用高频交易数据构造相对有效价差和相对报价价差以衡量股票流动性，同时采用价差分解的方法构造逆向选择指标以衡量信息不对称程度，对这一问题进行了考察。研究结果表明：两权分离度越高，则股票流动性越低，信息不对称程度越高，且和国有企业相比，这一关系在民营企业中表现得更加明显。陈收、刘佳、刘瑞和黎传国以我国 14 家上市商业银行 2004~2009 年的平衡面板数据为样本，通过银行关键战略资源配置来体现银行战略选择，将银行战略问题从定性向定量转化，并通过理论建模和实证分析来研究资本管制、战略选择和绩效三者的关系。结果认为，资本管制对银行的资本充足率与绩效都存在显著的直接影响；资本管制通过调整商业银行资本充足率，对绩效产生间接影响；管制压力与不同的战略资源配置的交互作用分别对资本充足率、绩效有不同的影响。

3. 财务管理方法

财务管理方法方面，国内公开发表的文章共有 41 篇，主要研究了财务分析方法、财务控制方法、财务危机预警方法、财务指标设计和财务工具等，其中重点研究了财务分析方法和财务危机预警两个方面。

关于财务工具，徐文娟、欧佩玉和王玮运用结构性访谈基础上的问卷调查方法，以中国实施 ERP 的企业为研究对象，探索了 ERP 实施对会计人员工作内容造成的影响。研究发现：ERP 的实施并没有完全取代会计人员的传统工作内容，只是使其重要性发生了变化，此外，ERP 的实施显著提高了会计人员承担税务规划与处理、财务分析、风险评估管理、沟通协调、系统维护和 ERP 相关工作的重要性。周晓华以中国 A 股上市制造业为研究样本，研究 ERP 实施对企业财务盈利指标的影响。在 ERP 实施的不同阶段，对 ERP 实施企业和未实施企业的绩效进行了 T 检验和 Wilcoxon 符号秩和检验。检验结果显示，实施早期，ERP 实施企业的资产收益率和销售利润率的增长为正，但是不显著；实施后期，ERP 实施企业的资产收益率和销售利润率显著增长。即 ERP 实施对企业绩效的提高效果短期内不显著，长期内效果显著。孙玥璠和张真昊探讨了 ERP 系统实施对于我国企业财务绩效的的影响，并基于沪深两市 A 股制造业上市公司的数据进行了实证分析，结果显示，ERP 的实施对中国制造业企业的营运能力提高有显著贡献，而对于企业盈利能力的直接帮助则不明显；而大企业、资本、技术密集型企业和中西部地区企业实施 ERP 对其财务绩效的积极影响分别比小企业、劳动密集型企业和东部沿海地区企业的更大。

对于财务分析方法，朱宏泉、舒兰、王鸿和范露萍以 A 股上市公司为研究对象，探讨了杜邦分析的核心指标和成分指标的信息含量，并对比传统分析与改进的杜邦分析方法在我国证券市场中的适用性。结果发现：在预测公司未来的盈利能力时，净资产收益率较经营净资产收益率有效；在拟合个股当期和预测未来的收益时，结果却相反；但无论是传统的还是改进的杜邦财务成分指标，均不具有显著的增量信息提供能力。郑少锋和黄庆华探讨了为了衡量股权分置改革对上市公司财务治理的影响，使用数据包络分析法（DEA 方法）计算评价公司财务治理的效率，并给出明确的影响财务治理的主要因素：机构持股、第一大股东持股、债权人治理、高管薪酬、独立董事制度。指出它们分别从财务治理结构、财务治理机制等方面影响财务治理效率，应成为公司改善财务治理的着手点。郑瑞强对 30 家 2007~2009 年农业上市公司的财务数据运用 EVA 指标进行实证分析，并基于不同的分析视角与传统指标，对评价结果进行了比较，对可能的影响因素进行了阐释，从而揭示了 EVA 指标用于农业上市公司绩效评价的意义。饶斌对 2007 年因披露虚假会计信息被证监会或财政部处罚过的 37 家上市公司，及其与之资产规模相同或相近的 40 家良好的公司为对照组实证研究，并从 GONE 理论全面考察影响财务报告舞弊的需要、机会、暴露、贪婪因素。研究发现，财务危机、避免 T 处理或退市是其主要压力，股权集中度较高、内部控制失效、会计师事务所规模小、惩罚的性质不严厉等因素为财务报告舞弊提供了机会，对此，指出了从 GONE 理论的四个因素角度完善治理我国会计舞弊的措施。何瑛基于

价值导向从综合绩效和现金流视角构建了电信运营企业财务竞争力评价体系，并运用因子分析模糊矩阵评价法对世界500强中的前20家电信运营企业进行实证研究。此外，还通过对综合绩效和现金流视角的两种财务竞争力评价结果与价值创造结果（EVA率）进行相关性分析，提出了电信运营企业财务竞争力的提升过程需要遵循“财务转型—协同战略—价值创造—价值实现与经营—价值文化”的基本路径，也就是基于价值导向实现价值创造、价值实现、价值经营的过程。肖凯结合近年来平衡计分卡的相关研究文献，采用文献研究的方法，对目前平衡计分卡评价指标的运用情况进行了全面的研究分析，试图寻求其中存在的主要问题及其原因，并提出了未来的研究方向，希望能够通过完善平衡计分卡来推动财务指标与非财务指标的融合。许学娜和王之君构建了一个基于战略导入的EVA管理决策模式，形成包括价值分析、价值改善、价值控制、价值激励在内的价值管理环，拉近了投资决策、业绩衡量和管理控制之间的关系，并促使企业特别是创新型央企更加关注价值创造和可持续发展能力，对转变经济发展方式、落实科学发展观具有重要的引导作用。王雪梅依据整合理论，探讨了将EVA和平衡计分卡整合到一起去进行绩效评估，去产生“1+1≥2”的效果，并从理论上分析了以EVA作为核心指标，以内部生产运营过程和销售服务过程作为直接动因指标，以员工的学习和成长作为内部间接动因指标，以外部环境作为外部动因指标进行整合的可行性。刘圻基于国资委第22号令中EVA考核指标的应用视角，将其与企业价值管理流程联系起来，提出了一个基于经济增加值的企业价值管理创新流程模式架构图，旨在为企业改进经济增加值指标提供一个结构化的管理模式。朱碧新探讨了中央企业在引入推广EVA企业绩效评价体系时，需要把帕累托最优作为评价原则和目标，才能起到真正的评价效果，把EVA的引进、推广和消化引向深入。刘俊勇、孟焰和卢闯探讨了平衡计分卡的有用性，并基于实验研究方法，以战略地图描述业务单元战略，分析实验参与者在评价业务单元业绩时的指标选择，研究发现，实验参与者均较为依赖共性指标，且相对而言，有战略信息的实验参与者更加依赖个性指标，而无战略信息的实验参与者更加依赖共性指标。傅蓉考察了平衡计分卡考核指标的权重前后不一致现象，研究结果表明：受考核指标的统计特征、计分方式等影响，平衡计分卡考核指标的结果权重与初始设定权重相比出现明显的标准差和均值权重不一致，这种不一致会影响考评排名和分数，从而扭曲考核的激励效果。但是可以根据考核指标的特点，通过设定针对性的得分计算方式加以调整，或进行事后得分调整，以规避指标权重前后不一致问题的影响。陈共荣和刘冉基于我国A股股票市场对市盈率指标在投资决策分析中的有效性进行了实证检验，实证结果表明：市盈率指标在反映公司的发展潜力和获利能力方面具有局限性，投资者在进行投资决策时，关注的不是企业获得持续收益的能力和企业的财务风险，进入股票市场的主要动机是获得买卖差价。胡燕和卢宇琴以2009年沪市上市公司为样本，运用事件研究法和价格模型，检验了每股收益和每股综合收益对股票价格的解释程度。实证结果表明，每股收益和每股综合收益均具有信息含量，与每股收益相比，每股综合收益具有增量信息含量，具有更强的预测能力和解释能力，对投资决策更有用。

关于财务危机预警的研究，吴星泽分析了现有财务危机预警研究中存在的主要问题，并结合经济所呈现出的一些新的特点，如企业共生现象、金融工具的大量使用，从经济动力学的角度，提出了嵌入利益相关者行为的、以影响企业财务状况的两种基本力量为主要分析对象的财务危机预警框架和面向未来的敏感性分析方法，增强了财务危机预测的针对性和准确性。张友棠和黄阳在深入探索基于行业环境风险识别的企业财务预警控制机理的基础上，分析了行业环境风险的识别方法，并利用系统动力学原理构建企业财务预警控制模型，将行业环境风险与企业财务风险的互动关系在一张“风险地图”中直观地演绎出来，最后通过仿真技术实现了财务预警与风险控制的有机结合，从而为企业在复杂多变的客观环境中增强自身抗风险能力和应变能力提供了一条新途径。乐菲菲、杨莉和朱孔来依据可拓学的相关理论，选取高科技上市公司的相关财务指标建立了高科技上市公司财务风险可拓预警模型，并运用现有公开数据对可拓预警模型加以检验，从而为投资者的决策分析和监管部门的监督管理提供理论参考。聂丽洁、赵艳芳和高一帆以我国制造业上市公司2001~2008年被ST的41家公司和与ST公司在资产规模和行业相匹配的41家非ST公司为研究对象，在引入传统财务预警指标设计的基础上，构建了基于现金流的危机预警指标体系，并进行了实证研究，研究结果表明：现金流指标体系比传统财务指标体系有更高的预测精度和更低的错判率，且混合两种指标处理后，预测精度比传统财务指标高，但低于现金流指标，错判率和现金流指标大致相同。但构建的现金流指标体系有能力单独进行财务危机预警。蒙肖莲、杜宽旗和杨毓探讨了商业银行如何利用贝叶斯分类技术构建企业客户财务危机预测模型，并考察了朴素贝叶斯模型和组合属性贝叶斯模型这两个不同的贝叶斯模型在估计企业客户发生财务危机的后验概率方面的有效性，研究发现，组合属性贝叶斯模型能更好地反映了变量之间潜在的联合分布，因此它能在历史数据支持下估计所要求的概率并做出更精确的预测，可以作为辅助银行审核者做出正确而快速决策的有用工具。李帆、杜志涛和李玲娟从企业财务预警模型演进轨迹的角度对财务预警模型进行了一个简要的理论回顾和评论，从而厘清企业财务预警模型演进的线索，勾勒出企业财务预警模型逐步演进的过程中所形成的基本框架结构，解决长期以来企业财务预警模型理论研究线索脉络不清、框架结构不甚明了的问题，以期促进和推动企业财务预警理论的研究。

对于财务指标的设计，徐薇华探讨了由于传统单一维度的财务业绩指标由于其“短视”和“滞后”等缺陷，已经不能满足信息使用者的需求，较多的企业开始把非财务指标纳入企业的业绩评价体系中，逐步取代了传统的单一维度的财务业绩评价体系。融合非财务指标和财务指标的综合业绩评价方法是当前最佳的业绩评价方法，在诸多的综合业绩评价方法中，平衡计分卡因其在战略实施上的巨大优势，成为影响最大的综合业绩评价方法。刘毅和郑又源运用基本指标法和标准法对我国四大国有商业银行进行操作风险资本配置的计算与分析，结果发现这两种方法并不适用于我国的国有商业银行。由此得出结论，基于我国商业银行自身业务和组织结构的特殊性，在测算操作风险所需配置的资本时需要对巴塞尔协议建议的方法进行修订，设计符合自身情况的具体方法，高级计量法是未来我国国有商业银行操作风险管理唯一的方法。王福胜和宋海旭基于由于现有的短期偿债能力评价指标存在诸多局限性，探讨了从财务战略管理角度提出评价短期偿债能力的新思路，运用定性分析法和主成分分析法建立包含基本指标和辅助指标在内的新评价体系，运用聚类分析法和调整后的算术平均法对各个指标的标准值进行测量，并对新的评价体系的运用进行案例分析。研究结果表明，基本指标和辅助指标分别从现有水平和未来变化趋势两个角度全面有效地评价企业短期偿债能力。任乐建立了一个企业经营者综合绩效评价模式，并对模式中相对绩效评价指标体系和管理绩效评价指标体系的构建及其测算方法进行了探讨，从而形成一套综合的企业经营者绩效评价方法，更加客观地反映经营者的经营业绩和能力，并为建立科学合理的企业经营者薪酬激励模式提供了借鉴。

财务控制方法方面，徐全华、王华和梁权熙以中国 2001~2009 年 A 股上市公司为样本，实证研究会计稳健性、财务困境与公司风险转移的关系，研究结果显示，当公司处于财务困境时，管理者会产生通过增加投资将风险转移给债权人的动机和行为，而会计稳健性则有着显著的抑制管理者通过投资将风险转移给债权人的作用。同时实证研究还发现，风险转移与产权性质相关，国有控股公司更可能产生风险转移行为，会计稳健性对国有控股公司的风险转移抑制作用也更显著。谢德仁利用 1999 年、2001~2007 年上市公司债务重组的数据来研究会计准则和资本市场监管规则在遏制公司盈余管理方面的作用。研究结果显示，为遏制上市公司的盈余管理，从上市公司盈余管理的动机端入手更为有效，就上市公司盈余管理主要为满足资本市场监管要求的动机而言，应该从资本市场监管规则的改进入手。而会计准则因其公共合约性质和不完备性，既没有责任也没有能力去遏制上市公司的盈余管理行为。徐光华和沈弋基于企业共生理论的平台，探讨和解析了共生观视角的财务战略和企业社会责任战略，以及两大战略相互依附而又相互独立的属性，实现企业财务战略与企业社会责任战略进行对接和耦合，使企业与各共生体和共生单元达到利益共生与共赢，由此寻找企业共生财务战略的实现路径。

4. 基本范畴

2011 年，与财务管理基本范畴相关的国内文献共有 3 篇，研究内容主要包括财务管理的内涵、目标、环境、假设、本质、职能、内容、出发点等，代表文献有：成小云研究了财务会计概念框架建立的基础，即会计学科的技术属性、会计形式和内容的共性化特征，以及会计信息的“准公共产品”性质、两权分离和信息不对称导致的外部信息使用者对会计信息可靠、可比、一致的需求，并探讨了没有建立统一的、一致认可的“公司财务概念框架”的必要性和可能性。张颖讨论了在企业价格管理中的成本控制，并从成本控制的策略入手，分析了在绝对的成本降低基础上，企业还应该重视相对的成本节约，且成本控制的流程应该贯穿整个企业价值链，同时还探讨了区别于传统成本控制方法的利用供应链降低成本以及使用金融衍生工具锁定成本的方法。赵玉霞从企业柔性成本管理理论分析出发，探讨了我国中小型建筑企业成本管理的情况，并深入研究了我国中小型建筑企业的成本柔性管理思路。

5. 价值观念

2011 年，与价值观念相关的国内文献共有 12 篇，具有代表性的文献有：高楠和马连福基于民营上市公司的实证研究考察了终极控股股东的现金流权、控制权以及两权偏离程度对于公司价值的影响，并进一步研究了股权制衡度对两权特征的调节效应。研究结果表明：对于民营上市公司而言，现金流权、控制权与公司价值负相关，随着两权偏离程度的增加，公司价值下降。吴德胜和孙志东从我国上市公司国有控股背景出发，研究了终极控制人类型、控制层级、股权结构与公司现金持有价值的关系。实证结果发现：机构投资者持股比例与现金持有价值无关；控股股东持有比例与现金持有价值无关；国有控股上市公司现金持有的边际价值较高；央企上市的控制层级越长，现金持有的边际价值越低。姜付秀和黄继承研究了经理激励和负债对企业价值的影响，并发现无论是以薪酬衡量的显性激励还是以在职消费衡量的隐性激励，经理激励和负债在对企业价值的影响上具有显著的替代关系。于瑾和王梦然从可转债融资对公司买进持有超额收益率和对经营指标的影响两方面研究了可转债融资对公司价值的长期影响，并从盈余管理的角度对产生影响的原因进行了实证分析。研究结果表明，发行可转债后公司股价和经营业绩出现显著的下滑，其原因在于上市公司在可转债发行当年普遍利用盈余管理来提高公司利润。潘妙丽研究了每股社会贡献值与公司价值的关系，并在考察每股社会贡献值与公司价值的关系时，采用 Ohlson 股票价格模型检验了其与股票价格之间的关系，研究结果显示每股社会贡献值指标不具有显著的价值相关性。孙硕和张新杨探讨了社会责任投资与公司价值的相关性，并认为社会责任投资者通过各种股东行动去影响控股股东或经营管理层的行为，将社会责任投资者的社会价值观灌输、实现到企业行为中去，推动企业在履行社会责任过程中充分考虑利益相关者利益，利益相关者又因此对企业的生存和发展注入专用性投资并分担一定的企业经营风险。同时，企业践行社会责任会降低融资成本和经营风险。长期而言，公司社会责任价值将得到持续提升。苏国强实证研究了外资参股与上市公司价值之间的关系，并得出外资参股对上市公司价值有着显著的正向影响，即外资参股后上市公司价值得到显著提升。孙刚采用固定效应回归模型检验了我国 A 股、AB 股和 AH 股上市企业的现金持有价值差异，研究发现有外资持股的 AH 股和 AB 股企业表现出了显著高于 A 股企业的现金持有价值，同时由于 AH 股企业面临着比 AB 股更为严厉的证券监管和法律保护实施，使得 AH 股的资金效率要较之 AB 股企业更高，表明了资本市场的投资者法律保护实施和信息披露环境完善对提高企业的资金效率发挥了重要的公司治理作用。杜兴强、曾泉和杜颖洁采纳多维的政治联系度量方法，研究了关键高管的政治联系对国有上市公司的过度投资行为和公司价值的影响，研究发现，政治联系显著增加了国有上市公司的过度投资概率，而过度投资行为则显著降低了国有上市公司的公司价值。刘金石和王贵以我国上市公司为样本，检验了公司治理环境对股权结构和公司价值的影响，研究发现，公司治理环境中的法制化水平对公司股权结构的影响较之政府干预和市场化进程的影响更为明显，同时，治理环境对公司价值具有双重效应，除了直接影响公司价值之外，还通过股权结构间接影响公司价值。王家华和孙清从分析银行资产的风险结构变化，通过构造经济资本动态配置方法建立了考察风险管理与银行价值最大化的内在机制的理论框架，且模型的分析表明在银行日益深入参与金融市场交易的条件下，市场交易风险管理是实现银行价值最大化的关键因素。

二、通用业务理论

本书所谓的“通用业务理论”是指与企业通常的财务管理活动相关的理论，通常的财务管理活动包括筹资理论、投资理论、营运资金管理理论和分配理论，我们接下来就从这四个方面进行研究成果总结。在 2011 年国内外公开发表的期刊中，涉及财务管理通用业务理论的文章共 311 篇，其中国外公开发表的文章共 112 篇，主要来源于 *The Accounting Review*、*Behavioral Research Accounting*、*Journal of Corporate Finance*、*Management Accounting Research* 等期刊；国内公开发表的文章共 199 篇，主要来源于《会计研究》、《管理世界》、《财经研究》等期刊。从统计的文章数量来看，2011 年国内外通用业务理论的研究重点仍然是筹资理论和投资理论两部分，具体研究成果如下：

（一）国外研究成果

1. 筹资理论

2011 年，国外公开发表的与筹资理论相关的文章共有 39 篇，研究的主要内容包括资本结构、融资方式、融资决策、融资困境、融资风险等，其中资本结构和融资方式是国外研究的重点。

在资本结构方面，Jan Hanousek 和 Anastasiya Shamshur 研究了企业资本结构的选择问题，调查结果显示，在企业的发展历程中，资本结构几乎没有变化。Christian Riis Flor 研究在动态资本结构模型中，当企业考虑替代选项时，资产替代是否意味着代理成本。研究表明，在波动性足够的情况下，资产替代确实能够减少代理成本。因为在此情况下，债务再谈判减轻了先验成本，并降低了权益持有人的后验成本。因此，如果资产替代是允许的，那么进行债务再谈判时就不必事前提高公司价值。Jeremy Bertomeu、Anne Beyer 和 Ronald A. Dye 开发了一个能决定公司的资本结构、自愿性信息披露政策和资本成本的融资模型，即建立了一个随着公司现金流而变动的最优证券及披露政策的层次结构。研究发现，债权通常是最优的证券选择，因为债券具有低风险性，并且投资等级会随着公司现金流而变动。此外还发现，公司资本成本和信息披露程度间具有负的相关性。Ali Gungoraydinoglu、Özde Öztekinb 用来自 37 个国家的数据分析了企业资本结构的决定因素，研究发现，制度安排对资本结构的决策很重要，企业层面的协变量驱动了 2/3 的国家资本结构的变化，而国家层面的协变量解释了余下的 1/3 的变动。

在与融资方式相关的研究中，国外学者对 IPO、股份回购、发行认股权证和债务融资青睐有加，使 IPO 抑价成为 2011 年的研究热点之一。William Dimovski、Simmala Philavanh 和 Robert Brooks 用来自澳大利亚 IPO 市场的数据，对承销商声誉与抑价进行研究。结果表明，声誉好的承销商与 IPO 抑价具有更高的关联性，其他显著影响 IPO 抑价水平的变量有市场情绪、认股权、募集资金总额及承销商的选择等。Suman Banerjee 和 Lili Dai 研究了在全球 36 个国家中，国家层面的信息不对称、投资者的母国偏见、合同执行机制的有效性及法律诉讼的可行性对 IPO 抑价的不同影响。结果显示，国家层面的信息不对称和法律诉讼的可行性对IPO抑价有着积极且重要的影响；吸引投资者的成本越低，即本国投资者的偏见越小，则会IPO抑价程度也会越小；合同执行机制的有效性也能够降低IPO抑价程度。Thomas J. Boulton、Scott B. Smart 和 Chad J. Zutter 通过对来自37个国家的10783家上市公司进行调研，探讨了国家层面的盈利质量对IPO抑价的影响，发现在公众企业盈余质量高的国家，IPO抑价发生较少。在控制了其他交易和国家的具体因素后，这一现象仍然存在，进一步说明IPO抑价驱动不是由市场透明与否决定，而是通过顶级承销商的偏移量决定的。Lihui Tian 对中国股市的IPO抑价进行研究，中国股市有着不同于西方的独特制度，其IPO的平均抑价高达247%，高于任何其他重要的市场。作者抓住中国一级市场的关键制度的特点，通过极端抑价与供需分析框架模型，使用1992~2004年在上海证券交易所和深圳证券交易所上市的1377家企业为样本进行实证检验，发现中国IPO抑价主要与IPO定价法规及公开发售前的政府干预有关。Gönül Çolak 和 Hikmet Günay 研究了上市公司的战略延迟倾向，并用博弈理论模型解释了为什么一些优质企业可能会策略性地延迟其首次公开募股，直到由其他发行公司产生一个有利的经济信号才行动这一现象。

在股份回购方面，Ken C. Yook 和 Partha Gangopadhyay 通过对1994~2007年期间宣布回购计划的11862家公司的股份样本进行研究，分析了回购公告产生的财富效应。结果显示，近年来公司回购股份的份额急剧增加，但随之而来的是公司的回报有所下降，导致低估信号没有以前那么显著。此外，规模较小的公司使用公开市场购回发出低估信号，通过要约收购提升股东价值。Amedeo De Cesari 考察了交易流动性（公开市场回购股份及库存股份销售买卖价差）和波动率（回报率方差）的影响。研究结果表明，交易会增加流动性，并降低波动性。Ilona Babenko、Michael Lemmon 和 Yuri Tserlukevich 研究发现，员工行使认股权能让大量现金流入公司，这些现金流在那些外部融资成本较高的国家是极好的融资来源。根据收益选项的非线性模型，估计公司每发行一股行权就能获得0.34美元的收益。当面临较高的外部融资成本时，公司使用认购权证的方式能取得更多的投资收益。

关于债务市场的研究，Christopher A. Hennessy 和 Josef Zechner 分析了决定二级债务市场流动性的因素，确定在何种条件下大型投资者从小债券持有人手中购买债权从而获利，同时能单方面减轻处于财务困境中的公司的债务压力。研究表明，当小债券持有人面临严重的逆向选择时，债券市场多重均衡的脆弱性在经济衰退期间是最高的，也是最适合大型投资者的购买时机。Ginka Borisova、William L. Megginson 探讨政府所有权是否会影响部分私有化的公司的债务成本。平均而言，政府所有权下的不同公司债务成本的下降情况与增加的信贷息差相关。然而，完全私有化公司显示出比部分私有化的公司更窄的信贷息差，暗示了漫长的私有化过程中的成本。Viral V. Acharya 和 S. Viswanathan 研究了财务杠杆、道德风险和流动性，发现金融企业靠短期债务融资来购买资产，当经济状况恶化并限制其偿付债务的能力时就会造成风险转移，陷入财务困境的企业则会通过出售资产来降低杠杆。反过来，资产市场的流动性取决于杠杆比率，良好的经济前景能产生更便宜的短期债务，诱导高财务杠杆企业进行投资。因此，在顺境中不良资产的冲击将导致去杠杆化以及市场和资金流动性突然枯竭。Anthony Saunders 和 Sascha Steffen 通过研究发现，私人持有

的公司会产生显著的贷款成本劣势。研究分析了贷款成本劣势的渠道被私人所记录的重要性：较高的信息生产成本，较低的议价能力，在所有制结构上的差异以及在二级市场交易的差异。

此外，在融资困境方面，Wolfgang Kuersten 和 Rainer Linde 研究了在面临融资约束、道德风险及有限责任的股份公司中的跨期理论，在考虑时间效应的前提下提出了一个能够克服“冲突动机”的模型框架，使企业能够实现风险转换和套期保值。研究结果表明，生命周期的特点在企业风险对冲中发挥着重要作用，只有高财务杠杆的公司在面临财务困境时才会首选风险转换。

2. 投资理论

2011 年，国外公开发表的与筹资理论相关的文章共有 38 篇，研究的主要内容包括资本预算、投资管理、价值评估与管理、投资者行为等，其中投资管理和投资者行为是国外研究的重点。

关于资本预算，Imon Gervais、J. B. Heaton 和 Terrance Odean 研究了管理者过度自信、薪酬合同和资本预算之间的关系。研究发现，风险规避型的管理者的过度自信会使他不那么保守，因此公司能以较低的成本激励管理者去追求有价值的高风险项目。当薪酬合同调整到能反映外界机会的时候，管理者中等程度的过度自信会使企业支付更高的薪酬来对其进行激励。过度自信的管理者比理性的同行更受企业欢迎，因为他们会对项目付出更多的努力。然而太多的过度自信也是不利的，这会导致管理者在享受高报酬的同时承担过高的风险。Ying-Ju Chen 和 Mingcherng Deng 的研究表明，如果管理者能够从内部或外部获取资金资本，该公司可能会排除高利润的投资项目，转而投资有适度的资本生产率的项目，即使是没有限制的项目资本分配条件下。Jodie Moll 和 Zahirul Hoque 通过研究澳大利亚大学的预算编制案例，研究说明了会计如何与立法程序相关。结果表明，管理人员、员工和其他内部成员都应被视为重要的合法代理人，当作为内部使用的预算和会计系统与外部报告形成松散耦合时，对这些合法代理人需求的关注就显得尤为重要。在这种情况下，由内部和外部成员的冲突性需求可能无法通过单独和分割化的系统得到满足，就使得采用会计制度使组织保持合法的稳定状态具有重要意义。Bo-Göran Ekholm 和 Jan Wallin 研究了非确定性和战略对感知固定预算和弹性预算有用性的影响，与现有研究结果不同，此研究显示环境不确定性和战略对两种预算方式都有积极影响，并且感知传统年报的有用性和感知弹性预算的有用性之间存在着积极联系，进一步支持了固定预算和弹性预算应该互相补充而不是对手关系的观点。

在投资管理方面，国外学者主要将注意力放在如何选择投资组合和其他投资决策，以及分析影响投资回报和投资效率的因素上。如在投资组合方面，Kenneth L. Judd、Felix Kubler 和 Karl Schmedders 分析了在一般动态均衡资产定价模型框架内复杂的债券投资组合。研究发现，平衡债券投资组合是没有意义的；相反，结合债券的梯度收益与权益类资产的市场组合是最佳的投资策略。Wolf Wagner 研究了系统化清算风险和多样化权衡，并建立了一个当投资者面临联合清算时要规避清算风险和较高成本的投资组合选择模型，研究发现，联合清算风险能够激励投资者选择异构的投资组合并理性地放弃多元化收益，联合清算风险也在资产价格中得以体现，即高风险的资产通常有着低的预期收益，与投资者组合有较大联系的资产则伴随着高的预期收益。Lan-chih Ho、John Cadle 和 Michael Theobald 研究了传统的投资组合保险策略和现代以风险为基础的动态资产配置策略，并比较了两者在用货币投资组合进行盈余管理中的区别。研究发现，在最大化保持盈余价值的目标下，不同策略套期保值的估值集中在四个方面，尤其是对冲投资组合的收益分布。在用夏普比率和累计投资组合回报计算时，传统的投资组合保险策略绩效最好，因为其波动性最小，在用正态分布计算时，由于以风险为基础的动态资产配置策略收益最小而导致其绩效最差。Konstantions Kassimatis 通过对风险转换和股票回报的研究，发现由长期股票组成的套利组合在熊市中有着低的下行风险，在牛市上有着高的上行潜力，而由短期股票组成的套利组合则相反，这样的差异每月会产生 2.89%的溢价。这个溢价不能用资本资产定价模型或者 Fama 和 French 的四因素模型解释，但是与动量溢价有着很大的相似性。

对于企业其他方面的投资决策，Heitor Almeida、Murillo Campello 和 Michael S. Weisbach 通过建立模型研究了未来存在融资困难时企业如何做出投融资政策。分析后发现，当有融资困难时，企业会偏向投资于回报期更短、投资风险更小、能利用更多的可抵押资产的项目，模型也显示投资方向朝向流动性更高更安全的资产会随着外部融资边际成本和内部现金流的变动而变动。Trond M. Doskeland 和 Hans K. Hvide 利用挪威股市中十年以上所有个人投资者的股市交易信息，分析个人投资者是否偏爱与自己专业相关的股票，以及他们是否从中获得投资的超额收益。研究发现，在投资者持有的股票投资组合中，有 11%的股票与自己所从事的行业相关，而统计显示绝大多数的超额收益都为负值，投资者的过度自信似乎是对此最合理的解释。Yao-Min Chiang、David Hirshleifer 和 Yiming Qian 等研究经验如何影响个人投资者和机构投资者在 IPO 拍卖中做竞标决策。研究发现，对于个人投资者，如果在以前的 IPO 拍卖中获得高回报，会增加其参与未来拍卖竞标的可能性，但是随着参与的投标增多会导致回报下降，对拍卖的选择能力也随着经验而下降，经验丰富的投资者在拍卖过程中会显得更积极。Sanjiv Sabherwal、Salil K. Sarkar 和 Ying Zhang 研究了互联网上有关股票的评论信息对股票交易的影响，为此对比分析了没有基本面消息的股票和信息发布活动频率很高的股票，结果显示互联网上的股票评论信息是对交易活动的重要预测。Stefan Hirth 和 Marc Viswanatha 对融资约束、现金流风险和公司投资进行研究。实证结果显示，对于面临融资成本的低现金流企业，如果现在拥有的现金更少或者未来现金流风险更大，那么企业更不愿意投资；对于无融资成本的高现金流企业，如果拥有的现金减少或者未来现金流风险增大，则会投向较为不利的项目，且这些效应会因该企业面临的融资约束的不同而被不同程度地放大。Viet A. Dang 检验了在激励问题存在的情况下企业融资和投资决策潜在的相互作用。研究发现，高增长的企业对于控制投资不足的激励会选择降低财务杠杆而不是缩短负债到期日，在流动性风险假设下财务杠杆和负债到期日之间存在着积极地联系，同时财务杠杆会对企业的投资水平产生负面影响。Murillo Campello、Erasmo Giambona、John R. Graham 和 Campbell R. Harvey 采用一个特殊的数据集来研究企

业在2008~2009年金融危机期间如何管理流动性。研究发现，信贷额度缓解了金融危机对公司财务支出的影响，当公司现金流充裕时信贷额度会带来更大的财务支出，当公司借款接近信贷额度时公司会选择节约或者投资。Jane Thayer研究投资者初始收到信息的好感度是否会影响其采取的投资策略，以及是否影响其对后续信息的接受。通过一个基于网络的实验表明，投资者普遍根据信誉度和确定性来选择查看信息，并且大多数投资者会用最初接收到的不利信息来做投资决策。Josh Lerner、Morten Sorensen和Per Stro Mberg对私募股权融资和长期投资进行研究，通过检验代表长期投资中创新投资的专利活动，发现没有证据表明杠杆收购会牺牲长期投资；相反，杠杆收购公司的专利会被引用更多。

在讨论影响投资回报的因素时，Chia-Ching Chang、Sheng-Syan Chen和Robin K. Chou等研究了日内收益外溢效应及其在交易时段内的变化。研究发现，在中型和大型股票中收益外溢效应的积极作用很明显，对大多数股票来说，公司特殊事件对其他股票的冲击在30分钟到2个小时内会表现出来，这种溢出效应有着"M"形的发展规律。在股市开盘和收盘期间，受其他公司事件影响而进行的交易是相对滞后的，因为这些交易大量的被基于普通市场因素或公司特殊事件基础信息所影响。Dongmei Li借助财务约束和研发费用之间的互动关系，研究了两个资产定价难题：财务约束和投资回报的关系、财务约束和积极的研发投入回报的关系。结果显示，财务约束和股票收益之间存在着很强的相关性，特别是在研发密集型企业中表现得更为明显。此外，研发预测回报只在融资约束的企业中体现，表明融资约束可能推动积极的研发回报。Julio Pindado、Ignacio Requejo和Ch-abela de la Torre研究在欧元区的企业，家族控制是否缓解或加剧了"投资—现金流"的敏感性。研究发现，家族控制的企业具有较低的"投资—现金流"敏感度，这种敏感性的降低主要是由于家族企业的现金流权和投票权之间没有偏差，以及在家族企业中家族成员担任管理职务。此外还发现，第二大股东会影响家族企业的敏感性，并会选择监控第一大股东或勾结其他股东的行为。Kwang-il Choe、Joshua Krausz和Kiseok Nam探讨了股票回报的非对称动态过程和可盈利的技术交易规则之间可能的关系，通过分析七国集团股票市场指数，发现日收益指数的动态过程由于非对称还原性具有非线性特征，股票回报的非对称还原性在买卖信号的套利过程中得以体现。Stephen P. Keef和Mohammed S. Khaled采用一种新的模型重新检验了新月和满月对1988~2008年期间62个国际股票指数每日收益的影响。该模型采用周一效应和月投票的效果以评估月球变化的影响。结果显示，周一效应对欠发达的国家影响更大，整体增强的新月效应和GDP无关，整体满月效应不存在，月投票显示的月球影响则很弱。

关于投资效率，Feng Chen Ole-Kristian Hope、Qingyuan Li和Xin Wang研究了在新兴市场中，财务报告质量和私人企业投资效率之间的关系。通过实证分析来自世界银行企业层面的数据，发现财务报告质量对投资效率起着积极作用，进一步分析发现两者之间的关系随着银行融资而增加，随着节税而降低。Shimin Chen、Zheng Sun和Song Tang等以中国为例，研究政府介入是否会扭曲企业的投资行为并导致投资的低效率。研究发现，在国有企业中，政治关联显著降低了投资效率，而在非国有企业中没有体现。结果表明，政府通过控股或者直接任命管理层等手段介入国有企业，会造成企业投资行为扭曲并削减了投资效率。Sheng-Syan Chen 和 I-ju Chen 研究了低效投资与多元化折价，发现考虑投资效率对衡量资产购买式的企业价值交换很重要。通过对购买决定的潜在内生性及托宾 Q 理论中的测量错误进行研究，发现企业在购买资产后，会出现超额价值和投资效率的双重下降，这种现象主要发生在购买后急于增加多样性经营的企业中。Thomas J. Chemmanur、Karthik Krishnan 和 Debarshi K. Nandy 使用包括全美所有的私人和公共制造业企业数据的美国统计局纵向研究数据库，研究投资于私人企业的风险资本能否提高效率的问题。研究发现，在任意时间点，有风险资本的企业的总体效率都比无风险资本企业要高，这种高效率来自于筛选和监督，有风险资本背景的企业融资效率要高，融资后的效率增长也比其他公司快。

在价值评估方面，学术人员通常用资本资产定价模型（CAPM）来估计企业的成本。但是，资本资产定价模型隐含的假设是现金流随机游走。Carmelo Giaccotto、Joseph Golec 和 John Vernon 发现美国大型制药公司的现金流增长率均值回归不一致，并提出了制药企业新的成本估计法。Yan-Leung Cheung、Aris Stouraitis 和 Weiqiang Tan 利用投资效率研究了在亚洲新兴市场中公司治理和家族所有权对公司估值的影响，研究发现，投资者奖励有助于改善公司治理，而良好的公司治理会带来更好或更有效的投资决策，并最终提高公司的价值。Harald Hau 探讨了在市场融合下资产定价是由全球还是本国决定，研究发现，市场范围的变化带来了全球及本国股市贝塔值的变化，发达国家的股市回报的截面数据显示股价由全球范围而非本国决定。Wayne R. Landsman、Bruce L. Miller 和 Ken Peasnell 等研究公司股价是否正确反映了两种会计计量方法：未实现损益和真实未实现损益。未实现损益从财务报表中可以获得，而真实未实现损益要从确定的权益变动体现。结果显示未实现损益和真实未实现损益都与异常综合收益的预测无关，但是投资者都普遍低估了真实的未实现损益。Shengquan Hao、Qinglu Jin 和 Guochang Zhang 预测并实证检验了投资增长对权益价值和会计变量之间关系的影响，研究发现：①在高盈利企业中投资增长增大了权益价值和收入之间的斜率，而在低盈利企业中几乎没有这种斜率的增大，甚至会减小；②盈余和投资增长会增大低盈利企业中权益价值和权益账面价值之间的斜率，减小高盈利企业中两者的斜率；③权益报酬率和权益价值会随着账面价值而增加。研究还发现，盈利系数会在投资增长较快的年份增大。M. R. Grasselli 采用一个基于效用的方法，获取当实际资产与交易性金融资产不完全匹配时，有限时间投资机会的价值。利用相关变分不等式的比较原理，文章确定了几个最佳投资边界的定性属性，然后使用离散时间算法来计算这种类型实物期权无差异值，并为相应的投资门槛展示了数值范例。研究表明，即使在零相关情况下，项目中没有风险可以在金融市场上进行套期保值，实物期权的模式仍然适用于投资决策的估值，因为投资机会仍然有高于其净现值的期权价值。

对投资者行为的研究是 2011 年国外学者的一个新热点。Robert Pinsker 研究了当非专业投资者面对一系列披露事项时的顺序效应，研究发现，在所做的全部实证实验中，披露事项的近期效应都比首要效应显著，即投资者对近期披露的事项更为关注，当投资者进行投资决策时会很活跃地加大信息搜寻，从而避免披露事项的关注度下降。本书对自愿信息

披露、判断和决策，信念修正文献，以及信念判断模型的预测都有帮助。Zhi Da、Joseph Englberg 和 Pengjie Gao 提出了一种新测量投资者关注的简单方法——测量投资者在谷歌上的搜索频率，即搜索量指数。研究发现，搜索量指数与之前的投资者关注理论相关，但是又与之不同；搜索量指数更加及时地捕捉了投资者关注，更像是在测量散户投资者的投资者关注。当搜索量指数增长时，股价会在两周内升高，并且最终价格在年内会实现反转。Michael S. Drake、Lynn Rees 和 Edward P. Swanson 研究短期交易者和分析师在使用未来预期收益信息时是否存在不同，研究发现，短期收益与期望方向有着重要关联，分析师倾向于积极推荐高增长、高应计费用、低账面市场价值比率的股票，尽管这些变量与未来回报有着负面的相关性。做空公司有着有利的买入信号，同时短期利息较高，做多公司有着不利的买入信号，短期利息较低。Yanfeng Xue 和 May H. Zhang 探讨了机构投资者是否是基于基础信号（财务指标）来交易，以及机构投资者交易对股票价值的影响。研究结果表明，短期机构投资者是基于市场基础信息来交易，与基础信号相关的超额收益随着交易成本和套利风险的增加而增加，因此在该投资策略下对套利进行限制是十分必要的。进一步研究发现，短期机构投资者的交易有助于减少基础信号和股票回报的相关性。W. Brooke Elliott、Jessen L. Hobson 和 Kevin E. Jackson 研究了一种减少投资者对公布财报中固定收益敏感性的分类管理预测机制。实验结果表明，当投资者最初看到的是分类管理的盈利预测时，对固定收益的期望就会比看到整合预测时低，这是由于投资者将净利润作为一些相似重要程度的指标输入，而不是作为最重要的指标输入。Thierry Foucault、David Ssaer 和 David J. Thesmar 研究了个人投资者和股票回报波动性的关系，发现散户交易活动对股票回报波动性有积极作用，表明散户投资者是噪声交易者。Alexander Puetz 和 Stefan Ruenzi 研究了基金经理过度自信的行为，发现当基金经理过去绩效良好时就会呈现出更大的交易量，表明这受个人投资组合绩效影响，与市场走势无显著关联。Seet-Koh Tan 和 Lisa Koonce 研究了投资者对企业撤销或者更正盈利预测的反应，发现当企业撤销盈利预测时，投资者仍然选择相信之前错误的预测报告，而当企业更正盈利预测时，投资者则更多相信更正后的预测报告。Jeffrey Cohen、Lori Holder-Webb 和 Leda Nath 等通过对 750 个散户投资者进行调查，研究散户投资者对宏观经济、公司治理政策及绩效表现、企业社会责任指标的看法。调查结果显示，散户投资者目前最关注的是宏观经济，其次是公司治理，最后是企业社会责任，他们主要从第三方获取企业社会责任信息，从审计或监管文件获取公司治理信息，而在获取宏观经济信息时则会同时选择上述两种方法。John Shon、Susan M. Young 研究了影响分析师做出降低承保决策的决定因素，包括分析员激励、经验、会计基础知识的作用等。研究发现，当经验少的分析师做出降低承保决策时，更关注企业的风险和流动性降低，而经验丰富的分析师会更关注会计损失和期间费用带来的利润下降。Matthew M. Wieland 通过建立一个实证模型来预测分析师的盈利预测在什么情况下会正确（或不正确）地预见即将到来的盈利变化的方向，在探究了分析师的个性、企业盈利预测和盈利增长基本分析之后，模型成功区分了已实现（或未实现）的盈利增长预测与在投资组合中起到重要作用的交易策略之间的不同。

3. 营运资金管理理论

2011 年，国外公开发表的与营运资金管理理论相关的文章共有 9 篇，研究的主要内容包括资营运资本筹资、营运资本投资、现金管理等，其中现金管理是国外研究的重点。

Mi（Meg）Luo 研究了在委托代理制度下，融资约束是否会对现金管理产生影响。结果显示，在有融资约束的企业中，管理者的现金使用能带来更高的盈利能力和股票回报率，并且融资约束对绩效表现的正向激励与公司治理水平无关。Yuanto Kusnadi 和 K.C. John Wei 以国际企业为样本，研究了影响企业现金管理政策的决定因素。研究发现，在对少数股东有较强法律保护的国家中的企业更倾向减少现金持有；相反，在对少数股东保护相对较弱得国家则倾向增加现金持有，这种关系对于在有财务困难或者有较高套期保值需求的企业表现得更为明显。Victoria Dickinson 提出用现金流模式来替代企业的生命周期，该模式根据企业生命周期盈利能力的持续性和收敛形态的不同，选择用简约的指标来标识企业生命周期的各个阶段，避免了分布假设，为进行企业分析、预测和估值提供了一个简易的工具。Venkat Subramaniam、Tony T. Tang 和 Heng Yue 等研究企业组织结构是否会对现金持有产生影响，研究发现，多元化经营的企业比专一化经营企业持有的现金量要少，这一研究结果加强了之前发现的对现金持有量有决定作用的影响因素的结论。James R. Brown 和 Bruce C. Petersen 研究企业是否能利用现金储备来平滑研发支出，并建立了一个动态的研发模型，研究发现当企业面临融资困境时最可能利用现金储备来平滑研发支出，而当企业没有融资困难时就极少会采用这一方法。Zhenxu Tong 提出了两个基于有效内部资本市场和代理问题的假设，研究企业多元化经营对现金持有量的影响，研究发现多元化经营企业的现金持有量比单一经营企业的现金持有量要低，即多元化经营企业的现金持有量有负面作用，尤其在公司治理较差的企业中更明显。Jean-Paul Décamps、Thomas Mariotti 和 Jean-Charles Rochet 等建立了一个研究企业自由现金流的代理成本和外部融资成本的动态模型，并推导出企业最佳动态资产负债表的解决方案。研究发现，金融摩擦影响发行和分红政策，现金持有的价值和股票价格的动态。该模型还预测现金的边际价值与股票价格负相关，并与股票价格的波动正相关。Ning Gao 研究了企业现金储备的逆向选择效应，发现有着较高超额现金储备的企业公布的收益反而较低，这种反差在股市活跃或企业的独立价值难以评估时更加明显。此外，有证据表明在正常（非热股市）年份，企业为了减少“柠檬”投标人，会要求投资者更多地选择现金支付，而在热股市年份则会要求更多地选择股票投资。Hui Tong 和 Shang-Jin Wei 研究了在 2007~2009 年全球金融危机背景下，资本流动的数量和构成是否会影响流动性紧缩。研究发现，对主要依靠外部融资的企业而言，股价下降的危害更大。虽然资本流动的数量对流动性紧缩没有影响，但是资本流动的构成却会对流动性紧缩产生显著影响。

4. 分配理论

2011 年，国外公开发表的与分配理论相关的文章共有 16 篇，研究的重点是股利分配。

在股利分配方面，国外投资者探讨了影响股利分配政策的因素，以及宣布股利分配后的市场反应。Bo Becker、Zoran Ivkovic 和 Scott Weisbener 利用人口结构的变化，以研究股息需求对公司股利政策的影响。研究发现，散户投资者倾向于持有本地股，而经验丰富的投资者则偏爱支付股息的股票，这些倾向造成了地理上对股息的不同需求，而总部设在老年人占人口的大多数的地区的公司发放股息和提高股息的可能性更高。总之，研究结果显示股利政策选择与投资者基础相关。HiuLam Choy、Ferdinand A. Gul 和 Jun Yao 通过一些股利政策探讨了政治经济是否会降低代理成本，结果表明，在投票选举制国家中企业支付较低的股利，且公司的增长潜力和派息率之间的相关性也较弱。然而，在多数选举制和投票选举制并存的国家中，企业往往会支付更高的股息，公司的增长潜力和派息率之间的负相关性也更强。Kathleen P. Fuller 和 Michael A. Goldstein 通过研究发现，分配股利在行情下降的股市中比在行情上升的股市中对股东更重要，实证结果显示，与在行情上升的股市中相比，分配股利的股票比不分配股利的股票在行情下降的股市中绩效高出 1~2 个百分点。此外研究还发现，基于市场情况变化的股息非对称反应，即在行情下降的市场中股息增长更快。Cahit Adaoglu 和 Mmeziane Lasfer 研究在通货膨胀下企业进行股利分红的动因，发现在没有现金替代和交易成本的影响下，在财务报告报出日会产生正的超额收益，尤其在经济薄弱的企业中更加明显，如非现金支付股息的公司。将研究结果与“实收资本假说”相联系，可知企业选择股利分红，是为了减轻通货膨胀对实收资本的侵蚀、降低财务杠杆，并增加企业的信誉和借贷能力。Micah S. Officer 研究了过度投资、公司治理和股息红利，发现具有低托宾 Q 值和高现金流的企业比其他企业更乐于分配股利，这是因为这样的企业具有较少的投资机会，分配股利能够减少过度投资的代理成本。Cheng-Few Lee、Manak C. Gupta 和 Hong-Yi Chen 等研究了在不确定和灵活性假设条件下的最佳派息率，发现当企业增长速度增加时会减少股息支付，并且股息支付率和风险之间存在着非线性关系，当增长率高于资产报酬率时，股息支付率和风险正相关；反之则负相关。该理论模型和实证结果也可以用于检验灵活性或者自由现金流假设是否会决定股息政策。Juan Juan Huang、Yifeng Shen 和 Qian Sun 研究了中国企业的非流通股、控股股东和股利支付政策。研究发现，股利支付额与非流通股占总股本的比例及由控股股东持有的非流通股比例正相关，且 2001 年中国证监会规定要进行现金分红并不对流通股股东有利。传统的影响股利政策的因素，尤其是盈利能力和支付能力仍然对政策制定起决定性作用。总体来看，中国企业的股利支付意愿和派息率与其他国家和地区相比并不高。Mark T. Leary 和 Roni Michaely 研究了企业股利平滑政策产生的截面数据并将其与现有理论相联系，发现那些年轻的、股利分配较低并且收入变动频繁的小公司较少采用股利平滑政策，而那些有着低增长预期、较弱的公司治理能力、机构投资者持股较多的“现金牛”企业则更多地采用平滑股利分配政策。结果显示，平滑股利在无财务困境、低信息不对称和容易发生代理冲突的企业中最常见。Woo-Jong Le 探讨了收购防御对股息价值的影响。在使用 Fama 和 French 的结构进行分析后发现，在股市中由收购保护措施下具有较强管理权力的经理人所支付的股息价值更高，这与 Jensen 的自由现金流代理成本假设一致，即股息对决定企业价值是至关重要的，因为它能减少自由现金流，否则可能会被管理者用于私人利益上。Lieven De Moor 和 Piet Sercu 研究了国家和行业因素等非单位风险角色对股票回报的影响，实证研究发现，行业平均风险比国家风险要低，在典型的股票回报中国家风险影响因素的变动比行业风险影响因素变动大。

关于股利分配与市场反应，Benjamin M. Blau、Kathleen P. Fuller 和 Robert A. Van Ness 研究了在宣布发放股息日和除息日附近的卖空行为，发现当宣布减少股息发放时，并没有出现异常高的卖空活动，这与卖空者在公众传播之前能获取私人信息的观点相悖。但是在除息日附近却能观察到异常的卖空行为，这可用 Lakonishok 和 Vermaelen（1986）除息日附近的回报模式进行解释。Yanzhi Wang、Sheng-Syan Chen 和 Yen-Ting Cheng 重新审视了企业发放股息和增发新股行为，发现企业宣告发放股息能对增发新股的市场反应产生积极作用，如已经宣告发放股息的企业增发新股的异常收益率是 1.45%，而未宣布发放股息就增发新股的异常收益率是 1.83%。

（二）国内研究成果

1. 筹资理论

2011 年，国内公开发表的与筹资理论相关的文章共有 102 篇，研究的主要内容包括资本结构、资本成本、融资顺序、融资方式、控制权收益、融资决策、筹资困境、筹资渠道多元化、融资风险等，并在各个研究领域对中小企业融资问题进行了关注，其中资本结构、资本成本、融资方式、筹资困境是国内研究的重点。

在对资本结构的研究上，李喜梅基于商业银行的流动性、盈利性、安全性原则，利用主成分分析法研究了中国上市商业银行资本结构与绩效的关系，结果表明，国家控股上市商业银行有利于其绩效的提高，而核心及附属资本充足率的提高不仅是商业银行应付资本监管的需要，也是其绩效提高的要求。洪艺珣、王志强研究了动态面板模型与中国上市公司资本结构调整速度估计，发现系统广义矩估计、长期差分估计和 LSDVC 估计是估计调整速度较为合理的方法，且中国上市公司资本结构存在显著的均值回复现象，目标资本结构是公司资本结构决策的重要决定因素。郭丽虹利用 11723 家非上市中小企业的财务数据，分析反映企业特征的因素与财务杠杆之间的关系。研究发现，企业规模对长期负债率和总负债率产生正的影响，盈利性对长期负债率和总负债率产生负的影响，资产的有形性对长期负债率具有正的影响，而与总负债率之间呈负相关关系。企业规模、盈利性和资产的有形性是中小企业资本结构的重要影响因素。王正位、王思敏和朱武祥选取了 1993~2007 年期间 A 股市场发生过股权再融资的上市公司为研究对象，研究股票再融资管制政策变更对上市公司资本结构的影响。结果表明，股票再融资管制政策的变更，是影响上市公司资本结构的重要因素；股票市场估值的“市场时机”并不是影响上市公司资本结构的显著因素。洪艺珣以中国上市公司为样本的研究发现，与经济前景较差时相比，“杠杆过高”子样本中的公司在经济前景较好时的调整速度较快，而“杠杆过低”子样本中的公司在经济前景较好时的调整速度却较慢，即经济形势对公司资本结构调整速度的效应存在不对称性。闫甜和李峰应用演化博弈理论构建了行业内不同企业群体间的资本结构动态调整博弈模型，对不同企业群体的资本结构动态调整策略的适应度、稳定性及稳定状态的演化趋势进行了分析。研究表明，普遍的财务保守策略和普遍的财务激进策略均为行业内企业

间资本结构选择的演化稳定策略。胡浩志以总经理为研究对象，以总经理的企业任期作为企业专用性人力资本的替代变量，研究企业专用性人力资本与企业资本结构之间的关系。研究结果表明，随着企业专用性人力资本水平的提高，应适当增加员工尤其是高层管理人员的持股比例，相应地减少企业负债的比例，这一方面可以保护和激励其专用性人力资本投资，另一方面则可以防止其管理防御行为；同时应建立健全的控制权市场，完善企业的内外部治理机制。武羿探讨在中国资本市场的特殊制度背景下，不同行业企业的非负债税盾与资本结构之间的关系。研究发现,我国不同行业上市公司资本结构与非负债税盾之间的相关关系存在着差异，在公用事业、建筑业、批发零售业、房地产业以及其他服务业等大多数行业，负债比率与非负债税盾之间都呈现显著的负相关关系；并且对于不同的行业来说，非负债税盾对资本结构的影响程度也是显著不同的。彭培鑫和朱学义以我国的两税合并为背景，在理论分析的基础上实证检验了税率变动对上市公司资本结构的影响，进而验证修正的 MM 理论是否适用于中国资本市场。研究结果表明，所得税税率的下降会导致上市公司降低其财务杠杆，并且主要是通过增加其所有者权益的方式进行调整。刘宛晨和何妍结合银行资本结构特殊性，采用实证研究方法，探析了上市商业银行的资本结构与现实竞争力之间的关联性，发现前五大股东持股比例、流通非受限股占股比例、内部可融资资本占核心资本比率、存款占债权资本比率、次级债券占债权资本比率以及核心资本充足率对上市商业银行的盈利性、流动性、安全性和成长性竞争力有着显著作用。

姜付秀和黄继承从资本结构的调整速度和实际资本结构偏离目标资本结构的程度两个方面，考察市场化程度及其变化对资本结构动态调整的影响。研究结果表明，市场化程度和资本结构的调整速度呈正相关关系，且市场化程度越高，资本结构偏离目标资本结构的程度会越低。乔发栋、刘博研和韩立岩考察了资本结构对现金边际价值的影响，揭示权益投资者对公司现金资产的价值评价，发现现金边际价值随着现金持有量的增加而减小，随着杠杆的增大而减小，随着融资约束的出现而增大，中国上市公司的现金边际价值明显低于美国公司。赵兴楣和王华研究了政府控制和制度环境与上市公司资本结构动态调整的关系，发现政府控制同时产生股权限制和融债优势两种相反的作用力，更有利于债权融资调整，不利于股权融资调整，使得国家持股比例与调整速度之间呈现倒“U”形关系；流通股的增加扩大了融资摩擦，减缓了调整速度。张平和阮朝志研究了资本结构与其影响因素之间的协整关系，考察了上市公司上市以来长期影响资本结构的因素，从协整的角度证实了资本结构的动态调整机制的存在，发现在扩展的协整方程中股权分置改革制度虚拟变量对上市公司资本结构显现出初步的影响。潘岳奇和贾生华基于有限责任效应模型、深袋效应模型、两阶段转换成本模型和竞争性产业均衡模型综述了资本结构影响产品市场竞争的理论，并指出该理论发展仍处于早期，理论的纵深发展要求对现有理论进行进一步检验、整合和修正。徐承红、武磊和冯尧研究资本结构对我国制造业类企业产品市场竞争力的影响，发现高负债显著弱化了我国制造企业的产品市场竞争力，当国有企业处于市场化程度较高地区时，高负债对其产品市场竞争力有更严重的负面影响。与之相反，当民营企业位于市场化程度较高地区时，高负债对其产品市场竞争力的负面影响将得到改善。谭庆美和吴金克以资产市值账面比衡量企业成长性，分析了我国中小上市企业资本结构和股权结构对成长性的影响，发现较高的负债能降低外部权益成本，有利于中小上市企业的成长，股权集中有利于股东对管理层进行监督，管理层持股比重的改变对中小上市企业的成长性无显著影响。张安伶、王永和王颖琦对中小企业板上市公司资本结构现状进行分析，从总体上看，资产负债率接近合理范畴，细分可知长期负债所占比例较低，流动负债比率过高，企业负债以短期借款为主，通过银行获取的长期贷款很少，资金上得不到银行的支持，这种偏高的流动负债水平会增加企业短期偿债的风险，对企业的长期经营十分不利。

关于资本成本，汪平、邹颖和袁光华以截至 2008 年 6 月 30 日在内地、纽约与香港交叉上市的 11 家中国公司为样本，分别采用 CAPM 和 Gordon 模型估算分析公司在内地、纽约和中国香港三个市场的资本成本，结果表明在 A 股市场 CAPM 模型下的资本成本要高于 Gordon 模型下的资本成本，而在 N 股市场和 H 股市场上结果相反；采用 CAPM 模型与 Gordon 模型均证明公司在 A 股市场的资本成本（β 系数）低于其在 N 股和 H 股市场的资本成本。刘冰和方政通过对公司内部治理机制与股权融资成本进行影响因素分析，发现股权制衡度、独立董事比例与信息透明度等公司内部治理机制对于中国上市公司股权融资成本存在显著的影响，而国有上市公司的股权融资成本影响因素则有所区别，董事长和 CEO 的两职分离性与董事会规模是显著影响因素。汪冬华和俞晓雯采用 GLS 模型估算上市公司的权益资本成本，研究境外上市对我国上市公司权益资本成本产生的影响，结果表明投资者法律保护制度严格的境外市场有助于上市公司权益资本成本的降低。孙文娟基于信息披露能够缓解信息不对称进而降低权益资本成本的分析检验了内部控制报告披露与企业权益资本成本的关系，发现企业内部控制报告的披露未对权益资本成本产生影响。王敏和夏勇对国内外现有的相关研究文献进行了梳理，分别从直接作用路径和间接作用路径两个角度介绍了内部控制质量影响公司权益资本成本的作用机理及其相关的经验证据，并对现有研究成果进行了系统而简要的评述与总结。周继先利用我国上市公司的贷款数据研究了银企关系对公司融资成本影响，并检验了企业信用征信体系对银企关系作用机制的影响。结果发现，企业与银行建立良好的银企关系有助于降低企业融资的“显性成本”与“隐性成本”。于鑫和龚仰树以企业融资成本为对象，对为银行间市场和交易所市场的融资效率进行比较研究。分析表明，银行间市场的显性发行成本低于交易所市场，但发行利率指导、发行垄断导致隐性成本增加；交易所市场由于投资者资金实力不足造成发行利率水平的偏高，但证券公司自身的择时能力和债券需求的真实性确保了最低的隐性发行成本。方红星和施继坤采用财务分析师盈利预测数据和 PEG 模型，检验在我国资本市场信息披露环境下，上市公司自愿性内部控制鉴证是否会影响权益资本成本。研究发现，上市公司披露的自愿性内部控制鉴证信息能够发挥信号功能，显著降低其权益资本成本，自愿性内部控制鉴证对权益资本成本的影响存在显著的审计师声誉效应和首次披露效应。魏卉和杨兴全考察了控股股东控制权与现金流权的分离程度对股权融资成本的影响，研究发现，现金流权与股权融资成本显著负相关，两权分离程度与股权融资成本显著正相关，而且这种正相关性在高自由现金流与低成长公司中更显著。

在融资顺序上，金永红和钱雯婷采取理论分析与实证研究相结合的方法，对中国中小企业板上市公司上市前财务数据进行统计分析，发现中国中小企业上市前偏重内部融资和债权融资，并且债权融资比重不断上升，而股权融资相对比重较小，总的融资顺序不完全符合优序融资理论。

在融资方式上，国内学者分析了 IPO、增发配股、债务融资等不同融资方式对企业的影响，重点关注了 IPO 和债务融资。余应敏研究了科技型中小企业融资渠道问题，通过比较分析主板、中小板和创业板的发行条件和目标定位，认为设立创业板市场的功能决定了其有望成为现阶段我国科技型中小企业上市融资的主战场，可在一定程度上缓解部分中小企业融资难的问题，并针对目前我国创业板存在的问题提出了相应的治理对策。李守伟、何建敏依据 2000~2007 年我国 30 个地区的相关数据，采用面板数据模型分析了不同融资方式对技术创新的影响，实证研究表明，外商直接投资、政府投资、企业投资以及金融机构贷款四种融资方式均对我国技术创新产生正向促进作用，其中政府投资对技术创新贡献最大，其余依次为企业投资、外商直接投资和金融机构贷款。刘振以中国上市高新技术企业的经验数据，实证分析了融资来源对公司 R&D 投资的影响关系。研究发现，中国上市高新技术企业 R&D 投资主要依靠内源融资和股权融资，负债并不适合 R&D 投资。宋光辉、许林和师渊选择我国创业板 28 家首批上市公司的 2009 年财务数据，并以相应的所属行业与会计期间都相同的中小企业板上市公司作为配对样本，通过差异性、相关性和因子分析法计算各公司的财务状况综合得分。实证结果表明，目前我国创业板上市公司整体财务状况较为乐观，普遍具有高盈利性与高成长性特点，大多具备了在中小企业板上市的资格。李增福、郑友环和连玉君采用应计项目操控与真实活动操控两种模型，研究了我国上市公司股权再融资过程中的盈余管理行为及其对公司业绩的影响。结果表明，在股权再融资过程中，上市公司会同时使用应计项目操控和真实活动操控两种盈余管理方式。相对而言，真实盈余管理是上市公司股权再融资之后业绩滑坡的主要原因。李扬从负债融资相关理论出发，实证分析上市公司负债融资来源与期限结构、公司治理和企业绩效之间的关系，研究发现，负债融资与代理成本呈现反方向变动，负债融资率对自由现金流有显著的正向作用，负债融资能够减少代理成本和自由现金流。唐大鹏通过在我国资本市场做的大量实证研究发现，资本市场会提前获知社保基金持股信息，上市公司被社保基金持股后的短时间内，股价会产生超额收益；而从上市公司被社保基金持股后的较长时间看，公司的盈余管理行为明显减少。周森和张志华借鉴已有的在公开市场融资的企业评价指标及中小企业发展的相关理论，构建了指标体系的具体内容并通过功效系数法计算指标体系的综合评价值。张琦通过详细分析中小企业集群的信誉链融资机制，并引入成熟的中小企业集群融资模式进行分析，证实了中小企业集群信誉链融资的独特优势。

在 IPO 融资方面，徐志坚、李宗贵和杨碧云利用在深圳证券交易所上市的首批创业板公司的数据，对创业板上市公司 IPO 市场溢价与董事会构成、TMT 股权分布以及风险资本的关系进行实证检验，结果显示投资者对公司价值给予的溢价与董事会成员股权的构成呈现显著的负相关关系，而与高层管理团队的股权分布呈现显著的正相关关系，与风险资本在董事会中担任董事的人数呈现出显著的正相关关系。雷星晖、李金良和乔明哲从公司治理的视角，运用信息不对称和信号理论分析创始人、创业投资与IPO抑价之间的关系。研究表明，创始人通过持股数量和兼任CEO具有一定的信号传递作用，从而降低了IPO抑价，而创业投资降低IPO抑价的作用并不显著。郑君君和韩笑以风险投资退出为背景，采用统一价格拍卖研究IPO定价。在Wilson建立的统一价格份额拍卖模型基础上，放松投标人的报价策略是一条连续可微的需求曲线的假定，考虑投标人间断需求情形并构建相应模型，分析得到市场均衡时出清价格的表达式。通过对影响抑价的因素分析可知，抑价大小与拍卖供给和报价单位正相关，与份额单位和投标人数负相关。潘俊和赵一春探讨了投资者参与程度、企业内在价值与IPO抑价之间的关系。研究发现，以市盈率衡量的企业内在价值与IPO抑价负相关；以中签率和换手率衡量的投资者参与程度，与IPO抑价正相关。冉茂盛和黄敬昌考察了IPO过程中的盈余管理行为以及申请首次公开发行企业的盈余管理是否影响发行审查委员会的决策，发现发行企业在上市前和上市当年收益率虚高，且往往是管理者利用应计项目操纵盈利的结果，因此发行审查委员会在审核过程中盈余管理程度越高的企业越难获得通过。李国勇在我国大小非解禁和货币政策剧烈波动的背景下研究该区间内IPO抑价的影响因素。研究表明，在控制其他变量后，发行当日解禁股的总市值、定向配售与否与IPO抑价正相关，但是不显著，限售股所占比例和贷款利率与IPO抑价显著正相关，存款准备金率与IPO抑价显著负相关。

关于增发和配股，徐寿福和徐龙炳通过对上市公司定向增发定价过程的分解，以定向增发基准日前20个交易日股价累积超额收益率和发行价与基准价之比直接度量大股东的机会主义行为，并检验其对增发折扣率的影响。研究发现，上市公司存在向大股东进行低价增发的事实，在基准价格确定以后，大股东可以通过调整发行价与基准价之比来实施其机会主义行为，从而达到攫取上市公司和其他股东利益的目的。而在引入询价机制后，大股东的机会主义行为得到了有效遏制。章卫东、邹斌和廖义刚对定向增发股份解锁后机构投资者减持行为与盈余管理进行研究，发现在关联股东实际减持认购的股份前，上市公司进行正向盈余管理的程度更高，并且关联股东的减持比例与上市公司盈余管理存在显著的正相关关系，而非关联股东在实际减持中，非关联股东的减持比例与盈余管理程度无显著关系。欧辉生、谢赤和周竟东研究了目前中国增发融资出现的市场融资功能错位、发行监管效率不高、发行折价幅度偏大、内幕交易和利益输送频发以及信息披露不完善等问题。建议政府借鉴国外成熟市场制度，从上市审核、发行主体、发行定价、发行对象、流动性限制、信息披露制度等方面完善中国增发融资市场的相关制度，从而提高市场的运行效率。郭思永和张鸣基于财富转移视角，构建模型以探究上市公司的股权再融资行为，研究发现，公司所投资项目的质量是影响上市公司选择定向增发或者公开增发的重要因素，且当投资项目未来前景较好时，大股东会选择定向增发并积极参与，这种歧视性的融资交易行为剥夺了公众股东的投资机会选择权。唐洋、刘志远和李伟在代理理论的框架下，实证检验了上市公司大股东在增发或配股（SEO）中的认购行为选择对恶性增资的影响。研究结果发现，无论大股东是否参加SEO认购，上市公司都存在恶性增资倾向，并且当大股东全部和部分放弃认购时会加重上市公司恶性增资倾向。

关于债务融资，雒敏以 2004~2006 年的非金融类上市公司为样本，考察了债务融资及其结构对大股东利益侵占行为的影响，从而揭示出我国上市公司中“股东—债权人”冲突和负债作为治理机制所带来的经济后果。研究结果显示，虽然债务融资总体上对大股东侵占行为没有治理效果，但债务融资中的银行债务及短期借款能够对大股东的利益侵占行为起到一定的抑制作用。李志军和王善平以 2002~2010 年深圳 A 股公司为样本，对货币政策、信息披露质量与公司债务融资三者间的关系进行研究，发现较高的信息披露质量有助于降低银企间的信息不对称程度，增强企业获得银行贷款的资信度，降低企业的债务融资成本，从而减轻货币政策变动对企业债务融资带来的不利影响。张弢文对企业融资中银行所扮演的角色进行分析，发现银行以债权人身份参与企业融资时，只有当企业的自有资金达到一定数量时银行才会接受契约，但是银行的清算威胁不起作用；当银行以股东角色参与企业融资时，清算威胁会降低企业的道德风险，企业的清算价值与自有资金之间的关系会对企业的融资起到至关重要的作用；当银行以混合角色参与企业融资时，银行的清算威胁仍会起到一定的作用，但是对企业的清算价值具有一定的放松，同时企业与享有股权的银行会产生共谋，损害以债权进行投资的银行的利益，企业的最优努力程度会发生偏离，增加了企业的道德风险。程书强和许存兴研究我国上市公司股权结构与债务期限结构关系，经过回归分析，得出少数大股东持股集中度、第一大股东性质、国有股比例、社会法人股比例、H_1 指数和 Z 指数与债务期限结构正相关，第一大股东持股比例、管理层持股比例、流通股比例与债务期限结构负相关的结论。胡苏分析了市场化程度、审计师选择与借款融资的关系，发现银行为了降低对市场化程度较低地区企业的贷款风险，由高质量事务所代表的高质量审计必然成为公司外部治理环境不完善的一种有效替代机制，以降低银行和公司间的信息不对称，实现上市公司借款融资的目的。雒敏和麦海燕考察了审计意见、审计质量对于债务期限结构的影响，发现审计意见与债务期限一般表现为显著的正相关关系，而审计质量对债务期限有负向的影响。胡元木检验了 Flannery 模型和 Diamond 模型在我国的适用性，进一步分析信息不对称程度和公司风险等级对我国上市公司债务期限结构的综合影响效果。研究表明，信息不对称程度较高时，低风险和高风险公司均选择短期债务，中等风险公司则选择长期债务，与理论模型预期一致；当信息不对称程度降低后，实证结果均未能验证 Flannery 模型和 Diamond 模型。赵晓琴、万迪昉和付雷鸣检验了在银行间债券市场，政治关联对公司新增债务融资规模和债务期限结构的影响。研究发现，高管政治关联有利于公司获得更高水平的融资规模，而且这种便利性在短期融资券和中期票据融资中都有体现，政治关联公司更可能以短期融资券融资，而不是以中期票据融资。杜勇和鄢波研究了债务融资行为的三种特征（债务融资期限、债务融资方式和债务融资规模）对亏损上市公司财务价值的驱动路径和驱动机理。实证结果表明，债务融资期限结构，银行借款的债务融资方式和债务融资规模对亏损上市公司的财务价值同时存在侵害和治理两种效应。黄文青从债务规模、债务期限、债务来源三个维度对上市公司的债权融资治理效率进行实证检验。结果表明，资产负债率与公司绩效显著负相关，债权融资没有发挥应有的治理效应；长期债务和企业债券融资的治理效用是显著的，而商业信用融资与银行借款均不能对上市公司经营者形成有效监督和制约，反而在一定程度上加重了上市公司的代理冲突。胡援成和刘明艳基于面板数据模型的实证分析，重点探讨中国上市公司债务期限结构的影响因素。研究表明，反映财务杠杆的负债权益比率仍然是影响中国上市公司债务期限结构的重要变量，反映股权特点的流通股比例和股权虚拟变量作用不突出，资产期限与债务期限的背离较严重，这些可能与股权融资偏好和短期债务融资偏好有关。

在控制权收益方面，刘立燕和熊胜绪对我国 2005~2007 年发生控制权转让上市公司的实证研究显示，我国上市公司最终控制人的控制层级与获取的超控制权收益正相关，法律保护水平与超控制权收益负相关，最终控制人的控制链条越长，其获取的超控制权收益水平越高，而较好的法律保护水平能够抑制其超控制权收益的水平。赵国庆、金文辉和张维等建立房地产公司动态资本结构模型进行了数据仿真实验，研究中国房地产公司资本结构对股权收益的影响情况。研究发现股权收益率随着资本回报率标准差增长呈现出骤降后平稳上升的规律，并且资产负债率档位越高，收益率水平越不稳定，当资产负债率处于较低水平时，债务利率水平的差异并不会对股权收益率造成较为明显的区别。

关于融资决策的讨论，闵亮以 1998~2009 年制造业上市公司为样本，检验金融危机冲击下融资约束对上市公司融资决策的影响，实证研究结果表明，融资约束严重的上市公司在面临金融危机冲击时具有较高的脆弱性。于蔚和钱彦敏探讨经济改革动态背景中的宏观冲击对我国上市公司资本结构调整的影响，经验证据表明，信贷市场和股权再融资市场上配额性指标和成本性指标的变动，作为外生的宏观冲击，在统计和经济意义上均对企业资本结构的调整具有重要影响。廖士光以发行中期票据的 A 股上市公司为样本，通过配对样本研究以及 Logistic 判定分析方法，从企业财务特征视角深入研究影响企业发行中期票据的相关因素。研究结果表明，公司规模与财务成本越高，财务杠杆与经营风险越低，则公司发行中期票据的概率越高。于久洪和陈宝峰研究了我国上市公司股权分置改革对控股股东融资行为的影响，发现对于兼具股权融资和负债融资条件的上市公司来说，股权分置改革后资本结构得到优化，对股权融资的偏好有所下降。

在融资困境方面，国内学者主要研究了与融资约束相关的问题，并对中小企业融资困境进行了关注。孙刚检验了在不同金融生态环境下股价波动同步性对企业融资约束的影响，发现在交易噪声广泛存在的我国股票市场中，股价波动同步性与上市企业融资约束呈负相关关系，在控制企业规模等因素后，股价包含更多的市场和行业信息本身正向地反映了股价的信息吸收效率，而发达的金融生态环境有助于提高股价对市场和行业信息的吸收。贺勇和刘冬荣以集团内部资金支持为中介变量，研究了企业 R&D 投入与融资约束的相关性问题。研究发现，民营集团控制型上市公司在资金短缺时会通过企业集团内部资本市场获取资金支持；集团控股股东倾向于支持拥有高现金流权的上市公司；上市公司 R&D 投入随着所获取的集团内部资金的增加而上升，而且在金融危机后的中度不利经济环境下具有显著性。唐小飞、康毅和郭达等对我国房地产上市公司融资约束进行比较研究，发现国有控股上市房企和非国有控股上市房企均具有外部融资约束，而且前者融资约

束度大于后者；国有控股上市房企股权融资约束度大于债务融资约束度；非国有控股上市房企股权融资约束度大于债务融资约束度。周宝源运用实证研究方法发现，送转行为是上市公司信息传递的有效机制，它有助于缓解我国上市公司由于管理者与其他利益相关者之间的信息不对称所造成的公司融资约束问题，特别是对于那些上年年报财务绩效不十分理想的受融资约束的公司，送转行为对缓解融资约束效果更为突出。王露璐和代军勋从商业银行重要的基本功能流动性创造的角度，验证资本充足率的统一监管对商业银行带来的非对称影响。研究表明，资本的提高会显著促进股份制商业银行提高对风险的吸收能力，提高其流动性创造能力，但是会压缩区域性商业银行的流动性创造能力以及中小企业贷款，非对称效应显著。

苏峻、何佳和韦能亮借助卢卡斯悖论（Lucas Paradox）对中小企业融资问题进行了思考，认为创业板的设立有利于资本市场在资源配置中对中小企业的支持并发挥其灯塔效应，金融体系自身无法完全解决中小企业融资的难题，政府的介入是必须的，并应起主导作用。阎竣对私营中小企业主性别与融资约束进行了实证研究，研究发现企业主为女性的企业融资水平比企业主为男性的企业融资水平大致低 90% 。在控制企业主性别以外的其他个人特征如年龄、教育程度以及企业特征和融资需求等因素后，企业主为女性的企业融资水平仍比企业为主男性的企业融资水平约低 42%，融资中的性别差异十分显著。高松、庄晖和陈子健通过对上海市 259 家科技型企业的问卷调查，分析科技型企业在不同生命周期的融资结构、遇到的融资问题和解决途径，并结合现有政府资助政策及其效应提出了建立适合我国科技型企业技术创新的融资支持体系的若干建议。张婷章从信任和社会网络等角度出发，分析了社会资本在中小企业融资过程中的抵押和惩罚机制，并通过团体贷款模式解释了社会网络关系的筛选机制。最后从推动中小企业建立横向信用联系的角度，提出了建立中小企业社区信用合作组织、发展社区性的中小银行以及发展商业性的中小企业担保体系等政策建议。

关于筹资渠道多元化，黄宇峰从我国中小型企业面临的融资结构性问题入手，深刻剖析了中小企业内源融资量低的主要原因，明确了中小企业融资渠道的多元化决定了融资结构必须要优化，而融资结构的优化又有赖于从法律、政策、体制、机制等方面不断地创新。

在融资风险问题上，许慧、杨孙蕾基于 DD 模型对上市公司的信息风险进行了评价，并采用中国上市公司的经验数据检验了公司信息风险在不同地区和产权性质背景下对银行借款的影响。结果显示，商业银行能有效地对高的固有信息风险进行调整，政府干预程度的增加能降低信息风险对银行借款的影响。魏锋和罗竹凤基于 2006~2008 年中国中小企业上市公司的贷款方式数据，实证分析了董事会政治背景对中小企业获得银行贷款方式的影响。研究发现，董事会有政治背景的企业更容易获得信用借款，且期限也更长；政治背景对中小企业的抵押借款和担保借款的期限没有明显的影响作用；没有政治背景的企业采用抵押借款和担保借款的比例更高。丁庭选以 2007~2009 年上市公司数据为样本，从董事长与总经理是否两职兼任和独立董事规模比例两方面研究董事会的独立性对银行债务融资契约的影响，研究发现，董事长与总经理两职兼任会导致银行债务期限结构缩短，而对银行债务规模没有显著影响，独立董事和银行债务契约之间的关系不明显。张美华基于机制设计理论和博弈论分析了中小企业从银行贷款和民间资本融资面临的困难，解释了中小企业融资难是一种纳什均衡现象，表明市场机制在融资环节难以取得令人满意的结果，急需借助政府的优惠措施促进中小企业融资。

2. 投资理论

2011 年，国内公开发表的与分配理论相关的文章共有 65 篇，研究的主要内容包括资本预算、投资管理、价值评估与管理、投资者行为等，其中资本预算、投资管理、投资者行为是国内研究的重点。

在资本预算方面，熊艳首次引入 DEA 方法对企业预算松弛进行度量，选取财务报告中销售费用、管理费用、流动资产三项指标作为投入指标，选取销售收入作为产出指标，运用 DEA 方法计算企业投入产出效率，并运用 DEA 投影过程估计非有效企业的投入、产出松弛值，直接度量了企业在销售、管理费用等方面低效率情况，为预算松弛的度量提供了一种新方法。许学娜和刘金兰研究了价值导向下的企业预算风险管理，得出依据价值管理理念，权衡收益和风险的关系，构建涵盖风险识别、风险分析及评估、风险应对在内的预算风险管理机制，形成贯穿企业预算管理全过程的动态管理回路，并以信息决策系统作为辅助风险管理的工具，以适应企业价值创造的经营目标，持续优化预算管理活动效果，最终实现价值—风险—增长的三维平衡发展的结论。高严根据 369 份有效调查问卷数据对预算目标清晰度和难度影响预算松弛问题进行了实证分析。研究发现，在预算参与的前提下，预算目标清晰度和难度对组织预算松弛之间产生着客观的负向和正向的影响，而沟通与报酬体系则会对这种影响起到推动作用。马建威和肖平采用规范分析法，探讨了以“平衡计分卡”理论为基础，以可持续发展目标为导向，融合与企业战略相关的社会、环境因素的企业战略预算的编制方法和步骤，并针对企业战略预算的实施提出了注重管理过程的预算实施控制方法。王清刚、王倩君和徐一士以 WH 地铁集团有限公司为例，介绍以现金流为核心的全面预算编制框架，及其在轨道交通企业中的具体运用，以期为其他轨道交通企业实施全面预算管理提供借鉴。肖文东和陈盛光在回顾预算管理主要文献的基础上，分析了国内商业银行预算管理的应用现状和改进探索，指出了未来一段时期改进商业银行预算管理的可选择方法和努力方向。佟成生、潘飞和吴俊分析了预算管理的基本功能与冲突，然后重点探讨了每个基本功能应包括的具体功能，最后按照权变理论的观点，指出处于不同经营环境的企业应根据具体的环境发挥相应的预算功能，这样才能彰显预算管理的作用。王艳丽和郑石桥基于实验方法研究预算结余索取权安排和预算松弛，发现在各种预算索取权安排下，预算责任人都有制造编制松弛的激励；在不同预算结余索取权安排下，编制松弛程度无显著差异，但执行松弛程度不同，且预算结余留用比例与执行松弛负相关。李志斌章以组织理论的三种研究视角为基础研究预算管理的本质，认为预算管理作为控制工具的本质是基于理性系统的研究视角；自然系统视角的预算管理本质是行为过程；开放系统视角的预算管理本质是组织与环境的交互系统。

在投资管理上，国内学者主要对投资组合、影响企业投资决策的因素、投资回报和投资效率进行研究。在投资组合方面，赵鹏通过蒙特卡洛模拟法获得投资组合的 VAR，回测检验表明 Copula-GARCH 模型能够较 Riskmetrics 和历史模拟法更加准确地描述组合风险。王波和高岳林基于条件风险价值 CVAR 风险计量技术，在整数规划意义下，建立了以最小化风险为目标，带有基数约束的投资组合优化模型，并验证了该模型的合理性。赵喜仓、刘寅飞和叶五一利用 Copula 技术对我国开放式基金市场的投资组合进行了风险分析，并利用基于 Copula 技术的蒙特卡洛模拟，对投资组合进行了 VAR 分析，结果证实了所建立模型的可行性和有效性。高杰和付翼通过构建时变相关的混合 Copula 函数对金融时序数据的尾部相关和对称相关性进行捕捉，并以此为基础估计投资组合的 VAR 值。通过对比，发现基于时变混合 Copula 的函数能够更准确地捕捉投资组合的风险。方少含采用沪深 300 成分股中的 280 只股票，通过随机抽样的方法建立等权投资组合模型，实证分析了中国股市投资组合规模的非系统风险分散效应，计算了沪深 A 股系统风险总量，并从马可维茨投资组合理论出发探讨了合适的投资组合规模。方军武对 CVAR 在投资组合管理中的应用进行实证分析，使用了边际 CVAR，成分 CVAR 和增量 CVAR 法对组合进行综合的风险评估，并根据给出的风险评估建议进行头寸调整，最后用商业银行中广泛使用的 RAROC（风险调整收益）方法对调整前和调整后的组合进行绩效评估。

在对投资决策影响因素的讨论上，邵希娟和孟慧对公司资本投资决策中管理者非理性行为及其原因进行研究，揭示出行为背后的不确定因素、认知偏差和心理因素及其相互作用的思维框架，为改进公司资本投资决策方法与防范管理者非理性行为提供依据。徐细雄和吕金晶以金融和控制权配置理论为基础，构建了“金融契约—控制权配置—管理者投资决策”的理论分析框架，揭示了不同金融契约结构下企业控制权配置的属性特征及其对管理者投资决策的影响。李虹和周莹莹基于低碳经济的视角，借鉴投资决策理论成果，并整合现有的国内外投资决策与低碳经济的相关理论，试图构建一套基于低碳经济的项目投资决策方法，从而为我国企业项目投资的有效实施和生态环境的可持续发展提供切实可行的操作指南。吴海兵实证检验了上市公司负债融资和投资决策关系，结果表明整体上负债融资具有治理作用，短期负债能有效地约束经理的过度投资行为，公司的资产专用性程度与资本结构呈显著负相关关系。付云鹏和马树才在 Carlsson 提出的模糊数的可能性均值理论的基础上，以证券收益的上、下可能性均值对其可能性均值的偏离程度作为投资风险的测度，建立一种新的基于模糊集理论的组合投资决策模型。蒋瑜峰和袁建国考察了在高风险项目企业中会计信息质量对企业新增投资支出的影响，揭示了会计信息质量在债权人保护中的作用。王印红提出 IT 周期由 IT 数据/信息周期、产品/设备周期、技术/知识周期三个相互交叉而又不重合的周期构成，三个周期函数在各自的运行周期中，对企业的作用表现为不同的效用值。根据 IT 周期函数对企业的不同效用，企业应该采取不同的投资和应用策略。谭跃和夏芳将盈余管理与投资者情绪结合起来分析两者对股价的影响，进而分析两者与中国上市公司投资的关系。研究发现盈余管理和投资者情绪在不同时期里分别主导着股价与公司投资的关系；而且在不同时期里，融资约束和换手率对所研究问题的影响也是不同的。杨丹、王宁和叶建明从资产减值角度考察会计稳健性对公司投资行为的影响，发现资产减值准备计提会对公司的过度投资产生制约作用，但资产减值准备计提也会导致公司投资不足。李万福、林斌和宋璐以投资效率为核心，通过基于流动性特性的条件关系检验和基于预期投资偏离的无条件关系检验，探讨了内部控制在公司投资中的角色。研究表明，加强企业内部控制建设是提高公司投资效率的重要途径，亦是从微观层面促进中国经济平稳、协调发展的重要途径。孟双武研究上市公司现金持有水平对投资行为的影响，发现目前我国上市公司的实际现金持有水平普遍高于目标水平，现金持有水平与投资支出显著负相关，投资支出以及投资支出与现金持有水平的交互变量都是与经营业绩正相关。吴宗法和张英丽通过研究中国制造业上市公司投资支出与其内部现金流的敏感性，分析经济转轨过程中不同所有权企业融资约束的变动情况，发现制造业上市公司存在明显的融资约束，且民营企业的融资约束明显高于国有企业，国有企业投资现金流敏感性随时间下降的幅度比民营企业低。王南丰探讨了上市公司盈余管理对投资行为的影响，研究发现盈余管理程度与公司投资水平呈负向关系，具有微盈动机和扭亏动机的公司投资水平显著低于非微盈公司和扭亏公司的对应水平，得出了公司盈余管理降低了公司投资水平、对公司投资行为有显著影响的结论。李胜楠研究不同终极控制人上市公司的银行贷款数量和期限结构对其投资行为的影响，以揭示股东债权人代理冲突和银行贷款作为治理机制在公司投资方面所带来的综合后果。研究结果表明，银行贷款与投资支出显著负相关，短期贷款比长期贷款对投资扩张的约束力更大。张兆国、曾牧和刘永丽对政治关系、债务融资与投资行为之间的关系进行了理论分析，并以我国上市公司 2005~2009 年的经验数据为样本进行了实证检验。结果发现，有政治关系的企业能够以较低的成本获得更多的银行借款；从总投资看，有政治关系的企业的银行借款更容易导致投资过度；从各投资类别看，有政治关系的企业的银行借款更容易导致无形资产和长期股权投资的投资过度，而对固定资产和研发投资的非效率投资则未产生实质性影响；有政治关系的企业对不同类别投资的偏好顺序是无形资产投资、长期股权投资、固定资产投资和研发投资。谢海洋和董黎明通过对上市公司投资行为的分析，识别出过度投资、投资不足和正常投资行为，并深入研究不同债务融资结构对具体投资行为的影响。研究发现，债务类型结构中银行借款不能抑制过度投资和投资不足，债务期限结构中长期借款推动过度投资而短期借款抑制过度投资和投资不足的作用较弱，并不支持代理成本理论。雷光勇、王文和金鑫利用中小板上市公司数据对投资者信心的形成机理和影响因素，及其对企业投资增长的影响进行实证研究。结果表明，投资者信心是市场层面因素和盈利性、成长性等公司层面因素共同影响的结果。盈余质量越高，信息透明度越好，外部投资者的信心越强。赵武、王定成和曾勇研究了保险公司的最优投资问题，利用 VAR 方法建立了保险公司的最大风险承受能力与最优投资比例之间的关系，并利用破产理论给出了最优投资比例的近似最优解。窦炜和刘星对债务杠杆所有权特征以及公司投资决策行为之间的相互关系进行了实证研究结果发现，就上市公司整体而言，债务杠杆表现出对公司治理的正向效用，但这种效用会伴随着所有权结构的趋于集中而发生变化。

在投资回报方面，谈毅和杨晔采用描述统计和假设检验的方法对配对的样本企业进行比较，判断有创投持股（VC）和没有创投持股（NVC）的企业的数据是否有显著差异；通过多元回归对创业投资影响企业长期绩效的因素进行分析，结果发现，有创业投资持股的企业从股份制成立到上市经历的时间比没有创业投资持股的企业短，发行费用占筹资总额的比重和发行抑价程度均大于没有创业投资持股的企业，上市后短期内股价超额收益率低于没有创业投资的企业，而长期内股价超额收益率则较高。李学峰、文茜和张舰运用面板模型，将交易策略指标纳入 Sharpe 指数多因素门限模型，分别考察在前期 Sharpe 指数为正和为负的情况下，惯性和反转交易策略对基金绩效的影响。分析表明，惯性策略在总体上会对投资绩效产生负面影响，而反转交易策略对投资绩效的影响则始终是不显著的。蒋东生文以五粮液公司为考察对象，研究了企业投资行为以及相应的经济后果问题。结果表明，过度投资对企业价值产生了显著的负面影响。李言规运用全微分解剖内部收益率对投资、经营成本、收益的敏感性分析过程，提炼出利用各现金流折现值之和判定上述三因素变动下内部收益率敏感性排序的方法：基本方案下某因素现金流的折现值之和大于另一因素现金流的折现值之和，则内部收益率对前一因素的敏感性程度也超过对后一因素的敏感性程度。顾乃康、万小勇和陈辉基于现金持有量的视角，在采用中位数法、拟合值法、三分位数法这三种方法对财务弹性做出界定的基础上，考察了财务弹性与企业投资之间的关系。结果表明，通过持续持有足够现金而保持财务弹性的企业，其投资水平会显著提高。

关于投资效率，郝颖和刘星将终极控制人和直接控制人两类大股东的利益动机纳入统一的分析框架，实证考察了大股东自利动机下的资本投资选择与配置效率。杨继伟基于投资现金流敏感度的视角研究了股价信息含量与资本投资效率之间的关系，发现富含信息的股价有效降低了资本投资对现金流的敏感程度，也有效降低代理冲突导致的投资现金流敏感度问题。杨继伟和刘冬荣从行业层面实证考察了股价信息含量与资本配置效率之间的因果关系，得出随着股价信息含量的提高，资本更快地实现了从低效率领域向高效率领域的转移，证券市场的资本配置效率得到有效改善的结论。任春艳和赵景文实证研究了中国现实制度背景下会计信息质量影响公司资本配置效率的具体路径。研究发现，对于投资不足的上市公司，会计信息质量与公司未来新增投资支出正相关，对于投资过度的上市公司，会计信息质量与公司未来新增投资支出负相关。张学勇和何姣采用 DEA 数据包络分析法计算金融危机前后各省投资效率，并在此基础上研究投资规模扩张与投资效率变动之间的关系。研究发现，投资规模扩张确实能拉动经济增长，但是金融危机之后我国绝大部分省份的投资效率呈现显著下降趋势，这与投资规模扩张是紧密相关。李焰、秦义虎和张肖飞实证检验了不同背景特征的管理者所选择的投资行为对企业绩效的影响。研究发现，在国有企业中，管理者的年龄、任期与投资规模之间呈显著负相关关系，并且这种投资行为对企业的投资效率有显著的负面影响。在非国有企业中，管理者年龄与企业的投资规模负相关，但是对企业的投资效率并没有显著影响；而管理者的财经类工作经历能够显著提高企业的投资规模并提高企业的投资效率。同时，管理者的性别、学历和教育专业对投资效率并没有显著影响。赵连静和何忠伟以我国农业上市公司为样本，分析融资约束和代理冲突对投资效率的影响，以及会计信息质量对缓解融资约束、代理冲突引起的非效率投资的作用。实证结果表明，高质量的会计信息能够提高投资效率，但会计信息质量不能有效抑制投资过度。陈运森和谢德仁检验了独立董事的网络位置特征与公司投资效率的关系，结果显示，网络中心度越高，独立董事治理作用越好，表现为其所在公司的投资效率越高。在区分投资不足与投资过度之后可以发现，网络中心度高的独立董事既有助于缓解公司的投资不足，也有助于抑制投资过度。张跃龙、谭跃和夏芳从信息不对称和代理冲突的角度研究分析了中国制造业上市企业投资效率的多重约束决定机制，研究发现，中国制造业上市企业的投资效率主要取决于企业自身盈利能力，而债务融资对改善企业投资效率的作用有限，相反债务融资放松了企业的资金约束，助长了企业过度投资。黄欣然从融资约束的角度研究了盈余质量信息对资本配置效率的影响路径。研究结果表明，盈余质量降低了企业融资约束的程度，进而有效改善了企业的投资不足问题；机构投资者持股增强了盈余质量对融资约束的缓解作用，盈余质量也促进了企业长期资产负债率水平的提高，有助于企业获得稳定的信贷支持。

关于价值评估及管理，卢伟航、蔚辉从西方经济学生产要素理论出发，深入挖掘了风险投资项目灵活性价值的源泉，并引入二叉树期权定价模型进一步给出了一种风险投资项目灵活性价值的定量评估方法，有效解决了风险投资项目灵活性价值评估问题。陈永丽、龚枢和张洁应用 EVA 分析体系，综合系统地对创业板上市公司价值创造能力的影响因素进行实证分析，发现企业的盈利能力、大股东持股比例以及董事会规模等因素对其价值创造能力有显著的影响。杨兴全、曾义和吴昊旻对我国市场化进程、终极股东控制与公司资本投资价值的关系进行实证研究，发现终极控制股东的两权分离程度与公司的政府控制性质降低了公司资本投资的价值，市场化进程有利于提升公司资本投资的价值，并能抑制终极控制股东两权分离程度对公司资本投资价值的负面影响，但市场化进程的这种积极作用在政府控制的公司中较弱。陈辉、顾乃康和万小勇以 2001~2008 年中国沪深两市中仅发行 A 股的上市公司为样本，使用由高频交易数据构造的相对有效价差和相对报价价差以及由日间交易数据构造的价格冲击衡量股票流动性，使用同行业中与公司市值最为接近的两家公司的股票流动性变量的均值作为该变量的工具变量，采用两阶段最小二乘法控制可能的内生性影响，考察股票流动性与公司价值之间的关系以及股权分置改革对这一关系的影响。研究结果表明，股票流动性与公司价值显著正相关。

在投资者行为方面，国内学者主要研究了过度投资。周春梅根据对公司投资期望模型回归残差的统计和国有上市公司投资行为“两阶段决策模型”的分析发现：在国有上市公司中，投资不足与过度投资两种投资异化行为并存；与过度投资行为相比，国有上市公司的投资不足行为更为普遍且部分公司的投资不足行为表现得更极端；与投资不足行为相比，国有上市公司的过度投资行为更为严重。顾湘和朱丹利用多元线性回归模型以 2007~2009 年我国上市公司作为研究对象分析股权激励、股权结构对上市公司过度投资的作用，研究发现，大股东对上市公司的利益输出导致了上市公司的过度投资，大股东是否拥有股东会层面的控制权显著影响公司的过度投资程度。戴德明和王小鹏对 2008 年沪深两市 A

股上市公司的实证研究发现，企业所得税的实际税率和税收监管在管理层考虑投资成本、监管风险等情况下抑制了过度投资，而税负在管理层合理避税动机下反而刺激了过度投资。黎精明和唐霞基于生产要素投入视角的理论解释我国国有企业过度投资，认为抑制国有企业过度投资的基本路径在于：彻底剥离国有企业承担的办社会的成本，取消政府对国有企业的政策性补贴，恢复资本要素市场的价格形成与作用机制。刘星和连军从公司滥用自由现金流进行过度投资视角出发，研究地方政府作为上市公司终极控制人时，其持有的现金流权以及"控制权与现金流权分离"所包含的公司治理效应。实证结果表明，只有当地方政府持有的现金流权较大时，现金流权的"激励效应"才会显现，能够抑制公司滥用自由现金流进行过度投资的行为；控制权与现金流权分离表现出"堑壕效应"，但是当地方政府持有的现金流权较大时，以过度投资攫取控制权私利的成本加大，这种"堑壕效应"会有所收敛。袁知柱、吴粒和许波采用 Khan 和 Watts（2007）构建的公司层面盈余稳健性度量方法，实证考察了盈余稳健性对企业过度投资行为的影响。实证结果表明，盈余稳健性能够显著抑制中国上市公司的过度投资行为，并降低过度投资行为对自由现金流量或经营活动现金流量的敏感度，从而提高投资效率。李小荣和傅代国探讨了不同"品质"的企业在投资者与企业以及企业与监管机构的双重委托代理契约中不同程度的道德风险，以及我国的市场化程度对企业履约的影响。实证研究表明，政府控制与募集资金投向变更的概率和程度显著负相关；民营控制与募集资金投向变更的概率和程度正相关；中央企业比地方企业有更少的动机和更低的程度变更募集资金投向；无政治关系的民营企业比有政治关系的民营企业有更强的动机变更募集资金投向，但有更低的变更募集资金投向的程度；市场化程度越高，募集资金投向变更的概率和程度越高。郝颖和李静明对我国上市公司资本投向分布与结构效率进行研究，发现终极控制路径中的现金流权比例越低或控制层级越多，终极股东越有动机增加固定资产、无形资产和股权并购上的自利性资本投入，并且削减 R&D 投资。

3. 营运资金管理理论

2011 年，国内公开发表的与分配理论相关的文章共有 14 篇，研究的主要内容包括营运资本筹资、营运资本投资、营运资金管理绩效、现金管理等，其中营运资金管理绩效和现金管理是国内研究的重点。

在现金管理方面，连玉君、刘醒云和苏治研究了中国上市公司现金持有行为的行业特征及其影响因素。结果表明，不同行业间的现金持有存在显著差异，且这种差异在时序上表现出高度的稳定性；就行业内部而言，个别公司的现金持有倾向于向行业均值收敛，调整成本导致偏离幅度越大收敛速度越慢，平均调整半周期约为 1.3 年；资产结构、行业竞争强度以及行业收益不确定性都是导致现金持有水平行业差异的重要因素。张俊瑞、曾振和王鹏基于盈余持续性视角研究了现金流操控对盈余质量的影响。利用现金流预测模型将上市公司的经营现金流分为正常部分和操控部分，发现操控现金流的持续性要显著低于正常现金流的持续性，表明现金流操控会使企业的盈余质量下降。张俊瑞、程子健和张健光借鉴 Fama-French（1998）和 Fresard-Salva（2010）的企业价值回归模型，考察了交叉上市对于企业现金持有及现金持有价值的影响。结果表明，在公司实现 A+H 股交叉上市后，企业的现金持有水平显著降低；而在 A+B 股交叉上市公司中，现金持有水平并没有显著降低。同时，投资者更希望交叉上市公司减持现金，适度加大投资，以进一步提升企业价值。聂丽洁和胡芙蓉利用动态模型对中国上市公司进行实证检验的结果表明，不同的公司财务特征会对现金持有产生不同的影响，且中国上市公司向目标现金持有量调整的速度相对较慢。江龙和刘笑松研究了经济周期波动与上市公司现金持有行为，结果表明，相对于经济繁荣时期，公司在经济衰退时期具有更高的现金持有水平，并且民营公司的现金持有量显著高于国有公司。同时，在经济衰退时期，上市公司具有较高的现金积累倾向。黄蕾基于上市公司实证分析了公司治理环境、控制权和现金流权分离与现金持有量价值，发现我国公司治理环境与现金持有量之间为正相关关系；控股股东控制权和现金流权偏离度与现金持有量之间为负相关关系，但是公司治理环境的改善对这种关系有抑制作用；与国有企业相比，治理环境和上市公司现金持有量之间的正相关关系在私营企业中表现得更为明显。万小勇和顾乃康基于门槛回归模型，对融资约束是否会影响现金及超额现金与企业价值的关系进行实证检验。结果表明，现金及超额现金与企业价值的关系均存在显著的门槛效应。在弱融资约束企业中，现金及超额现金的账面价值高于其市场价值，而在强融资约束企业中，现金及超额现金的账面价值低于其市场价值。刘静和陈志斌从大股东控制视角出发，重点关注第一大股东持股比例、实际控制人性质和公司所在地区市场化程度对于公司现金持有水平的共同作用。结果表明，第一大股东持股比例与公司现金持有量水平正相关，上市公司实际控制人为国有的比非国有的现金持有量高；公司外部治理环境的改善有助于减轻由第一大股东持股比例以及实际控制人性质对公司现金持有量造成的负面影响。王明虎和席彦群通过模型分析产权治理、自由现金流量和企业费用黏性，认为自由现金流是费用黏性产生的前提条件，产权治理是控制费用黏性的重要手段。刘金霞、韩立岩研究了我国非金融行业上市公司经营净现金流的风险状况，建立了风险现金流的 POT 模型，在可比公司估计的分析框架下，度量并分析经营净现金流风险。实证结果表明，房地产业和综合类风险现金流级别相对最高，其他行业 ST 公司风险现金流值均比同行业正常公司值要高；受金融危机的影响，2008 年经营净现金流为负值公司数目及超出风险现金流值的公司数目均明显增加。汤颖梅、董静和王怀明研究了金字塔股权结构对盈余管理的影响，研究发现，金字塔股权结构的控制层级数与盈余管理之间呈正相关关系；现金流权与盈余管理呈负相关关系，最终控制人所拥有的现金流权比例越高，控制层级数对盈余管理的影响会被降低；最终控制人投票权与现金流权的分离程度加剧了控制层级对盈余管理的影响。

在营运资金管理绩效上，刁伍钧、扈文秀通过回归分析，研究营运资金管理政策和营运资金管理绩效之间的关系，结果表明，资产组合策略和利息率与白酒行业上市公司营运资金管理绩效之间存在显著负相关关系，筹资组合与白酒行业上市公司营运资金管理绩效之间存在负相关关系，资产组合和资产规模与白酒行业上市公司营运资金管理绩效之间不存在负相关关系。王竹泉、孙莹和王秀华等进行了营运资金管理绩效的行业分析、企业分析、地区比较分析和外向型行业专题分析，从渠道和要素两个视角对上市公司营运资金管理状况进行了全面调查和透视，得到以下结论：2010 年中国上市公司营运资金平均管理绩效与 2009 年相比有所提高，但提高幅度不大；上市公司各要素单独管理水平相对成熟，协同管理水平较差；从地区视角来看，我国各地区上市公司的营运资金管理水平的差距仍然较大；对于那些外向型程度较高的行业来说，金融危机后行业的营运资金管理绩效正在逐步回升。袁卫秋和董秋萍从营运资本的概念、营运资本管理的政策、营运资本管理效率的衡量、营运资本管理的影响因素、营运资本管理政策与企业绩效的关系、营运资本管理效率与企业绩效的关系六个方面对这一领域的相关研究进行较为全面的文献回顾。

4. 分配理论

2011 年，国内公开发表的与分配理论相关的文章共有 18 篇，研究的主要内容包括股利分配、对企业其他利益相关者的分配问题等，其中股利分配是国内研究的重点。

在股利分配上，国内投资者研究了股利分配政策和现金股利的相关内容。在股利政策方面，郝东洋、张天西研究了我国上市公司的会计稳健性动因，并在此基础上研究了会计稳健性对上市公司债务融资成本的影响后果。研究结果表明，与股利分配方案相关的债权人——股东冲突越严重，上市公司越倾向于采用更为稳健的会计选择；会计稳健性越高的公司，债务成本也相应更低。李春玲和蒋顺才分析了控股股东股利分配行为的监管博弈，发现监管部门的监管成本越小、控股股东进行侵占造成的外部损失越大，控股股东进行规范分配的概率越大、控股股东持股比例越高、对控股股东违规处罚的力度越大，监管部门监管的概率越小。胡国柳、李伟铭、张长海和蒋顺才应用 Logistic 回归对股权分置改革前后我国上市公司股利分配决策进行理论与实证分析，发现股权分置改革后我国上市公司发放股票股利呈现增多的趋势，且企业规模与股票分配决策无关。李光贵将“可持续分红比例”估算与 EVA 价值管理系统结合起来，构建了一个国有企业价值创造系统框架，框架分析与现骨干数据验证表明，2002~2006 年国有控股上市公司各行业股权经济增加值状况较差，资本使用效率较为低下。王彩萍和李善民实证检验了机构投资者对上市公司股利分配影响。结果表明，机构持股总体上提高上市公司股利分配的概率和水平，对公司治理起积极作用。但这种作用因终极控制人性质不同而存在显著差异，在非国有控股公司中机构投资者积极治理作用显著，而在国有控股公司中机构投资者治理作用难以充分发挥。王会芳研究创业板上市公司股利分配，结论显示，创业板上市公司股利分配与第一大股东持股比例之间没有显著关系；公司成长性对现金股利发放水平有抑制作用；公司盈利能力、货币资金充足率及盈余积累水平对公司现金股利分配水平有显著影响。郑蓉、干胜道和舒轶以终极股东控制权的所有权差异为研究切入点，比较研究了国有上市公司与民营上市公司近七年来股利分配特点及影响因素，最终得出所有权性质的不同、负债水平及盈利水平的差异是决定企业股利政策最为重要的因素，货币支付能力及累积盈利水平对企业股利分配影响并不显著。程承坪经过分析发现，为了在初次分配中处理好效率与公平的关系，应当适时地在公司制企业引入利益相关者合作模式，摒弃股东至上模式。刘孟晖对不同股权特征下内部人控制模式与异常派现之间的关系进行研究，发现异常高派现多发生在股东控制类公司，异常低派现多发生在经理控制类公司。

关于现金股利，郭牧炫、魏诗博将 2008 年关于上市公司现金分红的新规定作为公司再融资能力下降的外部冲击，检验再融资能力的下降对上市公司现金分红的影响。通过两次差分法（DID）比较研究新政对具有不同融资约束公司现金分红的不同影响，结果发现，再融资能力的下降使得上市公司现金分红显著减少。涂必玉从上市公司股权结构的角度对我国上市公司现金股利分配的动因加以分析，发现股权高度集中、"一股独大"型的公司采用高股利政策的原因是大股东在转移利益；法人股"共同控制"型的公司采用低股利政策意在迎合证券监督管理委员会政策；股权高度分散、"管理层控制"型的公司采用高股利政策的原因是为管理层收购服务。林川、曹国华和陈立泰实证检验公司治理结构对现金股利分配倾向的影响，结果发现，股权集中、国有控股、董事会规模大、高管薪酬高和选择四大会计师事务所的上市公司倾向分配现金股利，流通股比例高和独立董事规模大的公司不倾向分配现金股利，董事会领导权结构的影响不显著。黄莲琴、屈耀辉和傅元略考察了大股东控制、管理层过度自信与现金股利之间的关系，实证结果表明，过度自信的管理当局具有不愿意支付现金股利的动机，而大股东具有显著的支付股利动机；大股东控股比例的增加能够有效地监督过度自信管理当局制定的股利支付政策，促使其提升公司的现金股利支付意向和支付水平。李传宪和王茜璐研究机构投资者持股对现金股利分配的影响，通过实证得出：体现股东构成变量的机构投资者持股比例与上市公司现金股利分配倾向和分配力度均负相关。申尊焕实证分析了机构投资者对现金股利的影响，发现机构投资者数量和信息披露对现金股利有显著性正面影响，而个人投资者数量对现金股利有显著性负面影响，说明机构投资者有股利偏好行为，信息披露有强化股利信号的传递功能。闻捷基于线性回归模型，从公司成长性的角度考察了股权结构对现金股利政策的实证分析。研究发现，公司治理较好的公司更倾向于分配现金股利。公司现金流入多，则保障程度较高，就会相应多支付现金股利。此外，胡元木和赵新建对西方股利政策理论的演进进行梳理和评述，并总结出西方股利理论的发展历程对我国股利理论的研究的启示作用。

三、特殊业务理论

本书所谓的特殊业务理论是指只有在特定企业或者某一企业的特定时期采用的财务管理业务，特殊业务理论主要包括集团公司财务管理、企业并购财务管理、国际企业财务管理、企业破产财务管理等。2011 年国内外公开发表的期刊中，涉及特殊业务理论的文章共有 134 篇，其中，国外公开发表的文章共有 35 篇，主要来源于 *The Accounting Review*、*The Journal of Finance*、*Journal of Business Finance & Accounting*、*Journal of Corporate Finance*、*Financial Management* 等期刊，国内公开发表的文章共有 99 篇，主要来源于《管理世界》、《会计研究》、《财经纵横》等期刊。在特殊业务理论方法中，国内外的研究重点主要集中在企业并购财务管理方面，具体研究成果如下：

（一）国外研究成果

2011 年，特殊业务理论方面，国外公开发表的文章共有 35 篇，主要侧重于企业并购财务管理、集团公司财务管理和企业破产财务管理三个方面。其中，企业并购财务管理方面的研究文献比较多，有 32 篇；集团公司财务管理和企业破产财务管理两个方面的文献相对较少，分别有 2 篇和 1 篇。

1. 企业并购财务管理

企业并购财务管理的研究主要涉及企业进行并购活动的动机、并购中杠杆的利用、并购价值和并购绩效。代表性的文献有：

对于并购活动的动机的研究，Agyenim Boateng、Ruthira Naraidoo 和 Moshfique Uddin 研究了英国企业跨境并购迅速增长的原因，并探讨了宏观经济因素对于企业跨境并购的影响。研究显示，宏观经济因素，如股价、GDP 增长率和通货膨胀率等是英国跨境并购增加的重要因素，同时，英国股票市场繁荣时期较衰退时期更久也是跨境并购增加的一个重要原因。Sabrina Chikh 和 Jean-Yves Filbien 使用法国企业的数据，研究了在企业进行并购时，在何种情况下，CEO 会听从投资者的意愿，以及探讨了 CEO 社会关系的强弱和他们对于市场评估的关注度的关系。研究显示，对于拥有强大社会关系的 CEO，在市场对于并购公告的反应是负面的情况下，仍然很可能会将所有交易继续进行。Jin Q. Jeon 和 James A. Ligon 探讨了并购中决定终止费大小的因素以及终止费大小对并购交易的影响。Xiao Gang Bi 和 Alan Gregory 以英国并购的数据为样本，对股票市场因素驱动企业并购的理论和收购的 Q 理论进行了比较。研究结果显示，股票价格高估是企业选择进行并购和选择融资方式的重要影响因素，证明是股票市场因素驱动了企业的并购行为。Yue Maggie Zhou、Xiaoyang Li 和 Jan Svejnar 采用 1997 年亚洲金融危机中泰国上市公司的数据为样本，研究了金融危机对不同所有权类型的企业业务组合重组（包括子公司剥离和收购）影响程度的区别。首先将企业按所有权进行分类：外资企业、家族企业、国内企业和国内机构。研究结果显示，外资企业的重组行为基本未受影响，国内机构和家族企业的受影响程度大致相同，而国内企业则会表现得比较保守，它们会显著减少核心业务资产剥离和对子公司的收购行为。

对于并购中杠杆的使用，Anil Shivdasani 和 Yihui Wang 研究了结构性信贷对于杠杆收购的影响，进一步探讨了结构性信贷市场的发展对于企业财务杠杆使用的影响。研究发现，债务抵押债券（CDO）和其他形式的证券化产品的发展引起了杠杆收购市场的繁荣。Shourun Guo、Edith S.Hotchkiss 和 Weihong Song 探讨了杠杆收购是否会以及如何为企业创造价值。研究发现，杠杆收购为企业带来了充足的现金流，而借款所带来的税盾的效应对企业的影响也是至关重要的。此外，实证研究结果还显示了，杠杆收购也会对企业经营绩效带来积极的影响。

关于并购的价值和对于企业绩效的影响，Adel Bino 和 Elisabeta Pana 研究了换股合并对于企业价值和投资的影响。研究结果显示，换股合并之后，收购方的企业价值没有太大幅度的改变，但是对于非多元化合并，收购方企业的投资机会和杠杆率都会有一定程度的下降。此外，收购方的投资效率没有发生变化。Gilad Livne、Ana Simpson 和 Eli Talmor 研究了无线行业的用户收购成本、保留和使用（customer acquisition cost，retention and usage）对于企业未来财务绩效和价值的影响。研究显示，用户收购成本是企业价值增加的驱动因素，收购成本还与企业的用户保留、企业未来利润和当前的市场价值相关，但与企业的未来收入不相关，即成功的用户收购能降低未来的成本从而提高企业的盈利能力。同时，研究发现，用户保留和企业未来收入相关，用户使用和未来利润相关。Paolo Fulghieri 和 Merih Sevilir 探讨了相互竞争的企业之间的合并对于企业价值以及员工激励的影响。研究显示，在价值创造主要依赖于创新和新产品的开发的行业，相互竞争的企业之间的并购会增加合并后企业的价值，但对于员工创新的激励有着不利的影响。Qingzhong Ma、David A. Whidbee 和 Athena Wei Zhang 通过测量收购后企业内在价值的变化，研究了企业合并对于企业价值的长期经济影响。研究显示，平均来说，企业完成合并交易后的三年，企业的内在价值会降低，期初内在价值较高的企业表现得更明显。而内在价值的损失的主要原因是预期收益的减少。Isil Erel 以美国发生的银行并购为样本，实证研究了银行并购对于银行贷款利率的影响。研究显示，银行并购对于贷款利率的影响主要取决于并购对于银行效率的提升和对市场力量增加的大小关系，当并购为银行带来更多的是效率的提升时，银行贷款的利率就会降低。Andreas Behr 和 Frank Heid 以德国银行并购的数据研究了并购对于银行盈利能力和成本效率的影响。研究结果显示，并购对于银行的盈利能力和成本效率的影响是中性的，从而揭示了研究在并购不为企业带来长期绩效的情况下进行并购的必要性。Craig H. Furfine 和 Richard J. Rosen 研究了企业合并对企业违约风险的影响。研究显示，尽管资产多样化会降低风险，但是从总体来说企业合并增加了收购方的违约风险，而且违约风险的增加不仅是来自收购方购买风险较高的目标或者是收购方增加杠杆收购的使用，激进的管理行为也是导致违约风险增加的重要因素。Derek Oler 和 James F. Waegelein 研究了企业并购中涉及的股票对价和收购方的高现金流水平是否和企业的经营绩效相关，并进一步探讨了企业的长期绩效计划是否会消除股票对价和收购方高现金流水平的负面效应。研究结果发现，有着长期绩效计划的收购方不太可能会持有较高水平的现金流或者使用股票对价。

2. 集团公司财务管理

K. J. Martijn Cremers、Rocco Huang 和 Zacharias Sautner 研究了银行集团的内部资金市场的有效性，并探讨了银行集团如何进行资源分配。研究显示，总部银行会平滑地向成员银行提供存款，以弥补成员银行存款的不足。银行集团在进行资源分配时，考虑的是成员银行的影响能力，影响能力更大的银行会从总部分配到更多的资金。Radhakrishnan Gopalan 和 Kangzhen Xie 通过假设在行业出现经济困境的情况下，对集团公司和非集团公司的销售增长、现金流和研究开发支出等指标进行比较，研究了集团公司对于资源分配的影响。

3. 企业破产财务管理

Efraim Benmelech 和 Nittai K.Bergman 研究了破产公司间接地对同行业没有破产的竞争者产生的负的外部性影响。研究显示，破产企业会间接性的降低行业中其他没有破产企业的价值，进而在很大程度上影响这些企业债务融资的资本成本，此外，这种间接影响还会扩大整个行业在衰退时期的商业周期。

（二）国内研究成果

2011 年，特殊业务理论方面，国内公开发表的文章共有 99 篇，主要侧重于集团公司财务管理、国际企业财务管理、企业破产财务管理和企业并购财务管理四个方面。和国外研究一样，国内的研究也主要侧重于企业并购财务管理。

1. 企业并购财务管理

企业并购财务管理方面，国内公开发表的文章共有 60 篇，主要研究了并购行为的动机、并购的价值创造、并购税制问题、并购绩效评价、战略并购的定价和并购融资方式等内容。

关于企业采取并购行为的动因，毛雅娟和程昆基于我国农业类上市公司的并购现状及行业的比较分析，采用 Logit 多元回归模型对代理成本、高管特征与并购动因的关联性展开了经验性研究。研究结果显示，我国农业类上市公司的并购行为是管理者与股东之间代理冲突的表现形式；我国农业类上市公司的并购驱动因素主要来自于费用支出维度的代理成本，而一般行业的并购驱动因素主要来自于经营效率维度的代理成本。李小燕和陶军基于国有与民营上市公司治理结构的比较研究了高管薪酬变化与并购代理动机的关系，研究结果发现，在相对宽松的公司治理环境下，国企高管具备利用并购增加个人收益的动机和条件，高管薪酬变化与并购业绩无关；而民营企业高管在相对激烈的市场竞争及严格的内部监管环境下，提高并购业绩或许是增加个人收益的更好选择，高管薪酬变化与并购业绩相关。李青原、田晨阳、唐建新和陈晓通过对资本市场中并购参与双方、水平竞争对手和上游公司的财富效应的分析探讨了横向并购的动因理论，研究发现资本市场的经验证据显示了“效率理论”而非“市场势力理论”是企业横向并购的动机。郭冰、吕巍和周颖运用事件历史分析方法研究了公司治理和经验学习对企业连续并购行为的影响。研究发现：①并购管理程序熟练程度和以往并购绩效反馈都会增加连续并购决策的发生概率；②国有股权、管理层持股比率的增加、CEO 和董事长两职合一会促进企业连续并购的发生，而具有较高独立性的董事会则可能会降低企业并购的发生概率；③国有股权、管理层持股比率、董事会领导结构和董事会独立性会强化经验学习对并购决策的影响效果。赵保国通过对国内市场海外并购案例的并购方式进行了实证研究和统计分析，分析了国内企业选用并购方式的关键原因，并得出目前我国企业海外并购中股票收购和横向并购所占比例最大的结论。李强从战略资产寻求的视角研究了中国企业进行跨国并购的动因和特征，研究发现，跨国并购是中国企业快速整体获取战略资产从而增强企业竞争优势的有效途径，同时，中国企业战略资产寻求型跨国并购具有“弱势并购”的基本特征。中国企业实施战略资产寻求型跨国并购还必须关注交易对象的选择、交易过程的管理以及交易后的整合三个关键环节。陶瑞和张秋月在对并购匹配内涵界定的基础上，研究了目标企业的选择问题，并将目标企业的选择划分为战略运营匹配和组织管理匹配两阶段，其中，前者强调的是目标企业选择的宏观性，后者注重从微观和战略执行等方面进行选择。

对于并购中的价值创造，刘松基于简化的数值示例，研究了杠杆收购的投资增值机制，并认为：通过改善自由现金流创造价值和通过金融操作放大估值是杠杆收购实现投资增值的两种途径。盛明泉和张春强对多元化并购和非多元化并购两种不同的并购类型的价值效应进行了实证分析。结果表明，绩效上升时管理者容易做出并购抉择；多元化并购后初期，会在短期内出现绩效下降的现象，但是，随着资源的有效整合，协同效应的发挥会带来一定的价值提高；非多元化并购在并购后绩效呈逐年下降趋势，其主要原因是我国上市公司股权结构的二元性特征以及政府在市场经济中的二重性，使得我国横向并购及纵向并购未能产生预期的规模效应和范围经济。彭元基于股权分置视角研究了中国上市公司MBO对公司影响的价值传导机制，研究认为中国上市公司实施MBO后，公司治理的有效性提高，进而导致代理成本下降，公司价值和绩效会得到提升。周小春和陈玉罡基于EVA方法对中国上市公司兼并收购中的价值创造以及价值创造的驱动因素进行了实证分析，研究发现，并购当年的公司价值普遍提升，但并购后上市公司要么价值创造不明显要么毁损了价值，并购价值创造没有持续；而兼并收购中价值创造来源于并购后销售利润率、主营业务利润率的提高和管理成本、经营费用的下降。韩忠雪和程蕾探讨了控制权收购宣告后短期窗口和长期年度内的市场财富效应变化，尤其关注了多元化并购与同业并购公司的短期和长期市场回报、股权性质和股权比例之间的特征差异。研究发现，我国上市公司控制权并购有着显著的短期正的财富效应和长期负的财富效应；短期来看，多元化并购比同业并购的市场累积超额收益率更高；长期来看，多元化并购比同业并购有着更差的市场年度回报率。尹豪、余泳和朱晓丽综合运用因子分析等统计方法，以发生外资并购的上市公司为样本，探讨了外资并购中的中方利益相关者之间的价值转移规律。研究结果论证了外资并购的价值创造能力，并发现债权人等外部相关者是并购获益者，而所有者和职工等内部相关者是利益受损者。王书斌和王雅俊研究了我国上市公司并购财富效应在行业发展阶段、发展战略和发展能力这三类行业特征上的差异，并通过产业经济学中的结构—行为—绩效范式建立理论框架，进行了实证研究。研究结果表明，行业的财富效应与发展阶段正相关，与发展能力也正相关，但是行业集中度并不是显著影响并购财富效应的行业特征。刘星和吴雪姣基于国有上市公司的经验证据，研究了政府干预、行业特征与并购价值创造的关系。研究结果表明，就盈利企业而言，地方政府干预对并购价值创造形成“掏空之手”；就亏损企业而言，地方政府干预对并购价值创造的影响不显著；与处于战略行业的国有企业相比较，非战略行业的国企并购价值创造较大，而在战略行业中，处于绝对控制的战略行业的国有企业并购价值创造更大。李青原研究了资产专用性与公司并购财富效应的相关性。研究结果发现，并购交易双方资产专用性越高，收购方公司财富效应越大，且随着并购双方纵向关联程度的增加及它们所在地区产权保护程度的降低，资产专用性与公司纵向并购财富效应间的正相关性越强。

关于并购的税制问题，计金标和王春成以法经济学的交易费用及产权分析为理论工具，在借鉴世界公司并购税制，尤其是欧美公司并购税制成功经验的基础上，审视我国公司并购税制的有效性，并对其完善和改进提出政策建议。

对于并购的融资方式，唐蓓基于行为经济学的非理性人假设来研究了管理者过度自信

对公司并购融资决策的影响，研究结果显示：尽管过度自信的管理者基于对职业声誉和自身利益的长远考虑，在并购融资时并不一定采取高水平的负债融资决策，但是对并购后短期盈利的乐观估计确实为管理者选择激进的债务期限结构提供了理由，即管理者过度自信会在一定程度上影响公司的并购融资决策。瞿进步、王玉涛和李丹研究了并购过程中不同融资方式选择（划分为自有资金、债务和权益三种方式）对并购绩效的影响。结果发现，权益融资方式显著提升了收购公司的市场绩效和股东财富，而债务融资方式则降低了收购公司的市场绩效并有损于股东财富。方明月基于 A 股工业上市公司的并购数据研究了资产专用性、融资能力对并购过程中权利的配置（谁应该成为主并公司）的影响，研究结果表明，资产专用性对并购过程中的权利配置影响是不确定的，而融资能力对权利配置有显著的正影响。

并购的绩效评价方面，张根明和刘娟从核心竞争力的视角，以发生不相关并购的企业为研究对象，研究了它们进行不相关并购的绩效表现。研究发现，具有成熟核心竞争力的企业在进行不相关并购后，其整体发展较好。崔永梅和余璇通过对相关文献的研究以及对企业并购实务的调查，将并购交易分为边界清晰的决策、接管、整合及评价四个流程，并明确了相应流程的风险及内控重点，构建出一套包含控制目标、执行主体、监督主体、控制内容与控制方法的较为完整的并购内控评价体系，以期防范和控制企业并购过程中的多种风险。温成玉和刘志新依据收购公司与目标公司的行业相关性，将技术并购划分为加强型和优势互补型两种，研究了技术并购模式对我国上市公司创新绩效的影响，且研究结构显示，加强型技术并购对收购公司创新绩效没有显著影响，优势互补型技术并购对收购公司创新绩效则有显著正影响。李娟利用 Thomson ONE Banker Database 和中国工业企业数据库提供的微观企业数据，采用 Levisohn-Petrin 方法控制潜在内生性问题，科学地估计了中国企业全要素生产率，进而检验外资并购是否能促进企业全要素生产率的提升。研究结果显示，外资并购对生产率的提升效应虽然不能立刻发挥作用，但经过一定的融合期，外资并购能显著提高企业生产率 20%以上。另外，企业的出口行为将会进一步强化并购的生产率效应，出口企业因外资并购带来的企业生产率提升要高于非出口企业 30%左右。梁慧贤、简俭敏、江淮安和于艺海使用数据包络分析法研究了中国工商银行、中国银行和中国建设银行跨国并购对银行效率的影响，研究结果显示，海外并购在短期内会使主并购银行效率下降，但长远来看，银行效率会提高。并购后的整合、海外并购频率、海外并购经验等多方面的原因都会造成短期效率下降。余元冠和陶瑞应用财务数据对我国 2005~2007 年参与并购的钢铁企业并购特点及绩效进行了研究，研究发现，这三年间的并购活动并没有使这些企业的经营绩效得到提升，并购对象选择的主观随意性、并购运作程序的不完整、整合的低效及政府官员和国企领导的晋升竞争等是造成我国钢铁企业并购绩效低下的重要原因。邱伟年、欧阳静波和林家荣以外资企业和民营企业并购我国上市公司为研究样本，对两种并购方式下目标公司长期和短期市场绩效进行了比较研究。研究结果显示，外资并购短期绩效显著高于民营并购，外资并购长期绩效显著低于民营并购，从而揭示了我国未来相关并购政策的走向。傅传锐利用分位数回归方法研究了并购中主并公司智力资本对并购长期绩效的影响。研究结果表明，包括智力资本等资本要素在内的主并公司并购前特征对并购绩效的影响存在期限性。在发挥作用的期限内，人力资本对并购绩效存在总体显著为正的影响，而且这种影响随着绩效的提高而增强。物质资本对并购绩效存在正向影响，但其却随着绩效的提高而减弱。洪联英、彭媛和罗能生通过构建国有资源产业兼并重组模型，研究了国有资源产业的三种兼并重组政策的所有权安排及其整合效率问题，且研究表明，国有资源产业兼并重组并不存在最优企业所有权安排，关键是要构建并完善有效的治理结构和治理机制；要使兼并重组富有效率，兼并主体的选择原则应以项目效用评价、主体专用性投资和主体权利收益为关键维度，对个兼并主体的项目客体条件、产权主体条件和治理机制的有效构建之间进行择优匹配。孟雪通过设计定量研究吸收能力与技术溢出效应的模型，探讨了跨国并购对中国高技术产业技术溢出效应的影响。实证分析的结果发现，由于跨国并购对 R&D 投入的影响存在不确定性，因此它对高技术产业的技术溢出效应的影响也表现出了两面性。

对于战略并购定价，赵宇将战略并购定价过程分解为估价和定价两个动态过程，并基于实物期权和博弈的角度，分别给出了并购中目标企业估价的实物期权估值模型和讨价还价并购定价模型，用于研究战略并购的定价。程凤朝和刘家鹏通过模型分析与模拟计算的方法对上市公司并购重组中的定价方法进行了分析论证，以此推导出上市公司股票定价及所购买资产价值可能存在的误差以及可能的人为操纵偏差，并给出了并购重组中定价方面相应的机制设计和政策建议。

2. 集团公司财务管理

2011 年，集团公司财务管理方面，国内公开发表的文章共有 19 篇，研究的主要内容包括集团公司的发展战略、集团公司的融资方式、集团公司的内部控制、内部资本市场理论和集团公司绩效管理等内容。具有代表性的研究有：

对于集团公司发展战略，李越川、刘炜和黄娅丽认为作为企业集团附属金融机构是财务公司发展的战略定位，且从长期来看，成为企业集团的专业化产业金融机构是财务公司发展的趋势，因而研究了我国企业集团的财务公司的发展战略问题。

对于集团公司的融资方式，田芬在分析了企业集团的融资特点及常用融资方式的基础上，采用模糊数学的方法，建立了融资效率的模糊综合评价模型，对我国企业集团不同融资方式的效率进行了分析比较，并提出了企业集团选择融资方式的建议。

对于集团公司的内部控制，谢志华、黄国成和杨克智以沃尔玛公司为例探讨了商业集团如何围绕价值模式建设内部控制体系，以期为中国商业集团企业提供有益借鉴。

对于内部资本市场理论，王化成、蒋艳霞、王珊珊、张伟华和邓路针对目前我国内部资本市场理论研究中存在的问题和不足，构建了体现我国特色的内部资本市场理论研究框架体系：以内部资本市场环境为起点、内部资本市场功能为主线，研究内部资本市场运作及其经济后果的交互作用关系，最终传递到公司价值的形成，并在此基础上，提出了未来我国内部资本市场理论研究的若干建议。叶康涛和曾雪云基于集团产业战略的视角研究了内部资本市场的经济后果及其边界条件，并提出了内部资本市场经济后果的条件依存模

型。研究结果显示，内部资本市场的经济后果受到集团产业战略和投资者保护程度的双重影响。其中，专业化产业战略可以降低集团内、外部的信息不对称，从而不仅可以提升内部资本市场的资源配置效率，还可以抑制内部资本市场的经理人代理成本和财富转移问题；而良好的投资者保护一方面可以缓解企业集团的外部融资约束，抑制大股东的财富转移问题，另一方面也会因为股权结构分散导致经理人代理成本增加。李秉成研究了内部资本市场对资金成本的影响，并基于我国上市公司的数据进行了实证研究，研究结果表明，内部资本市场经营业务多元化能降低资金成本，分部与子公司数量同样能降低资金成本但不显著。而在内部资本市场交易方面，随着交易性质的不同，对资金成本影响也不同。韩俊华在评价已有内部资本市场测度模型的优缺点的基础上，构建了一个新的测度模型，用于研究企业集团内部资产市场效率，该模型有三个因子，上期分部相对现金流回报能力、本期资本流向及下期相对资产报酬率，如果三因子符号相同，则内部资本市场有效；该模型还可测度企业集团“掏空”分部的行为。张昉、陈良华和张越基于内部资本市场配置效率由企业内部资金配置决策有效性决定的认识，在标准实物期权模型的基础上构造了内部资金配置决策模型，用于研究内部审计在资金配置决策中的作用。且研究结果表明，内部审计的管理审计业务比财务审计业务更有利于提高内部资本市场配置效率。

对于集团公司的经营绩效管理，田银华、邝嫦娥和张敏以中国上市家族企业为例，运用因子回归分析方法研究了上市家族企业治理结构与经营绩效间的关系。研究发现，上市家族企业的高管控制力、总经理特质及企业营业收入与经营绩效之间存在正相关关系；董事会治理结构及总资产与经营绩效之间存在负相关关系；债权人治理结构对经营绩效的影响则因上市家族企业规模和营业收入的不同而不同。张会丽和吴有红以现金在我国 A 股上市公司及其整体子公司之间的分部为考察对象，并运用反映上市公司总体财务特征、母子公司业务特征等方面的指标去量化财务资源配置的集中程度，从而研究了企业集团财务资源配置的集中程度对企业经营绩效的影响。经研究发现，财务资源配置的集中程度与企业经营绩效呈显著的倒“U”形关系，即过度集中或过度分散的财务资源配置都将对企业经营绩效产生不利影响。刘美玉和王云凯采用事件研究法和因子分析法，以 2004~2007 年我国整体上市的公司为样本，研究了整体上市对上市公司短期绩效和长期绩效的影响。研究结果表明，整体上市既提高了上市公司的短期绩效，又改善了长期绩效。同时，整体上市的短期绩效明显并有“虚高”现象，但长期绩效的改善并不明显，即整体上市缺乏支撑企业长期绩效持续增长的推力。

此外，王雪梅以集团控股上市公司作为研究样本，检验了集团财务公司对成员单位价值、负债水平和债务成本的影响，且研究结果表明：集团财务公司成立前样本账面价值明显优于成立后，成立前后市场价值的差异不明显；集团财务公司成立后样本公司负债水平显著增加，财务费用率变化不明显。

3. 国际企业财务管理

2011 年，与国际企业财务管理相关的国内文章有 14 篇，主要研究了跨国企业的税务筹划、跨国企业的治理结构和跨国企业财务管理战略等内容。代表性的文献有：

关于跨国企业的税务筹划，张磊以传统的 MM 理论分析框架为基础，重点分析了不同的国际税收规则是如何影响跨国公司的资本结构选择，理论分析的结果为税收抵免制度、利息分配制度和归集税制都能显著抑制企业利用债务进行融资的倾向，为我国跨国公司确定合理的资本结构提供了理论依据。李绍萍和王志超研究了中国企业跨国经营的纳税筹划，首先从企业跨国经营纳税主体的角度分析了设立离岸公司和套用税收协定进行纳税筹划的方法，再从企业跨国经营纳税客体的角度出发分析了避免成为常设机构和机构间纳税客体转移的纳税筹划方式，最后提出了企业进行跨国经营纳税筹划的四点关注。

对于跨国企业的治理结构，丛聪和徐枞巍在分析跨国公司母子公司中的知识构成与知识结构的基础上，从知识的视角对基于母子公司控制关系的几种主要跨国公司治理模式进行了研究，并分析了知识构成、知识结构和知识转移对跨国公司母子公司控制关系的影响和作用，同时，对如何建立合理的基于知识的跨国公司治理结构提出了建议。李京勋和李龙振基于企业知识观，研究了母公司知识对海外子公司绩效的影响，研究结果发现，母公司知识对海外子公司绩效有显著的正向影响。此外，当海外子公司的吸收能力与母公司之间的相互信任越高时，越会增加母公司知识对子公司绩效的影响。孟繁瑜和庞墨涵以亚太区最大房企 Capita Land 为例，深入分析了跨国房地产公司的国际投资规律，包括在东道国选择、投资规模、投资产品类型和投资利润方面的规律，并在此基础上探讨了跨国房地产公司的核心竞争力。

在跨国企业财务管理战略方面，李珮璘研究了金融危机对新兴跨国企业的投资战略和发展趋势的影响，发现金融危机发生后新兴跨国公司总体上进行了战略收缩，并加强在资源领域的一体化、拓展低成本战略的发展空间，同时，利用发达国家跨国公司进行战略收缩和战略转移的时机，择机进行跨国并购。

此外，周煊和程立茹研究了跨国公司价值网络运作的理念特征及其组合价值模式，企业价值网络运营理念特征包括群体竞争系统、客户价值驱动、核心企业统筹、信息系统整合、集体合作共赢、功能模块分工、知识流动共享和动态成长优化。而与价值链的行业局限性不同，企业价值网络能够整合跨行业的价值系统，满足客户的组合价值需求。稳定型组合价值包、个性化组合价值包和解决方案型组合价值包是企业价值网络实现竞争优势的主要载体。

4. 企业破产财务管理

2011 年，国内研究与企业破产财务管理相关的文章共有 6 篇，代表性文献有：彭程、杨红和黄荣从税收利益与破产成本视角分析研究了企业投融资决策的互动关系，通过研究发现，企业最优投融资决策会因为税收利益和破产成本而产生一种相互作用的关系，但在股东债权人利益冲突下，股东会倾向于追逐更多的税收利益而产生过度投资的问题，并因此产生更高的负债融资成本，最终导致企业融资决策的非效率。巫文勇研究了各金融大国对于金融机构破产时以存款人为代表的金融债权人是否享有优先受偿权的问题。尚洪涛在简要回顾破产审计的发展历程的基础上，将破产审计与常规审计进行了对比，归纳了破产审计的基本特征和存在的问题，并给出了未来的完善措施。栾甫贵和张建军研究了企业破产重组收益的性质和确认的问题。罗琰和杨招军通过投资者单位时间内必须消费不少于一个固定数量的财富，并在三类不同存贷约束条件下，研究了基于最小化破产概率准则的最优投资问题，研究结果表明，最优投资策略为财富的分段线性函数，而存贷约束特别是不允许贷款约束增加了投资者的破产风险。

四、其他领域

本书所谓的财务管理其他领域主要包括财务管理发展理论、财务管理比较理论、财务管理教育理论、中国香港、中国台湾和西方介绍，以及行为财务、绿色财务、财务协同理论、非营利性组织财务管理等理论。在 2011 年国内外公开发表的期刊中，涉及财务管理其他领域的文章共有 52 篇，其中国外公开发表的文章有 35 篇，主要来源于 *Accounting Organization and Society*、*Behavioral Research Accounting*、*Journal of International Financial Management and Accounting*、*Management Accounting Research*、*Review of Financial Studies* 等期刊；国内公开发表的文章共有 22 篇，主要来源于《会计研究》、《管理世界》、《财经研究》等期刊。财务管理其他领域的研究重点主要是财务管理比较理论、行为财务、非营利性组织财务管理，具体研究成果如下：

（一）国外研究成果

财务管理比较理论和行为财务是国外学者的主要研究方向。

在财务管理比较理论方面，Hans Englund、Jonas Gerdin 和 John Burns 总结了 25 年来 Gidden 的结构理论在会计研究中的成果、存在的局限和未来发展，认为将结构理论作为会计研究的基本框架有三个方面的贡献：①引进了二元分析的方法；②将会计作为一个由重要性、主导性和合法性相互交织组成的整体概念；③从理论上解释社会中介的嵌入如何、何时以及为什么会对会计实务产生连续的变化。此外，研究发现，很难确定结构理论文献的独特性，很多理论的竞争优势也不具有实用性。Jonathan Fletcher 探讨了在英国和美国的股票收益率中使用调节信息对“均值—方差”策略的影响。研究发现，在调整了交易成本后，使用调节信息对“均值—方差”策略没有显著的影响。Martin J. Conyon、John E. Core 和 Wayne R. Guay 计算并比较了美国和英国 CEO 的风险调整薪酬，其中风险调整是基于 CEO 所接受的股权激励中所包含的风险溢价。研究发现，美国的 CEO 相比于英国会获得更高的薪水，但是薪酬中股票和期权奖励的比率也更高。在利用风险溢价合理估计后发现，风险调整后的美国 CEO 薪酬并不比英国 CEO 高。Mark Abrahamson、Tim Jenkinson 和 Howard Jones 比较了投资银行对在美国和欧洲首次公开发行的企业所收佣金的区别，研究发现，在欧洲上市的佣金比在美国上市平均要低 3 个百分点，且有继续下降的趋势，文章对这一现象进行了解释，并说明这与战略定价有关。

在行为财务方面，Jacob G. Birnberg 建立了一个行为会计研究的框架，在这个框架中有关行为会计研究的文献被看作一个整体而非部分，并根据框架按照文献的研究重点对其进行分类，如个体、团队、组织或者社会中的行为会计。该框架能够帮助行为会计的研究者从另一个角度看待问题，或者在会计的子领域中学习相似的解决方法。Xu Li 研究了行为理论和可操控的流动应计项目对新股发行定价的影响，研究发现，第一，1926~1971年，可操控流动应计项目对股价的持续表现没有负面影响；第二，截面证据与行为理论所做的预测不一致；第三，1972~1998 年，可操控的流动应计项目对新股发行定价的负面影响仅限于在纳斯达克上市的企业。Kimberly Sawers、Arnold Wright 和 Valentina Zamora 研究了机构行为模型能在多大程度上反映股票期权的风险承受能力和管理风险承受能力之间的关系，该模型预测当管理者有更多相关利益时会避免选择可能威胁到他们财富的风险项目，风险厌恶的管理者也会选择低风险的项目。Ulrike Mmlamendier、Geoffrey Tate 和 Jon Yan 研究了管理者特质，如过度自信和早期生活经验，对公司财务政策的影响。研究表明，管理者特质会对公司财务政策产生重要影响，当管理者过度自信时会认为企业的价值被低估，在融资时会更多选择权益融资；在经济大萧条时期成长的 CEO 会对债务更加敏感，更倾向于内部融资；生活经验丰富的 CEO 会更容易选择激进的财务政策，如较高的财务杠杆等。E. Pieter Jansen 研究了领导者类型如何影响信息接受者对管理会计变动的反应，由于不同的领导者类型能适应不同员工的需求，本研究有利于解释管理会计的变动是怎样满足这些需求，变动会带来员工怎样的支持与反对，以及如何克服员工反对。Bikki Jaggi、Ferdinand A. Gul 和 Thomas Sing Chiu Lau 使用跨国数据，评估了投资者保护对盈余质量和行业专家审计之间关联性的影响。研究结果表明，在具有较弱的投资者保护和法律约束的国家中，行业专家审计和盈余质量之间存在显著的正相关关系。Benjamas Ji-rasakuldech，Donna M. Dudney 和 Thomas S. Zorn 等研究了 16 世纪财务报表披露、投资者保护和股票市场行为之间的关系，结果显示高财务披露国家和低财务披露国家之间没有显著区别，但是高财务披露国家股票市场波动似乎更低，股票市场的超常回报更容易在低财务披露国家发生。

关于非营利性组织财务管理，Marc Jegers 研究了非营利组织的融资约束问题，研究发现，当非营利性组织没有足够的筹款机会来增加收入，或者组织者不愿意为筹资付出太多努力时，融资约束问题就会凸显出来，并且在这种情况下更多的代理问题会导致债务水平降低。在没有预期融资约束时，债务水平则会更高。

此外，Liu Wang 和 Kenneth Yung 以中国为背景，研究了中国企业的盈利能力是否受国有性质的影响。结果表明，与常规观念相反，国有企业的盈利能力反而比民营企业低，政府对国有企业的保护可能减少了管理者提高绩效的压力，此外，随着市场经济的进一步发展，国有企业和民营企业盈余质量的差距也在缩小。Susan McCracken、Steven E. Salte-rio 和 Regan N. Schmidt 探讨了在商业活动中管理者是否会采用与合作者相同的谈判策略，研究发现合作者比较可能使用争鸣战略，而管理者更可能使用妥协和让步策略，这些研究结果都基于会计背景。

（二）国内研究成果

国内学者主要研究了财务管理发展理论、财务管理比较理论、行为财务以及非营利性组织财务管理。

在财务管理发展理论方面，吴中春研究了企业财务规划研究视角的变迁，总结出财务规划战略视角从短期财务规划向长期财务规划变迁，财务规划增长视角从单纯增长向可持续增长变迁，财务规划价值性视角从利润导向向价值导向变迁，财务规划均衡视角从单向财务规划向多维财务规划变迁。曹元坤和王光俊分析了企业风险管理发展历程及其研究趋势，认为整体层面的风险管理在企业中的应用及其实施绩效的研究等将成为风险管理研究的主流发展趋势。

在财务管理比较理论方面，于鑫、龚仰树对美国债券市场的发展历史进行研究，发现场内市场也曾经有过活跃的债券交易，而市场投资者结构的变化逐渐导致了流动性向场外转移，形成了新的市场均衡。虽然我国的债券市场受行政干预形成市场分割，但目前也处于相同的均衡状态。韩传模和李秋蕾对中美独立董事规模与会计舞弊相关性进行比较分析，认为美国独立董事数量的增加能够显著遏制会计舞弊行为，而中国逐渐规范的独立董事队伍却没能有效发挥出预防和监督会计舞弊发生的作用。同时，为提高独立董事的监管效力，我国需要从实施责任监督和追究制度、变革选任办法及履职规范、调整人员结构和创造履职环境等方面促进独立董事制度的完善。李瑞进行了小企业融资的国际经验比较研究，分析了我国小企业普遍面临的融资难题，进而对美国和日本的小企业融资经验进行了梳理研究，在此基础上提出了完善中国小企业融资体系的政策建议。庞跃华和曾令华比较了私募股权基金组织形式，包括公司制、信托制和有限合伙制。提出中国基金设立模式的选择在于通过合理的制度安排，设计有效的激励、约束和监督机制来减少信息不对称，解决委托代理关系中可能存在的道德风险问题。刘家松在比较中日企业环境信息披露现状的基础上，针对中日两国企业环境信息披露差异产生的原因，提出应在完善立法、改变政府监管体制、重视公众参与、开展第三方独立审计、引导企业自愿披露以及加强理论研究等多个方面，逐步提高我国企业的环境信息披露水平。

在行为财务方面，周玮、卢兴杰和杨丹基于实验研究发展的视角，系统评述了这一学科在产生发展过程中所研究的相关问题和取得的成绩，并对该学科的研究焦点和研究局限进行了细致的讨论，最后指出行为财务会计未来的发展趋势和有待突破的约束。张荣武、沈庆元和聂慧丽将投资者心理偏差置于经济周期这一宏观背景下，提出“经济周期—心理偏差—行为偏差—资产定价”的研究新思路，以期揭示心理偏差影响下投资者行为与资产定价之间的作用与反作用机理，打开“心理偏差—资产定价”的“过程黑箱”。许玲艳构建了基于情绪心理偏差的证券投资组合行为风险溢价模型，把情绪心理偏好融入到随机折现因子与风险溢价中，对数折现因子可分解为基本成分与情绪成分之和；任何证券的期望回报率可以表示为基本溢价与一个反映情绪为基础的风险情绪溢价之和。王磊、孔东民和陈巍采用 Fama 和 Macbeth 方法检验市场对什么信息过度反应，接着利用“羊群行为”指标考察证券投资基金对该信息的反应。结果表明，市场对公司基本面无明显反应，但对公司发展前景的主观预期过度反应；当市场对公司发展前景乐观（悲观）时，基金在股票上表现出买方（卖方）“羊群行为”，基金“羊群行为”加重市场过度反应。花贵如、刘志远和许骞将投资者与企业管理者的有限理性纳入同一框架，从行为公司财务的视角，提出并证实了投资者情绪影响企业投资行为的"管理者乐观主义的中介效应渠道"。尹芳基于对企业管理层过度自信的界定及其测度，构建过度自信与企业分红政策之间的关系模型，该模型分析了信息对称和信息不对称两种迥异条件下过度自信对企业分红政策、企业现金流及企业外部融资等财务决策的影响机理。肖峰雷、李延喜和栾庆伟对董事长、CEO、TMT三个层次的过度自信与公司财务决策的关系进行了比较分析。结果显示，董事长过度自信对公司投资、并购、融资和股利分配决策均具有显著影响；而 CEO 过度自信、TMT 过度自信仅对公司投资支出和债务期限结构影响显著。周嘉南、张希和黄登仕研究过度自信、风险厌恶与我国上市公司经理薪酬激励，发现经理风险厌恶会增加股东使用业绩薪酬激励的成本，如果经理过度自信，则会减弱风险厌恶带来的负面影响，表现为其薪酬中的报酬业绩敏感度更高，且其与风险之间的负相关关系减弱。文芳和醋卫华以大股东增持为研究的切入点，研究了大股东过度自信行为对公司治理有效性的影响。结果发现，大股东过度自信行为对公司治理有效性有显著的负面影响，而公司外部治理环境的完善对其具有矫正作用。谢玲红、魏国学和刘善存等基于管理者"羊群行为"研究了业绩预悲披露"群聚"现象，发现公司在特定的某天进行业绩预悲披露的概率与在其之前发布业绩预悲信息的同类公司数量正相关。沈艺峰、醋卫华和李培功以 2008 年 8 月中国证监会发布的《关于修改〈上市公司收购管理办法〉第六十三条的决定》为背景，详细研究了该规定出台后由上市公司大股东和高管人员所发起的股份增持事件。结论表明，上市公司的股票增持行为主要出于政治动机，而非一般意义上的财务动机。这一发现进一步丰富了我们对转型经济国家公司内部人行为和动机的认识。

在非营利性组织财务管理方面，刘文成在分析农村财务管理工作存在主要问题基础上，探讨了问题的成因，主要是对农村财务监督渠道不畅、对农村财务管理工作不力、对农村财务问题重视不够，并提出了加强农村财务管理的对策。张立民和李晗以汶川地震中可开展捐赠活动的 16 家全国性基金会为案例研究其信息披露与审计机制，提出制定非营利组织信息披露规则，将公立医院和学校纳入注册会计师审计范畴，积极探索全过程跟踪审计，改革民间组织财务审计招标机制，推进非营利组织绩效审计，适当资助非营利性组织审计费用等建议。颜克高、陈晓春通过选择财务比率指标，选取 111 家基金会的截面数据，运用因子分析方法，研究非营利组织的财务绩效评价。实证结果显示，筹资能力与资金效率是影响我国非营利组织财务绩效的主要因素。相对而言，筹资能力的影响程度更大，筹资能力与资金效率均衡发展的非营利性组织的财务绩效趋向于好。

此外，吴中超试图从企业动态能力的研究视角阐述导致企业可持续成长的动因和机理，揭秘企业可持续成长的"黑箱"，从企业动态能力的角度提供一个企业可持续成长机制的整合分析框架，并为测度企业可持续成长性奠定相关理论基础。

五、国内外财务管理理论研究重点比较

通过以上分析可知，2011 年国内外财务管理理论在基础理论、通用业务理论、特殊

业务理论和其他领域四个方面的研究各有侧重，与2010年的研究重点相比变化不大。如在基础理论方面，国内外学者主要聚焦于代理理论和治理结构上，但是国外在代理理论方面重点关注基于代理理论的业绩评价系统、岗位薪酬设计和内部控制，而国内重点关注股权激励、岗位薪酬设计、内部控制和会计信息披露；在治理结构方面，国内外都将公司治理机制和公司治理模式视为重中之重，但国内同时还很关注治理结构与财务管理其他方面的关系。总体来看，国内外的研究重点基本一致，但由于各国国情不同，研究重点也存在些许差异，这也体现了财务管理理论的研究需与实践相结合的特点。其他三个方面研究重点的比较不再赘述，具体如表4所示。

表4　2011年国内外财务管理理论研究重点

理论结构	国内外研究重点	国外研究重点	国内研究重点
基础理论	代理理论	基于代理理论的业绩评价系统、岗位薪酬设计、内部控制	股权激励、岗位薪酬设计、内部控制、会计信息披露
	治理结构	公司治理机制、公司治理模式	公司治理机制、公司治理模式、治理结构与财务管理其他方面的关系
通用业务理论	筹资理论	资本结构、融资方式	资本结构、资本成本、融资方式、筹资困境
	投资理论	投资管理、投资者行为	资本预算、投资管理、投资者行为
特殊业务理论	企业并购财务管理	并购动机、并购中杠杆的利用、并购的价值创造、并购对于企业绩效的影响	并购动机、并购的价值创造、并购税制问题、并购绩效评价、战略并购定价、并购融资方式

此外，在2011年国内外公开发表的文章中，与财务管理理论相关的英文文章主要来源于 *The Accounting Review*、*Financial Management*、*Journal of Financial*、*Review of Financial Studies*、*Journal of Corporate Accounting & Financial*、*Review of Financial Studies*、*Behavioral Research Accounting* 等期刊，中文文章主要来源于《会计研究》、《管理世界》、《财经研究》、《中国会计评论》等期刊。

第三节　财务管理理论2011年国内外研究评述

一、研究内容

在对2011年国内外样本文献进行收集和整理的基础上，再结合前面对于财务管理理论的分类，我们可以得出2011年财务管理理论各研究内容的分布情况（如表5、图1、图2所示）。由此可知，2011年代理理论和治理结构是财务管理研究的重点，且国内关于这两个方面的研究文献数量都超过了国外的文献数量，而国内外这两个方面所占比重之和达到了 41.94%，其中治理结构以国内外研究总数 223 篇位居国内外研究的榜首。我国对国有企业实行现代企业制度改革已经进行了十多年，公司制企业在我国迈向国际市场和积累国民财富的过程中显示了巨大的威力，但与发达国家相比，我国的公司制企业，无论是上市公司还是非上市公司在规范化管理和高效运营方面都存在很多问题，这些暴露出来的缺陷，促使了国内关于治理结构相关研究的发展。同时，自从 20 世纪 60 年代末 70 年代初以来，一些经济学家深入研究了企业内部信息不对称和激励问题，以及管理层对于企业成长和发展的至关重要的作用。近年来，对于董事会和高层管理者之间的委托代理关系的研究，和由于存在信息不对称和监督收益和监督成本的不对称，如何有效地对高层管理者进行监督和激励以实现股东价值最大化也成为了国内外研究的热点。此外，近年来连续增多的财务舞弊案件也吸引了大量的学者从事内部控制和会计信息披露等方面的研究。总而言之，企业如何通过优化治理结构来实现企业最佳的经营业绩和对于代理理论研究已经成为国内外关注的重点。另外，作为企业日常财务管理活动的主要内容，以及由于全球宏观经济环境对于企业筹资活动的不利影响，探讨不同的融资方式和融资顺序对企业的影响，以及企业的融资战略和融资风险对于企业的发展是至关重要的，因而，2011 年筹资理论和投资理论也是国内外研究的热点，其所占比重之和为 23.32%。总之，2011 年国内外的研究重点大致相同，主要是涉及财务管理的治理结构、代理理论、筹资理论和投资理论。

表 5　2011 年国内外财务管理理论研究内容分布情况一览表

理论结构	内容分类	合计		国内		国外	
		数量（篇）	占比（%）	数量（篇）	占比（%）	数量（篇）	占比（%）
基础理论	财务管理方法	85	8.19	41	3.95	44	4.24
	基础范畴	3	0.29	3	0.29	0	0.00
	代理理论	214	20.62	166	15.99	48	4.62
	价值观念	18	1.73	12	1.16	6	0.58
	市场效率	5	0.48	0	0.00	5	0.48
	治理结构	226	21.77	146	14.07	80	7.71
通用业务理论	筹资理论	141	13.58	102	9.83	39	3.76
	投资理论	103	9.92	65	6.26	38	3.66
	分配理论	34	3.28	18	1.73	16	1.54
	营运资本管理	23	2.22	14	1.35	9	0.87
特殊业务理论	企业并购财务管理	92	8.86	60	5.78	32	3.08
	国际企业财务管理	14	1.35	14	1.35	0	0.00
	集团公司财务管理	21	2.02	19	1.83	2	0.19
	企业破产财务管理	7	0.67	6	0.58	1	0.10
其他领域	其他	52	5.01	25	2.41	27	2.60
合计		1038	100.00	691	66.57	347	33.43

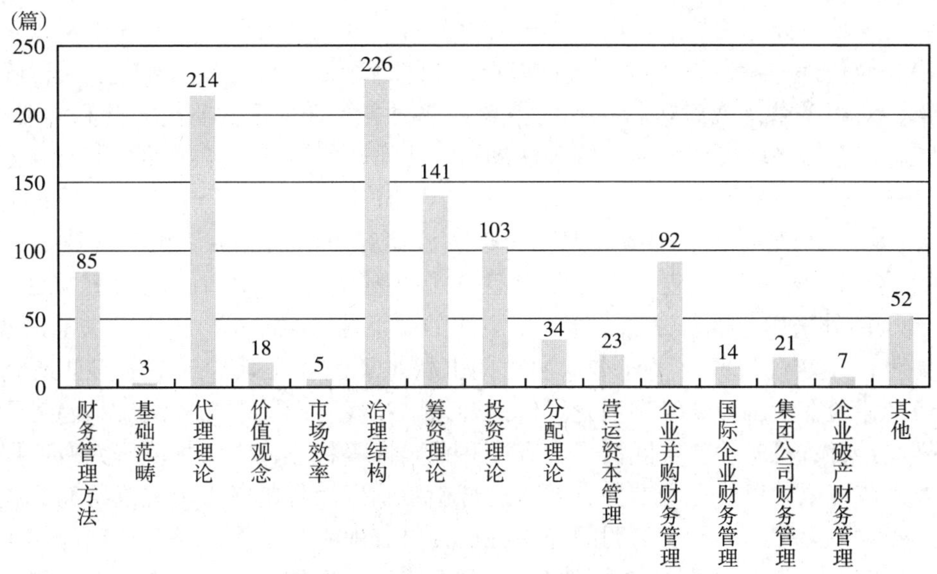

图 1　2011 年国内外财务管理理论研究内容分布情况

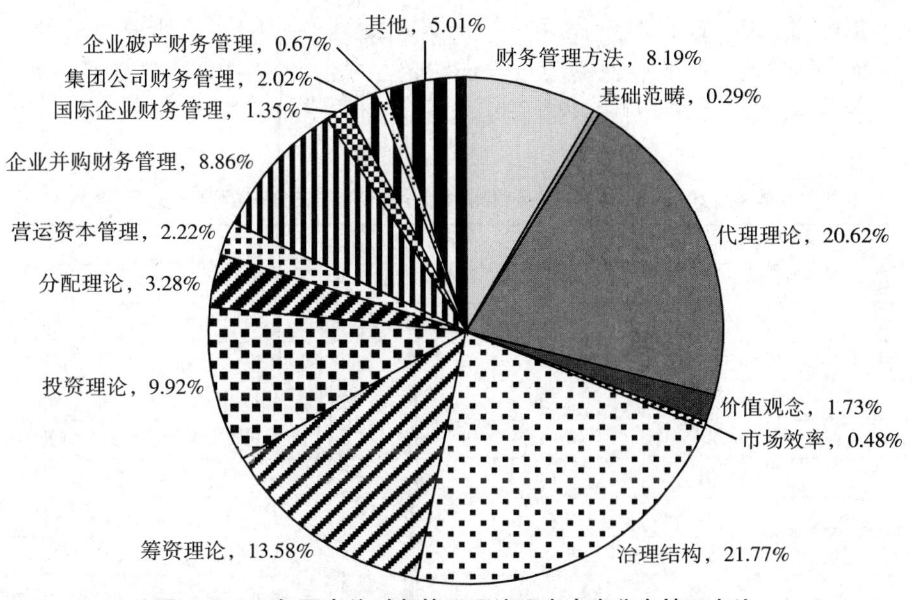

图 2　2011 年国内外财务管理理论研究内容分布情况占比

二、研究方法

财务管理理论的研究方法主要包括规范研究、实证研究（大样本）、调查研究、案例研究、比较研究、模型研究、实验研究、框架研究、档案研究、综述研究和分析研究，各研究方法分布情况如表 6、图 3、图 4 所示。其中，早期的国内外研究方法主要是以规范研究为主，这种研究方法是通过演绎推理对财务管理理论进行研究，它注重从逻辑性方面概括指明“应该怎样解决”。而财务管理理论研究的意义主要在于，通过形成正确的财务管理理论，对财务管理实践进行正确的指导，即财务管理理论的研究需要和实践相结合。此外，随着社会经济的发展，财务管理活动也发生了重大变化，单纯的规范研究方法已经不能满足财务管理发展的需要。通过实证研究（大样本）和案例研究等方法，将财务管理理论研究和实践相结合，逐渐成为财务管理理论研究方法的主流。由表 6 我们也可以看出，2011 年国内外公开发表的文章更加注重将理论与实践相结合的研究方法。其中，2011 年，国内外采用实证研究（大样本）方法的文章共有 450 篇，占全部文章的 43.35%，而国内文献使用实证研究（大样本）的比例也超过了国外文献，反映了实证研究（大样本）已经迅速地在我国财务管理理论界传播开来，在我国形成了一种潮流和趋势。实证研究（大样本）有着科学性、实践性、客观性和精确性等特点，它从规范研究所依据的前提入手，对规范理论赖以依存的前提有效性进行检验，进而肯定或否定规范研究的成果，同时，实证研究（大样本）具有鲜明的经验特征，更好地满足了将财务管理理论与实践结合的需要，且实证研究（大样本）的研究对象也很广泛。例如，财务报告内部控制审计收费的影响因素的实证研究（张宜霞，2011），股权激励计划对公司投资行为影响的实证研究（吕长江、张海平，2011），对于债务重组的公司治理效应的实证研究（黄新飞、张娜，2011），高管薪酬契约中每股收益的绩效表现对企业股份回购活动影响的实证研究（Steven Young、Jing Yang，2011）。

表 6　2011 年国内外财务管理理论各研究方法分布情况一览表

研究方法	合计		国内		国外	
	数量（篇）	占比（%）	数量（篇）	占比（%）	数量（篇）	占比（%）
规范研究	71	6.84	47	4.53	24	2.31
实证研究（大样本）	450	43.35	310	29.87	140	13.49
调查研究	29	2.79	20	1.93	9	0.87
案例研究	85	8.19	57	5.49	28	2.70
模型研究	101	9.73	67	6.45	34	3.28
比较研究	91	8.77	47	4.53	44	4.24
框架研究	59	5.68	47	4.53	12	1.16
综述研究	34	3.28	26	2.50	8	0.77
档案研究	20	1.93	15	1.45	5	0.48
实验研究	22	2.12	7	0.67	15	1.45
分析研究	28	2.70	16	1.54	12	1.16
其他	48	4.62	32	3.08	16	1.54
合计	1038	100.00	691	66.57	347	33.43

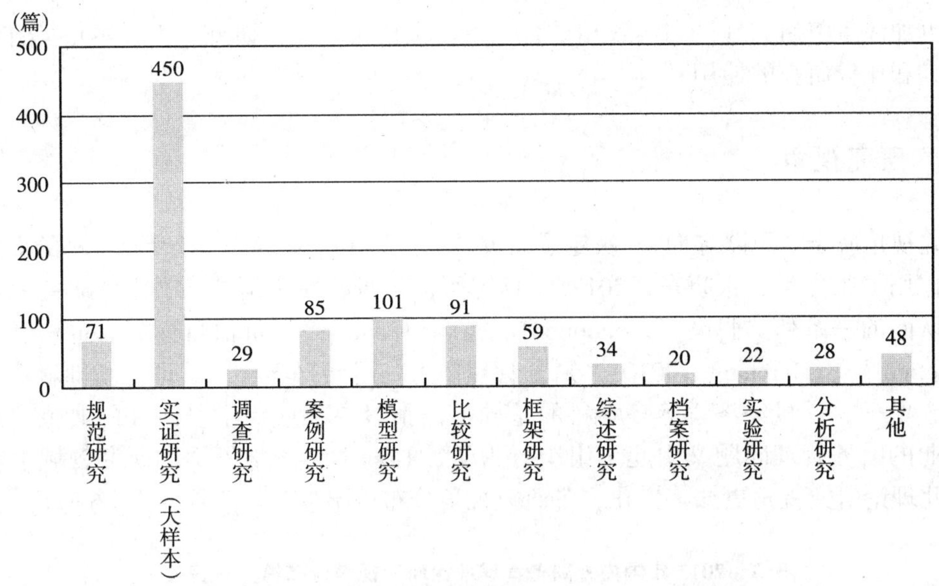

图 3　2011 年国内外财务管理理论研究方法分布情况

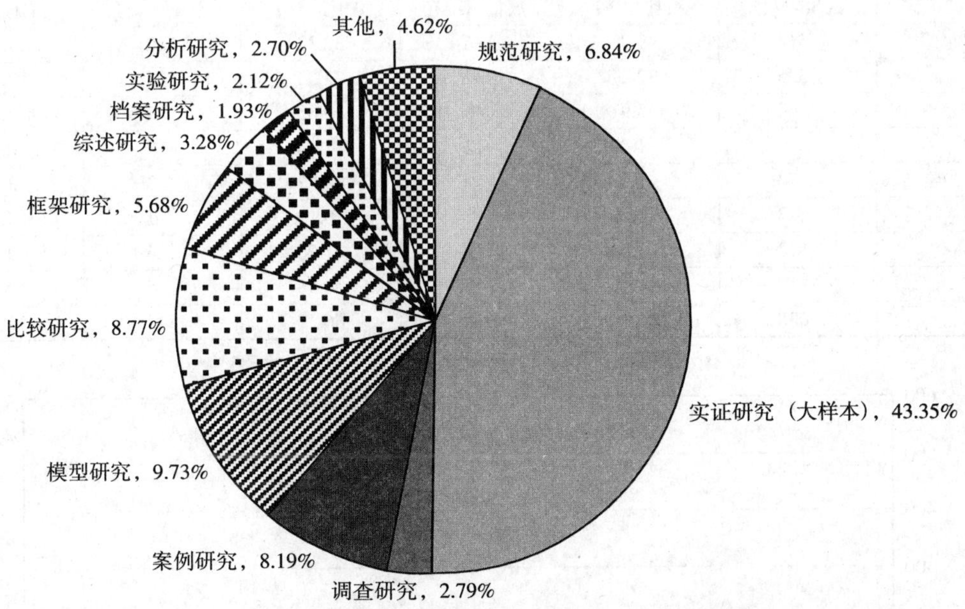

图 4　2011 年国内外财务管理理论研究方法分布情况占比

此外，除了规范研究和实证研究（大样本）这两种方法外，案例研究、模型研究和比较研究方法的使用也逐渐增加，它们是行之有效并且更能针对实际问题的研究方法，2011 年，这三种研究方法的国内外文章总数分别是 85 篇、101 篇和 91 篇，占比为 8.19%、9.73%和 8.77%。同时，国内外关于更贴近具体经济和社会环境的调查研究和实验研究方法都相对较少，显得力量不足。总体来看，2011 年国内外文献使用的研究方法也大致趋同，即更加注重将研究理论与实践相结合，主要包括对于实证研究（大样本）、案例研究、模型研究和比较研究的使用。

三、研究视角

研究视角属于“思路导向”，决定了研究“广度”和“高度”，对专业学科的发展起着重要的作用（张先治、张晓东，2012）。具体而言，研究视角是指某类学科研究人员共同接受和认同的一系列“假设（assumption）、概念（concept）、价值目标（value）和实现方式（practice）”（Merchant，2010）。财务管理作为一门新兴学科，其理论基础就建立在会计学、金融学、计量经济学等多学科的基础上，很容易形成跨学科研究的典范。近几年来，企业的财务管理问题又引起了组织行为学、心理学、法学等不同研究领域学者的关注，因此理论研究视角更加多样化，各研究视角分布情况如表7、图5、图6所示。

表7　2011年国内外财务管理理论研究视角分布情况一览表

研究视角	合计		国内		国外	
	数量（篇）	占比（%）	数量（篇）	占比（%）	数量（篇）	占比（%）
管理学	518	49.90	336	32.37	182	17.53
经济学	335	32.27	234	22.54	101	9.73
统计学	62	5.97	40	3.85	22	2.12
心理学	19	1.83	12	1.16	7	0.67
组织行为学	73	7.03	50	4.82	23	2.22
环境学	3	0.29	2	0.19	1	0.10
法学	17	1.64	11	1.06	6	0.58
其他	11	1.06	6	0.58	5	0.48
合计	1038	100.00	691	66.57	347	33.43

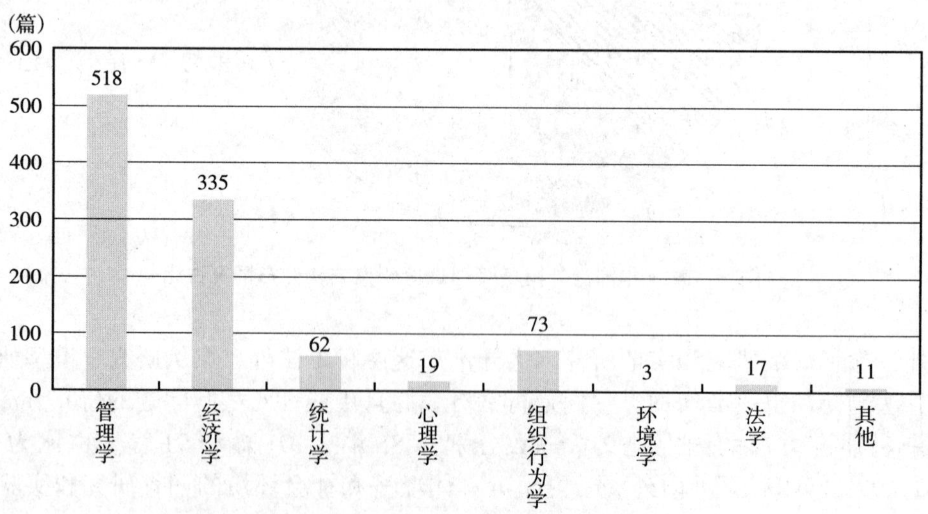

图5　2011年国内外财务管理理论研究视角分布情况

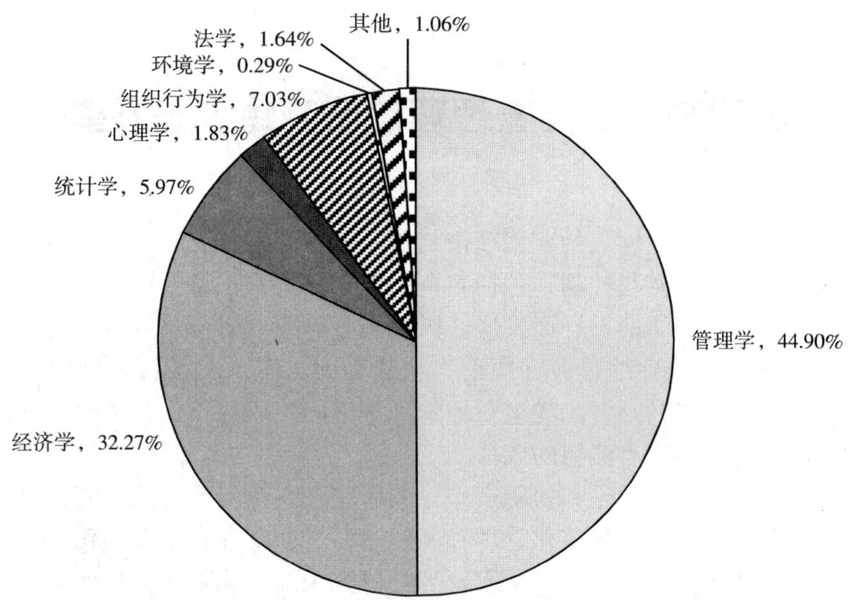

图 6　2011 年国内外财务管理理论研究视角分布情况占比

表 7 列示了基于文章层面的会计学研究视角分布情况。从研究视角分布来看，现有财务管理研究主要有管理、经济、组织行为、统计等八大类研究视角，共计 98 种期刊的 1038 篇文章。其中，管理学类的研究视角占据绝对主导地位，比率接近 50%；经济学类的研究视角所占比率接近 33%；其余研究视角比率较小，比率均低于 10%。例如，对于经济周期与上市公司现金持有行为的研究（江龙、刘笑松，2011），基于集团产业战略的视角对内部资本市场的经济后果的研究（叶康涛、曾雪云，2011），基于低碳经济视角对项目投资决策模式进行研究（李虹、周莹莹，2011）。在统计学方面，主要运用回归分析、结构方程等统计方法对财务管理理论进行分析。CEO 控制权、独立董事特质、大股东行为则是组织行为学的研究热点，如对资金占用对经理人薪酬激励影响的研究（刘善敏、林斌，2011），对银行 CEO 的薪酬激励对于 CEO 选择不同程度的风险投资行为的影响进行研究（Jens Hagendorff 等，2011）。心理学方面，主要关注管理者过度自信的相关内容，如管理者过度自信、薪酬合同和资本预算之间的关系（Simon Gervais，2011），心理偏差影响下投资者行为与资产定价之间的作用与反作用机理（张荣武等，2011）。在法学研究视角上则主要以并购何企业破产为背景，如研究了我国跨国并购所得税制度的缺陷与完善（刘淼，2011）等，不同时期的政治、经济和法律环境对我国企业破产会计研究的影响（栾甫贵，2011），对于破产审计的系统探究（尚洪涛，2011）等。

总之，现有研究的视角仍然集中于管理学和经济学视角，而环境学、法学等研究视角相对薄弱。与 2010 年统计的研究视角分布情况相比，管理学的比率略有下降，经济学、组织行为学、统计学等的比率略有上升，虽然总体来看变动不大，但管理学视角之外的其他视角占比上升，显示出研究视角多样化的变动趋势。

第四节　财务管理理论研究建议与展望

财务管理学是专门研究财务的应用理论与技术的管理学分支，它主要研究资本运筹中的计划、组织、指挥、协调与控制，包括对资本筹集、资本预算、资本运营、资本分配的管理等内容，它随着管理学的发展而发展。纵观现有研究成果不难发现，对财务管理的研究经历了从基于单一理论到综合多种理论、从静态到动态、从结构到行为的过程。现如今，随着世界经济的发展和对各国先进财务管理理论的兼收并蓄，财务管理理论研究不断进行着创新突破并已取得颇有建树的成果。

对企业治理结构、代理理论和投融资理论的研究一直是财务管理研究的重点，一方面由于我国上市和非上市公司在规范化管理和高效运营方面都存在很多问题，另一方面由于公司制的核心“委托—代理”关系是所有管理类研究关注的重点，而投融资作为企业输血和造血的关键，其重要性更是毋庸置疑。但是财务管理是丰富多彩的，除了治理结构和代理理论，还有并购、破产等特殊业务理论，以及非营利组织财务、行为财务等内容。同时，作为经济和企业活动的重要组成部分，财务管理不可避免地和国家宏观政策、企业战略、企业社会责任等经济或企业行为发生联系并相互影响，因此财务管理的研究内容应该是更加多样的。例如姜国华等指出，结合宏观经济政策与微观企业行为互动作用的研究可能将拓展财务管理研究的新领域（姜国华、饶品贵，2011）。这个领域的研究一方面可以把财务管理研究放到宏观经济环境的大背景中去，帮助我们更深刻地理解企业行为选择，更好地预测企业业绩走向；另一方面对经济学研究也可以起到借鉴作用，使我们更清晰地理解宏观经济政策是通过怎样的机制和渠道影响企业行为和企业产出，进而影响经济产出，使宏观经济政策和社会经济产出之间关系的研究内容更加丰满，对未来政策的制定提供更加坚实的微观基础。

在研究方法上，实证研究为财务管理理论带来了蓬勃发展的机会。但是近十余年来，实证研究却渐渐成为在主流杂志上发表文章的“安全港湾”，很多学者在研究时自然而然地选择易于获取的资本市场数据进行实证研究，而不愿多下功夫尝试其他的研究方法。除了实证研究，还有规范研究、分析研究、行为研究、实验研究、实地研究等，以上范式和多领域研究内容的组合搭配应该可以创造出更加丰富多彩的研究成果。

管理学和经济学是财务管理理论的发家之本，但是随着宏观经济活动和微观管理活动的复杂多样化，研究财务管理的视角也要随着时代快速变更。因此，学术界首先要鼓励学术争鸣，无论是理论问题还是实务问题，只有通过不断的讨论、质疑、辨析才能达成共识，财务管理理论只有在不断的讨论乃至争议中才能得到发展和完善，这显然比简单重复、肤浅的理论研究更富有意义。其次要拓宽视野进行交叉研究，随着新的经济业务的不断出现与企业管理环境的日益复杂，需要吸收其他相关学科的理论与方法进行财务管理问

题的研究，要加强新兴财务学科关键问题的研究。

总之，在精炼传统的研究内容、研究方法和研究视角的基础上，财务管理研究应当更多地关注新兴的研究领域，采用多样化的研究范式，打破传统的研究视角以拓展财务管理研究的边界，进而推动财务管理理论研究的蓬勃发展。

第二章 财务管理学科 2011 年期刊论文精选

本书第一章提到的财务管理理论结构为划分基础，对 2011 年国内外与财务管理理论相关的期刊论文进行梳理和内容划分。通过本次文献资料整理，共得到与财务管理理论相关的期刊论文 1038 篇，其中，国外期刊文章 347 篇，国内期刊文章 691 篇。本次文献资料整理的检索来源：国内期刊主要来自 CSSCI 检索的 83 种期刊（经过挑选），包括管理学、经济学、统计学和高校学报，另外考虑到专业的特殊性，加上了《中国会计评论》，共计 84 种；国外期刊则从上海财经大学会计学院公布的“会计财务英文期刊目录”中精选 14 种，另外增加了 *Financial Management*，共计 15 种。基于此，考虑到财务管理理论发展的系统性、前瞻性、融合性、实用性等方面的要求，从研究内容、研究方法、研究视角等方面，通过财务管理专家团队的一致评选，评选出 12 篇中文期刊优秀论文和 15 篇英文期刊优秀论文。

第一节

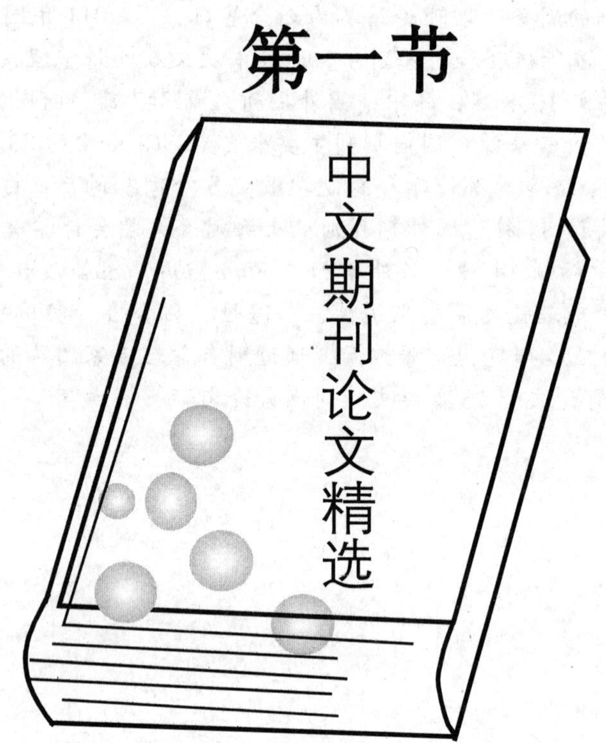

盈余质量、投资者信心与投资增长*

雷光勇　王文　金鑫
(对外经济贸易大学国际商学院，北京　100029)

【摘　要】投资者信心的保持与提升是投资增长和一国经济获得可持续发展的基本前提。投资者信心会影响企业投资行为吗？会计盈余质量影响投资增长的机制是什么？本文利用中小板上市公司数据对投资者信心的形成机理和影响因素，及其对企业投资增长的影响进行实证研究。结果表明，投资者信心是市场层面因素和盈利性、成长性等公司层面因素共同影响的结果。盈余质量越高，信息透明度越好，外部投资者的信心越强；投资者信心的变化通过提高或降低企业融资成本进而对企业投资规模产生作用，这种正向影响随着盈余质量的提高而增强，投资者信心越强，盈余质量越高，企业投资规模越大。本文的结论也表明，公司会计信息质量、内部现金流、企业规模等因素都会影响投资者的信心，进而影响企业投资规模。

【关键词】盈余质量；投资者信心；融资成本；投资增长

一、引言

企业投资增长和国民经济可持续发展离不开投资者信心的保持与提振。2008 年美国次贷危机引发的全球金融危机使各国金融体系受到不同程度的影响，尤其是股票市场受到的冲击更为明显。在探讨其成因和影响时，投资者心理变化这一因素受到高度重视。投资者信心来源于投资者基于对未来的判断，是反映投资者心理预期的重要因素。投资者信心的变化除在证券市场层面显著影响股价波动以外，会不会对公司投资行为产生影响？若有

---

* 本文选自《中国软科学》2011 年第 9 期。

作者简介：雷光勇（1966~），湖南常德人，对外经济贸易大学国际财务与会计研究中心研究员、教授、博士生导师。

基金项目：国家社会科学基金项目（10BGL017）；对外经济贸易大学“211 工程”项目（73200032）；学术创新团队项目。

影响又是如何实现的？为回答这些问题，我们基于将投资者信心的影响因素区分为市场因素和公司成长性两个不同的层面构建个股投资者信心指数，并在此基础上考察投资者信心对公司投资行为的影响及其实现机制。

投资者情绪与投资者信心密切相关，后者是前者表现的主要方面。一般而言，投资者信心是投资者看好投资前景，认为投资在未来有保证，不必担心投资发生意外损失的一种主观状态，其中既包含理性因素，也包含非理性因素。近年来，随着行为金融研究的兴起，关注投资者信心和情绪的起伏变化在宏观市场层面对股票收益、会计信息披露与企业投融资等行为造成的影响成为重要领域。然而，投资者信心的形成机理是什么？哪些因素会显著影响投资者信心？我们需要从投资者信心的来源着手分析。盈利作为反映公司基本面最重要的财务信息来源，受到投资者的高度关注。盈余质量高低是投资者准确判断公司未来成长的核心要素，进而成为其关注焦点。高质量盈余信息，不仅反映出企业特质信息，而且可有效地降低外部投资者与企业管理层之间的信息不对称，提高投资者的决策质量。既然如此，盈余质量会不会对投资者信心产生影响？投资者能否客观评估公司盈余质量，取决于投资者的理性程度。随着中国证券市场的进一步规范，更多理性的机构投资者参与及公司透明度的逐步提高，投资者成熟度逐渐提高，投资者将更加关注盈余质量，高质量的盈余信息，有助于投资者形成稳定而理性的预期，从而影响投资者信心。同时，投资者信心的变化及盈余质量高低通过对公司股价产生影响，提高或降低公司的融资成本，进而影响企业投资行为。本文的经验证据表明，上市公司盈余质量越高，投资者信心越增强，给予公司的资本溢价程度越大，企业投资规模越大。

本文贡献体现在两个方面：一是从投资决策角度考察投资者信心与企业投资水平的关系，发现投资者信心越强，企业投资规模越大，从而丰富和深化了投资者心理的内涵和作用；二是现有研究主要关注盈余质量对管理层的影响机制，本文研究证实，盈余质量对外部投资者的预期和心理同样具有重要影响，并通过外部投资者信心的变化影响企业融资成本。盈余质量越高，投资者信心越强，企业投资规模越大，从而拓展了盈余质量的研究视角。

本文的结构安排如下：第一部分是引言；第二部分是文献回顾和研究假设；第三部分是研究设计；第四部分是统计结果与分析；第五部分是结论。

二、文献回顾与研究假设

（一）文献回顾

投资者心理的研究可追溯至凯恩斯于1936年提出的股票“选美论”。他认为，市场参与者的决策很大程度上依赖于对其他参与者的心理揣测和判断，任何参与者揣测和推断所致的行为，都成为其他参与者推测链条中的一环，市场中微小事件引发的心理冲击极易被放大而导致市场的过度波动。凯恩斯后，对证券市场和投资者心理的关系研究越来越多。20 世纪 80 年代的行为金融理论，其主要内容之一就是投资者情绪的研究，集中在如何计量投资者情绪，投资者情绪与资产收益的关系，及投资者情绪对市场价格的影响机理等方面。由于对投资者心理的研究主要着眼于投资者情绪方面，对投资者信心鲜有涉及。因此，本文对投资者情绪的相关研究进行回顾，为计量和研究投资者信心提供参考。

投资者情绪的计量，主要有投资者问卷调查和投资者情绪的替代衡量这两种方法。Brown 运用美国“个人投资者协会”（AAII）提供的投资者情绪指数，证实投资者情绪与封闭式基金的价格波动密切相关。Brown 和 Cliff 以美国个人投资者协会的问卷调查和投资者智慧公司的市场短信调查为基础，发现该指标对未来 1~3 年的收益率具有解释作用。Shiller 使用耶鲁大学投资者信心和泡沫预期的指数作为投资者情绪的衡量。国内，王美今等基于中国证券分析师指数构造投资者情绪指数，发现投资者情绪变化显著影响沪深股市收益和反向修正沪深两市收益波动。还有学者运用《股市动态分析周刊》中的好淡指数、央视看盘结果及华鼎多空民意调查结果，作为投资者情绪衡量指标研究与股市周期的关系。由于情绪将影响投资者决策并反映在某些市场统计数据中，因此选择可观测的代理变量，或由多个变量构造而成的情绪综合指数衡量投资者情绪。投资者情绪的替代衡量中，Baker 和 Wurgle 选取美国纳斯达克股票市场换手率、股息红利、封闭式基金折价率、IPO 上市首日收益和普通股发行量 6 项指标进行主成分分析，构建投资者情绪的综合指标，由此研究美国市场截面股票收益，发现情绪对不易估值和套利的股票影响大，如小市值股票、新股、高波动股票和无利润的股票、不分红的股票、极度成长（PB 最高）的股票和 PB 过低的股票。国内学者借鉴 Baker 和 Wurgler（2006）的方法，选取封闭式基金折价率、股票新开户数等指标，研究投资者情绪与封闭式基金折价之谜、IPO 折价或溢价之谜、股票市场收益波动、横截面收益的关系，证实投资者情绪的存在及其对股市产生的深刻影响；也有学者通过换手率、开户增长率、封闭式基金折价率、IPO 首日超额收益率以及消费者信心指数等指标构建复合投资者情绪指数展开研究。

关于投资者情绪和上市公司投资水平的关系，Stein 认为，如果股票的要求回报不是股票市场风险的反应，而是市场投资者情绪的反应——投资者高估未来收益，那么投资者情绪会影响企业投资水平。若投资者过于乐观，则经理层为最大化当期股票价格，将会采取扩展性投资策略。据此，大量文献研究了投资者情绪对企业投资规模的影响，发现企业投资规模与投资者情绪正相关。也有相反证据表明，企业投资水平与衡量投资者情绪的流动性指标之间存在显著负相关，当投资者情绪为正即对股票价格的估计呈现出乐观态度时，企业的投资规模则表现出与投资者情绪的负相关。

企业投资行为是联系宏观经济与微观经济的桥梁。近年来，信息披露与财务报告质量对企业投资行为的影响受到越来越多关注。盈余质量作为会计信息质量的重要组成部分，对企业投资行为的影响机理成为重要话题，并围绕“信息观”和“成本观”展开。“信息观”认为，高质量会计信息为管理者投资决策提供增量信息，帮助管理者更准确预测资本边际收益，盈余质量越高，公司资本投资对会计变量将更为敏感。Chen 研究了会计信息质量对企业投资总量的影响，发现随着财务报告质量的提高，企业投资与会计盈余之间的关系更为敏感。"成本观"认为，会计信息质量直接和间接影响企业资本成本，直接影响表现在盈余质量可减少公司评估其他公司现金流的差异，间接影响表现在高质量信息披露会影响到企业投资决策，改变公司的预期未来现金流。对股权融资公司而言，盈余质量对企业投资规模的影响通过外部融资成本来实现，而盈余质量与外部融资成本之间到底是正相关还是负相关尚没有一致结论。一方面，拥有大量正向或负向操纵性应计利润的公司面临更高的外部融资成本；另一方面，操纵性应计利润越大，公司未来的股票回报越低，从而投资组合视角下面临更低的外部融资成本。

国内对盈余质量与企业投资决策关系的研究较少。欧阳凌等通过建立理论模型发现，在信息不对称的情况下，股权分置下较差信息质量的企业表现出更多的过度投资行为。张琦通过考察企业盈余质量与投资行为之间的关系，发现企业盈余质量确实会影响企业投资行为。综合上述观点，我们考虑了投资者情绪对盈余质量和投资之间关系的影响，并认为，盈余质量是提高还是降低企业股权融资成本，进而影响企业投资规模，在一定程度上取决于投资者的理性水平和知识结构。如果投资者能"看穿"管理层的盈余操纵行为，客观评价盈余质量并据此做出投资决策，那么高盈余质量公司会增强投资者信心，投资者愿意为企业支付更多溢价，从而降低融资成本，企业能以较低成本扩大投资规模。

关于盈余质量与投资者情绪关系的研究，鲜有文献涉及。Sloan 认为投资者错误地将现金流和应计利润赋予相同价值，会高估应计利润的市场价格。Hirshleifer 和 Teoh 进一步认为，这种偏差源自投资者心理约束，并将这种对应计利润的定位偏差成为"有限关注"。他们认为，噪声交易者受有限信息和有限关注的影响，往往高估应计利润，而理性投资者都是风险厌恶型的，他们会理性关注和评估应计利润质量，而股票价格代表了持有不同信念的理性投资者和噪声交易者进行交易的均衡结果。

上述文献在对投资者情绪的计量方面，均采用市场层面指标进行衡量。我们在借鉴投资者情绪研究的基础上认为，投资者信心强弱，一方面受到市场层面因素的影响，如宏观经济政策，牛市或熊市效应，另一方面要受到公司成长性、盈利能力、经营能力甚至突发事件产生差异和波动的影响[①]。因此，加入公司层面因素构建投资者信心指数，可以全面反映不同公司投资者情绪的变化，为更好研究投资者信心对资本市场有效性和公司财务行为的影响，打下坚实基础。在投资者情绪与投资规模的关系研究方面，现有文献主要研究市场层面投资者情绪及其与投资规模的关系。而本文主要研究公司层面的投资者情绪对企业投资规模的影响，并考虑了公司盈余质量不同情况下投资者情绪对投资规模的影响差异。除此之外，本文尝试将会计信息纳入到考察投资者信心影响因素的范畴中，并考虑了投资者情绪对盈余质量和投资之间关系的影响。这些新视角将有助于我们深入了解投资者的行为特

① 如：三聚氰胺事件极大打击投资者对乳业上市公司的信心，导致股价大跌;而 2010 年部分高转送以及主营业务收入大幅增长的上市公司受到投资者追捧，股价扶摇直上。

征，合理评估市场理性程度，有助于深入理解会计信息对投资者心理的作用过程。

（二）假设提出

近年来，自上而下关注投资者信心和情绪在宏观层面对股价波动、股票收益等造成的影响，这类研究成为显学。然而，鲜有研究分析投资者信心的微观作用机理、影响因素及其经济后果。盈利是上市公司最重要的财务信息，市场高度关注盈利的变化，成为影响投资者信心的重要微观因素。作为投资者，盈余质量成为其关注的焦点。高质量盈余信息可反映出企业的特质信息，有效降低外部投资者与企业管理层之间的信息不对称，提高投资者的决策质量。既然如此，盈余质量会不会对投资者情绪产生影响？行为金融学者利用投资者心理偏差建立行为模型，解释投资者是如何对历史收益或基本价值反应不足或反应过度的，并以此为基础开展大量经验研究。吴世农等认为，由于框架依赖偏差的存在，投资者对盈余信息的反应模式依赖于信息的度量方式；Bartov 和孔东民等对投资主体特征与盈余惯性的关系进行检验，发现盈余惯性与投资者成熟度之间存在负相关关系。我们认为，投资者的信心来源于对企业未来成长的判断和预期，企业未来的成长能力通过过去和当期的企业基本面来反映，企业基本面越是优良，投资者就越愿意投资该企业，由此分享企业未来高速成长带来的收益。判断公司基本面的核心因素是会计信息，理性投资者通常根据会计信息对公司基本面做出甄别，而会计盈余是会计信息的主要内容。会计盈余质量越高，意味着企业信息透明度越好，投资者对公司基本面的判断越准确，投资决策越有效，投资在未来越有保证，发生意外损失的概率越小，投资者信心越强。客观评估盈余质量的能力取决于投资者理性程度，资本市场透明度越高，投资者越成熟和理性，投资者将更关注盈余质量并将其作为投资决策的重要依据之一。一般而言，资本市场上的整体投资者理性程度是非理性投资者与理性投资者之间博弈的结果，一方面，中国作为新兴资本市场，投资者教育和保护程度不高，知识结构参差不齐，投资理念迥异，非理性投资者充斥市场；另一方面，中国资本市场经过 20 年的发展，随着信息披露制度、监管制度的不断推进，机构投资者的加入，个人投资者知识和经验的积累，理性投资者的力量逐渐增强。因此，我国市场中投资者情绪与盈余质量相关关系到底如何，需要通过检验来判断。根据以上分析，并考虑到投资者对盈余信息的反应及对盈余质量的评估一般均存在滞后性，提出本文第一个假设：

H1：公司盈余质量越高，信息透明度越好，外部投资者的信心越强。

股票市场与企业投资行为之间存在密切联系，投资者行为深受投资者心理变化的影响。投资者情绪与投资相关论认为，投资者信心的高涨使得股票价格上涨并脱离其基本价值，公司得到的溢价越高，其股权融资成本越低。此时，公司管理层会在投资者信心高涨时期扩大股权融资规模，以拥有更多的资本提高整体投资水平。有证据表明，我国上市公司的投资决策受资本成本的约束显著，投资行为对内部现金流、外部负债融资和股权融资都具有敏感性。事实上，由于股权融资的偏好、融资资本的使用代价较低和扩大企业投资规模内在动力等因素的共同作用，我国上市公司的股权融资成本与其投资水平之间可能存在更直接的联动关系。郝颖、刘星证实，公司股权融资规模越大，内部人控制下的公司投资行为倾向于更大规模扩张，投资增长速度更快。我们认为，投资者信心来源于企业未来成长能力并影响其投资行为。投资者对企业未来成长能力评价越高，投资者愿意付出更大的代价以分享公司未来高速成长带来的好处。对企业而言，股价越高，融资成本越低，对投资项目进行评价时，折现率的要求也很低，要求的收益率也随之降低。当其他条件既定时，要求收益率的降低导致企业拥有更多的投资机会，投资水平随之上升。因此，在中国证券市场，投资者信心的涨落通过影响股权融资成本和规模，进而对企业投资规模和投资增长水平产生影响。

企业投资的新古典模型认为，企业最优投资规模出现在边际效益等于边际成本的时点上，企业随着投资机会的增加会不断扩大投资规模，前提是公司没有融资约束。然而，股东和管理层的不合理决策，内外部投资者之间的信息不对称，通常会导致企业投资水平对最优投资规模的偏离，做出没有效率的投资决策。另外，融资约束的现实存在，导致融资规模和成本显著影响企业投资规模。高质量会计信息可帮助内部管理者准确预测资本边际收益从而做出正确投资决策。在不考虑代理问题的情况下，公司管理层基于以盈余质量为核心的公司基本面了解越彻底，做出的投资决策效率越高，企业投资回报越高，企业的基本面和未来成长性就越好，投资者信心也越强，从而降低股权融资成本；反过来企业将拥有更多低成本的资金支持投资。高质量会计信息可降低公司管理层与外部投资者之间的信息不对称，具有更好的盈余持续性，并提高应计项目转化为现金流的准确程度，帮助投资者更准确地预测公司未来价值的现值，从而提高外部投资者的决策效率，增强投资者对公司的信任程度和对未来可持续发展的信心，形成更多溢价，降低融资成本，扩大投资规模。

根据以上分析，提出本文第二个假设：

H2a：投资者信心越强，企业投资增长水平越高。

H2b：随着盈余质量的提高，投资者信心对投资规模的正向影响会越强。

三、研究设计

（一）样本选择

本文运用中小板上市公司数据对投资者信心与盈余质量的关系以及投资者信心、盈余质量与企业投资行为的关系进行研究。选择中小板上市公司作为研究样本，是因为中小板上市公司具有市值较小，成长性高、流动性强等特点，更容易受到投资者信心的影响。本文初始样本由中国 A 股中小板非金融类上市公司 2006~2009 年的年度数据构成。剔除 ST 公司以及数据不全的公司年度。其中，模型（4）选取的 t 期数据为 2007~2009 年年度数据。

最终文中所用观测样本为 564（模型（4）的观测样本为 787）。本文使用的个股成长能力和盈利能力数据来自于锐思数据库，其余所用数据均来自 Wind 数据库。

（二）投资者信心指数构建

投资者情绪概念来源于噪音交易理论，是相对有效市场假说而言的。依据有效市场假说，股价已充分反映所有有价值的信息，因此，投资者对未来股票价格的预期应等于现实市场价格。但噪音交易者往往由于错误的主观信念或与股票价值无关的信息而产生对股票未来价格错误预期。投资者信心的高低反映了对证券市场的乐观程度，我们综合公司特质因素和市场总体因素，利用主成分分析方法构建个股的投资者信心指数。我们选取上市公司市盈率、市净率和换手率作为投资者信心的代理变量。

（1）市盈率因素。高市盈率股票意味着市场对公司未来收益增长抱有很高的期望。然而对未来增长的判断容易受主观因素影响，股价会脱离与当期利润的稳定关系。我们认为，较高的市盈率代表投资者对公司未来盈利能力的乐观情绪。

（2）市净率因素。根据股利固定增长折现模型，高市净率可能来源于两方面，高成长性和高盈利能力。较高的市净率可能代表了具有较高成长性，容易受到情绪波动的影响。一般而言，高市净率的股票更加受到投资者欢迎。

（3）换手率。我们可以借用流动性指标来衡量投资者情绪的高低，这一方法首先由 Baker 和 Stein（2004）提出并且用于实证检验。最常见的衡量市场流动性的指标主要是换手率，高换手率往往意味着过度投机，换手率的高低反映投资者对股票的追逐程度，换手率与投资者情绪成正比。实际上，在中国股市行情火爆、投资者过度自信时，股票换手率显著提高是经常可以观察到的现象。

本文选用中小板上市公司 2006~2009 年的年度市净率（YrPE）、市盈率（YrPB）以及年均换手率（YrTO）这三个指标进行主成分分析，可以得到：

$$\text{Investor Confidence (IC)} = 0.8775 \times \text{YrPE} + 0.82 \times \text{YrPE} + 0.6290 \times \text{YrTO} \quad (1)$$

根据模型分析可知，主成分系数均为正，与预期一致。利用标准化数据对 IC 进行计算，得到投资者信心指数。

（三）盈余质量计量的说明

本文应用分离模型，将总应计利润分离为操控性应计利润和非操控性应计利润，然后将操控性应计利润视为衡量盈余质量的代理变量。这是国内外最常用的衡量盈余质量的计量方法，即用回归模型将利润分离为非操纵性应计利润和操纵性应计利润，并用操纵性应计利润来衡量盈余管理的大小和程度，从而判断盈余质量高低。由于我国中小板上市公司的上市时间较短，无法采取基于时间序列的 Jones 模型，而且 Bartov 等发现，横截面 Jones 模型优于时间序列 Jones 模型。有研究指出，我国应用分行业进行回归还存在一些问题，分行业得到的数据未必比按总体得到的数据更可靠。综合以上考虑，本文分年度不分行业，采用修正 Jones 模型的横截面模型按总体来估计总体特征参数。修正的 Jones 模型是在基本 Jones 模型的基础上考虑了收入的操纵修正后得到，具体模型如下：

$$NDA_{i,t}/A_{i,t-1} = \alpha_1(1/A_{i,t-1}) + \alpha_2[(\Delta REA_{i,t} - \Delta REC_{i,t})/A_{i,t-1}] + \alpha_3(PPE_{i,t}/A_{i,t-1}) \quad (2)$$

其中，$NDA_{i,t}/A_{i,t-1}$ 是经过上期期末总资产调整后的公司 i 的正常应计利润，$\Delta REV_{i,t}$ 是公司 i 当期主营业务收入和上期主营业务收入的差额，$\Delta REC_{i,t}$ 是公司 i 当期期末应收账款余额与上期末应收账款余额的差额，$PPE_{i,t}$ 是公司 i 当期固定资产价值，$A_{i,t-1}$ 是公司 i 上期末总资产，以上数据均来自中小板上市公司年报。α_1、α_2、α_3 是总体特征参数，这些参数的估计值依据基本 Jones 模型，使用总体数据，即使用 2009 年深沪两市 1746 家非金融类和非 ST 类上市公司 2006~2009 年年度数据进行回归后取得：

$$TA_{i,t}/A_{i,t-1} = \alpha_1(1/A_{i,t-1}) + \alpha_2(\Delta REA_{i,t}/A_{t-1}) + \alpha_3(PPE_{i,t}/A_{i,t-1}) + \varepsilon \quad (3)$$

其中，$TA_{i,t} = EBXI_{i,t} - CFO_{i,t}$；$TA_{i,t}$、$EBXI_{i,t}$、$CFO_{i,t}$ 分别表示总应计利润、营业利润与经营活动现金净流量。这样，公司 i 的操控性应计项目$DA_{i,t}/A_{i,t-1} = TA_{i,t}/A_{i,t-1} - NDA_{i,t}/A_{i,t-1}$。

（四）回归模型与变量说明

本文通过构建模型（4）来检验文中提出的 H1：

$$IC_{i,t} = \beta_0 + \beta_1 DA\_ABS_{i,t-1} + \beta_2 ROA_{i,t-1} + \beta_3 Cash_{i,t-1} + \beta_4 Lev_{i,t-1} + \beta_5 Size_{i,t-1} + \beta_6 Nature + \beta_7 Year1 + \beta_8 Year2 + \beta_9 Year3 + \beta_{10} Industry + \varepsilon \quad (4)$$

通过构建模型（5）以检验 H2a 及 H2b：

$$I_{i,t} = \beta_0 + \beta_1 IC_{i,t-1} + \beta_2 DA\_ABS_{i,t-1} + \beta_3 IC^*_{i,t} DA\_ABS_{i,t-1} + \beta_4 CF_{i,t-1} + \beta_5 Growth_{i,t-1} + \beta_6 Lev_{i,t-1} + \beta_7 Age_{i,t-1} + \beta_8 Ret_{i,t-1} + \beta_9 Size_{i,t-1} + \beta_{10} Nature + \beta_{11} Year1 + \beta_{12} Year2 + \beta_{13} Industry + \varepsilon \quad (5)$$

其中，IC 衡量投资者信心，由模型（1）计算得出。模型（4）中变量 DA_ABS 衡量公司盈余质量，本文利用修正的琼斯模型分离出来的操控性应计利润（DA）作为盈余质量的代理变量，由模型（2）、模型（3）计算得出。DA 偏离 0 的程度越大，盈余管理幅度越大，盈余质量越差。由于本文仅考虑盈余操纵的程度，所以利用操控性应计项目的绝对值作为解释变量。若模型（4）中 β_1 显著为负，表明盈余质量越高的公司，滞后一期投资者信心越强，假设 H1 成立；若模型（4）中 β_1 显著为正，则表明盈余质量越低公司，滞后一期投资者信心越强，即不支持假设 H1。若模型（5）中 β_1 显著为负，表明投资者信心越强，投资规模越小，即不支持假设 H2a。模型（5）中 DA_ABS 计算方法同模型（4）。

模型（5）中变量 I 衡量公司投资规模，本文采用企业新增投资这一指标，若模型（5）中 β_1 显著为正，表明投资者信心越强，投资规模越大，假设 H2a 成立；若模型（5）中 β_1 显著为负，表明投资者信心越强，投资规模越小，即不支持假设 H2a。模型（5）中 IC*DA_ABS 为变量 IC 与 DA_ABS 的乘积项，若模型（5）中 β_1 显著为正时，β_3 显著为负，则表明投资者信心的增强，随着盈余质量的提高，投资规模会提高，假设 H2b 成立；若模型（5）中 β_1 显著为正时，β_3 显著为正，则表明投资者信心的提高，随着盈余质量的降低，投资规模会提高，假设 H2b 不成立。

已有研究表明，公司规模、最终控制人性质显著影响投资者心理预期，模型（4）中将这些因素作为控制变量引入，控制这些因素对投资者信心造成的影响。Size 为期末总资产的对数，用来衡量企业规模。伍燕然等发现，小规模股票更容易受到投资者情绪的影响，随投资者情绪的波动发生更大波动。Nature 为虚拟变量，主要衡量公司最终控制人性质，最终控制人为非国有产权时，该变量取 1，否则取 0，有研究表明，国有股权在证券市场的出现，实际上是以国家信用替代了企业信用，为投资者提供一种隐性担保机制，有助于增强投资者的信心。我们认为，企业内部现金流、资产使用的效率和效益、财务风险也会影响投资者信心。现金持有量代表企业净财富水平，它不仅是企业未来还本付息和支付股利的保证，而且反映了质押水平的高低。企业质押水平越高，经营的机会主义行为动机就越小，从而投资者信心越高。资产使用效率反映了企业经营能力。ROA 高低反映管理层利用有限的资源创造财富和价值的能力。因此，ROA 越高企业创造价值的能力越强，投资者信心越强。资产负债率反映了企业的财务风险，负债率越高，企业财务风险也随之上升，从而面临较大的偿债压力和破产威胁，投资者信心随之降低。模型中还引入控制年度和行业因素影响的变量：年度虚拟变量 Year（2006、2007、2008）与行业虚拟变量 Industry。为避免多重共线性问题，实际操作时，模型中只设定 2 个年度虚拟变量。考虑到中小板上市公司以制造行业为主，因此设定虚拟变量 Industry 时，制造业取 1，其余取 0。

根据 Richardson（2006）的投资期望模型，投资机会、内部现金流、财务杠杆、上市年限、股票收益率等因素均会影响企业投资规模。本文利用主营业务收入增长率表示企业投资机会，并引入最终控制人性质作为控制变量。大量研究表明，国有企业外部融资能力强、所受融资约束程度较民营企业轻。此外，模型中还引入了资产负债率以及控制年度和行业因素影响的变量，变量设定方法与模型（4）一致，所有变量设计安排如表 1 所示。

表 1 模型（4）、模型（5）变量设计安排

变量名称	变量含义
IC（投资者信心）	市净率、市盈率和换手率的第一主成分因子载荷
ABS_DA	经上期期末总资产调整后的由修正的 Jones 模型分离出来的各样本公司的操控性应计项目的绝对值
ROA	当年资产收益率 = 净利润/总资产
CF	内部现金流 =（净利润+ 折旧+ 无形资产及其他资产摊销 + 所得税 – 财务费用）/期初总资产
Lev	资产负债率= 总负债/总资产
Cash	企业货币资金持有量。Cash = 货币资金持有量/总资产
Nature	最终控制人为非国有产权时，该变量取 1，否则取 0
Size	总资产的自然对数
I	企业新增投资。Inv =（本期构建固定资产、无形资产和其他长期资产所支付的现金 – 处置固定资产、无形资产和其他长期资产收回的现金净额）/年初总资产
Growth	企业成长性，用主营业务收入增长率表示。Growth =（当期主营业务收入 – 上期主营业务收入）/上期主营业务收入
Age	上市年限
Ret	股票年回报率。取当年 5 月至次年 4 月年化平均收益率
Industry	制造业取 1，其他取 0
Year	年度变量

四、统计结果与分析

（一）描述性统计

表 2 是回归模型（4）中各变量的描述性统计结果。IC 最小值为-1.881，最大值为 5.565，标准差为 0.110，表明不同公司在不同年份的投资者信心有较大差异。ABS_DA 最大值为 0.512，标准差为 0.100，表明中小板公司不同程度地存在盈余操纵行为，盈余质量参差不齐。ROA 的最大值和最小值分别为 46.249 和-2.630，说明不同公司的盈利能力和资产使用效率有很大差别，ROA 均值（中位数）为 13.488（11.818），说明中小板公司的盈利能力高于主板公司（同期均值和中位数分别为 6.87 和 7.32）。Lev 最大值和最小值分别为 0.801 和 0.077，没有出现资产负债率大于 1 的情况，即中小板公司没有出现资不抵债的现象。Lev 均值（中位数）为 0.447（0.457），低于主板公司同期资产负债率的均值和中位数（0.619，0.639），这或许是因为中小板公司上市年限较短，大部分企业处于成长期，吸收债权融资较为困难，以股权融资和风险投资为主筹措发展资金。反映最终控制人产权性质的 Nature 均值为 0.717，表明样本中 71.7%公司的最终控制人是非国有产权，这表明与主板公司不同的是，中小板公司多数是非国有产权实质性控制，中小板是非国有企业融资的重要平台。现金持有量的均值和中位数分别为 0.168 和 0.146，表明中小板公司总体上拥有比较充沛的现金流量。Size 的最大值和最小值分别为 22.680 和 18.721，标准差为 0.810，表明中小板公司规模差异不大。

表 2 模型（4）中各变量的描述性统计量

变量	IC	ABS_DA	ROA	Lev	Cash	Size	Nature
观测数量	787	966	966	966	966	966	966
均值	0.002	0.111	13.488	0.447	0.168	20.397	0.717
中位数	-0.316	0.0857	11.818	0.457	0.146	20.236	1
标准差	1.325	0.100	8.377	0.178	0.115	0.810	0.451
最小值	-1.881	0.001	-2.630	0.077	-0. 024	18.721	0
最大值	5.565	0.512	46.249	0.801	0.604	22.680	1

表 3 是回归模型（5）中各变量的描述性统计结果。I 的最小值为 0.001，最大值为 0.509，标准差为 0.110，表明不同公司投资规模具有较大差异。公司个股投资者信心指数 IC 的均值和中位数分别为-0.296 和-0.647。ABS_DA 的均值、中位数和标准差均分别为 0.111、0.0857 和 0.100，表明各公司盈余操纵程度大不相同。衡量公司内部现金流指标 CF 的最小值为 0.025，最大值为 0.750，标准差为 0.150，表明公司内部现金流差异程度迥异。

表 3 模型（5）中各变量的描述性统计量

变量	I	IC	ABS_DA	Growth	Lev	CF	Age	Ret	Size	Nature
观测数量	966	564	966	937	966	966	564	616	966	966
均值	0.124	−0.296	0.111	0.307	0.447	0.234	1.16	10.350	20.397	0.717
中位数	0.0964	−0.647	0.0857	0.237	0.457	0.201	1.000	20.343	20.236	1
标准差	0.110	1.370	0.100	0.345	0.178	0.150	1.216	92.165	0.810	0.451
最小值	0.001	−1.895	0.001	−0.302	0.077	0.025	0	−0.518	18.721	0
最大值	0.509	5.527	0.512	2.027	0.801	0.750	4	8682	22.680	1

最终控制人性质与上表相同。

表 4 是模型（4）变量相关关系矩阵。IC 与 ABS_DA 相关关系在 Pearson 和 Spearman相关系数中均不显著，这或许是两者之间关系还受其他控制变量的影响，因此，还需将两者放到引入控制变量的模型中进行回归，通过假设检验找出两者间的关系。IC 与 ROA、Cash 在 1%水平上显著正相关（Pearson 系数为 0.172 和 0.121，Spearman 系数为 0.192 和 0.129），表明上市公司盈利能力越强，内部现金流越充沛，投资者信心越强。IC 与 Size 在 1%水平上显著负相关，表明投资者更加青睐小市值股票。IC 与 Lev 负相关，与 Nature 正相关，但并不显著。

表 4 模型（4）变量相关系数矩阵

变量	IC	ABS_DA	ROA	Lev	Cash	Size	Nature
IC	1	−0. 041	0.192***	−0.018	0.129***	−0.273***	0. 024
ABS_DA	−0.057	1	0.266***	−0.053*	0.384***	−0.041	0.053*
ROA	0.172***	0.244***	1	−0.149***	0.853***	−0.387***	0. 031
Lev	−0.016	−0.018	−0.160***	1	−0.232***	0.229***	0. 004
Cash	0.121***	0.358***	0.852***	−0.221***	1	0.244***	0.020
Size	−0.247***	0.000	−0.358***	0.242***	−0.195***	1	−0.095**
Nature	0.026	0.073**	0.005	0.007	0.017	−0.089**	1

注:（1)表中右上方为 Spearman 相关系数，左下方为 Pearson 相关系数，N = 966；（2）***、**、* 分别表示在 1%、5%、10%水平上显著（2 – tailed）。

根据变量 Pearson 和 Spearman 相关系数（见表 5），I 与 IC 显著正相关，表明投资者信心越强，投资规模越大。I 与 ABS_DA 之间并不显著相关，这或许是两者之间关系还受其他控制变量的影响，因此，还需将两者放到引入控制变量的模型进行回归，通过检验找出两者间的关系。

（二）回归结果

应用最小二乘法对模型（4）进行回归，结果如表 6 所示。

表 5　模型（5）变量相关系数矩阵

	I	IC	ABS_DA	Growth	Lev	CF	Age	Size	Ret	Nature
I	1	0.141**	0.001	0.100**	0.071**	-0.115***	-0.191***	-0.090**	0.107**	-0.039
IC	0.141**	1	0.232***	0.161***	-0.057	0.259***	-0.251***	-0.113**	0.342***	0.043
ABS_DA	0.001	0.232***	1	-0.251***	-0.018	-0.031	-0.239***	0.000	-0.028	0.073**
Growth	0.100**	0.161***	0.251***	1	0.232***	-0.022	-0.015	0.079**	-0.004	0.031
Lev	0.071**	-0.057	-0.018	0.232***	1	-0.022	-0.015	0.079**	-0.004	0.007
CF	-0.115***	0.259***	-0.031	-0.022	-0.494***	1	-0.308***	-0.112***	-0.096**	0.050
Age	-0.191***	-0.251***	-0.239***	-0.015	0.089**	-0.308***	1	0.119**	-0.242***	0.035
Size	-0.090**	-0.113**	0.000	0.079**	0.242***	-0.112***	0.119**	1	-0.010	-0. 089**
Ret	0.107**	0.342***	-0.028	-0.004	0.141***	-0.096**	-0.242***	-0.010	1	-0. 007
Nature	-0.039	0.043	0.073**	0.031	0.007	0.050	0.035	-0.089**	-0.007	1

注：(1)表中右上方为 Spearman 相关系数，左下方为 Pearson 相关系数，N = 966；(2) ***、**、* 分别表示在 1%、5%、10%水平上显著（2 - tailed）。

表 6　模型（4）回归结果

变量	回归系数	t 值
(Constant)	8.736***	6.14
ABS_DA	-1.320***	-3.05
ROA	0.073**	2.43
Lev	0.261	1.11
Cash	0.595	0. 773
Size	-0.433***	-6.38
Nature	0.044	0.42
Year	Controlled	Controlled
Ind	Controlled	Controlled
Adj_R^2	0.099	
F 值	11.50***	
N	787	

注：***、** 分别表示在 1%、5%水平上显著。

盈余质量指标 ABS_DA 只控制年份和行业的单变量回归以及加入控制变量的回归结果分别为-0.769 和-1.320，分别在 5%和 1%水平上显著，表明盈余质量越高，投资者信心越强，支持假设 H1。这说明，随着我国证券市场的不断完善，机构投资者力量增强，投资者理性程度显著提高，开始从财务报告质量角度评估企业成长潜力；ROA 系数为 0.073，在 5%水平上显著，表明企业盈利能力受到投资者的普遍关注，投资者对 ROA 高的企业赋予更强的投资者信心，这意味着随着我国证券市场的不断完善，股权投资将流向价值创造能力更强的企业。资产负债率（Lev）的系数为正，但并不显著，这可能是因为投资者对 Lev 的评估较为复杂，当 Lev 过低时，投资者认为企业没有很好地利用财务杠杆，缺乏债务融资能力，因此，Lev 的提高能够增强投资者信心；当 Lev 达到一定高度时，容易产生还本付息的压力和财务风险，可能产生资不抵债的情况，引起投资者警觉，投资者信心随之下降。Nature 系数为正，但并不显著，这可能是因为中小板公司以民营企业为主，国有产权的担保效应在此不起作用。Size 系数为负，并在 1%水平上显著，说明投资者更青睐于小市值股票，一般而言，大公司相比，小公司具有更大的潜力，更容易吸引投资者。

表 7 模型（5）回归结果

变量	回归系数	t 值
(Constant)	0.027	0.213
IC	0.009**	1.934
ABS_DA	−0.044	−1.087
IC* ABS_DA	−0.064*	−1.652
Growth	0.013	1.192
Lev	−0.068***	−2.945
CF	−0.156***	−5.197
Age	−0.016***	−4.738
Size	0.008	1.303
Ret	0.003***	3.815
Nature	−0.024**	−0.884
Year	Controlled	Controlled
Ind	Controlled	Controlled
Adj_R^2	0.125	
F 值	7.203***	
N	564	

注：***、**、* 分别表示在 1%、5%和 10%水平上显著。

根据模型（5）的回归结果（见表 7），IC 的系数为 0.009，在 5%水平上显著，表明投资者信心越强，公司投资规模越大，假设 H2a 获得证实。IC*ABS_DA 的回归系数为−0.064，在 10%水平上显著，表明公司盈余质量越高，投资者信心越强，企业投资规模越大，假设 H2b 获得支持。这意味着公司盈余质量越高，投资者信心越强，公司股票获得的溢价程度越高，股权融资成本降低，企业可以获得更多低成本资金，促使企业扩大投资规模。Nature 的回归系数为−0.024，在 5%水平上显著，表明国有上市公司的投资规模大于非国有上市公司，这可能是因为比较而言，国有企业在融资方面占有优势，更能获得银行贷款和政府财政支持，而且，预算软约束造成了国有企业的扩张冲动。上市年限与企业投资规模负相关，且在 1%水平上显著，表明公司上市之初，需要进行大规模投资扩大企业发展。企业年化收益率与投资规模正相关，且在 1%的水平上显著，表明企业的市场表现与投资具有相关性，在其他条件一定的情况下，市场表现优良的上市公司，可能更容易吸引投资者以获得充足的投资资金支持，从而有能力扩大投资规模。

（三）稳健性检验

本文还从以下三个方面作了稳健性测试，以便于检验上述回归结果的可靠性。首先，将操控性应计利润 DA 分为正向操纵和负向操纵两组，分别进行回归，发现没有改变 DA 与投资者信心和投资水平的相关性及其方向。其次，测试了模型（4）、模型（5）对控制变量的敏感性，剔除了模型（4）、模型（5）中的控制变量，进行了一次回归，结果发现所有解释变量的回归结果与原模型结果基本一致，我们还检验了异值对回归结果的影响，通过剔除残差为四个以上标准差的“异值”，检验发现，统计结果基本保持一致。综上所述，本文研究模型的估计结果具有可靠性。

五、结论

目前，关于投资者情绪的计量及其对证券市场的影响是行为金融学研究的热点话题，而投资既是企业诞生的起点，也是企业存续、扩张的动力。本文利用我国中小板上市公司数据，从投资者信心与企业投资规模的关系，及盈余质量在两者关系中所起作用的角度，对企业投资行为的影响因素进行了拓展性研究。实证结果表明，盈余质量越高，投资者信心越强；投资者信心越强，企业投资增长水平越高。同时，随着盈余质量的提高，投资者信心对投资规模的正向影响会越强。

本文同时扩展了投资者信心和企业投资行为的研究思路，并具有较为丰富的理论与实践意义。首先，研究投资者信心的生成机理时，不仅要关注市场因素，也应关注企业特质信息。企业的会计信息质量、现金流情况、盈利能力和成长能力都应纳入考察范畴；其次，企业投资规模受到投资者情绪的强力影响，投资者信心的增强能够降低企业融资成本，那么对投资者情绪和投资者行为进行合理引导，构建透明的市场环境，有利于投资者理性投资，提高市场效率。

值得深思的是，投资者信心对企业投资规模的作用机理及渠道是否会影响资本市场效率？当投资者信心不足，普遍陷入悲观时，公司难以从证券市场上募集足够资金投入净现值（NPV）大于零的项目中，错失投资发展良机，从而出现投资不足情况；当投资者过度自信，甚至陷入疯狂时，公司能以极低成本获得大量股权融资，出现“扩张冲动”，又可能导致过度投资行为的存在①。从微观上看，过度投资或投资不足会降低企业价值，不利于企业长远发展；从宏观上看，投资不足或投资过度都会带来经济过冷或过热，不利于国

① 创业板上市之初，投资者信心高涨，使得超募现象十分普遍，28 家首发公司平均超募 125%。这一融资水平远远高于与创业板相似度最高的中小板市场平均水平。令人担忧的是，极低融资成本的超募资金大都未真正用于创业板上市公司主营业务发展中，超募资金炒楼炒股的新闻层出不穷。

民经济的可持续发展和金融市场的稳定。因此，在研究投资者信心与企业投资规模作用机理的基础上，进一步展开投资者信心与企业投资效率的关系研究，具有重大的理论和现实价值。

参考文献：

[1] 刘莉亚，丁剑平，陈振瑜，相恒宁. 投资者情绪对资本市场稳定性的实证研究——来自截面效应的分析 [J]. 财经研究，2010（3）：133–143.

[2] Baker. M. P.，Wurgler J A. Investor Sentiment in the Stock Market [J]. Journal of Economic Perspectives，2007（21）：129–151.

[3] Brown G W. Volatility，Sentiment，and Noise Traders [J]. Financial Analysts Journal，1999（55）：82–90.

[4] Brown，Gregory W.，Michael T. C.，Investor Sentiment and Asset Valuation [J]. Journal of Business，2005（78）：405–440.

[5] Brown G. W.，Cliff M. T. Investor Sentiment and the Near–term Stock Market [J]. Journal of Empirical Finance，2004（11）：1–27.

[6] Shiller，Robert J. Measuring Bubble Expectations and Investor Confidence [J]. The Journal of Psychology and Financial Markets，2000（1）：49–60.

[7] 王美今，孙建军. 中国股市收益，收益波动与投资者情绪 [J]. 经济研究，2004（10）：75–83.

[8] 余佩棍，钟瑞军. 个人投资者情绪能预测市场收益率吗 [J]. 南开管理评论，2009（9）：95–101.

[9] 韩立岩，伍燕然. 投资者情绪与 IPOs 之谜——抑价或者溢价 [J]. 管理世界，2007（3）：51–61.

[10] 蒋玉梅，王明照. 投资者情绪与股票横截面收益的实证研究 [J]. 经济管理，2009（10）：134–140.

[11] Stein J. Rational Capital Budgeting in an Irrational World [J]. Journal of Business，1996（4）：69.

[12] Goyal V. K.，T. Yamada. Asset Prices，Financial Constraints，and Investment Evidence from Japan [J]. The Journal of Business，2004（77）：175–199.

[13] Baker M.，J. C. Stein. Market Liquidity as a Sentiment indicator [J]. Journal of Financial Markets，2004（7）：271–299.

[14] Gilchrist S.，C. P. Himmelberg，G. Huberman. Does Stock Price Influence Corporate Investment? [J]. Federal Reserve Bank of New York Staff Reports，2004(6)，177.

[15] Polk C.，Sapienza P. The Real Effect of Investor Sentiment [J/OL]. Working Paper，2002. http://ssrn.com/abstract=923687.

[16] Dong M.，D. A. Hirshleifer，S. H. Teoh. Stock Market Misvaluation and Corporate Investment [J/OL]. Working Paper，2007. http://ssrn.com/abstract=972765.

[17] Chen Q.，I. Goldstein，W. Jiang. Price Informativeness and Investment Sensitivity to Stock Price [J/OL]. Working Paper，2005. http://papers.ssrn.com/sol3 /papers.cfm? abstract_id=451322.

[18] Lambert R.，C Leuz，R. Verrecchia. Accounting Information，Disclosure，and the Cost of Capital [J/OL]. Working Paper，2005. http://papers.ssrn.com/sol3/papers.cfm? abstract_id=823504.

[19] Biddle G.，G. Hilary. The Effect of Accounting and Disclosure Quality on Firm–level Investment [J]. The Accounting Review，2006，81（5）：963–983.

[20] 张琦. 盈余质量与企业投资行为研究——来自中国上市公司的经验证据 [D]. 厦门大学博士研究生论文，2007：21-45.

[21] Dechow P., R. Sloan, A. Sweeney. Causes and Consequences of Earnings Manipulation: An Analysis of Firms Subject to Enforcement Actions by the SEC[J]. Contemporary Accounting Research, 1996 (19): 1-36.

[22] 吴世农，吴超鹏. 盈余信息度量，市场反应与投资者框架依赖偏差分析 [J]. 经济研究，2005 (2)：54-62.

[23] Bartov E., Radhakrishnan S., Krinsky I. Investor Sophistication and Patterns in Stock Returns after Earnings Announcements [J]. Accounting Review, 2000 (6): 529-545.

[24] 孔东民，柯瑞豪. 谁驱动了中国股市的 PEAD? [J]. 金融研究，2007 (10)：82-99.

[25] 董裕平. 公司的资本成本与投资理性——来自沪深上市公司的证据 [J]. 证券市场导报，2007 (11)：61-66.

[26] 陆正飞，叶康涛. 中国上市公司股权融资偏好解析——偏好股权融资就是缘于融资成本低吗? [J]. 经济研究，2004 (4)：50-59.

[27] 潘敏，金岩. 信息不对称，股权制度安排与上市公司过度投资 [J]. 金融研究，2003 (1)：36-38.

[28] 郝颖，刘星. 上市公司股权融资与投资行为研究——基于非有效市场视角 [J]. 科研管理，2008 (9)：126-137.

[29] 袁国良，郑江淮，胡志乾. 我国上市公司融资偏好和融资能力实证研究[J]. 管理世界，1999(3)：150-157.

[30] Bartov E., Radhakrishnan S., Krinsky I. Investor Sophistication and Patterns in Stock Returns after Earnings Announcements [J]. Accounting Review, 2000 (6): 529-545.

[31] 雷光勇，刘慧龙. 大股东控制，融资规模与盈余操纵程度 [J]. 管理世界，2006 (1)：129-136.

[32] 何问陶，倪全宏. 中国上市公司 MBO 前一年盈余管理实证研究 [J]. 会计研究，2005 (6)：22-30.

[33] 伍燕然，韩立岩. 不完全理性，投资者情绪与封闭式基金之谜 [J]. 经济研究，2007 (3)：117-129.

[34] 计小青，曹啸. 国有股权，投资者信心与中国股票市场发展：理论及经验证据 [J]. 财贸经济，2008 (4)：30-35.

[35] 支晓强，童盼. 管理层业绩报酬敏感度，内部现金流与企业投资行为 [J]. 会计研究，2007 (10)：73-81.

[36] 冯巍. 内部现金流量和企业投资——来自我国股票市场上市公司财务报告的证据 [J]. 经济科学，1999 (1)：36-45.

[37] 郑江淮，何旭强，王华. 上市公司投资的融资约束：从股权结构角度的实证分析 [J]. 金融研究，2001 (11)：92-99.

[38] 范从来，王宇伟. 公司金融研究 [M]. 北京：商务印书馆，2006：12-15.

Earnings Quality, Investor Confidence and Investment Growth

Lei Guangyong, Wang Wen, Jin Xin

(Center for Finance and Accounting Research, University of international Business and Economics, Beijing 100029, China)

Abstract: Investors' confidence is a hot topic of behavioral finance, and corporate investment is the base for a firm as well as a leverage for development and expansion. Does investors' confidence influence corporate investment? This paper examines the forming mechanism and the effects of investors' confidence, as well as its effects on corporate investment scale of Chinese listed companies by using the data from Chinese security market and annual report of listed companies. The paper finds that both the whole market and the growing and earning capacity of a company influence investors' confidence. The higher quality of earnings quality, the higher investors' confidence; Changes of investors' confidence and earnings quality influence corporate investment scale through changing stock financing costs. The higher the investors' confidence, the higher earnings quality, results in the larger scale of the corporate investment. The empirical results also hold that some factors such as the quality of accounting information, internal cash flow and size may influence investors' confidence, which may even have further impacts on corporate investment scale.

Key Words: earnings quality; investor confidence; financing cost; investment growth

新建还是并购：中国企业成长方式及影响因素研究*

王斌　刘文娟　蔡安辉
（北京工商大学商学院，北京　100037）

【摘　要】企业依赖于新建和并购这两种方式而成长。不同方式各有优劣，选择何种方式将受多种影响因素。本文在回顾企业成长理论并借鉴彭维刚（2007）“企业战略—资源特质—发展环境”的逻辑框架基础上，结合中国企业制度背景，并以中国A股上市公司2006年数据为基础，实证检验了影响中国企业成长方式选择的主要因素。结果表明：①中国企业成长普遍存在“新建”偏好，且国有控制企业表现得更为明显；②从发展战略看，与西方理论预期不同，中国企业多元化战略、成长速度等与公司成长方式选择之间并不存在相关性；③从资源角度，人力、技术与品牌等资源优势越强的企业，越倾向于采用并购方式；但财务资源与实力与成长方式选择间并不直接关联；④从发展环境看，企业在并购或新建方式选择时，应以企业所在区域的市场化程度为依据，以适应或克服市场环境之不足。实证结果表明，企业所在区域的市场化程度越高，越倾向于采用并购成长模式，反之则倾向于新建方式。

【关键词】新建；并购；成长方式；制度背景

一、引言

任何企业都是需要成长的。因为，只有成长才能立足市场，而不论其成长导向是先做强后做大，还是先做大后做强，或者两者同步。通常情形是，除了少数小型家族企业满足

* 本文选自《中国会计评论》2011年3月第9卷第1期。

作者简介：王斌、刘文娟，北京工商大学商学院财务系；蔡安辉，对外经济贸易大学国际商学院。

基金项目：本研究受北京市属高等学校人才强教深化计划“创新人才建设计划”资助（项目号PHR201006128）。

于在较小的范围开展经营外，绝大多数企业都与生俱来地拥有扩张成长的冲动与本能。如同生命体一样，企业成长有其特定的路径或方式，且一旦形成某种路径就将呈现其未来成长的“路径依赖性”。

一般认为，企业成长路径大体分为两类：一是新建成长，即企业通过新建子公司以实现其规模扩张（跨国经营中，它通常是指 start-up 或 greenfield investment）；二是并购成长，即企业通过控制权转移市场并购已有企业的全部或部分股权而实现其规模扩张（跨国经营中，它通常是指 acquisition）①。在北京双鹤药业股份有限公司的案例研究论文中（王斌和刘文娟，2009），我们通过案例分析、讨论了个案公司在资本市场处于发展初期所历经的成长路径（即“上市融资—股权投资与并购扩张—并购失败、组织学习与战略调整—公司正常增长”这一路径）及其成长烦恼（即“并购效益低下”、大股东干预及公司治理困境等）。从案例分析中不难看出，股权投资与并购作为国有控股公司成长的方式之一，其面临的风险很高，如并购项目整合及其失败风险（从公司及股东角度）、并购决策的管理人员其人力资本价值贬损及其职业风险，如职业经理离职（从管理层角度）等等。我们想知道的是：第一，在中国当前市场环境中，企业成长的主要方式是什么？到底有哪些因素在影响或决定着中国企业成长方式选择？第二，中国企业不同成长方式下的长期财务基础业绩（它不是指市场有效假定下的短期市场基础业绩，如股价或 CAR 值等）是否存在系统差异？这就是我们的研究动机。

本文只讨论第一个问题，而将第二个问题作为未来的研究内容。本文结构安排如下：第二部分通过对已有文献的梳理，阐述企业成长中的“新建”、“并购”概念，并归纳总结已有的理论成果或结论；第三部分，借鉴彭维刚（2007）提出的跨国企业“企业战略—资源特质—发展环境”三维视角，提出本文的理论框架及相关假定；第四部分数据收集与模型分析，进行实证检验并得出本文结论；第五部分是对本文的小结，主要关注本文研究的局限。

二、企业成长模式选择的解释性理论：文献回顾

首先需要说明的是，已有的对企业成长模式选择（即本文“新建”或“并购”选择）的研究，大多是以跨国公司（MNEs）为背景，国外研究如 Anderson 和 Svensson（1994）、Dunning（1998、2000、2001）、Meyer 和 Estrin（1999）等；国内研究如陈明森（2002）、陈浪南等（2005）。相比而言，针对本国企业成长模式选择的研究倒显不足，尤其是针对类似中国这样一种“新兴十转型”的经济体，其成长模式的研究更不多见。即使在为数不

① 在跨国经营中，还有一种成长方式，即褐地成长（brownfield investment）。它是指并购现有企业，并对其进行全面重建与改造，从而实现企业成长。

多的有关中国企业扩张方式的研究文献中，也很少有提供坚实的研究框架或理论基础的，且研究视角相对单一。如姜付秀等（2008、2009）的研究，主要集中于公司治理变量，如董事会活跃度、董事会规模、独立董事规模、高管持股比例等，没有涉及更宽视角，以对企业成长模式选择进行全方位透视、了解。

（一）新建与并购：概念解释与差异比较

不论是国内企业还是跨国企业，新建投资与并购投资是企业成长的两种基本方式或路径，并在时间序列上被企业交互采用。其中，“新建”意即建立新的下属经营单位，这些下属经营单位既可以是企业的全资子公司，也可以是企业控股子公司；在新建方式下，企业总部需要在当地购建厂房设备、招募并培训当地员工，并按总部（投资者）的管理模式、技术及经验进行运营、管理。与此相反，“并购”意味着购买已有企业的部分或全部股权，从而取得对被并方的控股权（Kogut 和 Singh，1988）。在这种情形下，被并企业作为一个持续经营的实体，拥有未来经营所需要的生产设备、营销队伍、市场份额等。在并购交易过程中，主并方所支付的并购价款通常包含两部分：一是被并方作为一个持续经营的经营主体所反映的预计价值；二是因各种因素而形成的并购溢价（takeover premium），且这一并购溢价平均高达 20%~40%（Eckbo 和 Langohr，1989）。新建与并购在管理意义上的核心区别在于：新建是“利用企业总部资源（即投资者）并将其与在当地采购所形成的资产相结合”，而并购则是“主要利用当地企业的资产并将这些资产与投资者所拥有的资源（尤其是总部的管理能力）相结合”（Mever 和 Estrin，1999）。与管理学所关注的内容不同的是，财务学在研究并购活动时更为关注并购动机、管理层行为与并购财富转移效应等问题，且结论大多为负面的（Jensen，1986；Morck 等，1990）。

应当说，这两种成长路径在所需资本投入、市场机会把握及速度、管理控制与整合风险、政府管制等方面都存在较大差异，并进而影响企业成长速度、成长质量。①从所需资本投入看，新建方式可以根据项目投资进度分期、分批投入资本（出资方式可以是现金，也可以是机器设备、原材料等实物资产），从而降低一次性现金投入需求；相反，并购方式则需一次性投入大量现金（包括支付并购溢价在内），且难以用机器设备、原材料等资本品和技术折价投入，从而对企业的资产流动性要求很高（Caves，1996）。②从市场机会把握与发展速度看，新建方式需要进行长期筹建，建设周期长、投资风险大，产品难以快速进入市场；而并购方式则能使企业快速取得各种资源并形成生产经营能力、快速进入目标市场，且从产业组织理论与社会资源配置角度，并购有利于资源优化配置、避免重复建设，并有可能因学习曲线（learning curve）效应而降低产品成本，获取竞争优势。③从管理控制与成长风险看，并购方式的潜在风险在于并购后管理控制与有效整合，包括战略适应性与产业整合、市场整合、管理资源整合及管理制度与文化整合等（Hennart 和 Reddy，1997；杨大楷，2002），以及由于整合难度可能导致的业绩下降（Ravenscraft 和 Scherer，1991；Porter，1987；Haspeslagh 和 Jemison，1991）。相反，新建方式可以做到自主控制、整合管理，并能最大限度地按自身意愿筹划和安排新建企业的生产经营，控制新建项目运营风险。一些研究表明，正是基于整合这一问题，新建投资通常比并购投资带来更高业绩（Li 和 Guisinger，1991；Nitsch，Beamish 和 Makino，1996；Simmonds，1990）。④从政府管制来看，跨国并购会因各种原因（如产业垄断、员工失业、控制权转让等）而易受东道国政府的干预，相比而言，新建所受干预相对较少。

表 1 新建与并购的比较

	新建	并购
1. 所需资本投入	分期、分批投入资本，且其出资方式可以是现金，还可以是资本品折价投入	需要一次性投入大量现金，难以用资本品和技术折价投入，对企业资产的流动要求高
2. 市场机会把握与速度	筹建工作及项目建设周期长，需要自行开拓市场，经营风险大	缩短项目建设周期，快速进入目标市场，减少竞争对手，省去市场开拓阶段
3. 管理控制与整合风险	最大限度按自己的意愿策划和安排新建企业的生产经营、管理制度等各方面，掌握主动性，更好地把握风险	被并购企业的经营思想、管理制度等与进入企业存在不同程度的差异，整合难度高
4. 政府管制	跨国投资受东道国政府的制约相对较少	因为各种原因而受东道国政府干预较多

表 1 是对上述因素比较的简要归纳。

（二）企业成长模式选择的解释性理论：简要回顾

企业成长方式选择的解释性理论有很多，但归纳起来大体包括：交易成本或内部化理论、组织学习理论、信息经济学理论、企业成长或资源基础理论、产业组织理论等（Slangen 和 Hennart，2008）。

（1）交易成本或内部化理论（transaction cost/internalization theory）与成长方式选择。交易成本理论是解释企业成长方式选择的主流理论，发端于 Williamson（1975，1985）通过“交易频率”、“资产专用性”及“不确定性”等核心概念而构建的交易成本经济学。该理论在解释企业成长方式时的基本逻辑是：新建或并购选择在很大程度上取决于两种方式所产生的市场或内部化交易成本的比较优势，其基本推理或结论有：①从中间投入品的特性看，由于买卖双方对投入品属性的相关信息并不对等，因此，买卖双方的内部一体化整合将有助于解决市场交易低效率问题。②在企业成长过程中，最重要的资产是企业特有的内嵌式于组织之中的技术、知识（firm-embedded technological knowledge），一般情况下，那些拥有技术与知识的企业并不乐意将其转让，而想获取这些知识的企业将面临很高的购入成本（且，即使购入也不易被有效移植），因此，具有特定技术知识的企业更乐意采用新建方式来扩张成长，而那些缺乏特定知识的企业将乐意采用并购方式成长（Larimo，2003）。这里所讲的技术、知识既包括产品生产技术，也包括企业高效运营与管理的知识、经验等。③对于多元化经营企业，由于管理总部一般均拥有良好的基于产出结果的管理控制系统，因此，从交易成本角度，多元化战略的企业倾向于并购投资；相反，产业经营范围较窄且总部不具有良好管控能力的企业，更倾向于采用新建。④最后，成长方式选择还受到文化因素的深刻影响（Hofstede，2001），文化差异越大（尤其是跨国经营），则转移与输出总部无形资产（主要指管理能力与经验等）的成本相对越高，主并方对被并方输出管理能力的信心也越不足，由此，国与国之间文化差异越大，企业越可能采用新建方式，反之则相反（Hennart 等，1986）。

（2）组织学习理论（organizational learning theory）与成长方式选择。组织学习理论在解释企业成长方式选择时，主要有以下推理或实证结论：①对于产品多元化企业，由于在不同产品经营领域积累了很多不同的生产技术与管理知识，因此易于采用新建方式来扩张（Barkema 和 Vermeulen，1998）；而当公司所经营的产品非常之多时，将会出现另一种情形，即管理总部将会对公司组织结构进行改造调整（如由 U 型公司变为 M 型公司），在这种情况下，生产技术与管理经验在松散式的不同事业部（而不是不同产品）之间的转移将变得非常困难（Szulanski，1996），这种组织结构的改变将大大限制组织间的相互学习，最终有可能导致总部采用并购而不是新建方式来促进企业成长。②组织成长惯性。学习理论认为，组织一旦在某一成长模式下积累了足够的经验，则将会在未来成长模式选择中沿袭这些过往经验。如一些公司以并购见长，而另一些公司则往往通过所积累的新建经验而在未来有可能继续采用这一方式。③企业通过并购活动所获得的组织管理经验可能远远大于新建。实证研究表明，企业下属经营单位（而不论这些下属单位是通过新建或是通过并购形成的）的存活率，与公司先前所从事的新建投资活动次数负相关，而与公司先前所从事的并购投资次数正相关（Vermeulen 和 Barkema，2001）。④学习成本。当企业拥有技术、管理等优势时，一般采用新建方式转移这些组织优势，并在同一行业内成长；如果只是收购现有企业，组织惯性作用使得被并企业对于先进技术、管理、制度及企业文化发出抵制的信号，文化差异增加了学习成本（Harrigan，1981）。

（3）信息经济学（information economics）与成长方式选择。信息经济学是关于在信息不对称下的信息是如何影响经济决策的科学（Akerlof，1970）。在企业成长过程中，尤其是在并购交易过程中，由于主并方对被并方的价值、文化等缺乏足够的了解，主并方无法在事先对被并方的价值及其并购后的整合难度进行深入分析，从而在成长过程中倾向于采用新建方式。相反，对于那些有并购经验的公司，由于对被并方了解相对较深，从而可能采用并购方式。

（4）企业成长理论（theory of the growth of firm）或资源基础理论（resource-based theory，RBT）与成长方式选择。该理论自 Penrose（1959）首次提出“资源”及其“独特能力”概念以来，经 Wernerfelt（正式提出“资源基础观”，1984）、Prahalad 和 Hamel（首次提出“核心能力”概念，1990）等的不断发展，已形成一套具有极强解释力的理论与应用体系（以 Barney 等人为代表）。在资源基础理论看来，公司核心能力及长期竞争优势的形成需要不断地积累、获取并有效利用各种资源。其核心观点是：①同一产业中，不同公司因所掌握的战略性资源不同而导致其长期竞争优势差异，而这些差异又因这些战略性资源的特性，包括异质性（heterogeneity）、不可流动性（immobility）、价值性（value）、稀缺性（rareness）和不可模仿性（imperfect imitability）等等，而得以持续；②公司既可通过内部开发也可通过外部并购等途径，获取战略性资源，但保持资源的异质性最为关键。在这

里，异质性的战略性资源，是指在公司控制下、可以协助公司构建并执行其战略以提升其绩效的一切资源，包括公司全部资产、能力、组织流程、公司属性、信息及知识（尤其是隐性知识等）等。Grant（1991）将其分类归纳为：财务资源、物质资源能力、人力资源、技术性资源、商誉（品牌与声誉）及组织性资源（包括管理及其知识）等。

从资源基础理论来看，企业在选择新建或是并购时，均将“目标”锁定在“资源获取”及其利用效率上。根据 Meyer 和 Estrin（1999）的模型，并购与新建方式选择均依据为实现企业战略目标而所需要的各种资源，这些资源涉及以下三方主体：①投资方，即投资者所拥有的资源，包括可移植的技术与知识、企业的管理服务能力、企业财务实力等；②被并方，即被并方所拥有的资源，具体包括资产、技术、市场及产业进入门槛等；③当地市场方，即当地市场的资源可得性，包括不动产、人力、公共服务等资源的可得性等。他们的模型显示：第一，被并方拥有的资源丰富，则投资方可采用并购方式以获取它们；第二，如果当地市场的资源可得性强，则投资方会倾向于新建方式以获取资源；第三，投资方的任何投资扩张都要求其保持自身的资源能力。在理论上，决定新建或并购选择的基本逻辑在于权衡下述两种成本，即相关市场的交易成本（transaction costs of the relevant markets）及资源获取及整合成本（costs of adapting and integrating resources）。

（5）产业组织理论（industrial organization perspective）成长方式选择。产业组织理论认为，企业成长方式受企业进入某一产业的条件或环境的影响。对于集中度很高的产业，新建方式将提高所进入的当地市场的产品供应量，并与所在市场的已有企业展开更激烈竞争，其结果是公司经营利润因价格战等而变得越来越薄。因此，对于产业集中高的市场，其最好的进入方式是并购而非新建，一是能避免因市场供应量的提高而打破已有市场的供需平衡，二是有利于维护与当地已有企业的商业交易关系。但从另一方面看，当地政府一般并不乐意企业采用并购方式进入本地市场，一是基于对进入企业对当地市场垄断的担心，二是可能出于当地投资与 GDP 拉动的考虑。当然，并购进入当地市场的前提是：当地存在着可被并购的企业；如果没有，新建将是进入当地市场的唯一选择。

三、中国企业成长路径选择的影响因素：框架与研究假设

从文献回顾中可以看出，到目前为止，在理论上并不存在解释企业“新建或并购”成长路径选择的唯一框架，也没有得出成长方式选择的唯一理论或实证结论。根据权变理论及组织适用性（fit）的想法，我们认为，决定或影响企业成长模式选择的因素是多维的、多变的。受跨国企业战略管理理论（彭维刚，2007）及制度背景对企业成长影响（Meyer 等，2009）等的启发，本文试图从企业战略、资源特质、发展环境三个维度来解释中国企业的成长路径选择。

（一）基于“战略”的成长模式选择

组织战略可简要定义为帮助组织达到其目标的一整套具体计划。战略的首要任务是确定组织目标，并由此制订一套可行的行动计划且付诸实施，以实现预期组织目标。战略对组织成长方式选择将产生直接影响，核心体现在以下三个方面：①企业实际控制人、管理者风险偏好与战略制定权（“谁”制定战略）；②多元化战略及其程度；③企业成长速度及其规划。

（1）实际控制人性质、管理者风险偏好与战略制定权。“战略”作为组织的目标承诺与一系列行动，其形成与发展受股东及公司治理的深刻影响，而这一点，正是被西方组织成长理论所忽略的。我们认为，在中国这一“新兴十转型”的经济体中，中国企业具有独特的股权结构及治理机制背景，而这些特性将对公司战略制定、实施产生重大影响。其基本点可归纳为：①大多数中国公司（无论是国有还是民营）都存在股权高度集中这一事实；②按中国相关法律规定，董事会及股东大会拥有公司重大事项的决策权，而在股权高度集中情形下，控股股东、实际控制人将对公司战略决策产生实质性影响；③与非国有控股公司相比，国有控股公司的大股东、董事会及其管理层，因“政治前途”等各种非经济因素考虑，在制定公司战略及其实施路径时，更多会考虑预期投资风险对其“位置”的影响，除其经济设防（economic entrenchment）动机外，还有极强的政治设防动机，以追求“决策过程”之程序可控、“决策执行”之结果稳健；④相对并购扩张，新建模式无论是从资本投入、项目管理、生产运营控制等所面临的风险上，都相对较低、更为稳健，从而为企业决策者所青睐；⑤在转型经济中，中国公司在一定程度上仍需依赖非市场渠道获取要素资源，而在这一点上，国有控股公司拥有比民营企业更多的政府资源以及更强的风险抵御能力（程小伟，2007）。正是基于上述考虑，国有控股公司更易于采用新建方式。

可见，与西方理论的成长模式选择性理论相比，西方理论大多具有“就事论事”的特性，它们并不讨论股权结构、治理因素等对成长模式选择这一“重大决策事项”的直接影响，这正是西方已有理论的一大缺陷。也就是说，在解释中国企业成长路径时，直接套用西方各种解释性理论，无视中国企业的股权结构、风险偏好与战略制定权等相关因素，无论是在逻辑上还是实证都将是有缺陷的。已有研究也表明，公司治理因素确实会对中国公司成长方式选择产生重大影响（姜付秀等，2009）。

由此，我们提出假设 1：

H1：相对于非国有控股企业，国有控股企业更倾向于采用新建模式。

（2）多元化战略及多元化程度。实施多元化战略的企业，一般要求总部具有很强的管控能力（尤其是财务管控能力），同时，高效的管控能力又激发企业通过并购方式实现其快速成长（Park，1993）。西方理论已证实，多元化与企业并购之间存在正相关关系（Caves 和 Mehra，1986）。但是，统计相关性并不等于因果性。已有理论也证实，多元化战略与企业并购之间的相关性，并非如此简单或线性：①如果将多元化细分为相关多元化、无关多元化两大类型，人们发现不同类型的多元化，其成长模式并不唯一。Barney

(1988) 从“资源”拥有及利用角度认为，在产品、技术与市场等方面具有相关性的相关多元化企业，适宜于采用新建方式进入，而无关多元化战略则通常通过并购方式来实施。②如果从企业产品多元化程度进行讨论，人们发现产品多元化程度与企业成长模式也存在某种非线性关联。Barkema (1998) 对荷兰 25 家大型企业的检验表明：产品市场多元化与新建倾向呈倒“U”形的曲线关系，产品市场多元化水平越低，公司越倾向于采用新建模式；相反，当产品市场多元化水平较高时，公司越倾向于并购成长战略。

中国多元化企业的形成与发展，具有其“转型经济”烙印，可能与西方理论及其结论并不完全相符。从多元化与并购活动之间的相关性看，中国企业既不具备西方理论所据以推理的“总部高效的管控能力”等前提条件，也不完全存在企业多年经营所积累的特有“资源”。中国企业成长历程有其中国经济“新兴十转型”下的制度演进背景与政策逻辑：①中国企业自改革开放之初，并不存在多元化战略取向；恰恰相反，它们大多是属于某一行业或领域内的专业公司，并具有极强的行政隶属关系（如中石油隶属于原化工部、大型外贸企业隶属于原外贸部等）；②随着中国经济转型、政企分开，以产权明晰为突破口的国有企业改制全面展开，企业行政隶属关系被打破，国有控股企业的产权关系分别划归于中央及地方各级国资委，进行统一管理；③在国有企业改制之前及过程中，大量企业受规模效应（“先做大、后做强”）、资产组合与风险分散等经营观念的影响，打破了行业进入限制，纷纷进行产业新建、资产重组与投资并购；大量国有企业不再从事单一产业经营，而进入产业多元化并购扩张阶段；④在国资委成立后（2002 年），国资委针对国有企业发展中出现的问题（如产业过宽、管理层级过长、主业不突出、业绩不佳等），力图推进以“主辅分离”为突破口的产业重组，突出企业主业及竞争优势（要求“先做强、后做大”）。在这一背景下，国有企业纷纷进行战略转型，如战略梳理与非主营业务剥离、产业升级和“产业链”改造等，在这一过程中，大量企业以“打通产业链”为借口，纷纷进行各种新建或并购投资。可见，中国企业所采用的多元化战略，具有其自身的制度演进性，它与企业是否采用新建或并购等成长方式，可能不存在必然逻辑。也就是说，多元化企业可能并不排斥新建式成长，也不排斥并购方式。

由此，我们提出假设 2：

H2a：采用多元化战略的企业，更易于采用新建方式。

H2b：采用多元化战略的企业，更易于采用并购方式。

(3) 企业成长速度。成长速度作为企业战略决策的重要内容，受产品市场结构及其周期特性的影响，企业“被动”或不自觉地适应这些市场特征。从产品市场结构及周期特性来看：①当产业（品）处于导入期，最初进入的企业不得不以新建方式进入市场；②当产业（品）步入成长期，最初进入市场的企业取得了一定的市场优势，而一些想进入该市场的后进入企业，要么效仿最初进入者进行新建投资，要么直接采用并购方式从最初进入企业手中抢滩市场；③当产品（业）步入逐步成熟期、衰败期，少数强势企业凭借在市场规模、定价权、成本控制等方面的优势和能力，并通过并购方式对产品（业）进行重新洗牌、产业重组。

但市场结构、产业（品）周期特征只是企业制定发展战略时应考虑的“外部环境因素”，它们本身并不能完全左右企业成长战略、成长方式的选择。我们经常看到，当某产品市场处于高速增长阶段时，并不意味着所有企业都采用高速增长策略；同样，当市场处于趋于饱和时，并不意味着所有企业都处于低增长或零增长。因此，决定企业成长速度的因素，并不完全是市场结构、产品周期，而是企业对外部市场结构的“主动应对”——企业成长战略：一些企业在一定时期倾向于高速增长，而另一些企业在一定时期更青睐于稳健增长。

但从成长速度与成长方式的匹配关系看，追求高速增长的企业，其成长路径往往是并购，而追求稳健增长的企业.其成长路径则往往表现为新建。由此，我们提出假设 3：

H3：在其他条件相同情况下，高速增长企业将采用并购成长方式，而低速增长企业将主要采用新建成长方式。

（二）基于“资源特征”的成长模式选择

应该看到，资源基础理论是从资源获取角度来解释公司超额利润（即租金，rent）取得的。从公司成长模式角度，人们所关心的问题是：“面对资源的可得性或不可得性，企业是如何取得这些战略性资源的?”按“投资方—被并方—当地市场方”的资源拥有及可得性的理论（Meyer 和 Estrin，1998），我们认为：①面对被并方或当地市场方的各种可得性资源，作为投资方的企业，首先必须具有足够的获取资源的初始实力、能力，它包括公司财务资源及其支付能力、相对充足的技术资源储备、良好的人力资源及社会关系、公司总部管理实力及其管理输出能力等。②进一步对投资方的各种资源进行细分后发现，投资方的组织、管理技能越强，则选择并购的可能性就越大；相对而言，投资方以技术能力强而见长，其选择新建的可能性越大（Anderson，1994）。③由于并购交易涉及大额资本，从财务资源上，公司规模越大其获得的外部资本的能力也相应越强，因此，规模越大的企业越倾向于并购成长（Hennart，1982；Barkema，1998）。

根据 Grant（1991），通常将企业资源和能力分为四个方面：财务资源能力、物质资源能力、人力资源能力、技术和品牌声誉。①财务资源能力。它包括企业的资本实力、融资能力以及现金流创造能力等各方面。企业的现金流创造能力综合、动态地反映了企业的经营活动能力，它是对企业财务资源优势的最好描述。企业财务资源能力可直接表达为企业创造的经营活动现金流的能力。②物质资源能力。它包括企业的车间、设备、地理位置等资源，以及获得原材料和分销渠道的能力。一定程度上，一个企业的总资产规模可以综合反映企业的物质资源能力。③人力资源及管理能力。它主要体现在人力资源总量和人力资源结构上，人力总数在一定程度上是行业性质的反映，通常情况下，生产型、制造加工型以及服务型行业往往都拥有较为庞大的员工数量，而高科技型企业人数较少；但是，企业人力资源结构却更能反映企业的人力资源的“质量”：能力。例如，管理人员比重大的企业，通常情况下拥有很强的管理服务及管理输出能力。④技术和品牌商誉。它主要指企业在行业和市场中的地位。品牌是企业的名称、标记或符号，它代表着市场对企业的潜在价

值“识别”，作为企业市场竞争的工具，好的品牌意味着高品质的产品或服务、较高的市场占有率、较大的利润空间及更高的市场价值。

综上所述，我们提出假设 4：

H4：企业自身拥有的资源能力越强，越倾向于采用并购模式进行扩张。

（三）基于“发展环境”的成长模式选择

发展环境对公司成长至关重要。宽松的环境有利于市场要素的合理流动与配置，而宽松之意多数与解除某种原先存在的限制有关，即放宽对经济活动的限制等，并从而启动成长机制；而成长机制的形成与运作又反过来诱使制度与环境的进一步改革，从而形成良性循环。

在国外，基于发展环境的研究，主要集中在跨国经营、跨国并购研究中。如 Dunning（2001）的研究表明，东道国制度、经济环境以及投资区域的区位优势等，都对新建或并购方式的选择具有重要的影响。跨国并购战略中制度基础观（institution-based view）则认为，企业间并购对市场效率具有高度敏感性，并购市场高度依赖于各国的资本市场、控制权市场、信息透明度、法律及其合同执行等等方面的效率（Peng，2003）。如果将这些逻辑“微缩”到国内市场环境，我们发现，国内不同区域的发展环境也将对企业成长模式选择产生重要影响。从要素构成看，政府行为及其制度规范、市场竞争的公平性、法律法规体系的健全与有效实施、中介组织的作用发挥等，均构成公司发展区域环境的主要变量，这些变量都可借用樊纲等（2007）的市场化指数来表达。

我们认为，在其他条件不变的情况下，区域的市场化程度越高，企业采用并购成长的可能性越大。究其原因在于：①市场化程度越高，并购交易实现所需要的条件（如交易定价、交易契约的达成与执行等）越容易满足，交易成本也越低；②从产业组织理论角度，市场竞争也充分，在区域市场容量相对饱和的情形下也容易进行产业重组（而不是产业新建或扩张），从而也可能进行并购；③区域市场越规范、投资者利益保护越健全有效，资本（尤其是中国的民营资本）的涌入量也较多，从而发生并购交易的资本前提越容易满足；④更重要的是，区域经济的市场化程度越高，其区域经济的集聚效应也明显，从而发生并购活动的可能性也越高。在这里，集聚效应是指由于经济活动和相关生产设施的区域集中而形成的正外部性以及规模、范围经济（Smith，1994），“当某一工业定位于某一区域时，同类厂商彼此相邻并从事类似的经济活动能够产生巨大的利益，厂商也倾向于选择在某种特定技能的劳动力集中的区域设厂，这种就业上的优势同工业在特定区位的集中组合形成制造业的集聚效应。”

因此，我们提出假设 5：

H5：发展区域的市场化程度越高，企业越倾向于采用并购成长模式。

综上所述，我们提出的假定与预测符号如表 2 所示。

表 2　研究假设及预测符号汇总

研究假设	新建	并购
实际控制人类别	–	+
多元化战略与程度	?	?
企业成长速度	–	+
企业资源能力	–	+
企业发展区域的市场化程度	–	+

上述相关论述，可简要归纳为如下的理论框架（见图 1）：

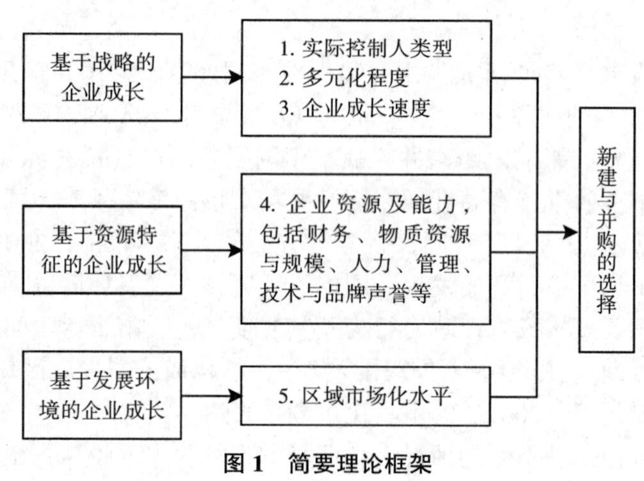

图 1　简要理论框架

四、中国企业成长模式选择的实证检验

（一）样本选取

本文以 2006 年发生新建/并购的 A 股公司为研究样本，并以 2006 年作为样本选取年。之所以选取 2006 年是因为：①截止到 2006 年，A 股公司的股权分置改革基本完成，这一全局性、制度性改革为上市公司并购重组奠定了坚实的制度基础；②选择 2006 年这一敏感期作为窗口期的另一考虑是，公司因已经或正在实施股权分置改革，从而有可能提高其决策行为的理性，从而尽量“过滤”非理性因素对公司决策行为的影响；③自 2006 年 1 月 1 日起，新修订的《公司法》和《证券法》也正式实施，为上市公司控制权转移市场创造了良好的法律环境；④另外，我们没有将时间序列拉长（如采用 2006~2009 年公司数），主要是基于 2007 年新会计准则实施有可能对会计信息可比性所产生的不良影响。

本研究的样本选取遵循以下原则：

（1）所有样本来自于沪深两市的 A 股上市公司（含 A+H）；

（2）剔除金融行业的上市公司；

（3）剔除 ST、PT 企业以及数据不全的样本；

（4）选用在 2004 年前上市的样本企业（这样做的目的是，我们推测：相比于新近上市公司，公司上市时间相对越长，公司战略与投资方向相对越明确，公司决策管理也相对越合理，从而在考虑并购或新建方式的影响因素时越“自然”、理性）；

（5）选择 2006 年公司投资规模大于零的上市公司样本，即新建与并购资产总和大于零。其中，并购规模用“当年股权投资发生额/年初总资产×100%”表示，新建规模则参照 Richardson（2006），将其定义为“（购建固定资产、无形资产和其他长期资产支付的现金-处置固定资产、无形资产和其他长期资产收回的现金净额）/年初总资产×100%”，被选入的样本要求两者之和大于零。

经过上述原则的筛选最终共得到 635 个观测值。所有样本的基础数据均来自国泰安数据中心和巨灵数据库，大量数据均由手工计算而成。

（二）变量设计

1. 被解释变量：成长路径（MODE）

本文主要考察中国企业成长路径选择问题。在变量设计中，需要解决的问题有：

（1）如何区分企业的新建与并购投资。根据联合国贸易和发展会议（UNCTAD）的说法，在全球范围内，虽然新建投资与跨国并购在概念上很容易区分，但是这种区别在现有的统计水平下还难以实现。到目前为止，包括美国在内的世界绝大多数国家仍然没有报告类似的通过新建或者并购方式进行国际直接投资的证据。

（2）鉴于公司成长模式并不完全是单一的（多数情况下是新建与并购两种模式共同或交互使用），因此如何明确某一家企业的成长路径到底是新建还是并购，是需要解决的计量难题。

为了解决上述问题，我们试图通过比较某一家公司的新建与并购的投资规模，来“确定”其主要成长路径。即以“并购规模是否大于新建规模”作为被解释变量：如果企业并购规模大于新建规模，我们则认为该企业以并购成长方式为主，取值为 1；反之，该企业以新建方式为主，取值为 0。其中，“并购规模”以“当年股权投资发生额/年初总资产×100%”来表示；“新建规模”变量定义为：“当年（购建固定资产、无形资产和其他长期资产支付的现金-处置固定资产、无形资产和其他长期资产收回的现金净额）/年初总资产×100%”。

2. 解释变量

（1）公司实际控制人性质（OWNER）。按照样本企业年报所披露控股股东及实际控制人类别来区分，国有控股为 0，非国有控股为 1。

（2）多元化程度（H）。在理论上，考察企业多元化经营程度的方法有很多种，有经营单元数、四位数产业、二位数产业数、专业化比率、熵测度法和 Herfindahl 指数。比较发现，前三种方法过于简单，没有考虑到各业务领域之间的比例，后三种方法都是考虑企业各个行业销售收入占总收入的比例的计算。本研究中，我们选择营业收入的 Herfindahl 指数法，即通过年报中披露的企业营业收入分类计算，得出该企业的 Herfindahl 指数，并作为我们的样本数据直接代入。

营业收入 Herfindahl 指数的具体公式为：

$$H = \sum_{i=1}^{n} P_i^2 \times 100\%$$

P_i 表示多元化企业第 i 个业务单元营业额占全部营业额的比例，n 为企业涉足的不同业务单元数。多元化程度越高，Herfindahl 指数越低。

(3) 企业成长速度 (GR)。我们用企业当年的营业收入增长率作为企业发展周期的替代变量。增长率越高，企业所处成长周期越趋成熟。

(4) 企业资源能力。企业资源能力具有多维属性，具体刻画为：

第一，财务资源能力 (FINANCE)。在本研究中，我们用“经营活动现金流量”来描述企业财务能力。鉴于财务能力的动态性，我们选用企业 2003 年、2004 年、2005 年这三年的“经营活动现金流量”的“加总数”，以观察它可用于未来（2006 年）并购或新建所需要资本的储备能力。

第二，物质资源能力 (SIZE)。我们用“企业资产总额”来替代。

第三，人力资源及管理能力 (HR)。我们用“管理人员占全部员工的比率”来替代。通常情况下，企业管理人员比重越大，企业管理输出能力越强，企业拥有的人力资源能力就越强。

第四，技术与品牌声誉 (INTANGIBLE)。我们试图用 R&D 占销售收入比重、品牌价值来替代它，但由于中国上市公司年报并没有完整披露这些数据，同时鉴于上市公司的上市年份长短在一定程度上具有替代性（公司品牌是通过时间来塑造的，它是时间的函数），因此在本研究中，我们用“上市年数”来替代该变量①。

(5) 企业发展环境变量 (MARKET)。我们采用樊纲、王小鲁、朱恒鹏《中国市场化指数——各地区市场化相对进程 2006 年报告》中各省区市场化水平综合评分作为企业发展环境的替代变量。市场化水平综合评分是对各区域政府与市场的关系、非国有经济的发展、产品市场的发育程度、要素市场的发育程度、市场中介组织的发育和法律制度环境五个方面的综合评价，反映了区域的市场化程度，在一定程度上影响到企业选择新建或是并购模式成长扩张。

综上所述，具体变量定义如表 3 所示。

---

① 我们试图寻找“技术与品牌声誉”的其他替代变量，以替代“上市年数”，如上市公司商誉商标价值或无形资产排行榜等之类的数据，但没有成功。另外，考虑到样本公司分属不同行业，即使找到不同行业的排行榜，我们也无法进行横向比较。因此，以“上市年数”作为替代变量可能最现实。

表 3 变量定义

变量符号	变量名称	变量名义
MODE	并购是否大于新建	并购规模大于新建取 1，否则取 0
1. 基于发展战略		
OWNER	公司实际控制人类别	国有控股为 0，否则为 1
GR	营业收入增长率	(年末营业收入–上年末营业收入)/上年末营业收入
H	多元化程度	营业收入 Herfindahl 指数
2. 基于资源特征		
FINANCE	财务资源能力	三年经营活动现金流量加总
SIZE	物质资源能力	期末资产总额的自然对数
HR	人力资源及管理能力	管理人员比率
INTANGIBLE	技术与品牌声誉	上市年数
3. 基于发展环境		
MARKET	发展区域经济水平	樊纲、王小鲁、朱恒鹏《中国市场化指数——各地区市场化相对进程 2006 年报告》中各省区市场化水平综合评分

注：(1)由于 2006 年的新建/并购事件产生于前一年的企业特质基础，因此，上述解释变量的取值均以 2005 年的数据为基础；(2)“财务资源能力”除外，该数据取前三年（2003 年、2004 年、2005 年）的数据加总，以反映公司用于并购或新建投资的资本储备和财务实力。

(三) 企业成长方式的描述性统计

我们依照公司实际控制人类别、多元化程度、管理人员比率、上市年数、行业和投资区域等分类①，对样本公司的成长情况进行描述（分别见表 4 至表 9）。

其统计结论主要有：

(1) 从整体看，无论是国有控股上市公司还是非国有控股上市公司，都倾向于采用新建模式。表 4 描述了 635 个样本公司按实际控制人类别分类扩张情况，比较而言，国有控股公司更倾向于采用新建模式，其新建公司数达到了 407 家，而非国有控股上市公司为 146 家。

表 4 按实际控制人类别分类的公司成长模式情况描述

实际控制人	观测值（新建/并购）	新建规模			并购规模		
		均值	中值	标准差	均值	中值	标准差
国有控股	458(407/51)	8.66	5.82	9.32	0.91	0.01	3.64
非国有控股	177(146/31)	6.95	4.47	7.79	2.52	0.06	12.39

(2) 总体来看，企业产品多元化与新建倾向呈倒“U”形的曲线关系。表 5 描述了 635 个样本公司按照多元化程度分类的扩张情况，我们根据所测得的 Herfindahl 指数，将样本公司分为四类，H 指数越小，多元化程度越高。从整体看，新建规模均大于并购规

① 之所以没有采用现金流量和资产规模指标进行描述性统计，是因为我们发现样本数据中，这两项指标的差异性都很小，三年现金流量的自然对数集中在 15 和 21 之间，最大不超过 27，而资产规模自然对数集中在 18 和 23 之间，最大不超过 27，这也是在之后的实证检验结果中，两项指标均不显著的一个原因。

模，而且单一化经营的企业（我们认为H指数在0.9~1之间为单一化经营）新建规模最大。按照各类情况新建家数与并购的情况相比来看，H指数为0.9~1的企业最倾向于新建，其次是H指数在（0.4以上，0.6以下）的情况，然后是H指数在（0.6以上，0.9以下）的情况，最后是H指数在0.4以下的情况。上述现象与西方理论的预期基本相似，即产品市场多元化与新建倾向呈倒“U”形的曲线关系，产品市场多元化水平越低，公司越倾向于采用新建模式；相反，当产品市场多元化水平较高时，公司越倾向于并购成长战略；当企业完全多元化时，公司倾向于新建模式（Barkema，1998）。

表5　按多元化程度分类的公司成长模式情况描述

H指数	观测值（新建/并购）	新建规模			并购规模		
		均值	中值	标准差	均值	中值	标准差
0.4以下	47(39/8)	7.03	5.75	6.80	1.39	0.01	4.15
0.4~0.6	74(68/6)	7.64	5.14	8.01	1.23	0.00	3.63
0.6~0.9	96(77/19)	6.91	4.65	7.36	2.33	0.45	5.33
0.9~1	418(373/45)	8.70	5.88	9.60	1.16	0.01	8.32

（3）企业的管理人员（人力资源）将对新建或并购模式选择产生重大影响。表6描述了635个样本公司按管理人员比率分类的公司成长模式，我们按照计算所得的管理人员比率，将样本分为三类。从描述性统计来看，整体的新建规模大于并购，且管理人员比率越低，新建规模越大；从新建与并购家数相比来看，管理人员比率越低，企业越倾向于采用新建模式，与我们的预期一致。

表6　按管理人员比率分类的公司成长模式情况描述

管理人员比率	观测值（新建/并购）	新建规模			并购规模		
		均值	中值	标准差	均值	中值	标准差
0.1以下	271(243/28)	9.50	6.63	9.83	1.61	0.04	10.19
0.1~0.5	350(301/49)	7.33	4.93	8.19	1.15	0.01	3.85
0.5以上	14(9/5)	4.08	1.78	4.95	1.71	0.13	3.64

（4）上市年限与成长模式选择。表7按照上市公司上市时间，将635个样本分为三类。整体来看，企业的新建规模大于并购规模，而且上市时间与新建规模成反比，即上市时间越长，新建规模越小。从新建与并购家数来看，上市时间越长，企业越倾向于采用并购模式扩张，与我们的预期一致。

表7　按上市年限分类的公司成长模式情况描述

上市年限	观测值（新建/并购）	新建规模			并购规模		
		均值	中值	标准差	均值	中值	标准差
5年以下	145(133/12)	10.06	7.03	9.24	1.15	0.00	4.22
6~9年	350(270/35)	8.12	5.09	9.54	0.85	0.00	3.71
10年以上	185(150/35)	6.82	4.67	7.35	2.37	0.15	11.98

（5）企业成长模式及其行业差异性。如表 4 所示，从总体来看，2006 年所反映的企业成长情况是，中国上市公司成长更倾向于新建模式。从表 8 也可看出，样本总体新建规模的均值、中值分别为 8.01%和 5.71%，分别高于并购规模的 1.49%和 0.07%。这与 Caves 和 Mehra（1986）、Anderson（1997）以及姜付秀等（2009）的研究结论一致。

同时，表 8 报告了 635 个样本公司的分行业成长情况，并根据中国证监会 2001 年发布的上市公司行业指引将行业分为 12 类（剔除金融类公司）。从中看出，不同行业的企业成长情况存在很大差异。新建规模均值位于前三位的是采掘业（15.63%），电力、煤气及水生产供应业（11.66%）和交通运输仓储业（11.02%），而这三种行业均属于国民经济的基础行业，均值最低的是房地产业（3.34%）和综合类（4.15%），这说明，采掘业所代表的基础行业在成长扩张中更倾向于采用新建模式。而并购规模中，均值最高的是综合类（6.91%）和信息技术业（2.89%），最低的是传播与文化产业。结果显示，中国上市公司主要以新建作为对外投资成长的主要方式；而且，综合类上市公司并购规模与新建规模的高低对比也支持了我们的观点，越是涉及多种行业的上市公司，在成长扩张中越是倾向于采用并购而不是新建来进行扩张成长。

表 8　分行业的成长模式情况描述

行业	观测值	新建规模			并购规模		
		均值	中值	标准差	均值	中值	标准差
A	13	6.31	4.53	6.50	0.04	–0.03	0.50
B	17	15.63	11.32	10.41	0.58	0.32	1.22
C	394	8.31	5.74	8.83	1.00	0.02	3.91
D	35	11.66	9.48	10.50	0.15	0.00	4.21
E	12	4.24	2.62	4.26	1.95	0.01	4.06
F	29	11.02	6.93	12.14	0.75	0.02	2.88
G	32	5.19	3.77	4.84	1.39	0.31	2.24
H	40	5.07	3.51	5.59	2.89	0.01	5.92
J	12	3.34	0.43	8.36	1.38	0.23	2.25
K	18	10.87	7.15	8.71	1.07	0.03	3.59
L	2	10.33	10.33	6.48	–0.28	–0.28	0.40
M	31	4.15	2.72	4.25	6.91	0.21	27.93
总体	635	8.01	5.71	7.57	1.49	0.07	4.93

注：表中均值、中值、标准差均为百分数。各英文字母代表行业为：A 农林牧渔，B 采掘业，C 制造业，D 电力、煤气及水生产供应业，E 建筑业，F 交通运输仓储业，G 批发和零售贸易，H 信息技术业，J 房地产业，K 社会服务业，L 传播与文化产业，M 综合类。

（6）区域及市场化程度与并购成长的关联性。表 9 报告了 635 个样本公司的分区域成长情况，按照报表披露的主要经营地址划分为 33 个省（市、自治区），从表中可以看出，不同经济区域的企业成长规模也存在较大差异。新建规模均值前三名的区域为宁夏（13.71%）、甘肃（13.65%）、辽宁（12.26%），最低的是海南（2.07%）。而并购规模均值

表 9　分地区成长情况描述

投资区域	市场化指数总体评分	观测值	新建规模			并购规模		
			均值	中值	标准差	均值	中值	标准差
北京	8.62	37	8.79	7.03	8.31	1.56	0.00	4.73
天津	8.34	10	9.01	7.25	8.80	0.74	0.38	1.00
河北	6.41	15	10.71	6.92	9.97	1.13	0.03	3.83
山西	5.26	19	11.50	6.96	12.62	0.94	0.00	3.25
内蒙古	5.52	7	5.67	2.85	6.82	−0.01	0.00	3.70
辽宁	7.84	28	12.26	6.29	16.67	0.73	0.07	2.17
吉林	5.89	14	5.48	4.53	3.94	0.83	0.00	3.49
黑龙江	5.26	13	3.99	3.55	4.12	0.35	0.00	1.30
上海	10.41	62	7.71	5.97	6.96	2.02	0.62	3.83
江苏	9.07	47	7.40	5.13	8.59	0.37	0.00	2.47
浙江	9.90	38	6.27	6.26	5.37	1.26	0.00	2.74
安徽	6.56	27	9.62	6.02	8.38	0.26	−0.05	3.24
福建	8.62	19	5.19	4.67	4.22	2.65	0.16	7.13
江西	6.22	15	7.60	4.83	6.60	1.36	0.29	4.30
山东	8.21	39	9.75	7.10	7.59	0.89	0.43	1.83
河南	6.20	17	9.75	6.90	9.90	0.24	0.04	6.21
湖北	6.65	30	8.92	3.85	11.01	0.65	0.00	3.76
湖南	6.55	17	3.60	2.98	3.10	0.81	0.01	2.64
广东	10.06	64	7.67	5.13	9.20	1.89	0.12	4.69
广西	5.82	14	7.06	4.51	6.97	−0.11	0.01	1.60
海南	5.54	6	2.07	1.57	1.66	28.16	0.42	62.82
重庆	7.23	12	8.00	6.70	4.77	0.22	0.00	2.42
四川	6.86	22	8.92	5.69	9.21	2.74	0.53	7.78
贵州	4.57	9	6.70	5.39	4.59	0.55	0.02	2.32
云南	5.15	10	9.72	5.93	11.37	1.42	0.01	3.84
西藏	2.50	3	5.13	6.30	3.06	1.11	1.61	0.96
陕西	4.80	11	10.11	5.81	12.45	−0.63	0.00	1.56
甘肃	4.44	6	13.65	5.27	19.15	0.06	−0.19	2.52
青海	3.84	4	8.61	7.73	4.49	−0.29	−0.05	0.63
宁夏	4.85	6	13.71	6.41	14.99	0.38	0.10	0.78
新疆	5.02	14	7.34	5.18	7.29	1.38	0.38	3.69
总体	6.52（均值）	635	8.13	5.51	8.13	1.73	0.16	5.07

注："市场化指数总体评分"来自樊纲、王小鲁、朱恒鹏《中国市场化指数——各地区市场化相对进程 2006 年报告》中 2005 年的评分情况，表中均值、中值、标准差均为百分数。

最高的是海南（28.16%）和福建（2.65%），最低的是陕西。同样地，上市公司在总体上还是呈现出倾向于采用新建模式进行投资成长。但是，分析区域的市场化指数总体评分来看，市场指数最高的上海和广东，新建规模的均值只有 7.71%和 7.67%；并购规模均值只有 2.89%和 1.55%，位于扩张规模的中流水平。而市场化指数最低的西藏和青海，新建规

模的均值达到 5.13%和 8.61%；并购规模均值也达到了 1.11%和-0.29%，扩张规模都不是最低水平。那么，投资区域的市场化水平与企业扩张规模有无必然联系呢？我们将进一步进行相关性检验。

（四）实证检验结果与分析

由于本文研究的因变量（成长模式的选择）为二项选择变量，即要么新建、要么并购，因此本文采用二元选择 Logistic 模型（binary logistic model）来对以上各因素对我国上市公司成长模式选择的影响进行实证考察。其设定形式为：

$$p(Y)=F(\alpha+\beta x_i)=1/(1+e^{-(\alpha+\beta_i x_i)})$$

p 为给定 x_i 的取值时，主体会做出某项选择的概率，即随着 x 的变化，主体做出某项选择的概率会如何变化。这里，α 是与诸因素 x_i 无关的常数项，β_i 是回归系数，表示诸因素 x_i 对 p_i 的贡献量。

本文用 SPSS 17.0 软件进行处理分析。

1. 相关性分析

对模型中各解释变量间的相关关系进行检验，结果见表 10。

表 10 变量的相关系数表

	OWNER	GR	H	FINANCE	SIZE	HR	INTANGIBLE	MARKET
OWNER	1							
GR	0.11	1						
	0.790							
H	-0.031	-0.014	1					
	0.442	0.719						
FINANCE	-0.183**	0.015	-0.057	1				
	0.000	0.708	0.150					
SIZE	-0.199**	-0.010	-0.040	0.817**	1			
	0.000	0.797	0.311	0.000				
HR	0.043	-0.041	0.106**	-0.047	-0.062	1		
	0.281	0.308	0.007	0.234	0.117			
INTANGIBLE	-0.065	-0.024	0.336**	0.085*	0.046	0.120**	1	
	0.101	0.544	0.000	0.033	0.244	0.002		
MARKET	0.094	-0.060	0.075	0.120	0.126	0.161	0.171	1
	0.017	0.132	0.057	0.002	0.001	0.000	0.000	

注：** 表示在 0.01 水平（双侧）上显著相关；* 表示在 0.05 水平（双侧）上显著相关。

表 10 为 Logistic 回归模型解释变量的 Pearson 相关系数表。从表 10 中可以看出，公司实际控制人类别与公司财务资源能力、资产规模显著相关，表明国有控股公司资源优势更强；公司多元化程度与公司人力资源能力和技术品牌声誉显著相关，说明管理输出能力

强、上市时间长的公司倾向采用无关多元化战略；而公司各资源能力变量之间也具有显著相关性。另外，上市公司个特征指标之间可能存在自相关关系，但从总体的检验结果来看，除了资源变量之间相关性较强，各变量之间的简单相关系数均在 0.4 以下，说明模型整体不存在多重共线性。

2. Logistic 回归分析

我们用二项 Logistic 回归分析中的强迫引入法（Enter），对选定的 8 个变量全部一次进入回归模型。我们得到的卡方值是 32.266，显著性水平 p = 0.000，小于 α = 0.05，说明模型的整体显著（见表 11）。

表 11　模型系统综合检验表

	卡方	df	Sig.
步骤	32.266	8	0.000
块	32.266	8	0.000
模型	32.266	8	0.000

表 12 给出了回归的估计结果。

表 12　二项 Logistic 回归分析结果

变量	B（系数）	SE（标准误）	Wald 统计量	Sig.
OWNER	0.442	0.261	2.940	0.086*
GR	0.187	0.149	1.567	0.211
H	–0.088	0.520	0.028	0.866
FINANCE	–0.142	0.146	0.956	0.328
SIZE	–0.004	0.215	0.000	0.984
HR	2.382	0.777	9.397	0.002**
INTANGIBLE	0.103	0.041	6.159	0.013**
MARKET	0.112	0.068	2.699	0.100*

注：* 表示 p<0.1，** 表示 p<0.05。

通过实证检验，我们有以下发现或结论：

（1）国有控股企业因各种因素（如其经理人担心政治风险等），在成长路径选择中更倾向于采用新建模式（假设 1 通过了显著性检验）。这一结论与薛有志和马雯（2008）以及姜付秀（2008）等结论是一致的。

（2）与我们的预期一致（假设 2），企业多元化战略选择与否新建或并购成长模式的选择并不显著相关。这一结论与西方实证结果并不一致。

（3）假设 3 没有通过显著性检验，但是“营业收入增长率”系数为正。它表明，企业成长速度在一定程度上影响企业成长模式的选择，高增长率企业倾向于并购扩张，而低增长率企业倾向于新建扩张。

（4）在资源基础理论的预测中，企业自身拥有的资源能力越强，越倾向于采用并购模

式进行扩张（假设 4）。我们用“经营活动现金流量”、“资产规模”、“管理人员比率”、“上市年数”四个替代变量代替企业财务资源、物质资源、人力资源、技术与品牌声誉。实证结果表明，在 0.05 的显著性水平下，人力资源能力、技术与品牌声誉这两项资源变量通过了显著性检验；而财务资源能力、物质资源能力这两项没有通过显著性检验。进一步分析表明，相对于资源能力更强的国有企业，非国有控股企业通过并购求发展的比率则相对要高（非国有企业并购比率为 18%，而国有企业并购比率为 11%）。就财务、物质等资源能力而言，我们推测：第一，中国企业的管理总部普遍存在“控制”倾向。拥有资源越多的企业，越想通过新建方式来强化这种控制力，这一方面造成了“资源越多越新建、新建越多也具控制力”这一正向效应，另一方面也可能导致了对那些拥有资源量相对较少的企业，不得不通过并购这一方式来从市场缝隙中求生存、求发展。第二，资源规模越小的企业，越是存在通过并购方式以求快速成长的动机。第三，财务、物质资源占用较少的企业，极有可能通过非市场手段（避开并购所面临的“资源瓶颈”）以实现其并购成长目的。这些非市场手段可能包括控股权的低价转让、协议转让、先转让后质押套现（或贷款），然后再支付转让价款等方式来进行并购交易。这些行为都基本上围绕被并企业的“股权”打圈圈，相对于新建需要大额现金付出，这类方式对财务资源瓶颈的企业，更受“欢迎”。

（5）发展环境（以区域市场化指数）与并购活动正相关（假设 5 通过了显著性检验）。它表明，发展区域的市场化程度越高，企业越倾向于采用并购成长模式。

3. 稳健检验

为提高实证结论的稳健性，我们对“财务资源”因素进行了替代，即用 2005 年的“经营活动现金流量”替代“前三年经营活动现金流量的加总数”。在这一过程中，我们对 2005 年经营活动现金流量为负的公司进行了再剔除，并代入模型进行再检验，结果并未产生实质性影响（限于篇幅，我们不再报告其结果）。

五、结论与不足

“新建还是并购”是企业成长中一项重要选择。本文以 2006 年沪深两市 A 股上市公司为样本，研究分析了我国上市公司新建/并购模式选择的影响因素。在回顾西方企业成长选择理论的基础上，我们根据中国企业“新兴十转型”的制度背景，借鉴彭维刚（2007）的“企业发展战略—资源特质—企业发展环境”三维框架，综合已有理论与实证结果，探讨新建与并购选择的各种影响因素，并以公司实际控制人类别、营业收入增长率、Herfindahl 指数、经营活动现金流量、资本规模、管理人员比率、上市年数和区域市场化指数分别作为公司控制权、企业增长速度、产品多元化程度、企业资源优势、企业所在区域经济发展环境的替代变量，代入 Logistic 回归模型进行实证分析。

其基本结论有：①中国企业普遍存在新建成长的态势，且相对于非国有企业，国有控制企业新建成长的倾向更为明显；②与西方理论不同，中国企业的多元化战略与公司成长方式选择（新建或并购）并不相关；③中国企业成长速度对成长方式选择的影响并不如预期的那样明显；④从资源理论角度，企业的人力资源、技术与品牌资源优势越强，企业越倾向于采用并购成长方式；但是，财务、物质等资源能力与企业并购选择间的关系没有通过显著性检验；⑤企业所在区域的市场化程度越高，企业越倾向于采用并购成长模式。

本文对中国企业成长路径选择的讨论是全新式的。与国外研究文献相比，本文在研究中加注了中国特色，重点强调了中国特有制度背景。与国内为数不多的文献（如姜付秀等，2008、2009）相比，本文从"战略—资源—环境"这一综合视角，对中国企业成长路径的影响因素进行了解释与分析，从而丰富了已有的研究文献。

当然，本文研究也存在一定的局限性。①理论框架。我们采用的逻辑框架是跨国公司战略与成长管理中的一个被广泛认可的理论模型，但它是否适用于一国境内，尤其如中国这样一个具有特定制度背景的经济体，其合理性、适用性与否，还没有经过前人的论证与检验。②样本量。尽管列出了样本选择规则及其理由，但我们仍不满意。样本选取一直是困扰我们的问题之一，原因就在于：如何在提高样本质量同时，扩大样本选取量？我们有理由相信 2006 年数据是高质量的，但由于担心"噪音"影响，我们没有扩延样本。这一缺憾将可能影响实证结论的"硬度"。③虚拟变量。在"国有"与"非国有"这一变量中，我们发现该虚拟变量对模型的稳定性影响较大，原因就在于"国有"与"非国有"的样本数目并不对称（国有样本多，非国有样本相对较少），因此，我们建议，未来研究需要事先界定国有、非国有两种类型，以分别展开。

也许，上述研究不足将为后续研究提供学术"推进"空间。

参考文献：

[1] 陈明森. 企业国际化经营与市场进入方式选择 [J]. 国际贸易问题，2002 (4)：40-43.

[2] 陈浪南，洪如明，谢绵陛. 我国企业跨国市场进入方式的选择战略 [J]. 国际贸易问题，2005 (7)：85-90.

[3] 程小伟. 上市公司并购行为及其效应研究 [D]. 同济大学博士学位论文，2007.

[4] 樊纲，王小鲁，朱恒鹏. 中国市场化指数——各地区市场化相对进程 2006 年报告 [M]. 北京：经济科学出版社，2007.

[5] 姜付秀，伊志宏，苏飞，黄磊. 管理者特征与企业过度投资行为研究 [J]. 管理世界，2009 (1)：130-139.

[6] 姜付秀，张敏，刘志彪. 并购还是自行投资：中国上市公司扩张方式选择研究 [J]. 世界经济，2008 (8)：77-84.

[7] 彭维刚. 全球企业战略 [M]. 北京：人民邮电出版社，2007.

[8] 王斌，刘文娟. 行动、组织学习与公司成长——以北京药业股份有限公司股权投资为例 [J]. 管理世界，2009 (6)：146-157.

[9] 薛有志，马雯. 实际权性质. 多元化进入方式与多元业绩 [J]. 管理科学与工程，2008 (19)：126-132.

[10] 杨大楷. 中国企业并购整合管理研究 [J]. 财经论丛，2002 (1)：70-73.

[11] Anderson, T. and R. Svensson. Entry Modes for Direct Investment Determined by the Composition of Firm-specific Skills [J]. ScandInavian Journal of Economics, 1994, 96 (4): 551-560.

[12] Akerlof, G. The Market for "Lemons": Quality Uncertainty and the Market Mechanism [J]. Quarterly Journal of Economics, 1970, 84 (3): 488-500.

[13] Barkema, H. G. and Vermeulen, F. International expansion through Start Up or Acquisition: A Learning perspective [J]. Academy of Management Journal, 1998, 41 (1): 7-27.

[14] Barney, J. B. Returns to Bidding Firms in Mergers and Acquisitions: Reconsidering the Relatedness Hypothesis [J]. Strategic Management Journal, 1988 (9): 71-78.

[15] Caves, R. E. and Mehra, S. K. Entry of Foreign Multinationals into the U. S. Manufacturing Industries [A]. Michael Porter (ed.). Competition in Global Industries [M]. Boston: Harvard Business School Press, 1986. 547-689.

[16] Caves, R. E. Economic Analysis and the Multinational Corporation [M]. Cambridge MA: Cambridge University Press, 1996.

[17] Dunning, J. H. Location and the Multinational Enterprise: A Ncglected Factor [J]. Journal of International Business Studies, 1988 (29): 45-66.

[18] Dunning, J. H. The Eclectic Paradigm as an Envelope for Economic and Business Theories of MNE Activity [J]. International Business Review, 2000 (9): 163-190.

[19] Dunning, J. H. The Eclectic (OLI) Paradigm of International Production: Past, Present and Future [J]. International Journal of the Economics of Business, 2001, 8 (2): 173-190.

[20] Eckbo, B. Espen and Langohr, Herwig. Information Disclosure, Method of Payment, and Takeover Premiums [J]. Journat of Financial Economics, 1989, 24 (2): 363-403.

[21] Estrin, Saul and Klaus E. Meyer. Entry Mode Choice in Emerging Markets: Greenfield, Acacquisition, and Brownfield [D]. CEES Working Papers, 1999.

[22] Grant, Robert M. The Resource-based Theory of Competitive Advantage: Implications for Strategy Formulation [J]. California Management Review, 1991, 33 (3): 114-135.

[23] Harrigan, K. R. Barriers to Entry and Competitive Strategy [J]. Strategy Management Journal, 1981 (2): 395-412.

[24] Haspeslagh, P. C. and Jemison, D. B. Managing Acquisitions: Creating Value Through Corporate Renewal [J]. New York: The Free Press, 1991.

[25] Hennart, J. F. A Theory of Multinational Enterprise [M]. Ann Arbor: University of Michigan Press, 1982.

[26] Hennart, J. F. Internalization in Practice: Foreign Direct Investment in Malaysian Tinmining [J]. Journal of International Business Studies, 1986, 17 (2): 131-143.

[27] Hennart, J. F. and S. Reddy. The Choice between Mergers/Acquisitions and Joint Ventures: The Case of Japanese Investors in the United States [J]. Strategic Management Journal, 1997, 18 (1): 1-12.

[28] Hofstede, Geert. Dimensions Do Not Exist: A Reply to Brendan McSweeney [J]. Human Relations, 2002, 55(11): 1355-1361.

[29] Jensen, Michael C. Agency Costs of Free Cash Flow, Corporate Finance, and Takeovers[J]. American Economic Review, 1986, 76 (2): 323-329.

[30] Kogut, B. and H. Singh. The Effect of National Culture on the Choice of Entry Mode [J]. Journal of

International Business Studies, 1988, 19 (1): 411-432.

[31] Larimo, J. Form of Investment by Nordic Firms in World Markets [J]. Journal of Business Research, 2003, 56 (10): 791-803.

[32] Li, Jiatao and Guisinger, Stephen. Comparative Business Failures of Foreign-controlled Firms in the United States [J]. Journal of International Business Studies, 1991, 22 (2): 209-224.

[33] Meyer, Klaus E. and Saul Estrin. Entry Mode Choice in Emerging Markets: Greenfield, Acquisition and Brownfield [D]. CISME Working Paper no. 51, London Business School, 1999.

[34] Meyer, Klaus E., Saul Estrin, Sumon Kumar Bhaumik and Mike W. Peng. Institutions, Resources and Entry Strategies in Emerging Economies [J]. Strategic Management Journal, 2009, 30 (1): 61-80.

[35] Morck, Randall, Andrei Shleifer and Robert W. Vishny. Do Managerial Objectives Drive bad Acquisitions [J]. Journal of Finance, 1990, 45 (1): 31-48.

[36] Nitsch, Detlev, Paul Beamish and Shige Makino. Entry Mode and Performance of Japanese FDI in Westen Europe [J]. Management International Review, 1996, 36 (1): 27-43.

[37] Park, K. H. Patterns and Strategies of Foreign Direct Investment: The Case of Japanese Firms [J]. Applied Economics, 2003, 35 (16): 1739-1746.

[38] Peng, M. W. Institutional Transitions and Strategic Choices [J]. Academy of Management Review, 2003 (28): 275-296.

[39] Penrose, E. T. The Theory of the Growth of the Firm [M]. New York: John Wiley, 1959.

[40] Porter, M. E. From Competitive Advantage to Corporate Strategy [J]. Harvard Business Review, 1987, 65(5-6): 43-59.

[41] Prahalad, C. K. and Hamel, G. The Core Competence of Corporation [J]. Harvard Business Review, 1990, 68 (3): 79-91.

[42] Ravenscraft, D. and F. Scherer. The Profitability of Mergers [J]. International Journal of Industrial Organization, 1991 (7): 101-116.

[43] Richardson, Scott. Over-investment of Free Cash Flow[J]. Review of Accounting Studies, 2006, 11 (2/3): 159-189.

[44] Slangen, Arjen H. L. and Jean-Francois Hennart. Do Foreign Greenfields Outperform Foreign Acquisitions or Vice Versa? An Institutional Perspective [J]. Journal of Management Studies, 2008, 45 (7): 1301-1328.

[45] Smith, R. and J. Kim. The Combined Effect of Free Cash Flow and Financial Slack on Bidder and Target Stock Returns [J]. Journal of Business, 1994, 67 (2): 281-310.

[46] Szulanski, G. Exploring Internal Stickiness: Impediments to the Transfer of Best-practice Within the Firm [J]. Strategic Management Journal, 1996 (17): 27-43.

[47] Vermeulen, Freek and Barkema, Harry. Learning through Acquisitions [J]. Academy of Management Journal, 2001, 44 (3): 457-476.

[48] Wernerfelt, Birger. A Resource-based View of the Firm [J]. Strategic Management Journal, 1984 (5): 171-180.

[49] Williamson, O. Markets and Hierarchies: Analysis and Antitrust Implication [M]. New York: The Free Press, 1975.

[50] Williamson. O. The Economic Institutions of Capitalism [M]. New York: The Free Press, 1985.

Start–up or Acquisition: Growth Mode and Its Determinants of China Firms

Wang Bin, Liu Wenjuan, Cai Anhui
(Beijing Technology and Business University, Beijing 100037, China)

Abstract: Firms strategically pursue its growth through two alternative modes: start–up (Greenfield investment) or acquisition. Besides balancing its strengths and weaknesses on each of the alternatives, firms usually would take other factors into account when making its growth mode choices. Based on the literatures review, we apply and advance Peng's (2007) Strategy–Resource–Environment framework by integrating it with Chinese institutional considerations. Using archival data of China' public–listed companies (2006), we provide partly empirical support for our hypotheses. ①Start–up is strongly preferable by Chinese firms at large, especially by state–owned companies. ②From the point of strategic view, no relations do exist between growth modes with both diversification and high growth strategies. ③Firms with more resources or capacities on human and technologies are preferred to acquisition, with no same effects on financial capacities. ④Alternative modes of growth–start–up, acquisition–allow firms to fit or overcome different kinds of market inefficiencies related to both characteristics of the resources and to the institutional context, which means that firms in the area of high market development level are likely to take mode of acquisition, while firms in the area of low level are inclined to take style of start–up.

Key Words: start–up; acquisition; growth mode; institutional context

嵌入性视角下的企业家社会资本与权益资本成本*

——来自我国民营上市公司的经验证据

游家兴　刘淳

（厦门大学管理学院，厦门　361005；北京大学光华管理学院，北京　100871；清华大学经济管理学院，北京　100084）

【摘　要】传统研究对于权益资本成本的考察往往关注正式制度安排下各种可能的影响因素，忽视了个人或组织经济行为的社会嵌入性，以及这种嵌入性对权益资本成本的潜在影响。本文以我国2003~2007年的民营上市公司为研究样本，基于社会资本嵌入性思想，从网络关系、网络地位和网络声誉三个维度构建企业家社会资本评价指标体系。在此基础上。本文对企业家社会资本与权益资本成本之间的内在关联展开实证分析。研究发现，企业家所拥有的社会资本有助于降低公司权益资本成本，并且，社会资本这种功效在法律保护较薄弱的地区表现得更加显著。本文从权益资本成本的角度证实了我国民营企业家社会资本的积聚，对于企业的成长发挥着重要的积极意义。

【关键词】企业家社会资本；权益资本成本；嵌入性

资本成本作为公司财务决策的核心概念之一，是公司进行投资和融资决策的重要依据，也是影响资源配置效率和公司经营绩效的关键变量。传统金融理论认为，在一个无摩擦的资本市场中，对于任何一个净现值为正的投资机会，企业可以总是以一个合理的价格（即资本成本）获得所需数量的资金。但是，已有文献表明资本成本，特别是权益资本成本，受到了规模、杠杆、风险、流动性等诸多公司财务特征变量的影响。并且，随着信息不对称理论和委托代理理论的发展，信息披露和公司治理等因素也纳入了学者们对资本成

* 本文选自《中国工业经济》2011年6月第6期。

作者简介：游家兴（1978~），男，福建莆田人，厦门大学管理学院副教授，北京大学光华管理学院博士后；刘淳（1980~），男，四川彭山人，清华大学经济管理学院讲师。

基金项目：中国博士后科学基金项目"企业家社会资本对民营企业成长的作用机制研究"（批准号20100480004）。

本的研究视野中①。然而，上述这些研究主要关注正式制度安排下企业权益资本成本的各种影响因素，并没有跳出新古典经济学“社会化不足”的研究范式。他们没有意识到任何一个企业或个人总是在其所处的社会结构中开展各项财务活动，其经济行为乃是深刻地嵌入在社会网络关系中，必然要受到诸如网络、关系、信任、合作等非正式制度潜移默化的影响（Granovetter，1985）。因此，在对公司权益资本成本进行分析时，我们有必要在“嵌入性”理论的基础上，引入社会资本理论概念来分析非正式制度因素对公司权益资本成本的影响。

对于还处在经济转轨过程中的中国而言，关注非正式的制度因素对于经济现象，特别是民营经济发展的解释有着更为特殊的蕴意。一方面，由于正式规则还未能对民营企业提供充分的制度保障和有效的产权保护，契约的订立和执行都面临着较高的交易费用，充当合约机制和保护机制角色的非正式制度的替代作用将进一步强化；另一方面，民营企业生存与发展对非正式制度的倚重，反过来又会推动企业家更加重视社会关系网络的建立和积累，使得他们的经济行为更为深刻地嵌入于所处的社会关系和社会结构。基于此，本文在社会资本嵌入性理论的基础上，以我国民营上市公司为研究对象，回答了以下两个关键性问题：一是民营企业家社会资本对公司权益资本成本会起到什么样的影响？二是这种影响是否会随着制度环境的差异，特别是投资者法律保护的不同而呈现出差异性？

一、文献回顾与研究假设

（一）基于“嵌入性”思想的社会资本分析框架

经济学的兴起与繁荣在于它能够深刻地揭示国民财富的性质和经济增长的源泉，然而，经济理论的发展和分析工具的丰富并没有完全解释现实中的经济现象，反而长期陷入“社会化不足”的研究惯式。美国当代最著名的社会学家之一 Coleman（1988）对此就深刻指出：“经济理论存在一种失误，即使在新制度经济学中也不例外。这种失误表现在，忽视个人的关系及其社会关系网络对产生信任、建立期望以及确定和实施规范的重要影响。”进入 20 世纪 80 年代以来，学术界开始日益重视除了物质资本、人力资本之外的另一项资本：社会资本。由此催生的社会资本理论成为了经济研究的新范式和重要起点，认为社会资本来自于组织或个人所处的社会网络关系，以及在这种关系基础上所形成的信任、互惠与合作。而诸如网络、信任、合作等社会资本构成要素与经济活动密切相关，无论是宏观

① 公司权益资本成本的影响因素分析是财务学领域最早研究却又经久不衰的经典课题之一。相关研究有：Brennan 等（1998）；Hail 和 Leuz（2006）；Chen 等（2009）；陆正飞、叶康涛（2004）；汪炜、蒋高峰（2004）；曾颖、陆正飞（2006）；徐浩萍、吕长江（2007）。

层面的国家经济运行，还是微观层面的公司经营活动，都无法置身于社会网络关系之外，经济产出效率理应从社会资本中找到合理的解释。

现实中，企业总是在其所处的社会结构中开展各种财务活动，利用社会网络为各项经济行动服务。Polanyi（1957）在《作为制度过程的经济》一文中就指出："人类经济嵌入并缠结于经济与非经济的制度之中。"Polanyi 的思想直接启发了以 Granovetter 为代表的新经济社会学"嵌入性"理论的产生，使"嵌入性"成为新经济社会学的标志性概念。Granovetter（1985）在她的经典文献《经济行为和社会结构：嵌入性问题》一文中明确指出，经济行为嵌入于社会结构之中，而社会结构的核心就是人们社会生活中的社会网络。至此，"嵌入性"理论作为社会资本理论的重要理论基础，对经济现象背后形成机理的审视跳出了传统经济学研究的窠臼，为社会资本理论在各学科尤其是经济学、人类学、社会学和政治学之间的对话打开了通道。

此后，随着社会资本理论的进一步发展，美国杜克大学社会学教授林南（2002，2005）以"嵌入性"思想为基础，将社会资源理论和社会资本理论相融合，并将社会资本定义为从社会关系网络中所获取的资源，从而使社会资本在获取和动员嵌入性资源上的工具性效用得到重点关注。我国学者边燕杰（2004）、刘林平（2006）也将社会资本定义为社会网络资源，指出社会资本蕴含在关系网络之中，表现为通过关系网络借用资源的能力。而在中国这样一个关系型社会，由于政治、文化和语言的关系，企业家的经济行为更为广泛地嵌入在其所处的社会关系和社会结构之中。并且，企业家所拥有的社会资本往往是专有、独特、难以替代的，它是企业保持良好的创新精神和持续的核心能力的又一源泉（Coleman，1988；Portes，1998）。因此，我们有必要在"嵌入性"思想的基础上，引入社会资本理论概念来分析非经济制度因素和非正式制度因素对企业经济行为乃至经济产出的重要影响。其中，对企业家社会资本与作为公司财务管理中心的权益资本成本两者之间关系的考察，将是本文的研究重点。

（二）制度背景与研究假设

在我国经济转轨过程中，民营企业的成长空间面临着双重困境：一方面，由于基础制度建设较为薄弱，政府作为公共产品提供者的角色并未执行到位，市场缺失和市场失灵使得契约的签订和履行无法臻至完善，导致了包括民营企业在内的经济主体交易费用异常昂贵，抑制了资源配置效率的有效提高；另一方面，由于资金、技术等要素的限制和所有制歧视导致的政策壁垒，民营企业的成长空间受到很大的限制。孙铮等（2005，2006）、罗党论，甄丽明（2008）的研究表明，民营企业在债务融资还是权益融资方面都受到了更多的体制性歧视。

因此，在这种背景下，作为对正式制度的替代，非正式的社会网络关系就凸显出重要的经济意义。与其他类型企业相比，民营企业更加注重关系网络的编织和积聚，愿意为此投入更多的资源，以期获得正式制度中得不到的支持与保护（Xin 和 Pearce，1996）；反之，这种关系网络所带来的社会资本的多少又决定了民营企业获取市场机会和资源能力的

大小（石印秀，1998；边燕杰、丘海雄，2002）。许多研究表明，企业家富足的社会资本有助于公司获得有利的社会资源，如较便利的银行融资渠道、较低的政府管制行业进入门槛，以及较高比例的政府财政补贴等（沈艺峰等，2009；罗党论、唐清泉，2009）。换言之，民营企业家社会资本不仅起到了类似保护伞的作用，避免产权保护不力所带来的政府利益侵占，而且为企业提供了一种隐性的预算软约束，缓解了民营企业融资渠道不畅、资金储备紧张、投资不足等难题，在一定程度上提高了资本配置效率。因此，与社会资本匮乏的公司相比，积聚丰富社会资本的公司更有价值，未来的预期收益更有保障，投资者会要求一个较低的投资回报，从而降低了公司的资本成本。基于上述分析，本文提出：

假设 1：民营企业家社会资本越富足，公司权益资本成本越低。

尽管我国上市公司受到统一的法律体系约束，由于幅员广阔，地方政府行政职能效率存在很大差距，使得处于不同地区的上市公司所受到外部监管的力度参差不齐，投资者法律保护水平不尽相同。对于民营企业而言，法律制度对产权保护还不充分是企业成长环境的显著特征之一。特别是在法律环境较为薄弱的地区，在行政权力的保护下和在寻租利益的驱使下，政府官员往往绕过现行法律约束对民营企业施加干预和控制，从而侵害民营企业的切身权益。因此，在正式制度还无法彰显其功效的情况下，社会关系网络作为合约机制和保护机制的替代作用将更加明显。具体来说，一方面，民营企业家可以通过建立个人或组织在社会中的网络声誉向外界传递可靠信息，以保证合约的顺利签订，从而减少因信息不对称而导致的过高交易成本；另一方面，通过编织复杂的网络关系，民营企业家不仅可以提升自己在网络社会中的地位获得更多的社会资源，也可以借此为企业构筑有效的防御机制，避免政府的干预行为，减少经营的不确定性。因此，在投资者法律保护较差的地区，对于拥有丰富社会资本的企业，投资者乐意为证券资产支持较高的价格，从而降低了公司潜在的资本成本。基于上述分析，本文提出：

假设 2：在投资者法律保护较为薄弱的地区，社会资本更为富足的民营企业，其权益资本成本更低。

二、研究设计

（一）样本选择与数据来源

本文以 CSMAR 数据库提供的民营上市公司（2003~2007 年）基本资料为样本框，向上追溯公司的最终控制人。如果公司控制人仍为企业法人，我们进一步搜索，直至找出自然人为止；如果公司控制人由多人组成，我们视持有股权最多者为控制人；如果公司控制人为同一个人，我们默认其社会资本不变。对于社会资本各项指标的评价，我们在确认最终控制人的基础上，首先进入新浪财经网对上市公司高管的个人履历进行查询。如果履历不详或资料缺失，我们进入他们所在上市公司主页进行查询，或者通过 Google 和百度两个搜索引擎以最终控制人姓名和公司名称为关键字进行网上搜索。在此基础上，我们做了如下剔除：①无法确认公司最终控制人资料的样本；②权益资本成本数值计算缺失或异常的样本[①]；③财务数据不完整的公司；④为了消除变量异常值的影响，本文对变量采取了上下 1%的截尾处理[②]。最后我们获得 286 家民营上市公司五年共计 716 个样本数据。本文财务数据主要来自 Wind 数据库；最终控制人的股权变量来自 CSMAR 数据库。

（二）企业家社会资本的评价

本文承袭林南（2002、2005）、边燕杰（2004）、刘林平（2006）等学者的观点，将社会资本定义为蕴含在关系网络之中，表现为通过关系网络借用资源的能力，从嵌入自我的观点对微观层面的社会资本进行分析[③]。对于我国民营企业而言，实际控制人（即本文所指的企业家）的核心能力是不可或缺的，他们对企业发展和战略实施具有不可言喻的重要影响。从这个意义上说，民营企业家拥有的社会资本实际上代表了整个企业从社会网络中所能汲取到的大部分资源。

我们构建了包括网络关系、网络地位、网络声誉三项维度共 9 个子指标的企业家社会资本评价体系（见表 1）。其中，网络关系衡量的是企业家在社会网络中的横向关系，侧重于反映企业家关系网络的多样性，该维度由 3 个子指标构成，分别为企业家与政府、金融机构、其他企业的关系；网络地位衡量的是企业家在社会网络中的纵向关系，侧重于反映企业家关系网络的紧密性，该维度由 4 个子指标构成，分别为企业家的政治身份、经济身份、专业身份和其他身份；网络声誉衡量的是企业家在社会网络中声誉机制，侧重于反映企业家在社会中所建立的信任度，我们从企业家所获得的荣誉称号和荣誉嘉奖两个角度进

表 1　企业家社会资本评价指标

维　度	衡量指标	定　义	赋值说明
网络关系（横向）	与政府部门关系	是否曾在政府部门任职，包括是否作为政府的咨询专家	是，赋值 1；否，赋值 0
	与金融机构关系	是否曾在银行、证券公司、基金公司等金融行业部门任职	是，赋值 1；否，赋值 0
	与其他企业关系	是否曾在其他企业任职	是，赋值 1；否，赋值 0

① 本文运用剩余收益折现模型估计权益资本成本，需要用到之前至少一年和之后三年的财务数据，从而损失了一部分样本量。并且，估算资本成本时涉及高次方程的求解，如果目标函数不收敛将无法得到最优解，我们也将该类公司删除。

② 上下 1%的截尾处理是指，将分布在 1%（99%）分位数以下（以上）的观测值以 1%（99%）分位数替代。

③ 社会资本分析还包括中观层次和宏观层次，前者关注的是组织中各成员网络关系的形成和网络位置的特征对组织产出的影响，如 Burt（1992）著名的结构洞理论；后者则试图将社会资本的概念纳入到对一个国家或地区经济和社会发展的解释中，如 Putnam（1993）运用社会资本分析意大利南北政府绩效差异现象。

续表

维度	衡量指标	定义	赋值说明
网络地位（纵向）	政治身份	是否是人大代表或政协委员	是，赋值1；否，赋值0
	经济身份	是否在商业协会任领导职务（会长、副会长、理事长、副理事长）	是，赋值1；否，赋值0
	专业身份	职称与学历	职称按初级、中级和高级分别赋值1、2和3；学历按分别大专及以下、本科、硕士和博士分别赋值1、2、3、4
	其他身份	是否在非商业协会任领导职务（会长、副会长、理事长、副理事长）	是，赋值1；否，赋值0
网络声誉	荣誉称号	是否获得劳动模范、先进个人、红旗手等称号	是，赋值1；否，赋值0
	荣誉嘉奖	是否获得政府表彰或嘉奖	是，赋值1；否，赋值0

行评价。考虑到行政级别的高度影响了企业家所能获得资源的广度和密度，除了专业身份单独赋值外，对于其他子指标，我们根据行政级别（中央、省、地市、区县）对各项子指标分别赋予4、3、2和1的权重后，再进行相加，从而获得了各个企业家社会资本综合指数及其各项维度子指数。

（三）权益资本成本的度量

我们借鉴 Gebhardt 等（2001）提出的剩余收益折现模型（简称 GLS 模型）估计权益资本成本。该方法从权益资本成本的定义出发，设定投资者预期未来现金流的现值等于当前价格的贴现值。由于不需要事先确定风险载荷和风险溢价，也不需要假定事后收益率是事前收益率的无偏估计，该方法优于传统的基于市场风险定价模型的估计方法（Pastor 等，2008；Chen 等，2009），也见诸许多对中国市场的实证研究（陆正飞、叶康涛，2004；曾颖、陆正飞，2006；徐浩萍、吕长江，2007）。具体计算公式如下：

$$P_t = B_t + \frac{FROE_{t+1} - r_e}{(1+r_e)} B_t + \frac{FROE_{t+2} - r_e}{(1+r_e)^2} B_{t+1} + \frac{FROE_{t+3} - r_e}{(1+r_e)^3} B_{t+2} + TV \tag{1}$$

$$TV = \sum_{i=4}^{11} \frac{FROE_{t+i+1} - r_e}{(1+r_e)^i} B_{t+i} + \frac{FROE_{t+12} - r_e}{r_e(1+r_e)^i} B_{t+11} \tag{2}$$

其中：P_t 为股权再融资的潜在价格，采用上年度公司每股收益乘以当年公司所处行业①市盈率中位数（P_1）进行计算，以避免个股市盈率不同带来的附加影响。B_t 为第 t 期的每股净资产，等于第 t 期期末每股净资产加上第 t 期每股股利再减去第 t 期每股收益。由于我国分析师预测数据不完整，我们沿用陆正飞和叶康涛（2004）的做法，以实际净资产收益率（ROE）作为前三期预测净资产收益率（FROE）的替代值。TV 为终值的现值。Gebhardt 等（2001）认为，该模型的预测区间应不少于 12 期，考虑到我国证券市场发展时间

① 本文依据中国证监会发布的《上市公司行业分类指引》进行分类，除工业类因行业内差异显著而按二级代码分类外，其余行业按一级代码分类进行计算。下同。

比较短，本文采用 12 期进行预测，并假设从第 t+4 期至第 t+11 期的 ROE 与行业 ROE 中位数呈直线回归关系，并且在期末（即 t+12 期）之后 ROE 都维持在行业平均水平。式（2）中，$B_{t+i}=B_{t+i-1}+(1-g)\times EPS_{ME}$，这里，$EPS_{ME}$ 为公司自上市以来历年 EPS 的中位数，g 为股利支付率，按公司历年股利支付率中位数计算。由于涉及高阶方程求解，求精确解较为困难，本文采用牛顿迭代法进行计算，并把估计误差控制在 10^{-4} 之内。同时，我们剔除了无最优解或估计异常的样本。

（四）检验模型

由于研究样本为跨年度的截面数据，我们采用非均衡的面板数据回归分析方法，并通过建立固定时期效应模型以控制年份影响。检验模型设定如下：

$$r_{e,i,t}=\beta_0+\beta_1 SC_i+\sum\beta_{i+1}CV_{i,t}+(fixed\_effects)+\varepsilon_{i,t} \quad (3)$$

在上述模型中，$r_{e,i,t}$ 为公司 i 第 t 年的权益资本成本；SC_i 为公司 i 最终控制人的社会资本总指数（SC）。由于作为社会资本总指数的三个分项指数，网络关系（SC_1）、网络地位（SC_2）和网络声誉（SC_3）反映出企业家在资源获取上的不同渠道，因此，我们在上述模型中也分别引入这三个分项指数，考察其中哪个维度的社会资本对公司权益资本成本的影响功效更大，哪个维度的社会资本对法律制度的替代机制更强，以进一步加深我们对社会资本作用机制的认识。同时，为了避免异方差的影响，我们在进行回归分析时，对上述各指数统一加上 1 后取其自然对数值。

此外，我们借鉴 Gebhardt 等（2001）的研究，在上述检验模型引入对权益资本成本具有影响的公司财务特征变量：①市场风险（Beta），采用公司上年度的股票贝塔值进行度量；②公司规模（Size），采用公司上年度总资产的自然对数进行度量；③财务杠杆（Lev），采用公司上年度年末总负债与年末总资产的比值进行计算；④换手率（Tvr），采用上年度交易日平均成交股数与总股数的比值进行计算。并且，我们根据信息不对称理论和委托代理理论，还引入以下变量：①盈余不透明度（DA）[①]；②现金流量权（Cash），为最终控制人当年度的现金流量权；③两权分离度（Divert），采用最终控制人当年度最终控制权与现金流量的差值进行计算；④各地区投资者法律保护水平（Law）。根据研究假设 1，我们预期 β_1 的回归系数显著为负。

为了考察在投资者法律保护水平不同的地区，企业家社会资本对公司权益资本成本的影响是否呈现出差异性，我们采用樊纲和王小鲁（2009）各地区法律制度环境指数（Law）[②] 作

① 我们采用琼斯修正模型分行业计算可操纵应计项目，取模型回归结果中残差项的绝对值，并以此作为盈余不透明度的代理变量。

② 在樊纲、王小鲁（2009）的《中国市场化指数——各地区市场化相对进程报告》一书中，构成法律制度环境指数共有三项指标：对生产者合法权益的保护、知识产权保护和消费者权益保护。我们将三项指标数据加总获得各地区法律制度环境指数分值。事实上，法律制度环境的改善也体现在政府干预的减弱和市场机制的加强，因此，我们也采用报告中市场化总指数进行稳健性检验，实证结果保持一致。

为代理变量，分年度按照指数的中位数将样本分为两组，分别进行考察。Law 数值越大，表明该地区法律环境越好。此外，为了消除观察值分布偏倚造成的影响，我们采用百分位数赋值的方法对 Law 进行数值转换，即将上述两个指标分年度按大小排序，赋予其所在位次的百分位数值，从而将其控制在［0，1］的区间内。根据研究假设 2，在法律制度环境较为薄弱的地区，企业家社会资本在降低公司权益资本成本上的作用将更加突出，因此，在这个组别中，β_1 的回归系数不仅为正，而且应更加显著。

（五）描述性统计分析

表 2 列示本文各研究变量描述性统计结果。从中可以看出，权益融资平均成本为 3.852%，与曾颖和陆正飞（2006）计算获得的 3.613%相差无几，也接近徐浩萍和吕长江（2007）计算的 3%结果。并且，权益资本成本在不同公司之间差异悬殊，最小值为 0.204%，最大值则达到了 19.861%。此外，民营企业家之间的社会资本也存在着较大的差异，其中，社会资本综合指数最高的达到了 26，最小的仅为 2；而企业家网络关系、网络地位和网络声誉三个分项指数的波动区间分别为［0，7］、［2，20］和［0，4］。

表 2　研究变量的描述统计

变量	均值	中值	标准差	最小值	最大值	样本量
r_e	3.852	2.541	3.321	0.204	19.861	716
SC	9.918	9	5.327	2	26	716
SC_1	0.734	0	1.405	0	7	716
SC_2	8.022	7	4.091	2	20	716
SC_3	1.010	0	1.752	0	4	716
Beta	1.024	1.031	0.300	0.025	2.338	716
Size	21.125	21.056	0.973	17.537	28.291	716
Lev	0.513	0.526	0.194	0.065	1.513	716
BM	0.419	0.377	0.305	0.021	1.355	716
Tvr	1.368	1.103	0.899	0.015	6.151	716
Cash	0.231	0.212	0.149	0.005	0.921	716
Divert	0.107	0.112	0.098	0	0.603	716
DA	0.068	0.047	0.069	0.000	0.785	716
Law	16.970	13.700	9.180	4.510	56.450	155

注：SC 为企业家社会资本总指数，SC_1、SC_2 和 SC_3 分别为企业家网络关系、网络地位和网络声誉指数；r_e 和 Tvr 采用百分数计算单位。

三、实证结果与分析

（一）单变量分析

为了获得对企业家社会资本、法律保护与公司权益资本成本之间关系的直观认识，我们采用分组方法进行单变量比较分析。我们首先按照企业家社会资本综合指数大小将样本等分为两组，接着将各组样本按照各地区法律保护程度高低进一步等分为两组，最后对各个组的公司权益资本成本进行简单算术平均。表3不仅列示了各个分组权益资本成本的平均水平，还给出各组在资本成本上的差异比较。从中，我们可以清晰地看出，随着企业家社会资本的增加，权益资本成本有了明显的下降。相较于社会资本较低一组，社会资本较高一组的权益资本成本从4.115%下降到3.589%，达到了5%的显著性水平。并且，在法律保护较为薄弱的地区，与企业家社会资本较低的公司组合相比，社会资本较高的公司组合的平均权益资本成本有了更加明显的下降幅度；而在法律保护较为完善的地区，虽然企业家社会资本对公司权益资本成本也起到积极的作用，但没有达到统计上的显著水平。上述结果表明民营企业家所拥有的社会资本有助于降低公司权益资本成本，并且在法律保护不到位的地区，在对公司权益资本成本的影响上，由于正式制度的缺位，作为非正式制度表现形式之一的社会资本表现出更加突出的替代作用，初步支持了本文所提出的两个研究假设。

表3　企业家社会资本、法律保护与权益资本成本

单位：%

	全样本	法律保护薄弱地区	法律保护完善地区
社会资本低	4.115	4.017	4.213
社会资本高	3.589	3.123	4.055
差异	0.526**	0.894***	0.158

注：**、*** 分别表示显著性水平为5%和1%（双尾检验）。

（二）多元回归分析：企业家社会资本与公司权益资本成本

表4模型1至模型4分别列出了检验模型的回归结果，其中，SC依次为企业家社会资本综合指数以及网络关系、网络地位、网络声誉三个分项指数。从中可以看出，社会资本综合指数的回归参数为-0.51，达到了5%的显著性水平，说明积聚丰富社会资本的民营企业家有助于公司权益资本成本的降低，支持了本文的第一个研究假设。进一步研究发现，在企业家社会资本的构成指标中，除了网络声誉外，网络关系和网络地位对权益资本成本的影响也通过了统计的显著性检验。

表 4　企业家社会资本与权益资本成本

	模型 1	模型 2	模型 3	模型 4
常数项	19.73***	19.65***	18.80***	18.79***
	(12.31)	(11.85)	(12.47)	(12.64)
SC	−0.51**	−0.30***	−0.56*	−0.07
	(−1.97)	(−3.97)	(−1.79)	(−0.89)
Beta	0.70**	0.70**	0.71**	0.71**
	(2.10)	(2.09)	(2.13)	(2.10)
Size	−0.81***	−0.82***	−0.82***	−0.79***
	(−9.68)	(−10.45)	(−9.77)	(−9.83)
Lev	2.08***	2.04***	2.13***	2.14***
	(4.17)	(4.15)	(4.10)	(4.12)
BM	2.97***	2.99***	3.06***	3.08***
	(5.12)	(5.05)	(5.34)	(5.37)
Tvr	−0.12	−0.12	−0.18	−0.19
	(−1.03)	(−1.06)	(−0.98)	(−1.00)
Cash	0.59	0.56	0.57	0.62
	(0.84)	(0.79)	(0.77)	(0.90)
Divert	−1.03	−1.02	−1.11	−1.04
	(−0.88)	(−0.79)	(−1.53)	(−0.76)
DA	0.26	0.29	0.18	0.19
	(0.44)	(0.53)	(0.09)	(0.04)
Law	0.49**	0.52**	0.46*	0.50**
	(1.97)	(2.03)	(1.90)	(2.13)
时间效应	控制	控制	控制	控制
行业变量	控制	控制	控制	控制
Adj_R^2	0.227	0.227	0.228	0.227
样本量	716	716	716	716

注：括号内数字为经 White（1980）异方差修正后的 t 统计量；*、**、*** 分别表示显著性水平为 10%、5%和 1%（双尾检验）。

如前所述，网络关系和网络地位分别衡量企业家在社会网络中的横向关系和纵向关系，侧重于反映企业家关系网络的多样性和紧密性。这些要素不仅能够积极帮助企业家获取各项社会资源，而且会弥补正式制度在产权保护上的不足，提高公司未来现金流的稳定性和持续性。因此，较低的企业经营风险会促使投资者调低所要求的报酬率，从而降低了企业资金的使用成本。在网络关系和网络地位两个指标中，政治关系或政治身份是其中的重要构成。胡旭阳（2006），罗党论、唐清泉（2009）的研究也表明，民营企业家的政治关系或政治身份可以部分替代正式法律制度提供产权保护，从而为民营企业提供更好的发展空间。而对于作为缓解信息不对称、降低交易成本重要渠道的网络声誉来说，为什么它的影响程度会很小呢？我们认为原因可能有两个：①企业家网络声誉的建立依赖于自身的网络关系与网络地位，因此，研究中所发现的网络关系与网络地位的重要作用某种程度上已经涵盖了网络声誉的影响；②由于数据的可获得性，本文只采用荣誉称号和荣誉嘉奖作为度量指标，也许不能全面反映企业家在网络中享有的真实声誉。

（三）多元回归分析：企业家社会资本、投资者法律保护与公司权益资本成本

我们分年度按照法律制度环境指数的中位数将样本分为两组，分别进行回归分析。表5列示了在投资者保护较为薄弱和较为完善的不同组别中，企业家社会资本对公司权益资本成本的解释作用。其中，模型1至模型4中的SC依次为企业家社会资本综合指数以及

表5 企业家社会资本与权益资本成本

	法律保护薄弱地区				法律保护完善地区			
	模型1	模型2	模型3	模型4	模型1	模型2	模型3	模型4
常数项	13.57***	13.42***	13.39***	13.48***	34.19***	34.55***	34.29***	34.00***
	(5.57)	(5.43)	(4.99)	(5.37)	(6.96)	(7.13)	(7.02)	(6.88)
SC	−0.70***	−0.38*	−0.89***	−0.19	−0.56	−0.48*	−0.67	0.10
	(−2.60)	(−1.65)	(−4.11)	(−1.24)	(−1.14)	(−1.75)	(−1.52)	(0.36)
Beta	0.97***	0.95***	0.96***	0.97***	0.25	0.20	0.23	0.27
	(2.98)	(2.90)	(3.01)	(3.03)	(0.48)	(0.40)	(0.45)	(0.62)
Size	−0.47***	−0.49***	−0.50***	−0.54***	−1.04***	−1.31***	−1.00***	−1.18***
	(−5.22)	(−5.01)	(−5.15)	(−5.10)	(−3.59)	(−3.62)	(−3.44)	(−3.97)
Lev	3.04***	3.02***	3.05***	3.02***	0.71	0.68	0.69	0.74
	(5.69)	(5.60)	(5.57)	(5.61)	(0.31)	(0.35)	(0.35)	(0.30)
BM	2.32***	2.07***	2.39***	2.42***	4.12***	4.10***	4.07***	3.92***
	(6.89)	(6.76)	(6.99)	(7.03)	(4.38)	(4.29)	(4.20)	(3.95)
Tvr	0.06	0.09	0.06	0.08	−0.31	−0.35	−0.28	−0.30
	(0.23)	(0.31)	(0.18)	(0.26)	(−1.05)	(−1.24)	(−1.10)	(−1.06)
Cash	1.42	0.96	1.36	1.27	0.23	0.12	0.19	0.20
	(1.02)	(1.12)	(1.47)	(1.20)	(0.37)	(0.08)	(0.24)	(0.27)
Divert	−0.15	−0.87*	−0.10	−0.72	−1.27	−1.64	−1.79	−1.45
	(−0.12)	(−1.64)	(−0.08)	(−0.79)	(−0.68)	(−1.47)	(−1.23)	(−1.02)
DA	−0.45	−0.40	−0.29	−0.34	0.87	0.89	0.75	0.99
	(−0.31)	(−0.28)	(−0.09)	(−0.20)	(0.60)	(0.64)	(0.53)	(0.74)
Law	1.19	1.20	1.34*	1.23	−3.22	−3.21	−3.19	−3.08
	(1.63)	(1.31)	(1.67)	(1.34)	(−0.74)	(−0.73)	(−0.67)	(−0.70)
时间效应	控制	控制	控制	控制	控制	控制	控制	控制
行业变量	控制	控制	控制	控制	控制	控制	控制	控制
Adj_R²	0.224	0.220	0.232	0.216	0.231	0.229	0.234	0.230
样本量	378	338	378	338	378	338	378	338

注：括号内数字为经White（1980）异方差修正后的t统计量；*、**、***分别表示显著性水平为10%、5%和1%（双尾检验）。

网络关系、网络地位、网络声誉三个分项指数。在投资者保护薄弱的样本组中，社会资本综合指数的参数估计值为-0.70，显著性水平达到了1%，说明企业家社会资本对于公司权益资本成本具有十分积极的影响作用。另外，从分项指数来看，除了网络声誉外，网络关系和网络地位对公司权益资本成本的解释力都达到了统计上的显著水平。反观在投资者保护完善的样本组中，企业家社会资本虽然也有助于公司权益资本成本的降低，但统计上并不显著。而在分项指数上，只有网络关系通过了统计显著性检验。上述结果说明了民营企业家社会资本发挥经济功能的作用随着投资者法律保护机制的健全而弱化。换言之，当投资者法律保护不尽完善时，企业家社会资本可以更大程度上替代法律制度对民营企业发展提供有效的产权保护，支持了本文的研究假设2。

另外，从表4的检验结果也可以发现，与公司风险相关的系统性风险（Beta）、财务风险（Lev）和财务困境风险（BM）的参数估计值显著为正，说明风险越大，投资者所要求的回报率也越高，即公司权益资本成本也越高；Size的参数估计值为负，说明公司规模越大，权益资本成本越小；而换手率（Tvr）、现金流量权（Cash）、两权分离度（Divert）和盈余不透明度（DA）的参数估计值在统计上均不显著，说明这些变量对于民营上市公司权益资本成本的影响比较微弱。另外，在表5的分组回归中，上述各控制变量表现有所差异，这里不再赘述。

（四）稳健性检验

为了检验上述研究结果的稳健性，本文的敏感性分析从两个方面展开：一是从式（1）和式（2）计算可以发现，权益资本成本的估计容易受到股权再融资价格变量选择的影响，因此本文还选择上年度年末收盘价（P_2）和上年度全年平均股价（P_3）再次计算资本成本；二是Gebhardt等（2001）建议GLS模型的预测区间应不少于12期，我们将预测区间延长至18期，再次对权益资本成本进行估计。实证结果表明，各个解释变量的系数符号和数值没有发生非常大的变化，与之前发现基本保持一致，说明本文的结论具有较好的稳健性。但为表达简洁起见，本文未列示上述结果。

四、结论与启示

传统研究对于权益资本成本的考察往往关注正式制度安排下各种可能的影响因素，忽视了个人或组织经济行为的社会嵌入性，以及这种嵌入性对权益资本成本的潜在影响，从而对诸如社会关系、社会结构等非正式制度因素考虑不足。而我们认为，在我国法律建设还不健全的制度背景下，作为非正式制度的社会资本可以弥补正式制度在产权保护上的缺失与不足，降低企业的经营风险，并提高公司未来现金流的稳定性。因此，承担较低风险的投资者会调低所要求的回报率，从而降低了企业资金的使用成本。基于上述分析，本文以我国2003~2007年的民营上市公司为研究样本，以社会资本嵌入性思想为切入点，从网络关系、网络地位和网络声誉三个维度构建企业家社会资本评价指标体系。在此基础上，我们对企业家社会资本与权益资本成本之间的内在关联展开实证分析。研究发现，企业家所拥有的社会资本有助于降低公司权益资本成本，并且，社会资本这种功效在法律保护较薄弱的地区表现得更加显著。

在我国经济转轨过程中，民营企业的成长道路并非坦途。它们更容易受到政府歧视、资源相对匮乏、产权保护不力等多重约束，使得它们面临着较为严重的融资约束困境，资金使用成本较高。然而，Allen 等（2005）对此却提出了著名的"中国之谜"（Puzzle of China）：中国法律保护薄弱，但民营企业却获得了长足发展，为中国经济增长做出了巨大贡献，与法与金融理论的传统观点相背离。与之印证的是来自全国工商业联合会2007年的统计数据：除国有及国有控股经济以外的广义民营经济已经占GDP的65%左右，中国经济发展中的增量部分70%~80%来源于民营经济。本文从社会资本理论的视角对上述之谜给出答案：作为企业竞争性优势的一个重要来源，社会资本在拓宽企业家资源获取渠道的同时，又会对企业发展起到重要的反哺作用。对于民营企业而言，本文的启示主要有以下三点：

（1）企业家应适时、适地、适当地投资社会资本。在注重物质资本、人力资本投入的同时，民营企业家应搭建并积极维护个人与社会、企业与社会之间的和谐关系，实现不同形态资本之间的相互衔接与相互转化，为企业自身成长创造有利的外部环境，并促进企业核心竞争力的提升。

（2）企业家应保持社会资本各个维度之间的均衡协调发展。构成社会资本的网络结构、网络地位与网络声誉是相辅相成、不可割裂的，偏重其中一方而忽视另一方都会降低社会资本的综合效应。因此，民营企业家应尽可能平衡社会网络各个层面的水平，以期发挥社会资本的最大功效。

（3）企业家应注意规避和减少社会资本可能带来的负面效应。一方面，社会资本的维系和拓展需要企业家持续不断地投入。一旦这种投入超出企业家自身的驾驭能力和管理水平，将成为企业的额外负担。另一方面，企业发展的根本在于良好的生产经营和合理的战略规划。如果民营企业家将企业发展过度倚重于个人的社会关系，而不努力寻求从社会资本到企业竞争能力的转化，疏于企业自身竞争力的培养，反而偏离了企业应有的健康成长路径。

而对于政府而言，他们应进一步加强正式制度的建立与完善，保障公共产品对民营企业的有效供给。不可否认，中国改革开放的30多年是计划经济体系向市场经济体系逐渐转化的过程，也是民营经济不断发展壮大的过程。国家在推进民营经济的蓬勃兴起上出台了许多重要文件，如2005年2月发布的《关于鼓励、支持和引导个体私营等非公有制经济发展的若干意见》、2009年9月出台的《关于进一步促进中小企业发展的若干意见》等。但是，相对于国有经济，民营企业仍缺乏一个公平、长远的市场环境。因此，政府在经济政策上应进一步去除对民营经济的体制性歧视和约束，在与民营企业的互动中要高瞻远瞩，有的放矢，因时、因地、因势利导，推动民营经济健康、有序、快速地发展。

参考文献：

[1] Allen, F. J. Qian, and M. Qian. Law, Finance, and Economic Growth in China [J]. Journal of Financial Economics, 2005 (77).

[2] Brennan, M. T. Chordia, and A. Subrahmanyam. Alternative Factor Specifications, Sectirity Characteristics, and the Cross-section of Expected Stock Returns [J]. Journal of Financial Economics, 1998 (49).

[3] Burt, R.S. Structural Holes: The Social Structure of Competition [M]. Cambridge, MA: Harvard University Press, 1992.

[4] Chen, K. C. W. Chen Zhihong, and K.C.J. Wei. Legal Protection of Investors, Corporate Governance, and the Cost of Equity Capital [J]. Journal of Corporate Finance, 2009 (15).

[5] Coleman, J. Social Capital in the Creation of Human Capital [J]. American Journal of Sociology, 1988 (94).

[6] Gebhardt, W. C. Lee, and B. Swaminathan. Toward An Implied Cost of Capital [J]. Journal of Accounting Research, 2001 (39).

[7] Granovetter, M. Economic Action and Social Structure: The Problem of Embeddedness [J]. American Journal of Sociology, 1985, 191 (3).

[8] Hail, L., and C. Leuz. International Differences in the Cost of Equity Capital: Do Legal Institutions and Securities Regulation Matter [J]. Journal of Accounting Research, 2006 (44).

[9] Pastor, L., M. Sinha, and B. Swaminathan. Estimating the Intertemporal Risk -Return Tradeoff Using the Implied Cost of Capital [J]. Journal of Finance, 2008 (63).

[10] Polanyi, K. The Economy as Instituted Process in the Sociology of Economic Life [A] . Granovetter, M., and R. Swedberg. Trade and Market in Early Empire [C]. Boulder, CO: Westview Press, 1957.

[11] Portes, A. Social Capital: Its Origins and Applications in Modern Sociology [J]. Annual Review of Sociology, 1998 (24).

[12] Putnam, R. D. The Prosperous Community: Social Capital and Public Life [J]. American Prospect, 1993 (13).

[13] Xin, K., and J. Pearce. Guanxi Connections as Substitute for Formal Institutional Support [J]. Academy of Management Journal, 1996 (39).

[14] 边燕杰. 城市居民社会资本的来源及作用：网络观点与调查发现 [J]. 中国社会科学，2004 (3).

[15] 边燕杰，丘海雄. 企业的社会资本及其功效 [J]. 中国社会科学，2000 (2).

[16] 樊纲，王小鲁. 中国市场化指数——各地区市场化相对进程报告 [M]. 北京：经济科学出版社，2009.

[17] 胡旭阳. 民营企业家的政治身份与民营企业的融资便利 [J]. 管理世界，2006 (5).

[18] 刘林平. 企业的社会资本：概念反思和测量途径——兼评边燕杰、丘海雄的“企业的社会资本及其功效”[J]. 社会学研究，2006 (2).

[19] 陆正飞，叶康涛. 中国上市公司股权融资偏好解析 [J]. 经济研究，2004 (8).

[20] 罗党论，唐清泉. 政治关系、社会资本与政策资源获取 [J]. 世界经济，2009 (7).

[21] 罗党论，甄丽明. 民营控制、政治关系与企业融资约束 [J]. 金融研究，2008 (12).

[22] [美] 林南. 建构社会资本的网络理论 [J]. 张文宏译. 国外社会学，2002 (2).

[23] [美] 林南. 社会资本——关于社会结构与行动的理论 [M]. 张磊译. 上海：上海人民出版社，2005.

[24] 沈艺峰，刘微芳，游家兴. 嵌入性：企业社会资本和企业融资结构——来自我国房地产上市公司的经验证据 [J]. 经济管理，2009 (5).

[25] 石印秀. 中国企业家成功的社会网络基础 [J]. 管理世界，1998 (6).

[26] 孙铮，李增泉，王景斌. 所有权性质、会计信息与债务契约 [J]. 管理世界，2006 (10).

[27] 孙铮，刘凤委，李增泉. 市场化程度、政府干预与企业债务期限 [J]. 经济研究，2005 (5).

[28] 汪炜，蒋高峰. 信息披露、透明度与资本成本 [J]. 经济研究，2004 (7).

[29] 徐浩萍，吕长江. 政府角色、所有权性质与权益资本成本 [J]. 会计研究，2007 (6).

[30] 曾颖，陆正飞. 信息披露质量与股权融资成本 [J]. 经济研究，2006 (2).

Social Capital of the Entrepreneur and the Cost of Equity Capital under the Embeddedness Perspective

—Evidence from Chinese Private Listed Firms

You Jiaxing, Liu Chun

(School of Management of Xiamen University, Xiamen 361005, China;
Guanhua School of Management of Peking University, Beijing 100871, China;
School of Economics and Management of Tsinghua University, Beijing 100084, China)

Abstract: Traditional research pays more attention to the influence of effect factors on the capital cost under the formal institution, but neglects the person or organization's social embeddedness and its impact on the capital cost. Based on the sample of the Chinese private listed firms from 2003 to 2007, this paper sets up the composite index of social capital of the entrepreneur from three dimensions such as network relationship, network status and network reputation. The evidence shows that the social capital owned by the entrepreneur of the private firms significantly decreases the cost of equity capital, and this positive effect is greater in the areas where the legal regime environment is poor. This paper proves the importance of the entrepreneur's social capital on the growth path of the private firms in China from the perspective of capital cost.

Key Words: social capital of the entrepreneur; the cost of equity capital; embeddedness

基于价值导向的电信运营企业财务竞争力综合评价与提升路径研究*

何瑛

（北京邮电大学经济管理学院，北京　100876）

【摘　要】目前国内外对企业财务竞争力的研究多处于概念界定和理论阐述阶段，尚未建立起规范可行的财务竞争力评价体系。本文基于价值导向从综合绩效和现金流视角构建电信运营企业财务竞争力评价体系，运用因子分析模糊矩阵评价法对世界500强中的前20家电信运营企业进行实证研究，并对综合绩效和现金流视角的两种财务竞争力评价结果与价值创造结果（EVA率）进行相关性分析，提出电信运营企业财务竞争力的提升过程需要遵循“财务转型—协同战略—价值创造—价值实现与经营—价值文化”的基本路径，也就是基于价值导向实现价值创造、价值实现、价值经营的过程。

【关键词】价值导向；财务竞争力；提升路径；因子分析法；模糊综合评价

一、问题提出

企业的实质就是一种价值创造和增值过程，如何有效地实现价值创造和增值是企业运营的不变追求和本质目标。价值创造思想的源头最早可以追溯到20世纪初期 Fisher 的资本价值理论，Modigliani 和 Miller 的资本结构理论对价值管理产生了重大影响，Rappaport 沿袭了 Modigliani 和 Miller 对企业价值的理解基于自由现金流探讨价值创造及驱动因素，20世纪90年代美国斯图斯特顾问公司提出了经济增加值（EVA）概念，并将价值驱动因素归结为税后净营业利润、投资资本和资金成本，1996年 Ottosson 和 Weissenrieder 提出了现金增加值

* 本文选自《中国工业经济》2011年11月第11期。

作者简介：何瑛（1973~），女，新疆乌鲁木齐人，北京邮电大学经济管理学院副教授，管理学博士。

基金项目：教育部人文社会科学基金项目“电信运营商的财务转型研究”（批准号 06JC630002）；中央高校基本科研业务费专项“电信运营企业现金流管控模型与财务竞争力综合评价研究”（批准号 2009RC1025）。

(CVA) 价值衡量指标，认为建立在现金流量基础上的现金增加值模型，符合公司的价值来源于公司产生的现金流量和基于现金流量的投资回报的能力，与企业价值管理相一致。Kaplan 和 Norton 创造性地将企业价值创造的驱动因素从财务层面延伸至非财务的客户层面、内部流程层面和员工的学习与成长层面，构造了一个内在驱动富有逻辑的基于价值导向的平衡计分模式并加以推广。Andrew Black 等（2001）提出价值是由三个基本规则所推动：获得超过资本成本的回报（盈利）、增加业务和投资基数（增长）、管理和接受适当的业务风险和财务风险（风险），企业实施价值管理的基本路径就是实现管理成长、追求盈利和控制风险的动态平衡。企业价值创造与管理的内涵与外延随着时代的变迁在不断演进和深化，但是企业对于价值创造的追求却始终如一，因为价值创造是企业提升财务竞争力的根本。

近年来，随着电信市场的进一步饱和，电信业务增长空间急剧缩小，企业效益、价值的增长陷入了困境，收入的增长进入了阶段性“瓶颈”，增速不断减缓，已无法有效拉动企业效益的增长，成本资源消耗在市场竞争、服务完善、企业战略转型等增量因素作用下，上升似乎无法避免。因此如何基于价值导向保持强劲的财务竞争力以保证企业的可持续增长，成为所有电信运营企业面临的重要问题，而正确评估财务竞争力并探寻其提升路径正是解决问题的关键。

二、基于价值导向的电信运营企业财务竞争力综合评价

财务竞争力根植于企业的财务资源和财务管理活动中，是基于价值导向的成长管理、盈利管理和风险管理动态平衡的综合实力体现（Fama，1991）。财务竞争力的强弱可以基于现金流量、综合绩效、经济增加值等视角加以衡量和评价。笔者以 Fama、吴荷青、张友棠、朱晓等关于如何评价财务竞争力的研究作为基础，结合电信运营企业资产、技术密集型的特点，逐步实施精细化管理将效益管理落到实处的要求，以及追求管理成长、提高盈利和控制风险的动态均衡实现价值增值为导向，构建了现金流视角的电信运营企业财务竞争力评价体系，同时为了验证评价结果的客观性，又建立了一套综合绩效视角的电信运营企业财务竞争力评价体系进行相关性研究，如表 1 和表 2 所示。

表 1　电信运营企业基于综合绩效的财务竞争力评价体系

总目标	子目标	一级指标	二级指标
财务竞争力	风险管理	融资效率	资产负债率、流动比率、利息保障倍数
	盈利管理	投资效果	主营业务利润率、总资产报酬率、净资产报酬率、经济增加值率（EVA 率）、息税、折旧摊销前利润占收比（EBITDA 率）
		资产管理	总资产周转率、固定资产周转率、应收账款周转率
		现金管理	销售现金比率、资产现金回收率、自由现金流占收比
	成长管理	成长能力	总资产增长率、主营业务收入增长率、净利润增长率、资本性支出占收比、每股收益增长率

表 2 电信运营企业基于现金流的财务竞争力评价体系

总目标	子目标	一级指标	二级指标	三级指标
财务竞争力	风险管理	安全性	流动性	现金比率、现金流量比率
			结构性	现金流入流出比
			灵活性	坏账发生率
	盈利管理	盈利性	效率性	销售现金比率
			效益性	自由现金流占收比、资产现金回收率
				息税、折旧摊销前利润占收比
	成长管理	可持续性	充足性	现金流量经营充足率
			稳定性	可持续增长率
			增长性	资本性支出占收比、经营活动现金流量增长率

本文选取的研究对象为进入世界 500 强的 23 家电信运营企业中的前 20 家，其中各项指标的计算取值均来自于各公司公布的 2009 财年的年报，其中由于日本和英国公司的财年计算是从本年的 4 月 1 日到次年的 3 月 31 日，因此对日本和英国公司选取的是 2010 年年报。在计算出各评价指标数值后使用 SPSS 13.0 软件对数据进行处理。本文采用了因子分析模糊综合评价法，能够将对样本公司各项指标的客观评价以及决策者对各评价层面的主观判断相结合，弥补了层次分析法易受人为操纵以及主成分分析法不能体现决策者经营重心的缺憾。基于两种不同视角（综合绩效和现金流）的评价结果不仅可以对企业的整体财务竞争力进行相关性评价，而且能够从多角度进行分析并提出提升电信企业财务竞争力的路径。

（一）因子分析

（1）提取公共因子。对各指标进行因子分析前，我们先对样本数据进行 KMO 检验和 Banlett 球度检验，结果表明，所有的 KMO 检验值均大于 0.5，说明样本数据适用于因子分析。所有的 Banlett 球度检验值均小于 0.05，即当显著水平为 95%时，样本数据适用于因子分析。对样本数据进行因子分析，按照累积方差贡献率大于 80%的原则，各一级指标选入的公共因子列表，如表 3 和表 4 所示。

表 3 各一级指标公共因子及方差贡献率（基于综合绩效）

目标	指标	公共因子	特征根	方差贡献率（%）	累积方差贡献率（%）
风险管理	融资效率	F11	1.466	48.865	48.865
		F12	1.246	41.54	90.405
盈利管理	投资效果	F21	2.899	57.982	57.982
		F22	1.071	21.423	79.405
	资产管理	F31	1.519	50.000	50.000
		F32	0.481	50.000	100.000
	现金管理	F41	1.570	52.332	52.332
		F42	1.023	34.085	86.417
成长管理	成长能力	F51	2.064	41.279	41.279
		F52	1.612	32.235	73.514
		F53	1.147	22.936	96.450

表 4 各一级指标公共因子及方差贡献率（基于现金流）

目标与指标	公共因子	特征根	方差贡献率（%）	累积方差贡献率（%）
风险管理——安全性	F11	1.344	33.605	33.605
	F12	1.083	27.064	60.670
	F13	1.062	26.562	87.232
盈利管理——盈利性	F21	1.730	43.253	43.253
	F22	1.116	27.904	71.157
	F23	1.019	25.486	69.643
成长管理——可持续性	F31	1.300	32.505	32.505
	F32	1.073	26.823	59.328
	F33	1.041	26.036	85.364

（2）计算各一级指标的综合得分。以旋转后因子的方差贡献率为权重，由各因子的线性组合得到某个一级指标的综合得分。计算公式如下：

$$F = \omega_1F_1 + \omega_2F_2 + \cdots + \omega_nF_n \quad (1)$$

在各一级指标内按照式（1）计算因子得分总计如表 5 和表 6 所示。

表 5 20 家电信运营企业基于因子分析的各一级指标因子得分及排名（基于综合绩效）

排名	公司名称	风险管理		盈利管理						成长管理	
		融资效率		投资效果		资产管理		现金管理		成长能力	
		得分	排名	得分	排名	得分	排名	得分	排名	得分	排名
1	美国 AT&T	0.47	4	–0.19	11	–0.33	14	–0.13	11	–0.23	15
2	日本 NTT	0.92	3	–0.38	16	–0.25	13	–0.09	9	–0.20	14
3	美国 Verizon	–0.27	13	0.23	5	–0.55	17	–0.02	8	0.31	4
4	德国电信	–0.22	10	–0.26	13	–0.17	12	–0.36	16	–0.11	11
5	西班牙电信	–0.32	15	0.63	4	–0.02	8	0	7	–0.08	9
6	中国移动	1.90	1	1.25	2	–0.05	11	1.21	2	0.55	3
7	英国沃达丰	–0.11	8	0.05	6	–0.34	15	–0.26	14	0.21	5
8	法国电信	–0.42	17	–0.27	14	–0.03	9	0.22	5	–0.47	18
9	意大利电信	–0.23	11	–0.17	10	–0.87	19	–0.51	17	–0.38	17
10	法国 Vivendi	–0.28	14	0.01	7	0.53	4	–0.10	10	–0.12	12
11	日本 KDDI	1.15	2	–0.28	15	0.32	5	–0.52	18	0.04	8
12	美国 Comcast	–0.49	18	–0.16	9	–0.89	20	–0.28	15	–0.13	13
13	中国电信	–0.33	16	–0.25	12	–0.43	16	0.36	4	1.62	1
14	英国电信	–0.70	20	–0.78	19	0.24	6	–0.23	13	–1.04	20
15	美国 Sprint Nextel	–0.02	6	–0.96	20	0.08	7	–0.85	19	–0.73	19
16	日本 Softbank	–0.01	5	–0.39	17	0.54	3	–0.17	12	–0.09	10
17	墨西哥美洲电信	–0.04	7	1.42	1	0.61	2	1.54	1	0.12	7
18	中国联通	–0.55	19	–0.40	18	–0.70	18	–0.86	20	0.94	2
19	美国 Direct TV Group	–0.24	12	–0.03	8	2.35	1	0.06	6	0.14	6
20	澳大利亚电信	–0.19	9	0.93	9	–0.04	10	1.02	3	–0.36	16

表 6　20 家电信运营企业基于因子分析的各一级指标因子得分及排名（基于现金流）

排名	公司名称	风险管理——安全性		盈利管理——盈利性		成长管理——可持续性	
		得分	排名	得分	排名	得分	排名
1	美国 AT&T	-0.0256	10	-0.0493	8	-0.0928	12
2	日本 NTT	0.7378	3	0.1139	10	0.1306	7
3	美国 Verizon	0.2469	7	-0.1576	12	-0.0232	9
4	德国电信	-0.0735	11	-0.3110	16	-0.2469	15
5	西班牙电信	-0.2223	13	0.1837	5	0.2088	6
6	中国移动	0.9387	1	1.2772	1	0.4474	4
7	英国沃达丰	-0.5504	18	-0.1223	11	0.0905	8
8	法国电信	-0.2814	14	0.1252	6	-0.3377	17
9	意大利电信	-0.5055	17	-0.0865	9	-0.2751	16
10	法国 Vivendi	-0.6854	19	-0.1908	13	-0.2437	14
11	日本 KDDI	0.7692	2	-0.6038	19	-0.1946	13
12	美国 Comcast	0.5165	4	-0.0028	7	-0.0651	10
13	中国电信	-0.4157	15	0.4158	4	-0.0728	11
14	英国电信	-0.4394	16	-0.3719	17	-0.4627	18
15	美国 Sprint Nextel	0.0510	9	-1.0488	20	-0.7390	19
16	日本 Softbank	-0.0838	12	-0.2652	14	0.2263	5
17	墨西哥美洲电信	0.1452	8	1.1509	2	0.8828	2
18	中国联通	-0.843	20	-0.4789	18	0.9186	1
19	美国 Direct TV Group	0.4000	5	-0.2998	15	-0.9647	20
20	澳大利亚电信	0.3208	6	0.9497	3	0.8133	3

（二）模糊综合评价

本文的财务竞争力评价指标体系共有三个或五个一级指标，设 $d_k(k=1, 2, 3, 4, 5)$ 或者 $d_k(k=1, 2, 3)$ 为第 k 个一级指标的权重，用模糊评价法确定如下：

（1）确定一级指标对于评价财务竞争力的重要性排序及对于财务竞争力重要性的隶属度值。本文对一级指标之间的相对重要性进行了专家调查，然后结合电信运营企业现阶段的发展特点，将融资效率、投资效果、资产管理、现金管理和成长能力按 1、2、3、4、5 的顺序排列成一个矩阵 A，或将安全性、盈利性、可持续性按 1，2，3 的顺序排列成一个矩阵 B，就会分别得到两个各一级指标之间优越性二元对比矩阵 A 和矩阵 B。

矩阵 A 和矩阵 B 满足条件：若 d_k 比 d_l 优越，取 $e_{kl}=1$，$e_{lk}=0$；若 d_l 比 d_k 优越，取 $e_{kl}=0$，$e_{lk}=1$；若 d_k 与 d_l 同样优越，取 $e_{kl}=e_{lk}=0.5$。其中 k，l = 1，2，3，4，5 或 k，l = 1，2，3。

矩阵 A 和矩阵 B 通过了一致性检验，可以得出各一级指标对财务竞争力的重要程度的排序为：①基于综合绩效：分为三个层级——第一层级为投资效果、第二层级为融资效率和成长能力、第三层级为资产管理和现金管理水平，重要度依次减弱。以投资效果为标准，将其他方面逐一和投资效果进行对比发现：投资效果与成长能力和融资效率相比，其重要程度介于“同样重要”与“稍稍重要”之间；投资效果与资产管理和现金管理水平相比，其重要程度介于“稍稍重要”与“略微重要”之间。②基于现金流：分为三个层级——第一层级为盈利性、第二层级为安全性、第三层级为可持续性，重要度依次减弱。以盈利性为标准，将其他方面逐一和盈利性进行对比发现：盈利性与安全性相比，其重要程度介于“同样重要”与“稍稍重要”之间；盈利性与可持续性相比，其重要程度介于“稍稍重要”与“略微重要”之间。这样，我们就用语气算子定义了前一步中所提及的优越性的程度。

(2)发对隶属度值进行归一化处理，即得到各一级指标的评价权重。根据上述判断结果，查表即可得到各一级指标对财务竞争力重要性的相对隶属度向量：

$$d_k = (1.0,\ 0.905,\ 0.739,\ 0.905,\ 0.739)^T \tag{2}$$

或者：

$$d_k = (0.905,\ 1.0,\ 0.739)^T \tag{3}$$

对式（2）和式（3）进行归一化处理后，即得到各一级指标的权向量：

$$d'_k = (0.2332,\ 0.2111,\ 0.1723,\ 0.2111,\ 0.1723)^T \tag{4}$$

或者：

$$d_k = (0.3423,\ 0.3782,\ 0.2795)^T \tag{5}$$

（三）财务竞争力综合得分及排名

样本的综合评价得分计算公式为：

$$Z = \sum_{k=1}^{q} d_k F_k (q = 5 \text{ 或 } 3) \tag{6}$$

其中：F_k 即根据式（1）计算得出的各一级指标的综合得分；Z 即财务竞争力得分。将上述计算结果代入式（6），即可计算出 20 家电信运营企业的财务竞争力综合得分及排名，现将基于综合绩效和现金流的财务竞争力评价结果及价值创造排名（EVA 率）汇总如表 7 所示。

表 7　基于综合绩效和现金流的财务竞争力评价综合得分及排名

500 强排名	公司名称	财务竞争力综合得分及排名（基于综合绩效）		财务竞争力综合提分及排名（基于现金流）		EVA 率
		得分	排名	得分	排名	排名
1	美国 AT&T	−0.08	13	−0.05	10	11
2	日本 NTT	0.00	8	0.25	4	17
3	美国 Verizon	−0.05	10	0.02	7	12
4	德国电信	−0.23	15	−0.21	14	19
5	西班牙电信	0.06	7	0.05	6	5
6	中国移动	1.01	1	0.93	1	2
7	英国沃达丰	−0.07	12	−0.20	13	8

续表

500强排名	公司名称	财务竞争力综合得分及排名（基于综合绩效）		财务竞争力综合提分及排名（基于现金流）		EVA 率
		得分	排名	得分	排名	排名
8	法国电信	-0.22	14	-0.14	12	10
9	意大利电信	-0.41	18	-0.28	17	7
10	法国 Vivendi	0.00	8	-0.37	18	13
11	日本 KDDI	0.15	6	-0.02	9	9
12	美国 Comcast	-0.37	17	0.16	5	16
13	中国电信	0.20	5	-0.01	8	14
14	英国电信	-0.55	20	-0.42	19	3
15	美国 Sprint Nextel	-0.51	19	-0.59	20	20
16	日本 Softbank	-0.06	11	-0.07	11	15
17	墨西哥美洲电信	0.72	2	0.73	2	1
18	中国联通	-0.28	16	-0.22	15	18
19	美国 Direct TV Group	0.39	3	-0.25	16	6
20	澳大利亚电信	0.27	4	0.70	3	4

（四）评价结果相关性分析

综观对进入世界500强的前20家电信运营企业的三种排名综合测算得出的结果，可以看出相关性较高，例如，20家电信运营企业中财务竞争力排在前三位的是中国移动、墨西哥美洲电信和澳大利亚电信，财务竞争力排在后三位的是美国 SprintNextel、英国电信和意大利电信，并且价值创造能力（EVA 率）与财务竞争力排名之间也具有较强的相关性，这进一步说明财务竞争实力强的公司价值创造能力也强。进入世界500强的电信运营企业主要分布在美洲、欧洲和亚洲，中国电信运营企业（3家）财务竞争实力略强于日本电信运营企业（3家），但显著超过美国的电信运营企业（5家），说明从总体上看亚洲电信运营企业具有较强的财务竞争实力和价值创造能力。2009年进入世界500强的前20家电信运营企业中只有5家EVA率为正值，15家EVA率为负值，平均EVA率为-1.412%，说明整个行业还处于毁灭价值的状态。2010年，中国移动、中国电信和中国联通的EVA率分别为11.2%、-5.65%和-9.64%，也就是说，只有中国移动创造了价值，中国电信和中国联通仍然在毁灭价值，但纵观2005~2010年，中国电信和中国联通已呈现良性发展状态。自2006年8月11日以来，中国移动市值稳居全球运营商榜首，可是在进入世界500强的电信运营企业中却名列第6位，说明投资者看重的是企业未来的发展空间和财务综合绩效，股价与财务综合实力之间也具有较强的相关性。根据营业收入等指标进行排名的世界500强榜单并不真正代表企业的财务竞争实力和价值创造能力，只有正确评估财务竞争力并探寻其提升路径才是客观评价企业增长质量、实现经济价值增值的前提和手段，也只有这样电信运营企业才能在激烈的竞争中立于不败之地。

三、基于价值导向的电信运营企业财务竞争力提升路径

（一）拓展和深化基于战略视角的财务转型

随着国际经济格局和国内经济发展的重大变化，企业面临经济转型的严峻挑战。“转型”对于组织来讲，即通过组织运行逻辑的根本性变化实现组织行为的根本性变革（李烨、李传昭，2004）。贝克哈德将组织转型定义为“组织在形式、结构和性质上发生的变革”；莱维和默瑞将组织转型描述为一种彻底、全面的变革，认为“组织转型需要解决组织的核心流程、精神、创新能力和进化等方面的问题”；巴图克认为组织转型是“一种发生在组织对自身认识上的跳跃式的变革，并伴随着组织战略、结构、权力方式、模式等各方面的变化”。综上所述，企业转型是一种根本性的、质的、剧烈的变革；企业转型是一种范式转换，是一种对自我认知方式的彻底转变，包括在管理理念、思维方式、价值观等方面的彻底变革，并伴随着企业战略、结构、行为方式、运行机制等方面的全方位变革。成功的组织转型需要多种因素的支持和有效配合，其中财务转型至关重要。所谓财务转型，就是指从传统的核算型、管理型向战略型转变。战略型财务是一种面向战略、以战略为核心的财务管理过程，从核算为重点向资源整合、决策支持和价值管理转变（何瑛等，2008）。

从目前电信行业的发展来看，技术、竞争、需求三方面的驱动力已经使得转型成为必然。电信行业的转型可以从三个角度界定：从产业角度看，就是从传统的语音通信转变为信息通信，即ICT行业；从价值创造角度看，电信价值链条转变成了电信价值网络；从企业角度看，传统的网络运营商正在转变为综合信息服务提供商。电信企业转型的本质就是转变公司实现持续增长的商业模式。在过去的几年中，电信运营企业依托技术和业务转型带来的管理转型，对财务管理的价值管理能力、业务支撑能力和精细化管理能力提出了更高要求。财务管理作为公司价值管理的主要部门，要深入研究产业价值链和内部价值链变化对公司价值的影响，提供战略成本信息，建立相应的估值模型，支撑公司建立合理的产业价值分配模式、盈利模式，推动产业价值链的扩大，实现企业价值最大化。同时，由于用户需求的多样化和激烈的市场竞争，企业内部需要精细化管理经营收入、控制经营成本，确保收入质量，实现成本结构和效益的最优化，建立内部价值链管理体系，防止价值流失。目前从国内外电信运营企业实施财务转型的实践经验来看，财务转型有三种趋势（Stewart Clements、Michael Donnellan，2004）：一是更新系统，以决策支持为导向（如西班牙电信等）；二是面向经营，提供服务（如墨西哥美洲电信等）；三是优化财务组织，降低成本（如英国沃达丰等）。财务转型三种趋势的有机融合最终将会在企业内部建立一套高效精简的财务系统，实现企业价值最大化的终极目标。我国电信运营企业应基于战略视角将三种趋势有机融合的财务转型路径持续拓展和深化（如中国移动等），具体包括财务

战略管理、财务组织管理、财务执行管理、财务基础管理四个层次，如图 1 所示。

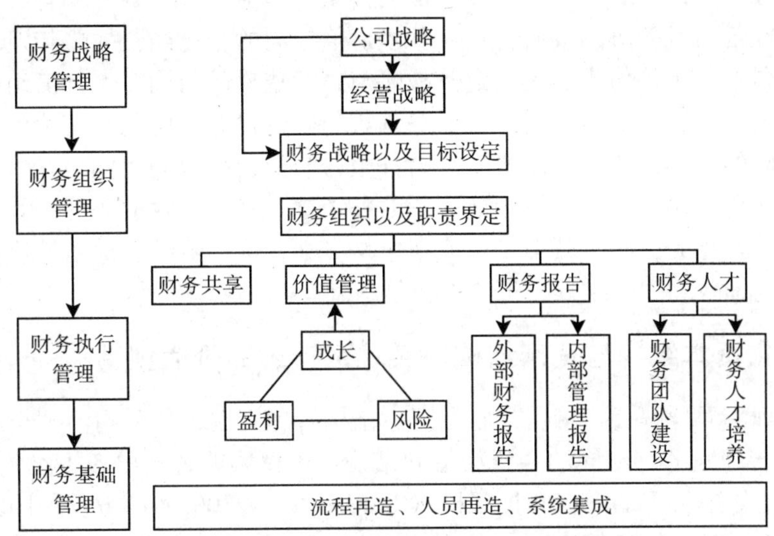

图 1　基于战略视角的企业财务转型拓展路径

（二）制定基于价值导向的企业经营与财务协同战略

在过去的半个多世纪里，拉巴波特创立的自由现金流量（FCFF）估价模型将企业价值管理和价值增长的基本路径相结合，一直为理论界所推崇。20 世纪 80 年代后期，出现了诸如经济增加值（EVA）、现金增加值（CVA）、市场增加值（MVA）、股东价值分析（SVA）、投资现金流收益（CFROI）等价值评估模型，这些模型本质上都是从财务视角分析企业价值驱动因素（Fredrik Weissenrieder，1997）。直到 1989 年，美国的罗伯特·卡普兰与戴维·诺顿提出平衡计分卡，从经营视角诠释企业价值驱动因素，基本模式为：企业价值=产品/服务+形象/声誉+客户关系。这两个模式从不同视角诠释了企业价值驱动因素，财务视角的价值驱动因素包括预期的运营现金流水平、运营现金流时间安排、运营现金流可持续性、运营现金流带来的风险等（Peter Doyle，2007），经营视角的价值驱动因素包括产品与服务、形象与声誉、客户关系等，反映了不同的战略思想。对电信运营企业来说，两种不同模式的具体驱动指标可以总结为提高销售增长率、提高 EBITDA 率、降低有效税率、降低资本性支出占收比、降低资本成本、延长获取超额收益的持续期间，其中，提高 EBITDA 率、降低资本性支出占收比、延长获取超额收益的持续期间通常与企业的经营战略有关；降低纳税支出、降低资本成本通常与企业的财务战略有关；而提高销售增长率和可持续增长率则是经营战略、财务战略协同作用的结果。FCFF 价值链主要从财务战略的角度出发，强调财务价值和资本市场的作用；而卡普兰的价值链则从经营战略的角度出发，强调经营价值和产品市场的作用（刘淑莲，2004）。电信运营企业要想实现价值创造与可持续发展，只有实现产品市场与资本市场的联动，财务价值与经营价值的统一，才能最终提高 EVA 率并提升企业财务竞争实力，以中国移动、墨西哥美洲电信和澳大利亚电信为代表，财务竞争力位居世界 500 强电信运营企业的前三位，因此就有必要制定基于价值导向的企业经营与财务协同战略，建立基于价值导向的企业经营战略与财务战略协同机制，主要内容包括：①价值定位——财务战略与经营战略的协同；②价值组织——财务流程与经营流程的协同；③价值规划——财务预算与经营预算的协同；④价值控制——财务风险与经营风险的协同；⑤价值报告——财务报告与经营报告的协同；⑥价值分析——财务分析与经营分析的协同；⑦价值绩效——财务绩效与经营绩效的协同；⑧价值文化——财务文化与经营文化的协同。其中，价值定位是目标，价值组织、规划与控制是过程，价值报告、分析与绩效管理是结果，价值文化是基础。

（三）优化资本结构与资产结构，实现可持续的价值创造

从公司管理层面理解公司融资，它是资本结构管理问题；从公司治理角度理解公司融资，它是产权管理问题。不同的融资渠道和结构，不仅影响公司的资本结构和价值增值，还会从深层次上影响公司的产权和控制权（Chirinko 等，2000）。西方发达国家电信运营企业普遍认为，合理的资产负债率应介于 45%~50%。但是 2009 年，进入世界 500 强的前 20 家电信运营企业平均资产负债率为 57.59%，其中欧洲电信运营企业资产负债率普遍偏高，大都高于 65%，英国电信甚至高达 99.42%，主要是因为自 21 世纪初始，所有欧洲电信运营企业为了竞得 3G 牌照都背上了承重的债务包袱，至今未完全缓解。我国电信运营企业在中国香港和美国上市后，受制于美国资本市场的压力和国资委的要求开始运用 EVA 进行绩效考核，使资本结构持续优化，逐渐趋于合理水平。与此同时，我国三家电信运营企业的内源融资能力也呈现逐年上升和好转的趋势，今后还需通过提高 EBITDA 率、提高折旧和摊销比率、资产剥离、股票回购等多种方式提高内源融资，它是企业实现可持续发展的基础。

随着电信行业从规模扩张型阶段进入效益增长型阶段，资本性支出占收比在 2003~2007 年呈现出逐年下降的趋势，投资风险逐渐降低，投资策略趋于理性，投资结构不断优化。2008 年以后，经过重组的三家运营商均具备运营全网业务的能力。为了寻找新的收入增长点，三家运营商均投入大量资金发展新技术新业务，资本性支出占收比远远高于 2010 年世界 500 强前 20 家电信运营企业 16.9%的平均水平。从投资效果来看，我国三家运营企业的盈利能力不容乐观，大致呈现出逐年下降的趋势，EBITDA 率、净利润率、总资产报酬率和净资产收益率都在逐年下降。投资效果逐年下降，与日趋饱和的通信市场、日趋激烈的全球化竞争以及三家运营企业之间层出不穷的价格战直接相关。总之，对于资产密集型的电信运营企业来说，需要通过持续不断地完善企业投资规划与计划体系、健全项目前评估与决策体系、建立并完善项目后评价与考核体系，来实现固定资产全生命周期闭环管理；通过把握过程环节，强化精细化过程管理水平，形成动态分析与跟踪机制，以夯实固定资产全生命周期管理；通过实施基于价值导向的资本性支出精细化管理，来提升企业的资本性支出管理水平和资源使用效率，资产结构的不断优化是提高电信企业财务竞争力的关键。

（四）产品经营与资本运营合理联动，追求价值实现与经营

随着国内外学者对企业经营目标的反思，价值管理理论经历了从股东价值管理、利益相关者价值管理到市值管理的变迁过程。Jensen 的研究最大的理论贡献在于提出了企业价值是利润预期下的长期市场价值这一重要概念（Jensen Michael，2001），使人们认识到对企业的市场价值管理是价值管理理论发展的重要路径，价值管理理论的研究重心也逐渐从价值创造转向价值实现与价值经营（翁世淳，2010）。根据经济增加值估值模型，电信运营企业的总市值由当前营运价值和未来增长价值两个部分构成，其中当前营运价值体现的是当前盈利能力对价值的贡献，未来增长价值用于度量公司期望增长价值的贴现值。公司价值创造环节产生的公司价值为"当前经济价值"，价值经营环节产生的公司价值为"潜在经济价值"，当前经济价值与潜在经济价值共同反映了电信运营企业的内在价值，价值实现环节是在股市有效性检验的基础上，通过对上市公司市场价值与内在价值的相关性分析，衡量上市公司市场价值与内在价值的匹配程度（张济建、苗晴，2010），充分运用上市、资产分拆、并购重组、定向增发、大股东增持与减持、发放股票股利、转增股本、股票回购等资本运营手段，以英国沃达丰、西班牙电信、日本 KDDI 表现尤为突出。电信运营企业若要在海外拓展中成功实施资本运营策略需要做到：树立资本运营意识并强化价值投资理念、内部管理型战略和外部交易型战略并举、谨慎选择合作伙伴和市场进入方式、资本运营方式的多样化、加强风险管理和控制、产融结合等。电信运营企业只有通过产品经营和资本运营的合理联动、产业资本与金融资本的适度融合，才能在价值创造的基础上最大限度地追求价值实现与价值经营。

（五）塑造以价值为核心的学习型财务文化

世界 500 强电信运营企业胜出其他公司的根本原因在于这些公司善于给它们的企业文化注入活力。这些一流公司的企业文化同普通公司的企业文化相比注重四点：一是团队协作精神；二是以客户为中心；三是平等对待员工；四是激励与创新（Cedric Read 等，2003）。企业最高形态的竞争，就是以理念为核心的企业文化的竞争。财务文化则是在长期财务管理过程中，在财务群体中逐步形成并为大家认可、遵循，带有财务特色的价值取向、精神、道德、作风、思想意识、行为方式、规范、制度等因素的总和。从广义讲，财务文化是人类社会在实践中创造的与财务相关的物质财富和精神财富的总和；从狭义讲，财务文化是财务人员在长期的财务管理实践中形成的财务意识形态以及与之相适应的财务管理制度和财务组织机构的综合体。财务文化包括财务物质文化、财务制度文化和财务精神文化三个层次。财务文化的内辐射可以产生向心力，外辐射可以产生发散力，最终实现文化的全面融合。我国电信运营企业提高财务竞争力首先需要从观念转型入手，培育以价值为核心的学习型财务文化。作为在美国、中国香港等国家或地区上市的公司，必须高度关注资本市场和投资者，因为上市传递着企业价值最大化的管理理念，资本市场会一直向企业传递价值理念，同时上市以后，更加透明的信息披露也能够促使企业不断增加价值，

并逐步从以收入、利润导向向以现金流、企业价值导向转变，最终塑造和培育学习型财务文化。同时，电信运营企业还需要从培育执行文化入手基于战略导向提升财务管理运作能力，成功实施"价值引导、成本管控、效益分析、需求挖掘"职能，实现财务竞争力的全面提升。财务文化也决定了企业财务团队的角色定位和财务价值。

四、结论

本文基于价值导向从综合绩效和现金流视角构建了财务竞争力评价体系，并运用因子分析模糊矩阵评价法对世界500强中的前20家电信运营企业（共23家）进行实证研究得出：①基于综合绩效和现金流视角的财务竞争力评价结果之间具有较强的相关性；②价值创造能力（EVA率）与财务竞争力评价结果之间具有较强的相关性；③股价与财务竞争力评价结果之间也具有较强的相关性。电信运营企业财务竞争力的提升过程就是基于价值导向实现价值创造、价值实现、价值经营的过程，需要遵循"财务转型—协同战略—价值创造—价值实现与经营—价值文化"的基本路径进行：①基于战略视角的财务转型作为企业转型的重要支撑手段，是业务转型下实现资源优化配置的有效工具，也是提高企业财务竞争力的前提。②建立基于价值导向的企业财务战略与经营战略的协同机制，通过协同战略实现财务价值与经营价值的统一，是提高企业财务竞争力的核心。③通过战略投融资管理，持续优化资本结构与资产结构，实现价值创造与可持续增长，是提高企业财务竞争力的关键。④通过产品经营和资本经营的合理联动、产业资本与金融资本的适度融合，在价值创造的基础上最大限度地追求价值实现与价值经营，是提高企业财务竞争力的目标。⑤塑造价值文化的过程就是拓展多层次财务人才成长通道的过程，也是构建学习型财务组织的过程，文化经营是企业经营的最高层次，也是提高企业财务竞争力的保障。

参考文献：

[1] Eugene F. Fama. Efficient Capital Markets [J]. The Journal of Finance，1991（12）.

[2] Fredrik Weissenrieder. Value Based Management：Economic Value Added or Cash Value Added [J]. Gothenburg Studies in Financial Economics，1997（3）.

[3] Cedric Read，Hans-Dieter Scheuermann. The CFO：As Business Integrator [M]. New York：John Wiley & Sons，2003.

[4] Graham J. Harvey C. Rajpopal S. The Economic Implications of Corporate Financial Reporting [J]. Journal of Accounting and Economics，2005（40）.

[5] Jensen Michael C. Value Maximization，Stakeholder Theory and That Corporate Objective Function [J]. Journal of Applied Corporate Finance，2001（14）.

[6] Peter Doyle. Value-based Marketing：Marketing Strategies for Corporate Growth and Shareholder Value [M]. New York：John Wiley & Sons，2007.

[7] Chirinko, R.S., Singha, A.R. Testing Static Tradeoff against Pecking Order Model of Capital Structure: A Critical Comment [J]. Journal of Financial Economics, 2000 (58).

[8] Andrew Black, Philip Wright, John Davis. In Search of Shareholder Value [M]. Pricewaterhouse Coopers, 2001.

[9] Stewart Clements, Michael Donnellan. CFO Insights: Achieving High Performance through Finance Business Press Outsourcing [M]. New York: John Wiley & Sons, 2004.

[10] Bartlomiej Nita. Transformation of Management Accounting: From Management Control to Performance Management [J]. Transformations in Business & Economics, 2008, 7 (3).

[11] 何瑛，彭晓峰. 基于战略视角的企业财务转型拓展路径研究 [J]. 经济与管理研究，2008 (9).

[12] 卢闯等. 导入 EVA 考核中央企业的公平性及其改进 [J]. 中国工业经济，2010 (6).

[13] 刘淑莲. 企业价值评估与价值创造战略研究 [J]. 会计研究，2004 (9).

[14] 李烨，李传昭. 透析西方企业转型模式的变迁及其启示 [J]. 管理现代化，2004 (3).

[15] 汤谷良，林长泉. 打造 VBM 框架下的价值型财务管理模式 [J]. 会计研究，2003 (12).

[16] 翁世淳. 从价值创造到市值管理：价值管理理论变迁研究评述 [J]. 会计研究，2010 (4).

[17] 张济建，苗晴. 中国上市公司市值管理研究 [J]. 会计研究，2010 (4).

Study on the Comprehensive Evaluation and Promoting Paths of Financial Competitiveness for Telecom Enterprises Based on Value-oriented

He Ying

(Beijing University of Posts and Telecommunications, Beijing 100876, China)

Abstract: Firstly, this paper put forward two evaluation systems of financial competitiveness which are value-oriented from the perspective of comprehensive performance and cash flow in telecom enterprises. Secondly, we use the factor analysis and fuzzy comprehensive evaluation method to make an empirical research on the world top 20 telecom enterprises which are chosen from the Fortune 500 companies. And then we carry out a correlation analysis between the results of value creation and the results of two evaluation systems of financial competitiveness from the perspective of comprehensive performance and cash flow. Finally, we draw a conclusion that the process of improving the financial competitiveness in telecom enterprises is exactly the value-oriented process of achieving value creation, value realization and value operation, which need to be in compliance with the basic path of "financial transformation-synergic strategy-value creation-value realization and operation-value culture".

Key Words: value-oriented; financial competitiveness; promoting paths; factor analysis method; fuzzy comprehensive evaluation

信息不对称、融资约束与投资—现金流敏感性*

——基于市场微观结构理论的实证研究

屈文洲　谢雅璐　叶玉妹

（厦门大学管理学院财务学系，厦门　361005）

【摘　要】投资—现金流敏感性研究是当前投资理论研究的主流方向之一。当前针对这一问题的研究还存在着诸多争议，其中公司融资约束程度的度量问题是争论的焦点。本文借鉴市场微观结构理论中的信息不对称指标 PIN 值作为融资约束的代理指标，研究发现：信息不对称水平越高，则公司的投资支出越低。进一步的检验发现，信息不对称水平较高的公司，其投资—现金流敏感性也较高，并且信息不对称导致的融资约束与投资—现金流敏感性的关系并不是线性的。本文的研究不仅体现了新的研究视角、方法和思路，丰富了投资—现金流敏感性领域的相关文献，而且可以为我国资本市场的完善和企业的投融资决策提供参考。

【关键词】投资—现金流敏感性；信息不对称；市场微观结构

一、引言

早在 1958 年，Modigliani 和 Miller（1958）就指出，在完美的资本市场上，公司的投资决策和资本结构无关，对于公司决策者来说，内部资金和外部资金可以无差别替代。由于新古典框架下的经典投资理论的假设条件过于苛刻，只能存在于完美市场之中。Myers 和

---

* 本文选自《经济研究》2011 年第 6 期。

作者简介：屈文洲、谢雅璐、叶玉妹，厦门大学管理学院财务学。

基金项目：本文得到国家自然科学基金项目（70772095、70632001）、教育部“新世纪优秀人才支持计划”、“霍英东教育基金会第十一届高等院校青年教师基金资助项目”（111090）和“福建省杰出青年科学基金资助项目”（2010J06019）的共同资助。

Majluf（1984）指出，由于信息不对称的存在，外部投资者会降低购买风险证券的价格，从而会增加外部融资的成本，引起内外部资金的成本差异。至此之后，众多学者投入到了这一领域的研究当中，投资—现金流敏感性问题逐渐成为现代公司财务领域的研究主流之一。

从现有文献来看，学界对于企业融资约束程度与投资—现金流敏感性之间的关系尚未达成一致意见。一方面，Fazzari 等（1988）（以下简称 FHP）依据信息不对称理论提出了融资约束假说，实证检验了投资—现金流敏感性在信息成本不同的企业之间的差异，证明了企业融资约束程度与投资—现金流敏感性之间存在着正相关关系。自 FHP（1988）的开创性研究以来，大批学者借鉴 FHP 的研究方法，从企业规模（Whited，1992；Schaller，1993；Athey 和 Laumas，1994）、股利支付率（Fazzari 和 Petersen 1993；Hubbard 等，1995）、集团关系（Gilchrist 和 Himmelberg，1995；Shin 和 Park，1999；Degryse 和 Jong，2001）等角度，均证实了融资约束下投资—现金流敏感性的存在，支持了 FHP 的结论。另一方面，Kaplan 和 Zingales（1997）（下文简称 KZ）对 FHP（1988）的结论进行了直接的批判，他们利用公司年报中各种定量和定性信息来衡量企业融资约束程度，对 FHP 样本中 49 家股利支付率较低的企业进行了重新检验，得出了与 FHP 相反的结论。KZ 进一步指出，融资约束程度与投资—现金流敏感性之间并不存在必然的单调关系，FHP 所得到的投资—现金流敏感性差异不能作为融资约束存在的依据。Cleary（1999）构建了新的融资约束指数对 KZ 的结果进行了检验，支持了 KZ（1997）的研究，而 FHP（2000）与 KZ（2000）又展开了进一步的争论。随后，有越来越多的学者（Pawlina 和 Renneboog，2005；Richdorson，2006）加入了这一讨论。尽管 FHP 与 KZ 的学术争论引发了学者们对投资—现金流敏感性问题的研究热情，但学术界关于投资—现金流敏感性的实证结论却五花八门，至今仍然没有形成统一的认识和解释。

Moyen（2004）指出，FHP 与 KZ 的研究结论产生差异的关键在于确定的融资约束标准不同：如果按股利支付率度量融资约束，得到的结论与 FHP 一致；而使用融资约束指数度量融资约束，得到的结论则与 KZ 一致。Cleary 等（2004）也采用类似方法同时得到了 FHP 和 KZ 的结论。Moyen（2004）和 Cleary 等（2004）的研究使学界开始逐渐关注融资约束指标的度量。信息不对称下的融资约束的确很难量化，学者们对融资约束的替代变量选取做了很多探索性的研究和检验。融资约束衡量指标的不同造成了研究结论的差异，也给研究带来了深入探讨的空间和机会。

概括地说，目前国内外研究对投资—现金流敏感性问题争论的焦点在于对融资约束的划分标准的选取上，而融资约束又根源于市场的不完美，即信息不对称导致了更高的融资成本和融资约束。那么，是否可以用信息不对称的直接衡量指标来判断企业的融资约束程度，继而分析投资—现金流敏感性问题呢？有鉴于此，我们以中国上市公司为样本，尝试从市场微观结构的基本理论出发，重新阐释信息不对称在公司投资领域研究的重大作用，从投资水平和投资—现金流敏感性两大维度探寻信息不对称影响公司投资的基本路径：一方面，公司信息不对称水平越高，公司面临的融资成本越高，可供投资的资金越少，从而可能导致投资降低；另一方面，信息不对称程度较高，代表融资约束程度较高，当公司所面临的融资约束程度更高时，公司投资对现金流的依赖性也可能更加严重。

具体地，本文借鉴Ascioglu等（2008）的方法，通过使用知情交易概率指标PIN（probability of informed based trading）作为信息不对称的代理变量，探讨了信息不对称、融资约束与投资—现金流之间的关系。研究表明：①公司投资随着信息不对称程度的提高会降低，高信息不对称会造成企业投资不足。②信息不对称水平较高的公司，其投资—现金流敏感性也较高。③信息不对称导致的融资约束与投资—现金流敏感性之间并不是简单的单调关系。当公司融资约束程度很低时，与融资约束程度很高时类似，都出现了更高的投资—现金流敏感性。此外，我们从选样区间与信息不对称的度量两大方面对研究结果进行了附加检验，证实了本文结论的稳健性。

本研究对现有文献构成了以下几点发展：①本文运用中国上市公司数据，从信息不对称的角度出发，深入研究了融资约束与公司投资—现金流敏感性关系，得到了不同于国外的有意义的研究结论：融资约束与投资—现金流敏感性之间的关系非线性，融资约束程度高或融资约束程度低的公司，要比融资约束中等的公司有更高的投资—现金流敏感性。此外，本文还根据中国的特殊背景做了详细深入的分析，指出现象存在的深层次原因。这为理解我国融资约束与投资—现金流敏感性之间的关系做出了边际贡献。②根据我国资本市场的特殊性，提出了新的更加直接的度量融资约束的指标。考虑到我国是订单驱动市场，不同于西方国家存在做市商的报价驱动市场，许多适用于西方国家的信息不对称指标在我国并不适用。因此，本文选择适用于订单驱动市场的PIN指标和LSB模型分解出的逆向选择分量作为融资约束的代理变量（Brockman和Chung，1999；王志强和陈培昆，2006；韩东等，2006）。相对于以往国内研究（支晓强和童盼，2007；罗琦等，2007；杨华军和胡奕明，2007；马国臣等，2008），本文使用的指标更为直接，也更接近融资约束的本质，能够深入地剖析融资约束对投资—现金流敏感性的内在影响机理。这对我国现有的融资约束度量方法是一个重要补充。③丰富了国内市场微观结构理论和公司财务理论的交叉研究。O'Hara（1999）和Madhavan（2000）指出，市场微观结构理论需要更多地与其他金融领域的研究相结合，以显现出它的经济意义。现有我国学者多从企业规模（马国臣等，2008）、股权性质（支晓强和童盼，2007；罗琦等，2007）、制度环境（杨华军和胡奕明，2007）等角度来研究这一问题，本文则尝试从市场微观结构的视角重新认识融资约束与投资—现金流的交互关系，有利于加强我国市场微观结构理论和公司财务理论的交叉研究，弥补发展中国家在融资约束理论研究领域的不足。

此外，本文的政策含义也十分明显：目前学界对于投资现金流敏感性的研究，主要集中在金融市场较为发达的西方国家，对金融市场欠发达的发展中国家关注甚少。但大量的文献表明，由于金融市场不完善，发展中国家的公司所面临的融资约束程度，可能较发达国家更为严重。[①] 融资约束对发展中国家，特别是中国公司财务行为的影响可能更为显著。

① 世界银行1999~2000年对80个国家的投资环境调查显示，中国位列融资约束程度最严重的国家之首（况学文，2008）。

因此，本文的研究，一方面，是应用市场微观结构的理论来探究和解决我国财务领域的这一难题，体现了新的研究视角、方法和思路，有利于推进我国目前亟待发展的市场微观结构理论和公司财务理论交叉问题的研究。同时，本文试图揭示融资约束对投资—现金流敏感性关系影响的方式及内在机理，可以深化我国目前关于这一领域的研究。另一方面，可以为我国企业高效管理现金流、合理制定投资决策、实质性降低企业融资成本提供理论依据，也能为我国建设需求匹配、制度合理、功能完善的资本市场提供相应的政策建议，还能为投资者的投资决策提供参考。

本文内容安排如下：第二部分为理论分析和研究假设；第三部分是研究设计；第四部分为实证结果和分析；第五部分为稳健性检验；最后是研究结论。

二、理论分析和研究假设

Myers 和 Majluf（1984）提出，当资本市场不够完善时，公司外部投资与内部人之间存在信息不对称，这使得外部融资的成本高于内部融资成本，投资者可能要求公司为使用外部资金而支付溢价，从而导致外部融资成本增加。而由于融资成本的提高，导致公司净现值为正的投资机会减少，由此公司的投资水平会降低。Hubbard（1998）对资本市场的不完善与企业投资之间的关系做了全面综述并指出，资本市场信息不对称模型和激励问题研究表明了信息成本和公司现金流会影响公司投资支出。

FHP（1988）依据信息不对称理论提出了融资约束假说，开创了融资约束下公司投资—现金流敏感性关系的研究。信息不对称造成了外部融资成本的差异，而融资成本的高低，反映了融资约束程度的大小。他们以 1970~1984 年 422 家美国制造业公司为研究对象，使用股利支付率作为融资约束的替代指标，研究公司投资行为的差异。他们认为，股利支付越高，表明公司的内部资金越充裕或外部融资难度较低，从而公司受到的融资约束较轻；反之，则说明公司受到的外部融资约束较大。实证结果表明，现金流的系数为正值，而且随着股利支付率的降低而增加。这意味着低股利支付率公司相比高股利支付率公司其投资—现金流敏感性更高，即受融资约束较严重的公司的投资—现金流敏感性相对较高。据此，本文提出以下假设：

假设 1：信息不对称水平越高，公司的投资越低。

假设 2：信息不对称程度高（融资约束较高）的公司比信息不对称程度低（融资约束较低）的公司有更高的投资—现金流敏感性。

与 FHP（1988）不同，KZ（1997、2000）发现企业融资约束程度与投资—现金流敏感性负相关，他们由此论证融资约束程度与投资—现金流敏感性之间并非简单的线性关系，并指出 FHP 所得到的投资—现金流敏感性差异不能作为存在融资约束的依据。FHP（2000）对 KZ 的批评予以了积极的反驳，他们指出 KZ 的理论分析未能证明 FHP 模型的漏洞。Cleary（1999）则进一步证实了 KZ 的研究，他研究了 1317 家美国公司 1987~1994 年的投资支出和内部现金流的关系，发现综合财务状况较好的公司的投资支出反而更依赖于内部现金流，从而为 KZ 的观点提供了大样本以及更为客观的数据支持。

Moyen（2004）则认为，造成 FHP 和 KZ 的研究结论不同的原因在于判断企业是否受到融资约束的标准不同。Cleary 等（2007）的实证研究从另外一个角度表明投资和内部现金流之间的关系是非线性的，在企业内部现金流充裕或者严重不足时，投资—现金流敏感性会比企业内部现金流一般时更高。事实上，当企业面临严重的融资约束时，由于需要付出高额成本获得外部融资，企业投资必然对公司内部现金流更加敏感；而当企业的融资约束程度很低时，由于过于容易获得资金，公司管理层可能会由于“代理成本”而产生过度投资行为，从而导致投资过度，引起较高的投资—现金流敏感性。据此，本文提出以下假设：

假设 3：融资约束程度与公司投资—现金流敏感性之间的关系是非线性的。受融资约束程度高或受融资约束程度低的公司，要比受融资约束程度中等的公司有更高的投资—现金流敏感性。

三、研究设计

（一）样本选择和数据来源

本文使用 2007 年作为样本研究的窗口期，在稳健性检验中，样本期间选取了 2004 年。这两个期间分别代表了中国 A 股市场牛市和熊市的两个阶段，且分属于股权分置改革的前后时期。样本的具体筛选规则和过程如下：①选取沪深两市中所属证监会行业门类中“制造业”的上市公司；②剔除同时发行 A 股、B 股或 H 股的公司；③剔除 2004 年及以后新上市的公司；④剔除 ST、PT 的公司；⑤剔除截至 2006 年 12 月 31 日，未完成股改的公司；⑥剔除 PIN 值为 0 或者为 1 的公司。

本文使用的 2007 年最终样本是 345 家公司，稳健性检验中 2004 年的样本数为 400 家公司。文中的高频数据来自 CCER 高频数据库。每笔行情记录包括证券代码、日期、时间、成交数量、五个买卖报价以及各报价上的买卖数量，其他财务数据来自 CSMAR 数据库。

（二）信息不对称指标的度量

本文使用市场微观结构理论中的信息不对称指标 PIN 值来度量融资约束程度。知情交易概率指标 PIN 值是根据在给定的时间内买卖订单的不平衡来估计知情交易水平的。Easley 等（2002）和 Easley、O'Hara（2004）论证指出 PIN 指标是实证研究中信息不对称的最好的衡量指标。Easley 等（1996）提出的信息交易概率模型（简称 EKOP 模型），可

以用来计算 PIN 值。EKOP 模型的基础是认为知情交易者只是买卖交易的一方，买卖订单的不平衡就代表了知情交易水平。EKOP 模型按照下面的公式进行参数估计：

$$L(\theta/B, S) = (1-\alpha)e^{-\varepsilon_b}\frac{\varepsilon_b^B}{B!}e^{-\varepsilon_s}\frac{\varepsilon_s^S}{S!} + \alpha\delta e^{-\varepsilon_b}\frac{\varepsilon_b^B}{B!}e^{-(\mu+\varepsilon_s)}\frac{(\mu+\varepsilon_s)^S}{B!}$$

$$+\alpha(1-\delta)e^{-(\mu+\varepsilon_b)}\frac{(\mu+\varepsilon_b)^B}{B!}e^{-\varepsilon_s}\frac{\varepsilon_s^S}{S!} \qquad (1)$$

其中 B 和 S 分别为主动性买单笔数和主动性卖单笔数，本文根据 Lee 和 Ready（1991）对主动性买单和卖单的买卖判断准则，将成交价与买卖报价的中点相比，高于中点为主动性买单，低于中点为主动性卖单；如成交价等于买卖报价中点，则与上一笔成交价相比较，高于上一笔成交价的为主动性买单，低于上一笔成交价的为主动性卖单。然后，使用极大似然法估计 $\theta = (\alpha, \mu, \delta, \varepsilon_b, \varepsilon_s)$ 的数值。其中，α 是信息事件发生概率，δ 是坏消息的概率，委托指令到达撮合系统时候服从泊松过程。μ 表示知情交易者提交的委托达到率，ε_b 表示非知情交易者提交买单到达率，ε_s 表示非知情交易者提交卖单到达率。

最后，依据以下公式计算出信息交易概率 PIN：

$$PIN = \frac{\alpha\mu}{\alpha\mu + \varepsilon_b + \varepsilon_s} \qquad (2)$$

本文在计算 PIN 值时，使用的数据来源于 CCER 高频数据库，使用的计算工具是 SAS 9.2。数据期间采用的是 2007 年 1~6 月[①]。之所以选用前 6 个月，是因为这个期间是上市公司公开年报或准备公开年报的高峰期，此阶段的知情交易和非知情交易的博弈最为激烈，所得到的 PIN 值对公司的信息不对称程度的代表性最强（Ascioglu 等，2008）。

（三）实证模型和研究变量

本文分别构建如下实证模型对第二部分提出的假设进行检验：

$$I_{it}/K_{i,t-1} = \alpha_0 + \alpha_1 PIN_{it} + \alpha_2(CF_{it}/K_{i,t-1}) + \alpha_3(Q_{i,t-1}) + \beta_j Control_j + \varepsilon_{it} \qquad (3)$$

$$I_{it}/K_{i,t-1} = \alpha_0 + \alpha_1 IADUM_{it} + \alpha_2(CF_{it}/K_{i,t-1}) + \alpha_3(Q_{i,t-1}) + \beta_1(CF_{it}/K_{i,t-1}) \times IADUM_{it} + \beta_j Control_j + \varepsilon_{it} \qquad (4)$$ [②]

$$I_{it}/K_{i,t-1} = \alpha_0 + \beta_1(CF_{it}/K_{i,t-1}) + \beta_2(CF_{it}/K_{i,t-1}) \times High_{it} + \beta_3(CF_{it}/K_{i,t-1})Low_{it} + \beta_j Control_j + \varepsilon_{it} \qquad (5)$$

各研究变量的定义见表 1。公式（3）是对假设 1 的检验，根据上文假设，可以预测：$\alpha_1 < 0$，表示信息不对称程度高的公司，其外部融资成本高，企业会因此而降低投资，

① 由于高频数据庞大的计算量，作者在现有资源条件下无法使用全年的高频数据计算 PIN 值，而 EKOP（1996）曾指出，使用三个月的数据足以计算出精确的 PIN 值。本文在资源限制和精准性的双重标准下，选择使用 6 个月的数据计算 PIN 值。

② 因我国存在反托宾 Q 现象（丁守海，2006；连玉君和程建，2008），故本文在建模时未加入投资机会与信息不对称的交乘项。

造成投资不足。其他控制变量以及 α_2、α_3 的值，本文预期与 FHP（1988）一致，即 $\alpha_2>0$，$\alpha_3>0$。

表 1 研究变量定义

变量符号	含义	计算方法	相关文献
$I_{it}/K_{i,t-1}$	企业当期新增投资	（固定资产原值、在建工程、工程物资三项的增加值之和）/期初固定资产净值	梅丹（2005）、袁玉平等（2008）
$CF_{it}/K_{i,t-1}$	现金流	当期经营活动产生的现金流量净额/期初固定资产净值	连玉君和程建（2007）
$Q_{i,t-1}$	未来的投资机会	滞后一期的（总市场价值+总负债）/总资产=（总股本×年末的收盘价）/总资产	Chung 和 Pruitt（1994）
$CASH_{i,t-1}/K_{i,t-1}$	期初现金存量	期初现金余额/固定资产净值	FHP（1988）
$(Debt/Assets)_{t-1}$	期初资产负债率	资产负债率=总负债/总资产	Ascioglu 等（2008）
$LnSize_{i,t}$	规模	公司总资产的自然对数	Ascioglu 等（2008）
$FSHR_{i,t}$	股权集中度	前五大股东的持股比例之和	Schleifer 和 Vishny（1986）
$SCDUM_i$	企业性质	实际控股东是否为国家股、国有股、国有法人股，是取 1，否取 0	郑江淮等（2001）
$SGR_{i,t-1}$	主营业务收入增长率	最近三年的主营业务收入增长率的平均值，衡量企业当前的投资机会	Cleary 等（2007）
$PIN_{i,t}$	知情交易的概率	使用 EKOP 模型估计得到，具体计算见公式（2）	EKOP（1996）
$IADUM_{i,t}$	信息不对称程度	PIN 值最大的前 20%，取值为 1，代表信息不对称程度较高；其余取 0	Ascioglu 等（2008）
High	高融资约束	PIN 值最大的前 20%，取值为 1，其余取 0	
Low	低融资约束	PIN 值最小的前 20%，取值为 1，其余取 0	

公式（4）是对假设 2 的检验，设置哑变量 $IADUM_{it}$，根据计算所得的 PIN 指标，当公司的 PIN 值位于最大的前 20%时，$IADUM_{it}$ 取值为 1；否则，取 0。在原有方程中加入交乘项 $(CF_{it}/K_{i,t-1})*IADUM_{it}$，考察信息不对称对投资—现金流敏感性的影响。根据上文假设，可以预测：$\alpha_1<0$，表示信息不对称程度高的公司，其外部融资成本高，企业会因此而降低投资，造成投资不足。$\beta_1>0$，表示信息不对称程度高，外部融资成本高，融资约束程度更加严重，企业将更多地依赖内部资金，从而导致更高的投资—现金流敏感性。

公式(5）是对假设 3 的检验，本文首先按照 PIN 值的分布将样本分为三组，PIN 值排在前 20%的公司为高融资约束组（High），PIN 值排在后 20%的公司为低融资约束组（Low）。将属于 High 组的公司，$High_{it}$ 取值为 1，其余为 0；将属于 Low 组的公司，Low_{it} 取值为 1，其余为 0。公式（5）中，β_1 表示融资约束程度一般时的投资—现金流敏感性系数；β_2 描述的是受融资约束程度高的公司的投资—现金流敏感性的变化；而 β_3 描述的是受融资约束程度低的公司的投资—现金流敏感性的变化。依据假设 3，受融资约束程度高的公司和受融资约束程度低的公司的投资—现金流敏感性都会更高，因此，本文预期 $\beta_2>0$，$\beta_3>0$。

四、实证结果与分析

（一）描述统计

由表 2 可知，从 2004 年到 2007 年，我国上市公司的信息不对称情况有很大的改观，即从 2004 年的均值 0.2519 下降到了 2007 年的均值 0.1982，知情交易概率有了显著的下降，这主要归功于我国近年来资本市场建设的不断完善和股权分置改革的基本完成。但是，2007 年我国 A 股市场上市公司之间的信息不对称水平差异性仍然比较大。

表 2　PIN 值的总体分布统计

样本	均值	中值	最小值	最大值	标准差	样本量
2004 年	0.2519	0.2579	0.0067	0.4086	0.0658	400
2007 年	0.1982	0.1075	0.0005	0.5174	0.1634	345

关于投资—现金流敏感性的研究，国内外学者分别使用了不同的指标作为融资约束程度的划分标准，如规模、股利支付率、是否国有控股公司、股权集中度等。接下来，本文将利用传统研究中常用的若干指标，考察这些传统指标分组下的 PIN 值有何不同。如表 3 所示，在不同规模、不同企业性质、不同股利支付率水平、不同股权集中度下 PIN 值都出现了显著的差异。不分派股利的公司、国有控股公司、股权集中度低的公司的信息不对称水平比大规模公司、分派股利的公司、非国有控股公司、股权集中度高的公司更高，即所受的融资约束程度更高。由此可见，本文的信息不对称指标 PIN 值比较综合和全面地反映了公司融资约束的状况。

表 3　基于不同分类标准的 PIN 值统计分析

分组标准	样本组①	观测值	均值（PIN）	标准差	T 检验
规模	大规模组	70	0.1602	0.1386	–2.015**
	小规模组	70	0.2106	0.1568	
股利支付率	分派股利组	166	0.1781	0.1602	–2.210**
	不分派股利组	179	0.2168	0.1646	

① 规模按大小顺序排序，将位于最大值前 20%位的分为最大规模组，位于后 20%的为分小规模组；股利支付率按照上一年度是否分派股利，将样本分为分派股利组和未分派股利组；按照实际控股股东是否为国有股、国家股或者国有法人股，分为国有控股公司和非国有控股公司；按前五大股东的持股比例之和大小排序，将前 20%的组分为股权集中度高的组，将低于 20%的组分为股权集中度低的组；按从高到低的顺序，将资产负债率高的前 20%家公司定义为高资产负债率组，后 20%定义为低资产负债率组。

续表

分组标准	样本组	观测值	均值（PIN）	标准差	T 检验
是否国有控股	国有控股	232	0.2103	0.1682	2.058**
	非国有控股	113	0.1733	0.1506	
股权集中度	集中度高	70	0.1816	0.1496	−1.812*
	集中度低	70	0.2322	0.1797	
资产负债率	资产负债率高	70	0.1967	0.1506	0.166
	资产负债率低	70	0.1921	0.1693	

注：** 为在 5%水平上显著，* 为在 10%水平上显著。

（二）多元回归结果分析

本文数据属于截面数据，因此使用最小二乘法进行多元回归分析。各模型的多元回归结果见表 4。

表 4　多元回归结果

变量	（1）	（2）	（3）
Constant	0.073 (0.222)	−0.052 (−0.160)	−0.085 (−0.270)
$CF_{it}/K_{i,t-1}$	0.159*** (3.641)	0.120*** (2.650)	0.071 (1.440)
$Q_{i,t-1}$	−0.057*** (−3.185)	−0.056*** (−3.180)	−0.051*** (−2.850)
$PIN_{i,t}$	−0.206** (−2.534)		
$IADUM_{i,t}$		−0.156*** (−3.770)	−0.154*** (−3.760)
CF × IADUM		0.373** (2.470)	
CF × Low			0.241*** (2.570)
CF × High			0.419*** (2.770)
$LnSize_{i,t}$	0.005 (0.31)	0.011 (0.690)	0.010 (0.680)
$SCDUM_t$	0.053* (1.875)	0.050* (1.770)	0.056** (2.010)
$CASH_{i,t-1}/K_{i,t-1}$	0.021 (0.941)	0.023 (1.060)	0.028 (1.280)
$(Debt/Assets)_{t-1}$	0.158* (1.779)	0.126 (1.440)	0.158* (1.800)
$FSHR_{i,t}$	0.001 (0.753)	0.001 (0.790)	0.001 (0.900)

续表

变量	(1)	(2)	(3)
$SGR_{i,t-1}$	0.023 (1.024)	0.022 (1.000)	0.022 (1.020)
N	345	345	345
F	4.704***	5.090***	5.310***
Adj_R²	0.088	0.106	0.121

注：*** 为在 1%水平上显著，** 为在 5%水平上显著，* 为在 10%水平上显著。

公式（3）的回归结果表明信息不对称确实是影响公司投资的重要因素。回归得到的 PIN 值系数为–0.206，在 5%的置信水平上与投资显著负相关，证实了本文假设 1，即投资会随着信息不对称水平的提高而降低。信息不对称程度越高，公司面临的融资成本越高，可供投资的资金越少，从而导致投资降低。这与 Cleary 等（2007）的结论一致，即公司投资随着信息不对称程度的提高会降低，高信息不对称会造成企业投资不足。

公式（4）的回归结果表明，现金流与投资的关系仍然显著为正（系数为 0.120，1%的水平上显著）；CF*IADUM 的系数为 0.373，在 5%的水平上显著，这说明信息不对称水平较高时，公司投资对内部现金流的依赖程度更高，即表现出更高的投资—现金流敏感性，验证了本文假设 2。如前文所述，信息不对称程度较高，代表融资约束程度较高，当公司所面临的融资约束程度更高时，公司投资对现金流的依赖性也更加严重。

从公式（5）的回归结果来看，CF*High 与 CF*Low 的系数都显著为正，与假设 3 一致，即投资—现金流敏感性与融资约束的关系不是单调的，在融资约束程度高和融资约束程度低的时候，投资—现金流敏感性都会更高。在公司面临高融资约束程度时，由于外部融资成本高，投资会更加依赖内部现金流，所以表现出更高的投资—现金流敏感性，这与 FHP（1988）的结果一致。但本文同时也发现，融资约束程度低的公司的投资—现金流的敏感性也比融资约束中等的公司更高，这与 KZ（1997）和 Cleary（1999）的实证结果相似（他们针对美国上市公司的实证研究都发现在非融资约束组公司反而表现出了更为强烈的投资—现金流敏感性）。

依据 Jensen（1986）的自由现金流假说，当企业存在大量的自由现金流量时，由于代理成本问题，企业的经营管理者有可能将企业的自由现金投资于能够给其带来非货币收益的企业投资规模扩大的项目上，从而导致企业过度投资行为的发生。由于信息不对称是造成融资约束的原因，因此当信息不对称程度很高时，企业的融资约束程度也很高。此时企业缺乏资金，只要有现金就会全部用于投资。在这种情况下，企业不存在多余的资金供管理者挥霍。所以当企业的融资约束程度很高时，即使企业存在代理问题，也不会对企业的投资行为有什么影响。此时的企业受融资约束的影响比较大，表现为投资—现金流敏感性比较高。

但是当企业信息不对称程度较小时，企业的融资约束程度较小，说明公司很容易取得外部融资，对内部现金流的依赖减小。此时，企业资金充裕，企业经营管理者拥有挥霍资金的条件。在这种情况下，如果企业的公司治理机制比较完善，能够很好地约束和激励管理者，那么就不会出现代理问题，从而不会产生过度投资的行为，即表现为投资—现金流敏感性比较低；但是如果企业的公司治理机制比较差，不能够有效地制约管理者，那么管理者就会谋求自身利益最大化，做出偏离企业利益最大化目标的投资决策，如为获取个人威望、权力、地位和报酬等额外的私人收益而热衷于建造自己的公司帝国（empire building）或进行多样化投资等，表现为投资—现金流敏感性比较高。

综上，基于市场微观结构理论角度的实证研究表明，根源于信息不对称的融资约束与投资—现金流敏感性之间的关系并非是简单的线性关系。基于信息不对称理论的融资约束假说不能完全解释我国上市公司的投资—现金流敏感性问题。我国上市公司可能同时存在着融资约束导致的投资不足问题和代理成本导致的投资过度问题（连玉君和程建，2007）。当公司信息不对称程度低时，融资成本较低，公司可以获得充裕的资金，公司管理层的过度投资行为导致了投资—现金流敏感性；而当信息不对称程度高时，融资成本较高，投资—现金流敏感性主要是由融资约束导致的。

此外，本文还发现投资与托宾 Q 显著负相关，理论上可以推断，如果托宾 Q 确实代表了未来投资机会，那么 Q 越大，说明公司的成长性越好，则公司的投资应该越大，然而，本文的实证结果却没有反映出这种托宾 Q 效应。有学者研究表明我国存在明显的“反托宾 Q”现象（丁守海，2006），这种“反托宾 Q”现象是因为我国的投资具有非理性特点。

最后，上述 3 个回归中，控制变量规模和现金存量的系数不显著；而国有控股公司的投资要显著大于非国有控股公司，说明在国有控股公司，资本市场的融资约束并没有导致其减少投资；资产负债率与投资正相关，这个结论与 Jensen 和 Meckling（1976）的“负债抑制投资”理论以及 Jensen（1986）的“负债约束过度投资”理论相反。本文推测，这可能是由于 2006 年我国宽松的货币政策导致公司较为容易获得债务融资，使得 2007 年时公司资金比较充裕，从而导致了更高的投资水平。

五、稳健性检验

（一）基于 2004 年样本的稳健性检验

本文上述研究是采用 2007 年沪深两市的制造业上市公司为研究样本，而由于 2007 年我国上市公司的股改已基本完成，市场正处于牛市阶段，似乎有其特殊性。为了使结论更具一般性和更有说服力，以下使用 2004 年（股改前，熊市期间）的数据做稳健性检验。

总体上看，使用 2004 年的样本进行回归得到的结果与使用 2007 年的样本得到的结论基本一致（见表 5）。回归（4）的结果表明公司投资对内部现金流的依赖，证实了信息不对称会降低投资，导致更高的投资—现金流敏感性。然而，与 2007 年样本的回归结果不同的是，回归（4）中投资与资产负债率显著负相关，这就验证了 Jensen 和 Meckling（1976）

表 5 基于 2004 年数据的稳健性检验结果

变量	(4)	(5)	(6)
Constant	-0.399 (-1.030)	-0.618 (-1.640)	-0.542 (-1.430)
$CF_{it}/K_{i,t-1}$	0.084** (2.000)	0.052 (1.070)	0.001 (0.020)
$Q_{i,t-1}$	-0.037 (-0.850)	-0.020 (-0.460)	-0.030 (-0.700)
PIN	-0.569*** (-3.160)		
$IADUM_{i,t}$		-0.089*** (-2.800)	-0.090*** (-2.860)
CF × IADUM		0.141 (1480)	
CF × Low			0.186** (1.998)
CF × High			0.193* (1.950)
$(Debt/Assets)_{t-1}$	-0.125*** (-2.700)	-0.134*** (-2.890)	-0.134*** (-2.890)
N	400	400	400
F	6.480***	5.610***	6.047***
Adj_R^2	0.110	0.104	0.102

注:(1) * 表示显著性水平为 10%, ** 表示显著性水平为 5%, *** 表示显著性水平为 1%;(2) 基于篇幅限制,未报告相关控制变量的回归结果。

的“负债抑制投资”理论和 Jensen(1986)的“负债约束过度投资”理论。

回归(5)中,加入了哑变量 IADUM 和交乘项 CF × IADUM,结果显示 IADUM 的系数显著为负(系数-0.089,T 值为-2.800),CF × IADUM 的系数为正,表明信息不对称程度高的公司投资水平更低,并且表现出更强的投资—现金流敏感性。

从回归(6)的结果看,CF × Low 和 CF × High 的系数都显著为正,而 $CF_{it}/K_{i,t-1}$ 的系数则不再显著,说明在 2004 年,我国上市公司的融资约束与投资—现金流敏感性的非线性关系是成立的。这也就为本文假设 3 提供了有力证据。

(二)基于有效价差和逆向选择成分的稳健性检验

Amihud 和 Mendelson(1986)最先提出了资产流动性对资产定价的影响,他们发现对于流动性越高的股票,投资者面临的流动性成本越低,相应地,其所要求的必要收益率就会越低,也就是说,公司进行融资的成本也就越低。Butler 等(2002)验证了股票市场中流动性溢价的存在,他们发现流动性越低的股票,其增发所需要的时间就越长,增发成本越大。对于流动性的度量,市场微观结构理论研究已经有较为成熟的度量方法,其中有效价差(effective spread)被认为是衡量市场流动性的最重要的指标,其计算方法如下:

$$efs = \frac{Price - (Ask + Bid)/2}{Price} \tag{6}$$

其中，Price 是成交价格，Ask 为买一价，Bid 为卖一价。本文在计算价差时，所使用的高频数据期间是 2007 年 1 月至 6 月。

买卖价差中的逆向选择因素是市场微观结构理论中衡量信息不对称的指标之一。目前很多市场微观结构文章采用价差中的逆向选择成分度量市场信息不对称程度，例如，Singh 等（1994）利用价差逆向选择成分研究回购前后的信息不对称程度，Fee 和 Thomas（1999）利用其研究多元化和专业化公司的市场信息不对称程度。王志强和陈培昆（2006）也考察了深交所上市公司的逆向选择成分与公司特征之间的关系以及逆向选择成分的日内变动模式，得到的结论是使用 LSB 模型分解出来的逆向选择成分具有较高的可信度，基本符合信息不对称与公司特征之间的逻辑关系以及信息不对称的日内变动模式。

在计算出买卖价差之后，本文进一步对价差进行分解，得到逆向选择成分 λ。计算采用 Lin 等（1995）提出的（LSB）模型。

依照前文对 PIN 值的分组规则，本文接下来分别使用有效价差和逆向选择成分指标替代 PIN 值进行分组，然后加入交乘项 CF*IADUM 进行稳健性检验。

表 6 的回归结果显示，无论是使用有效价差还是使用逆向选择成分作为信息不对称程度的衡量标准，所得到的 $IADUM_{i,t}$ 的系数都显著为负，说明在信息不对称程度高时，投资确实会降低。不过在使用有效价差作为信息不对称的代理变量时，发现 CF*IADUM 的系数虽然仍然为正，但不显著；而使用价差分解后的逆向选择成分 λ 作为信息不对称的代理变量后，CF*IADUM 的系数在 10%的置信水平上显著为正，与前文的结论一致，即更高的信息不对称水平会导致更高的投资—现金流敏感性。同时，“反托宾 Q”效应在回归中仍然非常显著。

表 6　基于价差和逆向选择成分的稳健性检验结果

变量	信息不对称指标为 efs	信息不对称指标为 λ
Constant	0.016 (0.050)	−0.084 (−0.260)
$CF_{it}/K_{i,t-1}$	0.136*** (2.840)	0.123*** (2.630)
$Q_{i,t-1}$	−0.055*** (−3.000)	−0.054*** (−2.990)
$IADUM_{i,t}$	−0.092** (−2.360)	−0.118*** (−2.880)
CF × IADUM	0.131 (1.120)	0.266* (1.790)
N	345	345
F	4.130***	4.430***
Adj_R^2	0.083	0.091

注：(1) * 表示显著性水平为 10%，** 表示显著性水平为 5%，*** 表示显著性水平为 1%；(2)括号内为 T 值；(3)基于篇幅限制，未报告相关控制变量的回归结果。表 7 同。

表 7 是基于价差和逆向选择成分的非线性关系稳健性检验结果。与前文使用 PIN 值进行的单调性检验结果相比，使用这两个替代指标所得到的回归结果没有使用 PIN 值时那么显著。使用有效价差时，CF*Low 在 5%的水平上显著为正，CF*High 的系数为正，t 值为 1. 580，接近于在 10%的水平上显著。这表明，融资约束程度较高和融资约束程度较低时，投资—现金流敏感性均高于融资约束中等程度时的情况。也就是说，在我国，融资约束程度和投资—现金流敏感性的关系是非线性的，上市公司可能同时存在着融资约束导致的投资不足问题和代理成本导致的投资过度问题。当使用逆向选择成分替代 PIN 时，本文发现，CF*High 的系数在 10%的水平上显著为正，但 CF*Low 不显著。也就是说，当信息不对称程度较高时，融资成本较高，投资—现金流敏感性较高；当信息不对称程度较低时，投资—现金流的敏感程度不如前者明显，但融资约束依然与投资现金流敏感性之间保持非线性关系。总的来说，在使用有效价差和逆向选择成分作为融资约束程度的代理变量时，得到的结论与前文基本一致，融资约束与投资—现金流敏感性之间存在非线性关系，融资约束导致的投资不足与代理成本导致的投资过度是产生这种非线性关系的根源。

表 7　基于价差和逆向选择成分的非线性关系稳健性检验结果

变量	$IADUM_{i,t}$ 为有效价差	$IADUM_{i,t}$ 为逆向选择成分
Constant	0.200 (0.600)	−0.089 (−0.270)
$Q_{i,t-1}$	−0.067*** (−3.530)	−0.053*** (−2.780)
$IADUM_{i,t}$	−0.095** (−2.450)	−0.117*** (−2.850)
$CF_{it}/K_{i,t-1}$	0.078 (1.430)	0.129** (2.150)
CF × Low	0.179** (2.150)	−0.014 (−0.170)
CF × High	0.189 (1.580)	0.260* (1.700)
N	345	345
F	4.220***	4.020***
Adj_R^2	0.093	0.088

注：* 表示显著性水平为 10%，** 表示显著性水平为 5%，*** 表示显著性水平为 1%。

总之，使用上述不同的检验方法对本文结论进行稳定性检验时发现，无论是使用不同样本期间的数据，还是使用不同的投资度量指标，或是替换信息不对称度量指标，都表明高信息不对称会导致公司投资降低并使得公司的投资—现金流敏感性更高，融资约束与投资—现金流敏感性之间并非是简单的线性关系。

六、研究结论

本文通过利用市场微观结构理论的研究成果，使用高频数据计算得到信息不对称指标PIN值，并使用该指标来检验信息不对称水平对公司投资以及投资—现金流敏感性的影响，最后在此基础上进一步分析了基于信息不对称的融资约束与投资—现金流之间的关系，得到的主要结论有：

（1）信息不对称对公司投资有显著影响。本文的实证结果从市场微观结构理论的角度证实了公司投资与公司信息不对称之间的显著负相关关系，即公司投资随着信息不对称程度的提高而降低；相对于社会最优水平，高信息不对称会导致公司投资不足。该结论与Cleary等（2007）的理论模型的推断是一致的。

（2）信息不对称程度高的公司的投资—现金流敏感性要比信息不对称程度低的公司更高。该实证结论与FHP（1988）的融资约束假说在一定程度是一致的。也就是说，本文的实证结果从市场微观结构理论的角度为"融资约束假说"提供了支持。本文研究表明信息不对称较高时，会导致较高的外部融资成本，当公司面临内外部融资差异时，公司投资会首先考虑内部现金流，从而导致公司投资对公司内部现金流产生依赖，即表现出显著的投资—现金流敏感性。这种敏感性在公司面临的信息不对称程度很高时，会表现得更为严重。

（3）基于信息不对称的融资约束与投资—现金流敏感性之间并不存在简单的单调关系，这一点与KZ（1997）的推断一致。本文基于市场微观结构理论角度的实证研究表明，当公司融资约束程度很低时，与融资约束程度很高时类似，都出现了更高的投资—现金流敏感性。这也就意味着，根源于信息不对称的融资约束与投资—现金流敏感性之间的关系并非是简单的线性关系。基于信息不对称理论的融资约束假说不能完全解释我国上市公司的投资—现金流敏感性问题。我国上市公司可能同时存在着融资约束导致的投资不足问题和代理成本导致的投资过度问题。当公司信息不对称程度低时，即融资成本较低，公司可以获得充裕的资金，公司管理层的过度投资行为导致了投资—现金流敏感性；而当信息不对称程度高时，融资成本较高，投资—现金流敏感性主要是由于融资约束导致的。

参考文献：

[1] 丁守海. 托宾Q值影响投资了吗——对我国投资理性的另一种检验［J］. 数量经济技术经济研究，2006（12）.

[2] 韩冬，王春峰，岳慧煜. 中国股市买卖价差成分分析——基于指令驱动市场的实证研究［J］. 北京理工大学学报，2006（1）.

[3] 况学文. 中国上市公司现金持有政策研究——基于融资约束理论的经验证据［D］. 厦门大学博士

学位论文，2008.

[4] 连玉君，程建. 投资—现金流敏感性：融资约束还是代理成本 [J]. 财经研究，2007 (2).

[5] 罗琦，肖文翀，夏新平. 融资约束抑或过度投资 [J]. 中国工业经济，2007 (2).

[6] 马国臣，李鑫，孙静. 中国制造业上市公司投资——现金流高敏感性实证研究 [J]. 中国工业经济，2008 (10).

[7] 梅丹. 上市公司固定资产投资规模影响因素 [J]. 证券市场导报，2005 (9).

[8] 王志强，陈培昆. 深市买卖价差逆向选择成分的估算与分析 [J]. 证券市场导报，2006 (3).

[9] 杨华军，胡奕明. 制度环境与自由现金流的过度投资 [J]. 管理世界，2007 (9).

[10] 袁玉平，陈明，袁淳. 基于代理成本视角的公司投资支出季度性差异研究 [J]. 证券市场导报，2008 (6).

[11] 郑江淮，何旭强，王华. 上市公司投资的融资约束：从股权结构角度的实证分析 [J]. 金融研究，2001 (11).

[12] 支晓强，童盼. 管理层业绩报酬敏感度、内部现金流与企业投资行为——对自由现金流和信息不对称理论的一个检验 [J]. 会计研究，2007 (10).

[13] Amihud Y., Haim Mendelson. Asset Pricing and the Bid-ask Spread [J]. Journal of Financial Economics, 1986, 17 (2): 223-249.

[14] Asli Ascioglu, Shantaram P. Hegde, John B. McDermott. Information Asymmetry and Investment-Cash Flow Sensitivity [J]. Journal of Banking & Finance, 2008, 32 (6): 1036-1048.

[15] Athey M. J., Laumas P. S. Internal Funds and Corporate Funds in India [J]. Journal of Development Economics, 1994 (45): 287-303.

[16] Brockman, Chung. Bid-Ask Spread Components in an Order-Driven Environment [J]. Journal of Financial Research, 1999 (22): 227-246.

[17] Butler W., Grullon G., Weston J. P. Stock Market Liquidity and Cost of Raising Capital [D]. SSRN Working Paper, 2002.

[18] Charles M. C. Lee, Mark J. Ready. Inferring Trade Direction from Intraday Data [J]. Journal of Finance, 1991 (2): 733-746.

[19] Chung Kee H, Stephen W. Pruitt. A Simple Approximation of Tobin's Q [J]. Financial Management, 1994, 23 (3): 70-74.

[20] Cleary, S. The Relationship between Firrn Investment and Financial Status [J]. Journal of Finance, 1999, 54 (2): 673-692.

[21] Cleary, S., P. P. Ovel, and M. Raith. The U-shaped Investment Curve: Theory and Evidence [D]. Working Paper, 2004.

[22] Cleary, S., Povel P., Raith M. The U-shaped Investment Curve: Theory and Evidence [J]. Journal of Financial and Quantitative Analysis, 2007, 42 (1): 1-40.

[23] Degryse, H., Jong, A. De. Investment and Internal Finance [J]. International Journal of Industry Organization, 2001, 24 (1): 125-147.

[24] Easley D., Kiefer N., O'Hara M., Paperman, J. Liquidity, Information and Infrequently Traded Stocks [J]. Journal of Finance, 1996, 51 (4): 1405-1436.

[25] Easley, D., Hvidkjaer, S., O'Hara, M. Is Information Risk a Determinant of Asset Returns [J]. Journal of Finance, 2002, 57 (5): 2185-2221.

[26] Easley, D., O'Hara, M. Information and the Cost of Capital [J]. Journal of Finance, 2004, 59 (4): 1553-1583.

[27] Fazzari S. M. and Petersen B. C. Working Capital and Fixed Investment: New Evidence on Financing Constraints [J]. RAND Journal of Economics, 1993 (24): 328-342.

[28] Fazzari S. M., Hubbard R. G., Petersen B. C. Financing Constraints and Corporate Investment [J]. Brookings Papers on Economic Activity, 1988 (1): 141-195.

[29] Fazzari S. M., Hubbard R. G., Petersen B. C. Investment-Cash Flow Sensitivities Are Useful: A Comment on Kaplan and Zingales [J]. Quarterly Journal of Economics, 2000, 115 (2): 695-705.

[30] Fee, C. E. and S. Thomas. Corporate Diversification, Asymmetric Information, and Firm Value: Evidence from Stock Market Trading Characteristics [D]. University of Pittsburgh, Working Paper, 1988.

[31] Gilchrist, S., Himmelberg, C. Evidence on the Role of Cash Flow for Investment [J]. Journal of Monetary Economics, 1995 (36): 541-572.

[32] Hubbard, R. Gleen, Kashyap, Anil K. and Whited, Toni M. International Finance and Firm Investment [J]. Journal of Money, Credit, Banking, 1985, 27 (3).

[33] Hubbard, R. G. Capital Market Imperfections and Investment [J]. Journal of Economic Literature, 1998, 36 (1): 193-225.

[34] Jensen, M. C. Agency Costs of Free Cash Flow, Corporate Finance and Takeovers [J]. American Economic Review, 1986, 76 (2): 323-329.

[35] Jensen, M. C., Meckling W. H. Theory of the Firm: Managerial Behavior, Agency Costs and Ownership Structure [J]. Journal of Financial Economics, 1976, 3 (4): 305-360.

[36] Kaplan S, L Zingales L. Do Investment-Cash Flow Sensitivities Provide Useful Measures of Financial Constraints? [J]. Quarterly Journal of Economics, 1997, 112 (1): 169-215.

[37] Kaplan S, L Zingales L. Investment-Cash Flow Sensitivities Are not Valid Measures of Financing Constraints [J]. Quarterly Journal of Economics, 2000 (115): 707-712.

[38] Lin J., Sanger G., Booth G. Trade Size and Components of the Bid-ask Spread [J]. Review of Financial Studies, 1995, 8 (4): 1153-118.

[39] Madhavan, A. Market Microstructure: A Survey [J]. Journal of Financial Markets, 2000, 3 (3): 205-258.

[40] Modigliani F., Miller M. H. The Cost of Capital, Corporation Finance and the Theory of Investment [J]. American Economic Review, 1958, 48 (3): 261-297.

[41] Moyen. N. Investment-cash Flow Sensitivities: Constrained Versus Unconstrained Firms [J]. Journal of Finance, 2004, 59 (5): 2061-2092.

[42] Myers S. C., Majluf N. S. Corporate Financing and Investment Decisions when Firms Have Information that Investors do not Have [J]. Journal of Financial Economics, 1984, 13 (2): 187-221.

[43] O'Hara M. Making Market Microstructure Matter, Financial Management, 1999, 28 (2): 83-91.

[44] Pawlina, G, and Renneboog, L. Is Investment-Cash Flow Sensitivity Caused by Agency Costs or Asymmetric Information? Evidence from The UK [J]. European Financial Management, 2005, 11 (4): 483-513.

[45] Richardson, S. Over-investment of Free Cash Flow [J]. Review of Accounting Studies, 2006 (11): 159-189.

[46] Schaller H. Asymmetric Information, Liquidity Constraints and Canadian Investment [J]. Canadian

Journal of Economics, 1993 (26): 552–574.

[47] Schleifer A., Vishny R. W. Large shareholders and corporate control [J]. Journal of Political Economy, 1986 (94): 461–488.

[48] Shin H., Park, Y. Financing Constraints and Internal Capital Markets: Evidence from Korean Cos [J]. Journal of Corporate Finance, 1999 (5): 169–191.

[49] Singh A. K., M. A. Zaman, C. Krishnamurti. Liquidity Changes Associated with Open Market Repurchases [J]. Financial Management, 1994, 23 (1): 47–55.

[50] Whited, T. Debt, Liquidity Constraints and Corporate Investment: Evidence from Panel Data [J]. Journal of Finance, 1992 (47): 1425–1459.

Information Asymmetry and Investment–Cash Flow Sensitivity: An Empirical Research Based on Market Microstructure Theor

Qu Wenzhou, Xie Yalu, Ye Yumei

(School of Management, Xiamen University, Xiamen 361005, China)

Abstract: Investment–cash flow sensitivity is one of the main topics in investment theory research. Currently, the hottest debates are how to measure the financial constraint and what the relationship between financial constraint and cash–flow sensitivity is. We use PIN, which is a direct measurement for information asymmetry, as the measurement of financial constraint. This measurement is based on microstructure theory and calculated by using high–frequency data from capital market. Our analyses prove that the higher the information asymmetry is, the lower firm investment will be. Further, we also find the higher the information asymmetry is, the higher investment–cash flow sensitivity will be, namely higher financial constraint would bring higher investment–cash flow sensitivity. We also exam the monotonicity between investmentcash flow sensitivity and financial constraint, which shows that there is an unmonotonicity relationship between financial constraint and investment–cash flow sensitivity.

Key Words: investment–cash flow sensitivity; information asymmetry; microstructure

配股融资、市场反应与投资者收益*

何德旭　饶明
（中国社会科学院数量经济与技术经济研究所，北京　100732；
信达证券研发中心，北京　100031）

【摘　要】配股融资对市场的实际影响程度有多大，以及内在的影响机制与途径是什么？在更加严格的标准筛选样本、信息泄露时间点的准确估计和多窗口 CAR 的计算基准统一的基础上，再结合配股融资的关键进程，本文的研究发现，配股融资公告后，股票价格表现出阶段性特征，并不完全为负价格效应，而且各条途径影响股价的机制也随时间长度变化，但配股价格的折让率一直是配股影响股价的最重要途径。

【关键词】配股融资；市场反应；超额收益；累计超额收益率；影响机制与途径

一、引言

股权再融资对上市公司股票收益率会造成多大的影响及其内在的影响机制，一直备受学术界和市场投资者的高度关注，尤其是 2010 年超大规模的股权再融资，更是成为了金融界尤其是证券市场关注的焦点问题。一方面原因在于上市公司再融资公告后，其股票价格通常表现为下跌，直接关系着市场投资者的切身利益；另一方面也是由于我国上市公司普遍存在强烈的股权再融资偏好，这也激发了理论界揭示其背后的内在机理的浓厚兴趣。虽然股权再融资不只配股这一种形式，但在 1998~2008 年，我国配股融资的总次数一直居于首位。就对股东利益的影响而言，配股融资对其所有股东尤其是流通股股东又具有一定的强迫性，影响范围无疑更加广泛；而且我国上市公司在证券市场上配股融资也将是一个长期的现象，证券投资者自然难以回避。配股融资公告后，市场反应如何？投资者

* 本文选自《金融研究》2011 年第 12 期。

作者简介：何德旭，经济学博士、中国社会科学院数量经济与技术经济研究所副所长、研究员、教授、博士生导师。饶明，经济学博士，信达证券股份有限公司研发中心研究员。

收益会受到多大程度影响？内在的影响机制又是什么？为此，在借鉴已有研究成果的基础上，本文试图对上述问题进行系统地实证研究，并揭示配股融资影响市场的实际过程和内在机制。

二、文献述评及本文的研究机遇

（一）理论研究：公告效应为负

已有理论研究表明，上市公司配股融资将对股票价格带来负面效应。资本结构变化假说（Galai 和 Masulis，1976）认为配股可能导致市场的负面反应。一是股权融资会使公司债务风险变小，把财富从股东手里转移到债权人手里（DeAngelo，1980）；二是财务杠杆降低增加了资本成本，减少了公司价值。价格压力假说（Kalay 和 Shimrat，1987）则认为公司股票需求曲线是向下倾斜的，增加股票的供给会使股价下跌。Miller 和 Rock（1985）、Teoh、Welch 和 Wong（1998）研究公司现金盈余后认为，企业通过调整可操控性应计利润来提高了股票再发行前的报告盈余，而再融资后可操纵应计利润的逆转，经营业绩和股票收益自然会下降。而原有股东通过报告盈余判断企业的价值时，由于没有能够及时看穿企业的盈余管理行为，就在高价买人了公司股票（Rangan，1998）。Loughran 和 Ritter（1995）则认为，公司在股权再融资后股票收益长期表现较差，其原因在于投资者情绪对股票收益的影响，那些购买公司股票的投资者在股票发行时会系统地高估股票的价值。此外，还有学者认为，配股的交易成本高于公开发行的交易成本，因此配股公告后的股价将下跌（Hansen，1988）。

配股融资实施后无疑将在一定程度上削弱股东的权益，而这在我国则具有一定的特殊性。由于股权分置状态，非流通股股东与流通股股东利益是分割的，虽然非流通股股东参加配股后，其每股净资产增长率将显著放缓；但在非流通股不参加配股的情况下，流通股股东财富的减少却能带来非流通股财富的增加，配股价格越高，流通股东的损失就越大（李康，2003）。上市公司配股公告宣布后，非流通股股东对投资项目好坏往往具有私人信息，便会不顾忌项目的好坏进行配股融资，而流通股股东却会通过抛售股票“逃权”，对配股公告这一事件作出负面反应（宋献中，2009）。从公司业绩来讲，我国上市公司在配股前三年及当年往往存在系统的盈余管理行为，操纵了应计净利润并转移到配股前，不但降低了资本的配置效率，也误导了投资者、债权人和政府等会计信息使用者的决策行为（张祥建，2005）。因此，上市公司配股前的自由现金流量越多，公司的成长性越高，资产规模越大，公司配股后业绩下降得越快，而且公司股权集中度低与投资水平低的上市公司，配股后的业绩下降得更快（杜沔，2006）。因此，毛小元（2008）认为，上市公司配股发行后的长期收益低并不是一个异象，而是这类股票的特定“收益模式”。

（二）经验实证：公告效应未必为负

从配股再融资对股票市场的影响幅度的经验实证结果来看，由于研究样本选取与处理方法的不同，得出的研究结论也有所差异。在国外股市，配股公告后，上市公司的股票收益率大多表现为下降，显示公告效应为负，但国内的研究表明，配股公告后，股票的超额收益率未必均表现为下降。虽然国内早期的多数研究认为，配股说明书公告后市场会做出负面反应，即我国的股权再融资无论是采取增发还是采取配股都对公司价值有损害，都不受市场投资者欢迎（管征，2008）。不过，也有研究表明，参与配股会给流通股带来显著的正累积超额收益率。比如，李康（2003）对我国沪深两市 2000 年和 2001 年全部 A 股配股的研究发现，配股给参与配股的流通股股东带来显著的超额收益，均值为 3.85%；而且流通股股东的超额收益率与折扣率呈显著的正相关关系，相关系数达到了 11.91。同年，Wang 等（2003）对中国 1994~1999 年的 432 次配股事件的实证分析表明，配股的平均累积超额收益率（4.8%）同样显著大于零。再如，原红旗（2004）以 1995~2000 年实施配股的 A 股上市公司为样本，根据大股东认购配股比例的高低区分为高认购组和低认购组，发现高认购组的事件日超额收益率和两日累积超额收益率显著大于零，低认购组的超额收益率不显著。

事实上，配股公告后上市公司股票的超额收益率均值并不完全表现为小于零。对于这一现象，国内学者也注意到了，配股公司股票累计超额收益率表现各异可能受到了事件窗口的时间长度不同的影响，但其实证结论同样存在分歧。胡援成（2006）采用（–5，5）、（–15，15）和（–40，20）三个事件窗口对配股的公告效应进行研究的结果表明，事件窗口的选择对某些研究组别的结论会带来影响，而且导致了累计超额收益率随时间逐步增加。王亚平（2006）选取四个不同的时间窗口，即再融资公告后 5 天、10 天、半年和 1 年进行研究的结果表明，增发和配股的都存在负价格效应。管征（2008）选取（–60，60）、（–15，15）、（–1，1）和（–1，0）四个时间窗口对增发和配股的累计超额收益率进的研究结果表明，配股公告后，在不同的时间窗口下，CAR 既可能表现为在短时间窗中为负效应，在长时间窗口表现为正效应。而宋献中（2009）从（–t，5）五个时间窗口（其中，t = l，2，3，4，5）对 CAR 的均值检验后认为，配股融资的 CAR 平均值为正。综合而言，上市公司进行配股融资，其股票价格相对于整个市场指数的走势表现出了阶段性特征。

（三）文献评论与本文研究的突破点

为揭示配股融资影响市场的全貌，国内学者虽然设计了多种研究模型，并从单时间窗口发展到了多时间窗口研究，其研究结论也具有重要参考和启发价值。不过，作为事件研究的重要基础，即在配股公司的研究样本筛选方法，本文认为，目前的研究尚存在一些改进之处。由于计量经济模型及估计结果对数据的数量和质量具有依赖性（李子奈，2011），尤其是在研究配股融资对市场较长时期的影响时，研究样本的清洁度要求则需要更高。为此，本文试图通过更为严格的标准对我国 1998~2008 年完成配股融资的上市公司样本

进行更为严格地筛选，以确保计算得到的超额收益率数据不受到非配股事件等干扰因素的“污染”。

毋庸讳言，我国上市公司再融资的事宜往往存在消息的提前泄露。而在事件研究中，确定泄露时间点，对于准确计算超额收益率至关重要。而在多时间窗口的事件研究中，如果这些时间窗口的起始时间点不一致，那么在研究过程中就不能够保证内部逻辑的一致性。遗憾的是，国内在此研究领域的文献或只考虑到了其中之一。为此，本文试图在尽可能没有被“污染”的大量研究样本数据的基础上，一方面将估计期的时间跨度拉长为配股信息泄露前一年，在充分反映配股公司股票与市场关系的同时，又不致因估计期过长而导致这种联系不适合样本公司配股融资当时的情况；另一方面将事件窗口的起始点统一设定在配股说明书公告前第 30 个交易日，以准确反映信息的提前泄露。为揭示配股公告在不同长度时间窗口下的价格效应及其阶段性特征，本文试图在考虑已有研究惯例、均线系统理论，尤其是紧密结合上市公司配股全程中的三个重要时间节点的基础上，来确定五个不同时间跨度的事件窗口，进而展开系统深入地研究，以期揭示我国上市公司配股融资影响市场的机制和途径。

虽然已有研究文献发现，我国股票市场对配股公司公告的反应表现出阶段性的特征，但在对其价格效应的分析中，却未见从配股进程中的各个重要时间节点来剖析股票价格变化的背后逻辑。为此，本文也试图在多因素回归模型分析的基础上，结合上市公司配股进程中的一系列重要甚至是关键的时间点即配股公告日、股权登记日、除权日和配股上市日，从证券投资实务角度对配股融资后股价的阶段性走势给出理论解释，进而就如何规范我国证券市场的配股再融资提出相应的政策建议。

三、样本选择与研究方法

（一）数据来源与研究样本选择

本文所采用的上市公司进行配股融资的研究样本数据，除日回报率数据来自深圳国泰安数据库（CSMAR）外，其余均来自 Wind 资讯。从 1998 年[①] 到 2008 年，以除权日期统计，Wind 资讯显示，上市公司在 A 股市场进行配股融资共 628 次。

为了获得清洁的研究样本，本文按照以下筛选标准对不符合研究要求的样本公司进行了剔除以避免传染效果，共剔除上市公司 402 家/次。①剔除金融公司样本。②剔除被 ST

① 选择从 1996 年年底开始，是考虑到我国从 1996 年 12 月底开始实施涨跌停板制度，这样 1998 年 5 月公告配股说明书的公司，回溯 280 个交易日，以确保其日收益率数据能够与后续年度公告配股的公司不存在制度上的差异，避免因制度变化引起数据结构的突变进而对配股事件研究结果的干扰。

的上市公司样本。③剔除 A-H 股都上市的公司样本。④剔除同一上市公司重复再融资的时间间隔少于两年的公司样本。以求避免以配股说明书公告日回溯 280 个交易日计算的正常收益率结果和预测公告后 250 个交易日的超额收益率结果均不受到前/后一次融资事件的干扰。⑤对于重复配股融资间隔超过两年的研究样本，只保留第 1 次配股融资的研究样本，以消除重复配股对研究结果的影响，其中对于 3 次配股再融资中有间隔不到两年的研究样本只保留最后 1 次。⑥剔除配股公司在宣告期间有重大事件如董事会公告、年报披露、分红方案披露等密集事件发生的样本，以及避免上市公司再融资的申请日和发行日不在同一年度的影响①（杜沔，2006）。⑦剔除财务数据和金融交易数据缺失或异常的研究样本。

（二）事件研究方法与步骤

事件研究法的关键是选取合适的时间窗口和估计没有事件发生情形下的正常收益率。根据塞勒（2005）提供的研究标准，本文选择日交易数据以便能够将事件发生的前后两期分开。在研究过程中使用的统计软件为 Eviews 6.0，具体研究步骤为：

（1）确定事件日期。上市公司再融资的整个过程，一般要都要经历四个重要公告日，本文以不伴随其他事项的上市公司配股说明书公告日为事件日期。

（2）确定事件窗口。结合均线系统理论以及配股进程的重要时间点，本文选取了五个时间窗口。超短期事件窗口设为（-30，5）；由于股权登记日距离配股公告日大约有 10 个交易日，将短期事件窗口设为（-30，10）。由于配股上市日距离公告日大约有 33 个交易日（期间有停牌时间）（见表 1），将中短期时间窗口设为（- 30，30）。对于中长期和长期事件窗口，将其时间跨度分别设定在到配股公告后半年和一年，即（-30，125）和（-30，250）②。

（3）确定估计期。本文将估计期长度确定为 250 个交易日，信息提前泄露时间确定在正式公告前 30 个交易日，因此计算正常收益率的估计期设为（-280，- 31）。

（4）计算正常（非事件收益率）和非正常收益率（超额收益率 AR，Abnormal Retum）。再对研究样本总体的非正常收益率标准化为 TSAR，并计算出总体标准化非正常收益率之和 CTSAR。之后再检验 AR 和 CAR 的统计显著性。

（5）设定影响配股再融资累计超额收益率的各影响因素的横截面回归方程。

表 1　配股过程中的两个重要时间点距离公告日间隔天数统计分析表

间隔天数	最小值	最大值	众数	均值	交易日（按众数）	交易日（按均值）
登记日距公告日	2	32	14	12.81	10	9.15
上市日距公告日	20	118	49	52.53	32	33.34

资料来源：根据 Wind 资讯提供的数据整理。

① 如果公司再融资的批准日在当年的 3~12 月份，那么计算该公司的申请日年度就在当年。

② 研究长期价格效应，既期望足够长的时间跨度，以反映出配股对股价变化的真实影响，但时间跨度过长，又难以排除其他重要因素对配股后股价走势的真实影响；为使累计超额收益率也能包含配股融资后的年度财务报表中关于配股后公司当年的经营业绩，故选取事件窗口为（-30，250）。

四、模型设定

(一) 正常收益率计算模型的选择和统计显著性检验方法

(1) 正常收益率计算模型的选择。何种期望模型更合适计算出“清洁”的超额收益率，目前仍未定论。有研究表明，在预测预期收益率时，以只有一个解释变量的单指数市场模型为基准计算出来的超额收益率也是“清洁的”，在大多数情况下都能够得到很好的效果（塞勒，2005）。在本文计算过程中，对于在沪市深市配股的股票，分别以名义的上证综合指数和深圳成分指数的收益率为相关基准。为避免共线性问题和降低异方差，在对市场收益率的计算过程中，本文采用取自然对数的方式，即 Return = Ln（P_t/P_{t-1}）。而配股样本公司的收益率采用国泰安数据库提供的考虑了股票分割和股票分红的现金红利再投资的日回报率。计算正常或非事件收益率的基本模型为：

$$\hat{R}it = \hat{\alpha}i + \hat{\beta}iRmt \tag{1}$$

其中，$\hat{\alpha}i$ 和$\hat{\beta}i$ 是从再融资公告日前 280 天至前 31 天的市场模型中估计得出：

$$R_{it} = \alpha_i + \beta_i R_{mt} + \varepsilon_{it} \quad \varepsilon_{it} \sim (0,\ \sigma^2) \tag{2}$$

(2) 确定 AR 和 CAR 的统计显著性。统计检验的目的在于确定配股公告这一事件影响股票价格波动的显著水平。虽然检验超额收益率统计显著性的方法很多，但本文采用大多数情况下都能够使用的标准化超额收益率（SAR）进行检验（塞勒，2005）。通过检验 Z－统计量来确定总体标准化超额收益率是否显著。事件窗口中每天的 TSAR 的 Z－统计量的计算公式为：

$$Z_{-statistic_t} = \frac{TSARt}{\sqrt{\sum_{j=1}^{N} \frac{D_j - 2}{D_j - 4}}} \tag{3}$$

其中，$Z_{-statistic_t}$ = 事件窗口中每天的 Z－统计量，Z~(0，1)；$TSAR_t$ = 事件窗口中每天的 TSAR，为每家配股公司超额收益率之和；D_j = 在估计期的观测值中，公司 j 的交易日数目；N = 样本中的公司数目。

事件窗口中每天累计超额收益率（总体标准化非正常收益率）之和 CTSAR 的 Z－统计量的计算公式为：

$$Z_{-statistic_t} = \left(\frac{1}{\sqrt{N}}\right)\left[\frac{\left(\sum_{T_1}^{T_2} SAR_{jt}\right)}{\sqrt{(T_2 - T_1 + 1)\left(\frac{D_j - 2}{D_j - 4}\right)}}\right] \tag{4}$$

其中，N = 样本公司的数目；SAR_{jt} = 事件窗口中，公司 j 每天的 SAR；T_1 = 事件窗口中的第一天（-30）；T_2 = 事件窗口中后面的日期（取值范围为-30~250）；D_j = 在估计期的观测中，公司 j 的交易日数目。

在式（3）和式（4）中，计算每家公司在事件窗口中每天的标准化超额收益率的方程为：

$$SAR_{jt} = \frac{AR_{jt}}{\sqrt{S^2_{AR_{jt}}}} \tag{5}$$

其中，$S_{AR_{jt}}$ = 公司 j 在 t 交易日的 SAR；AR_{jt} = 公司 j 在 t 交易日的 AR；$\sqrt{S^2_{AR_{jt}}} = S_{AR_{jt}}$ = t 交易日公司 j 的 AR 的方差的平方根 = t 交易日公司 j 的 AR 的标准差。而计算方差的方程为：

$$S^2_{AR_{jt}} = \left[\frac{\left(\sum_{t=-280}^{-31} AR_{jt(est,period)} - \overline{AR}_{j(est,period)}\right)}{D_j - 2}\right] \times \left[1 + \frac{1}{D_j} + \frac{(R_{mt(event,window)} - \bar{R}_{m(est,period)})^2}{\sum_{t=-280}^{-31}(R_{mt(est,period)} - \bar{R}_{m(est,period)})^2}\right] \tag{6}$$

其中，S^2AR_{jt} 为 t 时期公司 j 的 AR 的方差；$AR_{jt(est,period)}$ 为估计期中，t 时期公司 j 的 AR；$\overline{AR}_{j(est,period)}$ 为估计期中，公司 j 的 AR 的平均值；$R_{mt(event,window)}$ 为在事件窗口中，t 时期的市场收益率；$R_{mt(est,period)}$ 为在估计期中，t 时期的市场收益率；$\bar{R}_{m(est,period)}$ 为在估计期中，t 时期的市场收益率的平均值。

（二）配股影响股价表现的途径：多元横截面回归方程的设定

上市公司配股说明书公告后，其股票价格的走势受到多种因素的影响，即配股公告将通过多种途径将配股公司的信息传导给投资者，进而在股票收益率上集中体现出来。结合国内外已有研究文献的成果，本文根据“从一般到简单”设定总体回归模型的原则（李子奈，2011），对影响配股公司累计超额收益率的多种重要因素设定了如下的多元横截面回归模型：

$$CAR_i = \alpha_i + \beta_i lnSize + \eta_i LnIssue + \varphi_i BM + \gamma_i Ratio + \lambda_i Dr + \delta_i Debitr + \varepsilon_i \tag{7}$$

其中，i = 1~5，CAR1 = CAR(-30，5)，CAR2 = CAR(-30，10)，CAR3 = CAR(-30，30)，CAR4 = CAR（-30，125），CAR5 = CAR（-30，250）；α_i 为截距，β_i、η_i、φ_i、γ_i、λ_i 和 δ_i 为系数，ε_i 为随机干扰项。各解释变量的经济意义及取值方法如表 2 所示。

表 2　解释变量的经济意义及取值方法

变量名称	经济意义	取值方法
LnSize	配股公司规模大小	发行前近 1 年年末的总资产代替
LnIssue	计划融资规模	
BM	市净率（账面市值比）	发行前近 1 年的净资产去除以公告当日的总市值
Ratio	配股比例	
Dr	配股价格的折让率	（公告当日收盘价 - 配股价格）/公告当日收盘价
Debitr	公司财务杠杆的代理变量	配股发行前近一年的资产负债率

五、配股融资引致的市场反应：经验检验与分析

（一）配股公告新信息的提前泄露与吸收时间

从配股说明书公告前的市场反应看，只有一个交易日即在公告前第 20 个交易日（-20 天），样本公司超额收益率的均值显著降了 0.23%，Z 统计量的 p 值为 0.046。这表明，我国上市公司配股公告前第 20 个交易日（大约公告前 1 个月），消息就已经泄露，置信水平为 95%。因此，将事件窗口日的起点设定在公告前 30 个交易日是合理的，进一步讲，尽管在公告前 29 个交易日的统计显著水平虽然较低，只有 19%，但市场也有所反应，不过信息泄露只为少数投资者获知，超额收益率的均值下跌了 0.21%。不过，本文对总体样本的 CAR 进行显著性检验结果显示，在上市公司配股公告前，Z 统计量的 p 值均大于 10%（限于篇幅，略）。可见推断，在公告前第 20 个交易日存在显著的信息泄露外，之后公告信息并没有进一步发生显著泄露。

至于配股说明书公告后，市场充分吸收这些新信息，是否需要一定的时间？本文的经验检验显示，在公告后的第 5 个交易日之后，到第 250 个交易日期间，有 24 个交易日的超额收益率均值显著地作出了反应（见表 3）。但从市场吸收配股说明书传递的新信息的集中程度来看，配股公告当天到第 11 个交易日最为密集，11 个交易日中共有 8 天作出了显著反应，其中 6 个交易日的超额收益率显著为负值。因此，配股说明书公告后，其传递的新信息并不会立即被绝大多数投资者所吸收，表现出一定的时滞。

表 3　配股公告的价格效应——超额收益率的 Z 统计量检验结果

距公告交易日	AR 均值	p 值	距公告交易日	AR 均值	p 值
-29	-0.0021	0.1907	79	-0.0028	0.0410
-20	-0.0023	0.0464	89	-0.0029	0.0157
0	-0.0047	0.0000	95	0.0026	0.0345
1	-0.0028	0.0082	98	-0.0022	0.0256
3	-0.0027	0.0104	134	0.0019	0.0328
4	-0.0031	0.0468	137	0.0023	0.0301
6	0.0030	0.0114	160	-0.0029	0.0117
9	-0.0035	0.0142	165	-0.0033	0.0329
10	0.0034	0.0180	168	0.0026	0.0125
11	0.0085	0.0000	187	-0.0030	0.0223
19	-0.0026	0.0258	197	-0.0023	0.0288
23	0.0030	0.0281	198	-0.0034	0.0093
27	0.0027	0.0362	214	-0.0031	0.0170

续表

距公告交易日	AR 均值	p 值	距公告交易日	AR 均值	p 值
30	0.0023	0.0294	220	–0.0026	0.0289
59	–0.0023	0.0178	224	–0.0025	0.0376

（二）不同时间长度事件窗口下的市场反应与内在逻辑

配股说明书公告后，配股公司股票的超额收益率的均值，一直围绕 0 值震荡，并呈近似的正态分布。在不同时间长度的事件窗口下，上市公司股票的累计超额收益率表现出阶段性的特征（见表 4 及图 1）。在配股公告后，市场在超短期事件窗口（–30，5）内反应迅速强烈，超额收益率均值连续下跌 5 天，期末股票的 CAR 下跌了 1.02%，价格效应为显著的负效应。在（–30，10）窗口期，在第 5 个交易日后，配股公司的股票价格开始有所反弹。第 6 个交易日的超额收益率均值显著为正，置信水平在 95%以上，尽管在第 9 个交易日的超额收益率均值出现显著的下降，但在第 10 个交易日的超额收益率均值由负值转变为正值，置信水平在 95%以上。因此在（–30，10）事件窗口的 CAR 下跌幅度收窄，只下跌了 0.81%。事件窗口的时间跨度拉长到（–30，30）后，价格效应转向正效应，配股公司股票的 CAR 上涨到 0.98%。在公告后第 11 个交易日和第 12 个交易日，配股公司股票的超额收益率均值承续第 10 个交易日的趋势继续显著地上升。而且在第 23 天、第 27 天和第 30 天的超额收益率均值也显著为正值。尽管在第 19 个交易日的超额收益率均值显著为负，但并不影响 CAR 的上涨。

表 4　不同时间跨度事件窗口累计超额收益率的均值 t 检验

	CAR（–30，5）	CAR（–30，10）	CAR（–30，30）	CAR（–30，125）	CAR（–30，250）
累计超额收益率	–0.01018	–0.00807	0.009787	–0.00962	–0.05904
均值假设	–0.01	–0.01	0.01	–0.01	–0.06
t 值	–0.020482	0.20596	–0.018499	0.019184	0.030021
p 值	0.9837	0.8370	0.9853	0.9847	0.9761

从配股公告后的中长期价格效应看，即在（–30，125）和（–30，250）的事件窗口中，在第 31 个交易日后，上市公司配股后在总体上表现为负价格效应，（–30，125）和（–30，250）的 CAR 分别下降到–0.96%和–5.90%。在公告 30 个交易日后到半年即 125 个交易日内，配股公司股票的日超额收益率均值有 4 个交易日显著为负值，即第 59、79、89 和 98 个交易日。而从半年后到一年内期间，除了 3 个交易日即第 134、137 和 168 个交易日的日超额收益率均值显著为正之外，其余日超额收益率均值显著为负值交易日就达 8 个。表现在累计值上，从超额收益率均值显著为负值的第 89 个交易日开始，配股公司的 CAR 便一直表现为负值，直到第 250 个交易日下降到–5.90%。

配股说明书公告后，配股公司的股票收益率在不同时间跨度窗口期有不同的市场表现，在以负价格效应为主导的行情中，也有短时间的正价格效应。其内在的逻辑在于，参

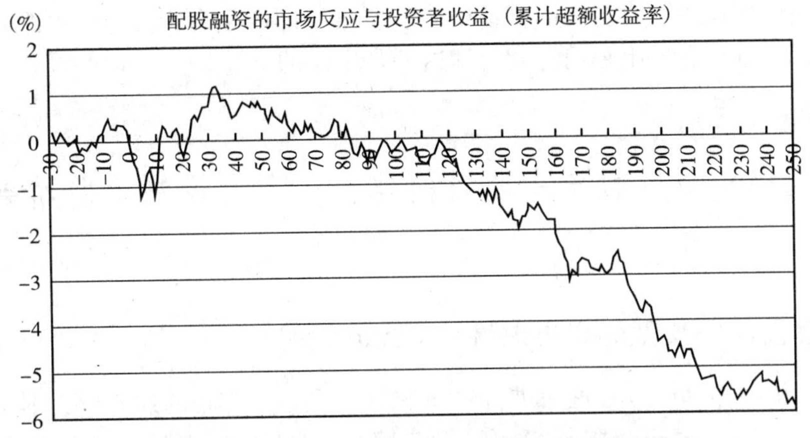

图 1 配股说明书公告前后的累计超额收益率变化情况

与配股的各个利益主体对配股公司相关信息的解读程度和对风险规避的快慢程度不同。

在（–30，5）超短期事件窗口期中，配股公告后，市场反应迅速而且强烈。本文认为，这与我国股票市场投资者的投资行为多为投机性（牟晖，2006）密切相关，具有一定投资经验的投资者在获知配股信息后，便会过度反应，选择抛售所持有的股票"逃权"（宋献中，2009）。而在股价下跌的情况下，尚不知情的其他投资者的跟风"杀跌"行为也将进一步加强股价下跌的程度。

通过统计研究样本公司从公告配股说明书到进行股权登记日的时间间隔，可以发现，在 226 家上市公司中，平均间隔时间为 10 个交易日。因此，对于（–30，10）窗口的第 6 个交易日后股票超额收益率的上升，估计是为了配股融资目标的成功实施，公司的股价在停牌前有被拉高的可能，即通过提高流通股东所关注的配股价格相对于收盘价的折让率，以提高参与配股的积极性。甚至在（–30，30）窗口期第 11 个、第 12 个交易日超额收益率均值表现为显著的正效应，也可能与此因素有关。这与李康（2003）的研究结论比较一致，即配股上市公司股价随着消息的发布却有一定幅度的上升。

在（–30，30）窗口期间，第 23 个、第 27 个和第 30 个交易日配股公司股票的超额收益率均值显著为正值，这可能是由于主力投资者拉高股价出售股票所致。从配股上市日到说明书公告日的时间间隔平均为 53 天，除去停牌时间，按交易日算，平均间隔大约有 33 个交易日。从（–30，30）窗口的累计值来看，配股公司股票的累计超额收益率在第 30 个交易日末已经上升为正的收益率，并在公告后的第 32 个交易日达到峰值 1.14%。其内在原因为在注重短期利润的股票市场上，拥有丰富投资经验和较强研究能力的主力投资者在预期到公司业绩将下滑，而且在其参与配股认购股份可以上市交易的情况下，有拉高股价出货的可能。

而在（–30，125）和（–30，250）窗口，配股说明书公告后，在 30 个交易日后，或者说在主力投资者拉高出货结束后，配股公司的股价便进入了下跌通道。而且随着时间的推移，投资者也将认识到配股后上市公司的经营业绩会显著地下滑，卖出股票将是明智的选择，因此在以下跌为主要趋势的行情中，股票价格即便是有所反弹，也改变不了继续下跌的大趋势，毕竟没有上市公司经营业绩这一基本面的支撑。

六、配股融资影响投资者收益的途径：多元模型检验结果与分析

（一）多元回归模型的异方差性：White 检验

在对多元横截面回归方程逐一进行 OLS 估计得到每一方程的残差后，本文进行的异方差 White 检验的结果表明（限于篇幅，图表略），CAR_j 和 LnSize、LnIssue、MB、Ratio、Dr、Debitr（在方程 3B 中不作为解释变量）六个解释变量进行的 OLS 回归估计结果均存在显著的异方差性，其置信水平均在 99%（方程 4 为 95%）以上。为此，本文使用加权最小二乘法（WLS）对多元方程进行回归分析。在方差情形未知的情形下，通过试错的方法最终确定了用随机误差项的近似估计量 ε_i 求权重序列，即利用残差序列 resid 的绝对值的倒数序列 $1/|resid|$ 作为加权序列 ω_i，令 $\omega_i = 1/|resid|$。

（二）不同时间窗口下配股融资影响投资者收益的途径与机制

1. 不同时间窗口下的共同影响机制

实证的检验结果表明，上市公司配股公告后，在不同时间长度的事件窗口中，配股公司的资产规模、配股计划融资规模和配股价格的折让率，都是显著影响累计超额收益率的重要因素和共同因素，并将配股公告中蕴含的新信息传导到股票价格的走势之中，并在累计超额收益率上集中体现（见表 5）。

表 5　不同时间窗口期下累计超额收益率的多元回归检验结果

	CAR1	CAR2	CAR3	CAR3B	CAR4	CAR5
常数项 (t 值) (p 值)	−0.1782 (−23.7602) (0.0000)	−0.2053 (−16.8268) (0.0000)	−0.1207 (−5.6947) (0.0000)	−0.1203 (−5.8818) (0.0000)	−0.0047 (−0.1284) (0.8979)	−0.1433 (−3.0713) (0.0024)
LnSize (t 值) (p 值)	0.0200 (4.9092) (0.0000)	0.0377 (5.5255) (0.0000)	0.0197 (3.7251) (0.0002)	0.0170 (5.8724) (0.0000)	0.1525 (13.0309) (0.0000)	0.3401 (15.5229) (0.0000)
LnIssue (t 值) (p 值)	−0.0186 (−4.1720) (0.0000)	−0.0433 (−5.8570) (0.0000)	−0.0419 (−6.2147) (0.0000)	−0.0392 (−6.8168) (0.0000)	−0.2375 (−19.6829) (0.0000)	−0.4620 (−20.6075) (0.0000)
MB (t 值) (p 值)	0.0039 (4.8812) (0.0000)	0.0057 (4.2908) (0.0000)	−0.0036 (−2.6707) (0.0081)	−0.0040 (−3.4891) (0.0006)	0.0127 (5.1002) (0.0000)	0.0292 (6.3066) (0.0000)

续表

	CAR1	CAR2	CAR3	CAR3B	CAR4	CAR5
Ratio (t 值) (p 值)	0.1431 (12.2611) (0.0000)	0.1620 (14.1713) (0.0000)	0.1630 (12.5223) (0.0000)	0.1661 (13.8538) (0.0000)	−0.1718 (−6.6142) (0.0000)	−0.5431 (−14.7617) (0.0000)
Dr (t 值) (p 值)	0.3515 (21.5446) (0.0000)	0.5868 (19.8781) (0.0000)	0.8213 (28.0066) (0.0000)	0.8156 (25.1815) (0.0000)	2.0637 (62.0224) (0.0000)	3.6699 (32.6363) (0.0000)
Debitr (t 值) (p 值)	−0.0467 (−6.9200) (0.0000)	−0.0962 (−6.5257) (0.0000)	−0.0106 (−0.6640) (0.5074)		−0.3815 (−15.7610) (0.0000)	−0.8977 (−17.7266) (0.0000)
Adj_R^2	0.9392	0.8766	0.8799	0.8627	0.9813	0.9309
模型 F 值	580.0357	267.2664	275.7197	283.7045	1965.7310	506.1926
D. W. 值	2.2278	2.1668	2.0224	2.0168	1.9754	1.9588

（1）配股说明书公告后，我国股票市场存在规模效应，大盘股比小盘股的表现好。配股公告后，无论事件窗口的时间跨度长短，LnSize 的系数符号显著为正，置信水平在 99%以上。这说明我国股票市场支持 Stein（1992）的观点，即公司规模越大对机构投资者分析师水平的要求越高，同时要接受投资者更详细的审查，于是上市公司规模与配股公告后的 CAR 呈正相关关系；但并不支持自由现金流假说关于累计超额收益率与配股公司资产规模的相关关系观点（Brennan 和 Kraus，1987）。

（2）配股公司融资规模越大，对二级市场的资金需求越大，其股票的累计超额收益率也下降得越多。配股公告后，LnIssue 的系数符号显著为负值，置信水平在 99%以上。这表明，我国股票市场的配股融资不但支持价格压力假说（Kalay 和 Shimrat，1987）的观点，而且也支持 Miller 和 Rock（1985）的观点，即外部融资传递了公司收益不足的信号，发行规模则显示了实际和期望的内部现金流差异程度，揭示了关于上市公司消极信息的程度。

（3）配股价格相对于公告日收盘价折让幅度越大，配股公司股票价格的下跌幅度越小。经验检验结果表明，Dr 与公告后的 CAR 成正相关关系，置信水平在 99%以上。这表明，以较低的价格配股对参与配股的股东利益具有一定的保护作用，而且折让率越大，保护作用越大。这与李康（2003）的研究结果比较一致，即高折扣率配股比低折扣率配股更能保护流通股股东的利益。

2. 配股融资在（−30，5）和（−30，10）内的影响机制

配股说明书公告后，在（−30，5）和（−30，10）两个时间窗口，公司的资产规模、计划的配股融资规模、市净率、配股比例、配股价格折率、资产负债率六个因素都将显著地影响配股公司股票的 CAR。其中，四条途径将对配股公司股票价格产生正面影响，另外两条途径对配股公司股票价格产生负面影响（见表 5 中方程 CAR1 和 CAR2）。

（1）资产规模、市净率、配股价格折让率和配股比率对累计超额收益率具有助涨作用，而且影响力度随时间跨度增加而增强。从各条传导途径对配股公司股价走势的作用力

度看，在超短期（-30，5）和短期（-30，10）事件窗口中，配股价格折让率都是对 CAR 最大的正面影响因素，而且随着时间的推移其影响力度也随之增加，相关系数由 0.3515 提高到 0. 5865；其次是配股公司的配股比例，相关系数由 0.1431 提高到 0.1620。而公司总资产规模和市净率对配股公司股票 CAR 的正面影响则相对较弱。这表明在超短期和短期事件窗口中，我国股票市场的投资者对配股价格的折让率更为关注也更为敏感，而对市净率和公司总资产规模的敏感程度则比较低。但总的来讲，在短期内，投资者对配股说明书蕴涵的经济信息有一定的反应时滞。对于在短期及超短期内，投资者为何对配股价格折让率更为敏感？这可能是由于流通股东参与配股不但具有强迫性而且具有非流通股价值向流通股价值转移的再分配效应，因此，在其他条件不变的情况下，配股价格越低，配股产生的转移价值就越大（唐国正，2006）。

（2）资产负债率和配股融资规模对 CAR 具有助跌作用，而且前者大于后者。在（-30，5）和（-30，10）中，配股公司的资产负债率对累计超额收益率的作用力度大于配股计划融资规模的作用力度，而且投资者对这两个方面的经济信息同样存在一定的反应时滞，相关系数的绝对值分别由 0.0467 提高到 0.0962、由 0.0186 提高到 0.0433。

资产负债率的高低对配股公司股票价格的走势造成显著的负面影响，也证实了 Kalay（1987）的观点，随着资本结构变化，股权融资会导致市场的负面反应。即便是负债率较低，配股再融资，也可能向投资者发送公司进行债务融资已经很困难和经营前景较差的信息，进而引发股票价格较大的下跌。

3. 配股融资在（-30，30）内的影响机制

（1）在（-30，30）的事件窗口中，资产负债率对配股公司股票价格的影响并不显著，对投资决策的参考价值下降。在考虑资产负债率的多元回归方程中，虽然回归结果显示，资产负债率的高低与配股公司股票的累计超额收益率仍然呈负相关关系，但是在统计意义上并不显著，t 值只有-0.0106，p 值高达 0.5074（见表 6 中方程 CAR3）。因此，在（-30，30）的事件窗口中，资产负债率对累计超额收益率的变化并不是一个有效的解释变量。本文发现，在 226 个研究样本公司中，从公告配股说明书到除权日，平均只用了 15 天时间，最长的也只有 33 天时间。因此虽然所有的公司在（-30，30）的时间跨度期间都完成了配股，但是其资产负债率由此出现的变化程度，对投资者而言，却较难获知。一方面，配股完成后，公司的资产负债率肯定有所下降，但各家配股公司的变化时间却是随机的；另一方面，在配股公告后 30 个交易日内，本文对研究样本进行分析后发现，绝大多数公司均未公布包括配股融资信息后的新财务报表，而在这之前，投资者是不能够获得新的资产负债率的确切信息的。因此，资产负债率的证券投资决策中的参考价值由此大大降低，进而不能够有效地解释（-30，30）期间 CAR 的变化。

（2）在配股公告后 30 个交易日，配股价格折让率和配股比例对 CAR 的影响力度上升，配股公司资产规模、融资规模和市净率的影响力度下降，而且市净率由先前的积极因素转变为消极因素。在剔除资产负债率这一解释变量后的多元回归模型中，虽然调整的拟合优度值 Adj-R^2 略微有所下降，但依然高达 0.8627，而且原有解释变量的系数符号均未

改变，而且模型的 F 值还有所提高，因此，本文剔除 Debitr 变量后的多元回归模型是稳健的（见表 5 中回归方程 CAR3B）。

在（-30，30）窗口，上市公司配股价格折让率 Dr 和配股比例 Ratio 的相关系数均较（-30，10）同时上升，分别上升到 0.8156 和 0.1661；而资产规模、配股融资规模和市净率的相关系数分别下降到了 0.0170、-0.0392 和-0.0040，置信水平均在 99%以上。由于主力投资者参与的配股认购股份在可以上市交易后，有拉高股价出货的可能。因此，在此事件窗口，配股价格折让率的大小，对于主力投资者的盈利空间具有重要的影响，在较大折让率的条件下，配股比例的大小就决定了主力投资者持有的筹码进而抛售股票盈利的空间。而在临近配股说明书公告后第 30 个交易日期间，配股公司的资产规模、配股融资规模在主力投资者投资决策的参考价值自然就有所下降。而且在此阶段，从估值上讲，配股公司的高市净率也成为其拉高股价出货的重要掩护，因此，市净率对 CAR 的贡献由短期的正面转变为负面。

4. 配股融资在（-30，125）和（-30，250）内的影响机制

（1）配股公告后半年及一年，配股比例对配股公司股票价格的影响由先前的正面影响转变为负面影响，而且影响力度随时间跨度的增加而增强；但是市净率则由（-30，30）的消极因素回归为积极因素。

在（-30，125）和（-30，250）窗口，市场对配股比例 Ratio 的反应转向负面，而且随着时间的推移，反应更为敏感，相关系数分别转变为-0.1718 和-0.5431。从配股公告后的股价变化趋势来看，CAR 在第 89 个交易日显著为负值后，就一直在处于下跌趋势之中。由于投资者的情绪往往跟着价格走，参与配股并继续处于亏损状态的投资者，很可能将原因归结于配股比例的大小，而且亏损越多，这种情绪可能会越强烈。因为，除了配股融资规模大小外，配股比例实实在在地决定了投资者认购配股股份的数量。

在（- 30，125）和（-30，250）窗口期间，市净率由（-30，30）时的显著负值转变为显著的正值，相关系数分别转变为 0. 0127 和 0.0292。这表明，代表重大成长性和增长机会的市净率逐渐被股票投资者所认识到，即成长性好的公司，配股后的业绩下滑更加缓慢。或者可以认为，在主力以 MB 作为掩护出货结束之后，市净率对累计超额收益率的影响回归到了正常的状态。

（2）在配股公告后半年及 1 年，配股公司的资产规模、配股融资规模、配股价格的折让率和资产负债率对 CAR 的影响力度继续大幅上升。

在（-30，125）窗口，LnSize、LnIssue、Dr 和 Debitr 的相关系数分别上升到 0.1525、-0.2375、2.0637 和-0.3815，均较与之更短的事件窗口有了大幅度的提高。而在（-30，250）窗口，LnSize、LnIssue、Dr 和 Debitr 的相关系数大小更是较（-30，125）上升了 1 倍，分别上升到 0.3401、-0.4620、3.6699 和-0.8977。这表明，配股说明书公告后，随着时间的推移，配股公司的有关经营信息逐渐被市场所了解，因此市场对上市公司配股的反应也越来越强烈。不过，配股公司股票的折让率越大，其 CAR 下跌幅度却越小。

七、结论与启示

结合既有研究的成果，本文在研究方法上遵循内部逻辑的一致性，并力求逻辑推论与经验事实相一致，对上市公司配股后的市场反应和投资者收益展开了多时间窗口的事件研究，得到了以下重要结论：

①配股说明书公告的信息提前泄露时，市场反应相对较弱，正式公告时市场反应迅速而且强烈。公告当天到第 11 个交易日最为密集，但是由于市场充分吸收公告信息的时滞性，市场的反应却是持久的。②在多时间窗口中，配股融资对市场的影响虽以负价格效应为主导，但也有短时间的正价格效应。在（-30，5）窗口，CAR 下跌 1.020%；在第 6 个交易日 AR 趋于上升，到第 10 个交易日 CAR 下跌只有 0.81%；在第 11 个交易日，AR 继续保持上升，到第 30 个交易日 CAR 上涨到 0.98%；之后 AR 以下跌主导，到第 125 个和第 250 个交易日，CAR 分别下降到-0.96%和-5.90%。③股票价格效应的阶段性特征与配股全程的三个重要时间节点密切相关。配股公告后 5 个交易日内，市场选择抛售股票“逃权”规避风险的过度反应和跟风杀跌，负价格效应强烈。临近股权登记日，股价有被拉高以提高配股价格折让率的可能，负价格效应减弱。临近配股上市交易日，主力投资者预期到公司业绩将下滑，为出货拉高股价，（-30，30）窗口价格效应为正。之后，配股公司经营业绩会显著地下滑逐渐被市场所知晓，股票价格便进入下跌通道。④在不同长度的时间窗口中，有六条途径能够有效传导配股融资对市场的影响，但其相关关系并不完全稳定。公司资产规模和配股价格折让率与 CAR 显著正相关，计划融资规模与 CAR 显著负相关，而市净率、配股比例和资产负债率与 CAR 的关系并不稳定。在（-30，30）窗口中，市净率与 CAR 逆转为显著的负相关，资产负债率不再具有传导效力，而在（-30，125）和（-30，250）窗口中，这两者又均回归正常，即与 CAR 显著正相关，但是配股比例与 CAR 的相关性则逆转为显著的负相关。在这六条途径中，除资产负债率外，配股影响市场的力度均随时间长度增加而增强，其中配股价格折让率一直是配股影响市场最重要的途径。

基于上述研究结论，本文得到以下启示：①上市公司配股融资影响市场的全过程表明，我国证券市场上的投机性氛围依然存在，证券市场的健康发展还任重道远。一方面，监管部门要继续强化对上市公司各项有可能影响股票价格走势的相关事宜的监管，严防经济信息的提前泄露，为证券投资者提供公正、公开和公平的交易环境。另一方面，监管部门还要和各类证券服务机构一道，加强对投资者教育的投入，倡导理性投资，促进我国的证券市场参与者走向成熟。②上市公司配股再融资后的市场表现以负价格效应为主导，这反映了市场对配股公司配股后经营业绩的担忧。虽然一些上市公司确实存在通过再融资补充资本金的现实需求，但是针对我国上市公司的股权再融资偏好，以及实际募集资金往往超过

实际需要等“圈钱”行为，监管部门应加强对上市公司的监管和配股及增发等资格的审查，比如扩大对上市公司业绩的评价范围，尽可能防止其为获得配股资格操纵应计净利润等盈余管理行为，而且还应强化在对其再融资完成后资金用途的监管。从而实现减少上市公司再融资对市场的负面影响，在制度上为普通个人投资者利益的起到一定的保护作用，如倡导并鼓励获得配股融资资格的上市公司以高股价折让率配股增强对流通股东利益的补偿。

参考文献：

[1] [美] 迈克尔·塞勒. 金融研究方法论大全必备 [M]. 北京：清华大学出版社，2005.

[2] 杜沔，王良成. 我国上市公司配股前后业绩变化及其影响因素的实证研究 [J]. 管理世界，2006 (3)：114–121.

[3] 管征，卞志村，范从来. 增发还是配股？上市公司股权再融资方式选择研究 [J]. 管理世界，2008 (1)：136–144.

[4] 胡援成，程建伟. 配股融资与股票超常收益率 [J]. 当代财经，2006 (8)：31–37.

[5] 李子奈. 计量经济学模型方法论 [M]. 北京：清华大学出版社，2011.

[6] 李康，杨兴君，杨雄. 配股和增发的相关者利益分析和政策研究 [J]. 经济研究，2003 (3)：79–87.

[7] 毛小元，陈梦根，杨红云. 配股对股票长期收益的影响：基于改进三因子模型的研究 [J]. 金融研究，2008 (5)：114–129.

[8] 牟晖，韩立岩，谢朵，陈之安. 中国资本市场融资顺序新证：可转债发行公告效应研究 [J]. 管理世界，2006 (4)：19–27.

[9] 宋献中、李诗田和魏立江. 股权分置改革与上市公司配股融资的公告效应 [J]. 经济评论，2009 (3)：83–88.

[10] 唐国正. 股权二元结构下配股对股权价值的影响 [J]. 经济学季刊，2006 (12)：329–360.

[11] 王亚平，杨云红，毛小元. 上市公司选择股票增发的时间吗 [J]. 金融研究，2006 (2)：103–115.

[12] 原红旗. 大股东配股行为及其经济后果 [J]. 中国会计与财务研究，2004，6 (2)：1–26.

[13] 张祥建，徐晋. 盈余管理、配股融资与上市公司业绩滑坡 [J]. 经济科学，2005 (1)：56–65.

[14] Brennan M. and A. Kraus. Efficient Financing under Asymmetric Information [J]. Joumal of Finance, 1987 (42): 1225–1243.

[15] DeAngelo, H., and M. Ronald. Leverage and Dividend Irrelevancy Under Corporate and Personal Taxation [J]. Journal of Finance, 1980, 35 (2): 236–356.

[16] Galais, D. and Masulis, R. W. The Option Pricing Model and the Risk Factor of Stock [J]. Journal of Financial Economics, 1976 (3): 53–82.

[17] Hansen, R. S. The Demise of Rights Issue [J]. Review of Financial Studies, 1988 (13): 289–309.

[18] Kalay and Shimrat Firm Value and Seasoned Equity Issues: Price Pressure, Wealth Distribution or Negative Information [J]. Journal of Financial Economics, 1987 (19): 109–126.

[19] Loughran, T. and J. R. Ritter. The New Issues Puzzle [J]. Joumal of Finance, 1995, 50 (4): 23–52.

[20] Miller, M. and Rock, K. Dividend Policy under Asymmetric Information [J]. Joumal of Finance, 1985 (40): 1031–1051.

[21] Rangan, S. Eamings Management and the Performance of Seasoned Equity Offerings [J]. Journal of Financial Economics, 1998 (50): 101-122.

[22] Stein, J. Convertible Bonds as Back Door Equity Financing [J]. Joumal of Financial Economics, 1992 (32): 4-21.

[23] Teoh, S. H, Welch I. and Wong T. J. Earnings Management and the Underperformance of Seasoned Equity Offerings [J]. Joumal of Financial Economics, 1998 (50): 63-99.

[24] Wang, J. K. C. John Wei, Stephen W. Pruitt. An Analysis of the Share Price and Accounting Performance of Rights Offerings in China [D]. Hong Kong University of Science and Technology, 2003.

Research on Rights Offering, Market Response and Investors' Earnings

He Dexu et al.

(Institute of Quantitative & Technical Economics Chinese Academy of Social Sciences, Beijing 100732, China)

Abstract: This paper investigates the actual extent of the impact of rights offering on the stock market and what is the way. By screening samples with more strict standard, accurately estimating information leakage time, unifying the computing benchmark of five CAR event windows, and matching the three key steps of financing, we find that, following listed rights offering, the stock prices show periodic characteristics, the price effect is not all negative, the six approaches affecting stock prices all vary over time length, and among them the price discount rate of the rights offering is always the most important approach affecting stock prices.

Key Words: rights offering; market response; abnormal return; cumulative abnormal returns; acting mechanism

产权性质、股权再融资与资源配置效率*

祝继高 陆正飞

（对外经济贸易大学国际商学院，北京 100029；

北京大学光华管理学院，北京 100871）

【摘 要】本文以1998~2004年符合配股条件的A股上市公司为研究对象发现，民营企业发布配股预案的比率更低，实施配股的比率也更低。但这并非民营企业的外部融资需求更低，而是证券监管部门在配股审批中优先照顾国有企业。进一步的研究还表明，被批准实施配股的民营企业未来投资增长更快，而实施配股的国有企业更有可能变更募集资金的预计使用用途。这意味着监管部门在配股审批中对国有企业的照顾损害了民营企业股东的利益，影响了资源配置效率。

【关键词】民营企业；配股；资源配置效率

一、引言

股权再融资是企业融资的重要方式。在中国证券市场上，股权再融资包括配股和增发两种形式。与增发新股相比，配股募集资金的对象是特定的，即上市公司原股东。据统计，1993~2008年A股上市公司配股募集的资金总额达2663.48亿元①。可以说，这些资金为促进企业的发展起到了积极的作用。但是，中国上市公司进行股权再融资的动机十分强烈，而证券市场可提供的资金又相对有限，因此，如何提高金融资源的配置效率一直是理论界和实务界关心的重要话题。

---

* 本文选自《金融研究》2011年第1期。

作者简介：祝继高（1982~），管理学博士，对外经济贸易大学国际商学院/国际财务与会计研究中心讲师。陆正飞（1963~），经济学博士，北京大学光华管理学院教授，副院长。

基金项目：受国家自然科学基金项目（项目批准号：70972011）、对外经济贸易大学“211工程”三期重点学科建设项目（项目批准号：73400050）和对外经济贸易大学2010年新进教师科研启动项目的资助。

①《中国统计年鉴（2009）》。

以往关于配股问题的研究主要关注以下几个方面：第一，配股中的盈余管理问题。由于配股门槛相对较高，企业为了达到配股标准，通常会采用各种方式进行盈余管理（Chen和Yuan，2004；Haw等，2005；Chen等，2008）。而且，企业的盈余管理行为会随着监管政策的变化而变化，最具代表性的就是“6%”和“10%”现象（孙铮和王跃堂，1999；陈小悦、肖星和过晓艳，2000；Yu等，2006）。第二，配股资金的使用。多数研究发现上市公司存在变更募集资金预计使用用途的行为，而且变更程度与未来业绩显著负相关（刘少波和戴文慧，2004；原红旗和李海建，2005）。第三，公司治理与配股。在中国二元股权结构下，股权再融资会给流通股同时带来“股权成本效应”和“控制权收益效应”①。徐浩萍（2005）、唐国正（2006）、徐浩萍和王立彦（2006）等的研究证实了上述观点。

在一个转型经济国家，政府管制是经济发展中的一大特色。证券监管部门对股权再融资实施严格的管制，并通过监管政策的不断调整来提高资源配置效率。例如，Chen和Yuan（2004）发现，政府能对申请配股企业的盈余管理行为起到一定的监督作用，那些盈余管理程度高的企业的配股申请更有可能被政府否决。Haw等（2005）也发现了类似的结论。但是，政府管制的局限也是显而易见的，比如政府出于稳定就业等非经济目的照顾国有企业。Su和Yang（2009）就发现，在配股的审批中，国有企业的通过概率更高。而融资的不平等会影响企业的发展，并有可能进一步强化这种不平等（Claessens和Perotti，2007）。本文在现有研究的基础上主要回答以下问题：在符合配股条件的企业中，哪种类型的企业更有可能提出配股预案？哪种类型企业更有可能被批准实施配股？企业募集资金的使用效率如何？

与Chen和Yuan（2004）、Haw等（2005）不同的是，本文从企业产权性质的角度考察哪类企业更有可能获得配股融资，并分析其经济后果；本文与Su和Yang（2009）的不同之处主要体现在以下两点：第一，论文以符合配股条件的企业为研究样本，而不是以发布配股预案的企业为研究样本。由于企业是否发布配股预案与预期的配股成功概率直接相关，只有预期配股成功概率较高的企业才更有可能发布配股预案。因此，Su和Yang（2009）的结论可能高估企业配股成功的概率。第二，Su和Yang（2009）比较了被批准实施配股的国有企业和民营企业未来市场回报的差异，但是他们的论文很难区分被批准实施配股的民营企业市场回报更好是因为配股资金的使用，还是因为证监会对民营企业的配股审批更严格。而且，股票回报的影响因素众多，很难准确判断民营企业配股融资受限对于业绩影响的程度。本文则主要从不同产权性质企业对于配股募集资金使用效率的角度，分析企业是否存在随意变更募集资金预计使用用途的行为。相对于直接分析企业未来的股票市场回报，本文指出了配股影响企业未来业绩的具体途径。

本文以1998~2004年符合配股条件的A股上市公司为研究对象发现，民营企业发布配

① “股权成本效应”是指股权再融资会降低公司股权融资成本，提高公司价值，对流通股价值产生正面的影响；“控制权收益效应”是指非流通股东在再融资过程中付出成本，控制权没有约束的条件下，它会通过掠夺流通股价值，扩大控制权收益来弥补这一成本。

股预案的比率更低，实施配股的比率也更低。但这并非因为民营企业的外部融资需求更低，而是证券监管部门在配股审批中优先照顾国有企业。进一步的研究还表明，被批准实施配股的民营企业未来投资增长更快，而实施配股的国有企业更有可能变更募集资金的预计使用用途。这意味着政府监管部门在配股审批中对国有企业的照顾损害了民营企业股东的利益，影响了资源配置效率。

与以往的研究相比，论文的贡献主要体现在以下几个方面：第一，论文从产权性质的角度考察了配股的资源配置效率。第二，已有文献以已实施配股的企业为研究样本。但是，要考察配股中资源配置是否有效率，应该以符合配股条件的所有企业为样本，否则样本的选择是有偏的。论文考察了企业配股全过程，即符合配股条件的企业哪些发布了配股预案，发布配股预案的企业哪些成功实施了配股。第三，论文还从募集资金使用的角度分析了产权性质不同的企业募集资金的使用效率。

论文其他部分的安排如下：第二部分为制度背景、文献回顾和研究假设；第三部分是研究设计；第四部分是基本研究结论；第五部分为股权再融资的经济效果研究；最后是研究结论。

二、制度背景、文献回顾与研究假设

（一）制度背景

中国上市公司的股权再融资一直受到政府的严格管制。上市公司申请配股需要经过以下几个步骤：第一，董事会发布配股预案；第二，股东大会对配股预案进行表决；第三，中国证监会对上市公司的配股申请进行审批。除了复杂的配股审批程序，申请配股的上市公司必须满足一定的条件，其中最重要的条件就是盈利要求。仅在本文的研究样本期间（1998~2004 年）内，就涉及三个重要的配股政策，具体内容如下：

1996 年 1 月 24 日，中国证监会发布的《关于一九九六年上市公司的配股工作的通知》，将申请配股的必备条件设定为："最近三年净资产税后净利润都在 10%以上，属于能源、原材料、基础设施类的公司可以略低，但不低于 9%。" 1999 年 3 月 26 日，中国证监会颁布的配股政策规定："公司上市超过 3 个完整的会计年度的，最近 3 个完整会计年度的净资产收益率平均在 10%以上；上市不满 3 个会计年度的，按上市后所经历的完整会计年度平均计算；属于农业、能源、原材料、基础设施、高科技等国家重点支持行业的公司，净资产收益率可以略低，但不得低于 9%；上述指标计算期间内任何一年的净资产收益率不得低于 6%。" 2001 年 3 月 28 日，中国证监会发布《上市公司新股发行管理办法》和《关于做好上市公司新股发行工作的通知》，要求申请配股公司最近 3 个会计年度加权平均净资产收益率平均不低于 6%，加权平均净资产收益率的计算以扣除非经常性损益后的净利润与扣除前的净利润孰低为准。

（二）文献回顾

1. 政府管制的理论分析与实证研究

长期以来关于政府管制一直存在争论。一种理论为公共利益理论（public interest theory），该理论认为缺乏管制的市场存在许多失灵的地方，而政府的管制能够解决这些市场失灵的问题，提高社会福利（Pigou，1938）；另一种理论为公共选择理论（public choice theory），该理论认为严格的管制提高了市场准入的门槛，阻碍了市场竞争，损害了消费者的社会福利（Stigler，1971）。而且，管制还容易被政治家和官僚所利用，成为他们寻租的手段（Shleifer 和 Vishny，1998；Djankov 等，2002）。

中国证监会的配股发行监管是否有效呢？Chen 和 Yuan（2004）以 1996~1998 年申请配股的 A 股上市公司为研究对象发现，监管部门能够在一定程度上识别企业利用线下项目进行盈余管理的行为，而且监管部门的监管能力在逐渐提高。Haw 等（2005）以 1996~1998 年净资产收益在 10%和 11%之间的 A 股上市公司为研究对象发现，相比配股申请未通过和未申请配股的公司，配股申请被批准的公司利用线下项目和操控应计进行盈余管理的程度更小。他们的研究结论表明，证券监管部门在配股审批过程中会考虑企业的盈余质量。这两篇论文的研究发现支持中国证监会的配股发行监管在一定程度上是有效的。

长期以来证监会关于再融资发行门槛的相关规定一直备受争议。许多研究指出，发行门槛中对盈利指标的要求诱导了上市公司进行盈余管理（陈小悦等，2000；阎达五等，2001）。还有的研究分析了门槛的设置是否真能否筛选出“绩优”的公司。例如，吴文锋等（2005）以 1998~2001 年实行配股和增发的上市公司为研究对象，发现门槛筛选的“绩优”公司在增发配股后的经营业绩普遍大幅度下滑，而且即使门槛不同的公司在发行后的长期业绩也无明显改善。因此，他们认为应该重新审视再发行门槛的合理性。王正位等（2006）则提出了相反的观点，他们认为门槛是否有效应该比较门槛设置前后的效果。王正位等（2006）对比分析了 1994~2003 年不同的配股和增发门槛下，进行配股和增发的公司累积超额回报率和会计经营业绩表现，他们发现，设置门槛之后，再融资公司股票的平均累积超额收益率和会计经营业绩都有改善和提高，这表明以往的再融资门槛是必要的和有效的。Chen 和 Wang（2007）指出，政府基于会计利润设置的配股门槛，不但能够减少配股过程中的逆选择问题，还能够限制股票供应以及发行新股对于现有股票的稀释作用。

总之，关于中国证监会监管效率的研究发现，证监会能够在一定程度上识别企业的盈余管理行为，而且证监会的监管政策具有一定的有效性。但是，证监会的监管政策是否能够公平地对待不同类型的所有制企业却往往被现有的研究所忽视。

2. 产权性质与企业融资

民营企业是中国经济发展的重要力量，但一直以来民营企业缺乏政策上的支持，表现在融资方面就是企业的股权和债权融资申请更难得到满足。股权融资方面，祝继高

(2009) 分析了企业的上市行为，发现民营企业的上市申请更容易被证监会否决。Su 和 Yang (2009) 分析了 1999~2003 年 A 股上市公司的配股行为，他们发现在发布配股预案的样本中，国有企业的通过率要比民营企业高 38%。大量关于民营企业银行债务融资的研究也都支持民营企业获得的长期贷款更少，债务融资成本更高。Brandt 和 Li (2003) 利用浙江和江苏两省的调查数据发现，相比国有企业，民营企业和从集体转制为民营的企业更难获得贷款、贷款金额更少，贷款成本更高。方军雄 (2007) 以 1996~2004 年的国有工业企业和“三资”企业为研究对象，发现银行向国有工业企业发放的贷款更多、贷款期限更长。Li 等 (2009) 使用 2000~2004 年的工业企业数据库发现，国有企业的资产负债率更高，而且更容易获得长期贷款。上述现象在民营企业上市以后依然存在。江伟和李斌 (2006) 以 1999~2002 年的上市公司为研究对象，他们发现相对民营上市公司，国有上市公司能获得更多的长期债务融资。陆正飞等 (2009) 也得出了类似的结论。

(三) 研究假设

民营企业的融资难问题有着深刻的理论根源。现有的研究主要用预算软约束来解释政府对于国有企业的支持。Lin 和 Li (2008) 指出，由于国有企业承担着大量的社会职能，比如稳定就业等，当国有企业发生亏损时，政府通常不会让这些企业破产，而是继续给予财政补贴和信贷支持。Sapienza (2004) 总结了政府所有权的三种理论：社会观点、政治观点和代理观点。其中，政治观点认为国有企业是政治家追求其个人目标的工具，比如就业最大化、为其偏爱的企业融资。中国股票市场的建立和发展与国有企业的改革密切相关，早期的股票市场主要是为国有企业改革服务，而配股作为上市公司重要的融资途径，很有可能成为政府支持国有企业的手段之一。基于上述分析，论文提出如下假设：在其他条件相同的情况下，符合配股条件的民营企业获得配股融资的概率更低。

三、研究设计

(一) 数据来源

本文以 1998~2004 年 A 股上市公司的配股行为为研究对象①。本文的样本选择截止到 2004 年主要基于两点考虑：第一，论文考察配股管制的经济后果，需要观察配股后三年企业的投资水平以及募集资金的使用情况。由于无法观察 2007 年和以后年份企业未来三年的投资水平和配股资金的使用效率，论文剔除了 2007 年和以后年份的观测。第二，股

① 由于定向增发和非定向增发存在很大的差异，这给研究设计带来了很大的难度，因此论文主要分析 A 股上市公司的配股行为。

权分置改革对企业再融资的影响。2005年和2006年是股权分置改革时期，证监会基本停止了对上市公司股权再融资申请的审批。受此影响，申请配股的上市公司也明显减少(2005年发布配股预案的企业为18家，2006年发布配股预案的企业为4家)①。而且，证监会将是否完成股权分置改革与再融资挂钩。2005年8月颁布的《关于上市公司股权分置改革的指导意见》提出："完成股权分置改革的上市公司优先安排再融资"，"同时改革再融资监管方式，提高再融资效率"。因此，论文删除了2005年和2006年的观测②。

企业配股预案和实施配股信息的相关数据来源于Wind数据库，公司最终控制人的数据来源于CCER数据库，其他财务数据来源于CSMAR数据库。样本的筛选遵循以下原则：①剔除金融行业；②剔除总资产或者所有者权益小于0的观测；③剔除研究期间内，相关变量数据缺失的观测；④论文采用Winsorization的方法对异常值进行处理，对所有小于1%分位数（大于99%分位数）的变量，令其值分别等于1%分位数（99%分位数）。

表1 研究样本的年度分布

年份	符合配股条件的企业（1）		发布配股预案的企业（2）		被批准配股的企业（3）		发布配股预案的比率（4）=（2）/(1)		实施配股的比率（5）=（3）/(1)	
	国有	民营	国有	民营	国有	民营	国有	民营	国有	民营
1998	193	12	142	11	90	7	73.58%	91.67%	46.63%	58.33%
1999	226	20	143	11	111	8	63.27%	55.00%	49.12%	40.00%
2000	305	37	191	17	159	13	62.62%	45.95%	52.13%	35.14%
2001	396	53	92	12	41	3	23.23%	22.64%	10.35%	5.66%
2002	402	83	64	14	23	3	15.92%	16.87%	5.72%	3.61%
2003	351	90	45	8	14	2	12.82%	8.89%	3.99%	2.22%
2004	347	89	27	9	6	0	7.78%	10.11%	1.73%	0.00%
合计	2220	384	704	82	444	36	31.71%	21.35%	20.00%	9.38%

资料来源：Wind数据库。

表1是本文研究样本的年度分布。具备申请配股资格的企业是指企业基本符合证监会发布的关于配股的相关规定（将净资产收益率（ROE）作为筛选标准③）。具体而言，1998年的样本企业要符合："最近三年净资产税后净利润都在10%以上，属于能源、原材料、

① 根据作者的统计，2005年共有18家上市公司提出董事会配股预案，发布时间均为2005年5月份之前。而且，这18家企业最后无一家成功配股。以东安动力（600178）为例，公司在2005年年报中称："2005年5月27日，配股申报材料上报中国证监会；2005年6月2日，证监会正式受理。但是，由于股权分置改革的推进，中国证监会暂停了所有拟在资本市场进行首发和再融资项目的审批，至今未予启动，本公司的配股收购项目也一直被搁置。"

② 作为稳健性检验，论文保留了2005~2008年的观测，即研究样本为1998~2008年，本文的主要结论保持不变(未报告)。

③ 本文以会计指标ROE来选择符合配股条件的企业。在历次配股政策中，ROE是具体的可量化的指标，而其他规定，比如具有完善的公司治理结构、不存在重大违法行为等很难量化。当然，仅仅以ROE作为定义企业是否符合配股条件会使得有些不符合配股条件的企业进入论文的研究样本。为了弥补这一研究不足，论文在回归中尽可能控制影响企业配股的因素，包括企业规模、盈利能力、未来投资机会、资产负债率、所处行业、年份等。即本文在控制企业盈利能力、负债能力、成长性的情况下，比较国有企业和民营企业在申请配股行为上有何差异。

基础设施类的公司可以略低，但不低于 9%。”1999 年和 2000 年的样本企业要符合：“公司上市超过 3 个完整的会计年度的，最近 3 个完整会计年度的净资产收益率平均在 10%以上；上市不满 3 个会计年度的，按上市后所经历的完整会计年度平均计算；属于农业、能源、原材料、基础设施、高科技等国家重点支持行业的公司，净资产收益率可以略低，但不得低于 9%；上述指标计算期间内任何一年的净资产收益率不得低于 6%。”2001~2004 年的样本企业要符合：“申请配股公司最近 3 个会计年度加权平均净资产收益率平均不低于 60%。”发布配股预案（RELEASE）是指企业董事会提出了配股预案。被批准配股（PASS）是指企业的配股申请获证监会审批通过。由表 1 可知，总体而言，在符合配股条件的企业中，国有企业发布配股预案的比率为 31.71%，高于民营企业的 21.35%；国有企业实施配股预案的比率为 20.00%，而民营企业实施配股的比率仅为 9.38%。

Wind 数据库提供了配股进度的具体信息：“董事会预案”是指公司提出董事会预案后停止了配股申请；“股东大会通过”是指公司的配股申请在股东大会通过配股预案后停止；“未通过”是指配股预案被证监会否决；“停止实施”是指配股申请在董事会预案或者股东大会通过环节后停止[①]。除了“未通过”为证监会直接否决，企业的配股申请在“董事会预案”阶段、“股东大会通过”阶段停止有着多种原因。与 Su 和 Yang（2009）的观点类似，本文认为有着强烈股权融资动机的 A 股上市公司并不会主动放弃配股申请，而且 A 股上市公司股权较为集中，通常而言董事会通过的决议被股东大会否决的可能性很小。因此，更有可能的原因是申请配股的公司迫于证监会或者资本市场等外部压力放弃申请[②]。

表 2　配股实施进度分析

Panel A：国有企业					
年份	董事会预案	股东大会通过	未通过	停止实施	实施
1998	5	34	13	0	90
1999	5	12	15	0	111
2000	4	18	10	0	159
2001	1	28	21	1	41
2002	2	19	19	1	23
2003	0	14	10	7	14
2004	1	10	4	6	6
合计	18	135	92	15	444
占总观测的比率	2.56%	19.18%	13.07%	2.13%	63.07%

① 双鹤药业（600062）在 2004 年 5 月 27 日发布公告称，2002 年度股东大会通过的 2003 年度配股方案已超过有效期限，此次配股停止实施。此类配股申请被 Wind 归纳为停止实施。

② 2004 年 12 月 7 日，中国证监会发布了《关于加强社会公众股股东权益保护的若干规定》，该法规明确指出：“向原有股东配售股份必须经全体股东大会表决通过，并经参加表决的社会公众股股东所持表决权的半数以上通过。”因此，2004 年配股进度在“董事会预案”阶段的观测可能是流通股股东（中小股东）投票的结果。本文删除了上述观测，研究结论保持不变。

续表

Panel B：民营企业					
年份	董事会预案	股东大会通过	未通过	停止实施	实施
1998	0	3	1	0	7
1999	0	1	2	0	8
2000	1	3	0	0	13
2001	1	4	4	0	3
2002	0	7	4	0	3
2003	0	3	2	1	2
2004	1	4	0	4	0
合计	3	25	13	5	36
占总观测的比率	3.66%	30.49%	15.85%	6.10%	43.90%

注：董事会预案是指公司提出董事会预案后停止配股申请；股东大会通过是指公司的配股申请在股东大会通过配股预案后停止；未通过是指配股预案被证监会否决；停止实施是指配股申请在董事会预案、股东大会通过等环节停止。

资料来源：Wind 数据库。

由表 2 可知，有 2.56%的国有企业配股进度为董事会预案，3.66%的民营企业配股进度为董事会预案；有 19.18%的国有企业配股进度为股东大会通过，而民营企业配股进度为股东大会通过的高达 30.49%；国有企业配股预案被证监会否决的比率为 13.07%，民营企业配股预案被证监会否决的比率略高，为 15.85%。在提出配股预案的企业中，国有企业的总体通过率为 63.07%，民营企业的总体通过率为 43.90%。

（二）研究模型

论文采用 Logit 模型分析符合配股条件的企业是否发布配股预案或者配股申请被证监会批准：

$$\begin{aligned} RELEASE(PASS)_t = {} & \alpha_0 + \alpha_1 NONSTATE_{it} + \alpha_2 SIZE_{it-1} + \alpha_3 CURRENT_{it-1} + \alpha_4 LEV_{it-1} \\ & + \alpha_5 ROE_{it-1} + \alpha_6 GROWTH_{it-1} + \alpha_6 SEOZF(SEOBEFORE)_t \\ & + PERIOD1 + PERIOD2 + SUPPORTIND + \varepsilon_{it} \end{aligned} \tag{1}$$

企业产权性质（NONSTATE）的定义来源于 CCER 数据库，如果企业最终控制人行为民营控股则取值为 1，则国有控股则取值为 0。本文参考 Chen 和 Yuan（2004），选取了规模（SIZE）、流动比率（CURRENT）、资产负债率（LEV）、盈利能力（ROE）[①]、是否为政府支持行业（SUPPORTIND）作为模型的控制变量。由于企业配股的重要目的是为具有发展潜力的投资项目募集资金，因此本文还控制了企业的增长速度（GROWTH）。一般而言，发布增发预案的企业同时发布配股的可能性就很小。而且，企业以往是否实施过配股也有可能影响企业当前的配股行为。因此，本文对上述因素也进行了控制。由于不同期间的配股监管政策存在较大的差异，论文在回归模型中还加入了代表样本不同期间的虚拟变量(PERIODl 和 PERIOD2)。其他变量的定义参见表 3。

① 如果使用行业中位数调整的 ROE，研究结论保持不变（未报告）。

表 3　主要变量定义

变量名称	变量定义
RELEASE	如果企业发布了配股预案则取值为 1，否则为 0
PASS	如果企业的配股申请被证监会审核通过则取值为 1，否则为 0
NONSTATE	如果最终控制人为民营控股则取值为 1，为国有控股则取值为 0①
ROE	净资产收益率 = (净利润 × 2) /(期初股东权益 + 期末股东权益)
BROE	配股前三年平均的净资产收益率
SIZE	期初总资产的自然对数
CURRENT	流动比率 = 流动资产/流动负债
LEV	资产负债率 = 总负债/总资产
GROWTH	销售增长率 = (T 期销售收入 – T – 1 期销售收入) /T – 1 期销售收入
ROS	销售净利率 = 净利润/销售收入
AROS	配股后两年平均销售净利率
ROA	总资产收益率 = (净利润 × 2) /(期初总资产 + 期末总资产)
AROA	配股后两年平均总资产收益率
SEOZF	如果企业发布了增发预案则取值为 1，否则为 0
SEOBEFORE	如果企业以往成功实施过配股则取值为 1，否则为 0
PERIOD1	如果为 1998 年则取值为 1，否则为 0
PERIOD2	如果为 1999 年和 2000 年则取值为 1，否则为 0
SUPPORTIND	如果行业为配股政策支持的行业则取值为 1，否则为 0
AINVEST	配股后三年的平均投资水平 = 配股后三年平均购建固定资产、无形资产和其他长期资产支付的现金/期初总资产

四、基本研究结论

(一) 描述性统计

表 4 中的 Panel A 是符合配股条件的企业财务特征的比较。我们分析了企业的盈利能力、规模、流动比率、资产负债率和增长率，这些变量是证监会审批再融资的重要参考依据，也是影响企业融资决策的重要变量 (Chen 和 Yuan，2004；Su 和 Yang，2009)。从表 4 中的 Panel A 可以发现，发布配股预案的企业，民营企业所占比率更低、盈利能力更强、规模更小、流动比率更高、资产负债率更低。表 4 中的 Panel B 是发布配股预案的企业。

① 论文还采用如下方式定义 NONSTATE：最终控制人为非国有财取值为 1，否则为 0。采用该定义，除了表 6 中模型 3 中 NONSTATE 的显著性水平由 10%水平显著变为不显著 (NONSTATE 的系数依然为负)，其他研究结论依然成立。

从中可知，被批准实施配股的企业，民营企业所占比率更低、盈利能力更强。总之，表4的结果表明，相比国有企业，民营企业发布配股预案和被批准实施配股的比率均更低。而且，企业的盈利能力（以ROE衡量）是影响企业发布配股预案和能否通过配股审批的重要变量。

表4 企业财务特征比较

Panel A：符合配股条件的企业						
	发布配股预案的企业（0组）		未发布配股预案的企业（1组）		均值检验（0组–1组）	中值检验（0组–1组）
	均值	中值	均值	中值		
NONSTATE	0.104	0.000	0.166	0.000	–4.42***	–4.08***
BROE	0.129	0.117	0.118	0.107	4.01***	6.07***
ROE	0.100	0.095	0.067	0.075	8.18***	7.85***
SIZE	20.713	20.645	21.210	21.120	–14.68***	–10.84***
CURRENT	1.791	1.510	1.675	1.410	2.41**	2.82***
LEV	0.412	0.414	0.439	0.439	–4.17***	–2.99***
GROWTH	0.211	0.146	0.223	0.148	–0.58	–0.17
观测个数	786		1818			
Panel B：发布配股预案的企业						
	被批准配股的企业（0组）		未被批准配股的企业（1组）		均值检验（0组–1组）	中值检验（0组–1组）
	均值	中值	均值	中值		
NONSTATE	0.075	0.000	0.150	0.000	–3.17***	–3.36***
BROE	0.137	0.123	0.121	0.110	3.20***	3.10***
ROE	0.110	0.104	0.085	0.081	3.97***	4.83***
SIZE	20.697	20.627	20.738	20.679	–0.71	–0.88
CURRENT	1.803	1.493	1.773	1.520	0.34	–0.29
LEV	0.408	0.409	0.417	0.415	–0.84	–0.44
GROWTH	0.224	0.154	0.190	0.124	0.94	1.17
观测个数	480		306			

注：** 表示在5%水平上显著，*** 表示在1%水平上显著。

从主要变量的Pearson相关系数看，NONSTATE与RELEASE和PASS显著负相关，说明民营企业更不可能发布配股预案，而且民营企业被批准实施配股的概率也更低，与表4中的结果是一致的。NONSTATE与SIZE、CURRENT、ROE显著负相关，说明民营企业的规模更小，流动比率更低，盈利能力也更低；NONSTATE与LEV、GROWTH显著正相关，说明民营企业的负债率更高，成长性更好。上述结果与陆正飞等（2009）、Su和Yang（2009）的发现基本一致。民营企业与国有企业在财务特征上的显著差异表明在回归中控制上述财务特征变量的重要性。

（二）产权性质与企业配股行为

表 5 中的模型 1 是企业发布配股预案的影响因素分析。NONSTATE 显著为负，说明在符合配股条件的企业中，民营企业更不可能发布配股预案。论文还发现，规模小、盈利能力强、政策支持行业的企业更有可能发布配股预案，流动性好、发布增发预案的企业更不可能发布配股预案。表 5 中的模型 2 是分析哪些企业更有可能被批准配股。NONSTATE 显著为负，说明在符合配股条件的企业中，民营企业更不可能被批准配股。本文还发现，规模小、盈利能力强、政策支持行业的企业更有可能实施配股。表 5 中的回归结果表明，在控制了企业盈利能力、规模、偿债能力、成长性和所处的行业等因素后，民营企业获得配股融资的概率要显著低于国有企业。上述结论支持了本文的研究假设。

表 5　企业配股行为影响因素分析（符合配股条件的企业）

	模型 1	模型 2
	因变量：RELEASE	因变量：PASS
Constant	12.6692***	7.7313***
	(0.000)	(0.000)
NONSTATE	−0.3882***	−0.7324***
	(0.010)	(0.001)
SIZE	−0.5571***	−0.4005***
	(0.000)	(0.000)
CURRENT	−0.1243**	−0.1067
	(0.016)	(0.111)
LEV	−0.2611	−0.2129
	(0.539)	(0.694)
ROE	2.3602***	3.0663***
	(0.000)	(0.002)
GROWTH	−0.0768	0.0234
	(0.460)	(0.832)
SEOZF	−1.9649***	
	(0.000)	
SEOBEFORE		1.9670***
		(0.000)
PERIOD1	−0.4947***	0.1585
	(0.005)	(0.398)
PERIOD2	−2.4823***	−2.4979***
	(0.000)	(0.000)
SUPPORTIND	0.2709**	0.2545*
	(0.014)	(0.069)
Observations	2604	2604
Pseudo R^2	0.2387	0.3461

注：（1）括号中为 p 值，标准误差经聚类（Cluster，按公司聚类）和异方差调整（Petersen，2009）；（2）* 表示在 10%水平上显著，** 表示在 5%水平上显著，*** 表示在 1%水平上显著。

表 5 的研究是以符合配股条件的企业为研究样本，将配股申请被批准的企业视为配股成功企业，将未发布配股预案的企业和配股预案被否决的企业均视为配股失败的企业。这与 Haw 等（2005）的方法基本一致。具备配股申请资格的企业未发布配股预案有两种可能：第一，企业通过内部融资和债务融资能够获得充足的资金或者通过增发获得融资，因而不需要配股融资；第二，企业认为申请配股获得通过的可能性较低，而申请配股也需要投入一定的时间和金钱，因此主动放弃配股申请。本文比较了发布配股预案企业和未发布配股预案企业的外部融资需求，发现未发布配股预案的企业外部融资需求更大①。而表 5 回归中也控制了企业的盈利能力、资产负债率、成长性和是否发布增发预案等影响企业融资能力的因素②。因此，具备配股申请资格的企业未发布配股预案可能是因为第二种原因。

表 6 以发布配股预案的企业为研究样本，分析哪些企业更有可能通过证监会的配股审核。在模型 1 至模型 3 中，NONSTATE 显著为负，即在发布配股预案的样本中，民营企业的通过率更低。表 6 的结论与 Su 和 Yang（2009）的结论是一致的。Chen 和 Yuan（2004）指出，盈余管理程度高的企业更不可能通过证监会的配股审批。如果民营企业的盈余管理程度更高，则民营企业配股申请的通过率就会更低。因此，本文在公式 1 中加入企业的盈余管理程度（论文采用修正的 Jones 模型计算盈余管理程度③）。本文发现，即使在控制了企业的盈余管理程度之后，研究结论依然保持不变（未报告）。这说明，产权性质是影响企业配股通过率的重要因素。总之，表 5 和表 6 的回归结果表明，在符合配股条件的企业中，民营企业更不可能被批准实施配股。尽管民营企业拥有更多的投资机会④，但是民营企业获得股权融资的难度要显著大于国有企业。这意味着企业产权性质可能会影响资源的配置效率。

表 6　企业配股行为影响因素分析（发布配股预案的企业）

	因变量：PASS		
	模型 1	模型 2	模型 3
Constant	0.5351***	0.6679	-4.4485*
	(0.000)	(0.761)	(0.079)
NONSTATE	-0.7803***	-0.8389***	-0.4900*
	(0.001)	(0.001)	(0.080)

① 论文参考 Demirguc-Kunt 和 Maksimovic（1998），Dumev 和 Kim（2005）的做法，计算企业的外部融资需求。外部融资需求定义为：企业的实际增长率减去可持续增长率。其中，实际增长率是总资产增长率，可持续增长率为 ROE/(1-ROE)。

② 发布配股预案企业和未发布配股预案企业的长短期银行借款和企业成长性均无显著差异（见表 4），并且未发布配股预案的企业内源融资能力更差（盈利能力更低）。这说明，未发布配股预案的企业如果要保持目前的发展速度只能通过大量借入非银行债务来维持目前的投资水平和日常经营运作，这无疑会给企业带来巨大的经营风险和财务风险。

③ 与 Chen 和 Yuan（2004）不同，论文没有采用线下项目度量企业的盈余管理程度。从 2001 年 3 月开始，加权平均净资产收益率的计算以扣除非经常性损益后的净利润与扣除前的净利润孰低为准。因此，论文采用修正的 Jones 模型计算盈余管理程度。

④ 在表 5 中，NONSTATE 与 GROWTH 显著正相关。

续表

	因变量：PASS		
	模型 1	模型 2	模型 3
SIZE		-0.0156	0.2456**
		(0.884)	(0.050)
CURRENT		-0.0205	-0.1131
		(0.820)	(0.230)
LEV		-0.1036	-0.1666
		(0.885)	(0.826)
ROE		4.3761**	2.4673*
		(0.017)	(0.075)
GROWTH		0.0346	0.2446
		(0.845)	(0.213)
SEOBEFORE		-0.4167**	-0.3074*
		(0.012)	(0.090)
PERIOD1			0.8668***
			(0.000)
PERIOD2			-1.2779***
			(0.000)
SUPPORTIND			0.2753
			(0.116)
Observations	786	786	786
Pseudo R^2	0.0105	0.0369	0.1611

注：* 表示在 10%水平上显著，** 表示在 5%水平上显著，*** 表示在 1%水平上显著。

五、股权再融资的经济效果研究

通常而言，配股资金的主要用途为固定资产投资和改善资本结构。成功实施配股融资的企业将获得企业发展所需的资金。本文首先分析了配股融资对企业未来投资的影响（见表 7）。由表 7 可知，NONSTATE 显著为负，说明民营企业的固定资产投资水平更低；PASS 显著为正，说明被批准实施配股的企业，未来三年的投资水平会显著提高；“PASS*NONSTATE”显著为正，说明被批准实施配股的民营企业投资水平增加得更为明显。由于国有企业的融资约束相对较小（陆正飞等，2009；Su 和 Yang，2009），即使企业没有被批准配股，也能通过银行信贷等途径获得资金支持，因此是否被批准配股对于国有企业投资水平的影响更小。

那么，国有企业和民营企业对于配股资金的使用效率如何呢？以往的研究发现，委托代理问题越严重的企业越有可能变更募集资金预计使用用途。张为国和翟春燕（2005）以 1999~2001 年融资的 729 家上市公司为样本，发现关联交易多、股权集中度高、闲置资金

表 7　企业未来三年投资水平分析（因变量：AINVEST）

	模型 1 符合配股条件的企业	模型 2 发布配股预案的企业
Constant	–0.0542* (0.081)	–0.0699 (0.283)
PASS	0.0148*** (0.000)	0.0106** (0.048)
NONSTATE	–0.0134*** (0.000)	–0.0219** (0.011)
PASS*NONSTATE	0.0298** (0.011)	0.0387*** (0.005)
SIZE	0.0036** (0.016)	0.0042 (0.198)
LEV	–0.0096 (0.257)	–0.0101 (0.566)
ROA	0.4091*** (0.000)	0.5218*** (0.000)
GROWTH	0.0009 (0.696)	–0.0005 (0.914)
PERIOD1	0.0193*** (0.000)	0.0170*** (0.002)
PERIOD2	0.0348*** (0.000)	0.0470*** (0.000)
SUPPORTIND	0.0212*** (0.000)	0.0242*** (0.000)
Observations	2407	753
R^2	0.1389	0.1677

注：* 表示在 10%水平上显著，** 表示在 5%水平上显著，*** 表示在 1%水平上显著。

多的企业变更募集资金预计使用用途的概率和程度更大。而且，变更募集资金预计使用用途的企业财务业绩更差。例如，刘少波和戴文慧（2004）以 2000 年发行股票融资的 322 家上市公司为研究样本发现，变更募集资金投向对上市公司业绩有负面影响。原红旗和李海建（2005）以 1997~2000 年实施配股的公司为样本发现，变更配股资金的投资项目或进度都对公司配股后业绩具有明显的负影响。也就是说，募集资金变更预计使用用途是资金使用效率差的表现之一。因此，本文根据募集资金预计使用用途是否发生变更作为衡量资金使用效率的标准。

本文依据《CCER 上市公司募集资金使用情况数据库》整理了 1998~2004 年上市公司募集资金后续使用情况，如果上市公司变更了募集资金使用计划（CHANGE），则取值为 1，否则为 0。由表 8 可知，NONSTATE 显著为负，说明民营企业更不可能变更募集资金预计使用用途，资金使用效率更高。GROWTH 显著为负，表明成长性越高的企业，越注重资金的使用效率，变更募集资金预计使用用途的可能性也越小。

表 8　募集资金变更情况分析

	因变量：CHANGE	
	模型 1	模型 2
Constant	–0.5458***	2.6131
	(0.000)	(0.379)
NONSTATE	–0.7664*	–0.9716**
	(0.081)	(0.039)
SIZE		–0.1543
		(0.288)
LEV		–0.9348
		(0.307)
ROA		–4.6959
		(0.230)
GROWTH		–0.6172*
		(0.062)
SEOBEFORE		0.5211**
		(0.031)
PERIOD1		0.8619**
		(0.024)
PERIOD2		0.0946
		(0.834)
Industries	Controlled	Controlled
Observations	401	401
Pseudo R^2	0.0066	0.0586

注：* 表示在 10%水平上显著，** 表示在 5%水平上显著，*** 表示在 1%水平上显著。

Su 和 Yang（2009）比较了企业是否被批准配股对其未来股票回报的影响，他们发现被批准实施配股的民营企业未来两年的股票业绩更好。本文也比较了符合配股条件的企业是否被批准配股对企业未来两年平均总资产收益率（AROA）和平均销售净利率（AROS）的影响，由表 9 可知，"PASS*NONSTATE" 显著为正，说明实施配股的民营企业未来两年平均总资产收益率和平均销售净利率更好（见表 9）。因此，表 7、表 8 和表 9 的结论支持，被批准实施配股的民营企业在获得配股融资后更为有效地利用了募集资金，相对国有企业的发展速度也更快。

六、研究结论

本文研究了企业产权性质对配股行为的影响。研究结论发现，符合配股条件的民营企业发布配股预案的比率更低，被批准实施配股的比率也更低。但是，这并非因为民营企业

表 9 企业未来两年财务业绩分析（发布配股预案的企业）

	模型 1：AROA	模型 2：AROS
Constant	−0.6314***	−0.1289***
	(0.000)	(0.000)
PASS	0.0407***	0.0058**
	(0.004)	(0.014)
NONSTATE	−0.0843***	−0.0170***
	(0.006)	(0.000)
PASS*NONSTATE	0.1036***	0.0132*
	(0.004)	(0.082)
SIZE	0.0354***	0.0069***
	(0.000)	(0.000)
LEV	−0.1703***	−0.0234***
	(0.001)	(0.001)
GROWTH	0.0553***	0.0069***
	(0.000)	(0.000)
ROA	0.2661***	
	(0.000)	
ROS		0.5293***
		(0.000)
PERIOD1	−0.0652***	−0.0104***
	(0.001)	(0.003)
PERIOD2	−0.0364*	0.0001
	(0.099)	(0.981)
SUPPORTIND	−0.0222	−0.0000
	(0.104)	(0.999)
Observations	2479	2479
R^2	0.1425	0.3230

注：* 表示在 10%水平上显著，** 表示在 5%水平上显著，*** 表示在 1%水平上显著。

的外部融资需求更低，而是证券监管部门在配股审批中优先照顾国有企业。进一步的研究还发现，被批准实施配股的国有企业更有可能变更募集资金预计使用用途，对募集资金的使用效率更低。

本文的研究结论对于证券监管部门、上市公司经营管理者以及上市公司投资者具有一定的理论和现实意义。第一，证券监管部门应该逐渐消除股权再融资中对民营企业的“歧视”，加大对民营企业的扶持力度；第二，本文的研究结论对于证券监管部门监管募集资金的使用具有一定的启示作用；第三，民营上市公司的经营管理者应该积极开拓其他融资渠道，提高资金使用效率，防止各种融资限制对公司产生的不利影响；第四，民营上市公司的股东在进行股票投资决策时，应该考虑各种政策管制因素可能对公司价值的影响，避免股票投资决策的损失。

参考文献：

[1] 陈小悦，肖星，过晓艳. 配股权与上市公司利润操纵 [J]. 经济研究，2000 (1)：30-36.

[2] 方军雄. 所有制、制度环境与信贷资金配置 [J]. 经济研究，2007 (12)：50-60.

[3] 江伟，李斌. 制度环境、国有产权与银行差别贷款 [J]. 金融研究，2006 (11)：116-126.

[4] 刘少波，戴文慧. 我国上市公司募集资金投向变更研究 [J]. 经济研究，2004 (5)：88-97.

[5] 陆正飞，祝继高，樊铮. 银根紧缩、信贷歧视与民营上市公司投资者利益损失 [J]. 金融研究，2009 (8)：124-136.

[6] 孙铮，王跃堂. 盈余操纵与资源配置之实证研究 [J]. 财经研究，1999 (4)：3-9.

[7] 唐国正. 股权二元结构下配股对股权价值的影响 [J]. 经济学（季刊），2006，5 (2)：329-359.

[8] 王正位，赵冬青，朱武祥. 再融资门槛无效吗？[J]. 管理世界，2006 (10)：108-113.

[9] 吴文锋，胡戈游，吴冲锋，芮萌. 从长期业绩看设置再发行"门槛"的合理性 [J]. 管理世界，2005 (5)：127-134.

[10] 徐浩萍. 二元股权结构下股权再融资的价值效应 [J]. 中国会计评论，2005，3 (2)：329-342.

[11] 徐浩萍，王立彦. 控制权收益的股权再融资信号探析 [J]. 经济理论与经济管理，2006 (8)：24-29.

[12] 阎达五，耿建新，刘文鹏. 我国上市公司配股行为的实证研究 [J]. 会计研究，2001 (9)：21-27.

[13] 原红旗，李海建. 配股资金使用与公司业绩 [J]. 中国会计评论，2005，3 (1)：143-159.

[14] 张为国，翟春燕. 上市公司变更募集资金投向动因研究 [J]. 会计研究，2005 (7)：19-24.

[15] 祝继高. 融资需求、产权性质与股权融资歧视 [D]. 北京大学工作论文，2009.

[16] Brandt，L，and H. B. Li. Bank Discrimination in Transition Economies：Ideology，Information or Incentives? [J]. Journal of Comparative Economics，2003 (31)：387-41.

[17] Chen，K. C. W.，and H. Yuan. Earnings Management and Capital Resource Allocation：Evidence from China's Accounting-Based Regulation of Rights Issues [J]. The Accounting Review，2004，79 (3)：645-665.

[18] Chen，k. C. W.，and J. Wang. Accounting-based Regulation in Emerging Markets：The Case of China's Seasoned-equity Offerings [J]. The International Journal of Accounting，2007 (42)：221-236.

[19] Chen，X.，C. W. J. Lee，and J.Li. Govemment Assisted Earnings Management in China [J]. Journal of Accounting and Public Policy，2008 (27)：262-274.

[20] Claessens，S.，and E. Perotti. Finance and Inequality：Channels and Evidence [J]. Journal of Comparative Economics，2007 (35)：748-773.

[21] Demirguc-kunt，A.，and V. Maksimovic. Law，Finance，and Firm Growth [J]. Journal of Finance，1998 (53)：2107-2137.

[22] Djankov，S.，R. La Porta，F. Lopez-de-Silanes，A. Shleifer. The Regulation of Entry [J]. The Quarterly Journal of Economics，2002 (117)：1-37.

[23] Durnev，A.，and E. H. Kim. To Steal or not to Steal：Firm Attributes，Legal Environment，and Valuation [J]. Journal of Finance，2005 (60)：1461-1493.

[24] Haw，I.，D. Qi，D. Wu，W. Wu. Market Consequences of Earnings Management in Response to Security Regulations in China [J]. Contemporary Accounting Research，2005 (22)：95-140.

[25] Li，K.，Y. Yue，and L. Zhao. Ownership，Institutions，and Capital Structure：Evidence from China [J]. Journal of Comparative Economics，2009 (37)：471-490.

[26] Lin，J. Y.，and Z. Li. Policy Burden，Privatization and Soft Budget Constraint [J]. Journal Compara-

tive Economics, 2008 (36): 90-102.

[27] Petersen, M. A. Estimating Standard Errors in Finance Panel Data Sets: Comparing Aproaches [J]. Review of Financial Studies, 2009 (22): 435-480.

[28] Pigou, A. C. The Economics of Welfare [M]. Macmillan and Co., limited, 1938.

[29] Sapienza, P. The Effects of Government Ownership on Bank Lending [J]. Journal of Financial Economics, 2004 (72): 357-384.

[30] Shleifer, A., and R. W. Vishny. The Grabbing Hand: Government Pathologies and Their Cures [M]. Harvard University Press, 1998.

[31] Stigler, G. J. The Theory of Economic Regulation [J]. Bell Journal of Economics and Management Science, 1971 (2): 3-21.

[32] Su, X. J., and Z. F. Yang. State Control, Financial Constraints and Firm Growth: Evidence from China [D]. Working Paper, City University of Hong Kong, 2009.

[33] Yu, Q., B. Du, and S. Qian. Earnings Management at Rights Issues Thresholds [J]. Journal of Banking and Finance, 2006, 30 (12): 3453-3468.

Research on Corporate Property Rights, Seasonal Equity Offering and the Efficiency of Resource Allocation

Zhu Jigao et al.

(Business School of University of International Business and Economics, Beijing 100029, China)

Abstract: Using the data from 1998-2004 Of listed companies who are satisfied with requirements of seasonal equity offenng (hereafter SEO), the paper finds that non-state-owned enterprises (hereafter non-SOEs) are less likely to issue a SEO plan and have a low probability to issue equity. This is not due to the low extemal financing demand of non-SOEs but the priority given to state-owned enterprises (hereafter SOEs) instead. Further investigation shows that non-SOEs, whose SEO applications are approved, have a high growth rate of investment. The paper also finds that SOEs are more likely to abuse the money raised from SEO. These findings indicate that the priority given to SOEs in SEO regulation impairs the interests of shareholders of non-SOEs and the efficiency of resource allocation.

Key Words: non-state-owned enterpnses; seasonal equity offering; the efficiency of resource allocation

增持股份：财务动机还是政治动机 *

沈艺峰　醋卫华　李培功
（厦门大学管理学院财务学系，厦门　361005）

【摘　要】本文以2008年8月中国证监会发布的《关于修改〈上市公司收购管理办法〉第六十三条的决定》为背景，详细研究了该规定出台后由上市公司大股东和高管人员所发起的股份增持事件。结论表明，上市公司的股票增持行为主要出于政治动机，而非一般意义上的财务动机。这一发现进一步丰富了我们对转型经济国家公司内部人行为和动机的认识。

【关键词】股份增持；财务动机；政治动机

一、引言

根据我国《公司法》第一百四十九条规定，上市公司不得收购本公司的股票。2006年5月17日，中国证监会发布《上市公司收购管理办法》，其中第六十三条规定，有下列情形之一的，当事人可以向中国证监会申请以简易程序免除发出要约，即所称的股份增持的“事前申请”。2008年8月27日，中国证监会发布《关于修改〈上市公司收购管理办法〉第六十三条的决定》（以下简称“修改决定”），将其中第（二）款和第（三）款对拥有权益为30%和50%以上的上市公司在已发行股份2%以内自由增持的豁免申请由“事前申请”改为“事后申请”，即“相关投资者在增持行为完成后3日内应当就股份增持情况做出公告，并向中国证监会提出豁免申请，中国证监会自收到符合规定的申请文件之日起10个工作日内做出是否予以豁免的决定”，其目的在于鼓励上市公司的控股股东增持

* 本文选自《会计研究》2011年第1期。
基金项目：本文获得国家自然科学基金重点项目（批准号：70632001）的资助。

本公司股票①。

从 2008 年 8 月 30 日至 2009 年 2 月 5 日，上海和深圳交易所先后有 153 家上市公司公告通过二级市场增持股份。公告数据显示，在 153 家公告增持股份的上市公司中，公司最终控制人为国资委或政府其他部门（包括中央和地方）的有 90 家，占全部增持公司的 58. 82%；其中大股东增持的公司有 132 家，公司最终控制人是国资委或政府其他部门的有 90 家，占该类增持比例的 68. 18%；高管增持的有 21 家，公司最终控制人是国资委或政府其他部门的为 9 家，占该类增持比例的 42. 86%。一般认为，增持股份的大股东和高管承担着一定的风险和成本，如果未来公司的现金流和盈利没有增加，增持股份可能产生的价值损失将完全由这些大股东和高管承担。因此增持股份可以看成是传递了公司未来现金流和盈利增长的信息，即大股东和高管增持股份具有一定的财务动机。

但是，此次中国证监会发布“修改决定”受到国际国内双重经济因素的影响。2007 年 8 月始肇于美国的次贷危机开始在全球范围内蔓延，美国经济步入衰退，道琼斯工业指数从 2007 年 4 月的最高 14279. 96 点，下跌 23. 47%至 11378. 02 点，美国政府通过向金融市场直接注资的方式，来防止实体经济和资本市场的剧烈波动；国内经济发展同样深受次贷危机影响，其中进出口总额从 2007 年第四季度的 21745. 85 亿元跌到 2008 年第二季度的 12353.02 亿元，下跌幅度高达 76.04%。受其影响，上证综指和深证成指已分别从 2007 年最高点累计下跌 59.99%和 57. 99%，股票市值累计减少约 14 万亿元，市场普遍希望政府出面干预。不过，虽然中国政府相继采取政策，例如财政部和国家税务总局于 2008 年 4 月 24 日将印花税由 3‰下调为 1‰，但是并未使中国股市止跌回升。为了稳定市场和增强投资者信心，保持宏观经济的稳健发展和社会安定，政府监管层有着强烈的干预市场动机，证监会发布此项“修改决定”，加之国资委于 2008 年 9 月 18 日公开表态支持国有上市公司增持股份，无疑被市场解读为政府监管层出于迅速且有效地稳定市场目的而采取的重大措施②。最明显的例子如中央汇金投资有限责任公司和中国石油天然气集团公司，分别对工商银行、建设银行、中国银行以及中国石油流通股份的增持，增持股份数合计达 6600 万股（2008 年 9 月 24 日三家公司披露中央汇金投资有限责任公司集中增持三大银行股，合计达 600 万股），增持动用资金超过 7 亿元。因此，此次上市公司集中增持股份的动机可能不完全出于财务动机，或许还具有政治上的动机。

---

① 《上市公司收购管理办法》第六十三条第二款和第三款的内容如下：“（二）在一个上市公司中拥有权益的股份达到或者超过该公司已发行股份的 30%的，自上述事实发生之日起一年后，每 12 个月内增加其在该公司中拥有权益的股份不超过该公司已发行股份的 2%；（三）在一个上市公司中拥有权益的股份达到或者超过该公司已发行股份的 50%的，继续增加其在该公司拥有的权益不影响该公司的上市地位。”

② 此次证监会并未通过修改《关于上市公司以集中竞价交易方式回购股份的补充规定》的条款简化公司回购股份的程序，而是通过修改《上市公司收购管理办法》鼓励控股股东增持公司股份。

二、文献评述

尽管“修改决定”中所定义的股份增持与股票回购在资金来源、对股东持股比例的影响、法规依据方面有所区别，但是两者在理论分析上却存在明显的相似性。主流文献主要是从财务动机的角度来分析股票回购现象（Bhattacharya，1979；Miller 和 Rock，1985）。其中最具代表性的假说是价值低估假说（Vermaelen，1981；Comment 和 Jarrell，1991；Ikenberry 等，1995；Stephens 和 Weisbach，1998；Mcnally，1999；Chan 等，2004，2007）以及现金流信号假说（Dann，1991；Grullon 和 Michaely，2004）。

价值低估假说认为，当市场对公司价值的判断偏离公司的内在价值，内部人与外部股东之间存在信息上的不对称，如果内部人认为公司的价值被低估的话，那么进行股票回购就是向市场上的外部投资者传递了公司价值被低估的信号。Vermaelen（1981）、Comment 和 Jarrell（1991）、Ikenberry 等（1995）、Stephens 和 Weisbach（1998）、Mcnally（1999）、Chan 等（2004，2007）的研究均显示，在公司宣布股票回购时，股价往往会有正向反应，股票回购比例越大将能获得更高的超常收益。其中 Ikenberry 等（1995）对美国公司股票回购的研究发现，在公告后四年，样本公司股价都具有正的超常收益率；Chan 等（2007）在采用修正的 BHRs 方法后，发现股票回购的公司在公告后四年里股价都具有正的超常收益率；Louis 和 White（2007）的研究也发现在股票回购后的三年里，通过固定价格要约回购股票的公司其股价存在正的超常收益，而通过荷兰式拍卖回购股票的公司其股价则不存在正的超常收益。

现金流信号假说认为股票回购主要是由于公司在价值并未被市场发现，当市场并非完全有效时，通过回购公司股票这种具有一定成本的信号传递方式，可以使市场确信公司未来现金流和盈利将会增加（Vermuelen，1981；Dann 等，1991；Hertzel 和 Jain，1991；Nohel 和 Tarhan，1998）。Grullon 和 Michaely（2004）认为，股票回购具有两种信号含义：第一种含义指由于公司在没有进行股票回购前，不能有效地向市场传递公司未来前景，因此股票回购旨在传递未被市场发现而被管理者所预期的公司未来盈利和现金流增长的信息；第二种含义指由于市场并不能将所有的公开信息反映在当前股价中，因此公司管理者回购股票并不是向市场传递新的信息，而是为了传递对公司当前收益定价方面与市场存在分歧的信息。Grullon 和 Michaely（2004）认为这种信号内容应该包括公告时伴随的正向价格反应，公告后有关于公司盈利或现金流的正面消息（此消息不必是在股票回购后立即发生），以及市场立即对公司盈利预期所做的正向调整。Grullon 和 Michaely（2004）的研究发现，在股票回购公告的前两年至公告后的三年里，样本公司的 ROA、ROCAA、ROS、CFROA 均明显有别于配对样本。同时，在公告股票回购后，市场分析师均调低了对这些公司的盈利预期。总体而言，并无证据显示在公司股票回购后会有盈利增加，相反公司的盈利却下降了。Gong 等（2008）发现，股票回购公告后超常收益率的增加和经营收益的提高，部分是因为公告前公司存在盈余管理的行为。从回归分析的结果来看，公告前与公告后的异常性应计呈显著的负相关，同时负的异常应计增加与高管持股比例有关。

新近的文献表明，上市公司的财务行为会受到政治因素影响（Krueger，1974；Shleifer 和 Vishny，1994）。Krueger（1974）最早建立了一个上市公司与政府关系的寻租模型。在 Shleifer 和 Vishny（1994）所提出的另外一个模型中，公众、政治家和管理者之间存在博弈行为，当管理者控制了企业，政客就会利用政府补贴等手段指使管理者追逐政治目标，而当政客控制企业时，管理者就会反过来贿赂政客不要让企业去追逐政治目标。La Porta 等（2002）的研究表明，政府在国有公司的所有权对发展中国家的金融和经济增长具有负面影响。Sapienza（2004）提供进一步的证据显示，国有银行的贷款行为受到政党选举结果的影响，不同政党提供不同的政治庇护。Sapienza 的证据表明，意大利国有银行比私人银行收取更低的利率。借款企业所在区域政党的势力越强，国有银行征收的利率就越低。Sapienza 的研究结果支持了国有银行受政治影响的观点。Dinc（2005）同样发现，与私有银行相比，国有银行在选举年度的贷款额度平均会增加 11%，相当于 GDP 的 0.5%。Dinc 认为，政客们利用其在国有银行的所有权来追逐其政治目的，政治动机影响了国有银行的贷款行为。关于政治对上市公司财务行为影响的研究还可参见 Fisman（2001）、Dinc（2005）、Leuz 和 Oberholzer-Gee（2006），以及 Fan 等（2007）的文章。

作为典型的转型国家和新兴经济体，我国经济发展以及上市公司行为同时具有市场化和政治化的两面特征。一方面，市场化的转型强调了我国上市公司行为中必须具有市场化因素，按市场规律行事，讲究会计基础上的业绩。另一方面，政治化的沿袭造成无论在历史上还是现实上，我国上市公司都背负着浓厚的政治色彩，例如由政府所控制的国有上市公司的比例相当大，投资者保护执法效率低下，上市公司董事会成员或管理层都具有明显的政府背景。那么，在上市公司增持股份中，究竟是财务动机起作用，还是政治动机起作用？这是本文的研究重点。

三、样本数据与变量定义

（一）样本数据

本文以 2008 年 8 月 27 日中国证监会发布“修改决定”鼓励上市公司控股股东增持股份为背景，选择 2008 年 8 月 30 日至 2009 年 2 月 5 日公告通过二级市场增持股份的公司为基础样本，并按以下原则筛除样本观测值：①剔除增持股份比例超过 2%的公司；②剔除上市不足一年的公司；③剔除金融、保险类公司；④剔除 B 股上市公司，最后共得到 141 个样本，其中大股东增持样本 120 个，高管增持样本 21 个。本文财务数据和公告资料来源于国泰安（CSMAR）数据库、万得（Wind）数据库和巨潮资讯网（www.cninfo.com.cn）。

（二）配对样本

在配对样本的选取上，本文主要借鉴 Lie（2001）、Grullon 和 Michaely（2004）所使用的最小绝对值方法，即在与研究样本所处相同行业的上市公司中挑选 ROA、ROCAA、ROS、CFROA[①]，以及 B/M 五个指标绝对值差异之和最小的公司作为样本公司的配对样本。具体计算过程如公式（1）所示。其中 OP 代表 ROA、ROCAA、ROS 及 CFROA 四个指标，公式中第一项和第二项分别为研究样本和配对公司在上述四个指标上的差异和变化值的差异[②]，最后一项 B/M 为公司账面市值比的差异。

$$\text{Min}(|OP_{-1,sample} - OP_{-1,matching\ i}| + |\Delta OP_{-1,sample} - \Delta OP_{-1,matching\ i}| + |B/M_{-1,sample} - B/M_{-1,matching\ i}|) \quad (1)$$

（三）变量定义

1. 被解释变量

本文使用首次增持股份的比例（Raise_ stake）作为被解释变量，由于上市公司在增持股份的公告中交替使用增持股份比例和增持股份数量，为了统一计量口径，我们统一以首次增持股份的数量与公司股份总量之比计算 Raise_stake。

2. 解释变量

（1）财务动机。与 Grullon 和 Michaely（2004）的研究相似，本文在衡量上市公司增持股份的财务动机时采用了如下替代变量：公司账面市值比（B/M）、总资产回报率（ROA）、息税摊销前收入除以调整现金后账面平均总资产之比（ROCAA）、息税摊销前收入除以平均营业收入（ROS）以及经营性现金流量除以账面平均总资产（CFROA）[③]。

（2）政治动机。不同性质和类型的股东具有不同的政治动机（Shleifer 和 Vishny，1994）。通常情况下，国有公司的股东往往具有较强的政治动机（Sapienza，2004；Dinc，2005）。在本文中，我们主要参照 Sapienza（2004）和 Dinc（2005）的方法，按照最终控制人的类型对控股股东进行分类：若公司最终控制人是国资委或其他政府部门，则认为这些股东可能具有相应的政治动机（Pol，取值为 1）；反之则不具有这样的政治动机（Pol，取值为 0）。

---

① ROA 即总资产回报率；ROCAA 为息税摊销前收入除以调整现金后账面平均总资产，息税摊销前收入等于营业利润+财务费用+固定资产折旧，调整现金后账面平均总资产等于年初与年末账面总资产分别减去现金及现金等价物后的平均值；ROS 为息税摊销前收入除以平均营业收入，平均营业收入等于期初期末营业收入的平均值；CFROA 为经营性现金流量除以账面平均总资产，经营性现金流量等于现金流量表中（直接法）的销售商品、提供劳务收到的现金，账面平均总资产等于年初与年末账面总资产的平均值。

② ΔOP－1 指样本公司或配对样本在增持股份前一年指标的变化值。

③ 增持股份前一年末公司的 B/M、ROA、ROCAA、ROS、CFROA。

(3) 控制变量。本文的控制变量包括增持股东或高管已持有的股份比例（Prior_hold）、增持股份年末的公司规模（Ln_size）、流通股比例（Cir_stock）和公司负债水平(Lev)。

（四）回归模型

根据前文的分析，此次由证监会号召，并由上市公司发起的股份增持事件既可能出于市场低迷，大股东希望向市场传递公司真实价值的财务动机，也可能出于作为大股东的政府机构希望通过股份增持等维稳操作维护社会稳定的政治动机。为了检验大股东增持股份的真实动机，本文构建如下回归模型进行实证分析，回归模型如公式（2）所示：

$$Raise\_stake = \alpha + \beta_i Explainatory\ Variables + \zeta_i Control\ Variables + \varepsilon \quad (2)$$

其中，Explainatory Variables 和 Control Variables 分别表示文中的解释变量和控制变量，ε 为残差项。

四、实证分析结果与讨论

（一）描述性统计

表 1 给出了变量的描述性统计结果。首次增持股份的比例均值为 0.24%，最大值为 1.93%，接近“修改决定”的增持上限水平。公司账面市值比的均值为 0.2309，最大值和最小值分别为 0.6188 和 0.0350。在反映公司业绩的指标中，ROA、ROS、ROCAA、CFROA 的均值分别为 0.0787、2.5234、0.1574 和 0.8656。在全部 141 个研究样本中，公司最终控制人是国资委或政府其他部门的有 90 家，最终控制人为非政府部门的样本有 51 家。

（二）单变量检验

1. 增持股份财务动机的单变量检验

本文比较了研究样本与配对样本连续四年的公司价值和公司业绩指标[①]，借以判断上市公司增持股份的行为是否出于财务动机。如果研究样本在增持前的公司价值与配对样本没有显著差异，而增持后的公司价值却显著高于配对样本，则表明上市公司增持股份是出

① B/M、ROA、ROS、ROCCA、CFROA 与变量定义中的计算方法相同；本文还以市场预测的净利润估算公司价值 Y_E /P，具体计算公式为：Y_ E /P = 预测净利润（综合值）/(股票年末的收盘价× 截至年末公司总股本)，预测净利润（综合值）指截至年末，市场对该公司在未来一个年度净利润的一致预期。此外，我们也考虑了使用 Feltham-Ohlson 模型估计公司价值，但是国内的文献研究也表明该模型和类似的模型在预测公司价值时拟合度并不高，因此本文放弃了这种方法。

于向市场传递公司价值被低估的财务动机；类似地，如果研究样本增持股份后的经营业绩也显著优于配对样本，同样也意味着上市公司增持股份是出于传递公司业绩增加的财务动机。按照公式（1）的方法选择研究样本的配对样本，由于数据缺失导致研究样本的数量减少了 19 个，因此研究样本与配对样本的最终数量均为 122 个。为了避免异常值可能带来的影响，本文对连续变量 1%和 99%以上的分位数进行了缩尾处理（Winsorize），单变量检验的结果见表 2。

表 1　变量的描述性统计

	Mean	Median	Max	Min	S. D.
Raise_stake	0.0024	0.0011	0.0193	0.0000	0.0035
B/M	0.2309	0.2109	0.6188	0.0350	0.1116
ROA	0.0787	0.0591	1.9708	–0.1067	0.1664
ROS	2.5234	0.1837	323.8216	–0.0601	27.2522
ROCAA	0.1574	0.1299	2.1901	–0.0135	0.1877
CFROA	0.8656	0.6700	3.2779	0.0049	0.6541
Pol	0.6383	1	1	0	0.4822
Prior_hold	0.3118	0.3445	0.7133	0	0.1976
Ln_size	22.0607	21.8698	25.6835	18.6265	1.2445
Cir_stock	0.5706	0.5671	0.9415	0.0779	0.1684
Lev	0.5098	0.5049	0.9718	0.1202	0.1656

Panel A 给出了研究样本的公司价值和经营业绩指标的均值①，显著性水平表示研究样本与配对样本在公司价值和经营业绩方面是否存在差异。通过观察 B/M 和 Y_E/P 的变化不难发现，研究样本的公司价值在–1 期最高，而增持股份当年的公司价值最低，第 1 期的公司价值则有所回升。T 检验表明，增持股份前后研究样本与配对样本的公司价值不存在显著差异，说明上市公司增持股份可能并不是出于传递公司价值被市场低估的财务动机。Panel A 还显示，在增持股份前，研究样本的经营业绩要好于配对样本。其中，在–2 期和–1 期研究样本 ROA、ROCCA 和 ROS 的均值显著高于配对样本。但是，在增持股份当年和增持股份后一年，研究样本的经营业绩并没有显著地高于配对样本，说明上市公司增持股份并不是出于向市场传递公司业绩增加的财务动机。

政府控制的上市公司增持股份可能出于政治动机，但同样也可能出于财务动机。为了进一步考察政府控制的上市公司增持股份的真实动机，本文比较了 Pol = 1 的研究样本与其配对样本在增持股份前后的公司价值与经营业绩。如果在第 0 期和第 1 期，Pol = 1 的研究样本其公司价值和经营业绩显著高于配对样本，那么就可能意味着这些上市公司增持股份的行为不仅仅出于政治动机，也可能同时出于财务动机；相反，如果在第 0 期和第 1 期，Pol = 1 的研究样本与配对样本相比，公司价值和经营业绩不存在显著差异，那么可以

① 我们也对样本和配对样本的中位数进行了非参数检验，结果与基于均值的参数检验结果一致。

认为政府控制的上市公司增持股份的行为同样不是出于财务动机。Panel B 分别给出了 Pol = 1 的研究样本其公司价值和经营业绩的均值，显著性水平表示政府控制的上市公司与配对样本在公司价值和经营业绩方面是否存在差异。通过表 2 的 Panel B 可以看出，控制人是国资委或政府其他部门的研究样本与配对样本相比，ROA 和 ROCAA 的均值在增持前略有差异，B/M、Y_E/P、ROS 和 CFROA 则不存在显著差异。在增持股份后（第 0 期和第 1 期），Pol = 1 的研究样本与配对样本相比，无论是公司价值还是公司业绩均不存在显著差异。Panel B 的结果表明，政府控制的上市公司增持股份并不是出于财务动机。

表 2　市场估值指标与公司业绩的对比

Panel A：研究样本与配对样本的对比（N = 122）				
	-2 期	-1 期	0 期	1 期
B/M	0.51	0.24	0.66	0.32
Y_E/P	0.06	0.03	0.1	0.04
ROA	0.05	0.07[b]	0.05	0.05
ROCAA	0.12[c]	0.14[b]	0.11	0.14
ROS	0.19[c]	0.23[c]	0.17	0.21
CFROA	0.86	0.89	0.83	0.75
Panel B：Pol = 1 的研究样本与配对样本的对比（N = 81）				
B/M	0.54	0.24	0.7	0.35
Y_E/P	0.06	0.03	0.1	0.04
ROA	0.05	0.06[c]	0.04	0.04
ROCAA	0.13[c]	0.14	0.11	0.13
ROS	0.20	0.23	0.17	0.21
CFROA	0.91	0.93	0.86	0.79
Panel C：Pol = 0 的研究样本与配对样本的对比（N = 41）				
B/M	0.57[b]	0.24	0.72	0.33
Y_E/P	0.06	0.04[b]	0.1	0.04
ROA	0.04	0.08	0.05	0.06
ROCAA	0.11	0.15	0.12	0.15
ROS	0.17	0.23	0.18	0.20
CFROA	0.76	0.82	0.72	0.68

注：a、b、c 分别表示在 1%、5%、10%的置信水平上显著。

Panel C 还比较了 Pol = 0 的研究样本与配对样本连续四年的公司价值和公司业绩。如果 Pol = 0 的研究样本在增持股份后的公司价值和经营业绩显著高于配对样本，则可能意味着这些公司出于财务动机，反之则表明 Pol = 0 的研究样本增持股份并不是出于财务动机。通过 Panel C 不难发现，在增持股份前 Pol = 0 的研究样本其公司价值和经营业绩与配对样本相比，除了-2 期的 B/M 和-1 期的 Y_E/P 存在差异外，其他指标并不存在显著差异。在增持股份后（第 0 期和第 1 期）Pol = 0 的研究样本与配对样本相比，公司价值和经营业绩不具有显著差异，说明非政府控制的上市公司在二级市场上增持公司股份并不是出于财务动机。

2. 增持股份政治动机的单变量检验

通过计算增持股份公司的超常收益率①，本文考察了市场对上市公司增持股份的反应。表 3 Panel A 给出了全样本市场反应的结果。不难发现，窗口期的平均超常收益率和累计超常收益率基本上都在 1% 的置信水平上显著。其中，市场在公司公告增持股份的前 2 天开始做出反应，这主要由于“事前申请”改为“事后申请”使大股东和高管可以在公告前从二级市场增持股份所致。市场对上市公司增持股份的行为反应主要集中在［-2，+2］期，公告当天市场反应最强烈（AR_0 = 2.21%）。全样本市场反应的检验结果表明，市场对上市公司增持股份的行为持肯定态度。

Panel B 检验了上市公司公告增持动机的市场反应。上市公司公告增持股份的动机主要可概括为：大股东和公司高管认为公司价值被市场低估或者他们看好公司未来发展的前景。在全部 141 个样本中，有 57 个研究样本公告了增持股份的动机，其平均超常收益率为 0.30%，与未公告增持动机的市场反应之间不存在显著差异；在其余窗口期，公告增持动机的研究样本其累计超常收益率与未公告的样本之间同样不存在显著差异，说明市场并不信任上市公司公告的增持股份动机。换言之，即市场并不认为上市公司是出于财务动机才会在二级市场增持股份。

按照最终控制人的类型进行分类，我们对不同组别的超常收益率进行了 T 检验，结果见表 3 Panel C。可以发现，最终控制人是国资委或政府其他部门的公司增持股份的平均超常收益率（0.44%）显著高于其他公司的平均超常收益率（0.16%）。除了［+1，+3］窗口期的累计超常收益率不显著外，在其余窗口期，最终控制人是国资委或政府其他部门的公

表 3　增持股份的市场反应

	N	AAR	CAR［-10，+10］	CAR［-3，0］	CAR［+1，+3］	CAR［-2，+2］
Panel A：全样本的市场反应						
全样本	141	0.35%	7.28%	3.73%	0.53%	4.37%
T 值		5.63[a]	5.63[a]	5.90[a]	1.18	6.11[a]
Panel B：是否公告增持动机的市场反应						
公告增持动机	57	0.30%	6.39%	3.19%	0.09%	3.39%
未公告增持动机	84	0.38%	7.88%	4.08%	0.82%	5.04%
T 值		0.56	0.56	0.69	0.81	1.13
Panel C：不同控制人类型的市场反应						
Pol =1	90	0.44%	9.28%	4.75%	0.88%	5.64%
Pol =0	51	0.16%	3.26%	1.66%	-0.18%	1.82%
T 值		2.23[b]	2.23[b]	2.34[b]	1.12	2.57[b]

注：a、b、c 分别表示在 1%、5%、10%的置信水平上显著。

① 本文以上海证券交易所和深圳证券交易所公布的增持公告日为事件日。Ikenberry et al.（1995）选定［-250，-21］作为估计期，窗口期为［-20，+10］，考虑到国内深沪两市的年平均实际交易天数，本文将［-251，-11］共 241 天选定为估计期，窗口期为［-10，+10］，利用市场模型估算单日超常收益率（AR）、平均超常收益率（AAR）和累积超常收益率（CAR）。此外，本文还以流通市值加权计算超常收益率，和以等值加权计算的结果相一致。

司增持股份的累计超常收益率均在5%的置信水平上显著高于其他公司。一种可能的解释是市场认为“国字号”背景公司增持股份传递政府监管层稳定市场的意图更为明显，对这类公司增持股份的行为持更加正面的支持态度。

（三）增持股份动机的多元回归检验

从单变量的检验结果可以发现，此次上市公司增持股份的行为很可能出于政治动机，而非传统文献中所强调的财务动机。由于单变量检验没有控制其他因素的影响，为了使结果更加准确、可靠，在这一部分，我们将在控制可能的影响因素后对上市公司增持股份的真实动机进行检验，多元回归结果如表4所示①。

从表4可以看出，反映公司价值的指标B/M与首次增持股份的比例之间不存在显著相关性，意味着大股东和高管增持股份并不是基于公司价值的考虑，即上市公司增持股份并不是出于向市场传递公司价值被低估的财务动机；类似地，反映公司经营业绩的指标ROA、ROS、ROCAA、CFROA与首次增持股份的比例之间系数值为负，与预测的符号方向相反，意味着大股东和高管增持股份不是基于公司经营业绩的考虑，这支持我们关于上市公司增持股份并非出于向市场传递公司盈利增加的财务动机的假设；在表4中，反映公司政治动机的变量Pol与首次增持股份的比例之间的系数值均在5%的置信水平上呈显著正相关，表明上市公司增持股份的行为带有明显的政治色彩，具有向市场传递政府稳定市场的政治动机。

表4的多元回归结果表明，上市公司增持股份的行为没有明显受到公司价值和经营业绩的影响，换言之，上市公司出于向市场传递公司价值被低估或盈利增加的财务动机并不成立。相反，上市公司增持股份的行为却显著受到公司最终控制人类型的影响，反映了此次大股东和高管增持股份带有强烈的政治色彩，增持股份实质上是在向市场传递政府监管层意图稳定市场的政治动机。

此外，本文也在模型中加入了行业和地区哑变量，研究结论没有发生显著变化。同时，本文还对大股东增持股份的120个样本进行了单独检验，回归结果与表3的结论相一致。因此，我们认为大股东和高管增持股份的行为主要出于政治动机，而不是出于财务动机。

（四）稳健性检验

除了对企业进行直接的控制外，政府也会通过先给予企业某些利益，例如税收优惠、财政补贴等，使企业在政府未来需要的时候实现某些政治目标（Shleifer 和 Vishney，1994）。表5统计了2004~2006年增持股份的公司与未增持股份的公司所获得政府补贴收入的情况②。考虑到一些增持股份的公司（中国石油、中国远洋、中煤能源等）在总市值中占比

① 由于数据缺失导致样本公司的数量减少了1个。

② 选择此年度区间的补贴收入，一方面可以排除2007年资本市场和大宗商品市场价格波动带来的影响，另一方面也能反映增持股份的公司之前所获得的利益。

表 4　增持股份的动机检验

解释变量	被解释变量：Raise_stake			
	1	2	3	4
常数项	0.0197[a]（3.19）	0.0207[a]（3.76）	0.0204[a]（3.56）	0.0206[a]（3.65）
B/M	0.0014（0.46）	0.0027（0.97）	0.0018（0.58）	0.0027（0.96）
ROA	–0.009（–1.44）			
ROS		–0.0002（–0.10）		
ROCAA			–0.0039（–0.95）	
CFROA				–0.0000（–0.04）
Pol	0.0014[b]（2.11）	0.0015[b]（2.31）	0.0014[b]（2.18）	0.0015[b]（2.32）
Prior_hold	–0.0016（–0.84）	–0.0021（–1.41）	–0.0018（–0.98）	–0.0021（–1.12）
Ln_size	–0.0009[a]（–3.14）	–0.0010[a]（–3.70）	–0.0010[a]（–3.25）	–0.0010[a]（–3.71）
Cir_stock	0.0005（0.23）	0.0001（0.04）	0.0002（0.13）	0.0001（0.04）
Lev	0.0032（1.53）	0.0042[b]（2.20）	0.0035（1.60）	0.0043[b]（2.22）
R^2	0.1366	0.1265	0.1322	0.1264
观测值	140	140	140	140

注：(1)a、b、c 表示系数值分别在 1%、5%、10%的水平上显著；(2)括号内为经 White 异方差修正后的 t 值。

表 5　增持与未增持股份公司的补贴收入

年份	增持公司				未增持公司				T 检验与 Wilcoxon 检验	
	补贴收入（百万）		补贴收入/总资产		补贴收入（百万）		补贴收入/总资产			
	均值	中位数	均值	中位数	均值	中位数	均值	中位数	均值	中位数
2004	6.86	0.94	0.0024	0.0004	4.41	0.12	0.0016	0.0001	0.0008[a]	0.0003[b]
2005	9.9	0.8	0.0027	0.0003	12.51	0.21	0.0016	0.0001	0.0011[a]	0.0002[b]
2006	11.81	0.6	0.0026	0.0003	10.27	0.38	0.0017	0.0002	0.0009[b]	0.0001
平均	8.81	1.12	0.0028	0.0006	9.2	0.64	0.002	0.0004	0.0008[b]	0.0002

注：(1) 2004~2006 年增持股份的公司在统计补贴收入时的样本数量分别为 119、121 和 132；未增持股份的公司统计补贴收入时的样本数量分别为 1170、1182 和 1234；(2) a、b、c 分别表示 1%、5%、10%的置信水平上显著。

过高会影响统计结果，因此我们剔除了总样本中 2%的极端值和金融类上市公司。

表 5 显示，增持股份的上市公司 2004 年和 2006 年获得补贴收入的均值分别为 686 万元和 1181 万元，高于未增持股份公司获得补贴收入的均值，三个年度补贴收入的中位数同样高于未增持股份公司补贴收入的中位数；增持股份的公司 2004 ~ 2006 年补贴收入/总资产的均值和中位数均高于未增持股份的公司，T 检验和 Wilcoxon 检验分别在 1%和 5%的置信水平上显著；增持股份的公司三年平均的补贴收入/总资产的比例显著高于未增持股份的公司。表 5 的统计结果说明，增持股份的公司之前确实获得过不菲的财政补贴。

基于以上分析，本文在稳健性检验中以样本公司在增持股份前是否曾获得过政府补贴作为度量政治动机的替代变量，如果增持股份的上市公司在 2004~2006 年曾获得过政府补贴（G_sub）则为 1，否则取 0。同时，我们还以市净率的倒数（B/P）和市盈率的倒数(E/P) 分别作为反映公司价值的替代变量，以进一步证实多元回归结果是稳健的。表 6 给出了稳健性检验结果。

表 6 第 1 列和第 2 列显示，B/P 与首次增持股份的比例之间不存在显著相关性，表明上市公司增持股份的行为并没有受到公司价值的影响。同样，反映公司经营业绩指标的 ROA 和 ROS 与首次增持股份的比例之间不存在显著的相关性，亦表明上市公司增持股份也没有受到公司经营业绩的影响。相反，G_sub 与被解释变量之间的系数值始终在 5%的置信水平上显著为正，说明是否获得过政府补贴影响了上市公司增持股份的行为，政府通过先给予某些特定上市公司一定的“好处”使上市公司在“非常”时期协助政府实现某些政治目标。

表 6 稳健性检验

解释变量	被解释变量:Raise_stake			
	1	2	3	4
常数项	0.0132[b]（2.40）	0.0133[a]（2.69）	0.0139[b]（2.46）	0.01146[b]（2.02）
B/P	0.0016（0.35）	0.0041（1.04）		
E/P			0.0177（0.81）	−0.0363（−1.50）
ROA	−0.0111（−1.51）		−0.007（−1.14）	
ROS		0.0006（0.31）		0.0001（1.30）
G_sub	0.0011[b]（2.14）	0.0012[b]（2.63）	0.0013[b]（2.32）	0.0013[b]（2.30）
Prior_hold	−0.0009（−0.53）	−0.0014（−0.82）	−0.0015（−0.84）	−0.0012（−0.71）
Ln_size	−0.0006[b]（−2.20）	−0.0007（−0.37）	−0.0006[b]（−2.25）	−0.0005[c]（−1.71）
Cir_stock	0.001（0.56）	0.0007（0.37）	−0.0001（−0.06）	0.0002（0.09）
Lev	0.0024（1.04）	0.0039[c]（1.86）	0.0016（0.99）	0.0021（1.40）
R^2	0.1237	0.1100	0.0926	0.0960
观测值	140	140	138	138

注：(1)a、b、c 分别表示在 1%、5%、10%的置信水平上显著；(2)括号内为经 White 异方差修正后的 t 值。

第 3 列和第 4 列显示，以 E/P 作为反映公司价值与首次增持股份的比例之间不具有显著相关性，说明市场对上市公司的估值并没有影响上市公司增持股份的行为，也就意味着上市公司增持股份本身并不是出于财务动机。公司业绩指标与首次增持股份的比例的系数值不显著，而是否曾获得过政府补贴则依然显著影响了首次增持股份的比例，其他变量与被解释变量之间的符号方向和显著性水平没有发生明显变化。

总之，稳健性检验的结果表明，上市公司首次增持股份的比例与反映公司价值和经营业绩的指标之间不存在显著的相关性，而与反映公司政治动机的替代指标之间则呈现出显著的相关性，从而进一步支持上市公司增持股份的行为是出于政治动机，而非财务动机的结论。

五、研究结论

本文通过对“修改决定”发布后上市公司增持股份的动机进行深入分析，得出以下主要结论：上市公司大股东和高管增持股份并不是基于公司财务动机，即不是因为公司价值

被低估或需要向市场传递公司未来现金流增加的信号；相反，上市公司增持股份的行为带有强烈的政治色彩，是一种基于政治动机的公司行为。

统计数据显示，从 2008 年 8 月 27 日证监会正式对外发布“修改决定”时起，上市公司的大股东和高管增持股份主要集中在 9~11 月，两市股指正处于下行期间，政府监管层直接或间接地对公司施加影响，使这些上市公司的大股东或高管采取增持股份的行为，对稳定投资者信心起到了积极的作用，部分地实现稳定市场的目的。由于样本周期较短，尚不能确定增持股份的公司和高管是否会在将来获得某种形式的政府补偿或职务升迁以弥补增持股份的支出，这将成为本文后续关注的重点。

参考文献：

[1] Bhattacharya S. Imperfect Information, Dividend Policy, and ‘The Bird in the Hand’ Fallacy [J]. Bell Journal of Economics, 1979 (10): 259–270.

[2] Chan K., Ikenberry D., Lee I., Economic Sources of Gain in Stock Repurchases [J]. Journal of Financial and Quantitative Analysis, 2004 (39): 461–479.

[3] Chan K., Ikenberry D., Lee I. Do Managers Time the Market? Evidence from Open–Market share Repurchases [J]. Journal of Banking and Finance, 2007 (31): 2673–2694.

[4] Comment R., Jarrell G. A. The Relative Signaling Power of Dutch–auction and Fixed–price self–tender Offers and Open–market Share Repurchases [J]. Journal of Finance, 1991 (46): 1243–1271.

[5] Dann L. Y., Masulis R.W., Mayers D.Repurchase Tender Offers and Earnings Information [J]. Journal of Accounting and Economics, 1991 (14): 217–251.

[6] Dinc I. S.Politicians and Banks: Political Influences on Government–owned Banks in Emerging Markets [J]. Journal of Financial Economics, 2005 (77): 453–479.

[7] Fan J., Wong T.J., Zhang T.Politically Connected CEOs, Corporate Governance, and Post–IPO Per formance of China's Newly Partially Privatized Firms [J]. Journal of Financial Economics, 2007 (84): 330–357.

[8] Fisman R. Estimating the Value of Political Connections [J]. American Economic Review, 2001 (91): 1095–1102.

[9] Gong G., Louis H., Sun A. X. Earnings Management and Firm Performance Following Open–market Repurchases [J]. Journal of Finance, 2008 (63): 947–986.

[10] Grullon G., Michaely R. The Information Content of Share Repurchase Programs [J]. Journal of Finance, 2004 (59): 651–680.

[11] Hertzel M., Jain P. C. Earnings and Risk Changes around Stock Repurchase Tender Offers [J]. Journal of Accounting and Economics, 1991 (14): 253–274.

[12] Ikenberry D., Lakonishok J., Vermaelen T. Market Under–reaction to Open Market Share Repurchases [J]. Journal of Financial Economics, 1995 (39): 181–208.

[13] Krueger A.O. The Political Economy of the Rent–Seeking Society [J]. American Economic Review, 1974 (64): 291–303.

[14] La porta, Florencio Lopez–de–Silanes, Shleifer A. Government Ownership of Banks [J]. Journal of Finance, 2002 (57): 265–301.

[15] Leuz C., Oberholzer–Gee F. Political Relationships, Global Financing, and Corporate Transparency:

Evidence from Indonesia [J]. Journal of Financial Economics, 2006 (81): 411-439.

[16] Lie E. Detecting Abnormal Operating Performance: Revisited [J]. Financial Management, 2001 (30): 77-91.

[17] Louis H., White H. Do Managers Intentionally Use Repurchase Tender Offers to Signal Private Information? Evidence from Firm Financial Reporting Behavior [J]. Journal of Financial Economics, 2007 (85): 205-233.

[18] McNally W. J. Open Market Stock Repurchase Signaling [J]. Financial Management, 1999 (28): 55-67.

[19] Miller H. M., Rock K.Dividend Policy under Asymmetric Information [J]. Journal of Finance, 1985 (40): 1031-1051.

[20] Nohel T., Tarhan V.Share Repurchases and Firm Performance: New Evidence on the Agency Costs of Free Cash Flow [J]. Journal of Financial Economics, 1998 (49): 187-222.

[21] Sapienza P. The Effects of Government Ownership on Bank Lending [J]. Journal of Financial Economics, 2004 (72): 357-384.

[22] Shleifer A., Vishny R. Politicians and Firms [J]. Quarterly Journal of Economics, 1994 (109): 995-1025.

[23] Stephens C.P., Weisbach M. S. Actual Share Reacquisitions in Open-Market Repurchase Programs [J]. Journal of Finance, 1998 (53): 313-333.

[24] Vermaelen T. Common Repurchases and Market Signaling: An Empirical Study [J]. Journal of Financial Economics, 1981 (9): 139-183.

Stake-raising: Financial Motivation vs Political Motivation

Shen Yifeng, Cu Weihua, Lipeigong

(Management School of Xiamen University, Xiamen 361005,China)

Abstract: Under the background of the issuance of Decision on Amending Article 63 of the 'Administration Measures on Takeover of Listed Companies' by China Securities Regulatory Commission in August, 2008, our paper carefully examines the motivation of stake-raising by stockholders and top management of Chinese public firms. Results indicate that stake-raising is mainly out of political motivation rather than financial. Our findings supplement the literature with the motivation of corporate insiders within the context of transitional economy.

Key Words: stake-raising; financial motivation; political motivation

为什么上市公司选择股权激励计划?*

吕长江　严明珠　郑慧莲　许静静

(复旦大学管理学院，上海　200433)

【摘　要】本文研究上市公司选择股权激励计划的原因。本文发现，中国上市公司选择股权激励方案有其特有的制度背景和公司动机。这些动机之间彼此具有相互作用，且公司治理的影响更为重要。与国外相类似，对人力资本的需求是上市公司选择股权激励的动机；不完善的治理结构、严重的代理问题也会使公司有动机选择股权激励，但是，部分上市公司选择股权激励的动机是出于福利的目的，股权激励没有作为代理成本的替代却成为代理成本的结果。同时，处于市场化程度越高的地区公司越有动机选择股权激励。本文的贡献在于基于中国的制度背景对公司为什么选择股权激励进行研究，并发现了公司选择股权激励的内在动机。

【关键词】股权激励；公司治理；代理成本

一、导论

随着公司控制权与所有权的分离，管理层与股东之间的代理问题成为公司治理中的一个重要问题，而激励是解决代理问题的基本途径和方式。股权激励作为一种激励机制，在国外得到了广泛的应用。美国在 20 世纪 50 年代就开始对高管进行股权激励，到 20 世纪末，在美国排名前 1000 的公司中，有 90%的公司对高管授予了股票期权，股票期权在高管总收入中的比重也从 1976 年的不到 20%上升到 2000 年的 50%，通用、可口可乐、强生、迪士尼等 10 家大公司的期权收益甚至占到高管总收入的 95%以上。

---

* 本文选自《会计研究》2011 年第 1 期。

基金项目：本文得到国家自然科学基金项目（70872022、70632002），教育部人文社科规划基金（06JA630016）和上海市哲学社会基金（2008BJB021）的资助。

为了规范上市公司股权激励行为，建立健全激励与约束相结合的中长期激励机制，进一步完善公司法人治理结构，2005 年 12 月 31 日，证监会颁布《上市公司股票期权激励管理办法（试行）》，提供了政策指引。从 2005 年 7 月到 2009 年 3 月底，已有 136 家公司公布了股权激励方案，市场对股权激励总体上持积极态度，股权激励得到了政府的高度关注和市场的积极反应，虽然不断有上市公司推出股权激励计划，但是仍有相当数量的公司未选择股权激励。这一现象给我们提出了这样一个问题：为什么有些上市公司会选择股权激励，其动机是什么？这其中的深层原因是什么？本文将对此进行研究。

本文通过研究发现，公司选择股权激励主要受制度背景、公司治理和公司特征三方面因素的影响。具体而言，在制度背景层面，处于市场化程度高的地区的公司更有动机选择股权激励，非管制行业中的公司比管制行业中的公司更有动机选择股权激励。在公司性质和股权结构方面，相对于国有企业，民营企业更有动机选择股权激励；股权结构越集中，公司选择股权激励的需求越弱。在公司治理层面，总体而言，治理不完善的公司更有动机选择股权激励，但更多的是出于福利的动机；由于股权激励的长期效应，高管年龄越年轻的公司越有动机选择股权激励，具有较高现金薪酬的公司会更有动机选择股权激励以减少高额的税收导致的对管理者激励不足的问题。在公司特征层面，与文献一致，规模大、成长性高的公司会更有动机选择股权激励，对人才需求高的信息技术行业则会有动机选择股权激励以吸引与保留人才。但是，与文献不同的是，自由现金流前的系数也显著为正，说明在我国公司选择股票期权并非为了缓解流动性限制。同时由于对管理者缺乏有效的监督，使得管理者将股权激励作为一种福利，两职合一、高管持股比例高的公司却更有动机选择股权激励。

与国内已有研究相比，吕长江等（2009）主要基于已经实施股权激励样本公司的比较，侧重在股权激励的设计上是否考虑激励和福利动机，我们试图回答的是与未实施股权激励的公司相比，暂不考虑股权激励的设计方案，分析为什么公司会实施股权激励？另外，我们基于公司治理层面，增加了制度背景和公司特征两个方面对公司实施股权激励影响的分析。

本文研究与国外文献的最大不同点在于，虽然对于代理问题严重的公司，中国的上市公司同样会更有动机选择股权激励，但是国外公司的股权激励是一种解决代理问题的手段，而在中国，不完善的治理结构导致无法对管理者进行有效监督时，股权激励就会被管理者用来谋福利，从而成为代理问题的一部分，这与吕长江等（2008）管理者权力论的结果相一致。

本文将在第二部分对以往的研究中涉及公司股权激励选择的文献按照制度背景、公司治理及公司层面进行回顾，在第三部分本文将结合中国的制度背景对上市公司为什么选择股权激励进行理论分析，并提出相应的假设，第四部分将对本文的假设进行实证检验，第五部分是对政策监管影响及激励与福利动机的稳健性检验，最后是本文的结论。

二、文献回顾

现有文献主要从制度背景、公司治理、公司特征三个层面研究公司为什么选择股权激励。

（一）制度背景

一国的制度背景会对公司高管激励行为产生重要影响。Yermark（1995）考虑了政府监管对公司股权激励决策的影响，研究发现属于监管行业的公用事业单位选择股权激励的动机最弱。刘凤委等（2007）提供了中国制度背景下政府干预和行业管制对公司高管激励行为影响的证据。

（二）公司治理

公司高管激励行为除了受外部制度环境的影响外，还受公司治理结构的影响。国外研究的结果表明，股权激励制度作为降低公司代理成本的路径之一，与公司治理之间存在替代关系。Chourou 等（2008）就高管持股对股权激励的影响进行了研究并发现由于高管持股有助于协调高管与股东之间的利益，因此，公司对持有公司股票的管理层的激励动机就会减弱。该研究还表明，对于股权高度集中的公司，股东对管理者的监督能力就会加强，这样对管理者激励的必要性就会降低，这时，公司选择股权激励的动机就会减弱。

（三）公司特征

基于公司高管与股东之间的信息不对称和代理成本，不同的公司特征如成长性、规模、人才需求、高管年龄、流动性限制、业绩等因素会影响公司选择不同的股权激励制度。首先，Chourou 等（2008）认为对于成长性高的公司，管理层会拥有更多关于公司成长机会的私有信息，随着这种信息不对称的加剧，股东对管理层的监督难度也会加大，这时公司就会有动机对管理层进行股权激励。公司规模的扩大也会增大股东对管理者的监督难度（Jensen 和 Meckling，1976）。股权激励除了可以作为对管理者直接监督的替代机制外，还可以用于人才的吸引与保留。Tzioumis（2008）认为 CEO 的离职会促使公司选择股权激励以吸引人才，从而解决对人才的事前筛选与事后激励的问题。公司除了考虑是否有激励的必要外，还会考虑管理者是否适合股权这种激励方式，有很多学者就管理者年龄对股权激励决策的影响进行了研究。Smith 和 Watts（1982）认为临近退休的管理者会放弃一些对公司有价值的投资项目和研发支出，临近退休的管理者会存在短视的行为。Lewellen 等（1987）认为高管年龄越大公司越有动机对高管进行股权激励，而 Chourou 等（2008）、Tzioumis（2008）则得出了相反的结论。公司除了将股权用于激励外，还会利用股权的特殊性质来满足公司财务方面的需要，Yermark（1995）认为面临流动性限制的公司会有动机用权益性报酬代替现金报酬以减少现金支出，因此现金流不足的公司更有动机授予管理层股权。

由此可见，现有文献主要从制度环境、公司治理和公司特征三方面分析上市公司为什么选择股权激励，但是在这三方面中，从制度层面进行的研究较少，而制度背景对中国上市公司的决策具有重要影响，并且中国的制度背景与国外相比存在很大的差别，其中有些因素是中国独有的，如地域差别，而有些因素则可能由于宏观环境的不同，会对股权激励决策产生不同于国外的影响。此外，现有研究更多地关注激励的动机，但是鲜有从福利动机的角度进行研究，而中国的确存在着高管以激励的名义通过股票期权为自己谋取福利的现象（吕长江等，2009），因此，基于中国制度背景深入研究公司为什么选择股票期权激励更有意义。

三、理论分析

（一）制度环境分析

与国外不同，由于政策、地理、交通等因素，中国地区间发展不平衡，各地间市场化程度差别很大（夏立军，2007），一方面，在市场化程度高的地区公司运作会更多地按照市场规则进行，公司的业绩和管理者努力程度的相关性就会提高，公司就会有动机激励管理者努力工作。另一方面，处在高度监管行业中的公司，高管的行为会受到政策的约束，其自由决策的空间相对较小，并且监管行业很多都是关系国计民生的重点行业，经济效益并不是企业的唯一目标，对这类行业中的公司进行激励的需求较小。本文从制度层面提出如下假设：

假设 1.1：相对于市场化程度低的地区，市场化程度高的地区公司更有动机选择股权激励。

假设 1.2：相对于政府管制的行业，在非政府管制行业中公司更有动机选择股权激励。

（二）公司治理分析

公司的最终控制人是私人还是国家会对公司的治理模式产生重要影响，相对于国有企业高管的非货币性收入以及未来政治生涯的吸引力，民营企业更有动机通过股权激励来降低股东与高管之间的代理成本。

在国外，股权结构较为分散，在分散的股权结构下，股东对管理层的监督能力就会削弱，当股东无法对管理者进行有效的监督时，就会有动机通过激励的方式来解决代理问题。与国外不同的是，在中国的上市公司中，股权结构普遍较为集中，而股权的相对集中有利于提高股东的监督动力与能力。当股东对管理者能进行有效的监督时，其激励管理者的必要性和动机就会减弱。

当治理结构不能有效解决代理问题时，股东有动机用股票期权来激励管理者，但这是以公司董事会能够充分影响公司高管为前提的。如果不完善的治理结构导致管理者权力过大，管理层可能利用其权力影响甚至自定薪酬，从而寻租最终降低了薪酬的激励效用，中国的制度背景也为上述现象提供了可能（吕长江，2008；卢锐，2008），这样，股权激励除了具有激励高管的作用外，还存在着被高管作为福利的现象（吕长江等，2009），根据以上分析，本文认为，当管理层因为不完善的治理结构而拥有过大的权力时，就会有出于福利动机选择股权激励，这时股权激励不仅不能解决代理问题，反而会成为代理问题的一部分。因此，对于总经理和董事长两职合一的公司，由于利益主体之间缺乏相互制约从而导致管理层权力过大，一方面，出于降低代理成本的角度，对股权激励的需求增强；另一方面，出于福利目的，管理者可能有动机选择股权激励。

对于高管持股，学术界存在两种观点，一种观点认为，高管持股可以完善治理结构，有利于高管与股东的利益取得一致减少代理问题，这时公司对于持股的高管进行股权激励的动机就会减弱；而另一种观点则认为，当管理层持有更多股份，董事会对其约束就越小，其在公司的权力也就越大，就越不可能因业绩差而被替换，这时高管持股会加剧公司的治理问题，因此，高管持股比例高，公司选择股权激励的动机就会加强。而在中国由于股票一级市场和二级市场存在巨大的差价，持有股份的高级管理人员几乎不用付出太大的努力就可获利，这就使得我国上市公司高级管理人员的持股变成了一种福利制度，导致拥有剩余索取权产生的激励效应荡然无存（魏刚，2000），由此可见，在中国公司高管持股可能没有起到激励作用反而增加了高管的权力。

理论上，非执行董事能有效地发挥作用，促进公司有效规范地运作，是良好的公司治理的重要组成部分；而基于管理者权力的角度，非执行董事的比例越低，管理层在公司的影响越大，当公司制定激励方案时，管理者通过影响董事会制定福利型股权激励，吕长江等（2009）发现，非执行董事的比例越小，公司越倾向于选择福利性股权激励方案。

董事长是否在上市公司领薪意味着董事长转化为具有权利的公司高管，或者说董事会的独立性下降（吕长江，2009），因而董事长在上市公司领薪的公司其董事会的独立性会较弱，无法有效地监督高管，使得这类公司的高管比董事长不在上市公司领薪的高管具有更大的权力，当公司制定股权激励时，高管会更有动机选择福利型股权激励。

公司在选择股权激励时，还要考虑授予对象。对于临近退休的管理者虽然存在着短视现象（Lewellen，1987），但是 Yermark（1995）、Tzioumis（2008）的研究均发现高管越年轻，公司越有动机进行股权激励。这是因为股权激励是一种长期激励机制，很难对临近退休的管理者产生作用，并且临近退休的管理者更为规避风险，相比权益报酬其会更偏好现金报酬，所以，临近退休的管理者虽然存在着短视现象，但并不适合进行股权激励，而对于年轻的管理者则能充分发挥股权激励的长期效应，因此，公司更宜对年轻的管理者进行股权激励。

通过有效的薪酬政策来激励管理者是公司治理的重要组成部分，而现金薪酬一直是高管薪酬中的一个重要组成部分，其一方面是对管理者努力的回报，但是另一方面，由于高管获取的现金薪酬需要交税，这就会在一定程度上造成对高管的激励不足，而股权激励可以在一定程度上规避这一问题，Smith 和 Watts（1982）强调部分公司采用股权激励主要是出于为高管节省税收的考虑，可见税收是影响公司实行股权激励的一个因素，因此，现金薪酬高的公司会更有动机选择股权激励来激励管理者。

综上，基于我国的制度背景，我们认为股权激励既是代理成本的机制又是代理成本的结果，股权激励具有“双刃剑”的功能。因此，本文提出如下待检验假设：

基于企业性质和股权结构对股权激励的需求效应，我们有：

假设 2.1：基于企业性质对股权激励的需求差异，相对于国有企业，民营企业更有动机选择股权激励。

假设 2.2：基于股权结构的治理效应，股权集中度越高的公司对股权激励的需求程度越弱。

基于公司治理效应与管理者权利效应，我们有：

假设 2.3：两职合一程度越高的公司越倾向于选择股权激励；相对于所有其他的公司，具有福利动机的公司，两职合一程度越高越倾向于选择股权激励。

假设 2.4：高管持股比例越高的公司越倾向于选择股权激励；相对于所有其他的公司，具有福利动机的公司，高管持股比例越高更倾向于选择股权激励。

假设 2.5：非执行董事比例越低越倾向于选择股权激励，相对于所有其他的公司，具有福利动机的公司，非执行董事的比例越低，公司越倾向于选择福利性股权激励方案。

假设 2.6：董事长领薪的公司倾向于选择股权激励，相对于所有其他的公司，具有福利动机的公司，董事长领薪的公司更倾向于选择福利型股权激励。

基于激励对象年龄和税负的分析，我们有：

假设 2.7：高管年龄越年轻的公司越有动机选择股权激励。

假设 2.8：现金薪酬越高的公司会更倾向于选择股权激励。

（三）公司特征分析

公司本身的特征也会对股权激励动机产生影响，前面的制度背景与公司治理给出了公司选择股权激励的动机，而股权激励是否能够执行，取决于公司是否具备实施的条件，下面我们主要从公司的行业特征、规模、盈利能力、成长性、现金流以及高管的年龄六个方面分析公司特征对股权激励的影响。

首先，鉴于对规模大、成长性高的公司管理者监督的困难，股东就会有动机用股权激励作为监督的替代机制来解决代理问题。但是，正是由于对管理者监督的缺乏，使得管理者拥有更大的权力，而根据本文前述分析，当管理者权力过大时，其会有动机出于福利的目的选择股权激励，使股权激励成为代理问题的结果，因此，成长性高、规模大的公司中的管理者可能会出于福利动机选择股权激励。

其次，除了成长性与规模外，自由现金流也是一个重要的影响因素，一方面，公司面临现金短缺时，会有动机用股票期权代替现金报酬来减少现金支出；另一方面，过剩的现金流会加剧公司的代理问题，因为当公司有大量现金时，高管会投资于损害股东利益的项目来缔造自己的企业帝国（Jensen，1986），因此，对于现金过剩的公司，股东会有动机用股权激励来解决代理问题。但是，在中国公司治理会影响到公司的超额现金持有水平，在这些治理机制好的上市公司中，其现金持有水平更加合理，出现现金冗余和现金短缺的可能性都比较小（辛宇和徐莉萍，2006）。而对于现金冗余或短缺的公司，根据上述分析可知治理结构的不完善会使公司高管更有动机出于福利的目的选择股权激励。

公司在选择股权激励时，还会考虑公司本身是否有能力负担股权激励的费用。在中国股票期权是需要费用化的，这使得公司不仅无法利用股票期权进行向上的盈余管理，而且还会使公司产生大量的费用，甚至发生亏损，而中国又存在着亏损退市的制度，在退市的高压下，公司会有强烈的扭亏动机，很多业绩在亏损边缘需要激励的公司会因为无法负担巨额的期权费用而放弃选择股权激励，所以业绩差的公司选择股权激励的动机就会减弱。

在国外，对于离职率高的公司，会更有动机使用股权激励来吸引并保留人才（Tzioumis，2008），而技术含量较高的信息技术行业对人才的需求就大，这导致该行业人才流失严重，为了留住人才信息技术行业中的公司会有动机选择股权激励，而在中国人力资本及其控制的无形资产对高科技企业价值的贡献相对于有形资产的重要性大大提高，并且这些资源通常被内部关键人员所控制，并且信息化建设迅猛发展给企业带来了信息技术人才的奇缺，因此，在我国信息技术行业会更有动机选择股权激励。

根据上述分析，本文从公司特征层面提出如下假设：

假设 3.1：相对于成长性低的公司，成长性高的公司更有动机选择股权激励。

假设 3.2：相对于规模小的公司，规模大的公司更有动机选择股权激励。

假设 3.3：相对于自由现金流较高公司，自由现金流较低的公司更有动机选择股权激励。

假设 3.4：相对于业绩差的公司，业绩好的公司更有动机选择股权激励。

假设 3.5：相对于其他行业，人才紧缺的信息技术行业更有动机选择股权激励。

四、实证研究

（一）样本

本文以沪深 A 股上市公司为样本，研究期间为 2005 年 7 月 1 日至 2009 年 3 月 31 日，在此期间，共有 136 家公司公布了股权激励方案，占上市公司全体的 8.5%，从时间分布上看，2005 年有 6 家，2006 年有 39 家，2007 年有 9 家，2008 年有 73 家，2009 年有 9 家公布了股权激励方案，由此可见，方案公布在时间分布上不均衡。[①]

本文的数据来自 Wind、锐思、CSMAR 数据库。本文对于管制行业的划分是参照夏立军（2007）的分类标准，将采掘业；石油、化学、塑胶、塑料；金属、非金属；电力、煤气及水的生产和供应业；交通运输、仓储业；信息技术业作为管制性行业，其他则为非管制行业。对于市场化程度，本文使用《中国市场化指数——各地区市场化相对进程 2005 年度报告》中的市场化指数。我们的数据采集是 panel data，即每年有采用股权激励和未采用股权激励的样本。样本的大致分布如表 1 所示。

表 1　样本总体分布分析

分类	特征	实施比例（%）	Kruskal-wallis H 检验 Chi - square 值
控制人	央企	2.40	29.864***
	地方	4.35	
	民营	12.79	
市场化	低	1.89	6.891**
	中	7.31	
	高	11.02	
管制	管制行业	7.57	0.984（5.722**）[②]
	非管制行业	9.01	

注：**、*** 分别表示在 5%、1%水平上显著。

从控制人角度看，实施比例最高的是民企，最低的是央企，从中可以看出民企更有动机选择股权激励。从市场化程度来看，市场化程度越高，公司越有动机选择股权激励。从行业的管制性来看，在剔除信息技术行业的影响后，非管制行业中选择选择股权激励的公司比例显著高于管制行业中的公司。

（二）模型

本文将 A 股上市公司按是否选择股权激励分成两组，分别进行描述性统计，分析这两类公司之间存在哪些差异，具体采用 LOGISTIC 回归进行多因素检验。回归模型如下所示：

$$\begin{aligned}OPTION = {} & \beta_0 + \beta_1 RFG + \beta_2 MARK + \beta_3 STOWN + \beta_4 MANDIR + \beta_5 CONC + \\ & \beta_6 UNEXE + \beta_7 DIRPAY + \beta_8 PAY + \beta_9 Private + \beta_{10} M/B + \beta_{11} ASSET + \\ & \beta_{12} AGE + \beta_{13} FCF + \beta_{14} ROE + \beta HR_{15} + \Gamma_1 VOL + \sum \Gamma_i industry_i + \varepsilon\end{aligned}$$

① 2007 年股价大涨与 2008 年的大跌分别对应了股权激励方案公布数量的骤减与骤升，政府对股权激励的规范也更为细致严格，其中包括行权价格的规定，行权价格不低于股权激励计划草案摘要公布前一个交易日的公司股票收盘价与前 30 个交易日公司股票算术平均收盘价两者中的较高者，而这是国外所没有的。这一规定会对公司采用股权激励的动机造成影响，当股价低迷时管理层就能以较低的价格行权，而股价被高估时就会迫使高管以很高的价格行权。

② 由于信息技术行业对人才的需求，更有动机用股权激励满足人力资源方面的需求，因此，本文又对剔除信息技术行业后的样本进行分析，反映管制与非管制行业在选择股权激励上是否存在显著差异。

表 2 给出了相关变量的说明。

表 2　变量说明

	变量名	定义	预期符号
因变量	OPTION	因变量，是否选择股权激励，是 1，否 0	
制度背景	REG	是否为政府管制行业，是 1，否 0	-
	MARK	市场化程度	+
公司治理	STOWN	高管持股比例	+
	MANDIR	董事长总经理两职合一	+
	CONC	第一大股东持股比例	-
	UNEXE	非执行董事比例	
	DIRPAY	董事长领薪	+
	PAY	高管现金薪酬的自然对数	+
	AGE	高管年龄	-
	Private	是否为民企，是为 1，否则为 0	+
公司特征	M/B	市价与账面价值比率，表示成长性	+
	ASSET	资产的自然对数，表示企业规模	+
	FCF	自由现金流的自然对数，表示流动性限制	+
	ROE	权益报酬率，表示公司业绩	+
	HR	是否属于信息技术行业，是 1，否 0，表示对人才需求	+
控制变量	VOL	会计信息噪音，样本期 ROE 的方差/股价的方差来计量①	
	$Industry_i$	表示行业的控制变量，属于某一行业为 1，否则为 0	

本文首先对全样本进行回归，由于本文研究的变量较多，涉及制度背景、公司治理和公司特征三个层面，考虑到可能存在的共线性问题对回归结果的影响，本文首先对这三类因素整体进行回归，然后将制度背景与公司治理层面的每类因素分别与公司特征层面的变量进行回归，在稳健性检验中，本文进一步考虑了政策监管和激励、福利动机因素对股权激励的影响。对于政策监管的影响，本文剔除了审计意见为否定或无法表示意见及因重大违法违规行为而受证监会处罚的这类因不能满足政策监管要求而无法选择股权激励的公司。而对于影响股权激励的因素中具有激励或福利的动机这一问题，本文通过比较公司在对激励型股权激励与福利型股权激励的选择上是否存在差异来研究。对于选择激励型股权激励与福利型股权激励的公司的界定，本文根据（吕长江等，2009）中对激励与福利的划分原则，同时考虑行权条件和行权期的影响来判断公司选择股权激励的激励与福利特性。此外，在回归中，本文还控制了会计信息噪音、行业和年度因素对股权激励决策的影响。

① 我们使用个股样本期 ROE 方差与股价方差之比，反映公司会计信息噪音的程度，我们认为股价方差反映的是资本市场上投资者对公司股票买块的结果，在一定程度上是公司资本风险的度量，其对股票价格具有重要影响，股价方差更大程度上是市场选择的结果，而不是公司能够控制和影响的，而 ROE 方差反映的是产品市场中公司的风险程度，两个方差之比反映会计信息噪音的程度，用以控制董事会在制定股权激励计划考虑的因素，这也是文献中公司制定高管薪酬契约时使用的控制变量（Konstantinos，2008）。

（三）实证结果

(1) 描述性统计。

表 3 是选择与未选择股权激励的公司在制度、公司治理、公司特征层面变量描述性统计。

从上述描述性统计中可以看出，处于管制性行业中的公司选择股权激励的动机较弱。选择股权激励公司的市场化程度显著高于未选择股权激励公司的市场化程度。

在公司治理层面，选择股权激励的公司的高管持股比例无论均值还是中位数都大于不选择股权激励的公司，可以看出，高管持股比例越高，公司进行股权激励的动机越强烈，这说明与国外不同，高管持股没有解决代理问题，而是增加了管理者的权力。对于两职合一，在选择股权激励的公司中更为普遍，这说明两职合一的公司更有动机选择股权激励。股权集中的公司由于能更好地对管理者进行监督，从而选择股权激励的动机就会减弱，选择股权激励的公司其股权集中度小于未选择股权激励的公司。我们没有发现非执行董事比例对选择股权激励的影响，而董事长领薪的公司，会更有动机选择股权激励。

对于公司特征层面的变量，选择股权激励的公司其 M/B 和资产无论均值还是中位数都大于未选择的公司，这与本文的假设成长性高和规模大的公司更有动机进行股权激励是一致的。并且，高管越年轻，公司越有动机选择股权激励，说明在我国，公司进行股权激励不是为了解决管理者短视问题，而是考虑到股权激励的长期效应而对年轻的管理者进行激

表 3　变量描述性统计

		选择股权激励公司			未选择股权激励的公司			均值 T 检验	Mann-Whitney U 检验
		平均数	中位数	标准差	平均数	中位数	标准差		
制度	行业管制	0.32	0.00	0.47	0.37	0.00	0.48	-0.99	-0.99
	市场化	8.38	8.62	1.77	7.88	8.21	1.91	2.33**	-2.63***
公司治理	民营企	0.570	1.00	0.49	0.360	0.00	0.48	-4.872***	-4.838***
	高管持股	4.86	0.03	9.46	1.70	0.00	7.01	4.85***	-6.08***
	两职合一	0.19	0.00	0.39	0.15	0.00	0.35	1.21	-1.21
	股权集中	33.43	29.94	15.26	36.21	34.52	15.45	2.01**	-2.17**
	非执行董事	0.36	0.33	0.07	0.34	0.33	0.07	1.58	-0.852
	董事长领薪	0.76	1.00	0.34	0.63	1.00	0.48	2.90***	-2.896***
	高管薪酬	4.61	4.46	0.91	4.16	4.17	0.90	-5.09***	-5.39***
	年龄	39.49	39.06	6.15	41.89	41.86	6.04	-3.38***	-3.46***
公司特征	成长性	3.14	2.57	2.11	2.91	2.06	2.25	1.88*	-3.39***
	规模	21.73	21.60	1.38	21.39	21.30	1.41	2.72***	-2.78***
	自由现金流	3.98	16.90	18.28	0.38	13.90	18.31	2.19**	-2.06**
	权益报酬率	16.39	14.21	10.56	11.03	9.25	20.50	2.96***	-5.90***
	人才需求	0.13	0.00	0.34	0.06	0.00	0.23	3.39***	-2.81***

注：*、**、*** 分别表示在 10%、5%、1%水平上显著。

励。而在自由现金流方面，选择股权激励的公司却大于未选择股权激励的公司，这说明在我国公司选择股权激励不是因为流动性限制，反而流动性高的公司更有动机选择股权激励。此外，选择股权激励的公司的 ROE 无论均值还是中位数都大于未选择股权激励的公司，这说明在我国选择股权激励的公司有着较好的业绩，因高额的股权激励费用而退市的可能性较小。

（2）回归结果。

本文首先对各影响因素进行相关性检验，鉴于篇幅所限，相关系数表略。在回归检验中，本文首先对全部变量进行回归，考察到制度背景层面与公司治理层面的各因素之间具有较强的相关性，本文将制度背景与公司治理层面的每类因素分别与公司特征层面的变量进行回归，结果如表 4 所示：

表 4　全样本回归结果

回归	（1）	（2）	（3）	（4）	（5）	（6）	（7）	（8）	（9）	（10）
截距	−9.920**	−7.621***	−7.300***	−7.382***	−8.366***	−7.412***	−9.668***	−7.048**	−4.383	−12.689***
市场化	0.066	0.152*								
管制行业	−0.971		−0.956**							
两职合一	−0.084			0.310						
高管持股	0.008				0.047***					
股权集中	0.007					−0.020**				
非执行董事	2.896						3.069			
董事长领薪	0.001							0.505		
高管薪酬	0.890***								0.718***	
民营企业	0.960**									1.644***
高管年龄	−0.096***	−0.094***	−0.092***	−0.098***	−0.095***	−0.093***	−0.110***	−0.088***	−0.104***	−0.074***
成长性	0.014	0.150*	0.150*	0.157**	0.176**	0.158**	0.096	0.158**	0.127	0.128
规模	0.219	0.323***	0.0373***	0.377***	0.411***	0.399***	0.439***	0.327**	0.111	0.547***
自由现金	0.008	0.016*	0.017**	0.017**	0.015*	0.017**	0.014	0.015*	0.013	0.017**
权益报酬率	−0.005	0.017*	0.016	0.015	0.014	0.016	0.006	0.015	0.010	0.013
人才需求	2.116***	0.895*	1.755***	0.997**	0.895*	1.049**	1.464**	1.383***	0.779	1.117**
样本个数	1602	1602	1602	1602	1602	1602	1602	1602	1602	1602
− 2LOGLIKELIHOOD	225.803	361.523	358.518	364.637	358.182	358.015	249.094	359.989	352.255	339.194
adj−R^2(%)	23.5	16.9	16.8	15.0	16.8	15.6	14.6	14.7	18.4	22.3

注：(1)我们对会计信息噪音、行业和年度变量都做了控制，为节省篇幅，没有在表中予以标注；(2)*、**、***分别表示在 10%、5%、1%水平上显著。

回归方程（1）是对影响公司股权激励决策的全部因素进行回归的结果，方程（2）~方程（6）是对制度背景与公司治理层面因素进行回归的结果，由上述回归结果知：对于制度层面，市场化程度的系数为正，与预期相符，虽然在方程（1）中不显著，但是在排除了共线性的影响后，在10%水平上显著，支持假设1.1，说明市场化程度越高的地区的公司越有动机选择股权激励。管制行业的系数为负，并且在方程（1）和方程（3）中均显著，支持假设1.2，说明处于管制行业的公司选择股权激励的动机会削弱。

对于企业性质和股权结构层面，我们发现，相对于国有企业，民营企业前面的系数为正，且在方程（1）和方程（10）中均显著，支持假设2.1，说明民营企业会更有动机选择股权激励。股权集中的系数为负，在方程（1）中虽不显著，但是在考虑了共线性问题的方程（6）中则显著，支持假设2.2，说明股权集中度高的公司由于股东能对管理者进行有效监督，因此，选择股权激励的动机会削弱。

对于公司治理层面，两职合一的系数为正，但是不显著；非执行董事比例的系数为正，也不显著；董事长领薪的系数为正，也不显著；只有高管持股的系数在方程（5）中显著为正，说明在选择股权激励时，单纯从公司治理的降低代理成本层面，我们没有发现公司治理因素对股权激励的需求，至于股权激励是不是代理成本的结果，尚需福利样本进一步检验。

对于高管年龄和税负层面，我们发现，高管年龄的系数显著为负，支持假设2.7，说明高管年龄越小的公司会越有动机选择股权激励；高管现金薪酬的系数在1%水平上显著为正，支持假设2.8，说明高管现金薪酬越高会越有动机选择股权激励以减少因所得税缴纳过多而导致的对高管激励不足的问题。

对于公司特征层面，公司成长性的系数显著为正，支持假设3.1，说明成长性高的公司会更有动机选择股权激励；公司规模的系数显著为正，支持假设3.2，说明规模大的公司会更有动机选择股权激励。自由现金流的系数同样显著为正，支持假设3.3，说明与国外不同，中国的上市公司自由现金流越多会越有动机选择股权激励。权益报酬率的系数为正，并且在方程（2）中显著，支持假设3.5，说明在中国，业绩好的公司会更有动机选择股权激励。表示人才需求的信息技术行业的系数显著为正，支持假设3.6，说明在我国信息技术行业的公司会更有动机选择股权激励。

五、稳健性检验

上市公司选择股权激励，除了需要有选择的动机外，还需要满足政策法规的要求。证监会发布的《上市公司股权激励管理办法（试行）》规定最近一个会计年度财务报告被注册会计师出具否定意见或无法表示意见的审计报告，最近一年因重大违法违规行为被中国证监会予以行政处罚的公司不得实施股权激励计划。而上文对公司选择股权激励动机的检验只考虑了公司自身的动机，而并未考虑政策监管对上市公司股权激励选择的影响。因此，本文将剔除因不符合政策监管的要求而无法选择股权激励的公司，即2005年、2006年、2007年审计意见为否定或无法表示意见的公司及因重大违法违规行为而受证监会处

罚的公司进行进一步的检验。在考虑政策监管的影响后，全样本的回归结果仍然成立（限于篇幅，稳健性检验部分所有表略，下同）。

上述实证分析只对可能导致上市公司选择股权激励的动机进行了检验，但是，并不能支持这种选择是出于福利的目的还是激励的目的。对于公司治理层面的可能导致公司出于福利动机选择股权激励的因素，本文在前面只对该因素是否导致公司选择股权激励进行检验，但是选择股权激励的公司中既有激励也有福利（吕长江等，2009），前面证明的高管持股与股权激励选择正相关并不一定表示这类公司选择股权激励是因为福利的需要，虽然用高管持股的壕沟现象可以解释这一检验结果，但也有可能这类公司选择股权激励的确是为了激励管理层。

本文基于股权激励方案的行权条件、行权期以及方案公布日的市场反应，我们将所有选择股权激励方案的公司分为激励型与福利型（吕长江等，2009）。

基于上述福利与激励样本，本文分别对公司的福利型与激励型股权激励用 Logistic 方程进行检验，回归模型同全样本检验中的模型，但是分别用是否选择福利型股权激励（激励型股权激励）来代替原来的是否选择股权激励，回归结果表明，对于福利型股权激励公司，除非执行比例外，无论两职合一、高管持股、董事长领薪，其前面的系数都大于全样本检验中的相应系数，并且，这三个变量在全样本检验中并不显著，但是对福利型股权激励的检验中，这三个治理变量分别显著为正，这说明两职合一，高管持股多、董事长在上市公司领薪的公司更有动机进行股权激励，并且这种选择不是为了通过激励来解决代理问题，而是为了高管自己的福利。

对于公司特征层面的公司成长性、自由现金流的回归结果也都好于全样本的回归结果，说明当公司对管理者缺乏有效的监督制约机制时，股权激励不仅无法发挥其应有的激励作用，反而会导致管理者将股权激励变为福利，使之本身成为代理问题的一部分。而对于有激励动机的信息技术行业，全样本的回归结果优于福利型股权激励的回归结果。

从激励型股权激励公司的回归结果可以看出，具有福利动机的两职合一，高管持股，股权集中、成长性和自由现金流前的系数与全样本一致都不显著，特别是两职合一，在激励样本中其前面的系数为负。这说明在我国，在上述因素的作用下公司选择股票期权并非为了激励管理者。而对于具有激励动机的人才需求，在激励样本的回归中，其回归结果则好于全样本和福利样本的回归结果，说明对人才的需求的确会促使公司出于激励的目的选择股票期权。

对于高管年龄和税负层面，我们发现，无论公司是不是从激励或福利因素考虑，都是按照同一方向影响股权激励的选择，即假设 2.7 和假设 2.8 成立。公司特征方面的因素没有受公司选择激励或福利的影响。

六、结论

本文主要从制度背景、公司治理和公司特征三个层面对上市公司为什么选择股权激励进行了研究。本文的研究结论表明，公司治理结构的不完善、对管理者监督制约机制的缺乏会使管理层出于福利目的而选择股权激励，这影响了股票期权激励作用的发挥。另外，在中国由于退市政策的压力，使得业绩差的公司无力进行股权激励。由此可见，股权激励的作用未能在中国发挥作用。本文认为，监管部门应加强对公司治理结构层面的监管，此外，为了鼓励业绩差的公司选择股权激励以激励管理层努力提升公司业绩，监管部门对因期权费用而导致亏损的公司可以放松对其的退市管制。

本文的贡献不仅在于对国外股权激励动机在中国的适用性进行了检验，更重要的是，本文结合中国的制度背景对公司为什么选择股权激励进行研究，并发现了中国制度背景下的独有动机。本文考虑了管理者的监督制约机制的缺乏对股权激励决策的影响，并基于此得出了不同于国外的结论，这是对国外现有股权激励理论的丰富与扩展。

参考文献：

[1] 刘凤委，孙铮，李增泉. 政府干预、行业竞争与薪酬契约——来自国有上市公司的经验证据 [J]. 管理世界，9：76-84

[2] 吕长江，赵宇恒. 国有企业高层管理者激励效应研究 [J]. 管理世界，2008（11）：99-109.

[3] 吕长江，郑慧莲，严明珠，许静静. 上市公司股权激励制度设计：是激励还是福利 [J]. 管理世界，2009（9）：133-147.

[4] 卢锐，魏明海，黎文靖. 管理层权力、在职消费与产权效率——来自中国上市公司的证据 [J]. 南开管理评论，2008（5）：85-92.

[5] 魏刚. 高级管理层激励与上市公司经营绩效 [J]. 经济研究，2000（3）：32-39.

[6] 夏立军，陈信元. 市场化进程、国企改革策略与公司治理结构的内生决定 [J]. 经济研究，2007（7）：82-94.

[7] 辛宇，徐莉萍. 公司治理机制与超额现金持有水平 [J]. 管理世界，2006（5）：136-140.

[8] David Yermack. Do Corporations Award Ceo Stock Options Effectively [J]. Journal of Financial Economics，1995（39）：237-269.

[9] Jensen M. C. Agency Costs of Free Cash Flow，Corporate Finance，and Takeovers [J]. The American Economic Review，1986（76）：659-665.

[10] Jensen Michael C.，William H. Meckling. Theory of the Firm：Managerial Behavior，Agency Costs and Ownership Structure [J]. Journal of Financial Economics，1976（3）：305-360.

[11] Konstantinos Tzioumis. Why do Firms Adopt CEO Stock Options? Evidence from the United States [J]. Journal of Economic Behavior and Organization，2008（68）：100-111.

[12] Lamia Chourou，Ezzeddine Abaoubb，Samir Saadi. The Economic Determinants of CEO Stock Option

Compensation [J]. Journal of multinational financial management, 2008 (18): 61-77.

[13] Lewellen G. , Claudio Loderer, Kenneth M. Executive Compensation and Executive Incentive Problems: An Empirical Analysis [J]. Journal of Accounting and Economics, 1987 (9): 287-310.

[14] Smith Clifford W., Ross L. Watts. The Investment Opportunity Set and Corporate Financing, Dividend, and Compensation Policies [J]. Journal of Financial Economics, 1992 (32): 263-292.

[15] Smith, Clifford W. Watts. Ross L. Incentive and Tax Effects of Executive Compensation Plans [J]. Australian Journal of Management, 1982, 7 (2): 139-158.

Why Corporates Choose Stock Option? ——Evidence from China

Lv Changjiang, Yan Mingzhu, Zheng Huilian, Xu Jingjing
(Management School of Fudan University, Shanghai 200433, China)

Abstract: We examine the reason why some listed firms choose stock option and find that these firms take regulation and their own incentive into account during their decision-making about stock option. Moreover, regulation and corporate incentive have interaction with each other and the incentive from corporate governance is of primary importance. In order to attract and retain talents the firms will have incentive to choose stock option which is consistent with prior literatures. However, deficiency in corporate governance and severe agency problem will induce managers to choose stock option for their own welfare. Meanwhile, firms in highly marketized areas and less regulated fields are also inclined to choose stock option. The contribution of this paper is that we are the first to consider Chinese background into stock option and we find the real reason by this way.

Key Words: stock option; corporate governance; agency cost

基于中国背景的内部资本市场研究：理论框架与研究建议 *

王化成　蒋艳霞　王珊珊　张伟华　邓路
（中国人民大学商学院 100872；中国旅游研究院 100005；
中国银河证券股份有限公司 100033；北京工商大学商学院 102488；
北京航空航天大学经济管理学院 100191）

【摘　要】本文对国内外已有的内部资本市场文献进行了归纳和梳理，针对目前我国内部资本市场理论研究中存在的问题和不足，构建了体现我国特色的内部资本市场理论研究框架体系：以内部资本市场环境为起点、内部资本市场功能为主线，研究内部资本市场运作及其经济后果的交互作用关系，最终传递到公司价值的形成。在此基础上，提出了未来我国内部资本市场理论研究的若干建议。

【关键词】内部资本市场；多元化；控制权；企业战略；企业价值

一、引言

内部资本市场（Internal Capital Market，ICM）是伴随着企业组织结构的创新和多元化经营浪潮的兴起而出现的一个新兴研究领域。“内部资本市场”的概念由 Alchian（1969）、Williamson（1970，1975）等人最早提出，他们认为 M 型的联合大企业中存在着内部资本市场，其在强化内部资本配置、缓解外部融资约束方面发挥着重要的作用。20 世纪 90 年代中后期，随着组织创新和内部资本市场研究视野的不断拓展，学术界将对内部资本市场的研究拓展到 H 型的控股企业集团（Khanna 和 Palepu，1997），形成了大量可供借鉴的研

* 本文选自《会计研究》2011 年第 7 期。

基金项目：本文系中国人民大学王化成教授主持的国家自然科学基金项目“内容资本市场运作、配置效率与盈余质量”（批准号 70872106）阶段性研究成果，本文的研究也得到了“泰山学者”计划和中国人民大学“研究品牌”计划的资助。

究成果。相对而言，国内学者对于内部资本市场的研究仍处于起步和借鉴阶段，缺乏基于中国背景的系统研究。

改革开放30多年以来，中国的金融体制改革稳步推进，但到目前为止仍然处于以间接融资为主体的银行主导型金融体系。商业银行基于自身风险控制考虑，对于那些虽然未来发展潜力较大但短期缺乏足额抵押的企业发放贷款极其审慎，这使得很多企业无法通过商业银行获得未来发展所需的信贷资金。与此同时，虽然股权分置改革完成后，中国的股票市场得到了快速发展，但目前无论是IPO还是SEO仍然实行严格的政府审批制，债券市场也由于较高的发行门槛致使很多企业望尘莫及。外部资本市场发展的不完善使得企业集团内部资本市场在缓解融资约束方面的作用日益凸显。然而，与国外成熟市场国家企业集团整体上市不同，目前，中国的很多上市公司本身只是企业集团控制的一家或若干家下属公司，而集团内的非上市公司则通过与上市公司资产置换、债务重组等多种方式来间接获取上市公司资金。企业集团利用其控股的上市公司作为融资平台获取资金来满足集团内其他企业需要是中国内部资本市场的一个显著特征。正是由于上述原因，中国内部资本市场的形成、发展及其运作方式都与西方发达资本市场国家截然不同，具有转型经济国家独有的一些特征。因此，结合中国特殊的制度背景，构建符合中国实际的内部资本市场理论框架，对于推动中国内部资本市场理论研究的健康发展具有重要意义。

本文余下部分结构安排如下：第二部分是内部资本市场相关文献研究述评；第三部分是构建基于中国制度背景的内部资本市场理论框架；第四部分是关于中国内部资本市场研究的若干建议；最后是本文的结语。

二、研究述评

（一）研究现状

20世纪60年代，美国出现了大规模的并购浪潮，很多企业通过并购实现多元化经营战略。是什么原因使得企业对多元化战略如此青睐？西方学者开始从理论上寻求解释。Alchian（1969）首次提出了内部资本市场的概念，他认为通用电气公司的快速发展应归功于其良好的内部资本市场运作。Williamson（1975）认为内部资本市场的优势体现在三个方面：第一，内部资本市场在信息的真实性、及时性、准确性等方面均占有优势，对市场环境的适应性比较强；第二，在内部资本市场中，企业能更迅速地转移、配置资源，通过削减对某些业务的资金配置，将其重新分配到更有前途的业务中；第三，内部资本市场有利于企业规避法规限制及实现合理避税。

在Alchian和Williamson等人研究的基础上，西方学者从多个视角对内部资本市场理论进行了拓展，其中内部资本市场配置效率问题成为讨论的焦点。目前理论界存在两种对立观点：①内部资本市场有效论。相对于外部资本市场，内部资本市场的优势主要体现在两方面：第一，内部资本市场可以提高企业的外部融资能力，即“多钱效应”（More-money Effect）。由于多元化企业各分部的现金流一般是不完全相关的，因此可以起到相互保险的作用。Lewellen（1971）认为多元化企业的这种特性有助于降低公司未来现金流的不确定性，增加多元化企业的债务融资能力。第二，内部资本市场可以把资金分配到效率较高的项目，产生更多收益，即“活钱效应”（Smarter-money Effect）。Gertner 等（1994）指出，在内部资本市场中，公司总部既是资产的提供者，也是资产剩余控制权的拥有者（在外部资本市场中资产的提供者并不掌握资产的剩余控制权），因此公司总部会加强对部门经理的监督，以获得更多的监督收益。在多元化企业中，如果一个业务单位业绩不佳，公司总部可以通过内部资本市场把相关资产配置到其他效率较高的分部（Stein，1997），而外部资本市场却没有如此灵活。②内部资本市场无效论。与内部资本市场的优势相对应，内部资本市场的劣势也体现在两方面：第一，企业经理往往具有过度投资倾向，在这种情况下，内部资本市场的“多钱效应”会加剧过度投资行为。第二，在投资额固定的情况下，内部资本市场并不能有效地分配资本。在内部资本市场中，既存在着外部投资者和公司总经理（CEO）之间的代理，还存在着 CEO 和部门经理之间的代理，即双层代理（Scharfstein 和 Stein，2000）。Rajan 等（2000）、Scharfstein 和 Stein（2000）以及 Wulf（2009）认为，CEO 和部门经理之间的代理冲突是造成内部资本市场无效配置的主要原因。当内部资本市场中的代理成本超过其带来的效益时，投资者就会通过资产剥离来缩小内部资本市场边界或者对企业内部的资本流动进行限制（比如采取资产保全、信托）（Triantis，2004），以提高资本配置效率。

除了构建理论模型分析内部资本市场的配置效率外，西方学者还从不同的角度进行了实证检验，但结论并未达成一致。虽然内部资本市场从理论上能够提高资本分配效率，但早期的实证研究表明，内部资本市场导致多元化企业价值降低的现象更为普遍。Lang 和 Stulz（1994）以及 Berger 和 Ofek（1995）发现，与单部门企业相比，多元化企业存在着价值被低估现象，平均折价率大概为 15%。他们认为，部门间交叉补贴（Cross-subsidization）和过度投资是造成折价的原因。Servaes（1996）、Shin 和 Stulz（1998）、Lins 和 Servaes（1999）、Lamont 和 Polk（2002）、Fauver 等（2003）利用不同时期和不同国家的样本进行了拓展研究，也认为内部资本市场运作并没有提高资本配置效率，多元化企业存在着折价。不过对于多元化折价现象，一些学者也提出了质疑，认为多元化本身并不会破坏企业价值，早期研究的多元化折价结论是由于研究数据和研究方法上的局限造成的。Villalonga（2004）用 Business Information Tracking Series 数据进行研究发现存在着显著的多元化溢价，而采用学者们常用的 COMPUSTAT Segment 数据则得到多元化折价结论。Graham 等（2002）的研究则表明，在控制了内生性问题之后，多元化折价就消失了。很多学者认为，多元化企业能够利用内部资本市场，及时优化资源配置，做出科学的投资决策（Khanna 和 Tice，2001；Billet 和 Mauer，2003；Castaneda，2007；Powell 等，2008；He，2009）。

近年来，围绕内部资本市场效率这个主线，西方学者还从融资约束、公司治理、组织结构、管理层激励、业务相关性程度、投资机会差异等不同侧面展开了相关研究，进一步丰富了内部资本市场理论的研究内容。融资约束一方面能通过内部资本市场运作得到缓解（Campello，2002），另一方面还会影响内部资本市场与企业价值的关系。Billett 和 Mauer（2003）以及 Yan（2006）发现，外部融资约束程度越严重，内部资本市场的运作越能够增加企业价值。外部资本市场的不完善是内部资本市场产生的根源，但不完善的外部资本市场经常伴随着同样不完善的公司治理机制，从而容易导致内部资本市场成为控股股东或管理层谋取私利的工具，使得资本出现无效配置，降低公司价值（Aggarwal 和 Samwick，2003；Joh，2003；Hanazaki 和 Liu，2007）。当内部资本市场的运作不能给企业带来价值提升时，企业往往进行公司重构（Restructuring），调整组织机构形式，以改善资本配置效率。拆分、联营、资产剥离和跟踪股票[①]是常见的公司重构方式，能够提高内部资本市场效率（Billett 和 Mauer，2000；Burch 和 Nanda，2003；Mathews 和 Robinson，2008）。CEO 和部门经理作为多元化企业中的代理人，在内部资本的分配和运作中起着关键作用，如何制订科学的薪酬激励计划，减少代理成本是学者们关注的重点。Wulf（2002）认为，在设计薪酬合同时，可以把部门经理的薪酬与公司整体业绩联系起来，这样有助于减少其寻租活动。Datta 等（2009）发现，股权激励在 CEO 激励中发挥着重要作用，有助于提高内部资本市场配置效率。另外，多元化企业中各分部的业务相关性程度和投资机会差异也是影响内部资本市场效率的常见因素。研究表明，部门间投资机会差别越大，内部资本市场越容易出现无效配置；各部门业务相关性程度越强，越有利于增加企业价值（Bernardo 等，2006；Doukas 和 Lang，2003）。

目前，我国内部资本市场的研究尚处于起步阶段，相关研究主要集中在内部资本市场的配置效率方面。与西方成熟资本市场国家相比，我国外部资本市场尚不完善，内部资本市场在理论上更有可能提高资本配置效率，增加企业价值。朱鮀华（2007）以及胡旭阳和王丽萍（2009）研究发现，内部资本市场能够产生财务协同效应，资源分配遵循效率原则。不过实证研究中关于我国内部资本市场无效的证据相对较多，如翁逸群等人（2000）、杨棉之（2006）、万良勇和魏明海（2006）、邵军和刘志远（2008）、胡经生（2009）等。由于公司分部数据难以获取，目前研究对象大都是针对企业集团，对大股东利用内部资本市场进行利益输送的案例分析相对较多（黎来芳，2005；万良勇和魏明海，2006；杨棉之，2006；邵军和刘志远，2007；许艳芳等，2009）。另外，国内学者也开始关注内部资本市场的缓解融资约束功能以及寻租激励问题。

为了更详细地了解国内外内部资本市场理论研究的基本现状和最新进展，我们还对

① 拆分（Spin-off），指母公司把自己的一个分部独立出来，成立一个新的公司，母公司拥有新公司的股份。联营（Cofinance 或 Alliance），指母公司与其他外部投资者共同经营某一项目或分部，以减轻资金压力、分散风险或降低代理成本。资产剥离（Sell-off），是指公司把自己的一部分资产直接卖掉。跟踪股票（Tracking Stock），是与公司某一特定业务分部的业绩挂钩的一种普通股权益形式（公司原先的股票与剩余分部的业绩挂钩）。与拆分（Spin-off）、权益分割（Equity Carve-out）或资产剥离等其他公司重构形式不同，跟踪股票并没有在法律上与原先的公司分离。

2009 年之前（包括 2009 年）正式发表的文献进行了数量检索。在检索英文文献时，我们选择了 EBSCO 数据库、Elsevier ScienceDirect 数据库和 ProQuest 系列数据库作为我们的检索平台。这三个数据库是我们最常用的外文数据库，涉及内容非常广泛，收录了社会科学领域的绝大部分外文期刊。我们的检索条件为：在题名、摘要或关键词中含有“Internal Capital Market”短语的学术期刊文章。我们检索到有关内部资本市场理论的外文文献 97 篇。在检索中文文献时，由于国内的期刊种类比较多，出于代表性和可行性的考虑，我们选择了若干核心刊物作为检索基础。南京大学研制的 CSSCI（中文社会科学引文索引）数据库是我国人文社会科学文献信息查询的重要工具，收录的期刊学术性相对较强。因此，我们以 CSSCI 来源期刊（2008~2009 年）为依据，选择“管理学”、“经济学”和“高校综合性社科学报”中的全部期刊，共 168 种（管理学 29 种，经济学 72 种，高校综合性社科学报 67 种）。我们的检索条件是：在题名、摘要或关键词中含有“内部资本市场”短语。最终我们检索到有关内部资本市场理论的文献 64 篇。

（二）研究贡献

国内外有关内部资本市场理论的文献在 1997 年之后开始逐渐增多，近几年更是呈现出蓬勃发展的趋势，取得了较丰富的研究成果。具体来说主要有以下几个方面的贡献：

1. 内部资本市场资本配置效率方面的研究最为充分

无论国外还是国内，内部资本市场研究主要是围绕资本配置效率展开的，其有效性问题一直是学者们讨论的热点。在英文文献中，侧重研究资本配置效率的文献有 50 篇，占样本的 52%。在中文文献中，涉及内部资本市场配置效率的文献有 29 篇，占样本的 45%。与国外学者的研究结果类似，国内学者的研究结论也主要分为两类：一类是认为内部资本市场可以提高资本配置效率，增加企业价值；另一类认为内部资本市场常常出现无效配置，破坏企业价值。此外，还有学者认为多元化程度与内部资本市场价值的关系并不是线性的，并主张适度多元化（黄山等，2008；王峰娟和邹存良，2009）。尽管目前研究结论不完全一致，但已有研究成果可以帮助我们从多个角度了解内部资本市场的优劣势，为我国企业集团特别是财务公司的健康发展提供了科学的借鉴和参考。

2. 内部资本市场缓解融资约束功能已得到大多数学者认同

缓解融资约束是内部资本市场的一个重要功能，并成为很多企业进行多元化经营、构建内部资本市场的出发点。在英文文献中，研究缓解融资约束功能的文献有 10 篇，占样本的 10%。在我国，融资约束问题更为突出（尤其是民营企业和中小企业）。因此，国内学者对内部资本市场与融资约束的关系也进行了比较全面的研究（相关文献 11 篇，占样本的 17%）。国内外的研究结果大多表明，内部资本市场能够减轻融资约束（Campello，2002；Billett 和 Mauer，2003；周业安和韩梅，2003；韩亮亮等，2008；黎来芳等，2009）。李焰等（2007）通过对复星集团的考察，发现集团化运作在放大融资能力的同时也会导致企业财务杠杆上升、财务风险加大。因此，企业集团利用内部资本市场缓解融资约束时，还应注意控制融资风险，以实现持续长远发展。

3. 内部资本市场中的寻租行为和管理层激励问题逐渐成为关注的热点

各种组织形式的企业里都普遍存在代理问题，而在企业集团中，则存在着双层代理关系。CEO 从其控制的企业总资产中获取私人收益，部门经理则从各自控制的分部资产中获得收益。部门之间为了争夺有限的资源，还会进行内部争斗，产生寻租行为（Scharfstein 和 Stein，2000），扭曲内部资本配置。因此，需要采取相应的激励措施，以降低负面影响，提高资本配置效率（Wulf，2002；Motta，2003；Bernardo、Luo 和 Wang，2006）。借鉴国外研究的理论成果，近年来国内学者也开始关注内部资本市场中的寻租行为和管理激励问题（韩忠雪和朱荣林，2005；王明虎，2007；卢建新，2007；钱雪松和邹薇，2008），相关文献有 7 篇，占样本的 11%（外文文献中有关寻租激励的文献有 12 篇，占样本的 12%），这些研究成果有助于我们进一步探求影响内部资本配置效率和多元化折价的关键因素。

4. 内部资本市场新研究领域的相关文献逐渐增多

随着内部资本市场理论的发展，学者们的研究视野逐渐扩大，涉及一些新的研究领域，如企业的组织架构、跨国企业、新兴市场等。合理的组织结构设计有利于发挥内部资本市场的优势，并克服相关弱点。国外学者已把组织理论引入到企业投融资行为分析当中，从不同角度论述了企业组织结构设计对内部资本市场效率的提升作用（Liebeskind，2000；Billett 和 Mauer，2000；Mathews 和 Robinson，2008；Palia、Ravid 和 Reisel，2008），英文文献有 14 篇，占样本的 14%，这些研究成果使我们对内部资本市场运行机制有了更深入的理解。

近年来，内部资本市场研究中关于跨国企业和新兴市场的文献逐渐增多。跨国企业的分部往往处于不同的国家，面临着不同的经济和政治环境，因此其内部资本运作更加典型。在国外文献中，研究跨国企业内部资本市场的文献有 10 篇，占样本的 10%。学者们认为，跨国企业中母子公司所处的外部经济和制度环境因素对内部资本市场运作起着重要的指导作用，内部资本市场的存在使得跨国企业具有战略竞争优势（Desai 等，2004；Aulakh 和 Mudambi，2005；Dietrich，2007；Aggarwal 和 Kyaw，2008）。随着新兴经济体的发展，学者们也开始关注新兴市场国家的内部资本市场特征（Bianco 和 Nicodano，2006；Gopalan 等，2007；Lee 等，2009）。英文文献有 18 篇，占样本的 19%，其中关于印度和韩国的研究相对较多。

（三）研究不足

虽然近年来国内外内部资本市场理论研究取得了较丰富的成果，但由于内部资本市场是一个新兴研究领域，发展的时间并不长，目前的研究在很多方面仍存在着不足，需要正确认识。具体而言，我们认为当前内部资本市场理论研究中主要存在以下几方面的问题：

1. 缺少关于内部资本市场整体理论框架的研究

目前的研究大都是侧重于内部资本市场的某一个方面，比如有的学者侧重于内部资本市场与外部资本市场的关系（Gertner 等，1994），有的关注内部资本市场某一方面的特点和功能（Lewellen，1971；Stein，1997；Knanna 和 Tice，2001），有的研究内部资本市场中的代理和激励问题（Scharfstein 和 Stein，2000；Rajan 等，2000；Wulf，2009），还有的讨论环境对内部资本市场功能的影响（Aulakh 和 Mudambi，2005；Dietrich，2007；Castaneda，2007；Dow 和 McGuire，2009）等。虽然已有研究已涉及内部资本市场的多个层面，丰富了内部资本市场的研究内容，但国内外现有文献中尚未有从整体视角讨论内部资本市场的理论框架，研究缺乏系统性指导，不利于理论的拓展和深入。

2. 缺乏对内部资本市场运作方式的系统研究

从效率的角度看，内部资本市场的最终功能是为了提高配置效率、提升企业价值，但是内部资本市场本身不能直接对企业价值产生影响，起作用的是内部资本市场的运作方式，例如关联交易、资金调拨、相互担保、兼并重组等方式。目前的研究多侧重于内部资本市场运作的结果，缺少对其运作过程的分析。英文文献中除 Triantis（2004）以及 Powell 等（2008）对内部资本市场中的资本配置和交易形式有所涉及外，尚未看到其他文献对内部资本市场运作方式进行论述。我国的现有文献多从控制权角度研究内部资本市场的利益输送功能和“掏空”上市公司行为（杨棉之，2006；黎来芳，2005；李艳荣，2007），对内部资本市场运作方式的研究也不够重视。我们只找到 2 篇涉及对内部资本市场运作方式和机理进行分析的文献（万良勇和魏明海，2006；吕洪雁，2007），数量偏少，缺乏系统性。

3. 没有从企业战略层面深入分析内部资本市场运作

企业某一时期的资本配置在外界来看可能是无效的，但这一结果可能并不是内部资本市场本身的缺陷造成的，而是为了配合公司的整体战略或竞争战略做出的必要让步。因此，在分析内部资本市场效率时，要兼顾企业战略，全面分析不同战略对内部资本市场运作的交互影响，否则容易造成结论的片面性。目前尚未发现有从企业战略层面深入分析内部资本市场运作的相关文献。

4. 案例研究中缺少实地研究方法

目前有关内部资本市场的文献多是利用二手资料，国内虽然出现了一些案例研究，但其中规范、高质量的案例研究比较少，案例信息一般来自于企业对外公开披露的信息，缺乏深入细致的调查。从目前的文献来看，实地研究方法还没有应用到内部资本市场理论研究中。

5. 缺少基于中国制度背景的模型构建

中国经济正处于转轨时期，特殊的经济制度和资本市场环境必将影响我国企业集团内部资本市场的运行及效率，使之产生不同于国外发达国家内部资本市场的特点。由于中国资本市场“新兴加转轨”的阶段性特征，简单照搬西方已有的理论研究成果解释中国内部资本市场实践存在很大争议。目前，在英文文献中我们只检索到一篇涉及中国企业内部资本市场的国外文献（Kang 和 Lee，2008），已有的国内文献多是直接借鉴国外成熟模型，缺少基于我国制度背景的模型构建。

通过以上分析，使我们对国内外内部资本市场理论的研究现状有了初步了解。我们发现，虽然近年来内部资本市场理论的研究进展较快，但仍然存在着一些不足，尤其是缺乏一个整体理论框架的指导。因此，本文的第三部分将着重讨论基于中国背景的内部资本市场理论框架的构建。在此基础上，我们在本文第四部分提出内部资本市场的若干未来研究方向，为中国内部资本市场理论研究的纵深发展提供参考。

三、理论框架

中国企业内部资本市场的产生与发展是与我国企业集团的产生与发展联系在一起的。随着市场经济制度的确立和国有企业改革的深入，在政府政策和市场导向的作用下，我国在不同层次上形成了许多国有和民营企业集团，这些企业集团的出现为内部资本市场的产生创造了必要条件。在企业融资渠道尚不发达、企业与外部资本市场之间信息不对称仍较严重的情况下，通过收购兼并等途径建立起来的企业集团内部资本市场对缓解企业的融资约束和提升投资效率具有积极的意义。然而，在法律体系不健全，外部资本市场不完善，经理人市场培育不足和控制权市场功能扭曲等中国上市公司独特的外部治理环境下，我国企业集团的形成也与国外文献中的“联合大企业”（Conglomerate）存在显著差异。

一方面，政府为了帮助国有企业解困，把一些产业类似或相关的企业捆绑在一起，组建成了国有企业集团，这些企业集团中的某个车间或工厂被单独地分拆出来上市，形成集团公司控股的若干子公司、孙公司的国有企业层级结构。同时，为了实现政府的所有者职能与社会职能的分离，国有资产管理体制通过多次改革，逐步形成由中央和省、市分级设立国有资产管理机构，再通过国有资产管理部门—国有资产经营公司—各级实体公司的三级国有资产管理模式对国有企业进行管理。另一方面，民营企业由于独特的体制原因和转型经济的特征，很难从银行取得大规模的信贷支持，随着资本市场的不断规范与发展，它们以融资的便捷和资产整合为目的，采取下属公司上市或参股、控股已上市公司等方式将一些上市公司纳入旗下，以较少的资金控制更多的资源而产生了金字塔股权结构。处于金字塔结构顶端的实际控制人通过金字塔股权结构实现间接持股，较长的控制链条加大了上市公司控制权与现金流权的分离程度。在这些企业集团中，股东与管理层之间、集团公司管理层与下属子公司经理之间的双层代理问题仍然存在，同时，控制权与现金流权分离现象的存在，使得控股股东可以通过内部资本市场运作转移上市公司资产或资源。控股股东与上市公司中小股东之间的利益冲突也成为主要的代理问题。

在资本配置方面，由于战略发展需要涉及业绩评价体系等制度层面的因素，我国很多企业集团不仅在总部层面存在多元化现象，而且在子公司层面也存在不同程度的多元化现象。由于我国目前仍处于以间接融资为主体的银行主导型金融体系，加之资本市场尚不发达，投资者普遍缺乏对投资机会的评价能力，上市公司借助其融资平台优势，通过兼并收购等方式，不断扩大业务范围实现多元化经营，其所在的企业集团业务规模也得以迅速扩张。与此同时，为支持企业集团化的发展，许多企业集团内设立了财务公司以实行集团各内部成员企业间资金划转，加速资金周转、减少资金占用、提高资金使用效益。集团内设立的财务公司兼具内部结算功能、融资功能、投资管理功能和中介服务功能，具有典型的企业内部资本市场特征，是我国许多企业集团内部资本市场运作的主要平台。

基于前述制度背景分析，我们提出基于中国制度背景的内部资本市场理论研究框架，如图 1 所示。该框架以内部资本市场的环境为逻辑起点，根据特定环境下内部资本市场运作的主体来界定其利益趋向及所赋予内部资本市场的功能，进而考察在该利益导向下的内部资本市场的运作方式，最后指向内部资本市场运作带来的经济后果。

内部资本市场环境决定了内部资本市场形成的动因、利益主体的导向及内部资本市场的功能。因此，要想对内部资本市场进行深入的研究，必须结合其产生和存在的外部环境来进行分析。我们这里所指的内部资本市场的环境是一个广义的概念，包括宏观、中观和微观三个层面。其中，宏观环境主要是指影响内部资本市场形成和发展的相关经济环境、法律环境、监管环境等，其中制度背景和经济环境中的外部资本市场的发展状况是值得关注的两个重要因素；中观环境主要指产业环境、市场竞争态势等因素；微观环境则局限于公司层面的因素，如公司治理状况、公司结构、战略规划、企业文化、管理体制、内部控制体系、监督激励机制等。无论哪个层面的环境变化均可能导致公司的内部资本市场的主体、边界及发挥作用的机制、运作方式等发生改变。法律制度的完善和监管的到位可以促进内部资本市场资本配置功能的发挥；而投资者保护的不力和监管的疏漏可能使得内部资本市场沦为利益优势方侵占劣势方的手段；外部资本市场发展滞后会促使内部资本市场的形成，并以弥补外部资本市场的不足为主要功能；制度导向下产生的内部资本市场多为被动形成，难免被赋予一些特殊使命；而基于产品市场竞争和企业战略而打造的内部资本市场则有助于完成公司的战略目标。随着环境的变化，组织结构将出现变革，内部资本市场存在的载体也会发生变化，进而引起主体、功能、方式和结果发生变化。因此，环境的分析至关重要，是内部资本市场研究的一个逻辑起点。

内部资本市场的主体是指内部资本市场运作的主导力量，利益主体的界定直接影响到内部资本市场功能的发挥、内部资本市场运作的主要目的及服务对象。比如，对于企业集团来说，内部资本市场存在于三个层面：企业集团母公司与子公司之间的内部资本市场、企业集团子公司与子公司之间的内部资本市场和集团内公司与其他关联企业之间的内部资本市场。不同层面的运作主体决定了内部资本配置的范畴及运作方式。根据理性经济人假说，理性的运作主体所主导的内部资本配置必将是以自身利益最大化为目标，如果将主体定位于企业集团，则其内部资本运作的主要目的是通过提升配置效率以提高企业集团整体的价值；如果主体为集团的某个上市公司，则其资本配置可能就会以上市公司的利益为导向；如果主体为控股股东，则内部资本市场可能会沦为控股股东进行利益侵占的工具。

中国企业内部资本市场形成的动因复杂多样，不单纯是为了缓解融资约束或者满足企业发展战略所需，通常带有很强的政治色彩和制度背景。比如，部分国有企业集团都历经资产重组、剥离上市或捆绑上市，真正意义上的整体上市并不多见，这就使得上市后集团

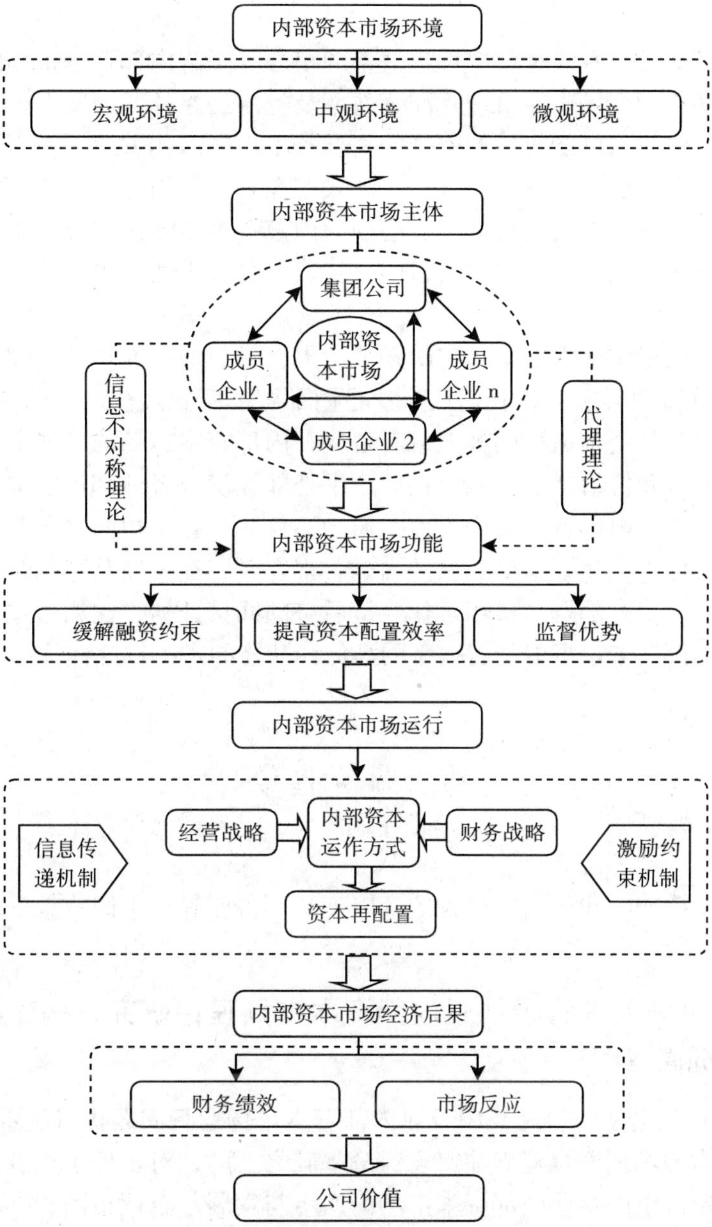

图 1　内部资本市场理论研究框架

公司有强烈的动机通过所形成的内部资本市场将上市公司的资产向非上市部分转移。除此之外，由于上市资源稀缺，上市和发行审批向国有企业倾斜，民营企业大多通过“借壳上市”的方式进行资本运作，这种借壳动机也使得其后具有强烈的动机通过内部资本市场运作实现控制权收益，从而使得内部资本市场异化为利益主体转移利益的工具。因此，分析不同环境下内部资本市场形成的动因可以帮助发现内部资本市场运作的目的及方式，从中找出规律。

内部资本市场的运作方式是整个理论框架的核心。了解内部资本市场的运作方式及其特点，是研究内部资本市场作用机理、配置效率及经济后果的关键所在。如前所述，不同的内部资本市场形成动因可能会导致不同的内部资本市场运作方式，而不同性质的内部资本市场存在载体也会使得内部资本市场运作方式存在差异。因此，笼统地归纳内部资本市场运作方式的种类并没有太大的价值，而必须对内部资本市场运作方式做更为深入细致的研究，包括各种运作方式适用的环境、目的、特点、具体手法、影响因素、作用机理及其表现。

内部资本市场的运作必将带来一定的经济后果，目前的研究均将落脚点定在对资本配置的效率和公司价值的影响上，我们认为这是内部资本配置经济后果的一个重要的方面，但不是全部。作为外部资本市场的补充或者替代，内部资本市场的发展不仅会对内部资本市场主体的资源配置和价值造成影响，也会产生外部经济或者外部不经济，对宏观环境产生一定的影响。而其对内部资本市场主体的影响不仅体现在公司的财务业绩上，也会体现在市场反应上，这样就丰富了经济后果的内涵。现有研究在关注其影响时往往跳过对运作方式的分析，而是寻找内部资本市场运作经济后果的间接证据，比如通过对多元化公司业绩的分析来判断内部资本市场的配置效率的高低和功能的发挥，这种替代方法有失偏颇。

四、研究展望

围绕上述理论框架，我们认为未来应从以下几个方面深化中国背景下的内部资本市场相关研究：

（一）结合中国制度背景加强内部资本市场理论研究，构建符合我国企业集团特点的分析模型

国外学者的相关文献为研究我国企业内部资本市场运行问题提供了重要的理论参考。不过西方内部资本市场理论是建立在市场经济基础之上的，对正处于经济转轨期的我国企业集团不完全适用。中国企业内部资本市场的产生与发展与企业集团的发展密不可分，不同于西方成熟市场中的“联合大企业”，中国企业集团产生和发展的背景、路径有其特殊性，组织结构及治理结构也具有典型性。这就需要在内部资本市场的相关研究中充分结合中国特殊的制度背景，构建符合我国企业集团特点的内部资本市场的理论和分析模型。

在未来研究中，建议重点关注几个方面：①深入考察我国外部制度环境对企业集团内部资本市场运行的影响，包括法律保护程度、政府干预等是否影响内部资本市场的运作，影响的机理是什么；②构建中国特殊制度环境下，大股东与中小股东的利益博弈模型，以分析特定条件下大股东的理财决策及影响；③深入考察股权分置改革前后我国内部资本市

场运作的特点，以分析股权分置改革对我国企业集团内部资本市场运作的影响，探求其中的关键要素。

（二）围绕企业集团特征，研究不同运作主体下内部资本配置行为的差异

如前所述，我国的企业集团形成途径各不相同，有政府通过行政手段整合形成，有企业通过市场化手段控股、参股形成，有分拆上市，也有整体上市，由此导致内部资本市场的运作主体和层级各不相同，既有集团层面的内部资本市场运作，也有上市公司层面的多元化运作。与此同时，运作主体的特征也各不相同，金字塔结构、控制链条的长度、多样化的控制方式等特征都会对内部资本市场运作产生影响。由于数据的局限，目前的研究主要围绕上市公司开展，所研究的特征也比较简单。

在未来研究中，应该通过实地调研等途径，重点研究不同的运作主体下内部资本市场的资本配置行为是否存在差异，企业集团的特征能否解释这种差异，具体的作用途径有哪些。对这些问题的回答，有助于更好地理解新兴市场国家中，企业集团的内部资本市场运作机理。

（三）深入分析我国企业集团内部资本市场的运作方式，关注集团战略对内部资本市场运作的影响

由于我国的企业集团大多还没有整体上市，因此与国外的联合大企业相比，我国企业集团的内部资本市场运作方式更为复杂。国内对于关联交易、担保和资金占用的研究比较多，但都是以控股股东和上市公司为研究对象。从内部资本市场的角度来看，控股股东与上市公司仅仅是内部资本市场复杂关系中的一个链条，不能清楚地透视内部资本市场的运作方式对于企业价值的影响。因此我们需要从我国实际情况出发，研究我国企业内部资本市场的运作方式及其特点。此外，现有的研究均没有从集团战略的角度关注内部资本市场运作方式的差异。我们认为，企业战略是在企业发生经营活动之前制定的，为企业提供发展方向的一系列计划，它会对企业的资源配置与事业方向产生根本性影响。集团为保证战略目标的实现，需要对企业的资源进行统筹规划、合理配置，这必然会影响到企业内部资本市场的运作方式和配置效率。因此，我们在研究内部资本市场相关问题时，应充分关注集团战略的重要作用。

在未来研究中，建议重点关注几个方面：①从整个企业集团的角度研究内部资本市场运作的方式及特点；②考察企业战略与内部资本运作方式之间的作用机制，由于不同层级和不同类型的战略对内部资本市场的影响作用存在差异，有必要全面研究公司战略（发展型战略、稳定型战略、紧缩型战略）与竞争战略（成本领先战略、差异化战略、目标集中战略）对内部资本运作方式的影响作用；③关注股权分置改革前后企业内部资本市场运作方式的差异及形成原因。

（四）结合内部资本市场运作方式，深入研究内部资本市场运作的经济后果

在中国当前的制度环境下，企业集团的存在是常态，研究集团内部资本市场运作的落脚点在于其产生的经济后果，尤其是对企业财务绩效和股东财富的影响。因此，不仅要研究当企业集团拓宽内部资本市场边界时的市场反应，以及特定的内部资本配置行为对股东财富的影响，也要深入跟踪特定的企业集团，研究其内部资本市场运作的长期财富效应对集团业绩的影响。另外，当资金在集团内部转移存在限制时，内部资本市场的运作需要通过一系列以配置财务资源为目的的交易来进行，因而交易双方的盈余质量必然会受到很大影响。而盈余质量的变化也会影响企业以盈余为契约基础的一系列行为，如对管理层的激励、投资等，因此，立足中国特殊的制度背景，深入全面地研究企业集团内部资本市场运作对盈余质量的影响以及盈余质量变化所导致的经济后果具有重要意义。此外，还可以开展内部资本市场运作的外部性研究，即从内外资本市场互动的角度研究内部资本市场的外部效应。

在未来研究中，建议重点关注几个方面：①内部资本市场不同运作方式对会计盈余持续性的影响；②内部资本市场运作方式对会计盈余结构性的影响；③在评估内部资本市场的财务绩效和市场反应时，增加中长期跟踪研究；④结合外部资本市场和宏观经济环境，分析内部资本市场的外部效应。

（五）综合运用实地研究，实验研究，分析式研究等多种研究方法，以弥补现有的利用公开数据的实证研究和案例研究的不足

内部资本市场研究是涉及内容极其广泛而现实性又很强的一个学科领域，必须采取多元化的研究方法。目前我国有关内部资本市场的文献主要利用上市公司公开披露的二手数据，所研究问题的广度和深度均受到影响。在我国，有很多企业集团没有整体上市，而在研究内部资本市场时，需要从整个企业集团的角度出发来考察，因此在这种情况下，迫切需要我们开展实地研究，以获得研究所需的数据，拓展研究范围。

在未来研究中，建议重点关注几个方面：①加强实地研究力度，深入企业内部，利用一手调研数据分析我国企业集团内部资本市场运作的现状；②案例研究中应增加多案例设计，并尽量采用多种数据收集方法（如档案法、实地观察法、访谈法、问卷法）；③运用分析式研究构建符合中国实际的数理模型；④进一步加大样本研究，提高研究结论的普适性。

五、结语

对于外部资本市场仍具有“新兴加转轨”阶段性特点的中国来说，企业集团内部资本市场的形成、发展及其运作方式都与西方发达资本市场国家有很大不同，具有经济转型国

家独有的一些特征。因此，本文构建了适合我国背景的内部资本市场理论框架：以内部资本市场环境为起点、内部资本市场功能为主线，研究内部资本市场运作及其经济后果的交互作用关系，最终传递到公司价值的形成。在上述理论框架的基础上，我们总结归纳了未来深化中国背景下的内部资本市场相关研究的若干建议。

内部资本市场理论是一个新兴研究领域，很多内容还没有得到深入研究。随着经济的发展和社会的进步，还会涌现出一些新的研究问题和亮点。这都需要内部资本市场理论在发展过程中不断完善和创新，以适应环境的变化，保证内部资本市场功能的发挥。因此，内部资本市场理论框架既要富有内在统一性，又应该具有开放性特征。为了契合上述目标，我们构建的理论框架相对比较简洁，没有将内部资本市场目前研究的每个层面都展示出来，比如内部资本市场边界，企业组织结构等。另外，我们对内部资本市场研究所提出的建议有些尚属于一些可行的研究思路，暂时较难有具体的研究设计与之匹配。

参考文献：

[1] 李焰，陈才东，黄磊. 集团化运作、融资约束与财务风险——基于上海复星集团案例研究 [J]. 管理世界，2007（12）：117-135.

[2] 邵军，刘志远. 企业集团内部资本配置的经济后果——来自中国企业集团的证据 [J]. 会计研究，2008（4）：47-53.

[3] Alchian，Armen A.Corporate Management and Property Rights. In Economics Policy and the Regulation of Corporate Securities [A]. Henry Manne，ed. Economics Policy and the Regulation of Corporate Securities [M]. Washington，DC：American Enterprise Institute，1969.

[4] Berger P. and E. Ofek. 1995. Diversification's Effect on Firm Value [J]. Journal of Financial Economics，1995，37（1）：39-65.

[5] Gertner R.H.，D.S. Scharfstein and J.C. Stein. Internal versus External capital Markets [J]. Quarterly Journal of Economics，1994，109（4）：1211-1230.

[6] Khanna N. and S. Tice. The Bright Side of Internal Capital Markts [J]. Journal of Finance，2001，56（4）：1489-1528.

[7] Scharfstein D.S. and J.C. Stein. The Dark Side of Internal Capital Markets：Divisional Rent-seeking and Inefficient Investment [J]. Journal of Finance，2000，55（6）：2537-2564.

[8] Stein J.C. Internal Capital Markets and the Competition for Corporate Resources [J]. Journal of Finance，1997，52（1）：111-133.

[9] Wulf J. Influence and Inefficiency in the Internal Capital Market [J]. Journal of Economic Behavior & Organization，2009，72（1）：305-321.

[10] Williamson O. E. Markets and Hierarchies：Analysis and Antitrust Implications [M]. New York：the Free Press，1975.

Internal Capital Market Research Based on Chinese Background: Theoretic Framework and Research Prospects

Wang Huacheng et al.

(Business School of Renmin University of China, Beijing 100872, China)

Abstract: In this paper, literature on internal capital markets in major Chinese or English journals are reviewed. Based on the problems and deficiencies in internal capital markets theory research in our country, we construct a theory framework suitable for Chinese characteristics: with environment as starting point and functions as main line, the framework pays close attention to the interaction of internal capital market operation and its economic consequences which eventually pass to the value of enterprise group. Finally, we put forward some future research prospects.

Key Words: internal capital market; diversification; control rights; corporate strategy; firm value

网络位置、独立董事治理与投资效率*

陈运森　谢德仁

(中央财经大学会计学院，北京　100081；清华大学经济管理学院，北京　100084)

【摘　要】 独立董事治理是公司治理研究关注的重点之一，但现有经验证据并不稳定甚至相互矛盾。本文引入新的独立董事特征——董事网络位置，利用社会网络分析方法考察独立董事在上市公司董事网络中位置的差别对独立董事治理行为的影响。具体而言，本文检验了独立董事的网络位置特征与公司投资效率的关系，结果显示：网络中心度越高，独立董事治理作用越好，表现为其所在公司的投资效率越高；在区分投资不足与投资过度之后可以发现，网络中心度高的独立董事既有助于缓解公司的投资不足，也有助于抑制投资过度；进一步地，在政府干预程度高的地区，与非国有上市公司相比，国有上市公司中独立董事网络中心度对投资效率的治理作用会减弱，但在政府干预程度低的地区没有显著差异。这些发现意味着，独立董事的网络位置是独立董事的重要特征，能够对独立董事参与公司决策产生重要影响，但其作用的发挥同时也会依赖于公司最终控制人产权性质和地区政府干预水平。

【关键词】 独立董事；网络中心度；投资效率；产权性质；政府干预

一、引言

虽然从理论上来说，独立董事制度能提高董事会独立性、保证董事会运作的公正性和透明度，是维护和保障股东权益的一种制度安排（Fama，1980；Fama 和 Jensen，1983），

* 本文选自《管理世界》2011 年第 7 期。

作者简介：陈运森，中央财经大学会计学院；谢德仁，清华大学经济管理学院。

基金项目：本文受到教育部高等学校博士学科点专项科研基金（20100002110060）教育部“博士生学术新人奖”、中共财经大学“211 工程”三期重点学科建设项目和北京市教育委员会共建项目的资助。

但无论是在美国等成熟资本市场国家还是在中国等新兴转轨经济国家的实践中，关于独立董事治理作用的经验证据都是混合的甚至是互相矛盾的[①]。在中国，2011 年才开始有规范的独立董事制度，但媒体和公众一直更倾向于相信独立董事只扮演了“花瓶”角色，具有“不独立”、“不懂事”和“不作为”等特点。但是否所有独立董事都没有发挥作用？或者说不同的独立董事之间治理行为没有差异性？如果不同的独立董事治理作用有区别，那么何种类型独立董事治理效果更明显？以往研究多是从外在可见和易获得的特征变量（如独立董事比例、出席董事会次数等）来研究独立董事的治理作用，把独立董事视作一个完全独立、理性和自利的决策个体，而非网络中相互影响的群体成员之一。此外，随着监管制度的变化，以往公司治理研究的各种变量（如董事会结构变量）逐渐“趋同”，这使得现有研究中所采用的刻画独立董事特征的诸多变量（特别是独立董事比例[②]）并不能很好地捕捉其公司治理行为差异，我们认为这是独立董事经验研究中未能得出统一结果的重要原因之一。

社会网络理论认为，个人的行为是镶嵌在社会网络中的，而经济人必须经常做出他们并不了解成本和收益的决策，此时，经济人最经常的做法并不是去通过研究或者试验进行理性选择，而是依赖于从互相之间随意的口头交流中获取信息（Ellison 和 Fudenberg，1995）。因此，社会网络理论强调了个人依赖于他人的行为而改变他们自己的偏好和决定的决策外部性。与经济社会中的其他行动者一样，独立董事在做出公司治理决策时同样会依赖于他人的行为而改变他们自己的偏好和决定，从而使得其公司治理行为基于动态人际互动。独立董事的这种决策外部性意味着他们所处的社会网络会影响其公司治理行为。中国 A 股上市公司中，拥有连锁董事（interlocking directors）的公司在 2001 年占所有上市公司的比例超过 50%，到 2007 年这一比例超过 84%（卢昌崇、陈仕华，2009）这意味着中国上市公司的董事们已经形成一个基于连锁董事的网络。Fama 和 Jensen（1983）指出，大部分独立董事都是其他公司的管理层或其他组织的重要决策者，他们在其他组织和公司的行为和交流必然会影响其担任某公司独立董事的行为，可见独立董事网络特征对独立董事行为影响的重要作用。遗憾的是，现有的文献鲜有把董事治理行为放在网络分析框架下研究，忽略了社会网络（特别是不同的网络位置）对董事行为的影响。本文则借鉴社会学的社会网络中心度分析，从中国上市公司董事网络出发，选取 2004~2009 年 A 股上市公司数据，检验了独立董事在整个上市公司董事网络的具体位置对其所在公司投资效率的影响，结果显示：网络中心度越高，独立董事治理作用越好，表现为其所在公司的投资效率越高；在区分投资不足与投资过度之后可以发现，网络中心度高的独立董事既有助于缓解

① 多数学者通过研究独立董事比例与业绩的关系来研究独立董事作用，具体文献及其发现参本文第二节“文献综述”。

② 据我们统计，2001 年独立董事比例不超过 50%，《关于在上市公司建立独立董事制度的指导意见（2001）》发布之后，2003~2009 年上市公司独立董事比例的 25 分位数、平均数、中位数、75 分位数都在 33%左右，恰好在 33%比例的独立董事占了超过 50%的公司，30%~40%区间的独立董事比例超过 80%，而且 2003 年之后基本保持不变。这些数据分析说明独立董事比例难以区分不同公司独立董事的治理质量。

公司的投资不足，也有助于抑制投资过度；进一步地，在政府干预程度高的地区，与非国有上市公司相比，国有上市公司中独立董事网络中心度对投资效率的作用会减弱，但在政府干预程度低的地区没有显著差异。这些发现意味着，独立董事的网络位置是独立董事的重要特征，能够对独立董事参与公司决策产生重要影响，但其作用的发挥同时也会依赖于公司最终控制人产权性质和所在地区政府干预水平。

本文有如下创新：首先，从社会网络视角研究董事的网络关系及其公司治理行为的国内文献在我们的搜索范围内尚未发现，即使在国外也只是起步阶段，如 Hochberg 等（2007）和 Kuhnen（2009）探讨了风险投资行业和共同基金行业特定的网络关系及其对公司业绩和信息转移的作用。同时也有少数工作论文关注董事的各种网络关系对投资相似度（Fracassi，2008）、管理层激励（Barnea 和 Guddj，2009）和公司业绩（Larcker 等，2010）的影响。本文作为研究董事网络与公司治理较早的文献之一，构建了董事通过在公司董事会共同任职而建立的网络并突出了独立董事在该董事网络中的作用，不仅拓展了国外董事网络与董事治理效果的研究思路，而且通过结合中国独特的国有产权性质及政府干预，首次检验了董事网络的治理效果与微观最终控制人性质和宏观地方政府干预水平的交叉作用，提供了新兴加转轨市场独特的经验证据。其次，董事具有监督和建议/咨询双重作用，但以往研究多只从监督角度来考察，董事在战略决策行为中扮演的角色直到最近才引起关注（Adams 和 Ferreira，2007；Armstrong 等，2010），本文则同时结合监督和建议两个逻辑角度分析了独立董事对公司投资行为的影响，突出董事的监督作用和建议/咨询作用（Schonlau 和 Singh，2009）。此外，随着公司治理指标的逐渐趋同① 以及上市公司可能基于“监管之需”而非“治理之需”设立相关公司治理机制，现有单一化（one-size-fit-all）的董事结构特征无法准确区分不同的公司治理水平（Coles 等，2008；Chen 等，2011），但同时也难以找到更好的能表征和区别治理机制差异的特征变量，而本文通过社会网络分析方法对董事的关系特征进行定量化描述，为此提供了新的视角。最后，以往大多数独立董事研究都从业绩、会计信息和管理层薪酬角度研究其作用（Yermack，1996；Brickley 和 James，1987；Chen 等，2011；王跃堂等，2006；王兵，2007；黄志忠、郗群，2009），本文则检验了独立董事在公司投资中发挥的作用，丰富了独立董事治理效果研究文献。

本文的后续安排如下：第二部分是文献综述，第三部分提出研究假说，第四部分进行研究设计，实证分析在本文的第五部分，第六部分对全文进行了总结。

---

① 比如美国的萨班斯—奥克斯利法案（Sarbanes-Oxley Act）规定，审计委员会的所有成员都必须是独立董事，年报中必须披露审计委员会成员是否有会计财务专业背景（有的规定要求必须有一名会计专业人士）；在中国这种趋势更加明显，比如 2001 年《关于在上市公司建立独立董事制度的指导意见》对独立董事比例的强制性要求，2007 年公司治理专项活动对董事会各专业委员会建立的强制规定，使得各上市公司在短期内都满足了“形似而非神似”的监管要求。

二、文献综述

在美国等成熟市场的上市公司实践中，关于独立董事治理作用的经验证据是混合甚至是互相矛盾的：有研究发现独立董事比例的提高并不能带来好的公司绩效（Agrawal 和 Knoeber，1996；Bhagat 和 Black，1997），甚至损害公司的市场价值（Yermack，1996）；但也有研究发现董事会独立性的增加可以提高市场价值（Rosenstein 和 Wyatt，1990），降低经理层的在职消费（Brickley 和 James，1987），使得 CEO 在经营业绩不佳时更可能被解雇（Weisbach，1988）。

在中国，2011 年 8 月证监会发布了《关于在上市公司建立独立董事制度的指导意见》，由此，我国的独立董事制度正式建立，而关于独立董事的公司治理行为及其与公司绩效的关系也日益引起了学者的关注：首先从独立董事与公司业绩角度，整体来说，大部分学者发现独立董事与公司业绩之间没有显著正相关关系（胡勤勤、沈艺峰，2002；于东智，2003；谭劲松，2003；萧维嘉等，2009），甚至还是显著负相关关系（李常青、赖建清，2004），少量的研究得出了正相关关系的证据（王跃堂等，2007；赵昌文等，2008）；其次从独立董事对企业行为的影响角度，有研究发现更多比例的独立董事能够减少大股东资金占用（叶康涛等，2007）、提高盈余稳健性（胡奕明、唐松莲，2008）。然而也有研究发现独立董事比例的提高并不能减少公司丑闻发生的概率（张翼、马光，2005）和降低管理层薪酬—业绩敏感度（黄志忠、都群，2009）。

同时越来越多的学者关注公司的资本投资和投资效率：Biddle 等（2009）发现会计信息质量能同时降低过度投资和缓解投资不足。杨华军和胡奕明（2007）发现地方政府控制和地方政府干预显著提高了自由现金流的过度投资，而金融发展可以降低过度投资。辛清泉等（2007）发现地方政府控制的上市公司存在着因薪酬契约失效导致的投资过度现象。魏明海和柳建华（2007）发现支付现金股利减少了企业内部可自由支配的现金流，从而制约了国有上市公司内部人利用内部可自由支配的现金从事过度投资的行为。过度投资水平与大股东的持股比例呈倒“U”形关系。程仲鸣等（2008）发现地方国有上市公司存在着因政府干预而导致的过度投资现象，而金字塔层级与过度投资负相关。李青原（2009）发现，高质量会计信息能显著降低上市公司投资不足和过度投资。唐雪松等（2010）发现在市场化进程越慢的地区，当其 GDP 增长相对业绩越差时，政府干预动机越强，从而使该地区国有企业过度投资问题越严重。钟海燕等（2010）受政府行政干预强的国有公司投资行为反而优于内部人控制的公司。俞红海等（2010）发现控制权和现金流权分离度对过度投资有显著为正的影响。但尚未发现独立董事的治理行为与投资效率关系的文献。

近年来，国外有少数学者开始关注公司的不同网络对公司治理和公司决策的影响：Hochberg 等（2007）认为 VC 行业中因共同投资一个组合的不同公司而形成了一个网络，进而检验了这种网络关系在联合投资组合中的业绩后果。发现更多网络关系的 VC 公司能获得更好的业绩，而且更可能存续至后续的融资和退出阶段。Fracassi（2008）用当下的职业、过去的职业、教育和其他活动数据作为社会网络的连带（social ties）来创建矩阵，结果发现：如果两个公司共享的社会网络连带越多，它们的投资水平越相像、投资随着时间的变化也越相像。Kuhnen（2009）通过共同基金行业的这两种效应，发现基金董事和管理基金的咨询公司基于过去的联系程度优先地互相聘任对方。但并没有发现强的董事—咨询师纽带会导致更好或者更坏的后果。Barnea 和 Guedj（2009）利用 1996~2004 年 S&P1500 公司董事会的 25621 个董事数据，描绘了整个董事的网络关系，并发现如果公司董事在网络关系中越处于中心位置，CEO 的薪酬越高、CEO 薪酬跟公司业绩更不敏感、CEO 的更换与公司业绩更不敏感及强制性 CEO 更换更不容易发生。而 Larcker 等（2010）通过计算董事基于连锁关系而形成的董事网络，检验了网络中心度与公司股票回报的关系，发现公司董事网络中心度越高，未来的股票回报越大，未来 ROA 也越大。

综上文献可知，从独立董事网络位置角度来探讨独立董事治理与投资效率之间的关系之研究尚待展开，本文就试图对此进行初步研究。

三、研究假说

（一）基于董事会共同任职的董事网络

社会网络是指一些通过直接联系、团队接触或者会议等而形成的社会联系（Seott，2000）。Portes（1998）认为，个人在网络中或者在更宽泛的社会结构中有获取短缺资源的能力，这种能力不是个人固有的，而是与他人关系中包含着的一种资产，是嵌入在一定的社会关系网络中的结果。社会网络给个人带来了社会资本以及信息渠道（Freman，1979），而社会网络的成员和他们之间的联系可以形象化为节点（nodes）和纽带（ties）的结构。具体到上市公司董事网络，节点就是网络中的单个董事；纽带为董事与董事之间的联结关系。本文定义的董事网络为如果两个董事在一个董事会共事，那么这两个董事是直接相连的，如果一个公司董事会的某个或某些董事同时也在其他公司担任董事，那么董事与董事的联结关系由公司内部拓展到了公司与公司之间。董事之间通过连锁董事而建立的直接或间接的联结关系就形成了上市公司董事网络。

董事之间的关系网络可以同时有很多种类型，比如老乡关系、朋友关系、校友关系、同属于一个俱乐部或者行业协会等，但基于以下原因我们只考虑了董事“基于至少在同一个董事会共同任职而产生的网络关系”：首先，我们无法衡量董事之间完整的社会网络关系，因为个体在经济社会中扮演各种各样的角色，同时拥有各种各样的网络关系，其中更多的又是私人连带关系，比如说是由于在某个饭局互相认识而成为朋友，这种关系是无法进行定义和实证分析的，也无法获得完整的相关数据。即使是可以进行衡量的私人连带关系比如董事之间的校友、老乡、同事关系等，与之相比本文研究的董事网络更为显而易见和更能准确衡量，并可以基于这种连带关系而利用社会网络分析方法进行网络中心度分析。而其他的更多网络关系比如校友，我们很难进行定义何种关系为校友关系，是同一个学校毕业的？属于同一届入学或者毕业？还是同一个学院或同一个专业？如果是老乡关系，那么两个董事属于同一个省、同一个市还是同一个县才属于真正具有老乡联系？且基于上市公司现有的信息披露，我们难以较完整地收集到此类信息并做出准确判断。但我们认可董事个体的其他非董事视角的网络关系会对其治理行为产生一定影响，且是很有趣的研究问题，我们期望以后能够收集相关数据（哪怕是小样本）来对此进行研究。其次，董事的有些类型网络关系会使得董事在各种方面都受益，比如老乡关系网络使自身在找工作、寻找潜在客户、沟通感情、替别人帮忙、寻求更便利的办事方式等方面都可以得到好处；而有的网络关系则主要服务于他所扮演的特定角色，比如本文研究的董事网络，基于董事同时任职产生的联结关系更多的影响体现在董事的公司治理行为当中，与董事的其他利益尽管也有关联，但并不是特别明显和突出。为了检验董事的网络关系对独立董事在公司投资中发挥的作用，通过本文定义的董事网络来定量化并实证检验无疑是较好的方式。

在厘清了本文研究的董事网络之后，进一步结合独立董事的网络位置来进行实证检验。之所以着眼于董事网络中的独立董事，是因为独立董事制度是近些年来我国公司治理制度建设的一项重要进展，但对其成效及成效影响因素的评估尚需进一步的经验证据支撑，也需创新的视角来加以评估，这对于了解我国独立董事制度的实施现状和对其进行深入改革都非常重要。当然，我们选择独立董事来展开董事网络分析，更重要的原因是作为主要的外部董事，独立董事网络特征比内部董事更明显：首先，在我国，内部董事主要在公司内任职，外部兼任较少，网络特征相对较不明显，而独立董事同时就职几家上市公司是常态。其次，与内部董事相比，独立董事平时并非一直在公司工作，其与公司管理层之间是一种弱联结关系，而按照社会学理论，与强联结相比，弱联结更容易充当跨越社会界限获得信息和其他资源的桥梁，也更可能将某些群体内部的重要信息传递给不属于这些群体的其他个体，这也就是弱联结优势理论（Cranovetter，1973[①]）。最后，内部董事自身就是公司管理层的一部分，特别其中的董事长更多地扮演了相当于美国等成熟资本市场中的CEO角色。为此，在整个上市公司董事网络中，就董事网络位置对公司治理的影响而言，独立董事的网络位置发挥作用要更大。

正如Fama和Jensen（1983）所指出的，大部分独立董事都是其他公司的管理层或其

① Granovetter（1973）把“联结”定义为人与人、组织与组织之间因为发生交流和接触而实际存在的一种纽带关系，将其分为强联结和弱联结。由于群体内部相似性高的行动者所了解的事物通常是相同的，因此通过强联结所获得的信息往往冗余性比较高，而弱联结是在相似性比较低的行动者之间发生的，其分布范围更广，因此较强联结相比更容易充当跨越社会界限获得信息和其他资源的桥梁，也更可能将某些群体内部的重要信息传递给不属于这些群体的其他个体，所以他认为能够充当信息桥的必定是弱联结，弱联结的消失对于信息传递的可能性造成的损害比一般强联结的消失更大。

他组织的重要决策者，他们在其他组织和公司的行为和交流必然会影响其担任某公司独立董事的行为。虽然很多独立董事表面上在单个公司层面上与其他董事的关系是独立的，但他们通过直接或者间接的（friend of frilend）[①] 董事网络联结在一起。从理论上看，在董事网络中处于更中心的位置会使独立董事们获得更多信息来源优势、知识传播渠道、名誉和声望等社会资本，进而影响他们在董事会中发挥的治理作用。因此，我们将基于董事网络来研究独立董事的网络位置对其所在公司投资决策的影响，以求获取中国上市公司独立董事网络位置影响其公司治理作用发挥的经验证据。

（二）网络位置、独立董事治理与投资效率

一般而言，独立董事的治理作用包括监督作用和建议（咨询）作用。就独立董事的监督作用和公司投资效率来看，若独立董事治理作用发挥得好，独立董事应该能监督公司管理层在投资方面的决策，从而有助于公司投资效率的提高或减轻公司的非效率投资。公司的非效率投资主要是由于信息不对称等导致的经理人代理问题（Jensen，1986）。从董事网络视角来看，如果独立董事在整个上市公司董事网络中处于相对中心的位置，其就更能监督经理人的非效率投资行为。具体而言，可从监督动机和监督能力两个方面来看：首先，独立董事站在股东角度来监督管理层是基于声誉动机（Fama 和 Jensen，1983；Ycrmack，2004），但并非所有独立董事都具有同等程度的声誉动机。社会网络理论指出，网络位置是衡量个人结构位置的重要因素，个人的网络中心位置直接影响其声誉、非正式影响力的获取（Krackhardt，1992）。因此，独立董事如果在整个上市公司董事网络中越处于中心位置，越能获得更多有关于治理行为的资源、信息和知识，其积累的关于董事会中公司治理领域的声誉较高，且潜在的未来声誉带来的资源越多（如获得更多董事席位的概率），其在董事网络中获得的在公司领域的董事之间关系认同和社会声誉越大[②]，声誉价值也越高，也就越值得珍惜。这样一来，在董事网络中越处于中心位置的独立董事就越会珍惜声誉，监督动机也越强，会更有动力、更加严格地监督管理层。具体到公司投资方面，在董事网络中越处于中心位置的独立董事就越有动机去严格地监督和抑制经理人基于机会主义动机的非效率投资行为。其次，独立董事监督作用的发挥必须依赖于其独立于管理层的“主观”监督能力。网络中心位置给独立董事带来的非正式权力使得独立董事相对更不受制于管理层的各种威胁，由于董事声誉能给独立董事带来更多潜在的董事席位，使得独立董事并不会过分担心得罪管理层而可能失去独立董事职位。这样一来，在监督管理层投资决策的过程中，越处于网络中心位置的独立董事，其讨价还价能力相对越强，从而能够更加“独立”和严格地限制管理层以侵害股东利益为代价的非效率投资行为。加之下面我们分

① 比如有 I1 和 I2 两个独立董事，I1 和 I3 同时在 A 公司（该董事会有董事 I3），I2 和 I3 同时在 B 公司，这样 I1 和 I2 虽然不直接联系，但是通过 I3 间接的联系在一起了。

② Farea 和 Jensen（1983）指出多个董事会任职是高质量独立董事及高声誉的信号，多个董事会席位是独立董事网络位置的重要条件。

析独立董事的建议作用时将关注网络中心度高的独立董事所具有的信息和知识优势，这有助于提高独立董事的“客观”监督能力。因此，我们可以预期，独立董事网络中心度越高，独立董事越有动机和能力去监督管理层，抑制其非效率投资行为，从而提高公司的投资效率。

独立董事治理行为的第二个方面便是发挥建议作用。在公司管理层通过董事会做出一项投资决策的时候，独立董事必然参加方案的讨论和表决，在此过程中，独立董事可以发挥建议作用。由于经济人必须经常做出他们并不了解成本和收益的决策，而此时最经常的做法并不是去通过研究或者试验进行理性选择，而是依赖于从互相之间随意的口头交流中获取任何信息（Ellison 和 Fudenberg，1995）。这意味着个人会依赖于他人的行为而改变他们自己的偏好和决定的决策外部性。从公司角度来看，经理人的行为并非单纯取决于他个人，而是同时受到网络中周围人的影响（Granovettcr，1985；Fracassi，2008）。独立董事建议作用的发挥依赖于其所拥有的知识、信息和经验。Arestrong 等（2010）就强调了董事治理作用要发挥所基于的信息环境。但不同类型和不同网络位置的董事所掌握的信息、知识和经验的广度、深度及有用性是有区别的，内部董事在公司内部担任行政职务，是公司管理层的一部分，其知识结构和经验跟公司其他管理层成员类似，所以不能在董事会上对管理层的投资决策提出进一步的建议，而独立董事在其他组织或更多公司中任职，虽然平时跟公司的联系并不频繁，但由于其具有的与内部董事及经理人不一样的知识结构、信息和经验等，对经理人投资方案可行性的认知会更加独立和全面，对投资决策的影响也就要更大些，这就是弱联结优势在公司决策行为的运用（Canovettcr，1973）。对于那些董事网络位置更处于中心位置的独立董事而言，他们可能在其他公司任董事的过程中参与过类似的投资项目决策，或者与其他董事的接触过程中有过同类型投资项目的经验交流，从而更了解投资项目的优势、成长性和投资风险等对投资效率有影响的信息，而且也可能更了解市场趋势的变化及监管制度变迁信息。换言之，与处于董事网络边缘位置的独立董事相比，处于董事网络中心位置的独立董事更具有投资决策的经验和信息优势。如 Schonlau 和 Singh（2009）就曾发现，处于网络中心的董事与更好的收购业绩相关联。此外，在竞争激烈的公司发展环境中，好的投资机会稍纵即逝，对于某些类型的投资而言，时机非常重要，如果公司对于此类项目“后知后觉”，待其他很多公司都进行类似投资甚至投资完成之后才开始实施，其投资回报就要降低，乃至市场被其他公司所抢占从而使原本优秀的投资项目变得不可行。因此，在公司投资决策中，对于好的投资机会这类竞争性信息的快速获取就非常重要。而社会网络理论发现，如果网络中心度越高，知识和信息的获取、传递渠道就越快和越丰富（Freeman，1979）。如果独立董事网络中心度越高，他们就拥有更多的获取这种投资机会信息的渠道和更快速获取此类信息的可能性，从而及时和准确地给经理人以恰当的投资建议。当然，由于经理人普遍的过度自信心理会导致过度投资（Malmendier 和 Tate，2005），居于董事网络中心位置的独立董事丰富的公司治理经验能够帮助董事会更理性和独立地评估经理人的投资建议，会有助于减轻因经理人过度自信所带来的过度投资，从而使公司投资更具有效率。综合来看，网络中心度高的独立董事由于具有信

息优势和知识获取、传递优势，能准确地把握投资价值，从而帮助经理人避免投资净现值为负的项目（从而减少过度投资），同时也使公司相对快速投资好的项目，避免错过投资良机（从而减少投资不足），进而提高公司的投资效率。

综上，从独立董事的监督作用角度来看，网络中心度更高的独立董事更有动机同时也更有能力去监督经理人的投资决策行为，遏制拥有机会主义行为动机的经理人为了私利而发生的非效率投资行为；从独立董事的建议作用来看，网络中心度更高的独立董事有更多更准确和更及时的关于投资机会的信息和知识，同时能够减轻过度投资和投资不足，提高投资效率。因此，我们提出以下研究假说。

H1：独立董事的网络中心度越高，其所在公司的投资效率越高。

若我们分别从投资不足和投资过度两个方面来考察投资效率，则可以将 H1 分解为下面的研究子假说。

Hla：公司的独立董事网络中心度与投资不足水平负相关。

H1b：公司的独立董事网络中心度与过度投资水平负相关。

四、研究设计

（一）独立董事网络中心度衡量

中心度分析是社会网络理论中非常重要的一个分析方法，用来研究网络中个体的行为和影响。本文借鉴 Feeman（1979）的网络中心度指标来衡量董事在上市公司董事网络中的不同位置，并选取独立董事的网络中心度指标进行研究。衡量网络中心度的标准指标有 3 个：中介中心度（Betweenness centrality）、程度中心度（Degree centrality）和接近中心度（Closeness centrality）。具体衡量方法如下。

（1）中介中心度（Cen_b）：

$$\text{Betweenness}_l = \frac{\sum_{j<k} g_{jk(n_i)}/g_{jk}}{(g-1)(g-2)}$$

中介中心度衡量董事网络中某个董事控制其他董事联系路径的程度。其中：g_{jk} 是董事 j 与董事 k 相联结必须经过的捷径[①]数，$g_{jk(n_i)}$是董事 j 与董事 k 的捷径路径中有董事 i 的数量。g 是上市公司当年董事网络中的人数，我们用（g－1）、（g－2）消除不同年份上市公司董事网络的规模差异。

---

① 捷径（geodesics）：图论（graph theory）中的概念，就是两个结点之间最短的路径。而路径是所有结点和所有线都没有重复的途径。

（2）程度中心度（Cen_d）：

$$\mathrm{Degree}_i = \frac{\sum_j X_{ji}}{g-1}$$

程度中心度衡量与某董事直接联结的其他董事的数量之和，描述的是董事的活跃程度。其中：i 为某个董事；j 为当年除了 i 之外的其他董事；X_{ji} 为一个网络联结，如果董事 i 与董事 j 至少在一个公司董事会共事则为 1；否则为 0。由于不同年份的上市公司董事数量不同，我们用（g－1）来消除规模差异。

（3）接近中心度：

$$\mathrm{Closeness}_i = \left[\sum_{j=1}^{g} d(i, j)\right]^{-1}$$

接近中心度衡量某董事与董事网络中的其他董事的距离。其中：d(i，j）为董事 i 到董事 j 的距离（即两个结点之间的捷径的长度），指标等于董事与其他所有董事之间的距离之和的倒数。

我们构建图 1 的董事网络图来对网络中心度指标进行解释。在图中共有 6 个董事（节点），通过董事 A 进行联结的董事有：C 和 E、B 和 D、C 和 F。C 和 E 的最短路径是 2，分别有 C—B—E、C—A—E、C—D—E 三条，其中有一条经过了 A，那么董事 A 对董事 C 和董事 E 相互联结的控制程度就是 1/3；同理，董事 A 对董事 B 和董事 D 联结路径的控制程度是 1/3，对 C 和 F 的控制程度也是 1/3，除此之外其他董事互相联系的最短路径都不经过董事 A，那么他的中介中心度就是 （1/3＋1/3＋1/3)/(6－1)(6－2）＝1/20。而 A、B、C、D 与 F 联结的路径有且唯一经过董事 E，那么董事 E 的中介中心度则为（1×4)/20＝1/5。由于没有董事的联结路径经过 F，则董事 F 的中介中心度为 0；程度中心度则更容易理解，由于与董事 A 直接联结的董事有 B、C、D 和 E，那么董事 A 的程度中心度为 4/5；由于董事A 与 B、C、D 和 E 的路径为 1，与 F 的路径为 2，则董事 A 的接近中心度为1/(1×4＋2)＝1/6。

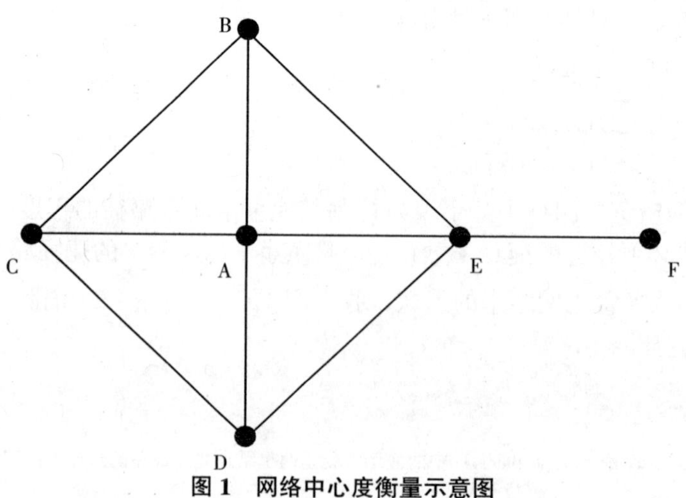

图 1　网络中心度衡量示意图

社会网络分析方法在金融领域的应用逐渐引起了学者重视，如：Hlochberg 等（2007）使用类似的网络分析方法计算了 VC 行业的公司网络中心度对业绩行为的影响；Barnea 和 Guedj（2009）利用 1996~2004 年 S&P1500 公司董事会的 25621 个董事数据，描绘了整个董事的网络关系，但由于他们只把董事网络边界限定在 S&P1500 公司，人为地切断了很多不包括在此范围内的公司，从而使得网络位置指标有偏差。我们同样借鉴以上中心度分析方法，但用整个 A 股上市公司来作为整个董事网络边界进行网络中心度计算。

由于接近中心度指标对网络图形要求很高，必须是完全相连图形（Freeman，1979），而据我们统计，我国上市公司董事网络并非完全相连。而且，这个指标与程度中心性高度相关，也就是程度中心度高的人往往接近中心性也高，所以这个指标通常很少用（罗家德，2009）。此外，在 3 个中心度指标中，关注交流活跃性用程度中心度，关注交流的控制用中介中心度，关注交流独立性或有效性用接近中心度。接近中心度表述的是一种摆脱控制的能力，如果不处于网络中心位置，那么要依赖其他人传递的信息，这种特征的中心度对本文研究独立董事网络对独立董事发挥公司治理作用的影响较弱。基于以上 3 个原因，我们只使用程度中心度和中介中心度来表征独立董事的网络中心度。其中，中介中心度可以通过隐瞒和扭曲/控制传播中的信息来控制其他参与者的交流和行动。而对于程度中心度来说，如果数值小的话意味着他的位置使得他在网络中处于与别人相对隔绝的状态，削弱了其在持续交流中的活跃参与程度。

我们首先选取所有董事和所任职公司数据，每个董事都命名一个唯一的标示，整理成“董事—公司董事会”的［1，0］矩阵，即如果董事 A 在 a 公司董事会任职，那么二模矩阵［A，a］赋值为 1，否则为 0；其次用大型社会网络数据分析软件 PAJEK 将“董事—公司董事会”的二模矩阵转换为“董事—董事”的一模矩阵，即如果董事 A 与董事 B 至少在某一个董事会一起任职则赋值为 1，否则为 0；然后，用软件分年度计算董事网络中每个董事的中介中心度和程度中心度；在计算了每年每个董事在整个董事网络中 3 个网络中心度的具体指标之后，单独选取董事网络中的独立董事数据；公司层面的独立董事网络中心度则取该公司董事会中所有独立董事的网络中心度的中位数作为主要研究变量，同时以最大值和平均值作为稳健性检验。

（二）研究模型和变量定义

Richardson（2006）通过估算公司正常的资本投资水平，然后用模型的残差作为投资不足和投资过度的代理变量（残差绝对值为投资效率代理变量），可以考察公司的投资效率水平，辛清泉等（2007）、魏明海和刘建华（2007）、程仲鸣等（2008）、李青原（2009）和钟海燕等（2010）用该模型检验了高管薪酬、内部治理机制、地方政府、会计信息质量和控制权对公司资本投资行为的影响，本文亦参照 Richardson（2006）模型[①]，具体如下：

$$INV_t = \alpha_0 + \alpha_1 Q_{t-1} + \alpha_2 Cash_{t-1} + \alpha_3 ListY_{t-1} + \alpha_4 Size_{t-1} + \alpha_5 Lev_{t-1} + \alpha_6 RET_{t-1} + \alpha_7 INV_{t-1} + \varepsilon \quad (1)$$

模型（1）中，INV_t 为第 t 年公司资本投资量，等于（固定资产 + 在建工程 + 无形资产 + 长期投资）净值变化量/平均总资产，我们也用现金流量表数据进行了稳健性检验；Q_{t-1} 为第 t－1 年末公司成长机会，等于（每股价格 × 流通股份数 + 每股净资产 × 非流通股份数 + 负债账面价值）/年末总资产［若公司股份全流通，则为（股票年末市值 + 负债年末账面价值）/年末总资产］；$Cash_{t-1}$，为公司现金持有量，为第 t－1 年末货币资金/总资产；$ListY_{t-1}$ 为第 t－1 年末公司上市年龄；$Size_{t-1}$ 和 Lev_{t-1}，分别为第 t－1 年末的总资产自然对数和资产负债率；RET_{t-1} 为 t－1 年 5 月到 t 年 4 月经市场调整的以月股票回报率计算的年度股票收益；INV_{t-1} 为 t－1 年的公司资本投资量。为了消除行业不同投资水平和年度宏观因素的变化，我们对模型（1）进行分年度和分行业回归，回归残差若为正，则为投资过度，用 overINV 表征；若为负，则为投资不足，用 underINV 表征（为了便于理解，我们在回归分析中对 underINV 乘以-1，这样 underINV 越大，投资不足越严重）。同时我们对残差取绝对值（absINV）表示公司投资效率，absINv 越大，投资越无效。我们预计独立董事网络中心度与投资效率负相关。必须指出的是，Richardson（2006）模型忽略了公司存在的适度投资问题，如果模型回归残差在 0 附近，可能是由于模型的偏误所导致，为了削弱这种影响，我们把投资过度组和投资不足组分别分成 10 个组，剔除残差离 0 最近的 2 个组[②]。

在计算了公司资本投资非效率部分之后，我们用模型（2）来检验我们的研究假说：

$$absINV_t(or\ underINV_t\ or\ overINV_t) = \beta_0 + \beta_1 Cen_{t-1} + \sum Control + \sum IND + \sum Year + \gamma \quad (2)$$

模型（2）中，我们检验独立董事网络中心度对资本投资的影响，其中公司资本投资效率分别用总的投资效率、投资不足及投资过度来衡量；由于独立董事网络属于董事特征，我们控制了董事特征变量如独立董事比例、董事会人数和两职合一；为了避免被解释变量与解释变量间潜在的同期性偏见，我们对解释变量进行滞后一期处理，同时我们控制了管理费用率、经营活动现金流、大股东掏空等变量（辛清泉等，2007；李青原，2009），具体变量定义如表 1 所示。

---

① 目前研究公司资本配置效率的指标主要有：边际托宾 Q 模型、Wurgler（2000）模型、Richardson（2006）模型、Biddle 等（2009）模型和 Chen 等（2010）模型。其中，Richardson（2006）模型、Biddle 等（2009）模型和 Chen 等（2010）模型的优势是能直接度量特定公司和年度的资本配置效率。我们使用 Richardson（2006）模型作为本文主要研究模型，同时也用 Biddle 等（2009）模型和 Chen 等（2010）模型进行稳健性检验。

② 在稳健性检验中我们也做了未剔除分组样本的回归，结果是一致的。

表1 主要变量定义

变量名称	符号	变量定义
投资效率	absINV	模型（1）回归结果残差的绝对值。表征公司第t年的投资效率水平，值越大，投资效率越低
	underINV	t年的投资不足水平，等于模型（1）回归结果小于0的残差
	overINV	t年的投资过度水平，等于模型（1）回归结果小于0的残差
独立董事网络中心度	Cen	先计算各个独立董事在董事网络中的中心度，包括中介中心度（Betweenness）和程度中心度（Degree）。然后取各上市公司的独立董事网络中心度中位数为公司层面的相应指标（其中Cen_b表示公司独立董事中介中心度的中位数；Cen_d表示公司独立董事程度中心度的中位数）。稳健性检验中也采用公司层面的独立董事网络中心度平均数和最大值进行了检验
经营活动现金流	OCF	第t-1年经营活动现金净流量/平均总资产
管理费用率	ADM	第t-1年管理费用/主营业务收入
大股东掏空	TUNNEL	第t-1年末其他应收款/平均总资产
公司规模	Size	第t-1年末总资产的自然对数
杠杆水平	Lev	第t-1年末总负债/总资产
盈利能力	ROA	第t-1年营业利润/年末总资产
董事会规模	BOARD	第t-1年末董事会成员数量
独立董事比例	OUT	第t-1年末独立董事占所有董事比例
两职合一	DUAL	若t-1年董事长和总经理为同一人则为1；否则为0
行业/年份	IND/Year	行为虚拟变量参照2001年证监会行业分类标准，制造业为二级行业分类标准，其他为一级行业分类标准

（三）样本与数据

我们选取了2004~2009年所有A股上市公司为初始研究样本，在剔除金融行业公司样本、公司董事资料缺失样本、行业内上市公司少于20家的样本、ST或PT公司样本、当年上市的公司样本，以及其他财务和公司治理数据缺失的样本后，共获得2004~2009年(其中解释变量区间为2003~2008年）共六年的5839个公司/年样本，董事资料数据为手工搜集整理①，其余的数据均来源于CSMAR数据库。为消除极端值影响，我们对主要连续变量上下1%进行了Winsorize处理；另外，Peterson（2009）认为如果数据是时间跨度小而横截面观察点多的面板数据，使用常用的面板估计方法会低估标准误差，所以我们进行了公司层面的聚类（Cluster）调整。独立董事网络中心度的计算采用大型社会网络数据分析软件Pajek，统计分析则用SAS和STATA。

① 在中国公司董事会中重名的现象比较常见，手工搜集的最重要一个过程就是剔除重名的董事，比如不同公司董事会都有张三，但通过简历发现并非同一人。必须区分同一个名字是否同一人，以免错误计算董事的网络位置。

五、实证检验

（一）描述性统计和相关系数分析

表 2 是变量的描述性统计。从表中我们可以看出，在所选区间内投资不足样本（3533 个）要大于投资过度样本（2306 个）。absINV 的均值为 0.079，中位数为 0.0531。独立董事网络中心度指标中，Cen_b 的均值为 0.0012，与 Cen_d 的均值 0.0011 比较接近。独立董事比例指标（OUT）的均值为 0.3489，中位数为 0.3333，这说明相当一部分公司独立董事比例占董事会人数的 1/3，符合我国上市公司独立董事相关制度关于上市公司董事会成员中应当至少包括 1/3 比例的独立董事的规定。独立董事比例这一董事特征指标趋同，这也凸显了本文的研究意义。

表 2　描述性统计

变量	N	均值	中位数	最大值	最小值	标准差
absINV	5839	0.0790	0.0531	0.3997	0.0098	0.0781
underINV	3533	−0.0675	−0.0501	−0.0105	−0.4063	0.0604
overINV	2306	0.0974	0.0603	0.5068	0.0080	0.0995
Cen_b	5839	0.0012	0	0.0129	0	0.0025
Cen_d	5839	0.0011	0.0009	0.0031	0.0004	0.0006
OCF	5839	0.0520	0.0506	0.2913	−0.2160	0.0817
ADM	5839	0.1274	0.0735	1.8283	0.0070	0.2320
TUNNEL	5839	0.0563	0.0210	0.5843	0.0003	0.0989
Size	5839	21.3719	21.2697	24.6988	18.9180	1.0626
Lev	5839	0.5274	0.5174	1.7727	0.0822	0.2429
ROA	5810	0.0274	0.0331	0.5870	−1.5126	0.1076
BOARD	5774	9.4790	9	15	5	2.0234
OUT	5773	0.3489	0.3333	0.5	0.2	0.0474
DUAL	5839	0.1192	0	1	0	0.3241

表 3 是变量的相关系数分析。从表中我们可以发现，Cen_b 和 Cen_d 与 absINV 都在 1%水平下显著负相关（pearson 系数分别为−0.05 和−0.047；spearman 系数分别为−0.057 和−0.047），独立董事网络中心度越高，投资效率越高，这与我们的理论分析相符，也初步验证了我们的 H1。对 absINV 细分之后我们发现，Cen_b 和 Cen_d 与 underINV 正相关（系数均显著），与 overINV 负相关（遗憾的是 Cen_d 的 spearman 系数不显著），这与我们的 H1a 和 H1b 也基本相符。Cen_b 和 Cen_d 的相关系数在 0.80 左右，这也说明我们选取

表 3　相关系数分析

	absINV	underINV	overINV	Cen_b	Cen_d	OCF	ADM	TUNNEL	Size	Lev	ROA	BOARD	OUT	DUAL
absINV	1	-1	1	-0.050***	-0.047***	0.045***	0.077***	0.059***	-0.034***	0.031**	-0.040***	-0.015	0.012	-0.017
underINV	-1	1	—	-0.049**	-0.032*	0.103***	-0.016	0.012	0.001	-0.034*	0.038*	0.016	-0.015	-0.033
overINV	1	—	1	0.065***	0.075***	0.003	-0.187***	-0.115***	0.072***	-0.087***	0.141***	0.047**	-0.033*	0.009
Cen_b	-0.057***	-0.035*	0.079***	1	0.800***	0.020	-0.048***	-0.052***	0.070***	-0.016	0.046***	0.013	-0.051***	-0.048***
Cen_d	-0.047***	-0.020	0.070***	0.829***	1	0.027**	-0.057***	-0.052***	0.118***	-0.018	0.055***	0.254***	-0.130***	-0.068***
OCF	0.072***	0.110***	-0.053***	0.016	0.029**	1	-0.168***	-0.186***	0.141***	-0.153***	0.316***	0.071***	-0.017	-0.028**
ADM	0.039***	-0.018	-0.087***	-0.021	-0.020	-0.137***	1	0.474***	-0.294***	0.374***	-0.579***	-0.142***	0.017	0.036***
TUNNEL	-0.024*	-0.062***	<-0.000	-0.012	-0.005	-0.243***	0.355***	1	-0.302***	0.403***	-0.443***	-0.123***	-0.055***	0.029**
Size	-0.014	-0.001	0.017	0.067***	0.136***	0.146***	-0.376***	-0.294***	1	-0.013	0.275***	0.277***	0.028**	-0.086***
Lev	-0.053***	-0.065***	0.062***	0.007	0.014	-0.152***	-0.088***	0.229***	0.154***	1	-0.555***	-0.043***	0.021	-0.008
ROA	0.015	0.091***	0.048***	0.043***	0.049***	0.387***	-0.305***	-0.392***	0.241***	-0.376***	1	0.101***	-0.007	-0.011
BOARD	<0.0001	0.018	0.011	0.014	0.395***	0.068***	-0.088***	-0.080***	0.251***	0.009	0.055***	1	-0.230***	-0.086***
OUT	0.001	-0.030	-0.019	-0.030**	-0.119***	-0.02**	-0.022*	-0.045***	0.027**	0.049***	-0.013	-0.174***	1	0.056***
DUAL	-0.012	-0.028	0.003	-0.038***	-0.075***	-0.022*	0.051***	0.019	-0.082***	-0.017	-0.004	-0.092***	0.061***	1

注：(1)右上方为 pearson 相关系数；左下方为 spearman 相关系数；(2)* 表示在 10%水平下显著，** 表示在 5%水平下显著，*** 表示在 1%水平下显著。

的两个中心度指标比较一致，质量较高。独立董事比例 OUT 与 absINV、underINV 和 overINV 都不显著，初步说明独立董事比例与投资效率没有显著的相关关系。其他的变量相关系数都在 0.5 以下，说明变量之间并不存在严重的多重共线性问题。

（二）回归分析

首先我们对 H1 进行回归检验，被解释变量为 Richardson（2006）模型的残差取绝对值（absINV），用来表示公司投资效率，absINV 值越大表示投资效率越低，结果如表 4 所示。前两列为独立董事网络中心度 Cen_b 的结果：在未控制董事特征等公司治理变量的情况下（模型 1），Cen_b 与 abslNV 在 1%水平下显著负相关，系数为-1.335。正如前文所说，由于独立董事网络属于董事特征机制，有可能受到其他董事特征的影响，所以我们进一步控制了董事会人数、独立董事比例和两职合一等董事特征变量，如模型 2 所示，结果并没有很大的变化；后两列为独立董事网络中心度 Cen_d 的结果：模型 3 中 Cen_d 与 absINV 在 1%水平下显著负相关，模型 4 控制了公司治理特征之后结果类似。以上结果说明，无论是独立董事的程度中心度（Cen_b）还是中介中心度（Cen_d），无论是否控制董事特征指标，都可以发现一致的结果，即独立董事网络中心度与 absINV 显著负相关，独立董事网络中心度越高，公司的投资越有效率，H1 得到验证。

表 4 回归结果：整体投资效率

	Dependent variable：absINV			
	Model 1	Model 2	Model 3	Model 4
Cen_b	-1.335*** (-3.42)	-1.325*** (-3.36)		
Cen_d			-5.508*** (-2.91)	-5.121*** (-2.60)
OCF	0.031** (2.47)	0.034*** (2.67)	0.032** (2.48)	0.034*** (2.67)
ADM	0.021*** (2.88)	0.022*** (2.92)	0.021*** (2.87)	0.022*** (2.94)
TUNNEL	0.021 (1.35)	0.025 (1.61)	0.021 (1.37)	0.026* (1.65)
Size	-0.003** (-2.34)	-0.002* (-1.90)	-0.003** (-2.21)	-0.002* (-1.94)
Lev	0.001 (0.08)	-0.001 (-0.21)	0.001 (0.09)	-0.001 (-0.20)
ROA	-0.001 (-0.07)	0.002 (0.12)	-0.001 (-0.07)	0.002 (0.12)
BOARD		-0.001 (-0.95)		-0.000 (-0.37)
OUT		0.034 (1.48)		0.034 (1.47)

续表

	Dependent variable：absINV			
	Model 1	Model 2	Model 3	Model 4
DUAL		-0.005^{*} (-1.72)		-0.005^{*} (-1.69)
CONSTANT	0.108^{***} (4.03)	0.092^{***} (3.43)	0.109^{***} (4.08)	0.094^{***} (3.50)
IND/Year	√	√	√	√
Adj-R^2	0.048	0.050	0.048	0.050
F-Value	8.02^{***}	7.58^{***}	7.65^{***}	7.31^{***}
Obs.	5810	5744	5810	5744

注：(1)括号内为 t 值；(2)***、**、* 分别表示在 1%、5%、10%水平上显著。

控制变量中，OCF 及 ADM 与 absINV 显著正相关，说明经营现金流越多和管理费用率越高的公司，投资效率越低，这与经理人机会主义行为假设是相符的，其他控制变量不一而足。OUT 与 absINV 呈正相关关系但不显著，这也说明独立董事比例的增加并不能改善公司决策，现有的用独立董事比例研究独立董事独立性的研究并不能很好地表征独立董事的作用。

进一步地，我们把投资效率样本区分为投资不足和投资过度两组，检验独立董事网络是否缓解投资不足，或者抑制投资过度，抑或是对两者同时发挥作用，实证结果如表 5 所示。前两列显示的是被解释变量为投资不足（为便于理解，对 underINV 乘以-1），值越大说明投资不足越严重）时的结果，无论是 Cen_b 还是 Cen_d，都与 urtderINV 在 1%水平下显著负相关（系数分别为-1.096 和-5.098），说明独立董事网络中心度越高，所在公司投资不足越缓解，验证了 H1a；对投资过度样本的检验在表 5 的后两列，Cen_b 与 overINV 在 1%水平下显著负相关（系数为-2.004），Cen_d 与 ovelINV 在 10%水平下显著负相关（系数为-6.381），说明独立董事网络中心度越高，其越能抑制公司的过度投资，独立董事网络位置越中心的公司投资越有效，从而验证了 H1b。表 5 的结果表明网络中心度高的独立董事的治理有助于同时缓解投资不足和抑制过度，从而提高投资效率。表 5 的结果还显示，经营现金流量（OCF）变量与投资不足之间没有显著关系，而与投资过度之间存在显著正相关，这符合一般常识，经营现金流量高易于导致投资过度，这也说明表 4 中的 OCF 与因变量之间的正相关关系主要来自 OCF 与投资过度之间的显著正相关关系。

表 5　回归结果：区分投资不足和投资过度

	Dependent variable（-1）xunderINV		Dependent variable：overINV	
	Model 1	Model 2	Model 3	Model 4
Cen_b	-1.096^{***} (-2.82)		-2.004^{***} (-2.96)	
Cen_d		-5.098^{***} (-2.68)		-6.381^{*} (-1.85)

续表

	Dependent variable (−1) xunderINV		Dependent variable: overINV	
	Model 1	Model 2	Model 3	Model 4
OCF	0.022 (1.56)	0.021 (1.53)	0.065** (2.47)	0.066** (2.49)
ADM	0.035*** (3.92)	0.035*** (3.94)	0.005 (0.48)	0.005 (0.49)
TUNNEL	0.013 (0.77)	0.014 (0.78)	0.041 (1.57)	0.043 (1.64)
Size	−0.001 (−1.05)	−0.001 (−1.08)	−0.002 (−1.03)	−0.003 (−1.05)
Lev	−0.002 (−0.32)	−0.002 (−0.31)	−0.018* (−1.71)	−0.018* (−1.71)
ROA	−0.034 (−1.57)	−0.033 (−1.55)	0.018 (0.77)	0.018 (0.75)
BOARD	−0.001 (−1.13)	−0.000 (−0.46)	−0.001 (−0.56)	−0.000 (−0.18)
OUT	0.036* (1.69)	0.035 (1.61)	0.012 (0.27)	0.014 (0.33)
DUAL	−0.004 (−1.47)	−0.005 (−1.50)	−0.006 (−1.12)	−0.006 (−1.03)
CONSTANT	0.059** (2.15)	0.061** (2.24)	0.117** (2.30)	0.118** (2.30)
IND/Year	√	√	√	√
Adj-R^2	0.076	0.076	0.076	0.075
F-Value	6.11***	6.04***	4.92***	4.82***
Obs.	3476	3476	2268	2268

注：(1)括号内为 t 值；(2)***、**、* 分别表示在 1%、5%、10%水平上显著。

（三）稳健性检验

我们对回归分析进行了多种形式的稳健性检验，具体如下。

（1）在主要回归检验中我们取公司董事会中独立董事网络中心度的中位数作为公司层面的网络中心度指标，在此我们也使用平均值作为公司层面指标（Barnea 和 Guedj，2009）。另外，由于在独立董事中可能往往由网络中心度最高的独立董事发挥主要作用，所以我们也取独立董事网络中心度的最大值作为公司层面的独立董事网络中心度指标。由于 Cen_b 和 Cert_d 两个指标可能有细微差别，我们也把用中位数计算的独立董事网络中心度指标综合成一个指标 CenL，取值为（Cen_b+Cen_d）/2；另外，为了消除网络中心度的细微差别，我们按年度对中心度指标 Cen_b 和 Cen_d 进行排序，再对两者排序变量取平均，设为 Cen2 指标。结果如表 6 所示。无论是通过平均数（前两列）、最大值（中间两列）还是综合指标（最后两列）计算的公司层面独立董事网络中心度指标，都与 absINV

显著负相关（除了最大值中 Cen_d 的系数为-1.60，差一点显著），结果比较稳定，这说明我们的网络中心度指标结果是稳健的。

表 6 多种形式的网络中心度指标检验

	Dependent variable：absINV					
	Firm-level：Mean		Firm-level：Max		Integrated	
Cen_b	-0.864*** (-2.80)		-0.283** (-2.05)			
Cen_d		-4.533** (-2.23)		-1.614 (-1.60)		
Cen 1					-2.232*** (-3.32)	
Cen 2						-0.000*** (-2.82)
OCF	0.034*** (2.67)	0.034*** (2.70)	0.034*** (2.68)	0.034*** (2.70)	0.034*** (2.67)	0.034*** (2.68)
ADM	0.022*** (2.93)	0.022*** (2.93)	0.022*** (2.93)	0.022*** (2.92)	0.022*** (2.92)	0.022*** (2.93)
TUNNEL	0.025 (1.62)	0.026* (1.66)	0.026* (1.66)	0.026* (1.68)	0.025 (1.61)	0.026* (1.66)
Size	-0.002* (-1.89)	-0.002* (-1.92)	-0.002* (-1.92)	-0.002* (-1.96)	-0.002* (-1.90)	-0.002* (-1.93)
Lev	-0.002 (-0.25)	-0.002 (-0.26)	-0.002 (-0.24)	-0.002 (-0.26)	-0.001 (-0.21)	-0.001 (-0.20)
ROA	0.001 (0.09)	0.001 (0.09)	0.001 (0.08)	0.001 (0.07)	0.002 (0.12)	0.002 (0.12)
BOARD	-0.000 (-0.82)	-0.000 (-0.31)	-0.000 (-0.68)	-0.000 (-0.51)	-0.000 (-0.83)	-0.000 (-0.44)
OUT	0.036 (1.59)	0.036 (1.56)	0.039* (1.70)	0.039* (1.70)	0.034 (1.47)	0.34 (1.48)
DUAL	-0.005* (-1.67)	-0.005* (-1.66)	-0.005 (-1.63)	-0.005 (-1.62)	-0.005* (-1.72)	-0.005* (-1.69)
CONSTANT	0.090*** (3.35)	0.093*** (3.44)	0.090*** (3.30)	0.092*** (3.38)	0.092*** (3.44)	0.096*** (3.59)
IND/Year	√	√	√	√	√	√
Adj-R^2	0.050	0.049	0.049	0.049	0.050	0.050
F-Value	7.47***	7.26***	7.33***	7.19***	7.54***	7.37***
Obs.	5744	5744	5744	5744	5744	5744

注：(1)括号内为 t 值；(2)***、**、* 分别表示在 1%、5%、10%水平上显著。

（2）在计算投资效率模型时，我们也使用了现金流量表中的投资变量 I_2："购置固定资产、无形资产及相关资产的现金、权益性投资、债权性投资支出所支付的现金之和减去处置固定资产、无形资产和其他长期资产而收回的现金后除以平均总资产"（Biddle 等，

2009)，结果如表 7 的前两列所示，Cen_b 和 Cert_b 都与 absINV 呈 1%或 5%水平的负相关关系。实际上，在区分投资不足和投资过度样本后，结果跟前文也类似。

表 7　对投资效率模型的稳健性测试

	Dependent variable：absINV					
	I_2		Biddle 等（2009）模型		Chen 等（2010）模型	
Cen_b	−0.357*** (−2.68)		−1.145*** (−2.96)		−0.919** (−2.52)	
Cen_d		−1.808** (−2.40)		−4.765*** (−2.58)		−4.031** (−2.29)
OCF	0.035*** (7.24)	0.035*** (7.25)	0.054*** (4.73)	0.054*** (4.73)	0.052*** (4.77)	0.052*** (4.77)
ADM	0.001 (0.93)	0.001 (0.94)	0.017*** (2.83)	0.017*** (2.83)	0.007 (1.30)	0.007 (1.31)
TUNNEL	−0.018*** (−3.70)	−0.018*** (−3.68)	0.010 (0.72)	0.011 (0.77)	0.012 (0.93)	0.013 (0.97)
Size	−0.000 (−0.38)	−0.000 (−0.38)	−0.003*** (−2.63)	−0.003*** (−2.67)	−0.003** (−2.44)	−0.003** (−2.46)
Lev	−0.009*** (−4.59)	−0.009*** (−4.58)	0.002 (0.39)	0.002 (0.37)	−0.001 (−0.11)	−0.001 (−0.13)
ROA	0.008 (1.53)	0.008 (1.54)	−0.024* (1.76)	−0.024* (−1.76)	−0.026** (−2.04)	−0.026** (−2.03)
BOARD	0.000 (1.53)	0.000** (1.99)	0.000 (0.15)	0.000 (0.75)	−0.000 (−0.05)	0.000 (0.47)
OUT	0.017* (1.92)	0.016* (1.88)	0.032** (2.23)	0.029** (1.97)	0.028** (1.98)	0.025* (1.75)
DUAL	0.000 (0.17)	0.000 (0.18)	−0.006** (−2.10)	−0.006** (−2.09)	−0.006** (−2.32)	−0.006** (−2.31)
CONSTANT	0.028** (2.48)	0.028** (2.52)	0.126*** (5.13)	0.129*** (5.27)	0.124*** (5.23)	0.126*** (5.36)
IND/Year	√	√	√	√	√	√
Adj-R^2	0.033	0.033	0.026	0.026	0.020	0.020
F-Value	11.41***	11.32***	9.18***	9.08***	7.68***	7.63***
Obs.	7582	7582	7703	7703	7703	7703

注：(1)括号内为 t 值；(2)***、**、* 分别表示在 1%、5%、10%水平上显著。

（3）除了 Richardson（2006）模型能够计算公司层面的投资效率，Biddle 等（2009）认为可以直接用公司的资本投资跟成长性回归进而求出投资效率，模型为 $INV_t = \gamma_0 + \gamma_1 Growth_{t-1} + \delta$，其中 $Crowth_{t-1}$ 为营业收入增长率，Chen 等（2010）借鉴 Biddle 等（2009）模型，同时也考虑了营业收入增长率的非线性关系，模型为：

$$INV_t = \lambda_0 + \lambda_1 Neg_{t-1} + \lambda_2 Neg_{t-1} \times Growth_{t-1} + \lambda_3 Growth_{t-1} + v$$

其中 Neg_{t-1} 为营业收入增长率是否为负的虚拟变量。为了增强本文研究结果的可靠性，我们也借鉴这两个模型计算投资效率，结果如表 7 所示，独立董事网络中心度指标与投资效率指标均在 1%或 5%水平下显著负相关，这说明在 Biddlle 等（2009）和 Chen 等（2010）两个投资效率模型中，本文的结果也是成立的。

（4）在前述主要回归分析中对自变量进行滞后一期处理是为了解决同期相关的问题，同时，考虑到可能的遗漏变量导致的内生性问题，我们也进行了以下处理：首先使用了公司层面的固定效应模型控制了同时影响公司治理和投资的潜在因素，具体如表 8 的前两列所示，Cen_b 和 Cen_d 分别在 5%和 10%水平上显著负相关；其次也用了两阶段回归模型。由于独立董事的董事网络特征很难找到一个合适的工具变量，Larcker 和 Rusticus（2010）指出如果工具变量不合适，其用两阶段回归估计的结果会产生重大偏差，反而不如 OLS 回归，所以我们参照了萧维嘉等（2009）和陈小林等（2010）的方法，使用代理变量的两阶段回归。与工具变量法不同的是，代理变量法从模型的残差中提取有用的信息进行第二个阶段的回归分析，并不对现有的解释变量进行处理。第一阶段用 Cen_b 或 Cen_d 对董事会规模、两职合一、独立董事比例、第一大股东持股比例、第二至第五大股东持股比例平方和、最终控制人性质和管理层持股水平等可能影响董事网络位置的公司治理变量，以及公司规模、资产负债率和盈利水平（ROA）等公司层面变量进行回归，用回归的残差放入第二阶段回归模型。结果见表 8 的中间两列，Cen_b 和 Cen_d 的代理变量与投资效率的系数都在 1%水平上显著负相关，说明使用代理变量的两阶段回归结果仍然稳定。此外，我们也考虑了变化模型，对模型（2）的变量都与前一年的值相减然后进行回归，结果显示 ΔCen_b 和 ΔCen_d 与 ΔabsINV 的回归系数都在 5%水平上显著负相关（见表 8 的最后两列）；同时我们也加入了公司管理层质量因素（如果公司连续两年市场回报超过行业中位数，认为公司管理层质量高），主要结果不变（限于篇幅，结果未报告）。以上结果说明在考虑了各种内生性处理之后，我们的结果比较稳定。

表 8　内生性处理结果

	Dependent variable：absINV					Dependent variable：ΔabsINV	
	Firm fixed effct		Proxy effect			Change Model	
Cen_b	−1.314** (−2.11)		−1.342*** (−3.51)		ΔCen_b	−1.713** (−2.46)	
Cen_d		−5.968* (−1.91)		−5.298*** (−2.80)	ΔCen_d		−10.277** (−2.38)
OCF	−0.016 (−0.99)	−0.016 (−0.99)	0.038*** (3.05)	0.038*** (3.03)	ΔOCF	−0.012 (−0.61)	−0.013 (−0.65)
ADM	0.009 (1.09)	0.009 (1.12)	0.019*** (2.67)	0.019*** (2.68)	ΔADM	−0.016 (−1.14)	−0.016 (−1.12)
TUNNEL	0.017 (0.91)	0.017 (0.92)	0.020 (1.38)	0.021 (1.41)	ΔTUNNEL	0.019 (0.65)	0.019 (0.67)
Size	−0.021*** (−5.81)	−0.021*** (−5.78)	−0.003*** (−2.81)	−0.003*** (−2.80)	ΔSize	−0.054*** (−6.26)	−0.054*** (−6.25)

续表

	Dependent variable：absINV				Dependent variable：ΔabsINV		
	Firm fixed effct		Proxy effect		Change Model		
Lev	0.005 (0.50)	0.005 (0.48)	0.000 (0.06)	0.000 (0.04)	ΔLEV	−0.008 (−0.41)	−0.008 (−0.42)
ROA	0.018 (0.96)	0.018 (0.97)	−0.003 (−0.19)	−0.002 (−0.17)	ΔROA	0.026 (0.89)	0.027 (0.93)
BOARD	0.000 (0.07)	0.000 (0.34)	−0.000 (−0.59)	−0.000 (−0.59)	ΔBOARD	0.000 (0.08)	0.001 (0.33)
OUT	0.041 (1.25)	0.040 (1.22)	0.032 (1.47)	0.032 (1.47)	ΔOUT	−0.006 (−0.13)	−0.009 (−0.21)
DUAL	−0.002 (−0.29)	−0.002 (−0.31)	−0.004 (−1.29)	−0.004 (−1.29)	ΔDUAL	−0.003 (−0.45)	−0.004 (−0.50)
CONSTANT	0.503*** (6.37)	0.503*** (6.37)	0.112*** (4.24)	0.112*** (4.22)	CONSTANT	−0.007 (−0.68)	−0.009 (−0.78)
IND/Year	√	√	√	√	IND/YEAR	√	√
Adj-R^2	0.021	0.021	0.049	0.048	Adj-R^2	0.034	0.034
F-Value	6.19***	6.14***	7.80***	7.49***	F-Value	3.18***	3.17***
Obs.	5744	5744	6204	6204	Obs.	4638	4638

注：(1)括号内为 t 值；(2)***、**、* 分别表示在 1%、5%、10%水平上显著。

（5）在回归检验中我们把投资过度组和投资不足组分别分成 10 个组，剔除残差离 0 最近的 2 个组来消除由于模型的偏误所导致的结果，事实上，如果不剔除这两组样本，网络中心度与投资效率依然显著负相关；此外，我们也单独把投资不足和投资过度样本的最高和最低两组样本进行比较，网络中心度与投资效率都在 1%水平上显著负相关。这说明我们的结果无论是否分组，都是比较稳定的。此外，考虑到 Ccn_b 为 0 的样本有 60%左右，我们剔除 Cen_b 为 0 的样本重新做了回归，也设立了 Cen_b 是否为 0 的哑变量（非 0 为 1，否则为 0），结果不会有太大变化（基本模型中 t 值分别为-2.26 和-1.94），以上检验限于篇幅，结果未报告。

（四）进一步分析

在中国资本市场由于政府力量的存在，上市公司的投资融资等各种决策都会受到政府直接或间接的干预，这种情况一般在政府干预水平较高的地区以及最终控制人的产权性质为国有的上市公司更为显著。我们在检验了董事网络对独立董事在公司资本投资中发挥作用的基础上，进一步结合最终控制人的产权性质（是否国有）和政府干预水平来探讨董事网络对独立董事治理行为的作用机理是否因微观的最终控制人的产权性质和宏观的地区政府干预水平而有所区别。政府对上市公司投资决策的干预可以分为直接干预和间接干预两种类型。首先是政府特别是地方政府为了当地 GDP 增长、就业乃至短期财政收入等社会性目标以及官员自身仕途晋升目标而倾向于为上市公司直接提供各种投资项目和为公司投资提供各种优惠条件而促使上市公司进行非效率投资特别是过度投资行为，这种作用对国有上市公司的影响比民营上市公司要大，而且在市场化水平低和政府干预水平高的地区尤其存在，诸多研究都发现了政府干预上市公司投资行为以及国有上市公司非效率投资的直接经验证据（杨华军、胡奕明，2007；魏明海、刘建华，2007；程仲鸣等，2008）。而政府除了对投资效率有直接影响之外，也会通过对其他公司治理的影响来间接产生作用，国有上市公司中公司治理机制的效果会被政府干预及其对国有企业的"父爱效应"所抵消，如在国有上市公司中，负债的治理效应（谢德仁、陈运森，2009）和薪酬的激励机制（辛清泉等，2007）等公司治理机制都要比非国有上市公司更差。国有上市公司中董事会的权力较小，特别是在公司重大投资项目的决策中，董事会更多的是受政府的各种干预措施所影响，独立董事在其中发挥的作用会更低，自然地，董事网络对独立董事在公司投资中发挥的作用就要更弱。但是随着市场化改革的推进，政府逐渐意识到过分干预上市公司经营的弊端，在制度环境较好的地区，国有上市公司受政府干预的程度要下降。现有研究发现，随着制度环境的改善，国有企业与非国有企业的资本配置效率差异逐渐缩小（方军雄，2007），市场化进程增强了国有企业经理薪酬之于企业业绩的敏感性（辛清泉、谭伟强，2009），金融生态环境好的地区融资性负债的治理效应更能得到有效发挥（谢德仁、陈运森，2009）。而非国有上市公司由于没有与政府在产权上的一致性，受政府干预的程度相比国有上市公司要低。因此，可以合理预期，在国有上市公司中董事网络对独立董事在公司投资效率中发挥的治理作用要更小，但这种关系依赖于不同的政府干预水平，在政府干预水平较低的地区，这种国有产权对董事网络作用的抵消程度会降低抑或消失。

为此，我们进一步结合最终控制人的产权性质和地区政府干预水平对独立董事的网络位置与投资效率的交互影响。若上市公司最终控制人的产权性质为国有，则 SOE 为 1，否则为 0；对于地区政府干预水平，选取樊纲等（2010）的"政府与市场的关系"指数作为替代变量（GOv），若政府干预程度更高（该地区的值低于政府干预指数的中位数），则 GOV 为 1，否则为 0（由于指数只到 2007 年，所以 2008 年和 2009 年的数据用 2007 年的替代）。在表 9 的前两列我们加上 SOE 和 Cen 的交叉项以及 SOE 的单变量，而表的后四列进一步区分 GOV 为 1 和 0 两种情况，结果显示：对于总体样本来说，公司独立董事网络中心度与投资效率的相关关系不会被最终控制人性质显著影响（t 值分别为 0.65 和 0.95，均不显著），但在具体区分不同的地区政府干预水平之后可以发现，当上市公司处于政府干预程度较高的地区，公司独立董事网络中心度对投资效率的提高效应（体现为 Cen 系数的显著负相关）在国有上市公司被削弱（Cen_b 系数为-3.44，交叉项系数为 2.893）或彻底逆转（Cen_d 系数为-17.637，而交叉项的系数为 19.684）。表 9 的结果说明上市公司最终控制人性质对董事网络的治理效应作用因所在地区政府干预程度不同而不同：整体上最终控制人的产权性质对独立董事的网络特征没有影响，但在政府干预程度高的地区，国有上市公司中独立董事的网络中心度与投资效率的相关关系会被减弱，而这种关系在政府干预程度较低的地区并不显著。

表 9 最终控制人产权性质和政府干预程度的影响

			GOV=1	GOV=0	GOV=1	GOV=0
Cen_b	−1.667*** (−2.58)		−3.440*** (−3.78)	−1.025 (−1.23)		
Cen_b×SOE	0.508 (0.65)		2.893** (2.29)	−0.342 (−0.35)		
Cen_d		−7.507** (−2.37)			−17.637*** (−3.14)	−5.064 (−1.37)
Cen_d×SOE		3.703 (0.95)			19.684*** (2.98)	−0.948 (−0.20)
SOE	−0.002 (−0.61)	−0.005 (−0.98)	−0.004 (−0.69)	−0.001 (−0.20)	−0.019** (−2.15)	−0.000 (−0.02)
OCF	0.034*** (2.70)	0.034*** (2.69)	0.031 (1.37)	0.035** (2.26)	0.030 (1.34)	0.035** (2.27)
ADM	0.022*** (2.92)	0.022*** (2.93)	0.009 (0.65)	0.028*** (3.05)	0.008 (0.58)	0.028*** (3.07)
TUNNEL	0.025 (1.58)	0.025 (1.63)	0.044 (1.36)	0.017 (0.95)	0.045 (1.39)	0.017 (0.96)
Size	−0.002* (−1.79)	−0.002* (1.84)	−0.000 (−0.15)	−0.003* (−1.78)	−0.001 (−0.20)	−0.003* (−1.79)
Lev	−0.001 (−0.21)	−0.001 (−0.19)	−0.003 (−0.23)	−0.000 (−0.01)	−0.003 (−0.23)	0.000 (0.03)
ROA	0.001 (0.10)	0.002 (0.10)	−0.009 (−0.29)	0.006 (0.38)	−0.013 (−0.43)	0.007 (0.42)
BOARD	−0.001 (−0.93)	−0.000 (−0.38)	−0.000 (−0.15)	−0.001 (−1.00)	−0.000 (−0.05)	−0.000 (−0.48)
OUT	0.033 (1.46)	0.033 (1.42)	0.071* (1.78)	0.014 (0.52)	0.068* (1.70)	0.014 (0.52)
DUAL	−0.005* (−1.74)	−0.005* (−1.72)	−0.011* (−1.89)	−0.003 (−0.87)	−0.011* (−1.96)	−0.003 (−0.87)
CONSTANT	0.091*** (3.34)	0.095*** (3.50)	0.018 (0.32)	0.115*** (3.71)	0.033 (0.59)	0.115*** (3.71)
IND/Year	√	√	√	√	√	√
Adj-R^2	0.050	0.050	0.057	0.054	0.057	0.054
F-Value	7.20	6.95	4.16	5.57	4.44	5.46
Obs.	5743	5743	1701	4042	1701	4042

注：(1)括号内为 t 值；(2)***、**、* 分别表示在 1%、5%、10%水平上显著。

相对于中央政府控制的上市公司，地方政府控制的上市公司更可能会受到地方政府的干预，为了进一步考虑不同政府控制方式的区别，表 10 选取了国有上市公司样本，检验前述结果会不会因是否地方政府控制而有区别影响（如果上市公司为地方政府控制，则 SOE_DF 为 1，否则为 0）。结果显示，当公司独立董事网络中心度指标为 Cen_b 时，在政府干预程度高的地区，与中央政府控制的上市公司相比，地方政府控制的上市公司独立董

事的董事网络影响要更弱（Cen_bxSOE_DF 系数为 3.174，显著正相关），这种关系在政府干预程度较低的地区则不存在。而公司独立董事网络中心度指标为（Cen_d 时，结果均不显著。所以，存在部分证据表明，在政府干预程度较强的地区，地方政府控制的上市公司独立董事的网络位置对投资效率的关系被削弱的程度要强于中央政府控制的上市公司。

表 10 区分最终控制人产权性质是否为地方政府

	Cen_b		Cen_d	
	GOV=1	GOV=0	GOV=1	GOV=0
Cen_b	−2.815*** (−3.19)	−0.693 (−0.76)		
Cen_b×SOE_DF	3.174* (1.95)	−1.743 (−1.59)		
Cen_d			−2.923 (−0.53)	−4.508 (−0.98)
Cen_d×SOE_DF			2.514 (0.34)	−4.949 (−0.93)
SOE_DF	−0.007 (−1.34)	0.003 (0.61)	−0.007 (−0.81)	0.005 (0.67)
OCF	0.041 (1.39)	0.085*** (3.89)	0.029 (0.99)	0.048** (2.26)
ADM	0.005 (0.45)	0.029** (2.05)	0.008 (0.72)	0.026* (1.80)
TUNNEL	0.008 (0.22)	−0.015 (−0.60)	0.011 (0.29)	−0.003 (−0.11)
Size	0.004 (1.39)	−0.000 (−0.04)	0.001 (0.45)	−0.001 (−0.83)
Lev	−0.015 (−1.08)	0.004 (0.38)	−0.012 (−0.80)	0.014 (1.25)
ROA	−0.046 (−1.41)	−0.014 (−0.44)	−0.033 (−0.96)	0.014 (0.45)
BOARD	0.000 (0.33)	−0.000 (−0.21)	−0.000 (−0.10)	−0.000 (−0.11)
OUT	0.048 (1.04)	−0.024 (−0.73)	0.017 (0.38)	−0.003 (−0.10)
DUAL	−0.008 (−1.27)	−0.003 (−0.60)	−0.010 (−1.48)	−0.004 (−0.76)
CONSTANT	−0.010 (−0.16)	0.084** (2.32)	0.007 (0.11)	0.062 (1.62)
IND/Year	√	√	√	√
Adj−R^2	0.039	0.030	0.059	0.063
F−Value	3.61	3.42	4.61	4.39
Obs.	1302	2742	1302	2742

注：(1) 括号内为 t 值；(2) ***、**、* 分别表示在 1%、5%、10%水平上显著。

六、结论

有很多学者都发现在中国独立董事缺乏独立性，并不能发挥治理效果，独立董事“不独立”、“不懂事”或“不作为”情况是常态（谭劲松，2003；谢德仁，2005），但我们认为并非所有的独立董事都是没有作用的，之所以现有文献无法检验独立董事治理行为，主要原因在于无法区分不同特征的独立董事（特别是以独立董事比例为代理变量的情况下）。目前大部分研究把独立董事作为独立的决策者而非网络中的群体成员，忽略了他们的治理行为同时受其所处的社会网络的影响；而且随着监管制度的深化，衡量公司治理作用的具体治理特征指标逐渐趋同，使得现有的董事治理特征并不能很好地描述和区别不同类型的治理作用。本文则从社会网络理论出发，用社会网络分析中的中心度分析衡量独立董事在整个上市公司所处的董事网络位置，进而研究不同网络位置的独立董事对所在公司投资决策的影响。通过2004~2009年的A股上市公司数据进行实证检验，我们发现，独立董事网络中心度越高，独立董事治理作用越好，表现为其所在公司的投资效率越高；在区分投资不足与投资过度之后可以发现，网络中心度高的独立董事既有助于缓解公司的投资不足，也有助于抑制投资过度；进一步地，在政府干预程度高的地区，与非国有上市公司相比，国有上市公司中独立董事网络中心度对投资效率的作用会减弱，但在政府干预程度低的地区没有显著差异。这些发现意味着，独立董事的网络位置是独立董事的重要特征，能够对独立董事参与公司决策产生重要影响，但其作用的发挥同时也会依赖于最终控制人的产权性质和所在地区政府干预水平。基于此，我们认为，董事的行为嵌入在网络中，社会网络分析可以为我国上市公司的董事特征及治理行为研究提供新的视角。

参考文献：

[1] 陈小林，林昕，孔东民. 独立董事的财务专长、公司特质信息与盈余稳健性 [J]. 中国会计与财务研究，2010 (3).

[2] 程仲鸣，夏新平，余明桂. 政府干预、金字塔结构与地方国有上市公司投资 [J]. 管理世界，2008 (9).

[3] 樊纲，王小鲁，朱恒鹏. 中国市场化指数——各地区市场化相对进程2009年报告 [M]. 经济科学出版社，2010.

[4] 胡勤勤，沈艺峰. 独立外部董事能否提高上市公司的经营业绩 [J]. 世界经济，2002 (7).

[5] 胡奕明，唐松莲. 独立董事与上市公司盈余信息质量 [J]. 管理世界，2008 (9)。

[6] 黄志忠，郗群. 薪酬制度考虑外部监管了吗？——来自中国上市公司的证据 [J]. 南开管理评论，2009 (1).

[7] 李常青，赖建清. 董事会特征影响公司绩效吗 [J]. 金融研究，2004 (5).

[8] 李青原. 会计信息质量与公司资本配置效率 [J]. 南开管理评论，2009 (2).

[9] 卢昌崇，陈仕华. 断裂联结重构：连锁董事及其组织功能 [J]. 管理世界，2009 (5).

[10] 罗家德. 社会网分析讲义（第二版）[M]. 社会科学文献出版社，2009.

[11] 谭劲松. 独立董事与公司治理：基于我国上市公司的研究 [M]. 中国财政经济出版社，2003.

[12] 唐雪松，周晓苏，马如静. 政府干预、GDP 增长与地方国企过度投资 [J]. 金融研究，2010 (8).

[13] 王兵. 独立董事监督了吗？——基于中国上市公司盈余质量的视角 [J]. 金融研究，2007 (1).

[14] 王跃堂，赵子夜，魏晓雁. 董事会的独立性是否影响公司绩效？[J]. 经济研究，2006 (5).

[15] 萧维嘉，王正位，段芸. 大股东存在下的独立董事对公司业绩的影响——基于内生视角的审视 [J]. 南开管理评论，2009 (2).

[16] 谢德仁. 独立董事：代理问题之一部分 [J]. 会计研究，2005 (2).

[17] 谢德仁，陈运森. 产权性质、金融生态环境与负债的治理效应 [J]. 经济研究，2009 (5).

[18] 辛清泉，谭伟强. 市场化改革、企业业绩与国有企业经理薪酬 [J]. 经济研究，2009 (11).

[19] 叶康涛，陆正飞，张志华. 独立董事能抑制大股东的“掏空”？[J]. 经济研究，2007 (4).

[20] 于东智. 董事会、公司治理与绩效——对中国上市公司的经验分析 [J]. 中国社会科学，2003 (3).

[21] 俞红海，徐龙炳，陈百助. 终极控股股东控制权与自由现金流过度投资 [J]. 经济研究，2010 (8).

[22] 魏明海，刘建华. 国企分红、治理因素与过度投资 [J]. 管理世界，2007 (4).

[23] 杨华军，胡奕明. 制度环境与自由现金流的过度投资 [J]. 管理世界，2007 (9).

[24] 张翼，马光. 法律、公司治理与公司丑闻 [J]. 管理世界，2005 (10).

[25] 赵昌文，唐英凯，周静，邹晖. 家族企业独立董事与企业价值——对中国上市公司独立董事制度合理性的检验 [J]. 管理世界，2008 (8).

[26] 钟海燕，冉茂盛，文守逊. 政府干预、内部人控制与公司投资 [J]. 管理世界，2010 (7).

[27] Adams R.B.，Ferreira D.，A Theory of Friendly Boards [J]. Journal of Finance，2007，62 (1)：217-250.

[28] Agrawal，A.，CR Knoeber，Firm Performance and Mechanisms to Control Agency Problems between Managers and Shareholders [J]. Journal of Financial and Quantitative Analysis，1996 (31)：377-397.

[29] Armstrong C.S.，Guay W.R.，Weber J.P. The Role of Information and Financial Reporting in Corporate Governance and Contracting [J]. Journal of Accounting and Economics，2010，50 (4)：179-234.

[30] Bhagat S，Black B. Do Independent Directors Matter [D]. Unpublished Working Paper，1997.

[31] Barnea A. and Guedj I. Director Networks [D]. Working Paper，University of Texas at Austin，2009.

[32] Biddle G.C.，Hilary G.，Verdi. How Does Financial Reporting Quality Relate to Investment Efficiency [J]. Journal of Accounting and Economics，2009 (48)：112-131.

[33] Brickley J.，James C.，The Takeover Market，Corporate Board Compostion and Ownership Structure：The Case of Banking [J]. Journal of Law and Economics，1987 (30)：160-190.

[34] Chen X.，Cheng Q.，Wang X. Does Increased Board Independence Reduce Earnings Management? Evidence from Recent Regulatory Reforms [D]. Working Paper，University of Wisconsin-Madison and Chinese University of Hong Kong，2011.

[35] Chen F.，Hope O.K.，Li Q.Y.，Wang X. Financial Reporting Quality and Investment Efficiency of Private Firms in Emerging Markets [J]. The Accounting Review，2010 (forth coming).

[36] Coles J.L.，N. D. Daniel，L.Naveen. Boards：Does One Size Fit All? [J]. Journal of Financial Eco-

nomics, 2008 (87): 329-356.

[37] Ellison G., Fudenberg D. Word-of-mouth Communication and Social Learning [J]. Quarterly Journal of Economics, 1995, 110 (1): 93-125.

[38] Fama, E.F. Agency Problems and the Theory of the Firm [J]. Journal of Political Economics, 1980, 88 (2): 288-307.

[39] Fama, E.F.and M.C. Jensen. Separation of Ownership and Control[J]. Journal of Law and Economics, 1983 (26): 301-325.

[40] Fracassi C. Corporate Finance Policies and Social Networks [D]. Working paper, UCLA, 2008.

[41] Fracassi C., Tate G. External Networking and Internal firm Governance [D]. Working Paper, UCLA, 2009.

[42] Freeman L. Centrality in Social Networks: Conceptual Clarification [J]. Social Networks, 1979(1): 215-239.

[43] Granovetter M. The Strength of Weak Ties [J]. American Journal of Sociology, 1973 (78): 1360-1380.

[44] Granovetter M., Economic Aetion and Social Structure: The Problem of Embeddedness [J]. American Journal of Sociology, 1985, 91 (3): 481-510.

[45] Hochberg, Y., Ljungqvist, A., Lu, Y. Whom You Know Matters: Venture Capital Networks and Investment Performance [J]. The Journal of Finance, 2007 (62): 251-301.

[46] Jensen, M. Agency Costs of Free Cash Flow, Corporate Finance and Takeovers [J]. American Economic Review, 1986 (76): 323-329.

[47] Krackhardt D. The Strength of Strong Ties: The Importance of Philos in Organizations [A]. In N. Nohria & R.Eccles (eds.). Networks and Organizations: Structure, Form and Aetion [M]. Boston, MA: Harvard Business School Press, 1992.

[48] Kuhnen C.M. Business Networks, Corpo-rate Governance and Contracting in the Mutual Fund Indus-Cry [J]. Journal of Finance, 2009 (5): 2185-2220.

[49] Larcker D.F., So E.C., Wang C.C.Y. Boardroom Centrality and Stock Returns [D]. Working Paper, Stanford University, 2010.

[50] Larcker D. F., Rustieus T.O. On the Use of Instrumental Variables in Accounting Research [J]. JournaJ of Accounting and Economics, 2010 (49): 186-205.

[51] Malmendier U., Tate G. CEO Overconfidence and Corporate Investment[J]. Journal of Finance, 2005 (6): 2661-2700.

[52] Portes A. Social Capital: Its Origins and Applications in Modern Sociology [J]. Annual Review of Sociology, 1998 (22): 1-24.

[53] Petersen, M. Estimating Standard Errors in Finance Panel Data Sets: Comparing App Roaches [J]. Review of Financial Studies, 2009, 21 (1): 435-480.

[54] Richardson, S. Over-investment of Free Cash Flow [J]. Review of Accounting Studies, 2006 (11): 159-189.

[55] Rosenstein S., Wyatt J.G. Outside Directors, Board Independence and Shareholder Wealth [J]. Journal of Financial Economics, 1990, 26 (2): 175-191.

[56] Schonlau R., Singh P.V. Board Networks and Merger Performance [D] Working Paper, University of

Washington, 2009.

[57] Scott J. Social Network Analysis: a Handbook [M]. Sage Publications, 2000.

[58] Weisbach M.S. Outside Directors and CEO Turnover[J]. Journal of Financial Economics, 1988 (20): 431-460.

[59] Yermack, D. Higher Market Valuation of Companies with a Small Board of Directors [J]. Journal of Financial Economics, 1996 (40): 185-211.

[60] Yermaek D. Remuneration, Retention and Reputation Incentives for Outside Directors [J]. Journal of Finance, 2004, 59 (5): 2281-2308.

Network Position, Governance Role of Independent Directors and Investment Efficiency

Chen Yunsen, Xie Deren

(Accounting Institute of Central University of Finance and Economics, Beijing 100081, China; Economics and Management School of Tsinghua University, Beijing 100084, China)

Abstract: What role independent directors play is one of the core fields of corporate governance research, but the empirical evidences are mixed. Using social network analysis method, this paper focuses on the effects of the network position of independent directors on their governance role with regard to investment efficiency. Specifically, by exploring the relation between independent directors' network position and corporate investment efficiency, we document that, more central the network position is, better the independent directors' governance role is, and more efficient the investment is. In the further study, we document that the central network position helps the firm enhance investment efficiency not only through reducing overinvestment, but also through alleviating underinvestment. Additional tests find that in areas where the governance's intervening power is strong, compared with non-SOEs, in SOEs the effect role of directors' network in investment efficiency will be declined; while in areas where the governance's intervening power is weakness, the effect is not obvious. Our work indicates that the independent directors' governance role is Cmbedded in the network, and social network ana-lysis is a new method to explore the directors' governance role.

Key Words: independent directors; network centrality; investment eff-iciency; property rights; government intervention

市场化进程与资本结构动态调整*

姜付秀　黄继承
（中国人民大学商学院，北京　100872）

【摘　要】 本文以沪深证券市场1999~2008年A股上市公司为研究样本，从资本结构的调整速度和实际资本结构偏离目标资本结构的程度两个方面，考察市场化程度及其变化对资本结构动态调整的影响。研究结果表明：市场化程度越高，资本结构的调整速度越快，且从市场化进程的动态角度来看，市场化程度提高得越快，资本结构的调整速度也越快。同时，市场化程度越高，资本结构偏离目标资本结构的程度会越低，而且从动态角度看，市场化程度提高得越快，资本结构偏离目标的程度也越低。区分企业性质和负债水平的进一步研究表明，市场化与资本结构动态调整之间的上述关系不受企业性质的影响；但在不同的负债水平下具有一定的差异性：在过度负债的情况下，该关系更稳健地显著存在。

【关键词】 市场化进程；资本结构；动态调整

一、问题的提出

根据MM定理（Modigliani和Miller，1958），在一系列严格的假设下，资本结构与企业价值是无关的。但是，现实世界中，由于公司所得税、破产成本、代理成本以及信息不对称等因素的存在，资本结构会影响企业价值，因此，资本结构的权衡理论认为，企业存在一个最优的资本结构（Kraus和Litzenberger，1973；Scott，1976；DeAngelo和Masulis，1980）。与权衡理论一致，大量的经验研究证明（Titman和Wesseles，1988；Graham和Harvey，2001；Harford等，2009），企业存在最优的负债水平，它们可以通过调整自身的

---

* 本文选自《管理世界》2011年第3期。

作者简介：姜付秀、黄继承，中国人民大学商学院财务与金融系。

基金项目：本文为国家自然科学基金项目（项目编号：70972129、70972130）的阶段性成果。银兴经济研究基金以及中国人民大学研究生科学研究基金项目（项目编号：11XNH086）对本研究也有资助。

负债权益比例使其达到最优水平，从而提高企业的价值和增长率，逐步改善其未来的经营状况（Lööf，2004）。

即使企业存在最优负债水平或在某一时点上恰好处于该水平，在经营发展过程中，由于种种原因，企业不可避免会偏离其最优负债水平。尽管这样，一个以价值最大化为目标的企业不会让其资本结构长期偏离其最优水平，在其动态发展过程中，企业必然会不断调整资本结构，以使它尽量接近最优水平。因此，企业的资本结构表现出对目标或最优水平的偏离—趋近—再偏离—再趋近这一不断循环的动态调整过程。近些年来，动态资本结构决策已成为资本结构领域的一个研究热点，学者们普遍认识到，资本结构是一个不断优化的结果，企业基于外部环境和内部环境的变化，不断适时地对其进行动态调整，以适应内外部环境的改变，在保证企业处于财务安全状态的同时，实现企业价值最大化（姜付秀等，2008）。

在影响企业资本结构决策的外部环境中，制度背景受到了学者们的高度重视，并成为资本结构研究领域的热点话题。已有文献从税收、法律、资本市场发展、所有制等制度方面进行了深入的研究，产生了大量的学术成果，从而极大地丰富和发展了资本结构理论（Rajan 和 Zingales，1995；Booth 等，2001；Fan 等，2010）。

在中国，市场化改革是研究企业行为必须重视的一项重要制度背景。伴随着中国经济的快速发展，市场化改革在不断推进，市场在资源配置方面发挥着越来越重要的作用。因此，鉴于这一状况，最近的一些研究开始从市场化进程的角度，探讨制度背景与企业资本结构的关系。这些研究发现，市场化程度对企业的债务期限结构、信贷资金在国有与非国有企业的配置等方面具有显著的影响（孙铮等，2005；方军雄，2007），进一步拓展了资本结构领域研究的广度。

尽管动态资本结构决策的研究已引起学者们越来越多的关注，而且从市场化进程角度研究制度背景如何影响企业资本结构的文献已开始出现，但是，我们可以发现，一方面，关注资本结构动态调整的文献主要讨论了公司特征、宏观经济情况以及产品市场竞争等因素对资本结构动态调整的决定作用；另一方面，从市场化角度研究资本结构的文献，则主要强调市场化程度对静态资本结构决策的重要作用，没有关注资本结构动态调整问题。基于此，本文尝试从市场化程度及其变化的视角，对市场化进程这一制度背景与资本结构动态调整的关系进行探讨，以期发现市场化进程是否以及如何影响企业资本结构动态调整的经验证据。

众所周知，在计划经济背景下，政府对经济有很强的干预力，银行的贷款决策受到政府影响，而政府也直接或间接地参与企业经营。在这样的情况下，企业融资行为在一定程度上被扭曲，资本结构决策并不完全依照收益与成本的权衡（林毅夫、李志赟，2004；方军雄，2007；Fan 等，2010）。自 20 世纪 90 年代以来，中国市场经济地位逐步确立，市场化进程不断加快，而市场化的最终目标在于通过市场手段对资源进行合理配置，从而必然影响到企业的融资行为，进而对资本结构的动态调整产生影响。我们认为，市场化进程对企业资本结构动态调整的影响至少体现在以下两个方面。

第一，从资本的需求方即企业情况来看，随着市场化进程的不断提高，政府对企业的干预逐渐减少，而随着企业的经营自主性提高，公司内部治理机制也在不断优化，从而导致企业的融资决策更加市场化。已有研究表明，随着国有企业产权改革和经营机制改革的不断进行，国有企业的政策性负担逐步剥离、减轻（邓鸿勋，1997），政府干预的降低导致企业履约成本上升以及预算软约束更加硬化（陈钊，2004；孙铮等，2005）。从公司治理方面来看，市场化改革强化了经理薪酬契约，提高了国有企业经理薪酬与企业业绩的敏感性（辛清泉、谭伟强，2009）。进一步地，市场化进程还决定了国有企业的公司治理结构（夏立军、陈信元，2007）。企业的最优资本结构反映了企业价值与风险的最优匹配，因此，为了应对激烈的市场竞争和降低财务风险，随着企业经营自主性的提高、公司治理机制的改善，我们可以预期，企业将更加关注自身的资本结构，减少偏离目标资本结构的程度，资本结构向目标水平调整的趋势将进一步加强。

第二，从资本的供给方即银行情况来看，市场化进程影响了银行的信贷资金配置，使得企业融资更具有灵活性。随着市场化改革的不断深入，我国金融体制改革也在不断推进。金融改革使得银行的自主性大大提高，银行信贷决策更加市场化，贷款的发放将更多地依据企业的经营绩效、负债水平等硬性因素（林毅夫、李志赟，2005）。同时，近些年来，我国股份制商业银行快速发展，使得企业的融资渠道增加，获得信贷资金的速度更快、更便捷。这为企业资本结构调整创造了良好的供给环境：一方面，如果企业负债率偏高，一旦企业的现金流出现问题，极易导致企业陷入财务危机，面对这种情况，银行对企业的状况也将更加关注，不会轻易增加贷款，甚至有可能缩减已有贷款规模，这时，企业资本结构更可能表现出降低负债率的调整趋势，不断趋向最优水平；另一方面，如果企业的负债率偏低，由于这样的企业财务风险不高，其增加合理水平的负债更容易获得银行的支持，资本的获取更为便利，从而表现为更快的资本结构调整速度和更低的偏离程度。

基于以上分析，本文以沪深证券市场 1999~2008 年的全部 A 股上市公司为研究样本，检验了市场化水平及其变化对中国上市公司资本结构调整的影响。

从资本结构动态调整这一领域已有文献来看，学者们主要围绕着资本结构的调整速度进行研究，如 Flannery 和 Rangan（2006）、Byoun（2008）、Cook 和 Tang（2010），等等。此外，部分文献还从资本结构偏离目标的程度来考察动态资本结构决策（Lööf，2004；Titman 和 Tsyplakov，2007；姜付秀等，2008）。本文认为，调整速度更多地描述了企业资本结构动态调整的过程，而期末公司实际资本结构偏离其目标资本结构的程度可以用来衡量资本结构调整的效果和结果。因此，本文从调整速度和实际资本结构偏离目标资本结构的程度两个方面，对市场化水平及其变化对中国上市公司资本结构调整的影响展开研究。

本文的实证研究表明：首先，在资本结构调整速度方面，市场化程度越高，资本结构的调整速度越快；且从市场化进程的动态角度来看，市场化程度提高得越快，资本结构的调整速度也越快。区分企业性质和负债水平的进一步研究表明，市场化进程与资本结构调整速度的关系并不受企业性质的影响，但该关系在一定程度上受到负债水平的影响，在过度负债的情况下，该关系非常稳健地存在着。

其次，在资本结构偏离程度方面，市场化程度越高，资本结构偏离目标的程度会越低，而且从动态角度看，市场化程度提高得越快，资本结构偏离目标的程度也越低。进一步考察表明，国有企业与非国有企业在市场化进程与资本结构偏离程度之间的关系上并没有显著的差异。但负债水平对该关系有一定的影响，市场化进程对资本结构偏离程度的影响只在过度负债时显著存在。

本研究的贡献主要体现在以下几个方面：第一，拓展了资本结构动态调整的研究框架。在已有研究考察了企业特征、宏观环境、产品市场竞争等因素如何影响资本结构动态调整的基础上，鉴于中国的实践和特殊的制度背景，我们将市场化进程纳入了研究范围，发现市场化进程对企业资本结构动态调整具有重要影响，本文的研究结论拓展了 Jalivand 和 Harris（1984）等学者们所开创的资本结构动态调整这一研究领域。第二，为制度背景影响企业行为提供了新的证据。近些年来，制度背景对企业行为的影响研究为学者们所重视，不同于 Rajan 和 Zingalas（1995）、Booth 等（2001）、孙铮等（2005）、方军雄（2007）等从静态角度研究制度背景对资本结构的影响，本文关注于企业的动态资本结构决策，从市场化程度及其变化两个方面，实证检验了市场化进程这一制度背景对资本结构动态调整的影响，从而深化和补充了该领域的研究。第三，本研究具有较强的政策含义，为我国市场化改革的必要性和正确性提供了新的证据支持，对那些类似于我国情况的发展中国家也具有较强的借鉴价值。同时，本文对于更好地理解现实中企业的资本结构决策具有较强的启示意义。

余文结构安排如下：第二部分对已有的相关文献进行了简要的回顾；第三部分是本文的研究设计；在第四部分，我们分别从动态和静态两个方面，实证检验了市场化进程与资本结构调整速度的关系；在第五部分，研究了市场化进程与实际资本结构偏离目标资本结构程度的关系；第六部分进行了相关的稳健性检验；第七部分是本文的结语。

二、相关文献回顾

企业是否存在目标资本结构是一个充满争议的问题。尽管有一些理论和实证结果不支持目标资本结构的存在，但是，更多的学者倾向于认为企业是存在最优或者目标资本结构的（Titman 和 Wesseles，1988；Rajan 和 Zingales，1995；Graham，1996；Hovakimian 等，2001）。同时，通过对实务界人士的问卷调查，结果也大都表明企业目标资本结构的存在。Graham 和 Harvey（2001）通过对 392 位 CFO 的问卷调查研究发现，在回答问卷的 CFO 中，37%承认有灵活的目标资本结构，34%回答有比较严格的目标资本结构，10%承认有严格的资本结构。就我国企业而言，陆正飞等（2003）对 500 家深交所的上市公司的问卷调查显示，88%的样本公司认为应该设定一个“合理”的目标资本结构。与此类似，李悦等（2007）对中国上市公司的问卷调查研究结果表明，约 90%的公司有灵活或严格的目标负债率。然而，即使企业存在目标资本结构，由于企业的内外部环境以及自身的经营、财务状况是在不断变化的，从而决定了企业的资本结构可能不断地偏离其最优资本结构；而且，企业的最优资本结构水平自身也是处于不断变化之中。在这样的情况下，公司的资本结构是否向目标资本结构调整？如果调整，调整的速度如何？哪些因素影响了资本结构的调整速度？等等，这些问题引起了学者们的极大兴趣。

从动态角度研究企业的资本结构决策，Jalivand 和 Harris（1984）是较早的探索者。他们通过建立部分调整模型，分析了美国公司 1966~1978 年的财务决策，发现企业基于长期财务目标不断调整其财务行为，而且公司规模、利率和股价等因素会影响调整的速度。他们的研究引起了学者们对动态资本结构调整这一领域的关注。

Fischer、Heinkel 和 Zechner（1989）基于 Kane、Marcus 和 McDonald（1984；1985）的研究，首先在理论上发展了动态资本结构模型，并正式强调了资本结构调整成本的重要性。他们的研究表明，只有当调整资本结构的收益（税收收益）大于调整成本（债务发行成本）时，公司才会进行趋近目标资本结构的调整。利用 999 家样本公司 1977~1985 年间的 34 个季度数据，以负债率区间（约八年时间内负债比率最大值与最小值的差异）作为资本结构动态调整的代理变量，他们发现，公司特征对负债率区间具有显著的影响，说明了公司特征影响资本结构动态调整，从而支持了资本结构动态调整是公司特征的函数这一理论预期。

随后，Rajbhandary（1997）以印度企业为样本，对资本结构的动态调整模型进行了估计，同样发现调整成本在公司资本结构决策方面具有重要作用。但是，可能受限于动态模型构建和估计上的困难（王皓、赵俊，2004），在 Jalivand 和 Harris（1984）的开创性研究之后的十多年时间里，这一领域的研究还是比较有限的。

近年来，随着计量经济学在动态面板数据处理方面的不断发展，资本结构动态调整问题再次引起了学者们的极大关注，资本结构动态调整这一领域的文献开始逐步增多。Banerjee、Heshmati 和 Wihlborg（2000）是最早利用动态调整模型和面板模型方法研究资本结构问题的探索者。自此以后，学者们利用不同国家的研究样本，从多个方面对公司的资本结构动态调整问题展开了深入的探讨。

资本结构受企业特征的影响。首先，由于企业普遍存在不同程度的融资约束，在偏离目标资本结构后，那些受到融资约束的企业是否会对资本结构进行调整就不完全取决于它们的意愿，而是取决于它们是否有能力进行调整。Korajczyk 和 Levy（2003）、Faulkender 等（2010）以及洪艺珣和王志强（2010）的研究表明，企业面临的融资约束程度是资本结构调整速度的重要决定因素，面临较强融资约束的企业资本结构调整速度更慢。其次，股东—债权人的利益冲突也影响到企业资本结构决策，由此，Titman 和 Tsyplakov（2007）在内生化投资选择和企业价值的基础上，着重关注了财务困境成本和股东债权人的代理问题，探讨了公司负债率的动态调整能力如何影响公司偏离目标资本结构。他们的研究表明，公司向目标资本结构的调整速度以及偏离目标资本结构的程度受到企业财务困境成本以及能否最大化股东价值或企业价值的影响，那些容易陷入财务困境、股东和债权人利益

冲突不严重的企业，其向目标资本结构的调整速度更快些。最后，公司的资本结构决策受到企业多方面特征的影响，如现金流、股票价格（即市场条件）、负债率水平、是否现金分红、公司规模等公司特征对资本结构调整速度有显著影响（Faulkender 等，2010）。此外，学者们还从股票回报率（Dittmar 和 Thakor，2007）、公司历史的账面债务比率（Liu，2009）、财务预算赤字（Byoun，2008）、公司成长性（连玉君和钟经樊，2007）等方面对资本结构的动态调整进行了研究。

在行业特征方面，Antoniou 等（2002）研究发现，英国、法国、德国的企业向目标资本结构的调整速度主要取决于企业属于制造业还是服务业。姜付秀等（2008）利用中国上市公司的数据研究了产品市场竞争对资本结构动态调整的影响，他们发现，产品市场竞争对资本结构偏离目标的程度有显著影响，无论从静态角度的产品市场竞争，还是从动态角度的产品市场竞争的变化看，产品市场竞争越激烈，资本结构偏离目标的程度越低；但产品市场竞争对资本结构调整速度并没有显著影响。

在宏观经济环境方面，已有研究表明，企业所处的环境对资本结构动态调整有重要影响。Lööf（2004）的研究发现，一国金融结构的规模、资本市场的发展状况以及税收体系对企业调整优化资本结构具有重要影响，具体而言，依赖权益融资（equity dependent）的美国公司偏离最优资本结构水平的幅度较小，而且，与依赖债务融资的瑞典公司相比，美国公司的调整速度更快。但是，对与美国公司具有相似的制度背景的英国公司而言，尽管它们比瑞典公司更加偏离最优资本结构水平，但调整成本却低于瑞典公司。Miguel 和 Pindado（2001）认为，不同国家的制度特征显著影响企业资本结构调整速度，他们的研究表明，西班牙公司的资本结构调整速度比美国公司快，原因是西班牙较高的私人债务比例导致公司的交易成本相对于美国更低。另外，从经济周期角度（Levy 和 Hennessy，2007），以及从宏观经济情况（Cook 和 Tang，2010）所进行的研究表明，经济周期和国家的宏观经济状况对资本结构动态调整具有一定的影响，宏观经济情况较好时，资本结构趋向目标的调整速度更快。

此外，近些年来，我们关注到从制度背景、国家的宏观经济状况研究企业微观行为的文献越来越多，在资本结构领域，学者们从税收、资本市场发展、市场化、经济波动等方面研究了企业的资本结构决策问题（Rajan 和 Zingales，1995；Booth 等，2001；Fan 等，2010；孙铮等，2005；方军雄，2007；苏冬蔚、曾海舰，2009），但是，恰如在问题的提出部分我们所提到的，这些研究更多的是从静态视角进行的，并没有涉及资本结构的动态调整问题。

通过以上对这一领域国内外的研究文献进行梳理可以看出，尽管学者们对资本结构的动态调整及其影响因素进行了一定的探讨，但是，不难发现，目前学者们还没有将市场化与资本结构的动态调整结合起来进行研究。本文试图在这一方面进行一定的尝试。

三、研究设计

（一）实证模型与变量

本文的实证研究过程分为两个部分：首先，建立资本结构的部分调整模型以考察市场化程度对企业资本结构调整速度的影响，其次，利用包含非观测效应的面板模型来检验市场化进程对实际资本结构偏离目标资本结构程度的影响，即从过程与结果两个角度来考察市场化进程与资本结构动态调整的关系。

1. 市场化进程与资本结构调整速度

已有的大量实证研究认为，公司的目标资本结构由公司特征、时间等因素决定，并随着公司内外部环境的改变而不断变化（Flannery 和 Rangan，2006；姜付秀等，2008），因此，我们通过模型（1）来衡量公司的目标资本结构：

$$Lev_{i,t}^{*} = \alpha + \beta X_{i,t-1} + \nu_i \tag{1}$$

其中，$Lev_{i,t}^{*}$ 表示公司 t 年的目标资本结构，向量组 $X_{i,t-1}$ 为实证研究中一般会控制的资本结构决定因素①，包括公司规模、盈利能力、有形资产、成长机会、非债务税盾、负债率行业中位数、年度（虚拟变量）等变量，ν_i 为公司特殊的非观测效应。

在定义了公司目标资本结构以后，我们借鉴 Flannery 和 Rangan（2006）、Byoun（2008）、Cook 和 Tang（2010）等研究，利用部分调整模型来估计企业的资本结构调整速度，通过在标准部分调整模型的基础上引入市场化进程变量，构建了扩展的部分调整模型，以此来考察市场化进程对资本结构调整速度的影响。标准的部分调整模型为：

$$Lev_{i,t} - Lev_{i,t-1} = \delta(Lev_{i,t}^{*} - Lev_{i,t-1}) + \varepsilon_{i,t} \tag{2}$$

其中，$Lev_{i,t}$ 表示 t 年末的资本结构，$Lev_{i,t-1}$ 表示 t 年初的资本结构。结合本文的研究目的，根据 Rajan 和 Zingales（1995）、Flannery 和 Rangan（2006）、Cook 和 Tang（2010）等研究，我们使用有息负债总额/总资产来衡量公司的实际资本结构。

将模型（1）代入模型（2），整理后得到：

$$Lev_{i,t} = (1-\delta)Lev_{i,t-1} + \delta\beta X_{i,t-1} + \nu_i + \varepsilon_{i,t} \tag{3}$$

其中，δ 即为模型估计得到的样本公司每年平均的资本结构调整速度。需要说明的是，Flannery 和 Rangan（2006）、Cook 和 Tang（2010）等研究对部分调整模型在资本结构动态调整方面应用的合理性与有效性提供了理论分析与实证支持，对此，本文不再赘述。

---

① 在目标资本结构的估计方程即模型（1）中，本文同时也考虑了加入市场化程度变量的情况，实证结果表明，无论模型（1）中是否加入市场化程度变量，本文的结论保持不变。后文报告的是模型（1）中未加入了市场化程度的实证结果。

为了考察市场化进程对资本结构调整速度的影响，我们首先按照市场化进程的高低对样本进行分组，进行子样本的回归分析，以比较不同市场化进程下的资本结构调整速度是否存在差异。然后，我们在模型（3）的右边加入了市场化进程 $Market_{i,t-1}$ 以及市场化进程 $Market_{i,t-1}$ 与负债率 $Lev_{i,t-1}$ 的交互项 $Market_{i,t-1} \times Lev_{i,t-1}$，得到扩展的部分调整模型如下：

$$Lev_{i,t} = (1-\delta)Lev_{i,t-1} + \gamma Market_{i,t-1} + \eta Market_{i,t-1} \times Lev_{i,t-1} + \delta\beta X_{i,t-1} + \nu_i + \varepsilon_{i,t} \quad (4)$$

这时，资本结构的调整速度可表示为 $\delta' = \delta - \eta \times Market$，市场化进程变量 $Market_{t-1}$ 在一般情况下为正，如果 η 的符号显著为正，则说明资本结构的调整速度会随着市场化进程的提高而降低，而如果 η 的符号显著为负，则说明随着市场化进程的提高，资本结构调整速度会显著加快。

2. 市场化进程与资本结构偏离目标程度

根据动态资本结构理论（Fischer，Heinkel 和 Zechner，1989；Leary 和 Roberts，2005；Titman 和 Tsyplakov，2007），企业在期初确定当期的目标资本结构，如果期初的资本结构偏离目标资本结构的程度较大，而且进行资本结构调整的收益大于成本，企业将选择进行调整。部分调整模型（Flannery 和 Rangan，2006）认为，平均来看，经过多期的动态调整以后，资本结构将达到最优水平，如 Flannery 和 Rangan（2006）、Byoun（2008）、Cook 和 Tang（2010）等实证研究结果表明，企业调整到最优水平所需的年数均大于 1。在本文的实证检验中，企业年末实际资本结构与当年目标资本结构之间的差距即为我们所定义的偏离程度，它可以用来衡量一年时间内资本结构调整的效果，偏离程度越小，负债水平越接近于最优资本结构，越有利于提高企业价值，即调整的效果越好。

为了检验市场化进程如何影响实际资本结构偏离目标水平的程度，我们建立了以下模型：

$$Dis_{i,t} = \alpha' + \lambda Market_{i,t-1} + \beta' Z_{i,t-1} + \nu_i' + \varepsilon_{i,t}' \quad (5)$$

其中，$Dis_{i,t} = \left|Lev_{i,t} - Lev^*_{i,t}\right|$ 表示 t 年末公司的实际资本结构偏离目标资本结构的绝对程度。市场化进程变量 $Market_{i,t-1}$ 用来检验市场化进程对资本结构偏离程度的影响，如果 $Market_{i,t-1}$ 的回归系数 λ 显著为负，则说明市场化进程越高，资本结构偏离目标的程度越低；如果 λ 显著为正，则说明市场化进程越高，资本结构偏离目标的程度越高。与已有研究一致（姜付秀等，2008），我们控制了影响资本结构偏离目标程度的各种因素，包括公司规模、盈利能力、有形资产、成长机会、非债务税盾、年度（虚拟变量）等变量，用向量组 $Z_{i,t-1}$ 表示，ν_{ti} 为公司特殊的非观测效应。

需要说明的是，关于利用面板数据进行目标资本结构估计的方法，已有文献主要是利用随机效应极大似然估计（RE ML）、随机效应 GLS（RE GLS）和固定效应（FE）三种方法（Flannery 和 Rangan，2006；姜付秀等，2008；Cook 和 Tang，2010）。虽然 3 种方法的前提假设和估计原理各不相同，但是从理论上说，使用不同估计方法得到的实证研究结论应该是一致的。为了证明研究结论的稳健性和比较各种估计可能存在的差异，本文同时使用这三种方法对目标资本结构进行估计，以计算资本结构偏离目标的程度①。

另外，根据已有文献（Hoechle，2007；伍德里奇，2007），面板模型可能存在序列相关、异方差等问题。为了保证估计结果的稳健性，本文在进行面板模型的回归过程中，通过计算稳健的标准误差来确定参数的显著性水平。

研究变量的设计方法及其出处如表 1 所示。

表 1　变量设计

变量名称	变量含义	计算方法
Lev	资本结构	有息负债总额/总资产，其中，有息负债 = 短期贷款 + 应付票据 + 一年内到期的非流动负债 + 应付短期债券 + 长期借款 + 应付债券，借鉴 Cook 和 Tang（2010）、Flannery 和 Rangan（2006）等文献
ΔLev	资本结构的变化	年末的资本结构减年初的资本结构
Size	公司规模	总资产的自然对数
Profit	盈利能力	EBIT/总资产
Tang	有形资产	（固定资产 + 存货）/总资产，借鉴肖泽忠和邹宏（2008）等研究
Tobinq	成长机会*	（年末流通市值 + 非流通股份占净资产的金额 + 长期负债合计 + 短期负债合计）/总资产
Dep	非债务税盾	固定资产折旧/总资产
Median	行业中位数	同一行业公司某年的资本结构中位数
MIndex	市场化指数	来自樊纲等所编制的市场化程度指数
ΔMindex	市场化指数的变化	当年市场化指数减去前一年市场化指数
State	企业性质	用实际控制人类别来划分企业的所有权性质，若为国有控股，则为国有企业，否则为非国有企业
Dis	偏离值	年末资本结构与目标资本结构之差的绝对值

注：* 表示本文分别利用总资产增长率和销售收入增长率来衡量公司的成长机会，研究结论保持不变，为节省篇幅，未报告相关的实证结果。

3. 负债水平的影响

已有研究（Byoun，2008；Faulkender 等，2010）表明，负债水平是影响公司资本结构调整的重要因素，公司在过度负债与负债不足时趋向目标资本结构的调整速度存在显著差异，因此，在对资本结构进行实证研究时，必须考虑到这种非对称性（Faulkender 等，2010）。同时，在现实中，在不同的负债水平上，企业在资本结构调整的动机、迫切性以及可能性等方面可能存在较大的差异。譬如说，那些过度负债的企业，可能将更关注风险，有动机和迫切性去关注企业偏离目标资本结构的程度；而那些负债不足的企业，由于财务风险较小，企业调整资本结构的迫切性可能也就不是很强烈。因此，我们在对市场化进程与资本结构动态调整之间关系进行总体研究的基础上，进一步考察了不同负债水平下

① 随机 Tobit 只能给出假定随机效应为 0 的估计值，因此无法计算出实际资本结构偏离考虑随机效应后的目标资本结构（估计值）的数值，即无法准确得到本文所要研究的偏离程度变量，所以我们未选择随机效应 Tobit 回归。

市场化进程对资本结构调整速度以及偏离目标资本结构程度的影响。

借鉴 Byoun（2008），我们以公司 t 年初的资本结构 $Lev_{i,t}$ 与 t 年的目标资本结构 $Lev^*_{i,t}$ 之差来衡量公司的负债水平，当 $Lev_{i,t}-Lev^*_{i,t}$ 大于零时，说明公司年初的真实负债水平高于当年的目标负债率，公司过度负债；反之，当 $Lev_{i,t}-Lev^*_{i,t}$ 小于零时，表明公司负债不足。

4. 企业性质的影响

中国存在大量政府控股的国有企业，在国有企业与非国有企业中，由于激励机制和约束机制的不同，企业以及经理人的行为具有较大的差异性。一方面，Brandt 和 Li（2003）等文献强调了所有制“金融歧视”即银行信贷资金过多地投放于国有企业，而与非国有企业相比，国有企业面临较严重的预算软约束（钱颖一，1999）；另一方面，非国有企业的薪酬设计更加市场化，而国有企业存在着薪酬管制（陈冬华等，2005），经理激励的强度较弱，所以国有企业经理人对资本结构的优化问题可能关注较弱。因此，企业所有权性质的差异是研究中国上市公司资本结构问题所不能忽视的。本文在对市场化进程与资本结构动态调整进行总体研究的基础上，进一步将全部样本按照企业性质分为国有企业与非国有企业，重新进行了以上的回归分析，以考察市场化进程与资本结构动态调整的关系在不同性质的企业中是否有所不同。

（二）研究样本与描述性统计

本文的研究样本为沪深证券市场 1999~2008 年间的全部 A 股上市公司，市场化程度变量来自樊纲、王小鲁和朱恒鹏所编制的《中国市场化指数——各地区市场化相对进程 2009 年报告》，其余数据全部来源于 CCER 数据库和 CSMAR 数据库。

借鉴已有研究的做法，我们利用以下标准对样本进行了筛选：①剔除了金融类上市公司样本；②剔除了净资产小于 0 的样本；③剔除了相关数据缺失的样本[①]。最后，得到包含 1401 家公司 9716 个观测样本的非平行面板数据，占同一时间段内上市公司样本总量的 87.5%，由此可以看出本文样本的选取具有较好的代表性。

需要说明的是，在计算负债率的行业中位数变量时，我们按照证监会行业分类标准对样本公司进行分类，除制造业采用证监会两位行业代码外，其他行业均采用一位行业代码，最终全部样本分属于 21 个行业。

我们对研究样本的主要变量进行了描述性统计分析，具体结果如表 2 所示。

负债率 Lev 的均值（中位数）为 0.2693（0.2647），Cook 和 Tang（2010）研究表明美国的上市公司 1999~2006 年有息负债比率的均值（中位数）不超过 0.2630（0.2405），而我国上市公司的有息负债中绝大部分属于银行借款，由此可以看出本文样本公司的负债水

① 需要说明的是，由于实证模型中需要用到资本结构的变化值，因此，我们要求每家公司至少包含连续两年的数据。因为本文的回归方程中需要使用滞后项，所以在回归方程中实际包含的观测值数量会减少一年。ΔLev 和 Dis 为 2000~2008 年，其余变量为 1999~2007 年。

表 2 描述性统计

	观测值	中位数	均值	标准差	最小值	最大值
Lev	9716	0.2647	0.2693	0.1574	0.0000	0.6241
ΔLev	9716	0.0061	0.0118	0.0835	–0.5412	0.6167
Size	9716	21.1043	21.2211	0.9648	18.3224	27.3005
Profit	9716	0.0399	0.0382	0.0605	–0.2228	0.1898
Tang	9716	0.4518	0.4583	0.1692	0.0927	0.8405
Tobing	9716	1.0272	1.2224	0.6106	0.4869	3.9047
Dep	9716	0.0205	0.0238	0.0158	0.0006	0.0810
Median	9716	0.2632	0.2689	0.0488	0.0965	0.4274
Mindex	9716	6.8100	6.8904	2.2666	0.0000	11.7100
ΔMindex	9709	0.4800	0.4629	0.4045	–1.1100	1.8700
State	9716	1.000	0.7541	0.4306	0.0000	1.0000
Dis_M	9716	0.0505	0.0653	0.0573	0.0000	0.5921
Dis_R	9716	0.0521	0.0666	0.0573	0.0000	0.5793
Dis_F	9716	0.0497	0.0650	0.0578	0.0000	0.5740

注：由于西藏地区 1999 年市场化指数缺失，导致市场化程度的变化 ΔMindex 观测值减少了 7 个。

平并不算低，银行在企业债务融资中起到了关键性作用。负债率 Lev 的标准差为 0.1574，标准差较大说明负债率分布比较分散。负债率的年度变化值 ΔLev 的均值和中位数分别是 0.0118 和 0.0061，标准差为 0.0835，表明样本公司的负债水平整体上在微弱地增加，但是不同公司间的差异较大。

市场化程度及其变化是本文考察的关键变量，从表 2 可以看出，市场化程度 Mindex 的均值（中位数）为 6.8904（6.8100），标准差为 2.2666，说明总体上看样本公司所在地的市场化程度较高，而且这些公司的地区分布也比较分散。市场化程度的变化值 ΔMindex 的均值和中位数分别是 0.4629 和 0.4800，标准差是 0.4045，这说明样本公司所在地区的市场化程度在不断提高，提高的速度较快但不同地区的差异很明显。其余变量的描述性统计结果详见表 2，这里不再赘述。

四、市场化进程与资本结构调整速度

本部分分别从静态和动态两个角度，即市场化程度及其变化，检验了市场化进程对资本结构调整速度的影响。进一步地，我们将研究样本以企业性质和负债水平分组，分别考察了在不同所有权性质和负债水平下，市场化进程对资本结构调整速度的影响是否存在差异。

(一) 市场化进程对资本结构调整速度的影响

为了得到初步的研究发现，我们首先按市场化程度高低将样本分组[①]，对模型（3）进行分组回归分析，结果如表 3 所示。

表 3　市场化进程对资本结构调整速度的影响

	(1)	(2)	(3)
	市场化程度高	市场化程度低	全样本
Lev	0.5026*** (0.000)	0.5541*** (0.000)	0.6708*** (0.000)
Lev × Mindex			–0.0183*** (0.000)
Mindex			0.0006 (0.798)
Size	0.0290*** (0.000)	0.0284*** (0.000)	0.0215*** (0.001)
Profit	–0.0710*** (0.000)	–0.0534* (0.074)	–0.0645*** (0.006)
Tang	–0.0133 (0.381)	–0.0065 (0.661)	–0.0106 (0.309)
Tobinq	–0.0064* (0.079)	–0.0018 (0.553)	–0.0050* (0.050)
Dep	–0.2696 (0.161)	–0.7208*** (0.000)	–0.4381*** (0.001)
Median	0.2820*** (0.000)	0.2947*** (0.000)	0.3104*** (0.000)
Fixed effects	YES	YES	YES
R–square P–value	0.3473 (0.0000)	0.4436 (0.0000)	0.3965 (0.0000)
Observations	3372	3176	9716

注：被解释变量为下一期的负债率。以上回归均控制了年度效应。括号内为 P 值。*、*** 分别表示在 10%、1%水平上显著。

从表 3 中的（1）和（2）两列可以看出，负债率 Lev 的回归系数分别为 0.5026 和 0.5541，在 1%水平上显著，说明处于市场化程度较高地区的公司，资本结构的调整速度为 0.4974（1–0.5026），而在市场化程度较低地区的公司其资本结构调整速度为 0.4459（1–0.5541），

① 无论是以每年市场化程度高低分组，还是以所有年度市场化程度高低分组，回归分析的结论不变。正文中报告的是以每年市场化程度高低进行分组回归的结果。表 3（表 4）报告了研究样本按市场化程度（市场化程度的变化值）高低分为 3 组后的最高组与最低组的实证结果。根据已有研究（饶品贵、姜国华，2008；Cook 和 Tang，2010），最高组和最低组更有代表性并更具说服力，同时也为了节省篇幅，故省略中间组结果。另外，本文按市场化程度（市场化程度的变化值）高低将样本分为 2 组和 5 组，分别进行了子样本回归分析，结论保持不变。

由此我们可以得出初步的结论，市场化程度越高，资本结构的调整速度越快。

进一步地，为了考察市场化程度对资本结构调整速度的影响，我们对扩展的部分调整模型即模型（4）进行了回归分析，此时，资本结构调整速度的计算公式为 $\delta' = \delta - \eta \times$ Market，其中 η 为负债率和市场化程度交互项的估计系数。从表 3 中的（3）列可以看出，负债率 Lev 和市场化程度 Mindex 的交互项 Lev×Mindex 的回归系数在 1%水平显著为负，这说明市场化程度越高（Mindex 越大），资本结构的调整速度越快（δ 越大）。从控制变量上看，绝大部分变量回归系数的方向和显著性程度均与 Flannery 和 Rangan（2006）等研究的结果一致，这说明模型的设定是比较合理的。

（二）市场化程度变化对资本结构调整速度的影响

在从静态角度检验了市场化进程与资本结构调整速度的关系之后，我们从动态角度，研究市场化程度的变化对资本结构调整速度的影响。回归分析的方法和步骤与上文从静态角度的研究一致，具体的回归结果如表 4 所示。从表 4 中的（1）列和（2）列可以看出，负债率 Lev 的回归系数分别为 0.5026 和 0.5711，且在 1%水平上显著，说明处于市场化程度提高较快地区的公司，资本结构的调整速度为 0.4974，而在市场化程度提高比较缓慢地区的公司，其资本结构调整速度为 0.4289，从而表明市场化程度提高得越快，资本结构的调整速度越快。

表 4　市场化程度的变化对资本结构调整速度的影响

	(1)	(2)	(3)
	市场化提高快	市场化提高慢	全样本
Lev	0.5026*** (0.000)	0.5711*** (0.000)	0.5676*** (0.000)
Lev × ΔMindex			−0.0489*** (0.002)
ΔMindex			0.112*** (0.003)
Size	0.0331*** (0.000)	0.0338*** (0.000)	0.0213*** (0.000)
Profit	−0.0158 (0.689)	−0.0543** (0.026)	−0.0676*** (0.000)
Tang	−0.0328* (0.090)	0.0017 (0.877)	−0.0117** (0.037)
Tobinq	−0.0010 (0.842)	−0.0085* (0.066)	−0.0044 (0.125)
Dep	−0.2131** (0.013)	−0.3050*** (0.000)	−0.4344*** (0.000)
Median	0.3482*** (0.000)	0.2779*** (0.000)	0.3156*** (0.000)
Fixed effects	YES	YES	YES

续表

	(1)	(2)	(3)
	市场化提高快	市场化提高慢	全样本
R-square P-value	0.3830 (0.0000)	0.4598 (0.0000)	0.3944 (0.0000)
Observations	3258	3296	9709

注：被解释变量为下一期的负债率。以上回归均控制了年度效应。括号内为 P 值。*、**、*** 分别表示在 10%、5%、1%水平上显著。由于西藏地区 1999 年市场化指数缺失，导致 ΔMindex 观测值减少，所以样本量相对表 9 减少了 7个。

为了考察市场化程度的变化对资本结构调整速度的影响，我们利用模型（4）进行了回归分析。从第（3）列可以看出，负债率 Lev 和市场化程度的变化值 ΔMindex 的交互项 Lev × ΔMindex 的回归系数在 1%水平显著为负，这说明市场化程度提高得越快，资本结构的调整速度也越快。

（三）市场化进程与资本结构调整速度：负债水平的影响

为了检验市场化进程与资本结构调整速度之间的关系是否受负债水平的影响，借鉴 Byoun（2008），我们将样本按年初实际资本结构与当年目标资本结构的差异，分为过度负债组与负债不足组，分别考察了不同负债水平下市场化进程对资本结构调整速度的影响，回归结果如表 5 所示。

表 5　市场化进程的变化对资本结构调整速度的影响：不同负债水平

	静态市场化进程			动态市场化进程	
	过度负债组	负债不足组		过度负债组	负债不足组
Lev	0.5639*** (0.000)	0.6328*** (0.000)	Lev	0.3921*** (0.000)	0.4046*** (0.000)
Lev × Mindex	-0.0305*** (0.002)	-0.0328*** (0.002)	Lev × Mindex	-0.0523*** (0.002)	-0.0137 (0.305)
Mindex	-0.0027 (0.454)	0.0106*** (0.002)	Mindex	0.0094** (0.036)	0.0055 (0.127)
Size	0.0493*** (0.000)	0.0252*** (0.000)	Size	0.0457*** (0.000)	0.0250*** (0.000)
Profit	-0.2383*** (0.000)	-0.0107 (0.756)	Profit	-0.2370*** (0.000)	-0.0128 (0.742)
Tang	0.0072 (0.327)	-0.0177* (0.078)	Tang	0.0045 (0.510)	-0.0184* (0.060)
Tobinq	-0.0022 (0.327)	-0.0056 (0.205)	Tobinq	-0.0013 (0.511)	-0.0053 (0.181)
Dep	-0.7941*** (0.000)	-0.2427 (0.379)	Dep	-0.7663*** (0.000)	-0.2794 (0.311)

续表

	静态市场化进程			动态市场化进程	
	过度负债组	负债不足组		过度负债组	负债不足组
Median	0.4068***	0.4408***	Median	0.4286***	0.4293***
	(0.000)	(0.000)		(0.000)	(0.000)
Fixed effects	YES	YES	Fixed effects	YES	YES
R-square	0.2461	0.2614	R-square	0.2374	0.2560
P-value	(0.0000)	(0.0000)	Prob>F/chiz	(0.0000)	(0.0000)
Observations	4881	4835	Observations	4880	4829

注：被解释变量为下一期的负债率。以上回归均控制了年度效应。括号内为 P 值。*、**、*** 分别表示在 10%、5%、1%水平上显著。过度负债与负债不足的划分用前文的三种估计方法（RE ML，REGLS，FE）得出结果一致，表 6 中报告的是以 FE 估计的目标资本结构来划分过度负债组和负债不足组。

从静态市场化进程角度看，在过度负债组和负债不足组中，市场化程度 Mindex 的交互项 Lev × Mindex 的回归系数分别为–0.0305 和–0.0328，且都在 1%水平上显著，这说明，无论企业是处于过度负债还是负债不足，市场化程度对资本结构的调整速度都有显著的正向影响，且影响的大小无很明显的差异，也就是说，市场化程度对提高企业资本结构调整速度的作用并不受负债水平的影响。

在动态市场化进程方面，从回归结果可以看出，当企业过度负债时，市场化进程与负债率交互项的系数显著为负，这说明市场化程度提高越快，资本结构调整速度越快。而在企业负债不足时，市场化进程与负债率交互项的系数为负但并不显著，说明当企业负债水平较低时，市场化进程提高的速度对资本结构调整速度的影响不显著。

（四）市场化进程与资本结构调整速度：企业性质的影响

为了考察市场化进程与资本结构调整速度之间正相关关系在不同性质的企业中是否有所不同，我们将全部样本按照企业性质分为国有企业与非国有企业，重新进行了以上的回归分析，回归结果见表 6。

表 6　市场化程度的变化对资本结构调整速度的影响：国有与非国有

	静态市场化进程			动态市场化进程	
	国有企业	非国有企业		国有企业	非国有企业
Lev	0.6081***	0.7532***	Lev	0.5490***	0.5327***
	(0.000)	(0.000)		(0.000)	(0.000)
Lev × Mindex	–0.0117***	–0.0349***	Lev × ΔMindex	–0.0368**	–0.0854**
	(0.016)	(0.000)		(0.013)	(0.025)
Mindex	–0.0039	0.0091	ΔMindex	0.0102***	0.0143
	(0.124)	(0.102)		(0.006)	(0.102)
Size	0.0234***	0.0117	Size	0.0233***	0.0103
	(0.000)	(0.225)		(0.000)	(0.191)

续表

	静态市场化进程			动态市场化进程	
	国有企业	非国有企业		国有企业	非国有企业
Profit	-0.0269	-0.1245**	Profit	-0.0230**	-0.1287***
	(0.334)	(0.011)		(0.010)	(0.000)
Tang	0.0071	-0.0348	Tang	0.0071	-0.03480*
	(0.566)	(0.158)		(0.294)	(0.050)
Tobinq	-0.0071**	0.0017	Tobinq	-0.0060***	0.0021
	(0.033)	(0.738)		(0.006)	(0.752)
Dep	-0.6965***	0.5578	Dep	-0.6820***	0.5060**
	(0.000)	(0.108)		(0.000)	(0.049)
Median	0.3068***	0.2733***	Median	0.3188***	0.2860***
	(0.000)	(0.003)		(0.000)	(0.000)
Fixed effects	YES	YES	Fixed effects	YES	YES
R-square	0.3906	0.3436	R-square	0.3886	0.3392
P-value	(0.0000)	(0.0000)	Prob > F/Chi2	(0.0000)	(0.0000)
Observations	7326	2390	Observations	7322	2387

注：被解释变量为下一期的负债率。以上回归均控制了年度效应。括号内为 P 值。*、**、*** 分别表示在 10%、5%、1%水平上显著。由于西藏地区 1999 年市场化指数缺失，导致 ΔMindex 观测值减少。

从市场化进程的静态角度来看，在国有企业和非国有企业中，资本结构调整速度均与市场化程度显著正相关，市场化程度越高，调整速度越快；同时，从市场化程度的影响大小来看，市场化进程对资本结构调整速度的影响在非国有企业中（-0.0349）的作用几乎是国有企业（-0.0117）的 3 倍。对应地，从市场化进程的动态角度来看，在国有企业和非国有企业中，资本结构调整速度均与市场化程度的变化值显著正相关，即市场化程度提高得越快，资本结构的调整速度就越快；在市场化进程影响力大小方面，市场化程度的提高对资本结构调整速度的影响在非国有企业中（-0.0854）的作用也大于在国有企业中（-0.0368）的作用，前者是后者的 2.3 倍。以上结果说明，尽管市场化进程对非国有企业的影响要大于对国有企业的影响，但是，企业的产权性质并没有影响到市场化与资本结构动态调整之间关系的存在性。

五、市场化进程与资本结构偏离程度

从上文的分析可以发现，无论从静态还是动态角度，市场化进程与资本结构调整速度之间存在显著的正相关关系，即从资本结构调整的过程来看，市场化程度越高，资本结构调整速度越快。进一步地，为了从动态调整的结果来检验市场化进程对资本结构调整的影响，我们将从静态和动态两个方面，分别检验市场化进程对实际资本结构偏离目标资本结构的程度的影响。

（一）市场化进程对资本结构偏离程度的影响

我们首先以实际资本结构偏离目标资本结构的绝对值为因变量，对模型（5）进行了回归分析，以检验市场化程度对资本结构偏离目标绝对程度的影响，具体结果如表7所示。需要说明的是，模型的Hausman检验拒绝了公司随机效应假设，F统计量检验拒绝混合效应假设，所以我们使用公司固定效应模型进行模型（5）的回归分析①。

表7 市场化进程对资本结构偏离水平的影响

	(1)	(2)	(3)
	Dis_M	Dis_R	Dis_F
Mindex	-0.0026** (0.010)	-0.0025** (0.013)	-0.0030*** (0.002)
Size	-0.0140*** (0.000)	-0.0135*** (0.000)	-0.0165*** (0.000)
Profit	-0.1155*** (0.000)	-0.1204*** (0.000)	-0.1100*** (0.000)
Tang	-0.0132 (0.177)	-0.0133 (0.155)	-0.0152 (0.113)
Tobinq	0.0045*** (0.038)	0.0049** (0.024)	0.0050** (0.049)
Dep	-0.2609*** (0.004)	-0.2695*** (0.003)	-0.2938*** (0.000)
Fixed effects	YES	YES	YES
R-square P-value	0.0581 (0.0000)	0.0556 (0.0000)	0.0592 (0.0000)
Observations	9716	9716	9716

注：被解释变量为资本结构偏离的绝对值。以上回归均控制了年度效应。括号内为P值。*、**、***分别表示在10%、5%、1%水平上显著。

从表7的回归结果看，模型（5）的回归系数在3种不同估计方法（RE ML、RE GLS和FE）得到的目标资本结构下只有细微的差异，回归系数的大小和显著性水平高度一致，因此本文得到的市场化程度与资本结构偏离程度之间的关系是非常稳健的。我们以第（3）列为例对回归结果进行说明，市场化程度Mindex的回归系数显著为负（-0.0030，p值为0.002），说明市场化程度越高，资本结构偏离目标的程度越低。

从控制变量来看，公司规模Size、盈利能力Profit、非债务税盾Dep的回归系数显著为负，说明公司的规模越大、盈利能力越强、非债务税盾越大，则资本结构偏离目标的绝

① 在本文所涉及的不同样本下，我们对模型（5）的检验表明研究数据均符合固定效应假设，因此，本文对模型（5）选择的估计方法均为固定效应。

对程度越低。成长机会 Tobinq 的系数显著为正，说明企业成长机会越大资本结构偏离目标的程度越高，可能的原因是快速成长的公司往往需要大量的外部资金，从而呈现出快速借贷的趋势，公司可能更多地表现为偏离目标资本结构。有形资产变量 Tang 的回归系数为负但并不显著，说明企业的抵押能力对资本结构偏离程度不具有显著的影响。

（二）市场化程度变化对资本结构偏离程度的影响

在从静态角度考察了市场化程度与资本结构偏离目标程度的关系之后，我们从动态角度，检验了市场化程度的变化对资本结构偏离目标程度的影响。回归分析的方法与控制变量的选取均与静态角度的研究一样。

表 8 为市场化程度的变化对资本结构偏离水平绝对值进行的回归结果。从回归结果看，市场化程度的变化值 ΔMindex 的回归系数显著为负，这说明市场化程度越高越快，资本结构偏离目标资本结构的程度越低。控制变量对偏离程度的影响与表 7 基本一致，不再赘述。

表 8 市场化程度的变化对资本结构偏离水平的影响

	(1)	(2)	(3)
	Dis_M	Dis_R	Dis_F
ΔMindex	−0.0062*** (0.000)	−0.058*** (0.000)	−0.0061*** (0.000)
Size	−0.0139*** (0.000)	−0.0134*** (0.000)	−0.0165*** (0.000)
Profit	−0.1156*** (0.000)	−0.1206*** (0.000)	−0.1103*** (0.000)
Tang	−0.0124 (0.210)	−0.0125 (0.184)	−0.0144 (0.140)
Tobinq	0.0045** (0.034)	0.0049** (0.021)	0.0050** (0.045)
Dep	−0.2512*** (0.000)	−0.2602*** (0.000)	−0.2819*** (0.000)
Fixed effects	YES	YES	YES
R−square P−value	0.0576 (0.0000)	0.0551 (0.0000)	0.0583 (0.0000)
Observations	9709	9709	9709

注：被解释变量为资本结构偏离的绝对值。以上回归均控制了年度效应。括号内为 P 值。*、**、*** 分别表示在 10%、5%、1%水平上显著。

（三）市场化进程对资本结构偏离程度的影响：负债水平的影响

与前文一样，在从总体上检验了市场化进程对资本结构偏离目标程度的影响之后，我们进一步考虑了不同负债水平下，市场化进程对资本结构偏离程度的影响。

从表 9 可以看出，在过度负债组中，市场化程度和市场化程度变化值的回归系数均显著为负，这说明，动态和静态的市场化进程均对资本结构偏离目标资本结构的程度具有显著的负向影响，市场化进程越高，偏离程度越小。而且，在不同方法估计的目标资本结构条件下，市场化进程回归系数的大小和显著性水平高度一致。因此，在企业过度负债时，市场化进程与资本结构偏离程度之间的负相关关系是非常稳健的。

表 9　市场化进程对资本结构偏离水平的影响：不同负债水平

	过度负债组			负债不足组		
	(1)	(2)	(3)	(4)	(5)	(6)
	Dis_M	Dis_R	Dis_F	Dis_M	Dis_R	Dis_F
静态						
Mindex	−0.0057***	−0.0061***	−0.0071***	0.0018	0.0018	0.0016
	(0.000)	(0.000)	(0.000)	(0.214)	(0.345)	(0.231)
Control Variables	已控制	已控制	已控制	已控制	已控制	已控制
R-square	0.0670	0.0610	0.0815	0.0669	0.0708	0.0548
Observations	4919	4893	4881	4797	4823	4835
动态						
ΔMindex	−0.0080*	−0.0073*	−0.0083**	−0.0014	−0.0002	−0.0005
	(0.055)	(0.059)	(0.014)	(0.318)	(0.910)	(0.754)
Control Variables	已控制	已控制	已控制	已控制	已控制	已控制
R-square	0.0647	0.0586	0.0778	0.0666	0.0705	0.0545
Observations	4918	4892	4880	4791	4817	4829

注：被解释变量为资本结构偏离其目标资本结构的绝对值。***、**、* 分别表示在 10%、5%、1%水平上显著。控制变量的选择与表 7 完全相同，为节省篇幅不再详细报告。过度负债组与负债不足组的划分标准为前文的 3 种估计方法（RE ML，REGLS，FE）得出的目标资本结构。

而在负债不足组中，无论是从动态还是静态考察，市场化进程变量的回归系数并不显著，说明当企业的实际负债水平低于目标负债水平时，市场化进程对资本结构偏离目标的程度没有显著的影响。

（四）市场化进程变化对资本结构偏离程度的影响：企业性质的影响

我们将样本按照企业性质分为国有企业与非国有企业，重新进行了以上的回归分析，以考察市场化进程与资本结构偏离程度之间关系在不同性质企业中是否有所不同。实证结果详见表 10。

从表 10 可以看出，无论是国有企业还是非国有企业，市场化程度 Mindex 及其变化 ΔMindex 的回归系数都显著为负，这说明从静态和动态两个方面来看，市场化进程与资本结构偏离水平的负相关关系在不同产权性质的企业中都显著存在。从回归系数的大小来看，市场化程度以及市场化程度的变化对资本结构偏离程度的影响，在国有企业和非国有企业中没有非常明显的差异。

表 10 市场化进程对资本结构偏离水平的影响：国有与非国有

	国有企业			非国有企业		
	(1)	(2)	(3)	(4)	(5)	(6)
	Dis_M	Dis_R	Dis_F	Dis_M	Dis_R	Dis_F
静态						
Mindex	-0.0038***	-0.0034***	-0.0043***	-0.0033***	0.0032***	-0.0034***
	(0.000)	(0.000)	(0.000)	(0.006)	(0.00)	(0.003)
Control Variables	已控制	已控制	已控制	已控制	已控制	已控制
R-square	0.0574	0.0523	0.0610	0.0573	0.0531	0.0554
Observations	7326	7326	7326	2390	2390	2390
动态						
ΔMindex	-0.0064***	-0.0059***	-0.0062***	-0.0055**	-0.0053**	-0.0060**
	(0.000)	(0.000)	(0.000)	(0.025)	(0.041)	(0.034)
Control Variables	已控制	已控制	已控制	已控制	已控制	已控制
R-square	0.0608	0.0588	0.0626	0.0567	0.0521	0.0548
Observations	7322	7322	7322	2387	2387	2387

注：被解释变量为资本结构偏离其目标资本结构的绝对值。控制变量的选择与表 7 完全相同，为节省篇幅不再详细报告。***、**、* 分别表示在 10%、5%、1%水平上显著。

六、稳健性检验

此外，我们还进行了如下的稳健性检验。

（1）对于目标资本结构的衡量，Byoun（2008）在研究资本结构动态调整时认为，t 年的目标资本结构除了用 t－1 年的企业内外部环境特征变量来衡量外，还可以用 t 年的特征变量来衡量，因此，本文将模型（1）、模型(3)、模型（4）中的 X_{t-1} 用 X_t 替换，重新进行了回归分析，研究结论保持不变。

（2）对于市场化进程变量，本文在回归方程中使用的是 t－1 年的市场化程度及其变化，为了保证结论的稳健性，根据已有文献（孙铮等，2005；方军雄，2007），我们将模型（4）与模型（5）中市场化进程 t－1 年的指标 $Market_{t-1}$ 用 t 年的指标 $Market_t$ 替换（由于没有 2008 年的市场化程度数据，因此，此时需要剔除 2008 年的研究样本），重新进行了相关的实证分析，结论保持不变。

限于篇幅，具体的结果没有列示。

七、结语

市场化进程对公司的资本结构决策具有重要的影响，尽管从市场化视角研究资本结构的文献已经出现，动态资本结构的研究也是近些年来财务领域的一个研究热点，但是，从市场化视角研究资本结构动态调整的文献还非常罕见。本文以 1999~2008 年间的中国上市公司为研究样本，实证检验了市场化进程是否以及如何影响企业的资本结构动态调整，这种影响在不同产权性质和负债水平的企业中是否存在差异。

研究发现，在资本结构调整速度方面，市场化进程对公司的资本结构调整速度有显著的正向影响，具体地，市场化程度越高，资本结构的调整速度越快，而且从市场化进程的动态角度来看，市场化程度提高越快，资本结构的调整速度也越快。进一步地，我们还发现，市场化进程与资本结构调整速度的正相关关系并不受企业性质的影响；而从负债水平来看，市场化进程对资本结构调整速度的影响，在企业过度负债时更为稳健地存在。

在资本结构偏离目标的程度方面，总体来看，市场化进程与公司实际资本结构偏离目标资本结构的程度显著负相关，即市场化程度越高，公司资本结构偏离目标的程度越低，且从动态角度看，市场化程度提高得越快，资本结构偏离目标的程度也越低。同时，市场化进程对资本结构偏离目标程度的负向作用并不受企业性质的影响，这种作用在国有企业与非国有企业中都显著存在。但是，从负债水平来看，市场化进程对资本结构偏离程度的影响只在实际资本结构大于目标资本结构时显著存在。

本文的研究发现不仅丰富了资本结构理论，并为制度背景影响企业行为提供了新的证据；同时，具有较强的政策含义，为我国市场化改革的必要性和正确性提供了新的证据支持，对于更好地理解现实中企业的资本结构决策具有较强的启示意义。另外，对那些类似于我国情况的发展中国家也具有较强的借鉴价值。

参考文献：

[1] 陈钊. 经济转轨中的企业重构：产权改革与放松管制 [M]. 上海人民出版社，2004.

[2] 邓鸿勋. 关于国有企业“三年走出困境”的思考 [J]. 管理世界，1997 (6).

[3] 方军雄. 所有制、制度环境与信贷资金配置 [J]. 经济研究，2007 (12).

[4] 洪艺珣，王志强. 资金缺口、调整成本与资本结构动态调整实证研究 [D]. 工作论文，2010.

[5] 姜付秀，屈耀辉，陆正飞，李焰. 产品市场竞争与资本结构动态调整 [J]. 经济研究，2008 (4).

[6] 李悦，熊德华，张峥，刘力. 公司财务理论与公司财务行为——来自 167 家中国上市公司的证据 [J]. 管理世界，2007 (11).

[7] 连玉君，钟经樊. 中国上市公司资本结构动态调整机制研究 [J]. 南方经济，2007 (1).

[8] 林毅夫，李志赟. 政策性负担、道德风险与预算软约束 [J]. 经济研究，2004 (2).

[9] 林毅夫，李志赟. 中国的国有企业与金融体制改革 [J]. 经济学（季刊），2005 (3).

[10] 陆正飞，高强. 中国上市公司融资行为研究——基于问卷调查的分析 [J]. 会计研究，2003 (10).

[11] 苏冬蔚，曾海舰. 宏观经济因素与公司资本结构变动 [J]. 经济研究，2009 (12).

[12] 孙铮，刘凤委，李增泉. 市场化程度、政府干预与企业债务期限结构 [J]. 经济研究，2005 (5).

[13] 王皓，赵俊. 资本结构动态调整模型 [J]. 经济科学，2004 (3).

[14] 夏立军，陈信元. 市场化进程、国企改革策略与公司治理结构的内生决定[J]. 经济研究，2007 (7).

[15] 辛清泉，谭伟强. 市场化改革、企业业绩与国有企业经理薪酬 [J]. 经济研究，2009 (11).

[16] Banerjee, H., A. Heshmati and C. Wihlborg. The Dynamics of Capital Structure [D]. Stockolm School of Economics Working Paper Series in Economics and Finance, 2000.

[17] Booth, L., V. Aivazian, A. Demirguc-Kunt, and V. Maksimovic. Capital Structures in Developing Countries [J]. Journal of Finance, 2001 (56): 87-130.

[18] Byoun, S. How and When Do Firms Adjust Their Capital Structures toward Targets [J]. Journal of Finance, 2008 (63): 3069-3096.

[19] Cook, D. and T. Tang. Macroeconomic Conditions and Capital Structure Adjustment Speed [J]. Journal of Corporate Finance, 2010 (16): 73-87.

[20] DeAngelo, H. and R. Masulis. Optimal Capital Structure under Corporate and Personal Taxation [J]. Journal of Financial Economics, 1980 (8): 3-29.

[21] Dittmar, A. and A. Thakor. Why Do Firms Issue Equity [J]. Journal of Finance, 2007 (62): 1-54.

[22] Fan, J., G. Twite and S. Titman. An International Comparison of Capital Structure and Debt Maturity Choices [D]. Working Paper, 2010.

[23] Faulkender, M., M. Flannery, K. Hankins and J. Smith. Transaction Costs and Capital Structure Adjustments [D]. Working Paper, 2010.

[24] Fischer, E., R., Heinkel and J., Zechner. Dynamic Capital Structure Choice: Theory and Tests [J]. Journal of Finance, 1989 (46): 297-355.

[25] Flannery, M. and K. Rangan. Partial Adjustment toward Target Capital Structures [J]. Journal of Financial Economics, 2006 (79): 469-506.

[26] Graham, J. and Harvey, C. The Theory and Practice of Corporate Finance: Evidence from the Field [J]. Journal of Financial Economics, 2001 (60): 187-243.

[27] Graham, J. Debt and the Marginal Tax Rate[J]. Journal of Financial Economics, 1996 (41): 41-74.

[28] Harford J., Klasa S. and Walcott N. Do Firms Have Leverage Targets? Evidence from Acquisitions [J]. Journal of Financial Economics, 2009 (93): 1-14.

[29] Hovakimian, A., T. Opler and S. Titman. The Debt-equity Choice, an Analysis of Issuing Firms [J]. Journal of Financial and Quantitative Analysis, 2001 (36): 1-24.

[30] Jalivand, A. and R. Harris. Corporate Behavior in Adjustment to Capital Structure and Dividend Targets, An Econometric Study [J]. Journal of Finance, 1984 (39): 127-145.

[31] Kraus, A. and R., Litzenberger. A State-performance Model of Optimal Financial Leverage [J]. Journal of Finance, 1973 (28): 911-922.

[32] Korajczyk, R. and A. Levy. Capital Structure Choice, Macroeconomic Conditions and Financial Constraints [J]. Journal of Financial Economics, 2003 (68): 75-109.

[33] Leary, M. and M. Roberts. Do Firms Rebalance Their Capital Structures [J]. Journal of Finance, 2005 (60): 2575-2619.

[34] Levy, A. and C. Hennessy. Why does Capital Structure Choice Vary with Macroeconomic Conditions [J]. Journal of Monetary Economics, 2007 (54): 1545-1564.

[35] Liu, L. Historical Market-to-book in a Partial Adjustment Model of Leverage [J]. Journal of Corporate Finance, 2009 (15): 602-612.

[36] Lööf, H. Dynamic Optimal Capital Structure and Technical Change [J]. Structural Change and Economic Dynamics, 2004 (15) 449-468.

[37] Miguel, A. and J. Pindado. Determinants of Capital Structure, New Evidence from Spanish Panel Data [J]. Journal of Corporate Finance, 2001 (7): 77-99.

[38] Modigliani, F. and M., Miller. The Cost of Capital, Corporation Finance and the Theory of Investment [J]. American Economics Review, 1958 (48): 261-297.

[39] Rajan, R. and L. Zingales. What Do We Know about Capital Structure? Some Evidence from International Data [J]. Journal of Finance, 1995 (50): 1421-1460.

[40] Rajbhandary, A. Capital Structure of Firms in Developing Countries, Results for India [C]. Unpublished Manuscript, 1997.

[41] Scott, J. H. A Theory of Optimal Capital Structure [J]. Bell Journal of Economics, 1976 (7): 33-54.

[42] Titman, S. and S. Tsyplakov. A Dynamic Model of Optimal Capital Structure [J]. Review of Finance, 2007, 11 (3): 401-451.

[43] Titman, S. and R. Wessels. The Determinants of Capital Structure Choice [J]. Journal of Finance, 1988 (43): 1-18.

Research on Market Liberalization and the Dynamic Adjustment of Capital Structure

Jiang Fuxiu, Huang Jicheng

(Business School of Renmin University of China, Beijing 100872, China)

Abstract: In this paper, we based on the data of Chinese listed companies in the Shanghai and Shenzhen stock market from 1999 to 2008, theoretically analyzes and empirically examines the influence of market liberalization have on the dynamic adjustment of capital structure. The results show that: the higher the degree of market liberalization, the capital structure adjust more quickly, and from the dynamic view of market liberalization, the more quickly the degree of market liberalization improved, the capital structure adjustment speed is faster; the higher the degree of market liberalization, the degree capital structure deviates from the target capital structure will be lower, and from the dynamic view, the result is the same. Considering corporate property rights difference and the level of debt, we find: the relationship between the degree of market liberalization and the dynamic adjustment of capital structure is not influenced by the corporate property rights difference; but the relationship is different in different debt levels, and when debt level is high, the relationship is more robustly significant.

Key Words: market liberalization; capital structure; dynamic adjustment

第二节

英文期刊论文精选

Title: Is Management Quality Value Relevant?

Periodical: Journal of Business Finance & Accounting

Author: Vineet Agarwal, Richard Taffler, Mike Brown

Date: November/December 2011

Abstract: A number of studies have addressed the issue of whether there is a relationship between quality of management (management reputation) and firm performance. However, findings are conflicting, with the relationship between management reputation and future stock returns variously positive, neutral and negative. This paper tests the relationship between quality of management and firm performance. In particular, it directly addresses a number of new issues: (i) is good management associated with lower cost of equity? (ii) do super normal profitsp ersist longer in the case of better managed firms? (iii) does good management have any influence on market value? (iv) are our results robust to potential endogenous relationships between our variables?

Using a unique database of management quality ratings over a 17 year period, we find that while good management appears to be associated with lower subsequent market returns, this is entirely consistent with an informationally efficient market. Quality of management is value relevant in that better managed firms have lower cost of equity, more stable earnings, higher profitability that persists over time, and higher market valuations using the Ohlson (1995 and 2001) method. In addition, we find our results are very unlikely to be driven by the potentially endogenous relationship between prior earnings and stock price performance and market value. In summary, good management is appropriately priced by the market. While well managed firms are "good firms", contrary to the belief of many market participants their stocks perform no better than those of poorly managed firms.

Key Words: cost of equity; expected returns; management reputation; resource based view; Management Today; efficient market hypothesis

文章名称：管理质量与企业价值相关吗？

期刊名称：《企业财务与会计》

作者：文尼特·阿加沃，理查德·塔夫勒，迈克·布朗

出版时间：2011 年 11/12 月

内容摘要：尽管许多研究都探讨了管理质量（管理声誉）与企业绩效之间的关系，但得出的结论却不尽相同。部分学者认为管理层的声誉与未来股票回报率之间存在正向关系，也有学者对此持中立态度，还有人对此表示反对。本文继续对这一问题进行深入探讨，特别是直接研究了以下新问题：①较好的企业管理是否与较低的权益成本相关；②超额利润是否在管理更优秀的企业中持续时间更长；③良好的管理是否会影响企业市场价值；④本文结论是否受变量之间潜在的内生性关系影响。

利用管理质量评价数据库（该数据库包含超过 17 年连续有效的数据），我们研究发现，只有在完全信息市场条件下，良好的企业管理才与较低的后续市场回报相关。管理质量与企业价值相关，即具有更优管理的企业其权益成本会更低，收益更加稳定，高收益持续的时间更长，在奥尔森模型（1995 和 2001）下企业的价值也更高。此外，我们发现本文研究结果与变量之间潜在的内生性关系不相关。总体而言，管理良好的企业能够获得市场更高的估值，虽然这样的企业是“好企业”，但是投资于管理好的企业，其股票的市场表现却并不比投资于管理差的企业强，这与很多股票持有者的观点相反。

关键词：权益成本；期望收益；管理声誉；资源基础理论；现代管理；有效市场假说

Title: The contribution of stock repurchases to the value of the firm and cash holdings around the world

Periodical: Journal of Corporate Finance

Author: In-Mu Haw, Simon S.M. Ho, Bingbing Hu, Xu Zhang

Date: February 2011

Abstract: Despite the growing importance of stock repurchases as a payout method, international research on stock repurchases is sparse. Given the high degree of institutional variation across countries, what we know about stock repurchases in the U.S. may not be generalizable elsewhere. As an attempt to fill in the void, this study investigates the contribution of stock repurchases to the value of the firm and cash holdings using a multinational sample. Specifically, the objectives of our study are threefold. First, we investigate how stock repurchases are valued across countries with different investor protection environments. Second, we examine the relative contributions of stock repurchases and dividends to firm value in countries with varying investor protection institutions. Third, we examine how stock repurchases contribute to the value of cash in countries with different investor protection environments.

Using corporate payout data from 33 economies, this study investigates the contribution of stock repurchases to the value of the firm and cash holdings in different country-level investor protection environments. We find that stock repurchases contribute more to firm value in countries with strong investor protection than in countries with weak investor protection. We also report that dividends contribute approximately 60% more to firm value than repurchases in countries with weak investor protection. Furthermore, as the proportion of repurchases in total payouts increases, the marginal value of cash increases in countries with strong investor protection, whereas it declines in countries with weak investor protection. In a poor investor protection environment, the marginal value of cash for a firm that makes 100% of its payouts via repurchases is 12 cents lower than that for a firm that distributes 100% of its payouts via dividends. Overall, our findings highlight that stock repurchases are less effective than dividends in mitigating agency problems associated with free cash flow in countries with poor investor protection.

Key Words: stock repurchases, dividends, firm value, cash holdings, investor protection institutions

文章名称： 全球股份回购对公司价值和现金持有的影响

期刊名称：《公司财务》

作者： 霍仁茂，西蒙·S.M.豪，胡兵兵，张旭

出版时间： 2011 年 2 月

内容摘要： 尽管股份回购作为一种支付方法的重要性日益增加，但股份回购的相关国际研究却很少。由于不同国家政策环境之间的差异很大，我们所了解的美国股份回购模式

可能在其他地方并不适用。因此作为一种尝试，本文使用跨国样本研究股份回购对企业价值和现金持有的影响，以填补研究领域的这一空白。具体来说，本文的研究目标有三个方面。首先，研究在不同投资者保护环境下，不同国家的股份回购是如何被估值的。其次，研究在具有不同投资者保护机构的国家中，股份回购和现金股利对企业价值的相对贡献。最后，探讨不同国家的股份回购对现金价值的贡献。

通过分析来自 33 个经济体的企业支付数据，本文发现对投资者保护较强的国家中，股份回购对企业价值的贡献更大。我们还发现，在投资者保护较弱的国家中，现金股利能够比股份回购对企业价值多做出 60%的贡献。此外，由于股份回购在企业总支出中的比重增加，在强投资者保护国家中，现金的边际价值在增加，相反在弱投资者保护国家中，现金的边际价值在下降。在投资者保护较差的环境下，企业通过股份回购创造的现金的边际价值比通过现金股利创造的低 12 美分。总而言之，本文的研究结果强调，在对投资者保护较差的国家中，股份回购创造的自由现金流不如现金股利有效。

关键词：股份回购；股利；公司价值；现金持有；投资者保护机构

Title: Value, valuation, and the long-run performance of merged firms

Periodical: Journal of Corporate Finance

Author: Qingzhong Ma, David A. Whidbee, Athena, Wei Zhang

Date: February 2011

Abstract: This study examines whether mergers create value over the long run. We propose an alternative measure of the long-run economic impact of mergers that does not rely on stock returns: changes in intrinsic value for the merged firms over the three years following merger completion. We use a residual income model to estimate changes in intrinsic value, following Edwards and Bell (1961) and Ohlson (1995). Further, because recent literature finds that merger decisions are driven, at least in part, by valuation levels, we examine whether pre-merger valuation levels are related to post-merger changes in intrinsic value. Finally, we examine how changes in intrinsic value, which represent the economic impact of mergers, combined with changes in (mis) valuation levels contribute to the long run stock returns of merged firms.

We show that consistent with the literature on post-acquisition returns, the intrinsic value of merged firms decreases on average in the three years following deal completion, especially for firms with high initial intrinsic values. The loss of intrinsic value is driven primarily by decreases in expected earnings. Finally, using return decompositions, we find evidence that the poor post-acquisition stock returns documented in other studies can be attributed primarily to lost intrinsic value rather than changes in valuation levels. Overall, our results indicate that, for stock valuation-driven corporate events such as mergers and acquisitions, changes in (mis) valuation over the long run can potentially create a significant wedge between the economic impact on firm value and stock performance, suggesting that caution be exercised when using stock returns to evaluate managerial decisions.

Key Words: mergers and acquisitions, post-acquisition performance, value, valuation

文章名称： 并购企业的价值、估值和长期绩效

期刊名称：《公司财务》

作者： 马庆忠，戴维·A.惠特比，阿西娜，张伟

出版时间： 2011 年 2 月

内容摘要： 本文从长期角度来研究并购是否为企业创造价值。文中创新提出了一个不依赖于股票收益对并购后长期经济影响进行测量的替代方法：分析并购企业在并购完成三年后内在价值的变动。根据爱德华兹和贝尔（1961 年）以及奥尔森（1995 年）的理论，本文利用剩余收益模型来估计企业的内在价值。此外，由于近期的研究发现企业并购动机受估值水平影响，因此本文还研究了并购前的估值水平是否与并购后的内在价值变化相关。文章最后研究企业内在价值变动和估值水平变动会对并购后企业的长期股票收益产生

何种影响。

本文研究结果与其他研究并购后市场回报率的文献一致，即在企业完成并购后约三年内，并购企业的内在价值处于下降状态，其中在并购前具有较高内在价值的企业体现得尤为明显，而企业内在价值的减少主要是由于对企业的预期收益下降。利用回归分析发现，在认为并购后股票收益不佳的文献中，学者们将此归因于并购企业内在价值的减少而不是估值水平的变化。总之本文的研究结果显示，对于并购等受股票估值驱动的企业活动而言，长期估值的变化可能会对企业价值和股价表现的经济影响产生显著的潜在影响，这表明需谨慎选用股票收益来评估管理决策。

关键词：并购；并购后绩效；价值；估值

Title: Corporate financial and investment policies when future financing is not frictionless

Periodical: Journal of Corporate Finance

Author: Heitor Almeida, Murillo Campello, Michael S. Weisbach

Date: June 2011

Abstract: Keynes (1936) originally pointed out that the ability of capital markets to provide financing for projects can affect firms' financial policies (p.196). Keynes argued that if a firm can always costlessly access external capital markets, then it has no reason to save cash internally. In this paper, we extend the above insight into the question of how real investments are affected by intertemporal financing frictions. We study a model in which future financing constraints lead firms to have a preference for investments with shorter payback periods, investments with less risk, and investments that utilize more pledgeable assets. The model also shows how investment distortions towards more liquid, safer assets vary with the marginal cost of external financing and with firm internal cash flows. Our theory helps reconcile and interpret a number of patterns reported in the empirical literature, in areas such as risk-taking behavior, capital structure choices, hedging strategies, and cash management policies. For example, contrary to Jensen and Meckling [Jensen, M., Meckling, W., 1976.Theory of the Firm: managerial behavior, agency costs, and ownership structure. Journal of Financial Economics 305-360], we show that firms may reduce rather than increase risk when leverage increases exogenously. Furthermore, firms in economies with less developed financial markets will not only take different quantities of investment, but will also take different kinds of investment (safer, short-term projects that are potentially less profitable). We also point out to several predictions that have not been empirically examined. For example, our model predicts that investment safety and liquidity are complementary: constrained firms are specially likely to decrease the risk of their most liquid investments.

Key Words: financing constraints, risk shifting, liquidity, capital structure, hedging

文章名称：融资约束下的企业投融资政策研究

期刊名称：《公司财务》

作者：海特尔·阿尔梅达，默里罗·坎佩罗，迈克尔·S.威斯巴赫

出版时间：2011 年 6 月

内容摘要：凯恩斯（1936 年）最先指出，企业项目在资本市场中的融资的能力会影响到企业的财务政策（第 196 页）。凯恩斯认为，如果一个企业总是可以无成本地接触外部资本市场，那它就没有理由将现金保存在企业内部。本文将上述现象扩展到实务中，研究跨期融资约束如何影响实际投资。为此，文章建立了一个理论模型，认为未来融资约束会导致企业更愿意投资于回收期更短、风险更小及担保更多的投资项目。本文的理论有助于协调和解释在某些实证文献中提到的包括冒险行为、资本结构选择、对冲策略以及现金

管理政策等在内的行为模式。例如，与詹森和麦克林的观点不同，我们证明了当财务杠杆增加时，企业风险可能会减少而不是增加。此外，在经济欠发达的金融市场中的企业不仅会采取不同数量的投资，还会采取不同种类的投资（安全、短期的项目其潜在利润率也较低）。本文还提出几个未经实证检验的预测，如投资的安全性和流动性是互补的，财务谨慎的公司很可能会降低其流动性最强的投资的风险。

关键词：融资约束；风险转移；流动性；资本结构；套期保值

Title: Capital Rationing and Managerial Retention: The Role of External Capital

Periodical: Journal of Management Accounting Research

Author: Ying-Ju Chen, Mingcheng Deng

Date: December 2011

Abstract: In modern businesses, firms face new challenges of managerial retention in a capital budgeting process. We consider a model in which a manager privately observes the capital productivity of a project and has access to multiple outside financing options. Our analysis identifies testable empirical predictions on the association between capital budgeting and external capital.We show that if the manager can obtain funding from either internal or external capital (but not both), the firm may exclude highly profitable investment projects but fund those projects that have moderate capital productivity, even when there is no limit on capital allocation. Furthermore, the firm may voluntarily impose capital rationing in order to keep the projects within the firm, even though it has sufficient capital to fund such profitable projects. However, if the firm can utilize both the internal and external capital, highly profitable projects are always retained and the voluntary capital rationing is not optimal.

In other words, we show that if the owner can incorporate external capital in the contract with the manager, highly profitable projects are funded by the firm and the capital rationing for highly profitable projects is no longer optimal. The optimal amount of external capital increases in the manager's capital productivity; however, because of the information asymmetry, the owner always distorts the allocation of external capital in order to limit the manager's information rent. Our analysis highlights the role of external capital in the capital budgeting process and identifies opportunities for managers to enhance firm profitability through employing external capital.

Key Words: capital rationing, external capital, agency theory, internal control

文章名称：外部资本在资本配置和管理层保留中的作用

期刊名称：《管理会计研究》

作者：陈滢儒，邓明诚

出版时间：2011 年 12 月

内容摘要：在现代商业环境下，企业在资本预算过程中面临着新的挑战——管理层保留。本文在管理者对项目的资本报酬率的判断和多个外部融资方案间建立了模型，并对资本预算和外部资本之间的关联性进行了实证分析。经研究发现，如果管理者仅能从内部或外部（而非两者同时）获得资金，那么即便是在无资本配置限制的情况下，企业也可能会放弃高利润，选择投资于那些资本报酬率适中的项目。此外，即便有充足的资本来投资高盈利的项目，企业也会自愿加强资本配置，以使项目保留在企业内部。但是，如果企业可以同时利用内部和外部资本，高盈利的项目就会成为首选，与此同时企业不会自愿达到最优资本配置水平。

换言之，本文希望通过研究证明，如果企业所有者能够在与管理者的契约中考虑到外部资本因素，企业就会将资金投向资本报酬率更高的项目，但此时资本配置不会达到最优，即这部分损失的最优资本配置能换来管理者更高的资本报酬率。然而，因为信息不对称，所有者总是试图扭曲外部资本的配置以限制管理者的获取信息的成本。本文强调了外部资本在资本预算过程中的重要作用，并为管理者指出，可以通过使用外部资本来提升企业的利润率。

关键词：资本配置；外部资本；代理理论；内部控制

Title: Transfer Prices: A Financial Perspective

Periodical: Journal of International Financial Management & Accounting

Author: Nilufer Usmen

Date: Spring 2012

Abstract: Multinationals have long used transfer pricing mechanisms to circumvent market imperfections brought about by government authorities such as tariffs, duties, exchange controls and blocked funds. Another well-known use of transfer price schemes is to exploit tax arbitrage opportunities. The previous arguments on the benefits of moving income from one jurisdiction to another using transfer prices were based on profit-seeking incentives and implied that the taxable income in a high tax rate country should be minimized to minimize global tax liability.

This article presents a value-seeking framework under risk neutrality where transfer prices are used to exploit tax arbitrage as well as financial arbitrage opportunities that are present in segmented international capital markets. By shifting the focus from profit seeking to value seeking approach, the paper offers a new framework for setting transfer prices based on the impact on value of financial and tax arbitrage. However, for a parent to use transfer pricing schemes as a strategic tool, it has to have a market valuation that would support its ownership of the affiliate. This article also develops a cost structure for transfer pricing schemes where profits on intra-firm trade and fund flows are allowed along with a penalty for transfer prices charged above a trigger level. This value gain is treated independently of any financial or tax arbitrage effects. This value gain will exist even if there is no tax arbitrage opportunity and capital markets are totally integrated. Subsequently, an optimization framework is obtained where a value-maximizing level of transfer price can be determined that takes into account favorable and unfavorable impacts of financial and tax arbitrage along with profit opportunities from transfer of any products, services or funds.

Key Words: transfer prices, value-seeking framework, tax arbitrage, financial arbitrage

文章名称：基于财务视角的转移定价研究

期刊名称：《国际财务管理和会计》

作者：尼吕费·乌斯门

出版时间：2012年春季

内容摘要：跨国公司长期使用转移定价机制来规避政府管制所带来的市场缺陷，如关税、外汇管制及资金冻结等。此外，转移价格还普遍被用来进行税收套利。在此之前的研究认为，企业的逐利动机是其利用转移定价将利润从一个司法管辖区转移到另一个管辖区的研究前提，而转移定价的优势在于其可以降低高税率国家的应纳税所得额，减轻全球税务负担。

本文介绍了在风险中性条件下的价值寻求框架，而在这一框架下，转移定价是税收套

利以及部分国际资本市场进行金融套利的方法。这个基于金融套利和税收套利的新框架，将转移定价的研究重心由追求利润转移到了价值寻求。然而，将转让定价方案定位为一种战略工具时，就要求企业必须拥有一个能够支持子公司所有权并进行市场估值的系统。本文还提出了转移定价方案的成本结构，在该结构中，当企业内部市场交易的利润和资金流动在触发水平之下时，转移定价的成本就是可接受的。这种价值增值独立于任何财务或税务套利效果，即在没有任何税收套利机会和资本市场一体化的条件下，价值增值也将存在。最后，本文优化了价值寻求框架，优化后的框架可以测定由金融套利和税收套利，以及任何产品、服务或者资本交换带来的利润对转移定价的价值最大化水平的有利和不利影响。

关键词： 转移定价；价值寻求框架；税收套利；金融套利

Title：The Influence of Corporate Governance Ratings on Buy–Side Analysts' Earnings Forecast Certainty：Evidence from the United States and the United Kingdom

Periodical：Behavioral Research in Accounting

Author：Kwadwo N. Asare，James E. Hunton

Date：November 2011

Abstract：Corporate governance has been long recognized as an important component of the relationship between investors and businesses. While there is archival evidence indicating that corporate governance ratings are informative to investors，the multi–dimensional nature of the corporate governance construct and recent mixed findings in corporate governance research–suggest that financial analysts may not find corporate governance ratings particularly useful. The current study investigates how corporate governance ratings affect the certainty of buy–side analysts' earnings forecasts from an experimental perspective，as the precision，control，and randomization offered by experiments allows us to understand whether analysts indeed rely on corporate governance ratings.

In this study，we use a 1*2 within–participant experiment. 19 financial analysts from the United States（U.S.）and 17 from the United Kingdom（U.K.）participated in a 1*2（corporate governance ratings：below or above industry average）within–participant experiment. We find that，on average，analysts exhibit more certainty in their range forecasts when the corporate governance rating is above average，relative to below average. We also observe a significant interaction between the corporate governance ratings and country，indicating that U.K. analysts exhibit stronger responses to a below average rating than U.S. analysts，while responses to an above average rating are not significantly different between the two countries. These results suggest a need to investigate cultural or other factors that can impede the seamless integration of national capital markets into a unified global financial network.

Key Words：corporate governance，financial analysts，earnings forecasts，international，experimental

文章名称：公司治理评级对买方分析师盈利预测准确性的影响：来自美国和英国企业的实证分析

期刊名称：《会计行为研究》

作者：卡瓦多·N.阿萨雷，詹姆斯·E.亨顿

出版时间：2011 年 11 月

内容摘要：长期以来，公司治理被认为是投资者和企业之间关系的重要组成部分，因此近年来出现了很多进行公司治理评级的第三方机构。虽然有证据表明投资者可以获得公司治理的评级信息，但是鉴于公司治理结构的复杂性和变动的频繁性，金融分析师可能发现评级信息并不十分有用。目前的研究从实证分析的角度探讨了公司治理评级如何影响买

方分析师盈利预测的准确性，如通过精度、控制度和随机实验让人们了解分析师是否真的依靠公司治理评级来做预测。

本研究设计了一个 1*2（公司治理评级：低于或高于行业平均水平）参与者实验，实验选取了 19 位来自美国的金融分析师和 17 位来自英国的金融分析师。研究发现，当治理评级高于平均水平时，分析师在其预测范围内表现出更高的确定性。我们还观察到公司治理评级和国家之间的显著相关关系，即当公司治理评级低于平均水平时，英国金融分析师表现出较强的反应，而当公司治理评级高于平均水平时，美国和英国的金融分析师表现差异不大。这些结果表明，我们有必要对文化差异或其他可能阻碍全球金融网络一体化的因素进行检验。

关键词： 公司治理；财务分析；盈利预测；国际比较；实证分析

Title: Stock Repurchases and Executive Compensation Contract Design: The Role of Earnings per Share Performance Conditions

Periodical: The Accounting Review

Author: Steven Young, Jing Yang

Date: March 2011

Abstract: This study examines the impact on firms' stock repurchase activity of EPS performance conditions in executive compensation contracts. Our analysis connects three distinct literatures. One body of research demonstrates how aspects of corporate payout policy are sensitive to executives' compensation arrangements. Another body of work based on surveys and anecdotal evidence indicates that managers are sensitive to the EPS impact of repurchases. A third group of studies concludes that managers use repurchases to achieve key EPS performance thresholds. Our analysis integrates these three literatures by examining how repurchase policy is shaped by contractual arrangements that create an explicit link between executive compensation and reported EPS. Findings reveal a strong positive association between repurchases and EPS-contingent compensation arrangements. Further analysis suggests net benefits to shareholders from this association. Specifically, repurchasers experience larger increases in total payouts; the positive association between repurchases and cash performance is more pronounced for firms with EPS targets in the presence of surplus cash; undervalued firms with EPS targets are more likely to signal mispricing through a repurchase; and repurchasers with EPS conditions are associated with lower abnormal accruals. We find no evidence that EPS-driven repurchases impose costs on shareholders in the form of investment myopia.

Key Words: corporate payout policy, performance targets, earnings management, efficient contracting

文章名称：每股收益在股份回购和高管薪酬契约设计中的作用

期刊名称：《会计评论》

作者：史蒂文·扬，杨晶

出版时间：2011 年 3 月

内容摘要：本文探讨了在高管薪酬契约中每股收益的绩效表现对企业股份回购活动的影响，本研究包括三个独立的部分，第一部分验证了企业股利政策对高管薪酬的变动的灵敏性；第二部分基于调查和轶事证据，表明管理层对由股份回购引起的每股收益变动影响具有敏感性；第三部分研究指出，管理者利用股份回购来控制每股收益这一关键绩效指标的临界值。本文通过研究在高管薪酬合同中明确建立了高管薪酬与每股收益联系的条件下，回购政策如何受高管薪酬合同安排的影响，来整合以上三个部分的研究。结果显示，股份回购和每股收益报酬安排之间有很强的正相关关系。进一步的分析表明，股东净收益也与这种关联相关。具体来说，在总购买中股份回购所占的支出比例在增大，在现金盈余下每股收益目标的存在，使得企业回购和现金绩效之间的正相关关系更为显著。对价值被低估的企业而言，每股收益指标更有可能通过股份回购释放错误的定价信号。在每股收益条件下，回购者行为与较低的超额收益有关。此外我们还发现，没有证据表明在投资短视形式下，由每股收益驱动的股份回购会增加股东的成本。

关键词：企业股利政策；业绩目标；盈余管理；有效合同

Title: Inefficient Investment and the Diversification Discount: Evidence from Corporate Asset Purchases

Periodical: Journal of Business Finance & Accounting

Author: Sheng-Syan Chen, I-Ju Chen

Date: September/October 2011

Abstract: It has been reported in a number of prior studies that diversified firms trade at a significant discount relative to stand-alone firms. One of the most popular explanations for this diversification discount relates to inefficiency in the allocation of capital within diversified firms. In this study we provide evidence that investment efficiency considerations are important in assessing changes in firm value surrounding asset purchases. We account for both the potential endogeneity in purchase decisions and the measurement error in Tobin's q. We find that post-purchase, there are significant declines in both excess value and investment efficiency. This trend occurs primarily among those firms that demonstrate increased diversity following purchases. The change in excess value for diversity-increasing buyers is positively related to the change in investment allocation surrounding the purchase.

Key Words: asset purchases, diversification, inefficient investment hypothesis

文章名称:《低效投资和多元化折价:来自公司资产购置行为的实证研究》

期刊名称:《企业财务与会计》

作者:陈圣贤,陈忆如

出版时间:2011 年 9/10 月

内容摘要:截至目前,大量研究成果表明,相比于其他独立的公司,多元化公司在进行交易时存在着明显的折扣。而学术界目前对于这种"多元化折价"现象与多元化企业在资本配置过程中所体现出的低效率相关。本文研究表明,投资效率的高低是评估且购置资产后价值变化程度的重要影响因素。此外,本文同样对于购买决策的潜在内生性和托宾 Q 模型的测量误差进行了研究。结果表明,在资本购置之后,企业的超额价值和投资效率有着明显的下降。这种现象主要发生于在资产购置后宣告多元化发展的企业,而所谓的超额价值的变化与资产购置条件下行为之后的投资分配的变化情况是正相关的。

关键词:资产购置;多元化;低效投资假说

Title: Why Do Companies Pay Stock Dividends? The Case of Bonus Distributions in an Inflationary Environment

Periodical: Journal of Business Finance & Accounting

Author: Cahit Adaoglu, Meziane Lasfer

Date: June/July 2011

Abstract: We assess the market valuation of an unusual form of stock dividends, referred to as bonus distributions, which are carried out by transferring the accumulated equity reserves, mainly the inflation revaluation equity reserves, to paid-in capital leaving the total equity unchanged. In the absence of cash substitution and transaction cost effects, we find positive excess returns on the announcement dates, particularly for the financially weak firms, such as the non-cash-dividend-paying firms. We relate our results to the "paid-in capital hypothesis" under which firms opt for bonus distributions to mitigate the impact of inflation on their eroding paid-in capital, to reduce their leverage defined as debt-to-paid-in-capital ratio, and to increase their credibility and borrowing capacity in a market of limited access to external equity financing. Although our results are also consistent with the retained earnings and signaling hypotheses, we find no support for the attention-getting, and a weak support for the liquidity enhancement hypotheses observed in other markets.

Key Words: bonus distributions, bonus shares, stock dividends, paid-in capital, signaling, retained earnings, liquidity, attention-getting

文章名称:《公司为什么会支付股票股利？通胀背景下的红利分派案例》

期刊名称:《企业财务与会计》

作者: 卡希特·阿达奥卢，梅泽安·拉斯法

出版时间: 2011 年 6/7 月

内容摘要: 本文评估了一种特别的股票股利形式即红利分配的市场价值，所谓红利分配通常是指企业将积累的权益储备，特别是在通货膨胀的情况下价值得到重新评估的权益储备，转移到实收资本科目，从而保持企业的总权益不变。在不考虑现金股利和交易成本影响的情况下，研究发现，在企业特别是那些财力较弱如不支付现金股利的企业在公告相关通知时存在着正的超常收益。本文将此研究结果与"实收资本假说"相联系，该假说认为企业会选择红利分派的方式，以达到减轻通货膨胀对实收资本的侵蚀、降低债务与实收资本、提升信誉以及提升在有限的外部股权融资情况下借贷能力等诸多目的。虽然本文的研究结果和留存收益和信号假说是一致的，但不能用于支撑采用股票股利能够引起市场的关注理论，而对于在其他市场得到印证的"流动性改善假说"的支持也是有限的。

关键词: 红利分配；红股；股票股利；实收资本；信号效益；留存收益；流动性；引起市场关注

Title: An Analysis of Managerial Use and Market Consequences of Earnings Management and Expectation Management

Periodical: The Accounting Review

Author: Somnath Das, Kyonghee Kim, Sukesh Patro

Date: July 2011

Abstract: This study examines how managers coordinate the joint use of earnings management and expectation management by estimating the relationship between these instruments and how this relationship changes as their respective constraints change. We do this by estimating structural models of the two instruments that account for the constraints on their use as well as their effects on each other. Our results suggest that managers use earnings management and expectation management complementarily when managers' ability to use earnings management is less restricted. However, as the constraints on earnings management increase, managers substitute earnings management with expectation management. Moreover, we find that the extent of expectation management influences the extent of earnings management, but not vice versa. Examining the market consequences of the use of these instruments, we find that, while there are penalties for using both earnings management and expectation management, either as complements or as substitutes, the net stock price benefit from meeting or beating earnings targets exceeds these penalties.

Key Words: earnings management, expectation management, market response, benchmark beating

文章名称：《关于盈余管理和预期管理的管理者运用和市场后果的实证分析》

期刊名称：《会计评论》

作者：索姆纳特·达斯，克勇希·金，萨克斯·佩顿

出版时间：2011 年 7 月

内容摘要：本文研究探讨的是管理者如何通过评估盈余管理和预期管理两者之间的关系，以及当各自的约束条件改变时两者关系的变化来实现对该两种工具的协调使用。为此，本文建立了这两种管理方法的结构化模型，以解释使用这两种方法的约束条件，以及它们对彼此的影响。研究结果表明，在使用盈余管理时受到的限制较少的情况下，管理者更倾向于利用盈余管理和预期管理进行互补。然而，随着对盈余管理的约束增加，管理者会倾向于运用预期管理来替代盈余管理。此外，研究结果还表明，预期管理的程度会影响盈余管理的程度；反之，则不成立。至于使用这两种管理方法的市场后果的研究，研究发现，尽管采用相互补充或相互替代的方式使用盈余管理和预期管理都会给企业带来一定的损失，但由此实现甚至超过预期目标所带来的股票收益却远远超过上述损失。

关键词：盈余管理；预期管理；市场反应；基准达标

Title: The Role of Organizational Absorptive Capacity in Strategic Use of Business Intelligence to Support Integrated Management Control Systems

Periodical: The Accounting Review

Author: Mohamed Z. Elbashir, Philip A. Collier, Steve G. Sutton

Date: January 2011

Abstract: This study examines the influence of organizational controls related to knowledge management and resource development on assimilation (i.e., strategic integration and use) of business intelligence (BI) systems. BI systems use analytics and performance management concepts to leverage enterprise system databases and provide core management control system (MCS) capability. Our results indicate that organizational absorptive capacity (i.e., the ability to gather, absorb, and strategically leverage new external information) is critical to establishing appropriate technology infrastructure and to assimilating BI systems for organizational benefit. Further, findings show that while top management plays a significant role in effective deployment of BI systems, their impact is indirect and a function of operational managers' absorptive capacity. Our results provide evidence that increased absorptive capacity among operational-level managers is strongly related to both increased levels of BI assimilation and increased levels of sophistication in the underlying technology infrastructure that enables BI systems. In particular, this indirect effect suggests that leveraging BI systems is driven from the bottom up as opposed to the top down. This differentiates BI from other isolated strategic MCS innovations that have traditionally been viewed as top management driven.

Key Words: business intelligence, management control systems, knowledge creation, absorptive capacity, management accounting systems, business analytics, corporate performance management, enterprise systems, enterprise resource planning systems

文章名称:《组织吸收能力在运用商业智能来支撑核心管理控制系统中的作用》

期刊名称:《会计评论》

作者: 默罕默德·Z.巴希尔，菲利普·A.科利尔，史蒂夫·G.萨顿

出版时间: 2011 年 1 月

内容摘要: 本文研究探讨的是知识管理和资源开发的组织控制对于商业智能（BI）系统同化（战略性整合和使用）的影响。商业智能系统使用分析和绩效管理的理念，充分利用企业系统数据库，并提供核心管理控制系统（MCS）的能力。研究结果表明，组织的吸收能力（即收集、吸收和有策略地利用新的外部信息的能力）对基于组织利益的而建立适当的技术基础设施和同化商业智能系统是至关重要的。进一步研究结果表明，虽然高层管理人员在有效部署商业智能系统中起到了显著作用，但是他们的影响是间接的，且受到业务层次管理人员吸收能力的影响。本文的研究结果也证明，业务层管理人员吸收能力的增强与商业智能系统同化能力的增强和商业智能系统的底层技术基础设施的复杂性水平的

提高这两者是密切相关的。特别地，这种间接的影响表明，使用商业智能系统应该是从底部向上驱动，而不是自上而下的，正是这一点将商业智能系统与其他强调高层管理者驱动的核心管理控制系统（MCS）区分开来。

关键词：商业智能；管理控制系统；知识创新；吸收能力；管理会计系统；业务分析；企业绩效管理；企业系统；企业资源计划系统

Title: Internal Control Disclosures, Monitoring, and the Cost of Debt

Periodical: The Accounting Review

Author: Dan Dhaliwal, Chris Hogan, Robert Trezevant, Michael Wilkins

Date: April 2011

Abstract: Section 404 of the Sarbanes-Oxley Act of 2002 requires a publicly traded firm's Form 10-K to contain an audited report concerning the effectiveness of the firm's internal control over financial reporting. In this study we test the relationship between the change in a firm's cost of debt and the disclosure of a material weakness in an initial Section 404 report. We find that, on average, a firm's credit spread on its publicly traded debt marginally increases if it discloses a material weakness. We also examine the impact of monitoring by credit rating agencies and/or banks on this result and find that the result is more pronounced for firms that are not monitored. Additional analysis indicates that the effect of bank monitoring appears to be the primary driver of these monitoring results. This finding is consistent with the argument that banks are effective delegated monitors for the debt market. The results of this study suggest the need for future research, particularly to test the differential effects of monitoring on the cost of debt compared to the cost of equity.

Key Words: cost of debt, monitoring of debt, bank monitoring, Section 404 reporting

文章名称：《内部控制披露、监管和债务成本》

期刊名称：《会计评论》

作者： 丹·达利瓦，克里斯·霍根，罗伯特·特雷兹万特，迈克尔·威尔金斯

出版时间： 2011年4月

内容摘要： 2002年出台的萨班斯—奥克斯利法案第404条规定，一家上市公司的10-K报表必须包含有关于公司财务报告的内部控制有效性的审计报告。本文研究的是依据萨班斯—奥克斯利法案第404条报告的内部控制重大缺陷的披露与企业的债务成本的变化之间的关系。研究发现，平均而言，当企业披露内部控制存在重大缺陷时，其公开交易债务的资本成本会增加。本文还检验了信用评级机构或银行监管对这一结果的影响，发现尚未被监管的企业债务成本的变化更加显著。进一步的分析表明，银行监管的效果似乎是上述监测结果的主要驱动因素。这一发现与"银行是债务市场的有效代理监督者"这一论点是一致的。本文的研究结果也呈现出未来进一步研究的必要性，特别是关于监管对债务成本和权益成本的不同影响。

关键词： 债务成本；债务监管；银行监管；萨班斯—奥克斯利法案第404条报告

Title: Capital Structure, Cost of Capital, and Voluntary Disclosures

Periodical: The Accounting Review

Author: Jeremy Bertomeu, Anne Beyer, Ronald A. Dye

Date: April 2011

Abstract: This paper develops a model of financing that jointly determines a firm's capital structure, its voluntary disclosure policy, and its cost of capital. Investors who receive securities in return for supplying capital sometimes incur losses when they trade their securities with an informed trader. The firm's disclosure policy and the structure of its securities determine the information advantage of the informed trader and, hence, the size of investors' trading losses and the firm's cost of capital.

We establish a hierarchy of optimal securities and disclosure policies that varies with the volatility of the firm's cash flows. Debt securities are often optimal, with the form of debt—risk-free, investment grade, or "junk" —varying with the firm's cash flow volatility. Though the model predicts a negative association between firms' cost of capital and the extent of information firms disclose, more expansive voluntary disclosure does not cause firms' cost of capital to decline. Mandatory disclosures alter firms' voluntary disclosures, their capital structure choices, and their cost of capital.

Key Words: cost of capital, capital structure, voluntary disclosures

文章名称:《资本结构、资本成本和自愿披露》

期刊名称:《会计评论》

作者: 杰里米·贝尔托默，安妮·拜尔，罗纳德·戴伊

出版时间: 2011 年 4 月

内容摘要: 本文构建了一个用于共同决定企业的资本结构、自愿信息披露政策和资本成本的筹资模型。投资者为企业提供资金，并从企业中获得回报，但当他们和交易知情者进行证券交易时，通常会遭受损失。企业的信息披露政策和证券结构是交易知情者的信息优势来源，进而也决定了投资者交易损失的大小和企业的资本成本。

根据企业现金流波动性的不同，本文建立了不同层次的可选择的证券和信息披露政策。债务证券通常是最佳选择，依据企业现金流量波动性的不同，债务证券包括三种类型：无风险债务、投资级债券和"垃圾"债务。尽管模型提出企业的资本成本及信息企业披露的程度存在着负相关关系，但更广泛的自愿性信息披露并不会导致企业资本成本的下降。而强制性披露则会改变企业的自愿披露政策、资本结构和资本成本。

关键词: 资本成本；资本结构；自愿披露

Title: Voluntary Nonfinancial Disclosure and the Cost of Equity Capital: The Initiation of Corporate Social Responsibility Reporting

Periodical: The Accounting Review

Author: Dan S. Dhaliwal, Oliver Zhen Li, Albert Tsang, Yong George Yang

Date: January 2011

Abstract: In recent years, increasingly more U.S. firms issued Corporate Social Responsibility (CSR) report. The rapid increase in CSR reporting naturally raises questions among researchers: What are the rationales behind this type of voluntary disclosure? What benefits do firms gain by spending resources on compiling and publishing these standalone reports, especially given that CSR performance ratings are often available to investors through third parties? In this study we examine a potential benefit associated with the initiation of voluntary disclosure of corporate social responsibility activities: a reduction in firms' cost of equity capital. We find that firms with a high cost of equity capital in the previous year tend to initiate disclosure of CSR activities in the current year and that initiating firms with superior social responsibility performance enjoy a subsequent reduction in the cost of equity capital. Further, initiating firms with superior social responsibility performance attract dedicated institutional investors and analyst coverage. Finally, we find that firms exploit the benefit of a lower cost of equity capital associated with the initiation of CSR disclosure. Initiating firms are more likely than non-initiating firms to raise equity capital following the initiations.

Key Words: corporate social responsibility, cost of capital, voluntary disclosure

文章名称:《自愿非财务信息披露和权益成本:企业社会责任报告的发布》

期刊名称:《会计评论》

作者:丹·S.达利瓦,奥利弗·珍·李,艾伯特·曾,勇·乔治·扬

出版时间:2011 年 1 月

内容摘要:近年来,越来越多的美国公司开始发布企业社会责任(CSR)报告。对于企业社会责任报告的迅速增加,研究者们提出了一些疑问:企业发布企业社会责任报告的理论依据是什么?考虑到企业社会责任表现的评分往往是通过第三方传递给投资者的信息,企业编制和发布这些独立的报告,期望获得的收益是什么?本文研究了企业这种对于社会责任活动的自愿性披露可能获得的潜在的好处:降低企业的权益资本成本。研究发现,上一年度权益资本成本高的企业往往会主动披露本年度企业社会责任活动和较好的社会责任绩效,随之而来的是企业权益资本成本的下降。此外,在企业社会责任方面表现卓越的企业往往能吸引专业的机构投资者和分析师的关注。最后,研究同样表明,企业开始充分利用企业社会责任等信息的自愿性披露所带来的权益成本的下降这一收益。发布企业社会责任报告的企业较未发布社会责任报告的企业而言,更容易在公告之后募集到权益资本。

关键词:企业社会责任报告;权益资本成本;自愿披露

第三章　财务管理学科 2011 年出版图书精选

本报告以上述财务管理理论结构为划分基础，对 2011 年国内外与财务管理理论相关的出版图书进行梳理。本次文献资料整理共得到与财务管理理论相关的图书 104 种，其中：国外出版图书 44 种，国内出版图书 60 种。英文图书主要来自亚马逊英文网站和 Wileyson 数据库，中文图书则以亚马逊中文网站和当当网上检索到的 2011 年财务管理理论图书为准。基于此，考虑到财务管理理论发展的系统性、前瞻性、融合性、实用性等方面的要求，从研究内容、研究方法、研究视角等方面，通过财务管理专家团队的一致评选，评选出 19 本优秀中文图书和 13 本优秀英文图书。

第一节

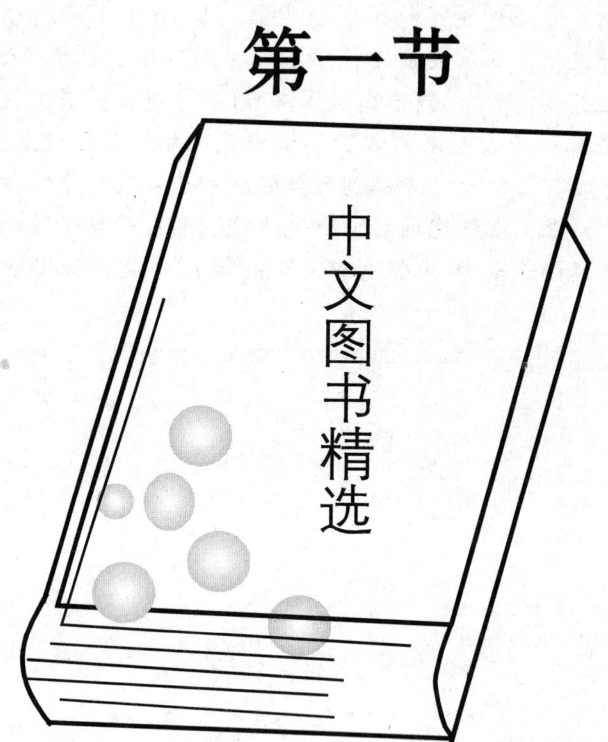

书名：公司财务实证研究重点文献导读
作者：陆正飞、岳衡、祝继高
出版时间：2011年5月
出版社：中国人民大学出版社

内容摘要：公司财务在金融领域的重要地位是毋庸置疑的。从国际顶级金融类期刊上发表的文章数量来看，公司财务的实证研究可以说是整个金融学科最主要的研究领域。在我国，公司财务是金融研究的一个主要方向，甚至我国会计学界研究的一些主要话题也与公司财务有着紧密的联系。因此，深入掌握公司财务研究领域的主要研究框架、研究思路和研究方法对从事财务、金融以及会计领域的研究工作都至关重要。

《公司财务实证研究重点文献导读》一书介绍和讨论了公司财务实证研究的重点文献，这些文献按照十一个部分进行分类，概括了公司财务的主要研究领域。第一部分主要讨论资本结构理论，即公司资本结构与企业价值两者之间关系的理论。主要讨论了负债比率变化是否影响公司价值，如果是，那么最优的负债水平是多少。第二部分主要分析企业投资效率、融资约束与企业投资两个方面的问题。第三部分探讨了企业股权融资的相关管理论以及企业上市的影响因素。第四部分讨论了公司股利政策的影响因素以及股利政策的市场反应。第五部分回顾了公司治理的重要文献，研究了股东和管理者之间的代理问题。第六部分主要讨论管理层薪酬激励的相关问题。管理层薪酬激励的核心思想源于委托—代理理论，设立管理层薪酬激励计划主要是为了解决管理层的道德风险问题。第七部分讨论了公司的多元化与内部资本市场问题。一个公司是否应该进行多元化，是实务界经常面临的重要决策，也是学术界的热点问题。第八部分介绍了公司并购的动机、公司并购过程中的谈判和报价、公司并购的经济后果等。第九部分对公司重组的相关问题进行了深入的探讨，对不同制度背景下的财务困境及解决方式进行了进一步的研究。第十部分介绍了国际公司财务的相关问题，学术界逐渐认识到公司财务中制度背景的重要意义，而通过国际数据的横截面分析能够更好地了解制度背景的作用。第十一部分介绍了三篇对公司财务研究比较重要的关于统计方法的文献，这些研究方法对得出正确稳健的研究结论非常重要。

《公司财务实证研究重点文献导读》一书的独特之处在于：第一，本书精选了公司财务研究各个领域共40篇重点文章，这40篇文章的选取既考虑了历史上具有代表性的奠基之作，又尽量兼顾当前学术研究领域的最新前沿。这些文章相互联系，基本上可以概括出公司财务研究的整体框架和主要话题。第二，对于每一篇文章，本书提供了一个比较具体的导读，从文章研究的主要问题到研究的基本方法，再到该文章在整个研究体系中的地位给予了介绍和论述，帮助读者判断一篇文章的价值和贡献，发掘未来研究的方向。第三，本书每章开始都有一节对该章进行具体介绍。这些介绍概括了该领域的主要研究方向和发展情况，以使读者对该领域有个总括的认识。

书名： 国有资本预算经营与管理前沿理论研究
作者： 谢志华
出版时间： 2011 年 5 月
出版社： 经济科学出版社

内容摘要： 在市场经济体制下，国有企业的管理和运行体制正逐步从政企不分转变为政企分开、政资分开和两权分离，政府不再直接管理企业，企业走向市场，独立核算、自主经营和自负盈亏，政府通过调控市场引导企业；设立专门的国有资产监督管理主体代行国家所有权权利，国有企业拥有经营权，从而实现两权分离；国有企业逐步实现公司化改造，建立现代企业制度。对国有企业按照两权分离的公司制企业进行体制转换，必须确保国有资本的保值增值，为达成这一目标，最为有效的措施之一就是建立国有资本预算经营体系。围绕国有资本预算经营与管理展开相关方面的研究，既是理论的需要，也是实践的需要。

《国有资本预算经营与管理前沿理论研究》一书围绕国有资本预算经营与管理，对若干重大前沿理论问题进行了系统而深入的探索。全书主要包括五个部分：第一，从国有资本出资者的市场属性角度探讨了出资者财务、资本经营与分配理论，从而为国有资本经营管理建立了理论框架与制度模式。第二，从政府预算与国有资本的财政功能角度探讨了国有资本预算经营的特殊性质与制度约束。这一部分从我国地方政府公共预算编制存在的问题与对策出发，探讨了政府会计与政府审计的功能和角色定位，并指出政府绩效审计的二维职能，即解除受托责任与实现决策有用。第三，着眼于公司治理与内部控制，论证了国有资本预算经营管理中市场化的微观制度构建原则。这一部分首先从公司治理的目标、方式和激励效应出发，对比了内部、外部公司治理的异同，具体探究了董事会的结构与决策效率的关系。然后研究了内部控制的结构与本质，并总结了公司治理、内部控制和风险管理三者之间的关系和整合，建立起三者的整合框架，表明这三者在国有资本经营管理中的作用的地位。第四，以企业的供应链管理、需求链管理和价值链管理为基础，提出了以预算管理为中心的企业内部管理的全面整合，进而论证了以预算整合为主线的国有资本预算经营与管理制度。第五，专门论述了国有资本预算经营中的信息系统与会计问题。

《国有资本预算经营与管理前沿理论研究》一书内容丰富而不生硬，语言平实生动，主要的创新之处包括以下两点：第一，研究内容以国有资本预算经营与管理为核心，研究范围博采众家，从政府公共预算、公司治理与内部控制到会计系统，从出资者财务、资本经营与分配理论到价值链管理与预算整合，多视角地论证了国有资本经营管理的特征和问题；第二，书中多数章节为作者早期在国家重点学术期刊上发表的文章，论点鲜明，理论结合实践，具有较强的可操作性。另外，作者还结合本书主题添加了理论性、前瞻性和针对性兼具的章节，使得整本书内容丰满而不失中心，对于探索我国国有资本经营管理模式，完善国有资本预算经营制度具有一定的推动作用。

书名：战略财务的逻辑：我的偏执
作者：汤谷良
出版时间：2011 年 11 月
出版社：北京大学出版社

内容摘要：纵观国内外各类公司战略教科书，通常都把战略分为公司总体战略、经营战略和职能战略三个层次。财务通常被公司战略学者搁置在战略问题的“最底层”，而且仅仅是一个极易被人遗忘的“小职能项目”。随着现代企业制度的逐渐成熟和资本市场的不断发展，越来越多的专家学者和企业家开始注意到“财务”和“战略”的关系，正式提出“财务战略”或“战略财务”这一名词，并投入大量的时间和精力来进行研究。

《战略财务的逻辑：我的偏执》一书是汤谷良先生对其在财务领域内多年的财务体验和专业感悟进行提炼总结的成果。作者在为财务战略“正本清源”的基础上，从理论和实践两个层面剖析和阐述了财务战略的内涵及重要作用。全书按照战略财务的起源、产生和执行分成三个部分。第一部分即战略财务的理念，主要是从理论层面对企业科学发展战略进行深度解析，明确战略与财务的关系，并指出战略规划中关键成功因素的财务实现方法和手段。第二部分为财务战略的研制，从投资预算、融资战略、投资战略、风险管理、绩效评价等多个角度全方位地剖析企业财务战略的产生和发展，并以万科十年财务战略轨迹、上海电气“善用”衍生金融工具等经典实践案例进一步明确财务和战略的相互作用，阐述企业财务战略产生和发展的重要性。第三部分即战略财务的落地，这一部分主要是从操作层面对引入压力测试的风险体验极致、平衡计分卡与战略地图的应用、信号灯制度等工具进行详细阐述，说明企业战略财务的执行和落地的必要性，以及如何才能更好地实施财务战略。

《战略财务的逻辑：我的偏执》一书理论结合实践，又配以相应的中国企业的经典管理案例，向读者展示了财务与战略“水乳交融”的关系，让读者感受到战略财务学的内在逻辑与学科魅力。全书的创新之处体现在以下几点：第一，本书的绝大部分内容是在作者发表于《财务与会计》、《新理财》等非学术类刊物的文章基础上修改、补充和完善而成的，但并不是简单的论文汇总集，而是基于与时俱进、不断完善的创新治学态度，将作者多年的执教和研究经验提炼总结而成，内容上有很多文章基于本书主题重新定位，也有为本书特别定制的文章，语言上既保持了学术的严谨性，又不失文采；第二，本书的观点在一定程度上突破了以往学术界和实践界“小财务”的传统观点，将“财务”上升到“战略”层面，契合了大多数企业财务转型、财务变革的现实需求，使得这些企业在实际操作中有章可循；第三，全书并没有局限于财务专业的单一内容，而是将财务和内部控制、风险管理、绩效评价、标杆管理、平衡计分卡和战略地图等企业经营管理的各个方面及工具结合起来，站在整个企业的高度，高屋建瓴地提出了战略财务的内涵及重要性，具有一定的前瞻性和较高的可操作性。

书名：会计学与财务学范畴及学科定位研究
作者：张先治
出版时间：2011 年 7 月
出版社：中国财政经济出版社

内容提要：会计学是我国一门传统的学科，财务学在我国是一门新兴的学科。关于会计学科与财务学科定位问题一直是会计理论与财务理论工作者所关注和亟待解决的问题。我国目前在会计学科与财务学科定位方面理论界的争论主要体现在会计学与财务学的本质、会计学与财务学的范畴、会计与财务的关系、财务管理与金融学的关系以及会计学与财务学在学科分类中的地位等方面。这种理论上的争论既产生于理论和实务的冲突，也与我国学科划分中对会计学、财务管理、金融学等专业的学科定位模糊有关。会计学科与财务学科定位如何关系到会计学科与财务学科的理论体系构建和学科的发展方向。

《会计学与财务学范畴及学科定位研究》一书采用了理论研究法、调查访谈和比较研究等一系列方法，将会计学科定位与财务学科定位结合起来进行研究，同时研究两个学科以及处理财务学科与会计学科的关系。全书共分为四个部分，第一部分为会计学与财务学科定位研究，本部分从会计学与财务学本质定位入手，界定了会计学与财务学内涵与范畴定位，探析了会计学、财务学与经济学、管理学等相关学科之间的关系，明确了会计学与财务学的学科属性与学科定位。第二部分为会计学范畴与学科体系研究，从会计的本质与目标出发，以会计相关性研究为基础，构建了会计学理论体系和会计学学科体系，并探讨了会计报告体系的内容和管理会计创新的问题。第三部分为财务学范畴与学科体系研究，这一部分从财务的本质与目标出发，界定了财务学范畴并构建财务学科体系，对财务学中的公司理财框架进行了创新与重构，并回顾了我国财务管理的发展历程。第四部分为财务分析理论发展与定位研究，这一部分主要从财务分析现状入手，引出了财务分析学科发展与定位的思考并明确了财务分析学科地位，同时构建了财务分析理论体系与方法体系，最后对财务分析专业设置与教学体系进行了论证。

《会计学与财务学范畴与学科定位研究》一书的创新之处主要体现在以下几个方面：第一，原创性。本书原创性地提出会计学作为通用的经济语言，与数学、语言具有同等重要地位，是与管理学、工商管理等并列的学科门类，同时，也提出会计报告应该包含财务报告与内部报告，强调了内部报告的地位与作用。第二，较高创新性。基于会计学和财务学的本质，科学地界定并梳理了会计学与财务学的理论体系和教学体系，并科学定位财务分析学，明确了其理论与学科的发展方向。第三，一般创新性。主要包括对财务报告体系改革的思路、公司理财框架及财务分析体系与内容的创新。

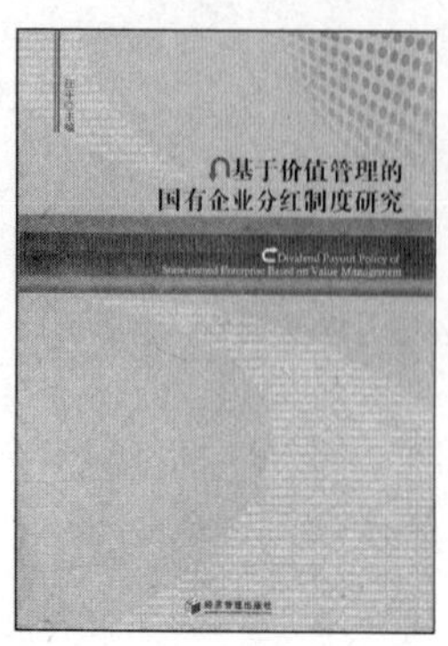

书名： 基于价值管理的国有企业分红制度研究
作者： 汪平
出版时间： 2011 年 1 月
出版社： 经济管理出版社

内容摘要： 国家如何参与国有企业收益（或利润）分配，一直是各国政府凭借所掌握的国家股权对国有企业实施管理和控制的重要形式。我国国有企业向政府股东以一种科学、合理的机制分派红利是国有企业改革发展的必然结果，也是进一步深化改革的一个关键环节。国有企业分红绝不仅是对利润的分派，它涉及国家、社会对国有企业存在价值和存在方式的重新认识。以国有企业分红为契机，我国国有企业将在公司治理、管理行为等方面进入一个新的历史发展时期，但这取决于科学、合理的国有企业分红制度的建立和完善。目前，国有企业分红问题已经成为中国国企改革的热点问题之一。

所谓“基于价值管理的国有企业分红制度”，就是基于政府股东利益保护和国有企业可持续发展的一种利润分红机制，价值创造是利润分红机制的目标，也是确保两个“基于”的唯一途径。《基于价值管理的国有企业分红制度研究》一书在确保政府股东财富最大化与国有企业可持续发展的约束条件之下，设计出了以资本成本为基础的分红比例估算模型，从而为国有企业利润分红制度的设计和构建提供了一个重要的技术支撑。全书共十章可分为四个部分，其中，前三章为第一部分，主要阐述了国有企业分红问题的重要性和特征等基本问题。第四章、第五章为第二部分，从实证研究的角度介绍了我国国有企业的资本成本估算特征以及海外上市的国有企业的资本成本效应。第三部分为全书的核心章节，构建了国有企业分红比例估算的技术模型（SPORM），并运用我国国有企业的实际数据进行了估算，并提出政策性建议；第四部分包括第八章至第十章，以国外国有企业的分红制度作为对比经验，从宏观和微观两个角度阐述我国国有企业分红的实现与保障机制。

《基于价值管理的国有企业分红制度研究》一书的创新之处在于：第一，从价值管理的角度，详细深刻地阐述了国有企业分红制度的重要作用和运作机制，并结合我国自身的发展特点，构建了同时保护政府股东利益和国有企业自身可持续发展的分红比例估算模型（SPORM）；第二，理论联系实际，以 2002~2006 年分行业国有企业的数据为基础，分别验证了分红比例估算模型（SPORM），研究发现，大多数行业的留存收益再投资报酬率（ROE）能够补偿国有股权资本成本的要求，但仍存在一些行业由于自身盈利能力差而不能补偿股权资本成本、财务可持续增长不利于价值创造的问题；第三，结合我国国有企业现行考核和分红机制，从宏观和微观两个角度提出建议，认为我国国有企业科学分红的基本方向是在国有资本经营预算体系的框架内，实现“国有企业分红”与“EVA 业绩考核”的成功对接。

书名： 电信运营企业财务转型
作者： 何瑛
出版时间： 2011 年 1 月
出版社： 经济管理出版社

内容摘要： 经济全球化以及新经济的出现加剧了世界各国经济发展的复杂性和交融性，使得各国企业面临的经营环境日趋复杂，为了谋求生存和可持续发展，企业转型浪潮迭起。由技术和业务转型带来的管理转型，对财务管理的价值管理能力、业务支撑能力、资源优化配置能力和精细化管理能力提出了更高要求。目前，在电信运营企业利润不断摊薄的情况下，股东对投资回报的要求并没有降低。市场竞争和资本市场的双重压力促使电信运营企业向效益型发展转变，并进行财务转型，实现成长管理与成本管理的有机统一，以支撑公司的战略转型。

《电信运营企业财务转型》一书对我国电信运营企业财务转型的理论和实践进行了系统研究，主要内容包括三大部分：理论篇、方向篇和案例篇。理论篇提出企业财务转型可以基于管理学、利益相关者、组织和战略等视角进行，并基于此构建了由财务战略管理、财务组织管理、财务运行（执行）管理和财务基础管理四个层次构成的电信运营企业财务转型拓展路径。方向篇在对我国电信运营企业实施财务转型的现状进行访谈和问卷调查的基础上进行问题分析，并从规范财务基础管理、优化全面预算管理、强化综合绩效管理、深化风险管理与内部控制、探索作业成本管理、集中管理共享服务、积极尝试资本运营、完善财务管理报告体系八个方面提出了实施财务转型的方向。案例篇以中国移动为例进行，提出了财务转型的实施路径与应用价值。该书为我国电信运营企业的财务转型实践提供了可资借鉴的理论基础。同时，对其他行业上市公司的财务转型也具有重要的参考价值。对促进我国电信运营企业成功实施战略转型，逐步实施精细化管理，将效益管理落到实处，从而持续改善公司绩效，并增强国际竞争力具有十分重要的理论价值和借鉴意义。

《电信运营企业财务转型》一书的创新之处在于：第一，是国内截至目前唯一一本对电信运营企业财务管理进行系统研究的学术专著，弥补了国内在这一领域的研究空白。第二，基于不同视角（管理学视角、利益相关者视角、组织视角、战略视角）探讨了财务转型的拓展路径，并重点基于战略视角构建了财务转型的理论框架，包括财务战略管理、财务组织管理、财务执行管理和财务基础管理。为我国企业（包括电信运营企业）实施财务转型的实践提供了可资借鉴的理论基础。第三，对电信运营企业实施财务转型的现状进行了访谈和问卷调查分析，提出财务转型的方向，并进行有针对性的详细探讨，为我国电信运营企业的财务转型实践提供了可资借鉴的思路和方向。第四，对中国移动采用案例研究法进行专题探讨，通过授课、培训和项目合作的机会进行针对性研究，为我国电信运营企业的财务转型实践提供了可资借鉴的实践经验，具有重要的应用价值和社会影响。

书名： 公司财务状况质量综合评价研究——基于增长、盈利、风险三维平衡视角

作者： 钱爱民

出版时间： 2011 年 1 月

出版社： 北京大学出版社

内容摘要： 企业财务管理发展到今天，不论是理论还是实践，均已超越了传统意义上的财务管理边界。面对现代企业的经营和管理环境，传统的财务报表分析框架已显示出了某些不适应性，其在分析视角和分析方法等方面均有待于进一步的拓展和完善。为了有助于实现现代企业的财务管理目标，新的财务报表分析框架应以企业价值及其创造为导向，以战略分析为起点，以价值驱动因素为主体。然而在具体分析过程中，相关内容的抽象性使得其难以把握与运用。因此，如何构建一套行之有效的基于企业战略和企业价值创造的财务报表分析体系，便成了财务分析领域中具有较高的理论和应用价值，同时也是极具挑战性的研究课题。

《公司财务状况质量综合评价研究——基于增长、盈利、风险三维平衡视角》一书共分为五个主要部分。第一部分是财务状况质量评价的理论基础。此部分在对有关财务报表分析和财务状况评价的国内外文献进行综述的基础上，重新界定了相关概念，并基于价值创造的视角在财务报表中寻找公司价值的驱动因素，构建出“增长、盈利、风险三维平衡”分析框架，作为财务状况质量评价的理论基础。第二部分是基于增长性的公司财务状况质量评价。该部分以可持续增长理论为依据，从增长速度和增长有效性两个维度进行分析与评价，将“有质量的适度增长”作为增长性质量评价的标准。第三部分是基于盈利性的公司财务状况质量评价，侧重对盈利质量的评价，分别从盈利后果质量和盈利结构质量两个维度来考察盈利的获现性和持续性，构建出一套完整的公司盈利质量评价指标体系，并对其有效性进行了实证检验。第四部分是基于风险性的公司财务状况质量评价。这部分以融资引起的财务风险为考察点，与公司资本结构质量评价相融合，从资本成本、期限结构、财务弹性以及股权结构等多个角度构建基于财务风险的资本结构质量评价指标体系，用以揭示公司在经营过程中所面临的财务风险，成为评价财务状况风险性质量的基础。第五部分是对公司财务状况质量的综合评价。这部分以价值创造为理论基石，基于“增长、盈利、风险三维平衡”视角来构建公司财务状况质量综合评价指标体系，并采用因子分析和聚类分析等方法进行了实证研究。

《公司财务状况质量综合评价研究——基于增长、盈利、风险三维平衡视角》一书的独特之处在于：第一，在理论研究方面，从公司价值创造的驱动因素中寻找到了财务报表分析的新视角，构建出了“增长、盈利、风险三维平衡”分析框架。第二，在研究方法方面，从资产质量、盈利质量等多个方面构建出一套较为完整的财务状况质量评价指标体系，并采用实证方法对其有效性进行了验证。第三，在实践运用方面，充分结合中国资本市场的现实特点，站在信息使用者的角度，基于决策有用观对公司财务状况质量评价问题进行较为全面的研究。

书名：上市公司定向增发：资产收购与利益输送
作者：章卫东、邹斌、周子剑、杨秀英
出版时间：2011 年 12 月
出版社：经济科学出版社

内容摘要：证券市场上市公司再融资中的公平和效率问题一直是实务界和学术界关注的热点，纵观发达国家上市公司股权在融资的发展历程，大都经历了一个由配股融资向增发新股融资的转变。随着股权分置改革的顺利完成，我国证券市场上掀起了定向增发新股的热潮，为了研究为何定向增发新股再融资方式对上市公司具有强大吸引力，本书作者以“上市公司定向增发、资产收购与利益输送”为研究主题，基于大股东与中小股东的代理理论，从上市公司利益输送的视角，对我国上市公司定向增发新股中的利益输送问题进行了系统的研究，其成果具有较强的现实意义和理论价值。

《上市公司定向增发：资产收购与利益输送》一书从理论和实证两方面进行了研究，主要内容包括七个部分：第一部分分析了 2006 年 1 月至 2010 年 12 月我国上市公司定向增发新股收购控股股东资产的特点，主要比较了我国上市公司定向增发新股收购控股股东资产与配股、公开增发新股及定向增发新股融资的特点，并分析了我国上市公司定向增发新股收购控股股东资产的行业特点等；第二部分从全流通背景下控股股东所持有的股份预期可流通并可获得溢价收益的假设入手，运用信息不对称理论和代理理论来分析了上市公司定向增发新股收购控股股东资产的动机，主要回答了在股权分置改革之后上市公司热衷于定向增发新股来收购控股股东资产的问题；第三部分在信息不对称的假设条件下，运用代理理论、关联交易理论等理论深入剖析上市公司定向增发新股收购控股股东资产过程中的利益输送渠道，上市公司的控股股东可能采用的利益输送手段和方式；第四部分从理论上分析了上市公司定向增发新股收购控股股东资产过程中，控股股东通过操纵定向增发新股发行折价率进行利益输送的机理，并运用相关数据进行了实证检验；第五部分从理论上分析了上市公司定向增发新股收购控股股东资产过程中，控股股东通过在定向增发新股前利用盈余管理来进行利益输送的机理，并运用相关数据进行了实证检验；第六部分从理论上分析了上市公司定向增发新股收购控股股东资产过程中，控股股东通过向上市公司注入劣质资产进行利益输送的机理，并运用相关数据进行了实证检验；第七部分通过揭示我国上市公司定向增发新股收购资产中的利益输送现象，提出了完善公司治理结构、完善上市公司定向增发新股收购资产的相关政策及建议。

《上市公司定向增发：资产收购与利益输送》一书的独特之处在于：第一，从理论上揭示了我国上市公司定向增发收购资产中的利益输送机理。第二，深入剖析了我国上市公司定向增发新股收购资产中的利益输送手段和方式。第三，在研究方法上采用实证法收集数据，论证假设，具有强有力的说服力。第四，提出了完善公司治理结构、完善上市公司定向增发新股收购资产的相关政策的建议。

书名： 财务管理案例分析
作者： 邵军
出版时间： 2011 年 9 月
出版社： 立信会计出版社

内容摘要： 案例研究是定性研究的一个重要组成部分，是社会科学以及其他科学研究中的一种常用的研究方法。当我们对所研究的问题知之甚少或者试图从一个全新角度切入时，案例研究将非常有用。我国的经济环境与西方多年来大量研究成果所依存的环境不同，西方多年积累下来的研究成果通常不适用于我国，同时我国资本市场有许多有趣的谜团，案例研究方法有助于理解我国上市公司的种种问题。

《财务管理案例分析》一书共分为六个部分。第一部分是融资决策的案例分析。通过对上海汽车整体上市、包钢股份整体上市、驰宏锌锗再融资案例的分析，全面讲解了我国上市企业定向增发、反向收购及整体上市的理论依据、操作程序和适用条件。第二部分是投资决策的案例分析。这部分结合天华公司投资决策的实际问题，具体讲解了投资决策的几种主要思路或方法，以及这些方法中各种参数的确定。第三部分是营运资金管理案例分析。通过对四川长虹营运资金策略和鸿仪系内部资本配置行为的案例分析，分析了企业在生产经营活动中资金协调和运动的内在规律性，以及内部资本市场的形成和效率的度量。第四部分是股利政策的案例分析。通过对驰宏锌锗股利政策的分析，揭示了我国上市公司现金股利的现状，并解释了我国上市公司发放高额现金股利的原因。第五部分是企业并购与反并购的案例分析。结合对中信证券收购广发证券、同一控制下的企业合并、深国商反并购行为以及华谊兄弟产业整合的案例，阐述了企业并购动因、反并购行为的理论依据，分析了在并购和反并购过程中目标企业的应对举措及股权结构对并购结果的影响、同一控制下企业合并的经济后果、产业整合对企业财务业绩和市场业绩的影响。第六部分是公司治理的案例分析。结合江苏阳光公司治理、伊利股权激励以及国美控制权争夺的案例，讲解了不同所有权结构下代理冲突的不同形式，投票权与现金流量权分离情况下控股股东事实利益侵占行为的各种方式以及公司治理的作用界定和具体表现；分析了股权激励费用化的会计处理对于上市公司业绩、股票价格的影响以及公司对上述情况的反应；阐述了控制权私人收益的理论知识，分析了控制权争夺的动因及带来的经济后果。

《财务管理案例分析》一书的独特之处在于：第一，充分体现财务管理在理论、实务与政策三个方面的统一。通过案例分析使读者在了解财务管理基本原理的基础上提升自身的专业理念、专业技能和专业判断水准。第二，在案例的选取和内容安排上突出近年来企业财务决策的理论和实践上的难点、热点和重点问题。第三，充分体现财务管理活动对特定的理财环境、案例分析的实践性和可操作性的要求。案例全部来源于真实的例子，都是具有中国特色的上市公司案例。第四，加强读者的思考。本书对每个案例给出案例分析、问题探讨与思考，具有一定的开放性和可讨论性。

书名： 中国上市公司财务治理指数报告（2011）
作者： 高明华
出版时间： 2011 年 11 月
出版社： 经济科学出版社

内容摘要： 财务治理是公司治理的子系统，是关于企业财权配置、财务控制、财务监督和财务激励的一系列正式和非正式的制度安排，这些制度安排通过财务制度将各个财务主体紧密联系起来，同时通过财务控制、财务监督和财务激励对财务主体形成合理的监督和激励。较高的财务治理质量不仅能够合理配置各财务主体的责、权、利，有力控制各个财务环节，有效监督财务行为，还能适当激励财务主体，是公司正常运行的关键保障。

《中国上市公司财务治理指数报告》（2011）一书共有 11 章，大致上可以分为六个部分。第一部分全面总结了国内外财务治理的形成与发展、财务治理理论、财务治理信息披露及评价研究的进展。第二部分给出了本书财务治理指数评价的研究范围，即中国所有的上市公司，并基于财权分配、财务控制、财务监督和财务激励四个方面设计了 4 个一级指标，30 个二级指标的指标体系。第三部分是财务治理指数排名和比较。本部分在上述指标体系的基础上，计算了 2010 年 1722 家上市公司的财务治理指数，并对整体和分项指数进行了评估和排序分析。第四部分是财务治理指数影响因素及实证分析。本部分将可能的影响因素分为了治理因素和特征因素，并验证了财务治理质量与财务重述、财务治理质量与投资效率和经营绩效、财务治理质量与审计风险和银行贷款以及财务治理质量与证券分析师行为之间的关系。第五部分是财务治理的案例分析，结合 2010 年中国上市公司财务治理指数，本部分选取了中国银行和 ST 金顶两个典型案例，评析了这两个案例公司迥异的财务治理水平，揭示了不同质量的财务治理对公司的不同影响。第六部分对本书主要研究结论进行了归纳和总结，给出了提高公司财务治理水平的政策建议。

《中国上市公司财务治理指数报告》（2011）一书的独特之处在于：第一，全面总结了国内外财务治理的演进和理论进展，认为财务治理研究是在国内外多学科理论研究成果的基础上形成的，同时也是现实企业财务运作日趋复杂以及公司治理实践共同推动的结果。第二，首次基于国际财务报告准则和通行的财务治理规范设计财务治理指数指标体系，采用国际上通行的层次分析法来确定权重，据此计算的财务治理指数具有科学性、可靠性和可比性。第三，财务治理指数的计算及评价完全采用上市公司的公开数据，不含任何主观判断因素，具有客观性、透明性、真实性。第四，首次全面评估了中国上市公司的财务治理状况。利用独有的财务治理指标指数体系，从总体以及地区分布、行业属性、所有制性质以及上市地点等多角度评价了中国上市公司的财务治理水平。第五，首次从财权配置、财务控制、财务监督和财务激励四个方面评估了中国上市公司的财务治理水平。第六，案例分析具有较强的典型性。

书名： 营运资金管理发展报告（2011）
作者： 王竹泉、孙建强、孙莹、王秀华、王贞洁
出版时间： 2011年10月
出版社： 中国财政经济出版社

内容摘要： 营运资金管理是企业财务管理的重要内容，良好的营运资金管理是企业得以生存和发展的基础。随着世界经济一体化的进一步加强，全球经济体之间的联系、趋同、一体化日益成为一个总趋势和大态势。在全球视野中整合优化产业链，已经成为各国的普遍选择，在这种时代背景下，企业的营运资金管理面临着前所未有的挑战和机遇，而金融危机的发生更加凸显了营运资金管理的重要地位。无论是管理实践对营运资金管理的日益重视，还是理论研究表现出的对营运资金管理的空前关注，都意味着对营运资金管理文献、数据和实践案例的需求将与日俱增。

《营运资金管理发展报告（2011）》一书分为理论发展与经济形势篇、行业调查篇、地区调查与专题调查篇和数据信息与文献索引篇四个部分，全面展现营运资金管理在理论研究、实践应用和信息资料三个层面的发展状况。理论发展与经济形势篇分析了2010年国内外营运资金管理的研究进展、中国经济形势与地区经济环境。行业调查篇分为2010年中国上市公司分行业营运资金管理调查总体分析和各行业上市公司营运资金管理调查两个部分。本篇分别以2010年1945家上市公司、2009~2010年1586家可比上市公司和2008~2010年1450家可比上市公司作为研究对象，从渠道和要素两个视角对中国各行业上市公司2010年营运资金管理状况进行了全面调查和透视，对21个行业的上市公司的营运资金管理进行了行业层面和企业层面两个视角的分析。地区调查与专题调查篇从全国层面和东部、中部及西部三个地区层面对不同地区的营运资金管理进行研究，以分析营运资金管理在我国不同地区间呈现出的差异和特色。数据信息与文献索引篇集中以附录的形式体现，列示了本书经整理、研究得出的数据以及近年来国内外营运资金管理的研究文献。

《营运资金管理发展报告（2011）》一书的独特之处在于：第一，原创性理论的支持。整本书的核心理论成果和调查体系均是基于中国企业营运资金管理研究中心首创的"基于渠道管理的营运资金管理"理论和"基于渠道管理的营运资金管理绩效评价体系"而研究设计完成的，从而在内容和数据方面有别于国内外同类的研究和调查。第二，丰富的调查体系和调查成果。本书对营运资金管理实践的调查分为行业调查、地区调查和专题调查三个层面，每个层面的调查则包括营运资金的总量及其分布、营运资金管理绩效水平、营运资金管理绩效变动趋势、营运资金管理典型案例等内容。从调查分析的成果来看，不仅包括行业调查报告、地区调查报告和专题报告，而且形成了具有自主知识产权的“中国上市公司营运资金管理数据库”，并辅以国内外营运资金管理研究的文献索引数据库，堪称营运资金管理领域的思想库和信息库。

书名：股权分置改革后上市公司经理股权激励合约的优化研究

作者：杨慧辉

出版时间：2011 年 5 月

出版社：上海财经大学出版社

内容摘要：现代企业制度最根本的特征是所有权与经营权分离而形成的所有权和控制权的分离。企业的所有者委托经理人进行经营和管理决策，从而形成典型的委托—代理关系。但企业的所有者与经理人之间的目标函数并不相同，这就出现了所有者和经理人之间的委托—代理问题，企业的所有者如何促进经理人努力工作以实现价值的最大化。监督与激励制度是解决代理问题的主要方法，近年来，在西方发达国家所推行的股权激励计划就是解决所有者与经理人代理问题的一种激励制度。我国从 20 世纪 90 年代开始引入股权激励制度，一方面在实务界进行了尝试，另一方面理论界也就股权激励的理论和原理进行了分析，并以经理人持股表征股权激励程度，对股权激励与企业价值的关系进行了经验数据的检验。2005 年，我国一系列相关法律的出台和颁布，使得完成了股权分置改革的上市公司可依法实施股权激励。那么，如何运用委托—代理理论，在企业价值最大化的财务目标下，充分考虑经理人行为偏好、风险偏好，对股权分置改革后的股权激励的合约进行优化，是我国股权激励亟待解决的一个问题。

《股权分置改革后上市公司经理股权激励合约的优化研究》一书以股权分置改革后股权激励合约的优化为切入点，以我国股权分置改革后披露并实施新型股权激励的上市公司作为样本，检验了我国股权分置改革后股权激励的正、负效应，找出股权分置改革后股权激励存在的问题。全书共七章可分为四个部分，第一部分主要包括第一章、第二章，重点介绍了股权激励的制度背景以及我国企业股权激励的发展历程和现状。第二部分包括第三章、第四章，以沪深两市的实证数据为研究证据，探讨了股权激励的正负效应。第三部分即第五章，是全书的核心章节，运用数学建模进行定量分析，研究了委托—代理模型下最优股权激励合约的特征和激励效果。第四部分为全书的最后两章，从理论和实证研究两个角度提出了股权激励水平的影响因素，并提出了我国上市公司在股权分置改革后进行股权激励优化的相关政策建议。

《股权分置改革后上市公司经理股权激励合约的优化研究》这本书主要的创新点包括：第一，通过模型从定量的角度对股权激励合约进行了优化，明确了股权激励合约中激励方式、激励数量、授予（行权）价格以及期限这四个关键要素的最优取值。第二，扩充了委托—代理模型的目标函数，并通过股东、债权人以及经理人三者的博弈分析确定最优股权激励合约。第三。对委托—代理模型中“经理人比股东厌恶风险”这一假设进行了修订，分别按照经理人与股东具有相同的风险偏好程度以及比股东厌恶风险两方面来进行股权激励的合约安排。这结合了我国经理人市场不健全、多通过行政任命的具体特点。第四，打破了西方将将限制性股票作为行权价格为零的股票期权的研究惯例，区分限制性股票无偿授予经理人和以一定价格授予经理人两种情况进行分拆研究。

书名：中国上市公司现金持有政策：基于融资约束理论的实证研究

作者：况学文

出版时间：2011 年 4 月

出版社：社会科学文献出版社

内容摘要：20 世纪 90 年代以来，上市公司的现金持有政策引起了国内外财务学者、公司股东和新闻媒体的广泛关注。财务学者们从不同视角深入考察了公司现金持有政策的影响因素以及现金持有政策对公司价值的影响效应，并取得了较为丰富的研究成果。但现金持有政策的研究主要集中在金融市场较为发达的西方国家，而金融市场欠发达的发展中国家的相关研究却很少。大量研究表明，发展中国家由于金融市场不完善，公司所面临的融资约束可能较金融市场发达国家中的公司更为严重，融资约束对公司财务行为的影响更为显著。而中国作为发展中国家的代表，其金融市场正处于一个从不成熟向成熟、从不发达向发达的发展过程。

《中国上市公司现金持有政策：基于融资约束理论的实证研究》一书主要利用中国资本市场上市公司的数据，实证考察融资约束与公司现金持有政策以及现金持有量价值之间的关系，全书共分为八章。前两章主要介绍了本书的研究问题、研究内容、基本框架及创新之处、整理相关文献并归纳出新的现金持有政策理论。第三章分析了中国上市公司外部融资环境的宏观背景，阐述了中国资本市场的发展历程及存在的问题，以及这些问题对公司外部融资能力的影响。第四章利用中国上市公司 1999~2005 年的财务数据，采用 Logistic 回归模型和多元判别分析模型构建了两个反映公司外部融资约束程度的综合指数——LFC 指数和 DFC 指数，并以“投资—现金流敏感性”这一工具对两个融资约束指数进行简单、间接的评价。第五章利用中国上市公司 2000~2006 年的财务数据，采用 LFC 指数和 DFC 指数，分别从现金持有量水平和现金持有量变化两方面考察融资约束与公司现金持有政策之间的关系。第六章利用中国上市公司 2000~2006 年的财务数据和市场数据，采用 LFC 指数和 DFC 指数，分别从现金持有量的市场价值和边际价值两方面考察融资约束与现金持有量价值之间的关系。第七章利用中国上市公司 2000~2005 年的财务数据以及同期中国各地区金融发展水平指数和市场化总体指数，分别从投资—现金流敏感性两方面考察金融发展和市场化进程对中国上市公司外部融资约束的缓解效应。第八章综合研究成果，得出主要研究结论、研究启示及政策建议，并指出研究中不足之处以及未来进一步的研究方向。

《中国上市公司现金持有政策：基于融资约束理论的实证研究》一书的创新之处在于：第一，在公司现金持有政策现有研究文献的基础上，归纳和整理出一种新的现金持有政策理论——融资约束理论，并以此理论为基础，实证考察融资约束条件下公司现金持有政策及其价值效应；第二，利用 Logistic 回归模型和多元判别分析模型构建了两个反映公司外部融资约束程度的综合指数——LFC 指数和 DFC 指数；第三，中国作为发展中国家的代表，充分利用其资本市场的独特数据，系统全面地考察了融资约束与现金持有量价值之间的关系。

书名：管理层股权激励与股东利益
作者：周绍妮
出版时间：2011 年 10 月
出版社：中国经济出版社

内容摘要：随着中国上市公司股权分置改革的顺利进行，《公司法》《证券法》等相关法律法规的修订及证券市场环境的逐步成熟，上市公司针对管理层的股权激励真正开始并得到迅速的发展。在过去几年，中国上市公司真正开始进行管理层股权激励实践，上市公司高管对股权激励的积极性非常高，中国上市公司管理层股权激励必将很快大规模地铺展开来。但国际学术界的研究和实物界的实践至今未对管理层股权激励的效用得到一致结论，无从直接指导中国股权激励的实践。另外，中国在经济的整体发展、资本市场的有效性甚至企业文化等方面也与国外企业有巨大差异。在中国上市公司大规模股权激励之前，充分、深入地研究现在中国的上市公司管理层股权激励方案十分必要。

《管理层股权激励与股东利益》一书立足于公司股东视角，研究管理层股权激励对股东利益的影响，共分为八个部分。前三部分为：绪论、文献综述和理论基础。阐述了本书的研究背景、研究意义、研究思路、文献研究范围和意义、两种主要的理论基础。第四部分，中国上市公司管理层股权激励的选择性偏好研究。主要包括管理层股权激励现状、股权激励方案的特征以及股权激励的选择性偏好。第五部分，中国上市公司管理层股权激励的市场反应研究。对样本公司进行事件研究，通过市场投资者的反应从侧面体现投资者对未来收益的预期。第六部分，管理层股权激励对公司行为影响的实证研究。实施管理层股权激励后，对投资、融资、收益分配行为的变化及其驱动因素进行研究，从而预期股东长期利益的实现。第七部分，管理层股权激励对实施当期股东收益影响的实证检验。包括股东权益指标设计、各种管理层股权激励效果检验及对中小股东利益侵害程度变化检验。第八部分，总结本书的研究结果，得出结论和建议。

《管理层股权激励与股东利益》一书的创新之处在于：第一，在研究管理层股权激励对我国股东利益的影响时，同时研究了股东的权利和股东的收益，采取了从股权激励的不同阶段来界定的全过程研究方法；第二，立足于我国新兴资本市场的特点，提出综合采用市场指标和会计指标进行股东收益衡量的思路，并从股东收益实现的不同角度选取了资产报酬率、每股收益和市净率三个指标；第三，通过对我国目前已经公告过进行管理层股权激励的上市公司的特征分析和比较，研究我国上市公司管理层股权激励的选择性偏好；第四，提出公司行为时决定股东长期利益实现的根本，选取公司投资行为、筹资行为、收益分配作为研究对象，通过研究管理层股权激励前后公司行为的变化预期长期激励效果；第五，在管理层股权激励前后公司行为和股东收益指标变化的研究过程中，进一步研究驱动其变化的公司层面因素。

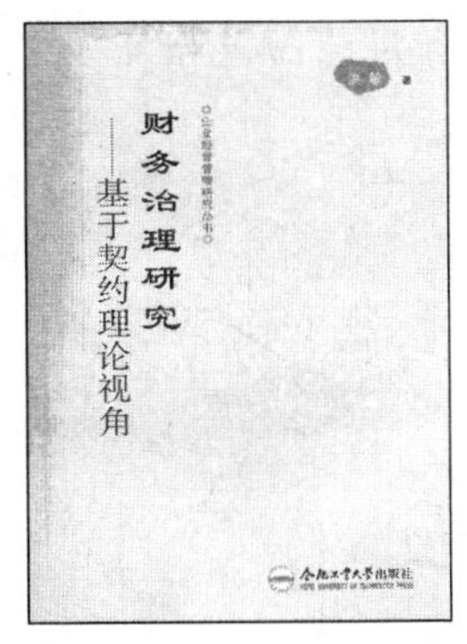

书名： 财务治理研究——基于契约理论视角
作者： 洪敏
出版时间： 2011 年 4 月
出版社： 合肥工业大学出版社

内容摘要： 企业是一系列契约所组成的集合体，企业的设立及其之后的各项经营活动都依存于所建立的各项契约关系。在企业各种契约关系中，财务契约关系尤为重要，财务契约关系的研究是制度性财务发展的必然。近年来，我国企业在交易过程中存在许多违约现象，财务治理契约安排不明晰是一个根本性的问题，导致我国上市公司治理效率低下。要解决我国企业的公司治理问题，改善公司治理结构中存在的缺陷，必须正视公司治理问题的核心——财务治理，迫切需要在借鉴国内外已有研究成果和理论的基础上，充分结合中国企业改革和发展的实际情况及客观条件，积极进行整合研究和理论创新，探索总结出适合中国国情的财务治理理论，以便更加科学有效地指导我国企业的改革和发展。

《财务治理研究——基于契约理论视角》一书从契约角度深入研究我国上市公司财务治理问题，主要包括八章。第一章，导论。说明了本书的研究背景、研究意义、创新之处等。第二章，财务治理的契约经济学基础。介绍了企业契约理论、公司治理理论以及传统财务理论，并阐述了上述理论与财务治理之间的逻辑关系。第三章，财务治理：契约视角的理论分析框架。从契约角度出发，对财务治理契约行为以及契约机制设计进行了专门论述。第四章，中国上市公司财务治理：资本结构选择与融资决策。专门分析了资本结构、不同的融资契约与财务治理之间的关系，并作出了实证分析。第五章，中国上市公司财务治理：投资决策及股利政策。分析了股票融资与债务融资与企业投资决策行为之间的关系，制定恰当的股利分配政策。第六章，财务治理与企业价值。企业价值最大化是财务治理目标的显示选择，而财务治理效率是财务价值的体现。第七章，财务治理契约的监督与执行。从财务预算系统、财务信息管理系统和财务风险预警系统几个方面入手，建立严格的财务监控体系。第八章，我国上市公司财务治理模式创新。从财务战略决策的角度、人力资本最新视野、知识信息时代等几方面探讨我国上市公司财务治理模式创新。

《财务治理研究——基于契约理论视角》一书的创新之处在于：第一，开创了一条逻辑非常清晰的财务治理研究新线索；第二，从契约角度进行财务治理研究，弥补了财务治理理论体系的缺陷；第三，在众多理论基础上，构建了一个全新的财务治理理论体系，促进了财务学科的发展；第四，将公司内外部契约关系容纳其中，是一个介于纯理论与纯实践之间的研究课题，有利于财务管理实践的进一步深化；第五，运用系统研究方法整体把握财务治理的理论脉络，并结合了实证研究与规范研究，定量、定性对所阐述的理论做出有力证明和支撑。

书名：交易性金融资产投资策略及财务风险防范研究
作者：张晓杰
出版时间：2011 年 9 月
出版社：经济科学出版社

内容摘要：交易性金融资产是公司价值与资本市场发生联动的主要载体之一。近年来，股票、债券等基础金融工具和期权、期货等衍生金融工具越来越多，用以界定和反映这些工具的“交易性金融资产”的范畴及规模有所增加，“交易性金融资产”的重要性有所提高。而随着资本市场的迅速发展，与资本市场天然相关的金融工具以及与市场波动密切相关的价格波动都使公司投资交易性金融资产并进行管理的难度加大，风险增大。对中国而言，尤其是新企业会计准则引入公允价值计量属性和衍生金融工具纳入表内核算，使得公司的价值反映与资本市场的联动性大大增强。这就对公司提出新的要求，要能够正确管理公司价值与资本市场的这种联动效应，真正提高交易性金融资产的投资获利能力。

《交易性金融资产投资策略及财务风险防范研究》一书按照“提出问题—分析问题—解决问题”的逻辑展开，共分为 13 章。其中，第 1 章为导论，第 2~4 章是“提出问题”，从宏观层面分析交易性金融资产的范畴、类别、计量属性及其争论和可能的风险，从而为微观层面上的风险分析、投资策略分析及风险管控建议奠定基础。第 5 章是“分析问题”，从微观层面上分析公司投资交易性金融资产的潜在风险以及不同类型公司的基本情况、投资现状、风险承受能力和风险管控能力等。第 6~13 章是“解决问题”，先从微观层面上给出防控交易性金融资产风险的具体建议，包括投资策略建议和风险管控建议两部分。

《交易性金融资产投资策略及财务风险防范研究》一书的创新之处在于：第一，该研究具有较强的实用意义，是对相关知识在现实运用中遇到的问题进行系统分析和研究，提出应对策略和措施，从而有助于公司提高自身的投资管理水平和风险控制能力；第二，交易性金融资产在中国提出时间不长，许多人及公司的认识水平较低，本书对交易性金融资产的范畴、类别、计量属性、投资策略、风险财务指标设计等做了系统阐述，有助于大家提高对交易性金融资产的认知水平和管理能力；第三，从大处着眼，站在一个更高的角度上对各类公司投资交易性金融资产的行为及结果进行研究，提出以风险财务指标设计与管理为核心的交易性金融资产风险管控问题，将狭义的财务问题——财务指标与财务报表和广义的财务问题有机联系在一起，使交易性金融资产的财务问题得以清晰阐释，有助于公司高层决策和管理执行。

书名：中国集团公司资金管理：理论、实践与案例

作者：王华

出版时间：2011 年 7 月

出版社：中国经济出版社

内容摘要：集团公司的资金管理是随着集团公司管理实践和管理理论的发展而不断深入和拓宽的。传统的企业资金管理仅仅局限于纯粹从会计的角度考虑或者说就资金论资金，因而集团公司的资金管理的作用从理论上来看显得相当有限。另外，中国的集团公司无论国有还是民营，往往是集团下属企业成立在先，而集团成立在后，因而集团总部对成员企业的管理能力亟待加强。资金就像集团公司的血液一样渗透于集团公司的各个工作环节。只有保障资金充足、流转顺畅，才有可能实现集团公司发展壮大的愿望和保证集团公司各项既定战略的落地执行。

《中国集团公司资金管理：理论、实践与案例》一书基于许多个资金管理项目的规划设计和实践探索进行了系统研究，主要内容包括五大部分：背景篇、理论篇、实践篇、案例篇和思考篇。背景篇主要展示了集团资金管理的起源及发展动态等内容，从而指出它存在的必然性。理论篇将交易费用理论、产权理论等新制度经济学派的基本理论以及风险与内控管理理论、集团管控理论作为集团公司资金管理的理论基础，从而帮助集团公司找到解决在集团资金管理推进过程中出现的各种问题的思路框架。实践篇将过往参与项目的实践经验进行总结，把从实践中获得的集团公司资金管理内涵分享和传播给广大集团公司。案例篇对国内三家典型集团公司和典型行业的资金管理实践案例进行分析，将理论与实际结合起来。思考篇通过分析金融危机背景下的国内集团公司资金管理现状，提出了我国集团公司资金管理存在的若干问题与建设性建议和展望。

《中国集团公司资金管理：理论、实践与案例》一书的创新之处在于：第一，突出“实战”特色，对集团资金结算中心和财务公司的业务流程予以详细的论述，有助于各类集团公司的资金管理事务工作；第二，创造性地引入了前沿理论作为资金管理的理论基础，将实践背后的本质进行抽象并寻找到解释和分析这些本质的理论；第三，融合了具有代表性的集团公司资金管理实践，案例既是实践的具体化，也是将理论转为实践的过程；第四，总结了当前国内集团公司资金管理所忽视的普遍问题并提出建设性改进建议，通过不断地思考，提出了集团公司资金管理的发展趋势，帮助广大的集团公司从发展的角度看待未来资金管理工作的方向和思路。

书名：创富报告：2011 年度中国上市公司市值管理绩效评价
作者：施光耀等
出版时间：2011 年 5 月
出版社：经济科学出版社

内容摘要：2007 年春，当时股权分置改革政治收官，成立伊始的中国上市公司市值管理研究中心犹如初生牛犊，敢想敢干，萌生一念，欲借市值这个小小视角，出版一份年度报告，跟踪市值的规模涨跌，分析市值的表现特点，剖析市值的行业结构，记录步入全流通时代以后中国资本市场的发展历史。光阴荏苒，转眼五年过去了，2011 年已是中国上市公司市值管理研究中心连续第五次撰写市值年度报告。透过市值这扇窗口，中国的资本市场呈现出别样风景。

《创富报告：2011 年度中国上市公司市值管理绩效评价》一书对 2011 年度中国上市公司市值管理总绩效和价值创造、价值实现和价值关联度绩效以及市值溢价因素等方面做了全景式的分析，主要内容为四个方面：报告表明、报告认为、报告指出和报告建议。报告表明，2011 年度中国 A 股上市公司市值管理总体绩效较 2010 年度小幅回落，其中尽管上市公司价值创造绩效大幅提升，溢价因素绩效显著改善，但由于价值实现绩效回落明显，导致市值管理综合绩效出现回落。报告认为，尽管总体绩效有所回落，2011 年度上市公司的市值管理也呈现了不少亮点，如价值创造绩效较上一年度取得了明显提升，尤其是基础价值绩效创出近五年新高。当然，2011 年度上市公司市值管理也有不尽如人意之处，如上市公司市值成长及代表资本溢价能力的托宾 Q 值差强人意。报告指出，2011 年度上市公司市值影响因素的市值效应，不管是从内部因素方面或从外部因素方面均发生了一些新变化，如盈利成长性指标的市值效应有了较大提高，每股收益和每股经营性现金流的市值效应仍名列前茅，沪深 300 指数、公司治理、金牌董秘和股权激励四个指标依旧名列市值效应因素的前列等。报告建议，在上市公司市值管理日益深化的今天，已解决经理层动力问题的股权激励已成为上市公司市值管理的新趋势。无论是民营控股上市公司，还是国有控股上市公司，在资本市场竞争日益激烈的今天，谁能率先实施科学的股权激励方案，以充分调动经理层的积极性，促进股东价值最大化，谁就能在激烈的市场竞争中赢得先机。

《创富报告：2011 年度中国上市公司市值管理绩效评价》一书的创新之处在于：第一，对 2011 年度上市公司市值管理绩效评价进行了总述，并提出了上市公司市值管理的亮点和弱项；第二，从百佳榜、行业、区域、所有制国资委、派系、市场板块、股本等众多角度对中国上市公司市值管理绩效进行了全方位评价和分析，增强各方利益者对市值管理的多层次理解；第三，进行了 2011 年度市值影响因素的相关性分析，找出与市值相关性较强的因素，有针对性地对这些因素进行积极管理，进而有效地促进公司市值科学有序发展；第四，运用回归分析法对影响上市公司市值的财务因素和非财务因素的市值效应进行了定量分析。

书名：企业财务信息管理研究
作者：吉利
出版时间：2011 年 5 月
出版社：西南财经大学出版社

内容摘要：信息时代的到来使得信息成为继原料、资产、劳动力和资本之后的第五个生产力要素。世界各国都把大力开发和利用信息资源、发展信息产业作为重大发展战略。当今社会，经济全球化和信息化这两股力量，极大地改变了企业外部的竞争环境和企业内部的经营模式、管理体制，具体表现在：竞争范围由区域竞争变革为全球竞争，竞争主体由单个企业竞争变革为供应链竞争，竞争战略由产品竞争变革为顾客竞争，竞争优势由规模竞争变革为速度竞争，而竞争基础由人、财、物的竞争变革为信息竞争，这要求企业财务承担相应的信息任务。

IT 技术的出现和发展为企业进行财务信息管理提供了平台和基础，但也出现了"信息悖论"的问题，IT 技术的采用并没有真正为企业带来经济效应。企业利用 IT 技术或实现企业财务管理信息化都只是手段，而不是目的。重要的是，企业财务信息管理能够提高信息价值、改进信息利用和促进信息增值，实现财务信息和会计信息、业务信息以及其他信息的整合，这就要求企业财务信息管理应有全局观、综合观、充分而恰当地关注和利用企业全部信息资源，从而实现企业价值最大化。

《企业财务信息管理研究》一书正是应对上述需求的及时之作。作者立足于 21 世纪信息时代所引起的变革及要求企业财务承担相应的信息任务，开创性地提出了企业财务信息管理概念，并从管理理论发展和现代信息技术利用两个方面进行了考察，从财务治理和财务管理两个层面对其进行了功能定位，从而构造了企业财务信息管理的一个系统过程。全书分为三个部分。第一部分为全书的导言部分，介绍了企业财务信息管理研究的背景和意义、视角和基础、方法和内容。第二部分主要包括第一章和第二章，主要内容包括对企业财务信息管理研究的概述，阐述了企业财务信息的内涵和特征，并介绍了企业财务信息管理的功能方位和历史方位，最后介绍了企业财务信息管理的内容和环节。第三部分包括第三章到第六章的内容，这一部分主要从企业财务信息的发掘和转化、利用和积累、披露以及交换四个角度详细地展示了企业财务信息管理涉及的全部内容和要点。

《企业财务信息管理研究》一书的创新之处主要表现在：第一，此书按照不同的标准，从多个侧面和角度对企业财务信息的内涵进行全面界定，形成了清楚的分类和层次体系；第二，首次提出了企业财务信息管理概念，并从历史和功能的角度对其进行了全面考察，构造了企业财务信息管理的一个系统过程，对各管理环节进行了详细分析；第三，对企业

财务信息披露管理动因的传统解释进行了拓展，首次提出了企业财务信息披露管理的“提高信息置信度动因”；第四，前瞻性地提出并运用经济学原理论证了通过企业财务信息交换获得经济效益这一观点，以国研网和超星两个典型案例对上述问题的实现——建立企业财务信息市场及其运行进行了探索性研究。

第二节

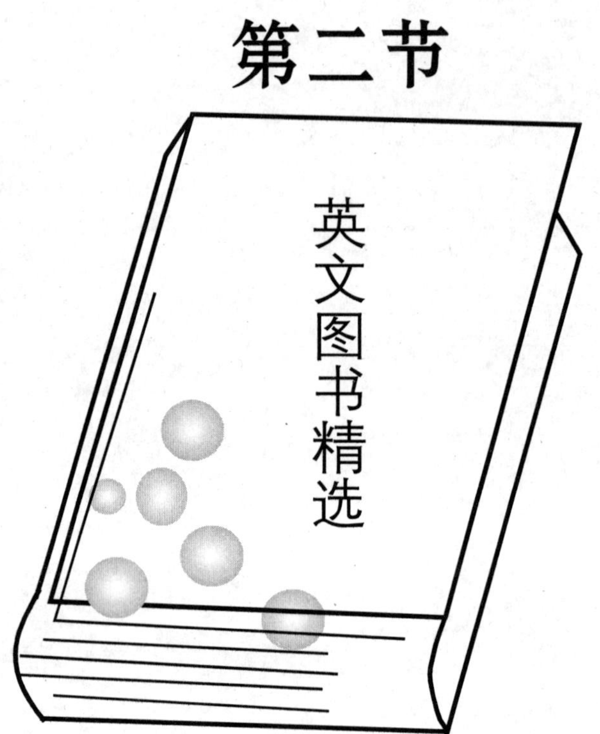

书名： Capital Budgeting Valuation：Financial Analysis for Today's Investment Projects

资本预算评估：现代投资项目财务分析

作者： H.Kent Baker

H.肯特·贝克

出版时间： 2011 年 6 月

出版社： Wiley

内容摘要： 资本预算是一个计划、分析、选择和投资管理的过程，也是当今商业活动中最富挑战性的任务。随着科技的快速发展、产品生命周期的缩短和全球竞争的加剧，企业管理层在长期投资和资本性支出间面临着更加艰难的抉择，因为很难判断这两者谁更具有投资价值。而对项目进行资本预算评估，则可以同时检测投资成本的有效性和股东价值，成为解决这些难题的关键。

《资本预算评估：现代投资项目财务分析》是 Robert W. Kolb 财务系列丛书之一，旨在为具有较多争议的资本预算话题提供一个容易理解的检验方案，其内容涵盖了资本预算评估的基本概念、原则和实务中的应用技巧等多方面的讨论，强调了财务健全的资本预算有利于价值创造的过程，并探讨了为什么各种理论都具有重要意义以及企业如何利用它们解决问题和创造财富。书中满含深刻的见解和专业的建议，为资本预算这个重要财务问题提供了不同的审视视角和丰富的前沿观点，为读者理解现实世界中复杂的资本投资决策提供了指导。

《资本预算评估：现代投资项目财务分析》全书由七个部分构成，作者从七个不同的大视角由浅入深地阐述自己的见解。其中第一部分为“基础和关键概念”，作者用两章内容回顾了公司战略和公司治理在投资决策中的作用。第二部分“资本投资选择”，检验了不同的资本投资评估方法，并探讨了资本配置下的资本预算问题。该部分共有六章，分别是评估投资价值、资本投资的评估方法、资本配置和资本预算、对外投资分析、资本投资审计、实务中的资本预算技巧。第三部分“项目现金流和通货膨胀”，阐述了评估资本预算项目时应如何估算项目现金流，及如何调整现金流以适应通货膨胀。第四部分“风险和投资选择”，作者用四章内容分别概括了资本预算中的基本风险分析技巧、政治风险和国别风险的测量方法、项目财务的风险管理以及风险模拟的概念和方法。第五部分“实物期权和项目分析”，主要介绍了实物期权的概念，描述了最常见的实物期权方法以及这些方法在资本预算中的应用。第六部分“估计项目的资本成本”，介绍了资本成本的概念，如何在资本预算中使用资本资产定价模型和套利定价理论，以及财务融合和项目估值的不同方法和可能的调整方式。第七部分则深入探讨了四个特殊话题，分别是政府实体的资本预算、资本预算中的行为财务、并购定价——协同效应的价值以及资本预算中的多标准分析。这些章节分别由各领域内经验丰富和高学术研究水平的专家执笔，使得内容深刻并具有指导性。

《资本预算评估：现代投资项目财务分析》的创新之处在于：第一，本书提供了一个与公司整体策略相关的，可使用不同技术和方法的应用战略重点；第二，基于管理者应该从全球视角审视商业的前提，本书探讨了诸多国际性话题；第三，本书强调了在资本预算中使用实物期权的重要性。

书名： Capital Structure and Corporate Financing Decisions：Theory，Evidence，and Practice

企业资本结构和融资决策：理论、证据与实践

作者： H.Kent Baker，Gerald S.Martin

H.肯特·贝克，杰拉尔德·S.马丁

出版时间： 2011 年 4 月

出版社： Wiley

内容摘要：《企业资本结构和融资决策：理论、证据与实践》是一本为企业在当今不断变化的商业环境下做出更好资本结构决策与融资决策的全面指南，内容涵盖了对资本结构和融资决策基本组成部分和现有理论的讨论，以及它们在现实环境中的应用。总体而言，本书强调了合理的资本结构可以在减少企业的资本成本的同时增加股东价值。虽然本书并未将现存的所有文献收录完全，但也涵盖了数百篇文章的观点，并对资本结构和融资决策未来的发展方向进行预测，为后人进行学术研究和全球分析提供了详尽资源。

《企业资本结构和融资决策：理论、证据与实践》一书由四大部分、共 24 章构成。第 1 章首先简要介绍了资本结构和全书内容。第一部分“资本结构的构成”包括 2~7 章，是对资本结构组成部分的概述。这些章节是后续内容的基础，讨论了资本结构相关的重要概念和原则，并对影响资本结构决策的因素和对资本结构、企业战略、风险、回报和补偿间的相互作用进行检验。此外，该部分还对具有不同法律和制度体系国家间资本结构的差异进行了识别和比较。如在第 2 章中，作者首先对已经被认可的会对资本结构产生影响的主要因素进行了回顾，认为对资本结构决策最主要的影响因素是财务弹性，决定发行股票最重要的因素是稀释的每股收益和权益的估值。通过运用复杂的五层次数据回归分析，发现解释企业财务杠杆最可靠的指标有：市值和账面价值比率，盈利能力，企业规模，预期通货膨胀和行业平均杠杆率。第二部分“资本结构的选择”包括 8~14 章，本部分首先对资本结构理论和实证检验进行了回顾，用莫迪利亚尼–米勒模型对资本结构无关性进行了说明，介绍了权衡、优序融资、信号和市场时机模型，然后对资本成本的估计和经济、制度、行业对资本结构的作用进行了说明，最后展示了与融资决策、资本成本和资本机构相关的调查证据。第三部分“筹集资本”包括 15~19 章，主要探索了筹集资本的不同方面，例如近年来金融危机和可能发生的规制变革对筹集资本的影响。其中第 15 章突出了财务中介在筹集资本中的重要作用，第 16 章检验了银行关系与抵押的重要性，第 17 章探讨了信用评级机构和信用保证对筹集资本的作用，第 18 章对筹集资本过程中资本证券化的作用进行了讨论，第 19 章对售后回租这一融资行为进行了分析。第四部分“专题”包括第 20~24 章，对与资本结构选择相关的不同观点进行讨论。本部分共包含五个专题，分别是：财务事故和破产、信托责任和财务事故、购买与抛售策略、对上市公司的私人投资以及企业并购融资。

《企业资本结构和融资决策：理论、证据与实践》的创新之处在于：第一，本书由多位作者共同编撰而成，书中集合了丰富的观点和这些观点的相互影响；第二，本书从战略的视角解释了融资决策如何与企业的整体政策相关，由于财务策略是相互影响的，所以管理层必须相互合作以达成企业的整体策略；第三，本书从全球视角对资本结构进行解读，文章所包含的观点不仅对美国企业有用，还适用于全球企业；第四，本书对资本结构和融资决策的发展提供了说明性的和描述性的预测；第五，本书提出了未来资本结构和融资决策需要研究的方向；第六，在每一个章节结束，都提出了一系列的讨论题以对本章节的重点内容进行回顾。

书名： Entrepreneurial Finance: Strategy, Valuation and Deal Structure
公司财务：战略、估值与交易结构

作者： Janet Kiholm Smith, Richard T.Bliss, Richard L.smith
珍妮特·奇霍姆·史密斯，理查德·T.布利斯，
理查德·L.史密斯

出版时间： 2011 年 4 月

出版社： Stanford University Press

内容摘要： 历史总是不乏那些优秀企业利用创意和产品改变世界的例子，很多人因此迷恋于创意挖掘并开始创业，风险由此开始产生。本书创作的初衷是为了帮助学生和创业者在实现他们的梦想，使创意融资的过程变得更加顺利，因此我们将金融和经济学科中的相关理论和方法应用于公司财务中快速变化的领域，这种方法揭示了企业家、风险资本家，以及外部投资者如何依靠学术基础作为指导决策的框架。

与其他著作不同，《公司财务：战略、估值与交易结构》这本书为读者准备了利益相关者在企业创业过程中可能遇到的各种情形和难题，读者会发现在企业家或投资者做出每个战略和财务选择时，都会将目光直接聚焦在这个方案的价值创造能力上。作者特别强调了风险和不确定性对创业能否成功的影响，投入了大量精力关注于金融建模和合约设计方法。最后，作者提出了一个对创业项目进行全面估值调查的方法，并将重点投放在应用上。为了使书本更加生动，作者在全书中加入了模拟演练部分。对于那些喜欢案例研究的读者，作者在每章后面都加入了互动案例。此外，对于那些希望边读书边创作商业计划的人来说，本书的编排结构也将有助于这一目标的实现。

《公司财务：战略、估值与交易结构》全书由六个部分、共十六章构成，由风险投资的开始讲到收获。在第一部分“入门”中，作者分三章介绍了公司财务的基础知识，主要阐述了与公司财务相关的重要概念，如创业发展的阶段、里程碑的概念、融资频率及商业计划等。第一部分就对商业计划进行讨论是为了帮助那些希望建立商业计划的读者，在接下来的章节中为商业计划的建立做了充分准备，包括分析发展机会的战略选择，模型的不确定性，财务模型，识别里程碑，测量财务需求，估值等。第二部分“战略规划的财务观”，在公司财务和战略间建立了重要连接，而这也是本书的重要特色之一。创业可以视为实物期权的投资组合，在这部分我们介绍了一些检验不同期权价值的分析和实证工具，还介绍了如何运用统计软件和模拟软件进行分析。第三部分“财务预测和财务需求测定”，介绍了收入、整合财务模型等进行财务预测的方法，以及现金流量分析、情景分析、模型模拟等测定财务需求的方法。第四部分“估值”，介绍了创业估值的基础和实务中的估值方法。第五部分“信息、激励和财务合同”，包括交易结构、价值创造和合同设计、融资选择等内容。第六部分“收获和超越”，介绍了创业成功之后的财务管理方法，如上市、并购、管理层收购、员工股权计划等。

《公司财务：战略、估值与交易结构》的创新之处在于：第一，本书将公司财务和金融经济学中的分析工具扩展到解决风险问题中；第二，虽然很多著作已经介绍过企业家精神的构成，如商业计划、领导力及风险管理等，但本书更直接地对风险融资选择为什么会增加企业价值这一问题进行了探讨；第三，本书详细介绍了风险和不确定性对创业能否成功的影响；第四，由于对现金需求和估值的测定都依赖于对现金流的预测，所以本书提出了一种新的预测方法，即通过分析创业项目的财务报告进行现金需求预测；第五，本书介绍的所有调查方法都着重应用实践，更易于理解。

书名： Equity Valuation and Portfolio Management
股票估值与投资组合管理

作者： Frank J.Fabozzi，Harry M.Markowitz
弗兰克·J.法博齐，哈里·M.马柯维茨

出版时间： 2011 年 10 月

出版社： Wiley

内容摘要： 股票估值是一种利用基础分析进行股票价格估计以决定商业项目的价值和发现投资机会的方法，在《股票估值与投资组合管理》一书中，弗兰克·J.法博齐、哈里·M.马柯维茨解释了股票估值的过程，为股票估值提供了必要的数学背景，并为投资经理研究了经典和新的投资组合策略。因此全书可以分为两部分，分别是通过可靠资源进行股票估值和与股票相关的投资组合策略。

《股票估值与投资组合管理》一书由二十一章构成，每一章都由不同的学者执笔。第一章“定量股权投资简介”，回顾了定量投资的基础知识、定量投资过程中的关键步骤以及定量投资经理最常用的技术分析方法。第二章“运用传统分析方法和价值基础预测方法进行权益分析”，强调了这两种方法在股票估值过程中的重要作用。传统分析包括流动性、经营效率、负债（杠杆）、盈利性、成长能力等，价值基础预测则将分析重点放在公司财务活动是为企业创造价值还是减少价值。第三章则运用相对较新的特许经营权系数法构建权益乘数模型，这种方法重点关注企业投资能否持续获得回报，使投资报酬率超过加权平均资本成本。第四章介绍了几种权益分析相关的估值方法，如市盈率，市价账面价值比率，市价自由现金流比率等。第五章“周期估值和收益分配”，通过历史观测数据显示，在估值、盈利能力和经济周期间存在着相关性，从而为未来预期收益提供了指导。第六章“股票投资组合管理的体系结构”，概括了股票、投资方法、潜在回报和可能存在的风险间的基础关系。第七章“复杂市场中的股票分析”，介绍了复杂环境下的投资方法和在股票选择，投资组合建立和绩效评估中的应用。第八章“量化股权管理使用的调查研究”，研究指出对投资管理最主要的研究模型是因素模型，此外还有冲量模型和反转模型。第九章“可实现定量股票研究”，在量化过程中，任何持续的模式都应该也必须被转化为可实现的盈利投资决策。第十章“跟踪误差和普通股投资组合管理”，回顾了后向分析和前向分析跟踪误差的方法，以及辨别了影响跟踪误差的主要因素。第十一章“基于影响因素的股票投资组合构建与分析”，在对因素进行定义之后，文章检验了与交易策略相关的风险来源，并从企业特征和市场数据对因素间的相互影响进行分析。第十二章“基于影响因素的横截面模型和交易策略”，包括对影响交易策略的多因素进行分析，包括周转率、转换成本、跟踪误差等。第十三章至第二十一章主要论述了多因素股票风险模型及其应用，股票投资组合管理的动态因子分析方法，因素竞争法选股，避免在全球股票投资组合中的意外投注，模拟市场冲击成本，实务中的股票投资组合选择，组合构建和极端风险等问题。

《股票估值与投资组合管理》的创新之处在于：第一，对股票估值和投资组合管理策略进行了基础讨论和新技术讨论；第二，在每章结束都有要点总结和学习建议，便于读者学习；第三，本书由 30 余位作者共同完成，书中包含了这些作者多样化且富有个性的观点，是读者拓宽视野的不二选择。

书名： Mastering Cash Flow and Valuation Modelling
精通现金流及估价模型
作者： Alastair Day
阿拉斯泰尔·德
出版时间： 2011 年 11 月
出版社： Financial Times Prentice Hall

内容摘要：《精通现金流及估价模型》作者根据自身的建模经验，为读者介绍了如何利用微软 Excel 来建立便利的现金流及估价分析模型。书中介绍了模型模板、各种历史报表、销售预测、资产负债表、现金流量表、财务比率、资本成本、估价方法与模型、敏感性分析、模型运行报告与审查，以及文档管理等相关内容。《精通现金流及估价模型》不仅能为高等院校金融、财会及投资等专业的师生提供极具价值的专业核心技能训练指导，还能为相关领域的从业人员提供切实的帮助。

《精通现金流及估价模型》全书由十九章构成，详细介绍了现金流管理和股价模型的原理及步骤。第一章“综述”，对模型设计方法进行了简要介绍，并列举了几个常用模型。第二章“函数”，对函数进行了分类，并分别介绍了现金流管理和股价模型中常用的金融函数、数学函数、时间函数、查找函数、逻辑函数、文本函数以及其他函数。第三章“模型模板”，开始进入模型设计阶段的准备阶段，介绍了设计目标、系统设计方法、案例目标、模板、输入表、时间轴等基本知识。第四章“历史报表”，对会计报表的基本原理和编制方法进行说明，包括利润表、资产负债表和报表调整。第五章“销售预测”，介绍了预测目标、预测方法、销售共同比分析及预计报表。第六章“资产”，包括对固定资产、Excel 函数、现有资产、新增资产折旧、资产减记价值、资产汇总、税收抵扣等的介绍。第七章“负债”，介绍了与负债相关的负债列表、需要的分录、利率、预计利润表、预计资产负债表等内容。第八章“资产负债表”，介绍了资产负债表中的几个重要项目，如流动资产、非流动资产、流动负债、长期负债和股东权益资金、税收及资产负债表项目。第九章“现金流”，探讨了现金流量表、用于偿还债务的现金和现金瀑布相关内容。第十章“财务比率”，介绍了财务分析中常用的几种比率分析方法，包括核心比率、盈利能力、经营效率、财务结构、现金流量、债务保障率、增长率、市场比率。第十一章“资本成本”，包括债务成本、优先股资本、权益的历史成本、权益成本预测、资本成本等。第十二章“估值”，有现金流、终值、方法的选择、初值等内容。第十三章“其他方法”，介绍了账面价值、调整后账面价值、市场价值、倍数、同行业数据等估值方法。第十四章“可替代的方法”，包括调整现值法、经济利润法等。第十五章“敏感性”，介绍了数值矩阵、情景管理器等计算敏感性的方法。第十六章“模型优化”，包括明确目标导向、规划求解、编码求解等方法。第十七章“报告”，包括执行摘要、仪表盘、动态表等。第十八章“审计和复核”，有模型审查、自检、Excel 审计工具、一致性检验、审计表单等方法。第十九章“文档”，有导航、保护、版本检查、最终审核等。在附录部分，还有按照类别列示的有用的数学计算和分析工具库、专业词汇列表。

《精通现金流及估价模型》的创新之处在于：第一，本书对读者的起点要求不高，从空白表格开始讲述如何利用基础模板进入到模型的开发阶段；第二，本书详细介绍建模的每个阶段，克服其中的各种难题，掌握金融建模全过程；第三，本书为读者介绍了如何利用 Excel 的诸多功能，创建更加精准、完善的模型。

书名： Strategic Alliance for Value Creation
战略联盟的价值创造

作者： T.K.Das
图莎尔·坎蒂·达斯

出版时间： 2011 年 11 月

出版社： Information Age Publishing

内容摘要： 在研发联盟中，平衡开放性知识交换能够有助于适应未来科技发展，但同时又要控制知识流动，以避免知识财产的意外泄露，之前的研究一直在强调两者之间的关系。知识管理，包括知识交换和知识保护，在国际化背景下显得更加困难。而国际研发联盟的知识管理又增加了新的难题，因为不同的主办市场具有更大的政治、经济和社会复杂度，使得研发联盟的合作者间进行知识共享更容易造成知识泄露，因此为研发联盟成员进行知识管理带来了更多挑战。

《战略联盟的价值创造》是“战略联盟研究”系列丛书之一，主要研究在研发联盟中，不同地区联盟合作者的文化差异会对合作者治理结构的选择和联盟的范围产生何种影响。全书共 14 章，涵盖了近期多个与战略联盟价值创造相关的重要话题，并在此基础上进行扩展，探讨更多广泛的话题，如多合作伙伴的战略联盟，科技园区，知识产权，知识管理和文化，投资组合理论，联盟式学习开放式创新等。此外，文章还重点关注了企业间会计透明度的问题，当地管理控制，联盟区域网络内的知识管理，和创业型企业的联盟合作伙伴等。

《战略联盟的价值创造》的各章的主要内容分别为：撬动技术驱动产业中多成员的战略联盟；基于文化视角的国际研发联盟知识管理研究；在研发联盟合作者间共享知识产权的交换风险和合作行为；在科技园区的研发联盟——联盟位置优势；联盟和网络中组织间的相互学习；在治理决策过程中的价值提高——基于战略联盟和并购的投资组合理论；国际合伙企业和国内合伙企业的管理和绩效比较；战略联盟中企业间会计的作用——会计透明度是否真的有用；基于本地合伙者视角的国际合伙企业中西方管理控制后果研究；联盟投资组合特征的动态适应过程；区域网络间内部和外部知识的构成；通过企业间的共同社区开放创新——新兴组织设计；并购和联盟的战略步伐；创业企业对战略联盟伙伴的寻求。

《战略联盟的价值创造》的创新之处在于：第一，本书对所选话题进行了概念性的研究和实证性的分析，对战略联盟的价值创造进行了广泛的回顾；第二，之前的研究主要强调国际研发联盟的利益，本书对联盟带来的风险和挑战进行了探讨；第三，与其他研究不同，本文在基于任务不确定下的弱回报效应模型下，对在充满不确定性国际联盟中的知识管理进行研究；第四，本书包含了在战略联盟研究领域多位知名学者的贡献。

书名：The Future of Value：How Sustainability Creates Value through Competitive Differentiation
价值的未来：如何通过差异化竞争实现价值创造的可持续发展

作者：Eric Lowitt
埃里克·洛维塔

出版时间：2011 年 9 月

出版社：Jossey-Bass

内容摘要：可持续发展能力正在成为企业良好绩效表现的重要组成部分，领导者需要不断学习新的可持续技能以保证企业的良好发展。本书探讨如何制定和监督有效的投资组合工具，完善有竞争能力的策略，调整价值链活动，人才管理实践和企业政策，以帮助企业执行有力的可持续发展战略，为领导者和学生学习如何努力使企业成为可持续发展的组织提供了详细的指导。

《价值的未来：如何通过差异化竞争实现价值创造的可持续发展》由两部分九个章节构成。第一部分包括第一章至第三章，关注在全球市场中如何创造和维持企业价值，强调无论在大企业还是小企业中都要将可持续发展作为组织愿景的一部分。第二部分包括第四章至第九章，为读者提供了一些可操作的基于可持续发展理论的行动建议，以有助于增强企业战略和绩效表现。

第一章“可持续发展的企业是市场领导者”，用三个例子说明了可持续能力是企业竞争的优势所在。第二章“可持续市场领导者在可持续发展能力上竞争”，用五力竞争模型将企业的可持续发展能力和竞争战略相结合。第三章“在价值创造的可持续性上的竞争”，介绍了几种相关的方法，如将优势转化为绩效，增加收入，减少成本，创造有形和无形价值等。第四章“制定可持续发展战略”，一旦一个项目获得了组织的支持进而对其进行投资，就要追求这个项目投资回报的可持续性，要将企业的可持续利益在企业的竞争和战略制定过程中具体化，这是因为要实现可持续发展就要在价值创造和风险管理过程中同时把关。第五章“战略领导和战略管理”，为了像股东保证企业严格按照计划行事，可持续市场的领导者需要制定可持续化管理和治理结构。一般而言这样的结构会包括四个部分，即可持续化管理的核心团队，跨部门的可持续工作小组，股东介入的媒介，董事会层面的视角。第六章“将可持续能力嵌入价值链中”，展示了可持续市场领导者如何通过一些活动将可持续能力融合到价值链活动中，这些活动包括：变革，人才管理，财务，业务发展，采购和供应链管理。第七章“分析和沟通”，介绍了多种评价可持续市场领导者的方法，虽然评价标准都很严格，但是其中最重要的指标之一就是沟通能力。第八章“更新可持续性措施”，展示了企业如何从预期和非预期的人群和组织中为可持续发展获得帮助，这些组织和人群包括员工，员工和利益相关者成员，价值链合作者，竞争对手，非政府组织。第九章“保持可持续性和敏捷”，本章作为总结章节解释了为什么那些在商业活动中整合

了可持续能力的模范企业能够保持较高的敏捷性。

《价值的未来：如何通过差异化竞争实现价值创造的可持续发展》的创新之处在于：第一，本书从崭新的角度分析可持续能力在价值创造中的作用；第二，书中的核心观点来自对超过 25 个全球财富 500 强企业的可持续发展、战略和财务决策的分析，作者一共采访了超过 100 个全球高级管理人员；第三，本书的受众广泛，从企业领导到在校学生，都可以从书中学习到如何使用可持续发展作为一个实用性强的提高业务绩效的工具。

书名：Winning CFOs：Implementing and Applying Better Practices

首席财务官制胜法宝：教你更好的财务实践方法

作者：David Parmenter

戴维·帕门特

出版时间：2011 年 4 月

出版社：John Wiley & Sons Ltd.

内容摘要：首席财务官是企业最核心的高管人员之一，掌握着企业的资金命脉。如何帮助企业在经营过程中获得更好的业绩和创造更多的价值，成为首席财务官的终极目标。《首席财务官制胜法宝：教你更好的财务实践方法》一书将帮助企业的会计人员，包括首席财务官和管理会计师更好地进行财务管理，使他们的财务团队表现更加优秀，并大大提升工作效率，将所做的努力快速在企业绩效中得以体现，增加工作自信和薪酬，使个人和团队在组织发展进程中都获得永久性的提升。

《首席财务官制胜法宝：教你更好的财务实践方法》一共有三大部分 29 章，从未来六个月的财务状况、关键盈利点、可能产生的成本错误等不同角度讲述更好的财务实践方法。第一部分“未来六个月应该关注的领域”包括 1~12 章，首先，对 21 世纪的应收账款特点进行介绍，当下应收账款的记录已经往无纸化方向发展，企业在电子信息系统上的投资也逐渐增多。在每月末的三天以内首席财务官都要组织对当月的财务状况进行及时报告，并且要使这份月报有可读性，书中详细介绍了报告中有用的技巧，包括如何陈述现金流预测、资本性支出情况，以及给首席执行官的一页纸总结等。首席财务官在为董事会做报告时要理清重点，限制报告时长，只当面陈述最关键的指标。其次，书中提出了一种高效的年报制作方法，平时为年报打好坚实的基础，通过情感驱动来激励员工，如此最多十天之内就能完成年报。书中提出首席财务官要注重管理最重要的财务资源——财务团队，一方面要能吸引最优秀的员工来自己团队，另一方面要对已有团队成员加强培训，书中介绍了很多团队建设的方法和消除与普通员工距离感的技巧。作者告诉读者要更聪明地工作而不是更努力地工作，书中建议要在每天结束对自己的工作状况进行总结，为第二天的晨会早点做准备，掌握“行动会议”方法，随时查看邮件，在财务团队中不断创新，并创立一种服务型文化，使得工作环境轻松愉快。第二部分“关注已取得成就的增长点”包括 13~23 章，教导读者要从年报和每月预算的“怪圈”中跳出来，进行没有预算的报告和季度滚动式的报告。在进行成本分摊时不要采用按月分摊的方法，最好能将 Excel 表格从每月核心日程中删除。领导者要能识别组织成功的关键因素，并在报告中重点突出这些指标。第三部分“成本错误可能发生的三个区域”包括 24~29 章，提醒财务人员在接管或并购一家企业时要注意防范高风险，在员工离职时不要隐藏成本，以及不要进行频繁的组织结构变动，这三个事项都容易发生成本错误。

《首席财务官制胜法宝：教你更好的财务实践方法》的创新之处在于：第一，为了能够给 CFO 提供更好的实践解决方案，本书对 4000 多个财务团队进行了分析和学习；第二，本书为如何成为一个高效的 CFO 提供了详尽的指导，具有很强的可操作性；第三，介绍了丰富的实践工具，包括模板、检查表和实施方案等过程改进的具体措施；第四，本书为读者提供了培养制胜领导能力的小技巧。

书名： The Strategic CFO Creating Value in a Dynamic Market Environment

如何在动态的市场环境中创造价值：战略型 CFO 的不二之选

作者： Ulrich Hommel，Michael Fabich Ervin Schellenberg，Lutz Firnkorn

乌尔里希·霍梅尔，迈克尔·法比彻，欧文·谢林伯格，卢茨·费恩科恩

出版时间： 2011 年 12 月

出版社： Springer

内容摘要： 首席财务总监是企业中仅次于 CEO 的高级管理人员，在企业的经营管理中有着重要的作用。在目前以全球化的金融市场和真正意义上的全球化产品为特质的世界背景下，CFO 在企业中的角色也发生了很大的改变。新的技术、产品和市场的加速发展也加剧了日益动态和不确定的竞争局面的形成。《如何在动态的市场环境中创造价值：战略型 CFO 的不二之选》一书展示并讨论了这种不断变化的企业环境对 CFO 的角色和责任的影响。对于 CFO 而言，应对并管理全球化的这些挑战，将业务决策和财务决策集成一体是非常必要的。本书展示了 CFO 应如何采用和实施这一管理办法，在企业价值创造中发挥至关重要的作用。

《如何在动态的市场环境中创造价值：战略型 CFO 的不二之选》全书共包括三个部分。第一部分以与战略相关的风险管理和公司理财方法为核心，分别从资本预算、运营和财务的仿真计划流程、企业投资组合的风险收益管理、利用实物期权调整投资决策灵活性以及以价值创造为核心的风险管理五个方面诠释了在动态的市场环境中，企业的 CFO 应如何从理论上运营企业并创造更大的价值。第二部分重点阐释了如何应对动态的金融市场并获得收益，共五个章节，主要内容包括：动态市场环境下，财务人员应如何提升自身能力；资本市场的不断发展以及随之而来的 CFO 在企业中角色和责任的变化；如何实现资本结构的整合并通过克服金融机构的“筒仓效应”来提升企业价值；管理企业现金流，控制融资契约风险；CFO 在宏观经济风险管理中面临的信息挑战。第三部分将研究的重点放在金融市场和产品市场的动态联动，共六个章节，分别研究了能力调整的决定和滞后的现象、将战略和实际联系并对基于风险的供应链的优化、气候环境变化对 CFO 角色和责任的影响、应对商品波动和竞争压力变化的企业现金流管理、服务主导型企业如何抓住动态市场的机遇去创造价值以及基于利率的案例分析金融市场的创新对于企业价值创造的影响。

《如何在动态的市场环境中创造价值：战略型 CFO 的不二之选》的创新之处在于：第一，本书首次提出在动态市场环境下，企业 CFO 的责任和角色需要发生变化。第二，本书强调了企业在进行战略业务决策时需要将企业面临的外部环境风险等因素和企业财务绩效相联系，以实现财务绩效的动态整合和管理，从而实现在不断变化的环境中为企业创造价值。

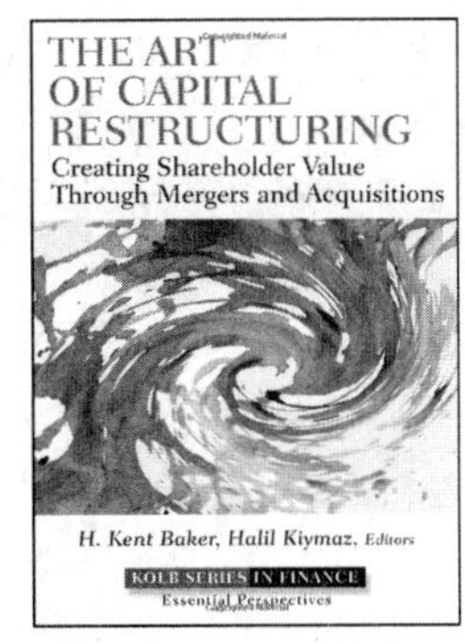

书名： The Art of Capital Restructuring：Creating Shareholder Value through Mergers and Acquisitions

资本重组的艺术：以兼并和收购为股东创造价值

作者： H. Kent Baker，Halil Kiymaz

H.肯特·贝克，哈利勒·基梅斯

出版时间： 2011 年 5 月

出版社： Wiley

内容摘要： 资本重组是指对不同企业之间对现有存量资本进行重新配置与组合，它只是改变资本在不同企业间的分布，并不增加社会资本总量。资本重组并不是简单的资本流，而是为了实现一定的目标而进行的，如果资本重组后能将闲置的资本激活，则会提高资本使用效益，实现协同效益。在市场经济激励竞争的条件下，各企业的发展总是不平衡的，许多企业既有某些优势，又有某种劣势。企业之间通过联合或兼并，可以优势互补、取长补短，实现更好的发展。本书巧妙地融合了理论和实践，将会指引读者在当今瞬息万变的商业世界里，更好地理解资本重组，进而最终做出正确的决策。

《资本重组的艺术：以兼并和收购为股东创造价值》一书共包括六个部分。第一部分重点介绍了企业兼并和收购的发生背景。这一部分的内容主要包括：并购的基本规则、公司治理与并购的关系、并购所涉及的商业伦理问题、收购、兼并和资产剥离的理论性问题以及并购所引起的对企业的长期和短期绩效的影响。第二部分主要讲解如何对企业兼并和收购决策的进行评估。主要包括并购的估值方法、实物期权及其对并购的影响、金融和法律上的控制保费和少量折扣、在发达国家和新兴市场跨境估值的影响。第三部分以并购的交易过程为核心，分别从并购的融资、资金来源、文化背景调查、谈判流程以及并购完成后资源和组织架构的整合等多个角度，以并购事件的发生顺序为基本脉络，生动地向读者展示了企业如何完成一次并购。第四部分探讨的是企业的并购策略以及可能带来的影响，主要从并购策略、防御策略以及资本重组对债权人的影响三个部分进行具体的阐述。第五部分介绍了资本重组的主要方式，包括财务重组、私有化、杠杆收购、国际并购等多种。第六部分则探讨了企业兼并和收购中的一些特殊事宜。这部分内容主要包括替代并购的合资企业和战略联盟、并购中的公允价值理念、首次公开募集股份对并购的影响、多元化折扣以及收购的动机和对企业绩效的影响等。

《资本重组的艺术：以兼并和收购为股东创造价值》的创新之处在于：第一，本书为企业并购的案例研究和实证提供了全新的审视视角。第二，本文将法律、监管、税务、伦理和行为等因素和并购中的财务因素相融合，弥补了之前研究对于人为因素考虑的缺憾。第三，本书由众多经验丰富的专业人士编写，以基于并购领域近期重要事件为基础的调查研究，重点从理论和实践两个角度探讨了并购成功的影响因素，极富理论和实践意义。

书名： Corporate Value of Enterprise Risk Management: The Next Step in Business Management

基于价值的企业风险管理：企业管理的下一步

作者： Sim Segal

西姆·西格尔

出版时间： 2011 年 4 月

出版社： John Wiley & Sons Ltd

内容摘要： 企业风险管理是对企业内可能产生的各种风险进行识别、衡量、分析、评价，并适时采取及时有效的方法进行防范和控制，用最经济合理的方法来综合处理风险，以实现最大安全保障的一种科学管理方法。目前全球多数企业都已经采用了风险管理方法，然而传统的风险管理方法往往很难得到企业的内部股东和决策制定者的支持，为此，本书率先提出了基于价值理念的风险管理方法，将企业风险管理和价值管理整合到一起，从而转变成为一种战略管理方法，这样企业风险管理则成为帮助管理者实现盈利的目标和增加企业价值的重要工具，进而能够得到内部股东和决策制定者的支持。

《基于价值的企业风险管理：企业管理的下一步》包括三个部分，共十个章节。第一部分重点介绍了企业风险管理的基本构成因素。其中，第一章向读者展示了过去十年来，企业风险管理的迅猛发展，并总结了传统风险管理方法面临的两大挑战。第二章明确了企业风险管理的定义。第三章开始讨论传统风险管理方法的局限性，并提出新的基于企业价值的风险管理方法，指出新的风险管理方法相对于传统方法的十个方面的优越性。第二部分的主要内容是企业风险管理流程的周期。其中，第一步是风险识别和认定，包括风险的分类和定义、定性风险评估和新出现风险的识别。第二步是对识别的风险的进行量化，包括运营风险、财务风险和战略风险，并用案例进行了展示。本书还在这一步强调了基于价值的风险管理方法的重要特性之一的实际建模的重要性。同时，这一章讲述了如何计算基线公司价值。第三步是风险决策的制定，首先需要确定是风险偏好和风险限制，其次探讨了如何将整合的风险管理信息用于决策制定过程。这一章还研究了如何量化风险规避的价值，用来说明内部审计的价值。第四步是整合风险信息，包括内部风险信息和外部风险信息。内部风险信息指的是将风险管理系统和业务绩效分析结合到一起，外部信息风险则是适用于外部股东、股票分析师、评级机构和政府等的风险信息。第三部分主要包括风险治理和对于金融危机案例的研究两块内容，重点阐述了风险治理的三个方面：责任和作用、组织结构和治理政策和流程。

《基于价值的企业风险管理：企业管理的下一步》的创新之处在于：第一，本书首次提出将企业价值融入企业风险管理流程，并揭露了传统风险管理方法的三个重要缺陷。第二，基于价值的风险管理方法同样适用于所有产业部门和非企业性团体。

书名： Survey Research in Corporate Finance：Bridging the Gap between Theory and Practice
公司理财的调查研究：缩小理论和实务之间的鸿沟
作者： H.Kent Baker，J.clay Singleton，E. Theodore Veit
H.肯特·贝克，J·克莱·西格勒顿，E.西奥多·维特
出版时间： 2011 年 2 月
出版社： Oxford University Press Inc

内容摘要： 公司理财是指企业生产经营过程中有关资金的筹集、使用和利润分配活动及其货币关系的总称，它是企业生产经营活动的一个重要方面，是企业生产、营销、技术和人事的集中体现。公司理财包含了诸多层面的内容，可行的理论应用到实务上却未必行得通。为了缩小这两者之间的差距，智能地设计并执行具体的调查并经验性地去验证概念假设和各种理论的相对有效性是非常必要的。本书为公司理财的调查研究提供了一个较为客观的视角，提出调查研究应该采取何种恰当的形式或方法。本书的适用范围包括学生、财务方面的学者，也适用于企业决策的制定者。同时，有兴趣研究公司理财的学者也可以将本书用作参考文献。

《公司理财的调查研究：缩小理论和实务之间的鸿沟》一书包含九部分的内容。第一部分对企业财务的调查研究进行了概述，主要包括公司理财调查研究的作用、本书的意图和目标、调查研究的视角。第二部分的内容是调查研究的开展。这部分的重点是讨论了调查研究流程的每个阶段，对于如何开展有效的企业财务调查提供了一些指导和见解，尤其是对于自我管理的调查。同时，本书在该部分相对于概念和理论方面的调查更看重对于实践和科学样本、技术层面的调查研究。第三部分是资本预算。这部分综合了许多关于评估资本预算项目的方法经常被引用的调查研究的研究结果。此外，这部分还重点关注了对于企业在进行资本预算时是否考虑了风险因素以及对于项目风险的测量方法。第四部分是资本成本。本章研究了企业对于债务资本成本和权益资本成本的测算方法以及是否进行了税后调整，本章还进一步探讨了企业的加权平均资本成本和最低资本回报率的使用。第五部分是资本结构和财务决策。这部分主要是回顾了到目前为止，公司理财所遵循的理论模型在管理实践的应用和调查结果。第六部分的主要内容是股利和股利政策。本部分回顾并整合了现有股利分配文献中主要使用的调查方法，同时也探讨了企业为何要分配股利、影响股利分配政策的因素等诸多问题。第七部分的研究重点是股份回购、股票分割和股票股利。本部分探讨了包括股份回购和其他股息分配方法在内的综合理论和实证研究。第八部分的主要内容风险管理。第九部分研究的是公司理财的理论和实务的结合。

《企业财务的调查研究：缩小理论和实务之间的鸿沟》的创新之处在于：第一，本文是迄今为止唯一一本专门针对公司理财的调查研究方法作出研究的书籍。第二，本书为财务研究人员提供了企业财务主要调查研究结果的调查方法的综述，并提供了宝贵的资源。第三，本文为公司理财的相关研究学者、感兴趣的读者或是其他人员提供了全面而翔实的关于公司理财调查研究方法的总结，为他人的理论研究和实证探讨提供了宝贵的资源。

书名： Venture Capital Valuation：Case Studies and Methodology
风险投资估值：案例研究与方法
作者： Lorenzo Carver
洛伦佐·卡弗
出版时间： 2011 年 12 月
出版社： Wiley

内容摘要： 风险投资，又称为创业投资，广义上是指一切具有高风险、高收益的投资，狭义上是指以高新技术基础，对生产与经营技术密集型产品的投资。根据美国全美风险投资协会的定义，风险投资是由职业金融家投入到新兴的、迅速发展的、具有巨大竞争潜力的企业中一种权益资本。实践表明，近年来，发达国家经济的快速增长与高新技术产业的发展密切相关，这又与风险投资的支持是分不开的。可以说，风险投资是高技术产业发展的最主要动力。风险投资估值是任何参与了风险投资的企业或个人都需要去考虑的。如果创始人、风险投资者、天使基金、首席财务官和首席执行官不理解“价值”和真正意义上的“估值”，最终他们一定会遭受损失。本书通过简化高增长公司的估值过程去帮助读者理解关于价值的一些关键性问题，例如：什么是企业的价值？企业的价值是否公允？

《风险投资估值：案例研究与方法》一书共有十个章节。第一章以 Facebook、Twitter 和 LinkedIn 三家企业来说明风险投资的估值收益和亏损，同时还解释了风险投资者、天使基金、企业创始人和员工每一天如何主动放弃投资现金流。第二章讨论的是风险投资投资的企业是否应该使用现金流折现法去进行企业估值，同时讲述了一个生命科学评估的案例：Zogenix。第三章就 Zogenix 讨论了企业价值的评估方法和分配方法。第四章的内容是使用现金流量折现法对风险投资投资的企业进行估值的案例分析，同时在本章中还介绍了戈登增长模型及其使用的条件。第五章研究了对于会导致企业价值降低的价值评估方法和分配方法，并探讨了低估企业价值和高估员工认股权的现象以及审计是不是导致评估师高估员工认股权价值的原因。第六章分析了社会对于风险投资回报产生怀疑的原因，主要包括未发布的期权池和期权池储备假设所影响的价值评估因素。第七章通过实际探讨 Ksyak 网站的案例，以解决是当估值不能产生收益的情况下，是否还需要进行估值的问题。第八章阐述的是对于审计师和估价师的态度。第九章的内容包括审计师进行估值的“圣经”、风险投资资金组合和企业价值观。第十章是对于前面各个章节内容的总结。

《风险投资估值：案例研究与方法》的创新之处在于：第一，本书是一本使用真实的企业案例去研究和阐述价值评估的原则和内容的书籍，可以帮助读者更好地理解价值评估。第二，本书巧妙地讲述了处于起步阶段或高成长阶段企业的利益相关者如何利用与价值评估相关的信息来提高自身的收益。第三，本书研究的企业属于当前世界上领先的企业，包括微软、雅虎、Facebook 等，并提供了资料下载地址，便于读者进行实证研究。

第四章　财务管理学科 2011 年大事记

本报告对 2011 年国内与财务管理学科的相关会议进行梳理，共召开相关会议 10 次，分别是：中国会计学会 2011 年学术年会、中国会计学会财务成本分会 2011 年年会暨第二十四次理论研讨会、中国会计学会财务管理专业委员会 2011 学术年会、第 17 届中国财务学年会、中国会计学会管理会计与应用专业委员会 2011 年学术年会、2011 营运资金管理论坛、第三届海峡两岸会计学术研讨会、第十届全国会计信息化年会、中国会计学会环境会计专业委员会 2011 年年会和“资本市场与金融创新”国际论坛。

在当今经济飞速发展的时代，企业发展离不开管理，更加离不开财务管理，以财务管理为核心的企业管理是社会主义市场经济下的必然产物，也是社会经济发展的直接结果。在市场经济体制下，我国企业间的竞争日趋白热化，实施有效的财务管理愈加重要。一方面，财务管理可以提高企业的资金使用效率，促进企业经营发展；另一方面，财务管理可以帮助企业避免投资风险、降低投资成本。另外，财务管理的有效实施有助于国家相关政策法规的贯彻落实。随着我国经济发展和企业改革的不断深入，财务管理理论和实践有了很大进步，总体水平不断提高，涌现出很多新型经济活动和金融产品，如战略性重组、虚拟公司、权证等，极大促进并丰富了我国资本市场的发展，同时也为财务管理学科带来更多发展机遇与挑战。

处于知识经济、信息经济的当下，完善我国财务管理学科核心内容、提高财务管理的企业内地位、加强各界人士对财务管理学科的深刻认识等，成为财务管理学科发展的重要使命。为实现先进理论与实践知识的共享，加快财务管理学科建设，业内经济人士和学者举办了众多大型学术会议。这些会议一般规模较大、与会者数量众多，提交的论文专业性较强，对现代财务管理理论的发展有突出贡献。纵观 2011 年，国内召开与财务管理学科的相关会议 11 次，其中比较重要的会议 10 次，具体内容和主要观点综述如下。

第一节 中国会计学会 2011 年学术年会

2011 年 7 月 2~3 日，由中国会计学会教育分会主办、重庆大学经济与工商管理学院承办的 2011 年中国会计学会在重庆召开。本次年会共收到投稿论文 450 多篇，经遴选，录用论文 266 篇，其中报告论文约 120 篇。本次年会共设 9 个分会场，进行了 27 场次的分会场报告。来自美国会计学会、韩国会计学会、日本会计学会、全国著名高校、科研院所及政府机构的 300 多名专家、学者出席会议。交流论文内容极为丰富，与会代表重点围绕会计理论与方法、资本市场会计、公司治理、审计与内部控制、公司财务与金融机构、管理会计、XBRL、政府会计与会计教育、社会责任会计等主题展开了热烈的讨论，代表们普遍认为，本次报告的论文在选题、研究方法、论文的整体水平上相比往年都有一定的进步。和财务管理相关的专题内容综述如下（刘星、刘斌、张金若，2011）：

一、资本市场会计

将公司治理嵌入盈余管理的研究，是国内外学术界的主流做法。丘邦翰以 2004~2008 年间具有无保留审计意见的沪深 A 股上市公司为研究样本，对上市公司审计委员会及成立时间长短、独立董事与盈余管理间的关系进行实证探讨，发现这两个因素单独或者共同发挥作用都不能显著降低公司实质盈余管理；万惠珊从管理层激励视角研究企业真实的盈余管理；林川则从 CEO 变更视角研究企业盈余管理，发现 CEO 变更对盈余管理的影响依赖于公司业绩，业绩越差的公司进行盈余管理的程度也越大；刘永丽博士生从管理者背景特征视角研究企业盈余管理，发现管理者背景特征对盈余管理的影响主要表现在对正向盈余管理的影响；黄琼宇发现，企业上市方式对家族企业的盈余质量具有显著影响，直接上市的家族企业具有更多的政治关系，从而为企业带来更多的政府资源和政治负担，为了掩盖这种特有资源的成本，企业会提供更差的盈余质量。

二、公司治理

近年来，公司治理成为财务会计、公司财务、企业管理等学科关注的热门话题，其研究文献特别多、研究视角特别广。其中，高管激励引起了与会代表的广泛关注。除了张玮倩从媒体报道的视角研究媒体报道的效果对高管薪酬的管制作用，绝大多数与会者都是从公司治理视角研究高管薪酬。

蒋涛以 ST 公司为样本，发现业绩信息异质性和管理层权利是导致管理层免于薪酬惩罚的重要因素；王清刚也对管理层权力与薪酬关系展开了研究，发现管理层权力越大，发生异常高管薪酬的可能性越大；李辰颖则从控制权性质、CEO 声誉视角分析了未预期薪酬，发现 CEO 声誉与其正向的未预期薪酬显著正相关，但没有发现 CEO 声誉与负向的未预期薪酬存在相关性，且这一现象只存在于国有企业。

与会代表还专门研究了政府干预对薪酬的影响。例如，沈永建发现，作为政府干预代理变量的市场化程度越高，冗余雇员规模越小，冗余雇员的存在显著降低了国有上市公司高管薪酬与业绩的敏感性，使得基于会计业绩的度量评价作用减弱；王烨以 2006 年股权激励制度改革为契机，发现政府干预不仅削弱了国资控股公司选择股权激励的意愿，而且抑制了国资控股公司实施股权激励的强度；陈运森将研究视角拓展到董事网络，认为独立董事的治理行为受到其所处董事网络的影响，独立董事网络中心度越高，高管薪酬对业绩的敏感度越大；卢闯发现公司规模对高管薪酬具有显著正相关影响，而才能对薪酬的贡献依赖于市场规模，市场规模的扩大有助于拓展才能发挥作用的空间，从而提高薪酬水平。

公司治理的其他报告论文同样形成了一些很有价值的观点。刘星等在我国转型时期所有权制度背景下，以掌握实际经营决策权的国有企业高管层为切入点，研究高管控制权特征对公司资本扩张的影响，探讨资本扩张可能引致的财务风险，对于理解微观领域的投资问题与财务困境及其相互关系，具有重要的现实意义；肖成民将制度弹性引入会计与财务分析，以控股股东利益侵占行为为例，阐释了制度弹性对公司行为的影响，并指出了建立和维持政治关系是控股股东寻求和利用制度弹性的具体方式之一；吴先聪发现，各类机构投资者整体上促进了公司治理水平的提高，具有私有产权性质的证券投资基金有效地提高了公司治理水平，而具有明显公共产权性质的社保基金没有对公司治理水平的提高做出积极贡献；张金松则对多职位独立董事对公司业绩的影响展开研究，发现多职位公司的公司具有较低的市值/账面价值比，但资产净利率却较高；陈琴发现公司治理机构会影响公司所得税避税程度。

三、内部控制

内部控制领域的研究穿越古今，李孝林基于敦煌文献对汉唐时代内部控制的发展进行了深入研究；杨兴龙强调，加强内部控制建设，提升会计信息质量，对于我国出口企业提升被反倾销调查的能力、维护自身权益具有重要意义。

内部控制作用的发挥有赖于内部控制的有效性，而内部控制的有效性则可以通过内部自我评估和外部审计得到一定确证。林野萌引入平衡计分卡和层次分析法对内部控制主要影响因素进行分类，构造了带有权重指数的内部控制评价体系；杨丹构建了我国上市银行实质性漏洞评价体系；李寿喜发现，无论是注册会计师对上市公司内部控制的审计，还是政府对其实施的监管，其有效性取决于社会治理机制是否有效。

内部控制有效性较低的企业必定存在一些内部控制缺陷信号。李宇立发现内部控制的不同类型缺陷信号之间是相互关联的，外部需求者可以根据相关信号推断企业内部控制缺陷的领域和严重程度的可能性。但是，这些信号都或多或少具有时滞性和局限性。因此，对于信息的外部使用者而言，专门的内部控制报告仍然是必要的；徐光华基于契约理论，构建企业内部控制和财务危机预警耦合的分析框架体系，纳入企业风险管理框架研究体系，寻找控制企业风险的更佳途径。

四、公司财务与金融机构

（一）企业的投资行为研究

曾泉将政治联系与企业过度投资结合起来，发现政治联系显著增加了国有上市公司过度投资的概率，其中，地方政治联系比中央政治联系结果更显著；张功富指出，政府干预和政治联系确实会加剧自由现金流公司的过度投资，但也可以有效缓解融资约束企业的投资不足，而这些结论在国企更为显著；杨兴全发现，货币薪酬激励或管理持股激励都能抑制企业过度投资，而上市公司控股股东的政府性质及其两权分离程度削弱了管理层激励的这种治理效应。

（二）企业的融资行为研究

杜颖洁肯定了政治联系与银行关系对我国民营上市公司获取银行借款具有显著的正面影响，金融市场化程度低的地区尤为明显；石水平发现，我国上市公司的债务期限结构中，长期借款的比例很低，而好的治理环境有助于企业获得更长的债务期限；谢军指出，产业组织地位的提升有助于企业强化在营运资本方面的融资能力；苑泽明分析了在融资过程中作为质押物的知识产权的价值评估；龚凯颂将商业信用引入对投融资的研究，发现商业信用与融资约束存在着负相关关系，而企业投资与商业信用显著负相关；黄宏斌指出，高涨的投资者情绪带来择时发行股票的好时机，缓解了企业的融资约束，而预算软约束对投资者情绪引起的投资现金流敏感性的影响具有调节作用。

（三）企业的现金持有及现金股利政策研究

在现金持有策略方面，王彦超认为，通货膨胀与现金持有变化量存在负相关关系，经营周期与现金持有变化量之间存在“U”形关系，另外，通货膨胀程度不同，经营周期与现金持有变化量之间的关系也存在差异；在现金股利政策方面，黄娟娟指出，我国上市公司股利支付水平的“羊群”行为主要体现在每股现金股利的决策上，声誉越好的公司，越不可能出现羊群行为。

（四）企业的信用评级研究

李晓军指出，对我国发债主体信用级别有显著影响的因素主要是发债主体大股东的类型、发债公司的类型以及发债的时间等外部因素，而企业内部因素除了公司规模以外等其他财务指标对发债主体评级并无显著影响；周宏指出，中国企业债券信用风险和发债企业与债券投资人之间信息不对称的程度正相关。

第二节　中国会计学会财务成本分会 2011 年年会暨第二十四次理论研讨会

2011 年 7 月 16~17 日，由中国会计学会财务成本分会主办，哈尔滨商业大学会计学院承办的中国会计学会财务成本分会 2011 年年会暨第二十四次理论研讨会在哈尔滨召开。会议共收到 108 篇投稿，经专家小组的认真评审，有 102 篇论文被收录到了本次学术年会的论文集，其中 24 篇论文参加了分组研讨与交流。来自全国 38 所高校、10 家媒体共百余位专家学者参加了本次会议。大会分开幕式、开幕式主题报告、分组交流、闭幕式和闭幕式主题报告五个阶段。与会代表围绕着会计理论与实务、企业社会责任、企业成本管理、审计准则、公司治理、公司财务与企业价值六个专题，分组进行了广泛、深入的讨论。

财政部会计司制度二处处长王鹏博士、清华大学谢德仁教授、哈尔滨商业大学杨忠海副教授、厦门大学杜兴强教授、中南财经政法大学张敦力教授分别《以企业成本核算与管理改革》、《网络董事：定义特征和计量》、《政府最终控制、控股股东行为与财务报告透明度》、《自愿审计能否加强公司价值?》、《社会信任政治关系与民营企业银行贷款》为题做了主题报告。

第三节　中国会计学会财务管理专业委员会 2011 学术年会

由中国会计学会财务管理专业委员会主办，浙江财经学院会计学院承办的“中国会计学会财务管理专业委员会 2011 学术年会”于 2011 年 10 月 29 日在浙江财经学院会计学院隆重召开。来自首都经济贸易大学、对外经济贸易大学、北京工业大学、上海财经大学、南京大学、南京理工大学、西南财经大学、中南财经政法大学、江西财经大学、浙江工商大学、杭州电子科技大学、浙江万里学院、浙江财经学院等以及日本福井大学、日本名古屋外国语大学等近 30 余所国内外院校，浙江传化集团、上海新工联有限公司、深圳龙华街道投资管理公司、河南海纽联合会计师事务所等企业以及财务与会计导刊杂志社、中国财政杂志社、经济科学出版社、清华大学出版社、中国人民大学出版社、电子工业出版社等新闻出版单位的共 90 余名代表参加了此次会议。

南京大学李心合教授做了题为“金融危机与财务理论的研究发展”的报告，认为国际金融危机远未结束，而且是一张资产负债表的危机，提出了适用于经济危机之下的财务学理论；浙江传化集团副总裁、财务总监杨柏樟教授做了题为“决策以战略为导向，管理以财务为中心”的报告，认为在国际金融危机背景下，民营企业应建立投资、融资和经营三方面的架构，深化小核算和成本价格传导机制；首都经济贸易大学纪委书记杨世忠教授做了题为“高校后勤服务自营与外包的决策分析”的报告，认为高校后勤的经营重要的是界定成本，包括共同成本、维稳成本、违约成本、机会成本等，以追求风险最小化，成本最小化；日本福井大学上总康行教授做了题为“日本企业的设备投资和投资回收期法”的学术报告，以许多日本企业为例，认为在投资经济效益评价中，动态投资回收期法和增额投资回收期法均是可提倡的方法。最后，来自理论界和实务界的 19 位代表做了发言，大家围绕股权激励、融资风险控制、资金结构理论创新、民营企业财务管理、集团公司内部资本市场等热点问题进行了热烈讨论交流。

第四节　第 17 届中国财务学年会

2011 年 8 月 13~14 日，第 17 届中国财务学年会于昆明隆重举行。本届年会由云南财经大学承办，来自香港和内地高校的 150 多名专家学者、实务界人士以及新闻出版单位代表出席了本次年会。与会者针对集团管控、内部控制与风险管理、公司投融资、公司治理与绩效评价等主题进行交流讨论。年会共收到论文 206 篇，其中 131 篇入选论文集。

王满教授在第三分会场宣讲了自己的论文——《论战略管理会计的研究热点》，并对葛

恒志博士的论文《战略导向人力资源成本管理与公司业绩实证检验——来自中国上市公司的经验证据》进行了精彩点评；刘凌冰老师在第三分会场对纳超红博士等人的论文《集团财务管控、产权性质与上市公司绩效——基于中国上市公司的经验证据》进行了点评；夏明教授向大会做了“财务文化学‘新论’”主题报告，其“双翼财务学”的观点再次受到与会专家学者的关注和好评。

第五节　中国会计学会管理会计与应用专业委员会2011年学术年会

2011年10月~22日，中国会计学会管理会计与应用专业委员会2011年学术年会在郑州隆重召开。会议由郑州航空工业管理学院承办。来自68个单位的192名管理会计理论研究和实务工作者出席会议，75篇论文入选大会论文集。会议采用大会主题报告和分会场小组讨论相结合的形式，主要围绕管理会计研究的现状和趋势、管理控制系统、成本管理、业绩评价、企业社会责任等内容展开。与财务管理相关的专题内容综述如下（王秀芳、董红星，2011）：

一、基于战略的成本管理理论与应用

成本管理一直以来都是管理会计的核心问题之一。管理会计的生命力来自于理论与实务的结合，参会代表们通过选取不同行业、多种视角，采用理论探讨、实证检验、案例研究、问卷调查等多种研究方法对成本管理理论以及先进成本管理方法在中国企业的本土化应用和改造进行研讨。针对目前制造业企业广泛应用标准成本系统，部分企业实施作业成本法但无法将两者有机结合的现实，杨世忠详细介绍了作业成本法如何嵌入并改造标准成本系统的过程，使经过改造的标准成本系统能够发挥出提升企业成本管理水平的新功能；万寿义、王红军认为制定统一成本核算制度是当前和今后一个时期我国深化会计改革的核心内容之一，在制定统一成本核算制度过程中，需要处理好以下四个关系：统一成本核算制度与企业会计准则体系的关系、统一成本核算制度与企业内部控制规范体系的关系、统一成本核算制度与注册会计师审计准则的关系以及统一成本核算制度与国际成本核算惯例的关系。

战略成本管理文献认为，成本动因分析不应该局限于企业内部，而应该包括供应商和顾客的整个链条。王满、曹歌从价值链视角对战略管理会计专题研究成果进行整合，以价值链为纽带，构建了以战略成本管理、战略经营决策与投资决策、战略业绩评价为主要内容的战略管理会计的框架体系。成本管理与战略的结合是否真如理论预期那样带来积极的结果？葛桓志发现虽然成本领先战略和差异化战略下的人力资源成本管理均能给上市公司

带来短期竞争优势，但在整体上，差异化战略下实施人力资源成本管理的上市公司在创造竞争优势方面有更好的表现。成本管理和控制的重点、采用的具体策略以及对先进成本管理方法的选择均会受到企业类型的影响。

将成本管理与价值链、企业战略、组织设计相结合拓宽了单纯基于财务导向的传统成本管理研究的视野，有利于理解成本管理行为在怎样一个结构中发生，以及作用的方式和机理如何。问题是，理论上先进的成本管理方法会否导致更好的决策和业绩，却缺少权威证据的支持。依据经济理论，先进成本管理方法的应用需要组织设计和管理流程的同步变化，剥离出成本管理自身的效应需要充分考虑到变量的同步确定、相互作用和内生性问题。

二、业绩评价和价值创造

业绩评价是管理控制系统运转的基本前提。时至今日，业绩评价已经从传统的财务业绩评价发展成为一个综合的评价系统，经济增加值（EVA）、平衡计分卡（BSC）等新的评价工具正在为越来越多的企业所接受。

在理论层面上，越来越多的学者重视将各种业绩评价工具与价值创造、企业战略相结合，使之成为一个综合的管理工具。刘俊勇、余晶和吴彦霖认为业绩评价和管理控制领域的问题比较复杂并且相互交叉，但是现有研究却基于简单且片面的背景进行。他们提出了基于战略的业绩评价系统理论框架，该框架偏重管理控制，由战略制定、战略描述、战略衡量、目标值设定、业绩评价、薪酬激励、系统应用、系统更新、系统要素协调九个要素构成；周春华从所在单位的实践经验出发，认为 EVA 指标无法反映企业价值创造的过程和关键因素，需将 EVA 指标进行细化分解，挖掘出驱动 EVA 的关键因素，以导向性、系统性、相关性、可行性为原则来构建 EVA 为核心、BSC 为框架的业绩评价体系；宁福顺提出，应以企业战略为导向，以价值创造为基础，侧重应用管理会计指标，设立战略性的非财务指标体系，发挥多种评价方法的协同效应，建立战略性企业文化来构建企业绩效评价体系。

在实践层面上，一些学者对我国企业业绩评价现状进行了分析和考察。为了解 EVA 在我国央企实施情况，余海宗、李雪梅等采用问卷调查方式对六个不同行业的部分央企会计从业人员进行了调查。发现被调查者对 EVA 相关知识有一定的了解，但了解程度并不深。各类高素质专业人才的缺乏是全面推行 EVA 最主要的挑战，而员工认识不到位和领导不充分重视是推行 EVA 的主要“瓶颈”。李现宗、李晓东对比了国有企业考核制度的新旧变化，认为企业业绩考核制度从考核主体、考核期间、考核指标和等级方面均得到了改善，但目前国有企业仍存在对我国宏观经济增长贡献欠佳的现象，现行业绩考核制度的进一步改革应关注国有企业自主权、控制权冲突和考核指标契合国有企业的社会功能等方面。

我国理论界和实务界对 EVA、BSC 等业绩评价工具的认识在不断深入，能够以价值为

导向，从战略出发，在整个管理系统的背景下关注业绩评价的应用，重视业绩评价与其他管理工具的关系，而且能够更加理性地评价在实践中遇到的困难和障碍。与此同时，一个显见的事实是，我国有关业绩评价的经验研究还是太少，对于一些重要的问题，比如相比传统财务业绩评价，采用 EVA、BSC 是否能够更加紧密地跟踪股东价值或者利益相关者价值的变化；是否更有利于战略的实现；影响业绩评价工具使用及其效果的权变因素有哪些，都需要得到经验证据的解释。

三、企业社会责任的经济后果

企业承担社会责任的经济后果是什么？当前存在两种竞争性的观点：从古典企业理论出发，企业承担社会责任将会消耗资源，从而损害企业价值；而从利益相关者理论出发，为了在复杂的社会系统中生存和发展，企业必须照顾到利益相关者的利益、关注自身的生存环境，承担社会责任是企业在声誉、品牌、员工忠诚度等方面获取长期利益的有效方式。本次会议上，一些学者从不同角度分析企业社会责任的经济后果，所得结论各异。邓德军、肖文娟从财务绩效入手，采用倾向分数配对方法，发现企业社会责任行为产生了积极的效果；雷锦生、肖文娟对社会责任信息的市场效应进行考察，并未发现对股价变动有显著影响，而投资者仍将传统的每股收益（EPS）、每股净资产（BPS）等会计信息作为投资决策考虑的重要评判指标；刘建秋、宋献中从企业社会责任内部结构出发，发现顾客责任和环境责任对企业价值有正向影响，慈善责任对企业价值具有负面影响，员工责任和政府责任对企业价值没有显著影响。但整体上社会责任与企业价值的相关性是依存的。

上述论文分别采取了权威机构评价指数法、内容分析法和问卷调查方法来评价社会责任水平，在研究方法上呈现出多元化的特点。在以往研究中，我国学者通常借鉴国外的评价体系，依据公开信息，采用内容分析法对上市公司社会责任履行情况打分。这种做法主要存在两个方面的缺陷：一方面，将国外提出的社会责任评价指标体系不加区别地运用于我国国有企业和民营企业，或者不加区别地运用于垄断行业和竞争性行业，未能照顾到评价指标体系的适用性问题；另一方面，把社会责任信息披露等同于社会责任履行，忽视了在信息披露过程中可能存在的“隐瞒”和“伪装”行为。在研究视角上，现有文献主要针对社会责任承担人——企业进行研究，很少关注社会责任履行的环境，譬如投资者伦理是影响企业社会责任承担的外部因素，对其进行测度和分析亦是有意义的研究课题。

另外，闫宏从加强全面预算管理、作业成本管理和内部控制体系建设等方面探讨了大庆油田的财务价值管理实践；录大恩从卓越经营者的角度，分析了管理会计如何在企业经营中发挥作用；彭韶兵、李现宗、秦洪珍、朱永良等对总会计师的定位及总会计师职业存在的身份不当、功能交叉、作用弱化等问题进行了阐述，认为总会计师应该在公司治理架构中进入董事会（或党委）等最高决策层，代表全体所有者参与企业实务，发挥决策和监督的职能。

顾惠忠主任委员在讲话中指出，目前国家之间的竞争已演变为企业之间的竞争，管理会计对企业竞争力的提升具有重要意义。他以航空企业为例，强调了管理会计在企业发展中的重要性，提出管理会计研究不能脱离企业实践，应根据当前的经济形势，融入企业流程和经济发展，凭借产学研相结合的优势，参与到企业战略和提升企业价值的工作中。

第六节　2011 营运资金管理论坛

2011 年 11 月 18 日，由中国会计学会、中国海洋大学管理学院主办，中国企业营运资金管理研究中心、中国海洋大学文科处承办的“营运资金管理论坛”2011 年在青岛召开，此次论坛的主题是“营运资金管理协同与创新”。来自高等院校、研究机构、政府部门、企事业单位的 100 多名专家、学者出席了本次论坛。与会代表围绕营运资金管理理论与创新、营运资金管理绩效评价、营运资金管理协同等问题进行了深入的交流和探讨。与财务管理相关的专题内容综述如下：

一、我国会计与财务管理的最新进展

为促使企业提升管理水平、转变发展方式，财政部提出构建现代企业财务管理能力认证体系的系统工程。财政部企业司司长刘玉廷介绍，这项工程已经启动，正处于加速研究阶段。

现代企业财务管理能力认证体系初步设想将由以下要素构成：一是产权（股权）结构问题。股权结构与公司治理、内部管理密切相关，只有产权多元化，股东大会和董事会才能成为多方利益协调的平台，才能切实发挥作用。二是体现财务管理能力的系列指标体系，如营运资金、财务指数等。营运资金和财务指数同传统的资产负债率、速动比率等共同构成现代财务管理认证体系的一个方面。三是财务报告的质量。财务报告不仅是会计报表，而且是投资人决策的手段，是企业管理水平的体现。四是管理信息化水平。与发达国家相比，我国信息化水平总体相对较弱，能将会计信息系统在集团内统一就很不容易，内控等信息化就更难，今后应加大投入，实现全面财务管理信息化。五是财务高管人员在决策中的地位与作用。财务高管人员在决策中的地位与作用问题既是重视程度的问题，也涉及公司治理。

作为现代企业财务管理能力的重要组成部分，营运资金管理对企业的经营发展具有重要意义。中国企业营运资金管理研究中心主任王竹泉代表研究中心发布了“中国上市公司营运资金管理调查暨 2010 年度中国上市公司营运资金管理绩效排行榜”，通过建立行业和地区两个调查体系，对中国上市公司 2010 年的营运资金管理情况分别按要素和渠道进行

排名后得出的结论是：分行业来讲，营运资金整体占用水平较高，行业间差异较大；经营活动营运资金管理绩效环比改善，略有回升；各要素单独管理水平相对成熟，协同管理水平差；渠道营运资金管理水平依然不成熟、不稳定；采购渠道营运资金管理绩效略有下降；生产渠道营运资金管理绩效略有回升；营销渠道营运资金管理绩效略有回升；上市公司应付账款融资的现象得到一定的缓解。按地区来看，大部分省市经营活动营运资金管理绩效改善；地区营运资金整体管理水平不平衡，差距逐渐加大；生产渠道营运资金管理需重点关注；各地区渠道优势各异，差距明显；东部地区要素管理绩效相对成熟，渠道管理水平弱；中部地区营运资金渠道管理水平及资金整体管理均较差；西部地区要素管理水平相对成熟，但资金协调能力差。

中国会计学会常务副秘书长周守华对当前会计理论研究的若干前沿问题进行了探讨：在全球统一会计准则的新动向中，公允价值计量还存在很多值得研究的问题；在会计向管理转变的过程中，内控制度存在如何具体化并严格执行的问题；在总会计师（CFO）建设方面，应加快制度改革，发挥财务人员在决策层中应有的作用；在政府会计与内控的问题上，我国政府会计方面还面临很多问题，如地方政府的债务危机与融资平台的建立问题、高校的债务处理问题等。他认为，政府部门的内部控制也要抓紧推动，发挥其示范作用。

二、营运资金管理理论与创新

营运资金管理的发展与创新首先需要理论的创新。在研究思路方面，中国海洋大学孙莹提出应把企业长期占用的资产纳入营运资金的范畴，进行营运资金的概念重构；中国海洋大学朱珺认为，应采用基于渠道的流动资金需求测算方法，分渠道预测企业经营活动流动资金需求量；山东科技大学教授张月玲认为，未来的研究应在依托企业内部控制规范、依托学位论文、加强行业与地区企业营运资金管理研究三个方向下功夫；中国海洋大学于森林等提出应基于采购、生产、营销三个渠道构建营运资金管理的动力机制，融物流、资金流、信息流于一体。对于营运资金管理绩效评价体系的构建，孙莹提出应采用数据包络分析法衡量营运资本管理效率；中国海洋大学徐晓岚认为应从供应链单元与供应链整体两个层级构建完整的供应链营运资金管理绩效评价体系。

中国海洋大学教授罗福凯认为，生产方式的变革将引发公司财务组织的变化，营运资本占用方式和管理模式由生产方式模块化和无边界性、公司财务组织的扁平化以及生产过程的瞬时性等因素所决定。他认为，净营运资本趋近于零将成为公司财务的一种趋势，营运资本占用的减少和成本的降低，使大量的营运资本被解放，为企业投资于盈利能力更高的技术资产提供了可能。但他同时指出，如果企业没有先进的经营方式，不可盲目追求零净营运资本。

新疆财经大学教授高严系统地探索了现金流预算管理的理论机理，并在现金流管理实践总结基础上构造和完善其整体架构体系，探寻其有效实现路径。他认为，现金流预算是预算发展的必然选择，是发挥预算功能的必要领域，是维系和支撑现金流管理的必然工具。应从基于不同环境不同业务的权变视角、基于机会主义的行为视角以及基于不同预算模式、方法的技术视角三个角度进行现金流预算的架构。

三、营运资金管理绩效的实证分析

理论的改进与完善需要对其实施结果的反馈与分析。与会代表们通过实证等方式对营运资金管理的绩效进行了研究，以期能促进营运资金管理理论更好地发展。江西财经大学教授曹玉珊对2007年有定向增发行为的中国企业前后五年数据进行了统计检验和结果分析后认为，中国企业倾向于稳健型的营运资金政策；中国企业定向增发兼有营运资金管理和其他目的；中国企业的资金使用效率在定向增发后可能存在长期的下降趋势并伴有较大的不确定性。

云南财经大学教授纳鹏杰考察了企业集团财务管控对上市公司现金持有水平的影响。研究发现集团控股上市公司现金持有水平较高，国有集团的控股水平更高；集团财务管控方式显著影响上市公司现金持有水平，集团委派CFO显著降低上市公司现金持有水平，拥有财务公司的集团委派CFO使现金持有水平降幅更大；ERP能够提高上市公司管理能力和现金持有水平。

对于营运资金管理效率的影响因素问题，西南财经大学苏强经过实证研究后发现，上市公司股权集中度与营运资金呈倒“U”形相关。对于公司治理和营运资金管理问题相关性问题，中国海洋大学逄咏梅等通过统计检验后认为，大股东会通过关联交易来“掏空”上市公司，降低营运资金管理绩效，而股权制衡能减少经营性关联应收账款，有助于提高营运资金管理绩效。对于营运资金管理和企业价值相关性问题，中国海洋大学王秀华从冗余资源的视角区分经营活动营运资金和理财活动营运资金，认为不同经济繁荣程度与不同经营状况下，营运资金对企业价值的影响方式不同。

此外，南昌大学谭文浩结合云海集团的具体案例，还探讨了网络环境下的现金流管理方式。

四、营运资金管理协同

在营运资金管理研究模式方面，中国企业营运资金管理研究中心杨凌雁介绍，研究中心通过实施“政、产、学、研”多方协同的研究模式，取得了较好的效果。该模式从五个方面入手：一是原创性理论的支撑；二是同名企开展交流合作；三是与中国会计学会共建研究平台；四是以国家相关政策为导向；五是多方协力培养后备人才。中国海洋大学封威威等提出了“产业+金融”的营运资金管理模式：通过与上游企业的战略合作，整合控制分销渠道，提高企业经营活动营运资金管理绩效；同时对资金进行集中管理，建立财务公司，为上下游企业以及消费者提供供应链金融服务，使产业与金融相互促进。

关于利益相关者管理与营运资金管理之间的协同，中国海洋大学席龙胜认为利益相关者管理与营运资金管理是共生互动的，两者具有共同的价值理念，同时有发生相互依赖性行为的必要性和可能性。山东工商学院王风华认为，应针对不同渠道的营运资金管理选择相应的协同策略，对采购渠道应采取谨慎型管理策略；对生产渠道应采取主动型管理策略；对营销渠道应以谨慎型管理策略为主，维持型管理策略为辅。

中国海洋大学田海霞提出应实现信息技术与营运资金管理的协同，分别从业务流程再造、价值链管理、销售渠道管理、供应商管理等方面引入信息技术，并运用商务智能将营运资金管理中产生的数据进行商务智能处理。

山东省日照市东港区财政局王硕认为，价值链战略联盟对营运资金管理绩效也存在影响。价值链上的核心企业通过选择合适的战略伙伴构建价值链战略联盟可以优化整个价值创造系统，减少各个环节营运资金的沉淀，加快营运资金的周转，在实现实物流、信息流畅通的基础上确保资金流的无阻碍流动。

五、企业营运资金管理实践

大唐电信科技产业集团总会计师高永岗从现金管理与风险控制、信用管理与风险控制和存货管理与风险控制三方面介绍了大唐电信在营运资金管理中取得的经验和面临的挑战。他认为，应通过制定资金计划、处理好统一融资风险、严格执行内部信用评级和信贷条件、确保信息系统安全可靠、确保投资运作收益与风险平衡等措施，做好与资金集中管理相关的风险控制；通过信用政策定期更新、加快回款、合同评审、信用考核、销售信用与采购信用匹配管理来进行信用风险控制；通过信息技术应用、健全内部控制制度、谨慎采购、适时制库存控制、存货 ABC 分类管理、存货经济批量模型来进行存货风险控制。

中国石油天然气集团公司财务资产部副总经理陆凌介绍了中国石油大司库建设的做法及经验。一是以财务公司为统一结算平台，通过总分账户联动实现结算集中、现金集中、信息集中；二是以集团总部、股份公司和所属金融企业为主体，实施融资一级管理；三是以所属金融企业为平台，统筹管理金融投资业务；四是以风险细化分类为依据，实施司库风险专业化管理。她指出，司库是当前跨国公司普遍采用的资金管理模式，是根据集团公司发展战略对其拥有或控制的金融资源统筹管理的行为，有利于实现管理对象由金融资金到金融资源的转变，有利于优化管理模式。

海尔集团中国区财务总监展波介绍了海尔营运资金管理的战略以及价值主张。海尔营运资金管理战略目标是盈利增长以及现金利润的增加，因此在执行中要求实现零库存以及零应收账款，在具体业务中要求用流程来承接和实现执行目标，最后在财务活动中进行流程改善以及整合全球资源，并对未来营运资金进行规划。在价值主张中，他提出营运资金管理并非只是财务团队的事情，而应从企业全局统筹考虑。

青岛啤酒财务有限责任公司总会计师孙燮介绍了青岛啤酒从成立财务公司前“垂直化的营运资金管理模式”到成立财务公司后“集中管理与分散管理相结合的营运资金管理模

式”的转变。他指出，财务公司作为结算、融资、资金运作三大管理中心，通过集中公司资金、开展信贷业务、参与金融交易市场、开展金融中介和投融资业务、打造公司资金供应链和金融服务链，有力地保障了公司“集中管理与分散管理相结合的营运资金管理模式”的实现。

青岛特锐德电器股份有限公司董事长于德翔针对高成长创业企业资金需求多、资金回笼慢的特点，介绍了其所在企业从提高资金利用率、加快应收账款周转速度和用好供应商的“资金”三方面进行营运资金风险管理的具体经验。

第七节　第三届海峡两岸会计学术研讨会

2011 年 11 月 26~27 日，由中国会计学会和台湾政治大学联合主办，并由广东商学院承办的第三届海峡两岸会计学术研讨会在广州东方宾馆举行。会议得到海峡两岸会计学者会计实务界人士及政府主管部门的积极响应和大力支持。参加本次会议的专家学者及特邀代表共计 138 人，分别来自海峡两岸 60 多所高校及数十家企事业单位，其中，来自中国台湾的代表 28 人，来自大陆的代表 110 人。大会共收到参会论文 70 篇，其中，来自中国台湾的论文 21 篇，来自国内的论文 49 篇，经有关专家筛选，确定其中 26 篇入选大会报告论文。本次会议分为开幕式、主题报告会、分组讨论会、专家报告会和闭幕式五个部分。与财务管理相关的专题内容综述如下（陈美华、郭剑花、雷宇、陈建林、赵国宇，2012）：

一、资本市场会计

有关内部控制方面，杨玉凤、曹琼和王亚构建了一套完整的内部控制信息披露质量评价指标体系，并通过实证分析发现，公司经营业绩与内部控制信息披露质量显著正相关，内部控制信息披露指数与企业价值显著正相关；吕慧研究发现，披露内部控制鉴证报告的企业发生法律诉讼和财务信息违规的概率更低、次数更少，总资产周转速度更快、期间费用比例更低；林婉莹和林惠婷发现，内部控制缺失与企业经营绩效呈显著负相关，且内部控制缺失的重大性对经营绩效有较大影响。

二、 资本市场财务问题研究

（一）监管制度与企业经营行为研究

周雪峰和刘淑莲以 2005~2009 年陷入财务困境的大陆上市公司为样本进行实证分析，发现相对于国有产权控股企业，私有产权控股企业的债务总体上更能够发挥破产威胁效

应；萧幸金和黄丽桦分析了中国台湾地区“二次金改”合并政策对中国台湾商业银行经营效率的影响结果显示，合并银行的经营效率比非合并银行高；章卫东和邹斌探讨了定向增发股份解锁后机构投资者减持行为与盈余管理的关系，发现大陆上市公司在不同类型投资者实际减持前所进行的盈余管理程度存在着差异。

（二）企业融资行为研究

萧慧玲和石佳颖研究了公司净金融负债形态及现金持有与公司价值的关联性，发现中国台湾上市公司在1991~2009年现金持有与公司价值呈正向关系，并且净金融负债小于零的公司其超额现金持有价值较高；谢军和李千子采用了数理模型和实证研究相结合的方法，研究了企业资本结构对供应商融资的影响。发现企业的资本结构（财务杠杆）对应付账款比例具有显著的负向效应，对预付账款比例具有显著的正向效应，对于投资者保护程度较高的企业，供应商融资对企业资本结构的敏感性会更高。

（三）企业投资行为研究

黄丽桦、杨永列、赖艺文和陈俊宏探讨了融资融券对TDR（中国台湾存托凭证）与原股市场的不对称效果，研究结果表明，坏消息对指数波动性的冲击大于好消息；汤海溶和彭飞分析了资金来源与公司投资行为的关系，发现国内上市公司的自由现金流量水平普遍较低，过低的自由现金流量导致企业投资不足，上市公司过度投资的资金主要来源于外部债权筹资与外部股权筹资；张荣武和沈庆元检验了确认性偏差在投资者信息反应机制中的作用。研究表明，投资者信息反应机制是一个复杂的过程，除了与信息类型密切相关外，还受到投资者确认性偏差及其先验信念的影响；汪瑞芝研究发现，台商进入内地时间长短、资本密集度及地理位置与子公司生产效率相关，国内子公司的运营效率、母公司研发费用比率、投资规模等对母公司投资效益有重要影响。

三、公司治理问题研究

有关董事会特性的财务影响方面。谢永明和陈昶桦发现，银行董事会规模、独立董监事比率、经营者持股比率及现金流量权比率与信用风险显著负相关，银行董监持股质押比率与公司信用风险显著正相关，机构投资人持股比率与信用风险负相关，但并不显著；林谷峻、谢宜桦和洪嘉馨发现独立董监事占董事会席次比例越低、董事会规模越大、董监事股权质押比率越高、董监事股权质押权责偏离程度越大、信息披露程度越薄弱、会计师选任越不严谨，未来三年内企业落入财务危机的概率就越高。

两岸学者还就股本结构及其变动的经济后果进行了广泛探讨。Ming-Cheng Wu、Chang-Tyan Yang、Yi-Ting Huang、Yi-Jyun Chen发现，公司授予员工认股权会诱使高级经理人进行盈余管理，员工认股权的授予具有提升扣除盈余操纵影响后的公司绩效的作用，公司可以通过治理机制的提升来降低该盈余操纵行为；耿云江和吕萍研究表明，高管持股与公司业绩之间不存在区间效应，因而公司可以根据自身特征进行有益于业绩提升的调整；刘亭立和陈晨发现近20%的创业板公司在解禁期满后被高管减持。高管减持主要通过辞职套现与在职抛售两种方式，其中辞职套现使得高管在解禁期后获得最大利益；黄政仁发现机构投资者持股与外部合作及创新绩效具有显著正向关系，并且机构投资者持股与创新绩效的关系受到外部合作密集度的影响；刘永泽和唐大鹏发现，资本市场对社保基金持股信息具有明显的正反应；林良枫和古秀敏研究表明，两岸在政治经济及传统产业公司治理方面存在着差异。具体地说，国内传统产业公司境内机构法人持股率及国有股比率与其经营绩效显著负相关，而经理人持股率境外机构法人持股率及独立董事比率则与经营绩效无显著相关性，中国台湾传统产业公司经理人持股率、境内机构法人股持股率、境外机构法人持股率、董事净持股率及独立董事比例皆与公司经营绩效无显著相关性。

第八节　第十届全国会计信息化年会

2011 年 7 月 9~10 日，第十届全国会计信息化年会在山西太原隆重举行。本次会议由中国会计学会会计信息化专业委员会主办、山西财经大学会计学院承办、山西煤炭进出口集团有限公司和金蝶（软件）中国有限公司协办。来自政府部门、高等院校、企业、科研机构、新闻媒体等单位的 180 余名代表参加了本次会议。大会共筛选出参会论文 150 余篇，采用主题演讲高层论坛辩论会与小组讨论等形式，就会计信息化标准体系建设与应用、会计信息化教学与人才队伍培养、会计信息化应用及实施、内部控制与 IT 风险管理研究与应用等问题进行了深入探讨和广泛交流。本书中，我们重点介绍内部控制与 IT 风险管理研究。

金蝶软件（中国）有限公司助理总裁兼风险及内部控制事业部总经理财政部内控专家赵亮在题为“以内部控制构建企业管理与信息化体系”的报告中指出，内部控制能帮助企业管理者驾驭企业的前提是，要建立以全面风险管理为导向的内部控制体系，并将企业内部控制体系融于日常工作中以金蝶为例介绍了内部控制与风险管理的基本原理，展示了以内控为导向的企业管理和信息化项目实施过程在信息环境下，企业应以风险为视角评价制度流程以控制为手段再造制度流程，以风险来评估制定集团管控，以系统为平台来承载内控体系。

山西财经大学 MBA 中心主任辛茂荀教授基于认知理念和行为视角，提出 IT 环境下企业进行内部控制的目标要素方法和具体实施措施针对内部控制与 IT 风险管理研究与应用，与会者还从不同角度发表了观点。

在信息化环境下，IT 治理和内部控制之间存在密切的联系，它们协调作用，共同影响着企业绩效的水平和结构。企业必须从包括传统内部控制和作业流程在内的固有格局中脱身而出，重新设计和再造各类控制手段和措施，将技术管理风险鉴证控制目标和组织架构等融合于新技术环境下，并将人的软因素与技术的硬因素有机结合，才能减少信息化风险，提升企业整体绩效。

建立全面风险管理为导向的企业内部控制体系，应从组织结构、流程结构、绩效结构和风险结构四个维度来考察企业风险产生的机理，分析内部控制与风险管理的内在架构关系，提出关注当前绩效就要关注事件，关注未来企业绩效就要关注企业风险，通过对事件的控制来强化企业管理，有效降低企业风险，提高企业绩效。

第九节　中国会计学会环境会计专业委员会 2011 年年会

2011 年 10 月 15~16 日，中国会计学会环境会计专业委员会在美丽的“水电之都”湖北宜昌举办了以“环境会计与企业社会责任”为主题的 2011 年学术年会。此次年会由中南财经政法大学会计学院和三峡大学经济与管理学院共同承办。本次大会分为开幕式、主题报告、分组报告与交流闭幕式四个阶段，与会学者在环境会计和企业社会责任两个分会场分别就环境与社会责任信息披露、环境管理与社会责任履行的经济后果、环境与社会责任的管理与控制、环境与社会责任会计研究回顾及展望、环境成本与生态补偿、环境审计、碳会计问题环境绩效、物质流会计等问题进行了深入的讨论与交流。本书中，我们重点介绍环境与社会责任信息披露的相关研究。

在我国，环境会计与企业社会责任会计的相关研究尚属起步阶段，而且对于大多数上市公司而言，环境与社会责任信息的公开披露仍然属于自愿性信息披露的内容，因此，如何通过各种途径与方法获取企业环境与社会责任信息披露的数据，以及对企业环境与社会责任信息披露的现状、影响因素、经济后果等相关问题的研究仍然是本次年会讨论的热点。

一、环境与社会责任信息披露的现状

在环境与社会责任的信息披露方面，学者们主要采用内容分析法对我国企业环境信息披露的现状与问题进行了研究。与会代表普遍认为我国企业目前的环境与社会责任信息披露取得了较大的进展，如披露的公司数量在不断上升，披露的内容逐步完善，披露的质量逐步提高等，但仍然存在较多问题，如尽管我国上市公司社会责任信息披露在不断完善，但存在披露范围不一致、披露过于形式化、披露具有很强的行业性等问题。产生这些问题的主要原因是：上市公司社会责任意识不强以及社会责任信息披露法规不够健全；披露存在印象管理现象和不均衡现象、缺乏有效的第三方审验机制等问题，降低了社会责任信息的相关性和可靠性；披露规范性差披露指标偏少；定量指标被忽视；表述随意性过强等。

有代表对现阶段环境会计报告的形式进行了分析和探讨，认为现阶段企业可先编制环境投入产出表作为环境会计报告的主表，环境投入产出表可根据需要提供环境投入环境损失和环境产出的本期金额和累计金额，也可同时披露上期金额对于能够独立核算的环境项

目，还可单独作为一个会计主体进行计量和报告。

二、环境与社会责任信息披露的影响因素

探求影响环境与社会责任信息披露的具体因素，对于提高信息披露的水平具有重要的意义。与会代表认为公司特征等较多层面的因素会对企业的环境与社会责任信息披露水平产生影响，如企业规模流通股比例负债率、股权集中度等与信息披露水平存在正相关的关系，董事长与总经理两职合一国有股比例代理成本等与信息披露水平存在负相关的关系等。

也有代表分析了我国企业社会责任信息披露与合法性压力之间的关系，认为由于合法性压力不同，各公司对待社会责任信息披露的态度和做法各有不同，各上市公司面临的合法性压力的结构存在诸多差异，照规式、宣扬式、辩解式成为我国企业社会责任信息披露的模式排序，认为改变合法性压力是提高社会责任报告质量的根本途径。

环境信息披露管制对环境信息披露水平会产生影响，有代表采用案例研究的方法发现与环境信息披露相关的管制（不管是正式的管制规范，还是非正式的社会合法性管制）对企业的环境会计信息披露水平起着一定的推动作用，但其推动作用及持续性的大小则视对企业强制效力的程度而定。

从环境与社会责任信息披露的影响因素来看，公司的不同特征压力及法规管制等对企业的环境与社会责任信息披露水平的影响已经得到了广泛的验证，这为如何提高企业的环境与社会责任信息披露水平提供了有益的经验证据。然而，相比较其他领域的实证研究成果，更多的影响因素仍有待于环境与企业社会责任信息披露的实证研究来进行检验。

三、环境与社会责任信息披露的经济后果

本次年会有较多学者开始关注环境与社会责任信息披露的经济后果问题，代表们认为企业进行环境与社会责任的信息披露会对企业提高财务绩效、提高公司股价、降低权益资本成本等产生积极的影响，如阳秋林、代金云认为信息披露水平直接影响资本市场的有效性和资源配置的有效性，她们发现我国企业披露的社会责任信息能显著降低权益资本成本，而且股票的风险和流动性受社会责任信息披露水平影响显著，并通过降低股票的风险和提高股票的流动性两个渠道来影响权益资本成本；肖文娟、雷锦生认为企业社会责任信息披露对股价变动并无直接的影响，但存在间接的影响，其中 B-C（指公司产品主要销售对象为普通消费者）企业尤其明显，投资者更愿意关注 B-C 企业披露的环境信息，并将这些信息作为公司未来 EPSBPS 等会计指标变化的趋势。另外，B-C 企业披露的社会责任信息比 B-B（指公司的产品主要针对企业类型的客户）企业多。

四、环境信息披露中的模仿行为

在较多研究倾向于针对环境信息披露的影响因素与经济后果时，沈洪涛、苏亮德则对环境信息披露的决策机制进行研究，分析了企业环境信息披露中的模仿行为及由此导致的制度同形现象，他们以我国重污染行业上市公司年报中的环境信息披露数量为研究对象，发现企业的环境信息披露行为存在模仿，且现阶段的模仿更多的是频率模仿，即模仿市场同行业和同性质企业间的平均水平，而不是模仿规模较大企业的特征，模仿他们将已有的信息披露研究从经济学分析的视角向经济社会学进行拓展，丰富了对信息披露决策过程中决策者认知过程和制度化过程的认识，同时也透过环境信息披露中的模仿行为，从更加微观的层面为制度化过程中的趋同现象提供了新的证据。

第十节　“资本市场与金融创新”国际论坛

2011 年 6 月 25 日，经济研究编辑部与上海财经大学金融学院在上海财经大学合作举办了“资本市场与金融创新”国际论坛。该论坛主要是为了进一步深化市场化进程，依靠金融创新来解放体制性的束缚，拓展企业融资渠道等改革模式。在开幕式后的主论坛中，来自美国罗彻斯特大学的金融教授、国际著名金融学期刊 JFE 副主编 Toni Whited 与来自美国麻省理工学院斯隆商学院的著名金融学教授王江依次登台，分别以“Agency Conflicts and Cash：Estimates from a Structural Model”、“Noise as Information for Illiquidity”为主题向与会嘉宾及广大师生做了两场精彩的主题报告。与此同时，其他八场平行论坛深入探讨资本市场与金融创新的具体问题。平行论坛分别聚焦“资本市场与金融产品的创新与发展”、“公司治理及企业融资问题的相关研究”、“货币市场宏观经济与银行风险管理”等前沿学术问题。与财务管理相关的专题内容综述如下：

一、资本市场与金融产品的创新与发展理论

针对资本市场的金融创新产品对促成 2007 年金融危机的重要影响，在主题演讲部分，罗彻斯特大学金融学教授、JFE 杂志副主编 Toni Whited 构造了一个企业投资和现金持有模型来考察委托代理问题；Whited 教授指出，管理层一般倾向于建造一个企业帝国，并持有次优的内部流动性和过度使用昂贵的外部融资，从而拓展了金融加速器理论的研究。

麻省理工学院斯隆商学院的王江教授应邀做了另一场主题演讲，他从套利资金充裕时期的套利能使国债收益率曲线平滑这一直觉出发，构造了国债收益率曲线非平滑度指标，较好地解释了企业外部融资溢价随经济形势波动的问题。

复旦大学王永钦副教授建立了一个包含普通消费者理性投机者和追涨杀跌交易者的房地产泡沫模型，分析了几种市场不完美及其相互作用对于房地产泡沫生成的影响。他的研究发现，住房的供给弹性房产税、首付率、信贷市场上的有限责任制度、住房的质量和产权保护度等对于泡沫的生成具有重要的影响。

南京大学易志高等利用国内上市公司除权后股票收益与其相对低价股（高价股）组合收益联动性的变化，来研究投资者分类偏好对资产价格形成的影响，结果显示中国市场存在诸多价格分类投资者，且投资者情绪对价格联动有着明显的影响。

另外，上海财经大学郭照蕊博士考察了股票价格的同步性是否可以反映股票定价效率的问题；中山大学徐浩峰博士研究了媒体效应与证券价格泡沫形成之间的关系；上海财经大学程天笑等关注了 QFII 是否采用了不稳定交易策略的问题。

二、公司治理及企业融资问题的相关研究

上海财经大学游搁嘉助教对 CEO 委托代理问题进行分析，模型化合约中的努力激励和风险偏好激励后，使用企业实际数据进行模拟校准，发现模型产生的最优合约和现实观察到的最优合约差异度从之前文献中的 29%下降到了 8%，并且和现实相符，最优合约呈现出局部凸显的性质。

西安交通大学 Fonseka 博士使用 2000~2009 年上市制造业企业数据考察了融资能力和企业竞争力的关系，研究表明企业内源融资能力对其竞争力并无显著影响，而外部融资，如银行股票市场公司债及可转换债券市场融资能力，则对公司的竞争优势产生显著正向影响。

上海财经大学陈智华助教考察了监管要求仅仅是需要两家评级公司的评级时，为什么债券发行者依然进行昂贵的第三次评级。她的实证结果表明当债券处于投机级和投资级的边缘时，企业更倾向于进行第三次评级，而且第三次评级能增加债券发行之后的交易量，但平均而言可能会增加债券发行的成本。

上海财经大学徐龙炳教授选取举牌作为产业资本向金融资本渗透的一种典型案例，分析指出在股票价值被极度低估的时候，渗透成本较低，产业资本会通过举牌渗入金融资本，产业资本倾向选择同行业股权结构相对分散的企业作为被举牌公司，产业资本渗透金融资本的目的是为了扩大自己的市场份额，实现该行业的扩张，同时获得本属于金融资本的资本市场的超额收益。

复旦大学杨国超等用股票市场换手率衡量投资者情绪，研究了股票市场环境对债券发行成本的影响。他的论文基于股票和债券价值决定因素的相似性以及风险特征的相异性，提出了同向效应假说和反向效应假说，实证检验结果支持同向效应，即债券融资成本与股票市场投资者情绪之间存在负相关关系。

上海财经大学奚君羊教授从受保企业的财务状况预警评价、企业管理能力预警评价、企业创新能力预警评价三个层面，系统设计了小企业金融担保风险预警系统的指标体系，

在确定各因素预警临界值基础上，进行金融担保风险预警系统的警示设置，并引入一种特殊函数来构造警度评价函数，以实现金融担保风险预警系统的警度判断及处置功能，从而实现小企业金融担保风险预警。

上海财经大学王安兴副教授对中国公司债利差的构成及影响因素进行了实证研究，发现税前利差表现为正值，但在公司债市场初始阶段和金融危机时期，税后利差表现为负值。

另外，上海财经大学张子炜博士和强国令博士分别研究了创业企业在上市前引入私募股权资本的动机和后果，以及股权对管理层的激励问题；华南理工大学冯莉博士研究了市场化改革对企业高管在职消费的影响；南开大学曹春方博士考察了官员任期对于地方政府投资的影响。

第五章　财务管理学科 2011 年文献索引

本报告的文献索引包括中文期刊和英文期刊两个部分。其中，中文期刊索引源自《中国社科文献索引》(2011~2012) 与财务管理学科相关的期刊论文 (2011 年公开发表)，共计 688 篇；英文期刊索引源自上海财经大学会计学院公布的“会计财务英文期刊目录”中的 14 种（经过挑选），另外增加了 *Financial Management*，共计 15 种，与财务管理学科相关的期刊论文共计 355 篇。

第一节 中文期刊索引

[1]“拜托债权人”还是“拜托机构投资者”——论二者在代理冲突中的角色扮演/熊艳(厦门大学管理学院，361005)；李常青//山西财经大学学报（太原），2011，33(7)：41-48

[2]“创业板”抑或“主板”：科技型中小企业如何选择上市融资的主战场/余应敏(中央财经大学会计学院，100081）//中央财经大学学报（北京），2011（11）：91-96

[3]“名人”独立董事履行职责状况分析——来自中国上市公司的证据/郑路航（中国人民大学商学院，100872）//中南财经政法大学学报（武汉），2011(3)：31-37

[4]“三性”原则下中国上市商业银行资本结构与绩效关系研究/李喜梅（广东金融学院国民经济与金融发展研究所）//管理世界（北京），2011(2)：173-177

[5]21世纪以来我国内部控制研究主题及述评——基于2000年到2010年会计研究(北京）等国内主要七种期刊的分析/朱华建（东北财经大学会计学院，116023)；张盛勇；高宏伟//会计研究（北京），2011（11）：57-64，93

[6]A、H股交叉上市能提高流动性吗？/周开国（中山大学岭南学院，510275)；王建军//证券市场导报（深圳），2011（12）：65-73

[7]CEO控制权成长性与审计定价/林川（重庆大学经济与工商管理学院，400044)；曹国华；丘邦翰等//当代财经（南昌），2011(4)：110-119

[8]CEO强制性变更、继任模式与公司绩效的实证研究——来自中国上市公司的经验证据/刘美玉（东北财经大学工商管理学院）//宏观经济研究（北京），2011(3)：75-81

[9]CFO的背景特征与会计信息质量——基于中国财务重述公司的经验证据/王霞（华东师范大学商学院，200241)；薛跃；于学强//财经研究（上海），2011，37（9)：123-133，144

[10] ERP实施对会计人员工作内容的影响/徐文娟（西安交通大学管理学院，710049)；欧佩玉；王玮//西安交通大学学报（社会科学版）（西安），2011，31(2)：57-60

[11] ERP实施对企业绩效的影响研究——来自中国A股上市制造业的证据/周晓华(华中科技大学管理学院）//宏观经济研究（北京），2011(4)：62-66

[12] IT生命周期对企业信息化投资决策的影响分析/王印红（中国海洋大学法政学院，266100）//统计与决策（武汉），2011(2)：186-188

[13] IT治理行为与公司绩效关系研究——基于现场调查的数据分析/王凡林（首都经济贸易大学会计学院，100070）//经济与管理研究（北京），2011（11)：30-36

[14] 巴塞尔新资本协议与商业银行公司治理/中国工商银行董事会办公室课题组//金融论坛（北京），2011(6)：40-45

[15] 变迁中的非上市公众公司治理法律规则/傅穹（吉林大学法学院，130012）；关璐//上海财经大学学报（上海），2011，13（5）：42-49

[16] 并购、盈余管理与制度背景/罗声明（海南师范大学经济与管理学院，571100）//财经理论与实践（长沙），2011，32（2）：69-72

[17] 并购中员工离职原因的理论解读：一个文献综述/颜士梅（浙江大学管理学院，310058）//浙江大学学报（人文社会科学版）（杭州），2011，41（3）：180-189

[18] 不同公司治理情境下的企业决策机制评价——来自浙江省制造业企业的实证数据/钱晨（浙江外国语学院国际工商管理学院）//国际经济合作（北京），2011（1）：86-89

[19] 不同股权结构的国有企业治理效率比较研究——以山东省为例/郝书辰（山东财经大学财政金融学院，250014）；陶虎；田金方//中国工业经济（北京），2011（9）：130-139

[20] 不同管理形态企业的会计师与独立董事功能/王茂昌（中国文化大学会计学系暨研究所，11114）//审计与经济研究（南京），2011，26（2）：81-88

[21] 不同融资方式对技术创新影响的差异性分析/李守伟（东南大学经济管理学院，211189）；何建敏//统计与决策（武汉），2011（2）：68-70

[22] 不同所有权上市公司鼓励分配意愿的比较研究/郑荣（四川大学工商管理学院，610039）；干胜道；舒铁//经济与管理研究（北京），2011（8）：12-18

[23] 不完全契约、非对称信息与合作社经营者激励——农民专业合作社“委托—代理”理论模型的构建及其应用/谭智心（农业部农村经济研究中心助理研究员，100810）；孔祥智//中国人民大学学报（北京），2011（5）：34-42

[24] 财务报告内部控制：一个悖论/白华（暨南大学管理学院，501632）；高立//会计研究（北京），2011（3）：68-75，95

[25] 财务报告内部控制审计收费的影响因素——基于中国内地在美上市公司的实证研究/张宜霞（浙江工商大学，310018）//会计研究（北京），2011（12）：70-77，97

[26] 财务弹性与企业投资的关系研究/顾乃康（中山大学管理学院，510275）；万小勇；陈辉//管理评论（北京），2011，23（6）：115-121

[27] 财务监督体制下国有垄断企业四类代理成本分析与测算/关爱浩（江西财经大学，330013）//当代财经（南昌），2011（9）：117-129

[28] 财务危机预警研究：存在问题与框架重构/吴星泽（南京大学会计与财务研究院，210093）//会计研究（北京），2011（2）：59-65，97

[29] 财务舞弊公司董事会变更及其对审计师变更的影响——基于面板数据 Logit 模型的研究/刘明辉（中国内部控制研究中心，116025）；韩小芳//会计研究（北京），2011（3）：81-88，95

[30] 财务业绩、CEO 薪酬与商业银行社会责任——基于我国上市商业银行的实证分析/朱明秀（南京审计学院会计学院，210029）//财经理论与实践（长沙），2011，32（2）：57-61

[31] 产品市场竞争对高管激励效应影响的实证研究/梁英（吉林大学商学院，130012）//当代经济研究（长春），2011（6）：60-64

[32] 产权性质、控制权和现金流权分离与企业投资行为/田立军（暨南大学管理学院，510632）；宋献中//经济与管理研究（北京），2011（11）：68-76

[33] 产权性质、信息风险与银行借款/许慧（中南财经政法大学会计学院，430073）；杨孙蕾//山西财经大学学报（太原），2011，33（1）：24-32

[34] 产权性质股权激励与企业技术创新——基于我国中小板上市公司的经验分析/黄淙淙（中南财经政法大学会计学院）//财政研究（北京），2011（9）：71-74

[35] 产权性质股权集中度与企业社会责任履行/冯丽丽（中南财经政法大学会计学院，430073）；林芳；许家林//山西财经大学学报（太原），2011，33（9）：100-107

[36] 产权性质信息风险与企业长期借款——来自中国上市公司的经验证据/杨孙蕾（中南财经政法大学会计学院，430073）；许慧；许家林//江西财经大学学报（南昌），2011（2）：19-28

[37] 产权性质债务融资与破产威胁效应——来自中国上市公司的经验证据/刘淑莲（东北财经大学，116025）；周雪峰//财贸研究（蚌埠），2011（5）：99-108

[38] 产权治理、自由现金流量和企业费用粘性/王明虎（安徽工业大学管理学院，243002）；席彦群//商业经济与管理（杭州），2011（9）：68-73，89

[39] 成长性、代理冲突与公司财务政策/杨兴全（石河子大学经济与管理学院，832003）；吴昊旻//会计研究（北京），2011（8）：40-45，96

[40] 城市商业银行经营管理层胜任力与经营绩效的关系/谢刚（西南交通大学经济管理学院，610000）；侯景亮；贾建民//金融论坛（北京），2011（6）：25-31

[41] 创始人、创业投资与创业板 IPO 抑价/雷星晖（同济大学经济与管理学院，200092）；李金良；乔明哲//证券市场导报（深圳），2011（3）：69-73

[42] 创业板上市公司股利分配研究/王会芳（深圳证券交易所，518010）//证券市场导报（深圳），2011（3）：74-77

[43] 创业板上市企业成长性评价指标体系的设计及实证研究/刘金林（广西财经学院）//宏观经济研究（北京），2011（8）：56-64

[44] 创业板与中小企业板上市公司财务状况比较研究——基于中小企业融资的视角/宋光辉（华南理工大学工商管理学院，510640）；许林；师渊//软科学（成都），2011，25（5）：124-130

[45] 创业板与中小企业融资问题再探——基于卢卡斯悖论的思考/苏峻（北京工商大学，100048）；何佳；韦能亮//证券市场导报（深圳），2011（6）：9-13

[46] 创业企业 IPO 市场溢价：对董事会构成、TMT 股权分布和风险资本的检验/徐志坚（南京大学商学院，210093）；李宗贵；杨碧云//软科学（成都），2011，25（9）：111-115

[47] 创业投资对企业长期绩效的影响——基于我国中小企业板的实证研究/谈毅（上

海交通大学安泰经济与管理学院，200052）杨晔//上海经济研究（上海），2011（5）：72-82，96

[48] 从股东至上到利益相关者合作——论初次分配中公平与效率的兼顾/程承坪（武汉大学经济与管理学院，430072）//财贸研究（蚌埠），2011（3）：129-135

[49] 从股权结构到股东关系/魏明海（中山大学管理学院，510275）程敏英；郑国坚//会计研究（北京），2011（1）：60-67，96

[50] 大股东持股、治理环境与信息披露质量/姜涛（南京农业大学经济管理学院，210095）；王怀明//经济与管理研究（北京），2011（8）：5-11

[51] 大股东持股比例、投资者保护与掏空行为——来自我国沪市民营上市公司的实证研究/张学洪（河海大学商学院，210098）；章仁俊//经济经纬（郑州），2011（2）：76-81

[52] 大股东对投资—现金流敏感性影响的实证研究——基于我国制造业上市公司样本数据/聂丽洁（西安交通大学管理学院，710049）；高焙//经济问题（太原），2011（12）：62-65

[53] 大股东过度自信行为与公司治理的有效性——基于大股东增持的实证检验/文芳（厦门大学管理学院，361005）；醋卫华//证券市场导报（深圳），2011（12）：11-16

[54] 大股东机会主义与定向增发折价——兼析制度变迁的影响/徐寿福（上海财经大学金融学院，200433）；徐龙炳//上海财经大学学报（上海），2011，13（4）：82-89

[55] 大股东控制、管理层过度自信与现金股利/黄莲琴（福州大学管理学院，350002）屈耀辉；傅元略//山西财经大学学报（太原），2011，33（10）：105-113

[56] 大股东控制、机构投资者治理与公司绩效——基于深交所上市公司的经验证据/彭丁（西南财经大学会计学院）//宏观经济研究（北京），2011（7）：50-55，70

[57] 大股东控制、市场化程度与公司现金持有水平/刘静（南京大学会计与财务研究院；210093）；陈志斌//财经理论与实践（长沙），2011，32（6）：76-80

[58] 大股东掏空行为监管的进化博弈分析/张学洪（河海大学商学院，210098）；章仁俊//经济经纬（郑州），2011（4）：106-110

[59] 大股东掏空与经理人薪酬激励/刘善敏（中山大学管理学院，510006）；林斌//中国会计评论（北京），2011，9（4）：387-404

[60] 大股东在SEO中的认购行为与恶性增资/唐洋（天津商业大学商学院，300134）；刘志远；李伟//当代财经（南昌），2011（1）：112-120

[61] 大股东制衡与外部监管约束机制的实证分析/金颖（金陵科技学院商学院，211169）//统计与决策（武汉），2011（12）：145-147

[62] 大股东自利动机下的资本投资与配置效率研究/郝颖（重庆大学经济与工商管理学院，400030）；刘星//中国管理科学（北京），2011，19（1）：167-176

[63] 代理成本、高管特征与并购动因——基于我国农业类上市公司的经验研究/毛雅娟（华南农业大学经济管理学院金融系，510642）；程昆//农业技术经济（北京），2011（1）：121-127

[64] 代理成本、管理层持股与审计质量/高雷（南京审计学院金融学院，211815）；张杰//财经研究（上海），2011，37（1）：48-58

[65] 担保企业高管领导能力与内部控制绩效的关系——基于直接效应和中介效应的研究/李铁宁（中南大学商学院，410083）；罗建华//山西财经大学学报（太原），2011，33（12）：71-78

[66] 当前我国上市公司大股东掏空行为及相应的监管对策/黄智（同济大学经济与管理学院）//价格理论与实践（北京），2011（2）：69-70

[67] 德国公司治理改革的成效与问题/鲁茉莉（上海外国语大学国际关系与外交事务研究院，200083）//产业经济研究（南京），2011（1）：80-85

[68] 定向增发股份解锁后机构投资者减持行为与盈余管理——来自我国上市公司定向增发新股解锁的经验数据/章卫东（江西财经大学会计发展研究中心/会计学院，330013）；邹斌；廖义刚//会计研究（北京），2011（12）：63-69

[69] 董事会独立性与银行债务融资契约研究——基于2007~2009年上市公司数据实证分析/丁庭选（河南创业高等专科学院，450044）//经济与管理研究（北京），2011（5）：56-62

[70] 董事会结构股权结构与中小企业绩效/谭庆美（天津大学管理与经济学部，300072）；何娟；马娇//广东金融学院学报（广州），2011，26（3）：16-33

[71] 董事会结构与公司绩效关系的再探索——基于动态内生性视角的实证/周翼翔（浙江树人大学管理学院，310015）//科学学与科学技术管理（天津），2011，32（9）：131-137

[72] 董事会结构与决策效率/谢志华（北京工商大学，100037）；张庆龙；袁蓉丽//会计研究（北京），2011（1）：31-37

[73] 董事会特征对管理层舞弊的影响/张完定（西安财经学院商学院，710100）；郑广文//统计与信息论坛（西安），2011，26（2）：63-68

[74] 董事会特征与银行绩效关系的实证研究——来自我国14家上市银行的证据/张娜（北京交通大学经济管理学院，100044）；关忠良；郭志光//经济经纬（郑州），2011（1）：59-62

[75] 董事会政治背景对公司获得银行贷款的影响——基于中国中小企业板上市公司的实证研究/魏锋（重庆大学贸易与行政学院，400030）；罗竹凤//山西财经大学学报（太原），2011，33（1）：101-108

[76] 董事会治理与财务公司风险管理——基于10家集团公司结构式调查的多案例分析/袁琳（北京工商大学商学院/投资者保护研究中心，100048）；张宏亮//会计研究（北京），2011（5）：65-71

[77] 动态面板模型与中国上市公司资本结构调整速度估计/洪艺珣（厦门市工商局，361004）；王志强//统计与决策（武汉），2011（21）：146-149

[78] 独立董事独立性、关联交易与公司价值——基于沪深两市上市公司的经验证据/

徐高彦（南京大学会计与财务研究院，210093）//审计与经济研究（南京），2011，26（4）：77-84

[79] 独立董事独立性、关联销售和公司价值的相关性理论分析——基于《关于在上市公司建立独立董事制度的指导意见》的政策影响/徐高彦（南京大学管理学院博士生，210093）//武汉大学学报（哲学社会科学版）（武汉），2011，64（2）：114-119

[80] 独立董事效益之研究/李昆进（台湾高雄实践大学金融管理学系，815）；蔡博文//北京工商大学学报（社会科学版）（北京），2011，26（1）：54-62

[81] 杜邦分析与价值判断——基于A股上市公司的实证研究/朱宏泉（西南交通大学经济管理学院，610031）；舒兰；王鸿等//管理评论（北京），2011，23（10）：152-161

[82] 对价方式盈余管理与市场绩效/聂志萍（河海大学商学院，210098）//山西财经大学学报（太原），2011，33（10）：72-84

[83] 对央企控股上市公司实施独立董事间接薪酬制的质疑/李秋蕾（天津财经大学商学院，300222）//经济纵横（长春），2011（6）：110-113

[84] 法国国有企业高管激励的经验及其启示/刘迅（山东工商学院经济学院，264005）；李东升//管理现代化（北京），2011（2）：62-64

[85] 非财务指标融入分部经理激励契约设计的研究/王华兵（温州大学城市学院，325035）；李雷//山西财经大学学报（太原），2011，33（4）：115-124

[86] 非财务指标在业绩评价中的运用/徐薇华（上海对外贸易学院）//国际经济合作（北京），2011（7）：65-68

[87] 非法集资中的不特定对象标准探析——证券私募视角的全新解读/李有星（浙江大学光华法学院，310008）；范俊浩//浙江大学学报（人文社会科学版）（杭州），2011，41（5）：127-137

[88] 非均衡契约、劳资冲突及其治理/周建国（上海交通大学国际与公共事务学院，200030）//上海交通大学学报（哲学社会科学版）（上海），2011，19（1）：5-12

[89] 非上市中小企业资本结构的决定因素分析/郭丽虹（上海财经大学金融学院，200433）//财经论丛（杭州），2011（2）：98-104

[90] 非营利组织财务绩效评价的实证研究/颜克高（湖南大学工商管理学院，410082）；陈晓春//统计与决策（武汉），2011（3）：148-150

[91] 非营利组织信息披露与审计——基于汶川地震中16家全国性基金会的案例研究/张立民（北京交通大学经济管理学院，100044）；李晗//审计与经济研究（南京），2011，26（3）：3-10

[92] 风险投资灵活性价值探索/卢伟航（北京大学，100871）；蔚辉//北京工商大学学报（社会科学版）（北京），2011，26（2）：91-95

[93] 风险约束下基于绩效的委托资产管理报酬结构研究/邓留保（安徽财经大学统计与应用数学学院，233030）；杨桂元//统计与决策（武汉），2011（1）：71-73

[94] 负债来源、会计信息质量与企业投资/蒋瑜峰（湖北警官学院，430034）；袁建

国//经济与管理研究（北京），2011（5）：78-84

[95] 杠杆收购的投资增值机制——价值放大与价值创造/刘松（英国牛津大学工商管理学院）//科学管理研究（呼和浩特），2011，29（1）：87-91

[96] 高管变更与现金持有价值/王立新中（山大学管理学院/广晟资产经营管理有限公司，510600）；沈金洲//南方经济（广州），2011（7）：70-80

[97] 高管过度激励、所有权性质与企业国际化战略/左晶晶（上海理工大学管理学院，200093）；唐跃军//财经研究（上海），2011，37（6）：79-89

[98] 高管权力、股票期权激励与公司业绩——基于中国上市公司的实证分析/赵青华（西南交通大学经济管理学院，610031）；黄登仕//经济体制改革（成都），2011（5）：125-129

[99] 高管特点，所有制与企业行为/李茜（北京大学光华管理学院，10081））；张建君//经济与管理研究（北京），2011（6）：86-100

[100] 高管薪酬变化与并购代理动机的实证分析——基于国有与民营上市公司治理结构的比较研究/李小燕（北京化工大学经济管理学院，100081）；陶军//中国软科学（北京），2011（5）：122-128

[101] 高管薪酬行政级别与代理成本/黄福广（南开大学商学院，300071）；李广；李西文//科学学与科学技术管理（天津），2011，32（2）：171-179

[102] 高管薪酬监督力与控制权收益：限薪的后果/吴春雷（辽宁工程技术大学工商管理学院，125105）；马林梅//经济经纬（郑州），2011（4）：141-144

[103] 高管薪酬契约与商业银行综合绩效——基于我国上市银行的实证分析/孙君阳（中央财经大学经济学院，100081）；徐娜//中央财经大学学报（北京），2011（8）：29-34

[104] 高新技术企业的治理机制、高管薪酬与绩效实证——中国A股上市公司的数据检验/杨淑玲（江西财经大学信息管理学院，330032）//江西财经大学学报（南昌），2011（5）：33-38

[105] 高新技术企业多阶段风险投资价值评估研究——基于实物期权视角/李恩平（太原理工大学经济管理学院，030024）；赵红瑞；苏文//经济问题（太原），2011（5）：97-99

[106] 高质量内部控制能抑制盈余管理吗？——基于自愿性内部控制鉴证报告的经验研究/方红星（东北财经大学会计学院/中国内部控制研究中心，116025）；金玉娜//会计研究（北京），2011（8）：53-60，96

[107] 公开增发还是定向增发——基于财富转移视角的上市公司股权再融资方式选择研究/郭思永（上海立信会计学院会计与财务学院）；张鸣//经济与管理研究（北京），2011（2）：44-51

[108] 公司并购税制的理论与实践/计金标（北京第二外国语学院）；王春成//税务研究（北京），2011（5）：36-39

[109] 公司财务特征与会计信息风险——来自中国上市公司的经验证据/向锐（四川

大学工商管理学院，610064)；章成蓉//山西财经大学学报（太原），2011，33（7）：108-114

[110] 公司成长性与盈余管理/石军（西安交通大学经济与金融学院，710061）//西安交通大学学报（社会科学版）（西安），2011，31（1）：48-50，73

[111] 公司代理效率的随机前沿研究/吴宗法（同济大学经济与管理学院，201804）；张英丽//软科学（成都），2011，25（10）：117-120

[112] 公司法人治理的治标之策和治本之道/周冰（申银万国证券股份有限公司，200031）//上海经济研究（上海），2011（11）：68-73，98

[113] 公司横向并购动机：效率理论还是市场势力理论——来自汇源果汁与可口可乐的案例研究/李青原（武汉大学经济与管理学院，430072）；田晨阳；唐建新等//会计研究（北京），2011（5）：58-64，96

[114] 公司价值、自愿披露与市场化进程——基于定性信息的披露/程新生（南开大学公司治理研究中心，300071）；谭有超；许垒//金融研究（北京），2011（8）：111-127

[115] 公司控制权视角的上市公司财务报告质量影响机制研究/彭晓洁（北京交通大学/中国产业安全研究中心，100044）//广东金融学院学报（广州），2011，26（5）：121-128

[116] 公司控制权与剩余索取权计量模型的选择：基于鲁能集团的案例分析/冉明东（中南财经政法大学会计学院，430073）//当代财经（南昌），2011（12）：119-128

[117] 公司内部治理机制研究述评与启示/叶陈刚（对外经济贸易大学国际财务与会计研究中心，100029）；王海菲//审计与经济研究（南京），2011，26（1）：90-97，112

[118] 公司内部治理机制与股权融资成本——股权性质差异条件下的影响因素分析/刘冰（山东大学管理学院，250100）；方政//经济管理（北京），2011（12）：135-140

[119] 公司内部治理机制与绩效的交互效应——基于内生性视角的经验证据/周翼翔（浙江树人大学管理学院，310015）//山西财经大学学报（太原），2011，33（4）：93-105

[120] 公司内部治理结构与整体销售绩效关系研究——来自中国信息技术企业的经验证据/刘石兰（广东外语外贸大学国际工商管理学院，510006）//山西财经大学学报（太原），2011，33（11）：87-96

[121] 公司声誉、财务信息与债务违约风险估计/耿得科（浙江大学经济学院，310027）；张旭昆//经济与管理研究（北京），2011（5）：94-101

[122] 公司诉讼风险与管理层盈余预告披露方式选择——来自中国A股上市公司的经验证据/高敬忠（天津财经大学商学院，300222）；韩传模；王英允//经济与管理研究（北京），2011（2）：102-112

[123] 公司特征差异、内部治理与盈余质量/马忠（北京交通大学经济管理学院，100044）；陈登彪；张红艳//会计研究（北京），2011（3）：54-61

[124] 公司债券对代理成本影响的实证分析/袁淳（中央财经大学会计学院，100081）；刘思淼；薛蔚等//证券市场导报（深圳），2011（5）：37-40

[125] 公司治理、盈余质量与经理人代理成本/杨棉之（安徽大学商学院，230039）；卢闯//财经问题研究（大连），2011（5）：93-97

[126] 公司治理对公司社会责任的影响分析——来自中国上市公司的经验证据/肖作平（西南交通大学经济管理学院，610031）；杨娇//证券市场导报（深圳），2011（6）：34-40

[127] 公司治理改善与资源配置效率优化——来自中国上市公司的经验证据/周中胜（中国社会科学院财贸所，100836）//山西财经大学学报（太原），2011，33（2）：69-75

[128] 公司治理广义视角下的股东间代理问题分析——以"实德投资减持大元股份"为例/高煜（西北大学经济管理学院，710127）；任保平//经济经纬（郑州），2011（2）：101-106

[129] 公司治理环境、控制权和现金流权分离与现金持有量价值——基于我国上市公司的实证分析/黄蕾（江西财经大学会计学院江西，330103）//财经理论与实践（长沙），2011，32（5）：49-53

[130] 公司治理机制对企业经营效率影响的实证研究——基于台湾面板企业的经验证据/刘羽芬（南开大学商学院/公司治理研究中心，300071）；刘小元；李永壮//中央财经大学学报（北京），2011（9）：75-80

[131] 公司治理结构对债务期限结构影响的实证研究/武晓玲（西安交通大学管理学院，710049）；翟琦//山西财经大学学报（太原），2011，33（11）：97-107

[132] 公司治理经验学习与企业连续并购——基于我国上市公司并购决策的经验证据/郭冰（上海交通大学安泰经济与管理学院，200052）；吕巍；周颖/财经研究（上海），2011，37（10）：124-134

[133] 公司治理理论：异同探源、评介与比较/刘金石（西南财经大学）；王贵//经济学动态（北京），2011（5）：80-85

[134] 公司治理模式、治理水平与内部审计——来自亚太地区的调查证据/时现（南京审计学院/中国内部审计协会内部审计发展研究中心，210029）；陈骏；王睿//会计研究（北京），2011（11）：83-88

[135] 公司治理评价及其对中小股东利益的影响/杨红芬（西安交通大学经济与金融学院，710061）；罗进辉//证券市场导报（深圳），2011（5）：47-52

[136] 公司治理现金股利变化与盈余变化持续性——基于中国上市公司的分析/王克明（中山大学管理学院，510275）；王平//经济问题（太原），2011（1）：69-72，125

[137] 公司治理与并购绩效关系研究进展/杨稣（西安电子科技大学人文学院，710071）；吕光桦//经济纵横（长春），2011（4）：121-124

[138] 公司治理与风险管理：基于治理风险视角的分析/曹廷求（山东大学银行治理研究中心，250100）；钱先航//会计研究（北京），2011（7）：73-77

[139] 公司治理与公司网络投资者关系管理的及时性——对中国百强的实证研究/林琳（福州大学，350002）；潘琰//财贸研究（蚌埠），2011（5）：117-125

[140] 公司治理与会计信息披露质量关系研究/韩道琴（吉林财经大学会计学院，

130117）//经济纵横（长春），2011（9）：110–113

［141］公司治理与企业价值的实证研究/刘银国（安徽财经大学，233030）；朱龙//管理评论（北京），2011，23（2）：45–52

［142］公司治理与商业模式创新路径的选择/姚伟峰（中国社会科学院世界经济与政治研究所，100081）//商业经济与管理（杭州），2011（3）：23–27，53

［143］公司治理与现金股利分配倾向——来自中国上市公司的经验证据/林川（重庆大学经济与工商管理学院，400044）；曹国华；陈立泰//经济与管理研究（北京），2011（2）：64–71

［144］公司治理与证券投资基金持股决策关系研究——基于中国上市公司的证据/戚晓曜（深圳市宝安区贸易工业监测研究中心，518101）；黄炳艺；王泽填//山西财经大学学报（太原），2011，33（8）：101–107

［145］公司治理中的代理成本问题研究综述/党印（中国社会科学院世界经济与政治研究所，100732）//中南财经政法大学学报（武汉），2011（4）：3–9，142

［146］公司资本投资决策中管理者非理性行为及其原因研究/邵希娟（华南理工大学工商管理学院，510640）；孟慧//经济与管理研究（北京），2011（8）：82–91

［147］公益风险投资：社会企业融资的有效途径/辛传海（对外经济贸易大学公共管理学院，100029）//中央财经大学学报（北京），2011（12）：47–52

［148］公允价值计量对上市公司报告业绩的影响——基于中国国航的案例分析/鄢志娟（南京审计学院会计学院，210029）//江西财经大学学报（南昌），2011（3）：32–38

［149］供求均衡视角下的信息披露与公司治理分析/高凤莲（南京审计学院会计学院，210029）//经济纵横（长春），2011（2）：114–117

［150］股东性质多元化类型与公司业绩关系的实证研究/张荔（中国人民大学商学院，100872）；施继攀；章卫东//当代财经（南昌），2011（1）：121–128

［151］股价信息含量与资本配置效率的改善/杨继伟（中南大学商学院，410083）；刘冬荣//山西财经大学学报（太原），2011，33（2）：84–91

［152］股价信息含量与资本投资效率——基于投资现金流敏感度的视角/杨继伟（云南财经大学会计学院）//南开管理评论（天津），2011，14（5）：99–108

［153］股价与企业投资关系研究比较——基于管理层操控和投资者非理性视角/夏芳（暨南大学管理学院，510632）；谭跃；张跃龙//外国经济与管理（上海），2011，33（6）：59–65

［154］股价与中国上市公司投资——盈余管理与投资者情绪的交叉研究/谭跃（暨南大学管理学院会计系/暨南大学金融研究所，510632）；夏芳//会计研究（北京），2011（8）：30–39，95

［155］股利政策冲突、稳健会计选择与公司债务成本/郝东洋（上海交通大学安泰管理学院，200052）；张天西//经济与管理研究（北京），2011（2）：72–80

［156］股票流动性、股权分置改革与公司价值/陈辉（广东金融学院金融系，

510521)；顾乃康；万小勇//管理科学（哈尔滨），2011，24（3）：43-55

［157］股票市场融资管制与公司最优资本结构/王正位（北京师范大学经济与工商管理学院）；王思敏；朱武祥//管理世界（北京），2011（2）：40-48，187

［158］股权分置、公司治理与股利分配决策：现金股利还是股票股利？//胡国柳（海南大学经济与管理学院，570228）；李伟铭；张长海；蒋顺才//财经理论与实践（长沙），2011，32（1）：37-42

［159］股权分置改革对股权结构与公司绩效关系变迁的影响机理及实证分析/王新霞（西安交通大学经济与金融学院，710061）；刘志勇；孙婷//上海经济研究（上海），2011（2）：63-72

［160］股权激励对公司绩效影响的博弈分析/褚晓琳（北京物资学院经济学院，101149）；张立中//统计与决策（武汉），2011（9）：186-188

［161］股权激励计划对公司投资行为的影响/吕长江（复旦大学管理学院）；张海平//管理世界（北京），2011（11）：118-126，188

［162］股权激励与公司业绩——基于盈余管理视角的新研究/林大庞（仲恺农业工程学院，510225）；苏冬蔚//金融研究（北京），2011（9）：162-177

［163］股权集中、控制权配置与公司非效率投资行为——兼论大股东的监督抑或合谋？/窦炜（重庆大学经济与工商管理学院，400030）；刘星；安灵//管理科学学报（天津），2011，14（11）：81-96

［164］股权集中度、股权制衡度与公司绩效关系研究——2007~2009年中小企业板块的实证检验/陈德萍（广东外语外贸大学财经学院，510420）；陈永圣//会计研究（北京），2011（1）：38-43

［165］股权结构境外背景独立董事与公司绩效——来自沪市上市公司的证据/马连福（南开大学商学院/公司治理研究中心，300071）；高楠//山西财经大学学报（太原），2011，33（9）：74-82

［166］股权结构与财务重述研究/张俊瑞（西安交通大学管理学院，710049）；马晨//审计与经济研究（南京），2011，26（2）：63-72

［167］股权结构与投资者关系管理——基于中国上市公司的实证研究/赵颖（天津外国语学院国际商学院，300204）//山西财经大学学报（太原），2011，33（8）：92-100

［168］股权再融资、盈余管理与上市公司业绩滑坡——基于应计项目操控与真实活动操控方式下的研究/李增福（华南师师范大学经济与管理学院，510006）；郑友环；连玉君//中国管理科学（北京），2011，19（2）：49-56

［169］股权制衡、两权特征与公司价值——基于中国民营上市公司的实证研究/高楠（南开大学商学院，300071）；马连福//经济与管理研究（北京），2011（11）：24-29

［170］股权制衡的公司治理绩效模型研究/吕怀立（西安交通大学管理学院，710049）；李婉丽//经济与管理研究（北京），2011（5）：5-11

［171］股权制衡下高层管理人员薪酬影响因素研究/马德林（南京审计学院会计学院，

211815）//审计与经济研究（南京），2011，26（3）：76-83

［172］关系型融资、信息生产与担保机构决策/贺勇（中南大学商学院，410083）；何红渠；雷新途//财经论丛（杭州），2011（3）：64-70

［173］关于构建政府部门内部控制概念框架的若干思考/樊行健（西南财经大学会计学院，610074）；刘光忠//会计研究（北京），2011（10）：34-41

［174］管理层持股与中小上市企业绩效——基于中小企业板数据的实证分析/谭庆美（天津大学管理与经济学部，300072）；吴金克//山西财经大学学报（太原），2011，33（2）：92-99

［175］管理层股权激励对盈余管理的影响研究/谢振莲（河北经贸大学）；吕聪慧//财政研究（北京），2011（6）：58-61

［176］管理层激励、企业发展潜力与财务风险——基于A股上市公司的面板数据分析/高雷（南京审计学院金融学院，211815）；戴勇//中南财经政法大学学报（武汉），2011（3）：107-125

［177］管理层权力与高管薪酬粘性/高文亮（河北金融学院会计系，071051）；罗宏；程培先//经济经纬（郑州），2011（6）：82-86

［178］管理层薪酬结构的激励效果研究/周仁俊（华中科技大学管理学院，430074）；杨战兵；李勇/中国管理科学（北京），2011，19（1）：185-192

［179］管理层异质性与管理层薪酬契约效率/黄寿昌（南京大学会计与财务研究院，210093）；陈星光；李朝晖//山西财经大学学报（太原），2011，33（1）：72-79

［180］管理者过度自信与公司财务决策实证研究/肖峰雷（大连理工大学管理与经济学部，116024）；李延喜；栾庆伟//科研管理（北京），2011，32（8）：151-160

［181］惯性或反转策略会提升投资绩效吗？——以开放式基金为例的实证分析/李学峰（南开大学，300071）；文茜；张舰//财贸研究（蚌埠），2011（5）：93-108

［182］规范内部控制的思路与政策研究——基于内部控制信息披露"动机选择"视角的分析/崔志娟（山东财经大学会计学院，250014）//会计研究（北京），2011（11）：52-56，93

［183］国际税收影响跨国公司资本结构选择的理论研究/张磊（上海财经大学公共经济与管理学院，200433）//中南财经政法大学学报（武汉），2011（2）：35-41

［184］国家控制、债务融资与大股东利益侵占——基于沪深两市上市公司的经验证据/雒敏（南京大学会计系，210093）//山西财经大学学报（太原），2011，33（3）：107-115

［185］国内上市公司不相关并购绩效的分析——基于核心竞争力的视角/张根明（中南大学商学院，410083）；刘娟//经济经纬（郑州），2011（5）：81-84

［186］国企高管薪酬管制的有效性：一个理论分析/吴春雷（辽宁工程技术大学工商管理学院，125105）；马林梅//经济问题探索（昆明），2011（7）：156-160

［187］国企高管薪酬制度存在的问题及对策/高前善（上海立信会计学院，201600）//

经济纵横（长春），2011（7）：106–108

［188］国有企业外部董事激励机制对外部董事行为的影响——基于博弈论的理论模型分析/孙玥璠（北京工商大学商学院，100048）；杨有红；张真昊//北京工商大学学报（社会科学版）（北京），2011，26（4）：62–68

［189］国有企业委托代理问题研究/徐传谌（吉林大学中国国有经济研究中心，130012）；闫俊伍//经济纵横（长春），2011（1）：92–95

［190］国有商业银行操作风险资本配置的实证分析——基于新巴塞尔协议框架/刘毅（北京工商大学经济学院，100048）；郑又源//北京工商大学学报（社会科学版），2011，26（1）：96–101

［191］国有上市公司投资行为异化：投资过度抑或投资不足——基于政府干预角度的实证研究/周春梅（华侨大学旅游学院）//宏观经济研究（北京），2011（11）：57–104

［192］国有资源产业兼并重组政策的所有权安排与整合效率研究/洪联英（长沙理工大学经济与管理学院，410114）；彭媛；罗能生//产业经济研究（南京），2011（2）：18–27，94

［193］国资控股企业实施股票期权激励的探讨/饶雨平（南开大学经济学院，300071）//经济问题（太原），2011（7）：58–60

［194］过程控制导向的企业合同内部控制系统研究/马颖（上海金融学院，201209）//会计研究（北京），2011（9）：61–65，97

［195］过度投资与企业价值/蒋东生（首都经济贸易大学经济学院）//管理世界（北京），2011（1）：174–175

［196］过度自信、风险厌恶与我国上市公司经理薪酬激励/周嘉南（西南交通大学经济管理学院，610031）；张希；黄登仕//财经理论与实践（长沙），2011，32（6）：81–86

［197］行业内企业间资本结构调整的演化博弈分析/闫甜（北京物资学院商学院财务管理系，101149）；李峰//经济与管理研究（北京），2011（11）：37–43

［198］宏观经济前景与资本结构动态调整——以中国上市公司为样本的实证设计/洪艺珣（厦门大学管理学院，361005）//厦门大学学报（哲学社会科学版）（厦门），2011（3）：88–95

［199］后股权分置时代上市公司控股股东经营性关联交易实证研究/蒲艳萍（重庆大学贸易与行政管理学院，400030）；刘婧//统计与决策（武汉），2011（2）：142–144

［200］后股权分置时期大股东会减少“掏空”行为吗？/王亮（中山大学岭南学院，510275）；姚益龙//财贸研究（蚌埠），2011（1）：110–118

［201］后金融危机背景下企业经营业绩的影响因素及政策建议/周剑（湖南化工职业技术学院，412004）//统计与决策（武汉），2011（12）：182–184

［202］后金融危机时期农民创业企业治理及其政策支持机制研究/任家华（浙江工商大学财务与会计学院，310018）//中国会计评论（北京），2011（5）：11–13

［203］后危机时代我国企业集团财务公司发展战略/李越川（北京交通大学，

100044)；刘炜；黄娅丽//上海金融（上海），2011（1）：113-115

[204] 化解公司筹资困境——兼论中国《公司法》第一百二十八条/崔爱东（沈阳大学，110044）；刘戈//经济与管理研究（北京），2011（5）：113-117

[205] 会计师事务所人力资本与薪资对其经营绩效之影响/郭弘卿（台湾政治大学会计学系，11605）；郑育书；林美凤//会计研究（北京），2011（9）：80-88，97

[206] 会计稳健性、财务困境与公司风险转移/徐全华（广西大学商学院，530004）；王华；梁权熙//当代财经（南昌），2011（9）：104-116

[207] 会计稳健性与上市公司投资行为——基于资产减值角度的实证分析/杨丹（西南财经大学工商管理学院/会计学院，610074）；王宁；叶建明//会计研究（北京），2011（3）：27-33，94

[208] 会计信息质量对公司资本配置效率影响的路径——来自中国上市公司经验证据的研究/任春艳（厦门大学管理学院，361005）；赵景文//经济管理（北京），2011(7)：106-111

[209] 会计专业人士担任独立董事的效果研究/曹洋（南京大学商学院，210093）；林树//山西财经大学学报（太原），2011，33（2）：109-116

[210] 会计准则、资本市场监管规则与盈余管理之遏制：来自上市公司债务重组的经验证据/谢德仁（清华大学经济管理学院，100084）//会计研究（北京），2011（3）：19-26，94

[211] 货币政策、信息披露质量与公司债务融资/李志军（湖南大学，410079）；王善平//会计研究（北京），2011（10）：56-62，97

[212] 机构股东的积极治理效应研究——基于投资者关系管理调节效应与中介效应的检验/高丽（天津外国语大学国际商学院，300204）；胡艳//中南财经政法大学学报（武汉），2011（5）：127-133

[213] 机构投资者参与公司治理的决策——基于目标公司股权结构的视角/钱露（武汉纺织大学工商学院，430073）//中央财经大学学报（北京），2011（5）：66-70

[214] 机构投资者持股对企业非效率投资行为的治理效应/计方（重庆大学经济与工商管理学院）；刘星//财政研究（北京），2011（3）：69-72

[215] 机构投资者持股对信息披露的治理作用研究——以管理层盈余预告为例/高敬忠（天津财经大学商学院会计学系）周晓苏；王英允//南开管理评论（天津），2011，14（5）：129-140

[216] 机构投资者持股与公司现金股利政策研究/李传宪（西南政法大学管理学院，401120）；王茜璐//统计与决策（武汉），2011（24）：143-146

[217] 机构投资者对现金股利影响的实证分析/申尊焕（西安电子科技大学经济管理学院，710071）//财贸研究（蚌埠），2011（2）：113-119

[218] 基数约束下基于 CVaR 度量的投资组合优化模型/王波（北方民族大学信息与系统科学研究所，750021）；高岳林//统计与决策（武汉），2011（14）：52-55

[219] 基于 Copula 理论的投资组合风险测度/赵鹏（西安交通大学经济与金融学院，710061）//统计与决策（武汉），2011（3）：37-40

[220] 基于 CVaR 的投资风险分析/方军武（咸宁学院管理学院，437100）//统计与决策（武汉），2011（14）：145-148

[221] 基于 DEA 对我国企业预算松弛的度量/熊艳（山东经济学院，250014）//统计与决策（武汉），2011（17）：46-48

[222] 基于 DEA 方法的上市公司财务治理效率评价/郑少锋（西北农林科技大学经济管理学院，712100）；黄庆华//经济问题（太原），2011（10）：58-61

[223] 基于 EVA 视角的我国农业上市公司绩效评价分析/郑瑞强（江西农业大学经济与贸易学院，330045）//农业技术经济（北京），2011（6）：95-102

[224] 基于 GONE 理论视角的上市公司财务报告舞弊研究/饶斌（江西财经大学会计发展研究中心/会计学院，330013）//江西财经大学学报（南昌），2011（4）：34-40

[225] 基于 PDCA 循环的内部控制有效性综合评价/杨洁（东北财经大学职业技术学院，116025）//会计研究（北京），2011（4）：82-87

[226] 基于 VaR 风险约束下保险公司的最优混合投资策略/赵武（电子科技大学经济与管理学院，610054）；王定成；曾勇//统计与决策（武汉），2011（12）：57-60

[227] 基于半参数多元 Copula-GARCH 模型的开放式基金投资组合风险分析/赵喜仓（江苏大学财经学院，212013）；刘寅飞；叶五一//数理统计与管理（北京），2011，30（2）：352-362

[228] 基于并购匹配的目标企业选择研究/陶瑞（北京科技大学，100083）；张秋月//北京工商大学学报（社会科学版）（北京），2011，26（6）：52-57

[229] 基于博弈论的上市公司内部控制信息披露研究/王奇杰（盐城工学院）//财政研究（北京），2011（6）：62-65

[230] 基于不同并购类型的企业并购价值效应研究/盛明泉（安徽财经大学会计与财务发展研究中心，233030）；张春强//商业经济与管理（杭州），2011（9）：74-80

[231] 基于财务战略管理思想的企业短期偿债能力评价体系研究/王福胜（哈尔滨工业大学经济与管理学院，150001）；宋海旭//财经理论与实践（长沙），201132（1）：58-64

[232] 基于低碳经济视角的项目投资决策模式研究/李虹（天津理工大学管理学院，300384）；周莹莹//会计研究（北京），2011（4）：88-92

[233] 基于多理论视角的董事会——CEO 关系与公司绩效研究述评/周建（南开大学商学院，300071）；李小青；金媛媛等//外国经济与管理（上海），2011，33（7）：49-57

[234] 基于多因素的企业集团融资效率比较/田芬（北京工商大学，100037）//统计与决策（武汉），2011（8）：179-182

[235] 基于多元线性回归模型的上市公司过度投资行为研究/顾湘（重庆大学建设管理与房地产学院，400030）；朱丹//统计与决策（武汉），2011（14）：152-154

[236] 基于风险投资的 IPO 统一价格拍卖定价机制及抑价研究/郑君君（武汉大学经

济与管理学院，430072）；韩笑//武汉大学学报（哲学社会科学版）（武汉），2011，64（2）：108–113.

[237] 基于股权分置视角的中国上市公司 MBO 股东财富效应研究/彭元（江西财经大学 MBA 学院，330013）//当代财经（南昌），2011（7）：76–84

[238] 基于管理者过度自信假设的公司并购融资行为研究/唐蓓（山东大学管理学院，250100）//统计与决策（武汉），2011（18）：67–70

[239] 基于过度自信的企业财务决策模型构建及其启示/尹芳（怀化学院，418000）//经济问题（太原），2011（8）：50–54

[240] 基于行业环境风险识别的企业财务预警控制系统研究/张友棠（武汉理工大学管理学院，430070）；黄阳//会计研究（北京），2011（3）：41–48，95

[241] 基于会计监管的中国独立董事制度有效性实证研究/郑春美（武汉大学经济与管理学院）；李文耀//管理世界（北京），2011（3）：184–185

[242] 基于价值创造和动态基础薪酬的经营者激励机制研究/孙世敏（东北大学工商管理学院，110004）；王昂；贾建锋//中国管理科学（北京），2011，19（5）：153–159，

[243] 基于价值导向的电信运营企业财务竞争力综合评价与提升路径研究/何瑛（北京邮电大学经济管理学院，100876）//中国工业经济（北京），2011（11）：109–118

[244] 基于价值模式的商业集团企业内部控制建设——沃尔玛的经验分析/谢志华（北京工商大学，100048）；黄国成；杨克智//北京工商大学学报（社会科学版）（北京），2011，26（5）：50–56

[245] 基于可持续发展目标的企业战略预算/马建威（北京工商大学商学院，100048）；肖平//北京工商大学学报（社会科学版）（北京），2011，26（6）：104–109

[246] 基于可拓模型的高科技上市公司财务风险预警研究/乐菲菲（济南大学管理学院，250022）；杨莉；朱孔来//统计与信息论坛（西安），2011，26（9）：84–88

[247] 基于流程的战略性并购内部控制评价研究/崔永梅（北京交通大学中国企业兼并重组研究中心，100044）；余璇//会计研究（北京），2011（6）：57–62

[248] 基于内部人控制角度的我国上市银行高管高薪问题/陈珠明（中山大学管理学院，510275）；刘家鹏；李鹏程//上海金融（上海），2011（2）：37–41

[249] 基于平衡计分卡的财务与非财务指标的融合/肖凯（南京财经大学会计学院，210046）//统计与决策（武汉），2011（19）：180–183

[250] 基于情绪心理偏差的证券投资组合行为风险溢价模型/许玲艳（湖南涉外经济学院商学部，410205）//统计与决策（武汉），2011（6）：138–140

[251] 基于时变相关的混合 Copula 模型的投资组合风险分析/高杰（中南财经政法大学经济学院，430073）；付翼//统计与决策（武汉），2011（19）：57–60

[252] 基于实物期权和博弈角度的战略并购定价/赵宇（上海财经大学金融学院，200433）//统计与决策（武汉），2011（3）：51–54

[253] 基于税收利益与破产成本的企业投融资决策互动关系研究/彭程（四川外语学

院国别经济与国际商务研究中心，400031)；杨红；黄荣//中国管理科学（北京），2011，19（3)：46-54

[254] 基于文化视角的股权制衡与家族企业价值分析/赵卫斌（南京大学商学院，210093）//统计与决策（武汉），2011（23)：180-181

[255] 基于我国上市公司资本结构影响因素分析/杜利文（宁波职业技术学院工商管理系，315800）//统计与决策（武汉），2011（20)：144-146

[256] 基于现金流的财务危机预警指标体系构建研究——基于我国制造业上市公司数据/聂丽洁（西安交通大学管理学院，710049）赵艳芳；高一帆//经济问题（太原），2011（3)：108-112

[257] 基于现金流的全面预算编制研究——以WH地铁集团有限公司为例/王清刚（中南财经政法大学，430073)；王倩君；徐一士//华东经济管理（合肥），2011，25（11)：143-147

[258] 基于现金流量视角的上市公司经营业绩分析/姜英华（德州学院经济管理系，253023）//统计与决策（武汉），2011（23)：184-187

[259] 基于线性回归模型的上市公司现金股利分配政策研究/闻捷（江苏大学工商管理学院，212013）//统计与决策（武汉），2011（2)：135-137

[260] 基于盈余管理视角的独立董事有效性研究/邓小洋（上海立信会计学院会计与财务学院，201620)；李芹//财经理论与实践（长沙），2011，32（1)：65-68

[261] 基于预算目标特点的预算松弛实证分析/高严（新疆财经大学会计学院，830012）//北京工商大学学报（社会科学版）（北京），2011，26（2)：71-77

[262] 基于战略导入的EVA管理决策模式初探/许学娜（天津大学管理与经济学部，300072)；王之君//中国科技论坛（北京），2011（1)：130-134

[263] 基于知识的跨国公司治理模式研究/丛聪（北京航空航天大学经济管理学院，100191)；徐枞巍//科学学研究（北京），2011，29（2)：252-256，214

[264] 基于中国背景的内部资本市场研究：理论框架与研究建议/王化成（中国人民大学商学院，100872)；蒋艳霞；王珊珊等//会计研究（北京），2011（7)：28-37，97

[265] 基于主成分分析的上市公司治理水平体系构建/雷辉（湖南大学工商管理学院，410082)；张一雄；涂蕾等//财经理论与实践（长沙），2011，32（5)：96-100

[266] 集团财务公司对其成员单位价值的影响效应/王雪梅（首都经济贸易大学工商管理学院，100070）//证券市场导报（深圳），2011（12)：23-28

[267] 集团管理控制的设置动因及其作用机理——××能源集团改制的案例研究/李延喜（大连理工大学管理与经济学部，116023)；龙静；徐秀文等//会计研究（北京），2011（12)：25-32，96

[268] 集团上市公司整体破产重整模式研究/王春超（暨南大学经济学院，510632)；曹阳；张小立//经济纵横（长春），2011（4)：91-94

[269] 技术并购模式对我国上市公司创新绩效的影响/温成玉（北京航空航天大学经

济管理学院，100191）；刘志新//当代经济研究（长春），2011（3）：79-83

［270］绩效考核和激励制度对员工努力的影响/袁光华（首都经济贸易大学会计学院，100070）；付磊//经济与管理研究（北京），2011（2）：88-93

［271］家族企业治理结构演变研究——基于企业契约理论的博弈分析/边文霞（首都经济贸易大学劳动经济学院，100070）//北京工商大学学报（社会科学版）（北京），2011，26（6）：58-64

［272］家族企业治理结构与经营绩效的实证研究——以中国上市家族企业为例/田银华（湖南科技大学商学院，411201）；邝嫦娥；张敏//当代财经（南昌），2011（9）：79-84

［273］家族企业资本结构对经营绩效影响的实证研究——以深圳市上市家族企业为例/曾爱军（广东商学院会计学院，510320）；傅阳//中南财经政法大学学报（武汉），2011（5）：122-126，144

［274］价值导向下的企业预算风险管理/许学娜（天津大学管理学院，300072）；刘金兰//统计与决策（武汉），2011（6）：167-169

［275］兼并收购中价值创造的驱动因素研究——来自中国上市公司的证据/周小春（华南农业大学经济管理学院，510275）；陈玉罡//当代财经（南昌），2011（5）：76-83

［276］简评“公司财务概念框架”论/成小云（西北工业大学管理学院，710072）//会计研究（北京），2011（7）：24-27

［277］交叉上市的资本成本效应之实证研究/汪平（首都经济贸易大学会计学院，100070）；邹颖；袁光华//证券市场导报（深圳），2011（1）：24-30

［278］交叉上市对现金持有与现金持有价值的影响——来自我国上市公司的经验证据/张俊瑞（西安交通大学管理学院，710049）；程子健；张健光//山西财经大学学报（太原），2011，33（11）：108-115

［279］金融行业上市公司高管薪酬问题：公平与效率/杨蓉（华东师范大学商学院，200241）；杨唤词//上海金融（上海），2011（10）：102-106

［280］金融契约、控制权配置与管理者投资决策/徐细雄（重庆大学经济与工商管理学院，400030）；吕金晶//经济与管理研究（北京），2011（8）：19-26

［281］金融生态环境、股价波动同步性与上市企业融资约束/孙刚（上海财经大学会计学院，200439）//证券市场导报（深圳），2011（1）：49-55

［282］金融危机冲击下上市公司融资约束与融资决策的实证研究/闵亮（浙江财经学院会计学院，310018）//财经论丛（杭州），2011（4）：81-86

［283］金字塔股权结构与盈余管理——基于民营上市公司的实证研究/汤颖梅（南京农业大学经济管理学院，210095）；董静；王怀明//商业经济与管理（杭州），2011（12）：70-75

［284］金字塔结构、法律环境与超控制权收益——来自中国上市公司的经验证据/刘立燕（江汉大学商学院，430056）；熊胜绪//商业经济与管理（杭州），2011（8）：30-35

［285］经济后果观下的内部控制信息披露问题——基于三大上市银行2001~2008年年

报的思考/宋京津（江西财经大学会计学院，330013）//审计与经济研究（南京），2011，26（2）：56-62

[286] 经济增加值、平衡计分卡及其整合研究/王雪梅（首都经济贸易大学工商管理学院，100026）//北京工商大学学报（社会科学版）（北京），2011，26（1）：112-117

[287] 经济增加值与企业价值管理创新流程模式研究——基于国资委第22号令中E-VA考核指标的应用视角/刘圻（中南财经政法大学会计学院）//宏观经济研究（北京），2011（8）：45-50，79

[288] 经济周期、投资者心理偏差与资产定价/张荣武（广东商学院会计学院，510320）；沈庆元；聂慧丽//会计研究（北京），2011（7）：45-51

[289] 经济周期波动与上市公司现金持有行为研究/江龙（财政部驻广东省财政监察专员办事处，510630）；刘笑松//会计研究（北京），2011（9）：40-46

[290] 经理层声誉与薪酬关系研究——来自上市公司的经验证据/刘红霞（中央财经大学会计学院）；李辰颖//经济与管理研究（北京），2011（5）：12-20

[291] 经理激励、负债与企业价值/姜付秀（中国人民大学商学院，100872）；黄继承//经济研究（北京），2011（5）：46-60

[292] 经营者将要退休是否影响公司绩效——以中国A股市场为例/张燚（北京科技大学经济管理学院金融工程系）；刘澄；连玉君//经济与管理研究（北京），2011（5）：21-31

[293] 精益生产运营绩效与财务绩效之间的关系研究/周武静（华星光电技术有限公司，518132）//软科学（成都），2011，25（12）：115-117

[294] 境外上市对我国上市公司权益资本成本的影响/汪冬华（华东理工大学商学院，200237）；俞晓雯//上海经济研究（上海），2011（2）：82-91

[295] 具有行政背景的独立董事影响公司财务信息质量么？——基于国有控股上市公司的实证分析/余峰燕（南开大学经济学院金融系，300071）；郝项超//南开经济研究（天津），2011（1）：120-131

[296] 可转债、认股权证、可分债投资效应的比较/陈四清（湖南商学院会计学院，410205）//统计与决策（武汉），2011（22）：158-160

[297] 可转债融资对上市公司市场价值的长期影响及原因分析/于瑾（对外经济贸易大学国际经贸学院）；王梦然//国际金融研究（北京），2011（5）：74-80

[298] 控股股东代理成本、纳税筹划方案抉择及其市场价值：基于J有限公司的案例研究/吕伟（南京大学商学院）//南开管理评论（天津），2011，14（4）：138-148

[299] 控股股东更换是否会提高公司绩效——基于中国上市公司的经验研究/张媛春（山东大学经济学院，250100）；邹东海//山西财经大学学报（太原），2011，33（1）：88-93

[300] 控股股东股利分配行为的监管博弈/李春玲（燕山大学经济管理学院，066004）；蒋顺才//财经理论与实践（长沙），2011，32（5）：40-43

[301] 控股股东特质与亏损上市公司扭亏途径及效果——基于中国2005年亏损上市公司的经验证据/杜勇（西南大学经济管理学院，400715）//山西财经大学学报（太原），

2011，33（7）：83-91

［302］控制股东的掏空行为与公司的股权结构及公司价值——基于双层委托代理模型的分析/彭小平（北京大学光华管理学院，100871）；龚六堂//中国会计评论（北京），2011，9（3）：259-282

［303］控制权收购多元化经营与公司财富效应/韩忠雪（西安电子科技大学经济管理学院，71007）；程蕾//山西财经大学学报（太原），2011，33（10）：96-104

［304］控制权与公司绩效：中国民营上市公司ST化的合理解释/李坚飞（湖南商学院工商管理学院，410205）；欧阳文和//财经理论与实践（长沙），2011，32（4）：35-50

［305］跨国并购对中国高技术产业技术溢出效应的影响——吸收能力视角的实证分析/孟雪（上海财经大学国际工商管理学院，200433）//国际经贸探索（广州），2011，27（5）：50-59

［306］跨国并购新趋势下我国证券交易所公司化的法律思考/王小丽（安徽大学法学院，230039）//上海金融（上海），2011（11）：47-51

［307］跨国并购战略与对海外子公司内部控制/杨忠智（浙江财经学院会计学院）//管理世界（北京），2011（1）：176-177

［308］跨国并购中的企业文化融合研究/王晓红（中国土木工程集团有限公司）//国际经济合作（北京），2011（7）：69-71

［309］跨国并购中反垄断风险的规制：国际经验与中国的对策/周海燕（上海立信会计学院开放经济与贸易研究中心，210262）//亚太经济（福州），2011（1）：106-110

［310］跨国房地产公司的投资规律与核心竞争力研究——以新加坡CapitaLand为例/孟繁瑜（中国人民大学公共管理学院，100872）；庞墨涵//亚太经济（福州），2011（1）：117-120

［311］跨国公司R&D全球化对中国的影响/殷瑜（南京工程学院经济管理学院，210036）//科技与经济（南京），2011（5）：75-79

［312］跨国公司环境损害的救济途径——从厄瓜多尔原告诉雪佛龙公司污染环境案谈起/冯雅囡（中国人民大学，100872）//经济与管理研究（北京），2011（6）：120-123

［313］跨国公司价值网络运作理念特征及组合价值模式研究/周煊（对外经济贸易大学国际商学院，100081）程立茹//统计与决策（武汉），2011（10）：183-186

［314］跨国公司母公司知识和海外子公司绩效——吸收能力、信任和沟通频率的调节作用/李京勋（延边大学经济管理学院，133002）；李龙振//国际经贸探索（广州），2011，27(7)：75-80

［315］跨国公司在华并购与政府规制关系的实证研究/刘细良（浙江财经学院会计学院）//当代财经（南昌），2011（10）：91-100

［316］跨国经营的政治风险：结构、趋势与对策/张英达（南开大学国际经济贸易系）；葛顺奇//国际经济合作（北京），2011（11）：4-8

［317］跨国资产证券化的信用风险与监管对策——以贸易应收款证券化为例/刘琪林

(西安交通大学经济与金融学院) //国际经济合作 (北京), 2011 (9): 74-77

[318] 扩充《企业内部控制应用指引》控制项目的研究——基于企业集团内部资本配置活动的控制/滕晓梅 (盐城师范学院商学院, 224051) //会计研究 (北京), 2011(4): 68-74, 94

[319] 扩张投资、经济增长与投资效率——基于金融危机前后的对比研究/张学勇 (中央财经大学金融学院); 何姣//宏观经济研究 (北京), 2011 (7): 64-70

[320] 理论与实务联动, 共同推动中国内控体系贯彻实施——中国会计学会内部控制专业委员会 2010 年年会观点述要/耿云江 (东北财经大学会计学院/中国内部控制研究中心, 116025) //会计研究 (北京), 2011 (2): 91-93

[321] 利率规则、资本配置与银行风险管理研究的重点与路径选择/丁晓峰 (西南财经大学) //宏观经济研究 (北京), 2011 (11): 52-56, 98

[322] 利率互换能否成为企业借贷的工具? ——以法律分析为视角/钟政发 (清华大学法学院, 100078) //证券市场导报 (深圳), 2011 (4): 74-77

[323] 利益相关者关系与企业财务绩效的实证研究——基于中国房地产上市公司的面板数据分析/纪建悦 (中国海洋大学经济学院青岛, 266100); 李坤//管理评论 (北京), 2011, 23 (7): 143-148

[324] 利益相关者视角下的高技术上市公司绩效评价研究/乐菲菲 (济南大学管理学院, 250022); 朱孔来; 杨莉//财经理论与实践 (长沙), 2011, 32 (4): 56-61

[325] 利用资产减值进行盈余管理对股价的影响/张勇 (中国人民大学商学院, 100872) //经济纵横 (长春), 2011 (12): 110-113

[326] 两税合并对我国上市公司资本结构的影响/彭培鑫 (中国矿业大学管理学院, 221008); 朱学义//北京工商大学学报 (社会科学版) (北京), 2011, 26 (3): 118-122

[327] 零售企业有效实施绩效薪酬的前提条件研究/李业昆 (北京工商大学商学院, 100048); 张亚涛; 苏增军//北京工商大学学报 (社会科学版) (北京), 2011, 26 (4): 15-20

[328] 零售业上市公司高管团队内部薪酬差距影响因素研究/李春玲 (北京工商大学商学院, 100048); 李壮; 李隽箬//北京工商大学学报 (社会科学版) (北京), 2011, 26 (4): 21-27

[329] 垄断行业企业高管薪酬问题研究: 基于年报重述的视角/杨蓉 (华东师范大学商学院, 200241) //上海经济研究 (上海), 2011 (6): 59-72

[330] 论国有独资公司董事经营责任追究的三维机制/赵新龙 (安徽大学) //现代经济探讨 (南京), 2011 (1): 75-78

[331] 论企业价格管理中的成本控制/张颖 (河海大学商学院) //价格理论与实践 (北京), 2011 (8): 80-81

[332] 论企业交叉持股的"双刃剑效应"——基于公司治理框架的案例研究/冉明东 (中南财经政法大学会计学院, 430073) //会计研究 (北京), 2011 (5): 78-85, 96

[333] 论我国保险公司治理中监督机制的建立与完善/王玉玫（中央财经大学，100081）//中央财经大学学报（北京），2011（2）：78-81

[334] 绿色金融政策公司治理与企业环境信息披露——以502家重污染行业上市公司为例/杨熠（厦门国家会计学院，361005）；李余晓璐；沈洪涛//财贸研究（蚌埠），2011（5）：131-139

[335] 每股社会贡献值与公司价值的关系——基于上证A股公司的实证研究/潘妙丽（上海证券交易所博士后工作站，200120）//证券市场导报（深圳），2011（6）：29-33，47

[336] 每股收益与每股综合收益的信息含量分析——基于沪市2009年上市公司年报数据的检验/胡燕（北京工商大学商学院，100048）；卢宇琴//北京工商大学学报（社会科学版）（北京），2011，26（5）：68-74

[337] 美国债券市场发展对我国场内债券市场的启示/于鑫（上海证券交易所研究中心，200120）；龚仰树//上海财经大学学报（上海），2011，13（3）：82-89，96

[338] 民营软件企业被外资敌意并购的风险及应对策略/苏欣（南京审计学院，210029）；殷楠//现代经济探讨（南京），2011（12）：85-88

[339] 民营上市公司股权结构与关联交易实证分析/余涛（西安财经学院商学院，710100）//统计与信息论坛（西安），2011，26（6）：65-70

[340] 募股权与治理权价值/平新乔（北京大学经济学院）//经济学动态（北京），2011(1)：36-40

[341] 南南外资银行的兴起及其发展特征——兼论中国银行业的跨国经营/毛泽盛（南京师范大学商学院，210043）；周军容//广东金融学院学报（广州），2011，26(5)：103-112

[342] 内部控制、产权与高管薪酬业绩敏感性/卢锐（中山大学岭南学院，510275）；柳建华；许宁//会计研究（北京），2011（10）：42-48，96

[343] 内部控制、公司治理与管理者舞弊研究——来自中国上市公司的经验证据/周继军（华中科技大学管理学院，430063）；张旺峰//中国软科学（北京），2011（8）：141-154

[344] 内部控制、会计信息质量与反倾销应对/孙芳城（重庆理工大学财会研究与开发中心，400050）；梅波；杨兴龙//会计研究（北京），2011（9）：47-54，97

[345] 内部控制：融入现代企业制度引发的思考/南京大学会计与财务研究院内部控制课题组//会计研究（北京），2011（11）：47-51

[346] 内部控制报告与权益资本成本的关系研究/孙文娟（新疆财经大学，830013）//财经理论与实践（长沙），2011，32（4）：67-72

[347] 内部控制范畴定义探索/杨雄胜（南京大学会计学系，210093）//会计研究（北京），2011（8）：46-52，96

[348] 内部控制内部控制信息披露及公司治理嵌合治理框架的建构及理论诠释/张晓岚（西安交通大学经济与金融学院，710061）；沈豪杰//当代经济科学（西安），2011，33

（6）：109–115，126

[349] 内部控制披露、审计意见、投资者的风险感知和投资决策：一项实验证据/张继勋（南开大学商学院，300071）；周冉；孙鹏//会计研究（北京），2011（9）：66–73

[350] 内部控制披露：争论与思考——兼对 SOX 内部控制强制性披露的反思/张艳（湖南商学院会计学院，410205）；钟文胜//财经论丛（杭州），2011（4）：93–98

[351] 内部控制评价整合研究/杨瑞平（山西财经大学会计学院，030031）；吴秋生//会计研究（北京），2011（9）：55–60，97

[352] 内部控制缺陷的识别、认定与报告/杨有红（北京工商大学商学院，100037）；李宇立//会计研究（北京），2011（3）：76–80

[353] 内部控制缺陷对会计信息价值相关性的影响——针对中国股票市场的经验研究/田高良（西安交通大学管理学院，710049）；齐保垒；程瑶//西安交通大学学报（社会科学版）（西安），2011，31（5）：27–31

[354] 内部控制缺陷认定：现状、困境及基本框架重构/王惠芳（中南财经政法大学会计学院，430074）//会计研究（北京），2011（8）：61–67

[355] 内部控制信息披露制度的选择与优化——以公司效率为分析视角/钟玮（财政部财政科学研究所，100142）；刘洋//审计与经济研究（南京），2011，26（1）：57–63

[356] 内部控制信息披露质量的盈余质量效应研究——基于 2007~2009 年中国上市公司的经验/张晓岚（西安交通大学经济与金融学院，710061）；沈豪杰；金俊超//统计与信息论坛（西安），2011，26（9）：68–76

[357] 内部控制在公司投资中的角色：效率促进还是抑制？/李万福（中山大学管理学院）；林斌；宋璐//管理世界（北京），2011（2）：81–99，188

[358] 内部控制质量、信用模式与企业价值——基于深市 A 股上市公司的实证分析/于海云（苏州大学商学院，215021）//财经理论与实践（长沙），2011，32（3）：44–50

[359] 内部控制质量与权益资本成本关系研究述评与展望/王敏（复旦大学管理学院企业管理系，200443）；夏勇//经济与管理研究（北京），2011（5）：49–55

[360] 内部控制治理效率：基于成本收益视角的研究/林钟高（安徽工业大学会计系，243002）；曾祥飞；储姣娇//审计与经济研究（南京），2011，26（1）：81–89

[361] 内部人控制股权特征与异常派现/刘孟晖（郑州大学商学院，450001）//财贸研究（蚌埠），2011（6）：124–132

[362] 内部审计功能与公司价值/蔡春（西南财经大学会计学院）；蔡利；田秋蓉//中国会计评论（北京），2011，9（3）：283–300

[363] 内部治理、外部环境与股权激励关系的实证检验/于卫国（上海财经大学金融学院，200433）//统计与决策（武汉），2011（2）：151–153

[364] 内部资本市场：治理结构、机制与有效性/左和平（景德镇陶瓷学院，333000）；龚志文//会计研究（北京），2011（3）：62–67，95

[365] 内部资本市场的经济后果：基于集团产业战略的视角/叶康涛（中国人民大学

商学院，100872)；曾雪云//会计研究（北京），2011 (6)：63-69，96

[366] 内部资本市场特征对资金成本的影响——基于我国上市公司的实证研究/李秉成（东北财经大学产业组织与企业组织研究中心）//宏观经济研究（北京），2011 (2)：47-51

[367] 内控监管能否增进股东利益——基于《通知》发布日和深市 A 股市场的事件研究法/郑小荣（南京审计学院内部审计发展研究中心，210029）//山西财经大学学报（太原），2011，33 (2)：100-108

[368] 农村财务管理的现状与对策/刘文成（四川省达县农业局农经站，635000）//农村经济（成都），2011 (8)：123-125

[369] 农民专业合作经济组织内部治理与规制路径——以重庆市潼南县为例/陈司谨（重庆大学经济与工商管理学院，400030)；冉光和//中国会计评论（北京），2011 (10)：121-124

[370] 欧盟并购控制效率抗辩问题研究/杜志华（武汉大学国际法研究所，430072)；蔡继祥//武汉大学学报（哲学社会科学版）（武汉），2011，64 (4)：18-23

[371] 帕累托最优应成为中央企业 EVA 绩效评价的目标/朱碧新（中国科学技术大学）//宏观经济研究（北京），2011 (10)：20-26

[372] 平衡计分卡的有用性：一项实验研究/刘俊勇（中央财经大学会计学院，100081)；孟焰；卢闯//会计研究（北京），2011 (5)：36-43，95

[373] 平衡计分卡指标权重前后不一致现象研究/傅蓉（吉林大学商学院，100140）//中国会计评论（北京），2011 (9)：71-74

[374] 破产金融机构市场退出中对平等受偿权的法律修正/巫文勇（江西财经大学法学院，330013）//江西财经大学学报（南昌），2011 (1)：121-128

[375] 企业并购中的税收转移与对策/解宏（华东理工大学商学院)；花贵如；江敬文//税务研究（北京），2011 (5)：40-43

[376] 企业财务规划研究视角的变迁/吴中春（南京审计学院管理学院，211815）//审计与经济研究（南京），2011，26 (5)：71-76

[377] 企业财务危机预测的贝叶斯模型研究/蒙肖莲（南京理工大学经济管理学院，210094)；杜宽旗；杨毓//数理统计与管理（北京），2011，30 (6)：1039-1050

[378] 企业财务预警模型：理论回顾及其评论/李帆（中国科学院研究生院，100190)；杜志涛；李玲娟//管理评论（北京），2011，23 (9)：144-151

[379] 企业财务状况对环境信息披露影响的实证/林晓华（中南民族大学工商学院，430065)；唐久芳//统计与决策（武汉），2011 (4)：147-150

[380] 企业财务状况质量三维综合评价体系的构建与检验——来自我国 A 股制造业上市公司的经验证据/钱爱民（对外经济贸易大学国际财务与会计研究中心，100029)；张新民//中国工业经济（北京），2011 (3)：88-98

[381] 企业产权管理者背景特征与投资效率/李焰（中国人民大学商学院财务与金融

系）；秦义虎；张肖飞//管理世界（北京），2011（1）：135-144

［382］企业创新治理模式选择：基于进入权、专用性投资和知识的影响分析/吴爱华（鲁东大学商学院，264025）；葛文雷//研究与发展管理（上海），2011，23（4）：42-49

［383］企业非负债税盾与资本结构选择——基于中国上市公司的实证分析/武羿（中央财经大学会计学院，100081）//中央财经大学学报（北京），2011（8）：91-96

［384］企业风险管理发展历程及其研究趋势的新认识/曹元坤（江西财经大学江西经济发展研究院，330013）；王光俊//当代财经（南昌），2011（1）：85-92

［385］企业共生财务战略及其实现路径/徐光华（南京理工大学经济管理学院，210094）；沈弋//会计研究（北京），2011（2）：52-58，96

［386］企业关联、信息透明度与股价特征/李增泉（上海财经大学会计与财务研究院/会计学院，200433）；叶青；贺卉//会计研究（北京），2011（1）：44-51，95

［387］企业管理者接受外部董事职务模型研究/党文娟（四川外语学院国际商学院，400040）//科技与经济（南京），2011，24（1）：107-110

［388］企业环境信息披露影响因素分析/程隆云（北京工商大学商学院，100048）；李志敏；马丽//经济与管理研究（北京），2011（11）：83-90

［389］企业集团财务公司内部控制制度建设：存在问题与改进建议/严李浩（上海财经大学，200433）//上海金融（上海），2011（11）：104-107

［390］企业集团财务资源配置、集中程度与经营绩效——基于现金在上市公司及其整体子公司间分布的研究/张会丽（北京大学光华管理学院）；吴有红//管理世界（北京），2011(2)：100-108

［391］企业集团公司治理法律规范体系建设研究/王珊珊（武汉理工大学，430070）//经济问题探索（昆明），2011（8）：149-152

［392］企业集团开展风险投资的组织模式研究/杨晔（上海财经大学财经研究所，200433）//上海金融（上海），2011（3）：34-39

［393］企业集团内部资本市场效率的测度模型/韩俊华（安徽财经大学商学院，233041）//统计与决策（武汉），2011（10）：174-176

［394］企业集团预算激励模型及机制设计分析：基于成本控制视角/罗彪（中国科学技术大学管理学院，230026）；余杰杰//软科学（成都），2011，25（6）：76-79，91

［395］企业绩效测评标准选择——困惑、对策与启示/吴正杰（安徽财经大学会计学院，233030）；宋献中//会计研究（北京），2011（4）：75-81，94

［396］企业价值创造能力的影响因素分析——基于创业板上市公司的相关数据/陈永丽（重庆工商大学会计学院，400067）；龚枢；张洁//软科学（成都），2011，25（12）：118-121

［397］企业经营者综合绩效评价模式及测算方法/任乐（河南大学工商管理学院，475004）//统计与决策（武汉），2011（20）：177-179

［398］企业可持续成长的动因解密/吴中超（西南财经大学工商管理学院，610074）//

财经科学（成都），2011（8）：61–69

[399] 企业内部监督模式研究——基于风险导向和成本效益原则/樊行健（西南财经大学会计学院，611130）；宋仕杰//会计研究（北京），2011（3）：49–53，95

[400] 企业内部控制的人本解读与框架重构/王海兵（重庆理工大学财会研究与开发中心，400050）；伍中信；李文君等//会计研究（北京），2011（7）：59–65

[401] 企业内部控制信息披露与债务契约——来自于中国房地产上市公司的经验证据/夏芸（暨南大学国际商学院，519070）；徐欣//经济管理（北京），2011（3）：114–122

[402] 企业内部治理、外部优势与企业出口竞争力——基于异质性理论的微观数据考察/赵永亮（暨南大学经济学院，510632）；朱英杰；王方方//产业经济研究（南京），2011（6）：46–52，94

[403] 企业内层级收入差距和企业绩效的关系—— 一个整体演进分析的框架/刘长庚（湘潭大学商学院）；韩雷//中国人民大学学报（北京），2011（1）：37–44

[404] 企业内控：借鉴、探索与推进——深圳市会计学会“实施企业内部控制规范学术沙龙”综述/王继中（深圳市会计学会，518106）李爱花//会计研究（北京），2011（2）：94–95

[405] 企业破产审计的回顾与评价/尚洪涛（北京工业大学经济与管理学院，100124）//会计研究（北京），2011（8）：84–87

[406] 企业破产重组收益的性质及确认/栾甫贵（首都经济贸易大学会计学院，100070）；张建军//审计与经济研究（南京），2011，26（6）：59–63

[407] 企业融资中的银行角色与最优融资契约/张弢（南开大学公司治理研究中心，300071）//中南财经政法大学学报（武汉），2011（2）：101–106，144

[408] 企业社会责任报告与会计信息质量——基于深市上市公司的实证研究/高利芳（安徽财经大学会计学院，233030）；曲晓辉；张多蕾//财经论丛（杭州），2011（3）：99–105

[409] 企业社会责任信息披露的市场反应——基于我国上市公司发布社会责任报告的时间研究/江炎骏（中山大学管理学院，510275）；徐勇；刘得格等//经济与管理研究（北京），2011（8）：123–128

[410] 企业社会责任与企业财务绩效关联性分析——基于浙江纺织企业的调查数据/李建升（淮阴工学院经济管理学院，223001）；李巍//财贸研究（蚌埠），2011（2）：136–143

[411] 企业生命周期、公司治理与公司资本配置效率/李云鹤（华东师范大学金融与统计学院）；李湛；唐松莲//南开管理评论（天津），2011，14（3）：110–121

[412] 企业投融资决策内生机制的实证研究：税收利益与破产成本的视角/彭程（四川外语学院国际商学院，400031）；刘怡；熊榆//经济经纬（郑州），2011（3）：97–102

[413] 企业网络组织治理机制与绩效：基于协同视角的研究/韩炜（天津财经大学商学院，300222）//软科学（成都），2011，25（6）：97–102

[414] 企业预算管理的功能：决策，抑或控制？/佟成生（上海国家会计学院，

201702)；潘飞；吴俊//会计研究（北京），2011（5）：44-49

[415] 企业中人力资本产权实现方式与情景因素的匹配分析/孙永生（四川大学工商管理学院，610064）；陈维政//当代财经（南昌），2011（6）：62-68

[416] 企业专用性人力资本与企业资本结构——基于我国上市公司的实证研究/胡浩志（中南财经政法大学学报编辑部，430073）//北京工商大学学报（社会科学版）（北京），2011，26（2）：56-64

[417] 人力资本、创新战略与企业绩效关系研究——基于中国上市公司的经验证据/高素英（南京大学商学院，210093）；赵曙明；田立法//山西财经大学学报（太原），2011，33（8）：76-83

[418] 日本企业管理模式及其进化路径/张玉来（南开大学日本研究院，300071）//现代日本经济（长春），2011（2）：38-48

[419] 日常消费类上市公司外部治理与公司绩效实证研究/檀文（南京农业大学经济管理学院，210095）；王海涛；王凯//现代经济探讨（南京），2011（11）：33-36

[420] 融资规模结构对上市公司绩效影响分析/李扬（东北财经大学金融学院应用金融研究中心）//管理世界（北京），2011（4）：175-177

[421] 融资来源对公司 R&D 投资影响的实证分析——基于中国上市高新技术企业的经验数据/刘振（郑州航空工业管理学院会计学院，450015）//中国科技论坛（北京），2011(3)：54-59，72

[422] 融资约束、代理冲突与农业上市公司投资效率研究/赵连静（中国农业大学经济管理学院，100083）；何忠伟//农业技术经济（北京），2011（4）：85-92

[423] 融资约束、企业集团内部资金支持与 R&D 投入——来自民营高科技上市公司的经验证据/贺勇（中南大学商学院，410083）；刘冬荣//科学学研究（北京），2011，29（11）：1695-1695

[424] 融资约束再融资能力与现金分红/郭牧炫（南开大学经济学院，300071）；魏诗博//当代财经（南昌），2011（8）：119-128

[425] 商业银行董事会结构的内生决定因素——基于中国 51 家商业银行数据的实证研究/朱博文（山东大学银行治理研究中心，250100）；潘旭//金融论坛（北京），2011（11）：3-9

[426] 商业银行公司治理：进展及改革着力点/敬文举（中南林业科技大学商学院，410004）；刘凯旋//财经理论与实践（长沙），2011，32（6）：35-38

[427] 商业银行股权结构与经营绩效的关系——基于上市银行的实证分析/刘艳妮（中央财经大学金融学院，100140）；张航；邝凯//金融论坛（北京），2011（7）：37-43

[428] 商业银行绩效影响因素：产业结构治理结构与宏观经济环境/方长丰（东北财经大学，116025）；刘淑莲//金融论坛（北京），2011（6）：9-17

[429] 商业银行预算管理：现状与展望/肖文东（中国农业银行博士后科研工作站，100005）；陈盛光//北京工商大学学报（社会科学版）（北京），2011，26（6）：84-89

[430] 商业银行运营效率与董事会治理/石凯（东北师范大学经济学院，130024）；刘力臻//中国会计评论（北京），2011（7）：10–15

[431] 上海科技型中小企业融资困境及对策研究/高松（华东理工大学商学院，200237）；庄晖；陈子健//上海经济研究（上海），2011（3）：83–91

[432] 上市公司 CEO 变更继任选择与公司业绩/叶玲（南京大学会计与财务研究院，210093）；李心合//当代财经（南昌），2011（12）：110–118

[433] 上市公司并购融资方式选择与并购绩效"功能锁定"视角/翟进步（清华大学经济管理学院，100084）；王玉涛；李丹//中国工业经济（北京），2011（12）：100–110

[434] 上市公司并购重组定价问题研究/程凤朝（湖南大学工商管理学院，410082）；刘家鹏//会计研究（北京），2011（11）：40–46，93

[435] 上市公司财务预测信息的真实性与虚假陈述研究/蒋尧明（江西财经大学，330013）//当代财经（南昌），2011（11）：119–129

[436] 上市公司丑闻的溢出效应/俞欣（南京大学商学院，210093）；郑颖；张鹏//山西财经大学学报（太原），2011，33（3）：80–87

[437] 上市公司大股东掠夺及预防机制实证研究/刘茂平（广东技术师范学院会计学院）//财政研究（北京），2011（4）：62–65

[438] 上市公司负债融资与投资决策的关系研究/吴海兵（湘南学院经济与管理系，423000）//统计与决策（武汉），2011（9）：140–142

[439] 上市公司股权激励与会计政策选择：基于资产减值会计的分析/张海平（复旦大学管理学院，200433）；吕长江//财经研究（上海），2011，37（7）：60–70

[440] 上市公司股权激励制度与管理层利益输送探析/刘旭妍（江西财经大学会计学院，330013）；余新培//江西财经大学学报（南昌），2011（5）：28–32

[441] 上市公司股权结构与经营绩效的实证研究/顾湘（重庆大学建设管理与房地产学院，400030）；朱丹//统计与决策（武汉），2011（19）：160–162

[442] 上市公司股权结构与现金股利分配政策关系探析/涂必玉（浙江工商大学财会学院，310018）//经济纵横（长春），2011（2）：92–94

[443] 上市公司股权结构与真实活动盈余管理/姜英兵（东北财经大学会计学院，116025）；王清莹//财经问题研究（大连），2011（5）：73–80

[444] 上市公司利益相关者财务治理的实证/刘谷金（湖南科技大学商学院，411201）//统计与决策（武汉），2011（2）：145–147

[445] 上市公司内部控制缺陷的披露：基于治理特征的研究/刘亚莉（北京科技大学经济管理学院，100083）；马晓燕；胡志颖//审计与经济研究（南京），2011，26（3）：35–43

[446] 上市公司内部控制信息披露的影响因素研究/陈宏明（长沙理工大学，410000）；史亚男//统计与决策（武汉），2011（8）：148–151

[447] 上市公司内部控制信息披露影响因素的实证研究/贾宗武（西安财经学院商学院，710100）；夏勇//统计与信息论坛（西安），2011，26（1）：44–50

[448] 上市公司内控信息披露质量及影响因素——基于公司治理视角的经验证据/何建国（重庆理工大学财会研究与开发中心，400050）；张欣；周曙光//山西财经大学学报（太原），2011，33（3）：98-106

[449] 上市公司人力资本对企业净利润贡献率的实证研究/章道云（西华大学）；邓学芬；黄坤//宏观经济研究（北京），2011（7）：71-76

[450] 上市公司违规动因研究——基于管理层权力理论视角/陈震（中南财经政法大学会计学院，430073）；李艳辉//中南财经政法大学学报（武汉），2011（2）：135-140

[451] 上市公司现金持有水平对投资行为影响研究/孟双武（中南大学商学院，410078）//财经理论与实践（长沙），2011，32（2）：51-56

[452] 上市公司应该实施独立监事制度吗？——来自中国证券市场的证据/王世权（东北大学工商管理学院，110004）；宋海英//会计研究（北京），2011（10）：69-76，97

[453] 上市公司债权治理对公司绩效影响的实证研究/杨棉之（安徽大学商学院，230039）；张中瑞//经济问题（太原），2011（3）：57-60

[454] 上市公司治理风险的影响因素研究/孙慧杰（中国社会科学院金融研究所，100097）；杨静//经济纵横（长春），2011（10）：113-116

[455] 上市公司中期票据融资的影响因素研究/廖士光（上海证券交易所研究中心，200120）//证券市场导报（深圳），2011（3）：57-63

[456] 上市公司终极所有权结构与股权激励绩效探究——基于中国上市公司平衡面板数据的经验证据/刘存续（四川教育学院，610051）；何凡//经济与管理研究（北京），2011（5）：32-38

[457] 上市公司自愿性信息披露对股票流动性影响的实证研究/喻凯（中南大学商学院，410083）；龙雪晴//财经理论与实践（长沙），2011，32（6）：71-75

[458] 上市商业银行高管薪酬与银行绩效的实证分析/陈峰（复旦大学经济学院金融研究院，200433）//统计与决策（武汉），2011（11）：138-140

[459] 上市商业银行资本结构与现实竞争力关系的实证研究/刘宛晨（湖南大学经济与贸易学院，410079）；何妍//财经理论与实践（长沙），2011，32（6）：26-29

[460] 上市银行CEO薪酬与董事薪酬的影响因素/张卫国（重庆大学经济与工商管理学院，400030）；梁小翠；陆静//金融论坛（北京），2011（7）：49-57

[461] 上市银行高薪激励意愿与高管薪酬决定的实证分析/陈银博（北京大学光华管理学院，100871）//统计与决策（武汉），2011（7）：142-144

[462] 上市银行内部治理结构对X-效率影响的实证研究/鲍旭红（安徽工程大学管理工程学院，241000）；龚本刚//统计与决策（武汉），2011（11）：143-145

[463] 上市银行企业财务绩效与社会责任关系研究/彭剑君（中国社科院财贸所，100021）；朱庆须；蒋伊丹//统计与决策（武汉），2011（20）：182-184

[464] 社保基金持股对上市公司盈余管理的治理效应/刘永泽（东北财经大学会计学院）；唐大鹏；丛中岳//财政研究（北京），2011（11）：65-68

[465] 社保基金持股后上市公司的股权筹资偏好于盈余管理/唐大鹏（东北财经大学研究生院，116023）//经济与管理研究（北京），2011（8）：34-38

[466] 社会责任投资与公司价值相关性理论探索/孙硕（中国人民大学财政金融学院，100033）；张新杨//证券市场导报（深圳），2011（11）：34-39

[467] 社会资本在中小企业融资中的效应分析/张婷（西北工业大学西部经济研究中心，710072）//统计与决策（武汉），2011（6）：186-188

[468] 审计意见审计质量与债务期限结构——基于我国上市公司的经验证据/雒敏（南京大学会计系，210093）；麦海燕//经济管理（北京），2011（7）：121-130

[469] 声誉、独立性与董事会的效率/刘建颖（中南财经政法大学新华金融保险学院，430074）//统计与决策（武汉），2011（22）：184-186

[470] 实际控制人属性、治理环境与控制权私人收益/万立全（河南财经政法大学会计学院，450002）//经济经纬（郑州），2011（2）：70-75

[471] 实际控制人性质与声誉机制的有效性——基于公司信息披露的经验证据/雷宇（广东商学院会计学院，510320）//财经论丛（杭州），2011（3）：93-98

[472] 实验研究下的行为财务会计综述/周玮（西南科技大学经济管理学院，621010）；卢兴杰；杨丹//会计研究（北京），2011（5）：30-35

[473] 市场化程度、审计师选择与借款融资——来自中国民营上市公司的经验证据/胡苏（南京大学会计与财务研究院，210093）//财经理论与实践（长沙），2011，32（6）：92-96

[474] 市场化程度企业特征与募集资金投向变更/李小荣（中国人民大学商学院，100872）；傅代国//山西财经大学学报（太原），2011，33（10）：114-124

[475] 市场化进程与资本结构动态调整/姜付秀（中国人民大学商学院财务与金融系）；黄继承//管理世界（北京），2011（3）：124-134，167

[476] 市场化进程终极股东控制与公司资本投资价值/杨兴全（石河子大学经济与管理学院，832000）；曾义；吴昊旻//商业经济与管理（杭州），2011（3）：34-43

[477] 市场流动性与资产定价理论评述/史永东（东北财经大学应用金融研究中心）；袁绍锋//经济学动态（北京），2011（5）：129-134

[478] 市盈率能否成为投资决策分析的有效指标——来自中国A股的经验数据/陈共荣（湖南大学工商管理学院，410082）；刘冉//会计研究（北京），2011（9）：9-16，96

[479] 市账率：权衡还是择时/周业安（中国人民大学经济学院）；周洪荣；孙瑞//管理世界（北京），2011（4）：15-25

[480] 试论上市公司信息披露差异化/徐聪（美国威斯康星大学法学院）//证券市场导报（深圳），2011（7）：7-13

[481] 首次公开发行、盈余管理与发审委审核/冉茂盛（重庆大学经济与工商管理学院，400044）；黄敬昌//证券市场导报（深圳），2011（3）：29-48.

[482] 谁能免予薪酬惩罚？——基于ST公司的研究/刘运国（中山大学管理学院/中山

大学现代会计与财务研究中心，510275）；蒋涛；胡玉明//会计研究（北京），2011（12）：46-51，97

[483] 私募股权基金组织形式的比较及中国选择/庞跃华（湖南大学金融与统计学院，410079）；曾令华//财经理论与实践（长沙），2011，32（2）：36-40

[484] 私募基金的管理规模与最优激励契约/肖欣荣（对外经济贸易大学金融学院投资系，100029）；田存志//经济研究（北京），2011（3）：119-130

[485] 私营中小企业主性别与融资约束的实证研究/阎竣（首都经济贸易大学会计学院，100070）//商业经济与管理（杭州），2011（5）：50-57

[486] 送转行为、年报绩效信息与融资约束/周宝源（南开大学商学院，300071）//当代财经（南昌），2011（10）：108-115

[487] 所得税、自由现金流与过度投资——来自中国2008年A股上市公司的经验证据/戴德明（中国人民大学商学院，100872）；王小鹏//财贸研究（蚌埠），2011（1）：119-126

[488] 所有权性质、融资约束与企业投资——基于投资现金流敏感性的经验证据/吴宗法（同济大学经济与管理学院，201804）；张英丽//经济与管理研究（北京），2011（5）：72-77

[489] 台湾企业并购市场发展现状及趋势分析/谢志忠（福建农林大学经济与管理学院，350002）；黄晓颖//亚太经济（福州），2011（5）：136-141

[490] 投资效率是被“债务融资”束缚了手脚吗？/张跃龙（暨南大学管理学院会计系，510632）；谭跃；夏芳//经济与管理研究（北京），2011（2）：46-55

[491] 投资者参与、企业内在价值与IPO抑价——基于中国A股市场的经验证据/潘俊（南京大学会计与财务研究院，210093）；赵一春//山西财经大学学报（太原），2011（12）：79-87

[492] 投资者情绪、管理者乐观主义与企业投资行为/花贵如（华东理工大学商学院，200237）；刘志远；许骞//金融研究（北京），2011（9）：178-191

[493] 外部监督股权激励与股权代理成本/王昌锐（中南财经政法大学会计学院，430073）；倪娟//经济问题（太原），2011（9）：66-70

[494] 外部监督与盈余管理——针对媒体关注机构投资者与分析师的考察/于忠泊（西安交通大学管理学院，710049）；叶琼燕；田高良//山西财经大学学报（太原），2011，33(9)：90-99

[495] 外部治理机制与企业过度投资——来自中国A股的经验证据/简建辉（华北电力大学工商学院）；黄毅勤//经济与管理研究（北京），2011（5）：63-71

[496] 外资并购的价值转移效应测算/尹豪（云南财经大学国际工商学院，650221）；余泳；朱晓丽//经济问题探索（昆明），2011（1）：135-139

[497] 外资并购对我国产业安全的影响及对策/吴婧（扬州大学商学院，225000）；张嘉慧//经济纵横（长春），2011（12）：51-53，75

[498] 外资并购境内企业与国家安全审查制度/黄勇（对外经济贸易大学竞争法中

心)；赵栋//国际经济合作（北京），2011（8）：78–81

[499] 外资并购下我国产业安全法律保障体系的构建/胡峰（浙江工商大学 WTO 与中国法制研究中心，310018//亚太经济（福州），2011（2）：113–117

[500] 外资并购与中国企业全要素生产率的实证分析/李娟（对外经济贸易大学国际经济贸易学院，100029）//山西财经大学学报（太原），2011，33（6）：56–63

[501] 外资参股与上市公司价值——基于非平稳面板数据的实证分析/苏国强（广东商学院，510320）//中央财经大学学报（北京），2011（9）：41–57

[502] 外资持股信息环境与现金持有价值/孙刚（上海财经大学会计学院，200439）//上海金融（上海），2011（2）：29–36

[503] 外资股权对中国商业银行绩效的影响/刘远亮（华夏银行博士后工作站，100005）；葛鹤军//金融论坛（北京），2011（12）：46–50

[504] 完善我国上市公司信息披露制度的建议/孙少岩（吉林大学中国国有经济研究中心，130012）；于洋//经济纵横（长春），2011（10）：103–105

[505] 网络位置、独立董事治理与投资效率/陈运森（中央财经大学会计学院）；谢德仁//管理世界（北京），2011（7）：113–127

[506] 危机后新兴跨国公司的投资战略与发展趋势/李珮璘（上海社会科学院世界经济研究所，200125）//国际经贸探索（广州），2011，27（7）：68–74

[507] 为什么上市公司选择股权激励计划？/吕长江（复旦大学管理学院，200433）；严明珠；郑慧莲等//会计研究（北京），2011（1）：68–75，96

[508] 我国房地产上市公司融资约束比较研究——基于股权结构的实证分析/唐小飞（西南财经大学工商管理学院）；康毅；郭达等//宏观经济研究（北京），2011（5）：70–74

[509] 我国高新技术企业科技创新人才薪酬激励的困境与对策/张娴初（河海大学商学院，210013）；王大成//当代财经（南昌），2011（7）：85–91

[510] 我国国有企业过度投资——基于生产要素投入视角的理论解释/黎精明（武汉科技大学管理学院，430081）；唐霞//财经理论与实践（长沙），2011，32（4）：46–50

[511] 我国互联网企业并购的动因、效应及策略研究/阮飞（中国科学院研究生院，100049）；李明；董纪昌等//经济问题探索（昆明），2011（7）：69–72

[512] 我国跨国并购所得税制度的缺陷与完善/刘淼（北京邮电大学法律系）//税务研究（北京），2011（5）：43–45

[513] 我国农业上市公司董事会治理绩效实证研究/李明星（江苏大学工商管理学院，212013）；曹利莎；丁江涛等//农村经济（成都），2011（1）：40–43

[514] 我国农业上市企业公司治理绩效的实证/许忠（江苏大学工商管理学院，212013）；李明星；张同建//统计与决策（武汉），2011（8）：183–185

[515] 我国破产会计研究的回顾与评价/栾甫贵（首都经济贸易大学会计学院，100070）//会计研究（北京），2011（4）：28–34，93

[516] 我国企业并购后整合的难点与对策/崔永梅（北京交通大学中国企业兼并重组

研究中心，100044)；陆桂芬；张文彬//统计与决策（武汉），2011（21）：160-162

[517] 我国企业高管股权激励与研发投资——基于内生性视角的研究/唐清泉（中山大学管理学院）；夏芸；徐欣//中国会计评论（北京），2011，9（1）：21-42

[518] 我国企业内部控制规范实施中存在的问题与对策/刘丽梅（长春工业大学人文信息学院，130122）//经济纵横（长春），2011（11）：122-124

[519] 我国企业实施 ERP 对效率影响的实证研究/徐文娟（西安交通大学管理学院，710049）；欧佩玉//科学学与科学技术管理（天津），2011，32（10）：134-141

[520] 我国上市公司并购财富效应的行业特征研究与实证分析/王书斌（暨南大学金融系，510632）；王雅俊//财贸研究（蚌埠），2011（2）：120-129

[521] 我国上市公司独立董事监督机制有效性研究/韩钢（西安理工大学管理学院，710045）；李随成//财经理论与实践（长沙），2011，32（5）：71-75

[522] 我国上市公司独立董事制度的重构与创新//证券市场导报（深圳），2011（4）：1

[523] 我国上市公司高管人员过度自信与股利分配决策的理论和实证研究/陈其安（重庆大学经济与工商管理学院）；肖映红//管理学报（武汉），2011，8（9）：1398-1404

[524] 我国上市公司股权分置改革对控股股东融资行为的影响研究/于久洪（中国农业大学经济管理学院，100083）；陈宝峰//统计与决策（武汉），2011（12）：134-137

[525] 我国上市公司股权激励对公司业绩的影响——基于 2006~2008 年度的面板数据/盛明泉（南开大学商学院，300192）；蒋伟//经济管理（北京），2011（9）：100-106

[526] 我国上市公司股权结构与债务期限结构关系分析/程书强（西安交通大学经济与金融学院，710061）；许存兴//西安交通大学学报（社会科学版）（西安），2011，31（4）：31-36

[527] 我国上市公司社会责任信息披露的管理模式研究/蔡刚（西北民族大学管理学院，730030）；钟朝宏//现代经济探讨（南京），2011（9）：55-59

[528] 我国上市公司现金持有影响因素的动态调整分析/聂丽洁（西安交通大学管理学院，710049）；胡芙蓉//西安交通大学学报（社会科学版）（西安），2011，31(2)：54-56

[529] 我国上市公司信息披露违规的影响因素研究——基于 2006~2009 年数据的实证分析/曾月明（东华大学旭日工商管理学院，20005）；崔燕来；陈云//经济问题（太原），2011（1）：116-120

[530] 我国上市公司信用风险预警研究/张新红（华侨大学数量经济研究院）；王瑞晓//宏观经济研究（北京），2011（1）：50-54

[531] 我国上市公司银行贷款与投资行为的关系研究——基于终极控制人性质调节效应的分析/李胜楠（天津大学管理学院）//管理学报（武汉），2011，8（3）：464-470

[532] 我国上市公司债权人治理效率——基于内部视角的联立方程研究/王贞洁（中国海洋大学，266071）//中国经济问题（厦门），2011（2）：76-85

[533] 我国上市公司治理信息披露有效性分析/胡静波（东北师范大学商学院）；李洪英//经济学动态（北京），2011（8）：43-46

[534] 我国上市公司资本结构影响因素的实证分析/李志军（上海财经大学金融学院，200433）//统计与决策（武汉），2011（15）：150–152

[535] 我国上市公司资本投向分布与结构效率研究——追溯产权控制路径的实证考察/郝颖（重庆大学经济与工商管理学院，400030）；李静明//经济与管理研究（北京），2011（8）：73–81

[536] 我国石油企业跨国并购财务风险分析/庞明（西安石油大学经济管理学院，710065）//经济问题（太原），2011（8）：63–68

[537] 我国政策性银行资本管理分析/陈颖（中央财经大学金融学院，100081）；籍晨//中央财经大学学报（北京），2011（10）：23–29

[538] 我国中小企业融资难的成因与化解/邓安球（中南林业科技大学商学院，410004）；张全恩//管理现代化（北京），2011（2）：21–23

[539] 我国中小型建筑企业成本柔性管理研究/赵玉霞（河南城建学院）//价格理论与实践（北京），2011（1）：76–77

[540] 西方股利政策理论的演进与评述/胡元木（山东财经大学会计学院，250014）；赵新建//会计研究（北京），2011（10）：82–87

[541] 现代企业内部控制的新制度经济学探讨/古淑萍（云南财经大学会计学院，650000）//经济问题探索（昆明），2011（6）：81–84

[542] 现金持有、融资约束与企业价值——基于门槛回归模型的实证检验/万小勇（中山大学管理学院，510275）；顾乃康//商业经济与管理（杭州），2011（2）：71–77，97

[543] 现金持有的行业特征：差异性与收敛性/连玉君（中山大学岭南学院，510275）；刘醒云；苏治//会计研究（北京），2011（7）：66–72，97

[544] 现金价值与公司资本结构/乔发栋（西安交通大学经济与金融学院，710061）；刘博研；韩立岩//统计与信息论坛（西安），2011，26（11）：71–79

[545] 现金流操控对盈余质量的影响——基于盈余持续性的视角/张俊瑞（西安交通大学管理学院，710049）；曾振；王鹏//西安交通大学学报（社会科学版）（西安），2011，31(1)：40–43

[546] 项目现金流变动下内部收益率敏感性排序研究/李言规（中南林业科技大学商学院，410004）//财经理论与实践（长沙），2011，32（5）：76–78

[547] 小企业融资的国际经验比较研究/李瑞（北京交通大学中国产业安全研究中心，100081）//中央财经大学学报（北京），2011（5）：71–74

[548] 新建还是并购：中国企业成长方式及影响因素研究/王斌（北京工商大学商学院财务系）；刘文娟；蔡安辉//中国会计评论（北京），2011，9（1）：73–96.

[549] 新兴经济体跨国公司理论研究进展及演进趋势分析/李珮璘（上海社会科学院世界经济研究所，200020）//商业经济与管理（杭州），2011（10）：68–74，97

[550] 薪酬管制降低了经理人的激励效率吗？——基于迎合效应的薪酬结构模型分析/陈菊花（东南大学经济管理学院，211189）；隋姗姗；王建将//南方经济（广州），2011

（10）：38–46，80

［551］薪酬管制薪酬委员会与公司绩效/高文亮（河北金融学院会计系，071051）；罗宏//山西财经大学学报（太原），2011，33（8）：84–91

［552］薪酬激励嵌入审计对内部资本市场效率的影响/张昉（东南大学经济管理学院，211189）；陈良华；张越//管理科学学报（天津），2011，14（8）：45–53，96

［553］信任视角下的零售业高管激励研究/邓靖松（中山大学管理学院，510275）；刘小平//北京工商大学学报（社会科学版）（北京），2011，26（4）：1–6

［554］信任水平、组织结构与企业内部控制制度设计研究/徐虹（安徽工业大学会计系，243002）；林钟高//会计研究（北京），2011（10）：49–55，96

［555］信息不对称与并购支付方式的理论分析/谷留锋（南开大学国际经济研究所，300071）//经济问题探索（昆明），2011（4）：69–73

［556］信息不对称与上市公司债务期限结构/胡元木（山东经济学院会计学院）//管理世界（北京），2011（2）：178–179

［557］信息共享、银企关系与融资成本——基于中国上市公司贷款数据的经验研究/周继先（四川九鼎投资咨询有限公司）//宏观经济研究（北京），2011（11）：83–93

［558］信息集成环境下集团财务战略执行系统研究——基于价值链视角/卢燕（广东金融学院会计系，510521）//财经论丛（杭州），2011（5）：92–99

［559］信息披露监管的外部性——同行信息传递与市场学习/金智（西南财经大学会计学院）；柳建华；陈辉//中国会计评论（北京），2011，9（2）：225–250

［560］信息透明度对公司过度投资与融资约束的影响研究/张兴亮（嘉兴学院商学院，314001）；夏成才//经济与管理研究（北京），2011（8）：39–49

［561］业绩预悲披露群聚现象——基于管理者羊群行为的研究/谢玲红（北京航空航天大学经济管理学院，100191）；魏国学；刘善存等//南方经济（广州），2011（10）：27–37

［562］业务多元化、国际多元化与公司业绩/魏锋（重庆大学贸易与行政学院，400030）；陈丽蓉//山西财经大学学报（太原），2011，33（9）：83–89

［563］一种新的基于可能性均值的证券组合投资决策模型/付云鹏（辽宁大学信息学院，110036）；马树才//统计与决策（武汉），2011（3）：164–166

［564］以EVA评价体系为导向，助推央企综合实力提升/朱碧新（中国科技大学管理学院，230031）//管理现代化（北京），2011（6）：41–43

［565］以财权为基础的中小企业财务治理体制研究/杜娟（湖南财政经济学院会计系，410205）；张建涛//财经问题研究（大连），2011（7）：105–108

［566］以预算管理为基础的中小企业内部控制/汤健（湖南商学院会计学院，410205）//统计与决策（武汉），2011（2）：183–185

［567］银行贷款债务期限与上市公司内部控制/杨德明（北京大学光华管理学院，100871）；冯晓//山西财经大学学报（太原），2011，33（8）：44–50

［568］银行间与交易所市场企业融资成本比较研究/于鑫（上海证券交易所研究中心，

200120)；龚仰树//证券市场导报（深圳），2011（5）：30–36，46

[569] 隐性业绩评价与高管薪酬契约——基于价值创造的视角/沈永建（南京大学商学院，210093）；姜龙；蒋德权等//山西财经大学学报（太原），2011，33（4）：71–81

[570] 盈余分解盈余持续性及资本市场反应/吕兆德（北京师范大学经管学院，100875）//江西财经大学学报（南昌），2011（2）：29–35

[571] 盈余管理对公司投资行为的影响研究——来自中国A股市场的经验证据/孙犇（西安交通大学经济与金融学院，710061）；王南丰//统计与信息论坛（西安），2011，26（3）：69–74

[572] 盈余管理与管理层薪酬间关系的研究述评/朱丽莉（对外经济贸易大学国际商学院，100029）；王秀丽//北京工商大学学报（社会科学版）（北京），2011，26（5）：75–83

[573] 盈余稳健性与企业过度投资行为——来自中国上市公司的经验证据/袁知柱（东北大学工商管理学院，110004）；吴粒；许波//山西财经大学学报（太原），2011，33（11）：116–124

[574] 盈余质量投资者信心与投资增长/雷光勇（对外经济贸易大学国际商学院，100029）；王文；金鑫//中国软科学（北京），2011（9）：144–155

[575] 盈余质量影响投资效率的路径——基于双重代理关系的视角/黄欣然（中国人民大学商学院，100872）//财经理论与实践（长沙），2011，32（2）：62–68

[576] 盈余质量影响资本配置效率的路径——基于融资约束的视角/黄欣然（中国人民大学商学院，100872）//山西财经大学学报（太原），2011，33（5）：100–108

[577] 盈余质量与债务代理成本——兼论会计信息的公司治理作用/卢闯（中央财经大学会计学院，100081）；陈玲//中央财经大学学报（北京），2011（9）：87–91

[578] 营运资本管理研究综述/袁卫秋（南京财经大学，210046）；董秋萍//经济问题探索（昆明），2011（12）：157–162

[579] 营运资金管理政策与其管理绩效的关系研究——基于白酒行业上市公司/刁伍钧（西安理工大学经济与管理学院，710054）；扈文秀//经济与管理研究（北京），2011（8）：99–104

[580] 影响上市公司董事会构成的因素分析——基于中国民营上市公司的实证分析/王立文（西安交通大学经济与金融学院，710061）//统计与信息论坛（西安），2011，26（3）：75–80

[581] 预算结余索取权安排和预算松弛：基于实验方法的研究/王艳丽（新疆财经大学会计学院，830012）；郑石桥//北京工商大学学报（社会科学版）（北京），2011，26（4）：69–75

[582] 员工收入内部治理与公司价值——基于中国上市公司的经验分析/郭清根（清华大学经济管理学院，100084）；鲁小东//中国软科学（北京），2011（11）：141–151

[583] 灾害事件后管理层回应方式对股票收益影响的实证研究——以5·12汶川地震为例/郭幽兰（南京大学商学院，210093）；刘春林；林中跃//财贸研究（蚌埠），2011（1）：

81–87

[584] 再谈创业板再融资制度创新的迫切性//证券市场导报（深圳），2011（11）：1

[585] 怎样的企业实施 ERP 后财务绩效表现更好？——基于沪深两市 A 股制造业上市公司的数据分析/孙玥璠（北京工商大学商学院，100048）；张真昊//经济科学（北京），2011（3）：105–117

[586] 增持股份：财务动机还是政治动机？/沈艺峰（厦门大学管理学院财务学系，361005）；醋卫华；李培功//会计研究（北京），2011（11）：52–59，96

[587] 增发融资市场运行中的问题及制度完善研究/欧辉生（湖南大学工商管理学院，410082）；谢赤；周竟东//财经理论与实践（长沙），2011，32（3）：36–39

[588] 增值表与企业社会责任信息披露研究/王清刚（中南财经政法大学会计学院）//宏观经济研究（北京），2011（4）：46–51，61

[589] 债权融资结构与公司治理效率——来自中国上市公司的经验证据/黄文青（暨南大学金融研究所，510632）//财经理论与实践（长沙），2011，32（2）：46–50

[590] 债务杠杆、所有权特征与中国上市公司投资行为研究/窦炜（重庆大学经济与工商管理学院，400030）；仇刘星//经济与管理研究（北京），2011（2）：33–45

[591] 债务契约、控制人性质与盈余管理/李增福（华南师范大学经济与管理学院，510006）；曾庆意；魏下海//经济评论（武汉），2011（6）：88–96

[592] 债务融资行为对亏损上市公司财务价值的驱动研究/杜勇（西南大学经济管理学院，400715）；鄢波//证券市场导报（深圳），2011（7）：43–50

[593] 债务融资结构对企业投资行为的影响/谢海洋（中南财经政法大学会计学院，430073）；董黎明//中南财经政法大学学报（武汉），2011（1）：92–96，143–144

[594] 债务治理与公司经营绩效关系的实证/赵玉珍（内蒙古农业大学经济管理学院，010018）；张心灵//统计与决策（武汉），2011（6）：151–152

[595] 债务重组的公司治理效应——基于中国上市公司的实证分析/黄新飞（中山大学国际商学院，510275）；张娜//经济管理（北京），2011（1）：131–136

[596] 整体上市企业绩效的实证研究——来自中国上市公司的证据/刘美玉（东北财经大学工商管理学院）；王云恺//宏观经济研究（北京），2011（9）：68–74

[597] 证券投资基金羊群行为与股票市场过度反应/王磊（上海对外贸易学院金融管理学院，201620）；孔东民；陈巍//南方经济（广州），2011（3）：69–78，15

[598] 政府部门内部控制研究述评与改革建议/张庆龙（北京国家会计学院，101312）；聂兴凯//会计研究（北京），2011（6）：50–56

[599] 政府干预、行业特征与并购价值创造——来自国有上市公司的经验证据/刘星（重庆大学经济与工商管理学院，400030）；吴雪姣//审计与经济研究（南京），2011，26（6）：95–103

[600] 政府管制融资行为与审计治理效应——来自我国上市公司配股融资的经验证据/王良成（四川大学工商管理学院，610065）；曹强；廖义刚//山西财经大学学报（太

原)，2011，33 (5)：117-124

[601] 政府控制、高管更换与公司业绩/丁友刚（暨南大学会计学系，510632)；宋献中//会计研究（北京)，2011 (6)：70-76，96

[602] 政府控制、制度背景与资本结构动态调整/赵兴楣（广东商学院，510632)；王华//会计研究（北京)，2011 (3)：34-40，94

[603] 政府控制层级 CEO 政治关联与代理成本：来自国有发电上市公司经验证据/胡永平（重庆理工大学财会研究中心，400050）//经济经纬（郑州)，2011 (5)：135-138

[604] 政府治租对上市公司治理结构的影响研究/李礼（湘潭大学商学院，411105）//北京工商大学学报（社会科学版）（北京)，2011，26 (2)：65-70

[605] 政府最终控制、控股股东行为与财务报告透明度——中国 A 股市场上市公司的经验证据/杨忠海（哈尔滨商业大学会计学院，150028)；周晓苏//财贸研究（蚌埠)，2011 (4)：128-139

[606] 政治关联对公司债券融资的影响——来自银行间债券市场的经验证据/赵晓琴（西安交通大学管理学院，710049)；万迪；付雷鸣//山西财经大学学报（太原)，2011，33 (12)：100-107

[607] 政治关系、债务融资与企业投资行为——来自我国上市公司的经验证据/张兆国（华中科技大学管理学院，430074)；曾牧；刘永丽//中国软科学（北京)，2011 (5)：106-121

[608] 政治联系、过度投资与公司价值——基于国有上市公司的经验数据/杜兴强（厦门大学管理学院，361005)；曾泉；杜颖浩//金融研究（北京)，2011 (8)：93-110

[609] 执法环境对我国上市公司治理影响的实证研究/王涛（重庆大学经济与工商管理学院，400030)；余劲松//财经理论与实践（长沙)，2011，32 (1)：53-57

[610] 制度环境独立董事与长期借款融资——来自中国上市公司的经验证据/胡苏（南京大学会计与财务研究院，210093）//山西财经大学学报（太原)，2011，33 (4)：106-114

[611] 治理环境、股权结构与公司价值——来自中国证券市场的经验证据/刘金石（西南财经大学经济学院，611130)；王贵//财经科学（成都)，2011 (7)：35-42

[612] 治理环境终极控制人两权分离与股权融资成本/魏卉（石河子大学经济与管理学院，832003)；杨兴全；吴昊旻//南方经济（广州)，2011 (12)：3-15

[613] 中国大型商业银行跨国并购及其效率影响/梁慧贤（中国工商银行广东省分行营业部广州大道支行)；简俭敏；江淮安等//金融论坛（北京)，2011 (12)：29-36

[614] 中国房地产公司股权收益与资本回报率、债务利率关系/赵国庆（天津大学管理与经济学部，300072)；金文辉等//财经论丛（杭州)，2011 (3)：71-77

[615] 中国非金融行业上市公司现金流风险研究/刘金霞（北京航空航天大学经济管理学院，100191)；韩立岩//数理统计与管理（北京)，2011，30 (4)：714-723

[616] 中国钢铁企业的并购特点及绩效评估/佘元冠（北京科技大学经济管理学院，

100083)；陶瑞//经济纵横（长春），2011（4）：86-90

[617] 中国高校预算管理现状调查与思考/许江波（首都经济贸易大学会计学院，100070)；李春龙//经济与管理研究（北京），2011（5）：118-122

[618] 中国股市投资组合规模的进一步研究/方少含（北京师范大学经济与工商管理学院，100875）//山西财经大学学报（太原），2011，33（2）：10-11

[619] 中国跨国并购的政策动因研究——基于中国上市公司外资并购与民营并购绩效比较的视角/邱伟年（广东外语外贸大学国际工商管理学院，510420)；欧阳静波；林家荣//经济经纬（郑州），2011（6）：77-81

[620] 中国跨国公司外派人员跨文化管理有效性指标体系构建研究——以云南省外派至东南亚国家为例/张洪烈（云南财经大学，650221)；潘雪冬//经济问题探索（昆明），2011（8）：141-148

[621] 中国企业海外并购定价困境及解决途径研究/王琛（上海对外贸易学院)；阎海燕//价格理论与实践（北京），2011（10）：84-85

[622] 中国企业海外并购方式分析/赵保国（北京邮电大学，100876）//中央财经大学学报（北京），2011（7）：62-66

[623] 中国企业跨国经营的纳税筹划研究/李绍萍（东北石油大学石油经济与管理研究所)；王志超//国际经济合作（北京），2011（11）：67-71

[624] 中国企业战略资产寻求型跨国并购的动因及特征剖析/李强（中国人民大学商学院，100872）//北京工商大学学报（社会科学版）（北京），2011，26（2）：96-102

[625] 中国商业银行规模、治理与风险承担的实证研究/宋清华（中南财经政法大学金融学院，430073)；曲良波；陈雄兵//当代财经（南昌），2011（11）：57-70

[626] 中国商业银行海外并购的动因机遇与战略/刘明坤（北京大学博士后流动站，100036）//中国会计评论（北京），2011（5）：37-42

[627] 中国上市公司 IPO 抑价影响因素的实证研究/李国勇（西安交通大学经济与金融学院，710061）//统计与决策（武汉），2011（23）：142-146

[628] 中国上市公司并购信息披露制度优化问题分析/于炳华（东北大学工商管理学院)；曾建中；田满文等//宏观经济研究（北京），2011（1）：55-59，79

[629] 中国上市公司代理成本的估算——基于异质性随机前沿模型的经验分析/苏治（中央财经大学统计学院)；连玉君//管理世界（北京），2011（6）：174-175，188

[630] 中国上市公司的非效率投资研究：一个财务弹性的视角/马春爱（中国石油大学工商管理学院，102249）//财贸研究（蚌埠），2011（2）：144-148

[631] 中国上市公司高管薪酬差异分析/朱方明（四川大学经济学院，610064)；林雨杰//经济理论与经济管理（北京），2011（3）：82-88

[632] 中国上市公司高管薪酬总体性描述及高管激励对策研究/张金麟（云南民族大学，650031)；高文品；赵勍//经济问题探索（昆明），2011（6）：25-31

[633] 中国上市公司股权结构与公司绩效实证研究/刘媛媛（北京大学经济学院，

100871)；黄卓；谢德逊等//经济与管理研究（北京），2011（2）：24-32

[634] 中国上市公司控制权特征及其对公司绩效的影响——基于改进的投票概率模型/李斌（东北财经大学管理科学与工程学院，116025）；孙月静//中国软科学（北京），2011（1）：124-134

[635] 中国上市公司内部控制指数研究/中国上市公司内部控制指数研究课题组//会计研究（北京），2011（12）：20-24，96

[636] 中国上市公司营运资金管理调查：2010/王竹泉（中国海洋大学管理学院/中国企业营运资金管理研究中心，266100）；孙莹；王秀华；孙建强；王贞洁//会计研究（北京），2011（12）：52-62，97

[637] 中国上市公司债务期限结构影响因素：面板数据分析/胡援成（江西财经大学金融发展与风险防范研究中心）；刘明艳//管理世界（北京），2011（2）：175-177

[638] 中国上市公司治理结构评价研究/杨建仁（景德镇陶瓷学院，333401）；左和平；罗序斌//经济问题探索（昆明），2011（10）：66-72

[639] 中国上市公司智力资本对并购绩效的影响/傅传锐（福州大学管理学院，350108）//亚太经济（福州），2011（3）：71-75

[640] 中国上市公司自愿业绩预告动机研究/张然（北京大学光华管理学院会计系）；张鹏//中国会计评论（北京），2011，9（1）：3-20

[641] 中国上市银行内部治理机制分析——基于中外比较的视角/孙君阳（中央财经大学理论经济学，100081）；徐娜//金融论坛（北京），2011（8）：38-44

[642] 中国上市银行薪酬激励与银行绩效/宋增基（重庆大学经济与工商管理学院，400044）；夏铭；陈开//金融论坛（北京），2011（6）：18-24

[643] 中国证券公司内部治理影响公司经营效率的实证分析/冯根福（西安交通大学经济与金融学院，710061）；丁国荣//财经理论与实践（长沙），2011，32（1）：30-36

[644] 中国中小板企业上市前融资偏好实证研究/金永红（华东理工大学商学院，200237）；钱雯婷//经济与管理研究（北京），2011（2）：85-93

[645] 中美独立董事规模与会计舞弊相关性的比较/韩传模（天津财经大学商学院，300222）；李秋蕾//审计与经济研究（南京），2011，26（1）：64-71

[646] 中美上市家族企业薪酬机制的比较研究/陈建林（广东商学院会计学院，510320）//亚太经济（福州），2011（3）：91-93

[647] 中日企业环境信息披露发展的比较研究/刘家松（中南财经政法大学会计学院）//宏观经济研究（北京），2011（10）：86-95

[648] 中外企业社会责任报告信息披露比较/高文亮（西南财经大学会计学院，611130）；张正勇//证券市场导报（深圳），2011（1）：61-65

[649] 中小民营银行公司治理结构研究：以稠州商行为例/董富华（浙江师范大学）//经济学动态（北京），2011（5）：75-80

[650] 中小企业板上市公司资本结构现状分析/张安伶（北京化工大学经济管理学院，

100029）；王永；王颖琦//山西财经大学学报（太原），2011，33（2）：16

［651］中小企业集群信誉链融资机制设计与融资优势分析/张琦（湖南商学院财政金融学院，410205）//统计与决策（武汉），2011（18）：60-62

［652］中小企业民间融资契约的评价指标体系构建/周淼（盐城工学院经济与管理学院，224051）；张志华//统计与决策（武汉），2011（19）：178-180

［653］中小企业融资困境——一个纳什均衡模型/张美华（中南民族大学管理学院，430074）//统计与决策（武汉），2011（3）：175-176

［654］中小企业投资类利益相关者关系质量、扭亏战略与财务脱困的实证研究/关健（中南大学商学院，410083）；李世辉；李伟斌//会计研究（北京），2011（7）：52-58

［655］中小企业信贷融资国内研究文献综述/潘鹏杰（哈尔滨工程大学，150001）；周方诏//经济问题探索（昆明），2011（12）：145-150

［656］中小上市公司资本结构公司治理与企业绩效/张益明（盐城工学院经济与管理学院，204051）；张志华//山西财经大学学报（太原），2011，33（11）：73-86

［657］中小型科技企业知识产权质押融资的风险控制/陈见丽（广东金融学院会计系，510521）//经济纵横（长春），2011（7）：113-116

［658］中小型企业融资困境及解决思路/黄宇峰（四川师范大学经济与管理学院，610068）//统计与决策（武汉），2011（20）：187-188

［659］终极产权股权结构与财务履约差异——基于利益相关者的实证研究/贺勇（中南大学商学院，410083）；刘冬荣//审计与经济研究（南京），2011，26（3）：84-91

［660］终极产权股权治理结构与财务履约——来自后股权分置时代的经验证据/贺勇（中南大学商学院，410083）；刘冬荣//山西财经大学学报（太原），2011，33（3）：116-124

［661］终极控股股东、两权分离与股权融资成本/魏卉（石河子大学经济与管理学院讲师，532003）；杨兴全//经济与管理研究（北京），2011（2）：12-23

［662］终极控股股东行为与会计稳健性的实证研究/杨克智（中央财经大学会计学院）；索玲玲//中国会计评论（北京），2011，9（2）：191-210

［663］终极控制、公司治理与地方国有公司过度投资/刘星（重庆大学经济与工商管理学院，400030）；连军//科研管理（北京），2011，32（8）：105-112

［664］终极控制、国家控股与现金持有价值/吴德胜（南开大学公司治理研究中心，300071）；孙志东//山西财经大学学报（太原），2011，33（11）：80-86

［665］终极控制股东两权偏离、替代效应与公司价值/张耀伟（南开大学商学院，300071）//管理工程学报（杭州），2011（3）：85-90

［666］终极控制人、机构投资者持股与上市公司股利分配/王彩萍（中山大学旅游学院，510275）；李善民//商业经济与管理（杭州），2011（6）：26-33

［667］终极控制人变更与公司业绩——基于股权分置改革背景的经验研究/谢梅（中国矿业大学，221116）；李强//财贸研究（蚌埠），2011（5）：140-148

［668］终极控制人两权分离、所有权性质与股票流动性/陈辉（广东金融学院金融系，

510521）//广东金融学院学报（广州），2011，26（5）：90–102

［669］转型经济中宏观冲击与公司融资——基于资本结构动态调整框架的实证研究/于蔚（浙江大学经济学院，310027）；钱彦敏//证券市场导报（深圳），2011（10）：24–30

［670］资本成本、可持续分红与国有企业 EVA 创造——系统框架分析/李光贵（河南财经政法大学会计学院，450011）//经济与管理研究（北京），2011（5）：39–48

［671］资本成本：概念额演进、困惑与思考/邹颖（首都经济贸易大学会计学院，100070）；汪平//经济与管理研究（北京），2011（11）：61–67

［672］资本管制下商业银行战略选择对绩效的影响/陈收（湖南大学工商管理学院湖南，410082）；刘佳；刘端等//财经理论与实践（长沙），2011，32（6）：2–7

［673］资本结构、股权结构与中小企业成长性——基于中小企业板数据的实证分析/谭庆美（天津大学管理与经济学部，300072）；吴金克//证券市场导报（深圳），2011（2）：65–70

［674］资本结构、管理层防御与上市公司高管薪酬水平/王志强（厦门大学管理学院，361005）；张玮婷；顾劲尔//会计研究（北京），2011（2）：72–78，97

［675］资本结构、区域市场化程度与企业产品市场竞争力/徐承红（西南财经大学经济学院）；武磊；冯尧//宏观经济研究（北京），2011（3）：68–74

［676］资本结构对产品市场竞争的影响：一个理论综述/潘岳奇（浙江大学管理学院，310058）；贾生华//产业经济研究（南京），2011（1）：86–94

［677］资本结构与其影响因素之间的协整分析/张平（浙江工商大学统计与数学学院，310018）；阮朝志//统计与决策（武汉），2011（2）：96–99

［678］资本约束对不同类型商业银行流动性创造能力的非对称影响研究/王露璐（中国人民银行武汉分行，430071）；代军勋//财经论丛（杭州），2011（5）：65–71

［679］资产风险结构、经济资本动态配置与银行价值最大化/王家华（南京审计学院金融学院）；孙清//经济学动态（北京），2011（7）：35–38

［680］资产专用性、融资能力与企业并购——来自中国 A 股工业上市公司的经验证据/方明月（中国人民大学经济学院，100872）//金融研究（北京），2011（5）：156–170

［681］资产专用性与公司纵向并购财富效应：来自我国上市公司的经验证据/李青原（武汉大学经济与管理学院）//南开管理评论（天津），2011，14（6）：116–127

［682］资源目标型企业境外并购的困扰因素与改进策略/马金城（东北财经大学工商管理学院）//宏观经济研究（北京），2011（11）：10–16

［683］自愿性内部控制鉴证与权益资本成本——来自沪市 A 股非金融类上市公司的经验证据/方红星（东北财经大学会计学院/中国内部控制研究中心，116025）；施继坤//经济管理（北京），2011（12）：128–134

［684］自愿性信息披露对财务治理效率的影响/张淑慧（西南大学经济管理学院，400015）；彭珏//财经问题研究（大连），2011（11）：62–66

［685］组织结构、信息体制与企业内部控制模式研究——基于知识共享理论的分析/

徐虹（安徽工业大学会计系，243002）；林钟高；孙彦骊//财贸研究（蚌埠），2011（4）：140-148

[686] 组织理论视角的预算管理本质及优化研究/李志斌（扬州大学商学院，225009）//华东经济管理（合肥），2011，25（3）：85-146

[687] 最小化破产概率的最优投资/罗琰（南京审计学院数学与统计学院，210075）；杨招军//管理科学学报（天津），2011，14（5）：77-85，96

[688] 最终控制人高管薪酬与技术创新/夏芸（暨南大学国际商学院，519070）；唐清泉//山西财经大学学报（太原），2011，33（5）：86-92

第二节 英文期刊索引

[1] Adatr Morse, Vikram Nanda and Amit Seru. Are Incentive Contracts Rigged by Powerful CEOs [J]. The Journal of Finance, 2011 (66): 1779-1821.

[2] Adel Bino, Elisabeta Pana. Firm Value and Investment Policy around Stock for Stock Mergers [J]. Review of Quantitative Finance and Accounting, 2011 (37): 207-221.

[3] Aelee Jun, David R. Gallagher and Graham H. Partington. Institutional Dividend Clienteles Under an Imputation Tax System [J]. Journal of Business Finance & Accounting, 2011 (38): 198-224.

[4] Agyenim Boateng, Ruthira Naraidoo and Moshfique Uddin. An Analysis of the Inward Cross-Border Mergers and Acquisitions in the U.K.: A Macroeconomic Perspective [J]. Journal of International Financial Management and Accounting, 2011 (22): 91-113.

[5] Aiyesha Dey, Ellen Engel and Xiaohui Liu. CEO and Board Chair Roles: To Split or Not to Split [J]. Journal of Corporate Finance, 2011 (17): 1595-1618.

[6] Albert S. Kyle, Hui Ou-Yang and Bin Wei. A Model of Portfolio Delegation and Strategic Trading [J]. The Review of Financial Studies, 2011 (24): 3778-3812.

[7] Alexander Brüggen, Joan Luft. Capital Rationing, Competition, and Misrepresentation in Budget Forecasts [J]. Accounting, Organizations and Society, 2011 (36): 399-411.

[8] Alexander Brüggen. Ability, Career Concerns, and Financial Incentives in a Multi-Task Setting [J]. Journal of Management Accounting Research, 2011 (23): 211-229.

[9] Alexander Puetz, Stafan Ruenzi. Overconfidence Among Professional Investors: Evidence from Mutual Fund Managers [J]. Journal of Business Finance & Accounting, 2011 (38): 684-712.

[10] Alex Edmans, Gustavo Manso. Governance Through Trading and Intervention: A Theory of Multiple Blockholders [J]. The Review of Financial Studies, 2011 (24): 2395-

2428.

[11] Alex Edmans, Xavier Gabaix. The Effect of Risk on the CEO Market [J]. The Review of Financial Studies, 2011 (24): 2822-2863.

[12] Alex Edmans, Xavier Gabaix. Tractability in Incentive Contracting[J]. The Review of Financial Studies, 2011 (24): 2865-2894.

[13] Alexi Savov. Asset Pricing with Garbage [J]. The Journal of Finance, 2011 (66): 177-201.

[14] Ali Gungoraydinoglu, Özde Öztekin. Firm-and Country-level Determinants of Corporate Leverage: Some New International Evidence [J]. Journal of Corporate Finance, 2011 (17): 1457-1474.

[15] Amedeo De Cesari, Susanne Espenlaub and Arif Khurshed. Stock Repurchases and Treasury Share Sales: Do They Stabilize Price and Enhance Liquidity [J]. Journal of Corporate Finance, 2011 (17): 1558-1579.

[16] Andreas Behr, Frank Heid. The Success of Bank Mergers Revisited. An Assessment Based on a Matching Strategy [J]. Journal of Empirical Finance, 2011 (18): 117-135.

[17] Andreas Simon, Asher Curtis. The Use of Earnings Forecasts in Stock Recommendations: Are Accurate Analysts More Consistent[J]. Journal of Business Finance & Accounting, 2011 (38): 119-144.

[18] Anette Mikes. From Counting Risk to Making Risk Count: Boundary-work in Risk Management [J]. Accounting, Organizations and Society, 2011 (36): 226-245.

[19] Anil Shivdasani and YiHui Wang. Did Structured Credit Fuel the LBO Boom[J]. The Journal of Finance, 2011 (66): 1291-1328.

[20] Anil V. Mishra. Australia's Equity Home Bias and Real Exchange Rate Volatility [J]. Review of Quantitative Finance and Accounting, 2011 (37): 223-244.

[21] Anonymous. Best Start to the Year for Global M&A since 2007 [J]. Financial Management, 2011 (June): 9.

[22] Anonymous. Financial Management Indicators to Aid Decision Making (Statistics) [J]. Journal of Financial Management & Analysis, 2011 (24): 4-14.

[23] Anonymous. Paper P3: Performance Strategy [J]. Financial Management, 2011 (January): 44-46.

[24] Anthony Saunders, Sascha Steffen. The Costs of Being Private: Evidence from the Loan Market [J]. The Review of Financial Studies, 2011 (24): 4091-4122.

[25] Antonio Barretta, Cristiano Busco. Technologies of Government in Public Sector's Networks: In Search of Cooperation through Management Control Innovations [J]. Management Accounting Research, 2011 (22): 211-219.

[26] Arie Harel, Giora Harpaz and Jack Clark Francis. Analysis of Efficient Markets [J].

Review of Quantitative Finance and Accounting, 2011 (36): 287-296.

[27] Armen Hovakimian, Guangzhong Li. In Search of Conclusive Evidence: How to Test for Adjustment to Target Capital Structure [J]. Journal of Corporate Finance, 2011 (17): 33-44.

[28] Arnoud W. A. Boot, Anjan V. Thakor. Managerial Autonomy, Allocation of Control Rights, and Optimal Capital Structure [J]. The Review of Financial Studies, 2011 (24): 3434-3485.

[29] Arun Upadhyay, Ram Sriram. Board Size, Corporate Information Environment and Cost of Capital [J]. Journal of Business Finance & Accounting, 2011 (38): 1238-1261.

[30] Asokan Anandarajan, Bill Francis, Iftekhar Hasan and Kose John. Value Relevance of Banks: Global Evidence [J]. Review of Quantitative Finance and Accounting, 2011 (36): 33-55.

[31] Barbara E. Weißenberger, Hendrik Angelkort. Integration of Financial and Management Accounting Systems: The Mediating Influence of a Consistent Financial Language on Controllership Effectiveness [J]. Management Accounting Research, 2011 (22): 160-180.

[32] Bartram, Peter. Clicks for Cash [J]. Financial Management, 2011 (November): 32-34.

[33] Beatriz García Osma, Encarna Guillamón-Saorín. Corporate Governance and Impression Management in Annual Results Press Releases [J]. Accounting, Organizations and Society, 2011 (36): 187-208.

[34] Ben Amoako-Adu, Vishaal Baulkaran and Brian F. Smith. Executive Compensation Infirms with Concentrated Control: The Impact of Dual Class Structure and Family Management [J]. Journal of Corporate Finance, 2011 (17): 1580-1594.

[35] Beng Wee Goh, Dan Li. Internal Controls and Conditional Conservatism [J]. The Accounting Review, 2011 (86): 975-1005.

[36] Beni Lauterbach, Yishay Yafeh. Long Term Changes in Voting Power and Control Structure Following the Unification of Dual Class Shares[J]. Journal of Corporate Finance, 2011 (17): 215-228.

[37] Benjamas Jirasakuldech, Donna M. Dudney, Thomas S. Zorn and John M. Geppert. Financial Disclosure, Investor Protection and Stock Market Behavior: An International Comparison [J]. Review of Quantitative Finance and Accounting, 2011 (37): 181-205.

[38] Benjamin C. Ayers, Oliver Zhen Li and P. Eric Yeung. Investor Trading and the Post-Earnings-Announcement Drift [J]. The Accounting Review, 2011 (86): 385-416.

[39] Benjamin M. Blau, Kathleen P. Fuller and Robert A. Van Ness. Short Selling around Dividend Announcements and Ex-dividend Days [J]. Journal of Corporate Finance, 2011 (17): 628-639.

[40] Bertrand Fauré，Linda Rouleau. The Strategic Competence of Accountants and Middle Managers in Budget Making [J]. Accounting，Organizations and Society，2011 (36)：167-182.

[41] Bertrand Malsch，Yves Gendron. Reining in Auditors：On the Dynamics of Power Surrounding an "Innovation" in the Regulatory Space[J]. Accounting，Organizations and Society，2011 (36)：456-476.

[42] Billy E. Brewster. How a Systems Perspective Improves Knowledge Acquisition and Performance in Analytical Procedures [J]. The Accounting Review，2011 (86)：915-943.

[43] Bo Becker，Zoran Ivkovi'C and Scott Weisbenner. Local Dividend Clienteles[J]. The Journal of Finance，2011 (66)：655-683.

[44] BO-GOran Ekholm，Jan Wallin. The Impact of Uncertainty and Strategy on the Perceived Usefulness of Fixed and Flexible Budgets [J]. Journal of Business Finance & Accounting，2011 (38)：145-164.

[45] Bong Soo Lee，Jungwon Suh. Cash Holdings and Share Repurchases：International Evidence [J]. Journal of Corporate Finance，2011 (17)：1306-1329.

[46] Brad A. Badertscher. Overvaluation and the Choice of Alternative Earnings Management Mechanisms [J]. The Accounting Review，2011 (86)：1491-1518.

[47] Brian C. McTier，John K. Wald. The Causes and Consequences of Securities Class Action Litigation [J]. Journal of Corporate Finance，2011 (17)：649-665.

[48] Cahit Adaoglu，Meziane Lasfer. Why Do Companies Pay Stock Dividends The Case of Bonus Distributions in an Inflationary Environment [J]. Journal of Business Finance & Accounting，2011 (38)：601-627.

[49] Carmelo Giaccotto，Joseph Golec and John Vernon. New Estimates of the Cost of Capital for Pharmaceutical Firms [J]. Journal of Corporate Finance，2011 (17)：526-540.

[50] Carmen Cotei，Joseph Farhat. An Application of the Two-stage Bivariate Probit Tobit Model to Corporate Financing Decisions [J]. Review of Quantitative Finance and Accounting，2011 (37)：363-380.

[51] Carolina Bona-Sánchez，Jerönimo PéRez-Alemán and Domingo J. Santana-Martín. Defence Measures and Earnings Management in an Owner Dominant Context [J]. Journal of Business Finance & Accounting，2011 (38)：765-793.

[52] Chandra Subramaniam，Jeffrey Tsay. Mandated Recognition of Employee Stock Option Expense—The Case of Canada [J]. Journal of International Financial Management & Accounting，2012 (23)：62-91.

[53] Changmin Lee. New Evidence on What Happens to CEOs after They Retire [J]. Journal of Corporate Finance，2011 (17)：474-482.

[54] Chanwit Phengpis，Peggy E. Swanson. Optimization，Cointegration and Diversifica-

tion Gains from International Portfolios: An Out-of-sample Analysis[J]. Review of Quantitative Finance and Accounting, 2011 (36): 269-286.

[55] Charles D. Bailey, Nicholas J. Fessler. The Moderating Effects of Task Complexity and Task Attractiveness on the Impact of Monetary Incentives in Repeated Tasks [J]. Journal of Management Accounting Research, 2011 (23): 189-210.

[56] Charles J.P. Chen, Zengquan Li, Xijia Su and Zheng Sun. Rent-seeking Incentives, Corporate Political Connections, and the Control Structure of Privatefirms: Chinese Evidence [J]. Journal of Corporate Finance, 2011 (17): 229-243.

[57] Cheng-Few Lee, Manak C. Gupta, Hong-Yi Chen and Alice C. Lee. Optimal Payout Ratio under Uncertainty and Theflexibility Hypothesis: Theory and Empirical Evidence [J]. Journal of Corporate Finance, 2011 (17): 483-501.

[58] Chenyang Wei, David Yermack. Investor Reactions to CEOs' Inside Debt Incentives [J]. The Review of Financial Studies, 2011 (24): 3813-3840.

[59] Chia-Chi Lu, Weifeng Hung, Jyh-Jian Sheu and Pai-Ta Shih. Investment with Network Externality under Uncertainty [J]. Review of Quantitative Finance and Accounting, 2011 (36): 555-564.

[60] Chia-Ching Chang, Sheng-Syan Chen, Robin K. Chou and Chin-Wen Hsin. Intraday Return Spillovers and Its Variations across Trading Sessions [J]. Review of Quantitative Finance and Accounting, 2011 (36): 355-390.

[61] Chia-Ling Lee, Huan-Jung Yang. Organization Structure, Competition and Performance Measurement Systems and Their Joint Effects on Performance [J]. Management Accounting Research, 2011 (22): 84-104.

[62] Chih-Chiang Wu, Shin-Shun Liang. The Economic Value of Range-based Covariance Between Stock and Bond Returns with Dynamic Copulas[J]. Journal of Empirical Finance, 2011 (18): 711-727.

[63] Christa H. S. Bouwman. Corporate Governance Propagation through Overlapping Directors [J]. The Review of Financial Studies, 2011 (24): 2358-2394.

[64] Christine Petrovits, Catherine Shakespeare and Aimee Shih. The Causes and Consequences of Internal Control Problems in Nonprofit Organizations [J]. The Accounting Review, 2011 (86): 325-357.

[65] Christopher A. Hennessy, Josef Zechner. A Theory of Debt Market Illiquidity and Leverage Cyclicality [J]. The Review of Financial Studies, 2011 (10): 3369-3400.

[66] Chrtstian Riis Flor. Asset Substitution and Debt Renegotiation[J]. Journal of Business Finance & Accounting, 2011 (38): 915-944.

[67] Clarke, Richard. Paper F1: Finance Operations [J]. Financial Management, 2011 (Januay): 48-50.

[68] Craig H. Furfine, Richard J. Rosen. Mergers Increase Default Risk [J]. Journal of Corporate Finance, 2011 (17): 832-849.

[69] Dalida Kadyrzhanova, and Matthew Rhodes-Kropf. Concentrating on Governance [J]. The Journal of Finance, 2011 (66): 1649-1685.

[70] Dan Dhaliwal, Chris Hogan, Robert Trezevant and Michael Wilkins. Internal Control Disclosures, Monitoring, and the Cost of Debt [J]. The Accounting Review, 2011 (86): 1131-1156.

[71] Dan S. Dhaliwal, Oliver Zhen Li, Albert Tsang and Yong George Yang. Voluntary Nonfinancial Disclosure and the Cost of Equity Capital: The Initiation of Corporate Social Responsibility Reporting [J]. The Accounting Review, 2011 (86): 59-100.

[72] Dan Weiss. Examining Shareholder Value Creation over CEO Tenure: A New Approach to Testing Effectiveness of Executive Compensation [J]. Journal of Management Accounting Reserch, 2011 (23): 29-36.

[73] David Aboody, Ron Kasznik. Executive Compensation and Financial Accounting [J]. The Accounting Review, 2011 (86): 735-741.

[74] David Haushalter, Michelle Lowry. When Do Banks Listen to Their Analysts Evidence from Mergers and Acquisitions [J]. The Review of Financial Studies, 2011 (24): 321-357.

[75] David J. Denis. Financial Flexibility and Corporate Liquidity [J]. Journal of Corporate Finance, 2011 (17): 667-674.

[76] David P. Huelsbeck, Kenneth A. Merchant and Tatiana Sandino. On Testing Business Models [J]. The Accounting Review, 2011 (86): 1631-1654.

[77] David Veenman, Alln Hodgson, Bart Vanpraag and Weizhang. Decomposing Executive Stock Option Exercises: Relative Information and Incentives to Manage Earnings [J]. Journal of Business Finance & Accounting, 2011 (38): 536-573.

[78] Derann Hsu, Cheng-Huei Chiao. Relative Accuracy of Analysts' Earnings Forecasts over Time: A Markov Chain Analysis [J]. Review of Quantitative Finance and Accounting, 2011 (37): 477-507.

[79] Derek Oler, James F. Waegelein. Can Long-term Performance Plans Mitigate the Negative Effects of Stock Consideration and High Cash for Acquirers [J]. Review of Quantitative Finance and Accounting, 2011 (37): 63-86.

[80] Diego Garcia, Gunter Strobl. Relative Wealth Concerns and Complementarities in Information Acquisition [J]. The Review of Financial Studies, 2011 (24): 169-207.

[81] Divya Anantharaman, Yuan Zhang. Cover Me: Managers' Responses to Changes in Analyst Coverage in the Post-Regulation FD Period [J]. The Accounting Review, 2011 (86): 1851-1885.

[82] Don Herrmann, Ole-Kpostian Hope, Jeff L. Payne and Wayne B. Thomas. The Market's Reaction to Unexpected Earnings Thresholds [J]. Journal of Business Finance & Accounting, 2011 (38): 34-57.

[83] Dongmei Li. Financial Constraints, R&D Investment, and Stock Returns [J]. The Review of Financial Studies, 2011 (24): 2974-3007.

[84] Donna Dietz, Herbert Snyder. Assessing Internal Controls: Do Management and Staff Agree [J]. Management Accounting Quarterly, 2011 (12): 35-40.

[85] Doron Levit, Nadya Malenko. Nonbinding Voting for Shareholder Proposals [J]. The Journal of Finance, 2011 (66): 1579-1614.

[86] Dorothy A. Mcmullen, Maria H. Sanchez and David E. Stout. Initial Public Offerings and the Role of the Management Accountant [J]. Management Accounting Quarterly, 2011 (12): 11-23.

[87] Douglas F. Prawitt, Nathan Y. Sharp and David A. Wood. Reconciling Archival and Experimental Research: Does Internal Audit Contribution Affect the External Audit Fee [J]. Behavioral Research in Accounting, 2011 (23): 187-206.

[88] Douglas O. Cook, Huabing (Barbara) Wang. The Informativeness and Ability of Independent Multi-firm Directors [J]. Journal of Corporate Finance, 2011 (17): 108-121.

[89] E. Pieter Jansen. The Effect of Leadership Style on the Information Receivers' Reaction to Management Accounting Change [J]. Management Accounting Research, 2011 (22): 105-124.

[90] Edith Ginglinger, William Megginson and Timothée Waxin. Employee Ownership, Board Representation, and Corporate Financial Policies[J]. Journal of Corporate Finance, 2011 (17): 868-887.

[91] Efraim Benmelech, Nittal K. Bergman. Bankruptcy and the Collateral Channel [J]. The Journal of Finance, 2011 (66): 337-378.

[92] Elena Loutskina, Philip E. Strahan. Informed and Uninformed Investment in Housing: The Downside of Diversification [J]. The Review of Financial Studies, 2011 (24): 1447-1480.

[93] Erica L. Wagnera, Jodie Mollb and Sue Newellc. Accounting Logics, Reconfiguration of ERP Systems and the Emergence of New Accounting Practices: A Sociomaterial Perspective[J]. Management Accounting Research, 2011 (22): 181-197.

[94] Eric Ball, Hsin Hui Chiu and Richard Smith. Can VCs Time the Market An Analysis of Exit Choice for Venture-backed Firms [J]. The Review of Financial Studies, 2011 (24): 3105-3138.

[95] Fabio Braggion, Lyndon Moore. Dividend Policies in an Unregulated Market: The London Stock Exchange, 1895-1905 [J]. The Review of Financial Studies, 2011 (24): 2935-2973.

[96] Fatima Alali, Bikki Jaggi. Earnings Versus Capital Ratios Management: Role of Bank Types and SFAS 114 [J]. Review of Quantitative Finance and Accounting, 2011 (36): 105-132.

[97] Fei Leng, Ehsanh. Feroz, Zhiyan Cao and Sergio V. Davlos. The Long-Term Performance and Failure Risk of Firms Cited in the US SEC's Accounting and Auditing Enforcement Releases [J]. Journal of Business Finance & Accounting, 2011 (38): 813-841.

[98] Felix Hoppe, Frank Moers. The Choice of Different Types of Subjectivity in CEO Annual Bonus Contracts [J]. The Accounting Review, 2011 (86): 2023-2046.

[99] Feng Chen, Ole-Kristian Hope, Qingyuan Li and Xin Wang. Financial Reporting Quality and Investment Efficiency of Private Firms in Emerging Markets [J]. The Accounting Review, 2011 (86): 1255-1288.

[100] Feng Gu, Baruch Lev. Overpriced Shares, Ill-Advised Acquisitions, and Goodwill Impairment [J]. The Accounting Review, 2011 (86): 1995-2022.

[101] Francois Aubert, Gary Grudnitski. The Impact and Importance of Mandatory Adoption of International Financial Reporting Standards in Europe[J]. Journal of International Financial Management and Accounting, 2011 (22): 1-26.

[102] Franklin Allen, Paolo Fulghieri and Hamid Mehran. The Value of Bank Capital and the Structure of the Banking Industry [J]. The Review of Financial Studies, 2011 (24): 971-982.

[103] Geert Bekaert, Campbell R. Harvey, Christian T. Lundblad and Stephan Siegel. What Segments Equity Markets [J]. The Review of Financial Studies, 2011 (24): 3841-3890.

[104] George Batta. The Direct Relevance of Accounting Information for Credit Default Swap Pricing [J]. Journal of Business Finance & Accounting, 2011 (38): 1096-1122.

[105] George C. Drymiotes. Information Precision and Manipulation Incentives [J]. Journal of Management Accounting Research, 2011 (23): 231-258.

[106] Gernot Müller, Robert B. Durand and Ross A. Maller. The Risk-return Tradeoff: A COGARCH Analysis of Merton's Hypothesis [J]. Journal of Empirical Finance, 2011 (18): 306-320.

[107] Gilad Liven, Ana Simpson and Eli Talmor. Do Customer Acquisition Cost, Retention and Usage Matter to Firm Performance and Valuation [J]. Journal of Business Finance & Accounting, 2011 (38): 334-363.

[108] Gilad Livne, Garen Markarian and Alistair Milne. Bankers' Compensation and Fair Value Accounting [J]. Journal of Corporate Finance, 2011 (17): 1096-1115.

[109] Ginka Borisova, William L. Megginson. Does Government Ownership Affect the Cost of Debt Evidence from Privatization [J]. The Review of Financial Studies, 2011 (24): 2693-2737.

[110] Gloria Y. Tian, Garry Twite. Corporate Governance, External Market Discipline and Firm Productivity [J]. Journal of Corporate Finance, 2011 (17): 403-417.

[111] Gönül Çolak, Hikmet Günay. Strategic Waiting in the IPO Markets [J]. Journal of Corporate Finance, 2011 (17): 555-583.

[112] Gunther Gebhardt, Zoltan Novotny-Farkas. Mandatory IFRS Adoption and Accounting Quality of European Banks [J]. Journal of Business Finance & Accounting, 2011 (38): 289-333.

[113] Guojin Gong, Laura Yue Li and Jae Yong Shin. Relative Performance Evaluation and Related Peer Groups in Executive Compensation Contracts [J]. The Accounting Review, 2011 (86): 1007-1043.

[114] Gustavo Manso. Motivating Innovation [J]. The Journal of Finance, 2011 (66): 1823-1860.

[115] Haijin H. Lin, David E. M. Sappington. Managing Planning and Production Moral Hazard [J]. Journal of Management Accounting Research, 2011 (23): 129-167.

[116] Hamid Mehran, Anjan Thakor. Bank Capital and Value in the Cross-Section [J]. The Review of Financial Studies, 2011 (24): 1019-1067.

[117] Hans Degryse, Nancy Masschelein and Janet Mitchell. Staying, Dropping, or Switching: The Impacts of Bank Mergers on Small Firms [J]. The Review of Financial Studies, 2011 (24): 1102-1140.

[118] Hans Englund, Jonas Gerdin, John Burns. 25 Years of Giddens in Accounting Research: Achievements, Limitations and the Future [J]. Accounting, Organizations and Society, 2011 (36): 494-513.

[119] Harald Hau. Global versus Local Asset Pricing: A New Test of Market Integration [J]. The Review of Financial Studies, 2011 (24): 3891-3940.

[120] Heitor Almeida, Murillo Campello and Michael S. Weisbach. Corporate Financial and Investment Policies When Future Financing is not Frictionless [J]. Journal of Corporate Finance, 2011 (17): 675-693.

[121] Henk J. ter Bogt, G. Jan van Helden. The Role of Consultant-researchers in the Design and Implementation Process of a Programme Budget in a Local Government Organization [J]. Management Accounting Research, 2011 (22): 56-64.

[122] Hiu Lam Choy, Ferdinand A. Gul and Jun Yao. Does Political Economy Reduce Agency Costs Some Evidence from Dividend Policies around the World [J]. Journal of Empirical Finance, 2011 (18): 16-35.

[123] Hui Tong, Shang-Jin Wei. The Composition Matters: Capital Inflows and Liquidity Crunch During a Global Economic Crisis [J]. The Review of Financial Studies, 2011 (24): 2023-2052.

［124］ Huong N. Higgins. Forecasting Stock Price with the Residual Income Model [J]. Review of Quantitative Finance and Accounting, 2011 (36): 583–604.

［125］ I–Doun Kuo. Pricing and Hedging Volatility Smile under Multifactor Interest Rate Models [J]. Review of Quantitative Finance and Accounting, 2011 (36): 83–104.

［126］ Ilona Babenko, Michael Lemmon and Yuri Tserlukevich. Employee Stock Options and Investment [J]. The Journal of Finance, 2011 (66): 981–1009.

［127］ Inês Cruz, Robert W. Scapens and Maria Major. The Localisation of a Global Management Control System [J]. Accounting, Organizations and Society, 2011 (36): 412–427.

［128］ Ingolf Dittmann, Ernst Maug and Dan Zhang. Restricting CEO Pay [J]. Journal of Corporate Finance, 2011 (17): 1200–1220.

［129］ In–Mu Haw, Simon S.M. Ho, Bingbing Hu and Xu Zhang. The Contribution of Stock Repurchases to the Value of the Firm and Cash Holdings around the World [J]. Journal of Corporate Finance, 2011 (17): 152–166.

［130］ Isil Erel. The Effect of Bank Mergers on Loan Prices: Evidence from the United States [J]. The Review of Financial Studies, 2011 (24): 1068–1101.

［131］ Itamar Drechsler, Amir Yaron. What's Vol Got to Do with It [J]. The Review of Financial Studies, 2011 (24): 1–45.

［132］ Jack Bao, Alex Edmans. Do Investment Banks Matter for M&A Returns [J]. The Review of Financial Studies, 2011 (24): 2315–2286.

［133］ Jack Bao, Jun Pan and Jiang Wang. The Illiquidity of Corporate Bonds [J]. The Journal of Finance, 2011 (66): 911–946.

［134］ Jacob G. Birnberg, Yue Zhang. When Betrayal Aversion Meets Loss Aversion: The Effects of Changes in Economic Conditions on Internal Control System Choices [J]. Journal of Management Accounting Research, 2011 (23): 169–187.

［135］ Jacob G. Birnberg. A Proposed Framework for Behavioral Accounting Research [J]. Behavioral Research in Accounting, 2011 (23): 1–43.

［136］ James Ang, Adam Smedema. Financial Flexibility: Do Firms Prepare for Recession [J]. Journal of Corporate Finance, 2011 (17): 774–787.

［137］ James H. Irving, Wayne R. Landsman and Bradley P. Lindsey. The Valuation Differences Between Stock Option and Restricted Stock Grants for US Firms[J]. Journal of Business Finance & Accounting, 2011 (38): 395–412.

［138］ James Jianxin Gong. Examining Shareholder Value Creation over CEO Tenure: A New Approach to Testing Effectiveness of Executive Compensation [J]. Journal of Management Accounting Reserch, 2011 (23): 1–28.

［139］ James R. Brown, Bruce C. Petersen. Cash Holdings and R&D Smoothing [J]. Journal of Corporate Finance, 2011 (17): 694–709.

[140] James W. Bannister, Harry A. Newman and Joseph Weintrop. Tests for Relative Performance Evaluation Based on Assumptions Derived from Proxy Statement Disclosures [J]. Review of Quantitative Finance and Accounting, 2011 (37): 127-148.

[141] Jan Hanousek, Anastasiya Shamshur. A Stubborn Persistence: Is the Stability of Leverage Ratios Determined by the Stability of the Economy [J]. Journal of Corporate Finance, 2011 (17): 1360-1376.

[142] Jan Pfister. Managing Organizational Culture for Effective Internal Control: From Practice to Theory [J]. The Accounting Review, 2011 (March): 738-741.

[143] Jane Thayer. Determinants of Investors' Information Acquisition: Credibility and Confirmation [J]. The Accounting Review, 2011 (86): 1-22.

[144] Janes, Ian. Paper P2 Performance Management [J]. Financial Management, 2011 (March): 43-46.

[145] Janet B. Butler, Sandra Cheriehenderson and Cecily Raibon. Sustainability and the Balanced Scorecard: Integrating Green Measures into Business Reporting [J]. Management Accounting Quarterly, 2011 (12): 1-10.

[146] Jan-Henning Trustorff, Paul Markus Konrad and Jens Leker. Credit Risk Prediction Using Support Vector Machines [J]. Review of Quantitative Finance and Accounting, 2011 (36): 565-581.

[147] Jasmijn C. Bol, Steven D. Smith. Spillover Effects in Subjective Performance Evaluation: Bias and the Asymmetric Influence of Controllability[J]. The Journal of Finance, 2011 (66): 1213-1230.

[148] Jasmijn C. Bol. The Determinants and Performance Effects of Managers' Performance Evaluation Biases [J]. The Accounting Review, 2011 (86): 1549-1575.

[149] Jean C. Bedard, Lynford Graham. Detection and Severity Classifications of Sarbanes-Oxley Section 404 Internal Control Deficiencies [J]. The Accounting Review, 2011 (86): 825-855.

[150] Jean-Paul Decamps, Thomas Mariotti, Jean-Charles Rochet and Stéphane Villeneuve. Free Cash Flow, Issuance Costs, and Stock Prices [J]. The Journal of Finance, 2011 (66): 1501-1544.

[151] Jeff P. Boone, Inder K. Khurana and K. K. Raman. Investor Pricing of CEO Equity Incentives [J]. Review of Quantitative Finance and Accounting, 2011 (36): 417-435.

[152] Jeffrey Cohen, Lori Holder-Webb, Leda Nath and David Wood. Retail Investors' Perceptions of the Decision-Usefulness of Economic Performance, Governance, and Corporate Social Responsibility Disclosures [J]. Behavioral Research in Accounting, 2011 (23): 109-129.

[153] Jeffrey J. Burks. Are Investors Confused by Restatements after Sarbanes-Oxley [J].

The Accounting Review, 2011 (86): 507-539.

[154] Jeffry Netter, Mike Stegemoller and M. Babajide Wintoki. Implicationsof Data Screens on Merger and Acquisition Analysis: A Large Sample Study of Mergers and Acquisitions from 1992 to 2009 [J]. The Review of Financial Studies, 2011 (24): 2316-2357.

[155] Jennifer Graftona, Margaret A. Abernethy and Anne M. Lillis. Organisational Design Choices in Response to Public Sector Reforms: A Case Study of Mandated Hospital Networks [J]. Management Accounting Research, 2011 (22): 242-268.

[156] Jennifer L. Blouin, Jana S. Raedy and Douglas A. Shackelford. Dividends, Share Repurchases, and Tax Clienteles: Evidence from the 2003 Reductions in Shareholder Taxes [J]. The Accounting Review, 2011 (86): 887-914.

[157] Jens Hagendorff, Francesco Vallascas. CEO Pay Incentives and Risk-taking: Evidence from Bank Acquisitions [J]. Journal of Corporate Finance, 2011 (17): 1078-1095.

[158] Jeong-Bon Kim, Byron Y. Song and Liandong Zhang. Internal Control Weakness and Bank Loan Contractiong: Evidence from SOX Section 404 Disclosures [J]. The Accounting Review, 2011 (7): 1157-1188.

[159] Jeremy Bertomeu, Anne Beyer and Ronald A. Dye. Capital Structure, Cost of Capital, and Voluntary Disclosures [J]. The Accounting Review, 2011 (86): 857-886.

[160] Jerry Cao, Xiaofei Pan and Gary Tian. Disproportional Ownership Structure and Pay Performance Relationship: Evidence from China's Listedfirms [J]. Journal of Corporate Finance, 2011 (17): 541-554.

[161] Jerry T. Yang, Willard T. Carleton. Repricing of Executive Stock Options [J]. Review of Quantitative Finance and Accounting, 2011 (36): 459-490.

[162] Jessen L. Hobson, Mark J. Mellon and Douglas E. Stevens. Determinants of Moral Judgments Regarding Budgetary Slack: An Experimental Examination of Pay Scheme and Personal Values [J]. Behavioral Research in Accounting, 2011 (23): 87-107.

[163] Jie Cai, Moon H. Song Ralph A. Walkling and LeBow College of Business. Anticipation, Acquisitions, and Bidder Returns: Industry Shocks and the Transfer of Information across Rivals [J]. The Review of Financial Studies, 2011 (24): 2242-2285.

[164] Jie Cai, Zhe Zhang. Leverage Change, Debt Overhang, and Stock Prices[J]. Journal of Corporate Finance, 2011 (17): 391-402.

[165] Jin Q. Jeon, James A. Ligon. How Much is Reasonable? The Size of Termination Fees in Mergers and Acquisitions [J]. Journal of Corporate Finance, 2011 (17): 959-981.

[166] Jing Chen, Mahmoud Ezzamel and Ziming Cai. Managerial Power Theory, Tournament Theory, and Executive Pay in China [J]. Journal of Corporate Finance, 2011 (17): 1176-1199.

[167] Jodie Moll, Zahirul Hoque. Budgeting for Legitimacy: The Case of an Australian

University [J]. Accounting, Organizations and Society, 2011 (36): 86-101.

[168] John Capstaff, Jonathan Fletcher. Long Term Performance and Choice of SEO Method by UK Firms [J]. Journal of Business Finance & Accounting, 2011 (38): 1262-1289.

[169] John H. Cochrane. Presidential Address: Discount Rates [J]. The Journal of Finance, 2011 (66): 1046-1108.

[170] John M. Geppert, Stoyu I. Ivanov and Gordon V. Karels. An Analysis of the Importance of S&P 500 Discretionary Constituent Changes [J]. Review of Quantitative Finance and Accounting, 2011 (37): 21-34.

[171] John M. Griffin, Nicholas H. Hirschey and Patrick J. Kelly. How Important Is the Financial Media in Global Markets [J]. The Review of Financial Studies, 2011 (24): 3941-3992.

[172] John R. Becker-Blease. Governance and Innovation [J]. Journal of Corporate Finance, 2011 (17): 947-958.

[173] John R. Robinson, Yanfeng Xue and Yong Yu. Determinants of Disclosure Noncompliance and the Effect of the SEC Review: Evidence from the 2006 Mandated Compensation Disclosure Regulations [J]. The Accounting Review, 2011 (86): 1415-1444.

[174] John Shon and Susan M. Young. Determinants of Analysts' Dropped Coverage Decision: The Role of Analyst Incentives, Experience, and Accounting Fundamentals [J]. Journal of Business Finance & Accounting, 2011 (38): 861-886.

[175] Jonathan Fletcher. An Examination of Dynamic Trading Stategies in UK and US Stock Returns [J]. Journal of Business Finance & Accounting, 2011 (38): 1290-1310.

[176] Joseph P.H. Fan, K.C. John Wei and Xinzhong Xu. Corporatefinance and Governance in Emerging Markets: A Selective Review and an Agenda for Future Research [J]. Journal of Corporate Finance, 2011 (17): 207-214.

[177] Josh Lerner, Morten Sorensen and Per Seromoberg. Private Equity and Long-Run Investment: The Case of Innovation [J]. The Journal of Finance, 2011 (66): 445-477.

[178] Joshua Ronen, Varda (Lewinstein) Yaari. Earnings Management: Emerging Insights in Theory, Practice, and Research [J]. The Accounting Review, 2011 (November): 2193-2196.

[179] Juan Juan Huang, Yifeng Shen and Qian Sun. Nonnegotiable Shares, Controlling Shareholders, and Dividend Payments in China [J]. Journal of Corporate Finance, 2011 (17): 122-133.

[180] Julio Pindado, Ignacio Requejo and Chabela de la Torre. Family Control and Investment Cashflow Sensitivity: Empirical Evidence from the Euro Zone[J]. Journal of Corporate Finance, 2011 (17): 1389-1409.

[181] Junming Hsu, Weiju Young and Ching-Hui Chu. Price Behavior of Qualified Com-

panies around the Audit Report and Report Announcement Days: The Case of Taiwan [J]. Journal of International Financial Management and Accounting, 2011 (22): 114–130.

[182] K.J. Martijn Cremers, Rocco Huang and Zacharias Sautner. Internal Capital Markets and Corporate Politics in a Banking Group [J]. The Review of Financial Studies, 2011 (24): 358–401.

[183] KaiLi, Tan Wang, Yan–Leung Cheung and Ping Jiang. Privatization and Risk Sharing: Evidence from the Split Share Structure Reform in China[J]. The Review of Financial Studies, 2011 (24): 2499–2525.

[184] Kathleen P. Fuller, Michael A. Goldstein. Do Dividends Matter More in Declining Markets [J]. Journal of Corporate Finance, 2011 (17): 457–473.

[185] Kathryne. Easterday, Pradyotk. Sen and Jensa. Staphan. Another Specification of Ohlson's "Other Information" Term for the Earnings/Returns Association: Theory and Some Evidence [J]. Journal of Business Finance & Accounting, 2011 (38): 1123–1155.

[186] Kee H. Chung, Jangkoo Kang and Joon–Seok Kim. Tick Size, Market Structure, and Market Quality [J]. Review of Quantitative Finance and Accounting, 2011 (36): 57–81.

[187] Ken C. Yook, Partha Gangopadhyay. A Comprehensive Examination of the Wealth Effects of Recent Stock Repurchase Announcements [J]. Review of Quantitative Finance and Accounting, 2011 (37): 509–529.

[188] Ken T. Trotman. A Different Personal Perspective through the Behavioral Accounting Literature [J]. Behavioral Research in Accounting, 2011 (23): 203–208.

[189] Kenneth J. Euske, James W. Hesford and Mary A. Malina. A Social Network Analysis of the Literature on Management Control [J]. Journal of Management Accounting Research, 2011 (23): 259–283.

[190] Kenneth L. Judd, Felix Kubler and Karl Schmedders. BondLadders and Optimal Portfolios [J]. The Review of Financial Studies, 2011 (24): 4123–4166.

[191] Kerry A. Humphreys, Ken T. Trotman. The Balanced Scorecard: The Effect of Strategy Information on Performance Evaluation Judgments[J]. Journal of Management Accounting Research, 2011 (23): 81–98.

[192] Kimberly Sawers, Arnold Wright and Valentina Zamora. Does Greater Risk–Bearing in Stock Option Compensation Reduce the Influence of Problem Framing on Managerial Risk–Taking Behavior [J]. Behavioral Research in Accounting, 2011 (23): 185–201.

[193] Konstantinos Kassimatis. Risk Aversion with Local Risk Seeking and Stock Returns: Evidence from the UK Market [J]. Journal of Business Finance & Accounting, 2011 (38): 713–739.

[194] Kristina Minnick, Haluk Unal and Liu Yang. Pay for Performance CEO Compensation and Acquirer Returns in BHCs [J]. The Review of Financial Studies, 2011 (24): 439–

472.

[195] Kwadwo N. Asare, Mohammad J. Abdolmohammadi and James E. Hunton. The Influence of Corporate Governance Ratings on Buy-Side Analysts' Earnings Forecast Certainty: Evidence from the United States and the United Kingdom [J]. Behavioral Research in Accounting, 2011 (23): 1-25.

[196] Kwang-il Choe, Joshua Krausz and Kiseok Nam. Technical Trading Rules for Nonlinear Dynamics of Stock Returns: Evidence from the G-7 Stock Markets [J]. Review of Quantitative Finance and Accounting, 2011 (36): 323-353.

[197] L. A. Gil-Alana, R. Iniguez-Sanchez and G. Lopez-Espinosa. Endogenous Problems in Cross-sectional Valuation Models Based on Accounting Information [J]. Review of Quantitative Finance and Accounting, 2011 (37): 245-265.

[198] L. Peter Jennergen, Kenth Skogsvik. The Abnormal Earnings Growth Model, Two Exogenous Discount Rates, and Taxes [J]. Journal of Business Finance & Accounting, 2011 (38): 505-535.

[199] Lan Shi. Respondable Risk and Incentives for CEOs: The Role of Information-collection and Decision-making [J]. Journal of Corporate Finance, 2011 (17): 189-205.

[200] Lan-chih Ho, John Cadle and Michael Theobald. An Analysis of Risk-based Asset Allocation and Portfolio Insurance Strategies [J]. Review of Quantitative Finance and Accounting, 2011 (36): 247-267.

[201] Lawrenced. Brown, Yen-Jungle. Changes in Option-Based Compensation Around the Issuance of SFAS 123R[J]. Journal of Business Finance & Accounting, 2011 (38): 1053-1095.

[202] Leonardo Bartolini, Spence Hilton, Suresh Sundaresan and Christopher Tonetti. Collateral Values by Asset Class: Evidence from Primary Securities Dealers [J]. The Review of Financial Studies, 2011 (24): 248-278.

[203] Leslie G. Eldenburg, Katherine A. Gunny, Kevin W. Hee and Naomi Soderstrom. Earnings Management Using Real Activities: Evidence from Nonprofit Hospitals [J]. The Accounting Review, 2011 (86): 1605-1630.

[204] Lieven De Moor, Piet Sercu. Country Versus Sector Factors in Equity Returns: The Roles of Non-unit Exposures [J]. Journal of Empirical Finance, 2011 (18): 64-77.

[205] Lihui Tian. Regulatory underpricing: Determinants of Chinese Extreme IPO Returns [J]. Journal of Empirical Finance, 2011 (18): 78-90.

[206] Lilian Ng, Valeriy Sibilkov, Qinghai Wang and Nataliya Zaiat. Does Shareholder Approval Requirement of Equity Compensation Plans Matter [J]. Journal of Corporate Finance, 2011 (17): 1510-1530.

[207] Lisa Koonce, Nick Seybert and James Smith. Causal Reasoning in Financial Re-

porting and Voluntary Disclosure [J]. Accounting, Organizations and Society, 2011 (36): 209-225.

[208] Liu Wang, Kenneth Yung. Do State Enterprises Manage Earnings More than Privately Owned Firms The Case of China [J]. Journal of Business Finance & Accounting, 2011 (38): 794-812.

[209] Liu-Ching Tsai, Chaur-Shiuh Young and Hui-Wen Hsu. Entrenched Controlling Shareholders and the Performance Consequences of Corporate Diversification in Taiwan [J]. Review of Quantitative Finance and Accounting, 2011 (37): 105-126.

[210] Lorenzo Caprio, Ettore Croci and Alfonso Del Giudice. Ownership Structure, Family Control, and Acquisition Decisions [J]. Journal of Corporate Finance, 2011 (17): 1636-1657.

[211] Lorenzo Garlappi, Hong Yan. Financial Distress and the Cross-section of Equity Returns [J]. The Journal of Finance, 2011 (66): 789-822.

[212] Luc Renneboog, Peter G. Szilagyi. The Role of Share Holder Proposals in Corporate Governance [J]. Journal of Corporate Finance, 2011 (17): 167-188.

[213] Luc Renneboog, Yang Zhao. Us knows us in the UK: On Director Networks and CEO Compensation [J]. Journal of Corporate Finance, 2011 (17): 1132-1157.

[214] M. Christian Mastilak. Cost Pool Classification and Judgment Performance [J]. The Accounting Review, 2011 (86): 1709-1729.

[215] M. R. Grasselli. Getting Real with Real Options: A Utility Based Approach for FiniteTime Investment in Incomplete Markets [J]. Journal of Business Finance & Accounting, 2011 (38): 740-764.

[216] M. Ricardo Cunha, Bart M. Lambrecht and Grzegorz Pawlina. Household Liquidity and Incremental Financing Decisions: Theory and Evidence [J]. Journal of Business Finance & Accounting, 2011 (38): 1016-1052.

[217] Mahbu Zman, Monammed Hudaib and Roszaini Haniffa. Corporate Governance Quality, Audit Fees and Non-Audit Services Fees[J]. Journal of Business Finance & Accounting, 2011 (38): 165-197.

[218] Manuel Ammanna, David Oesch and Markus M. Schmid. Corporate Governance and Firm Value: International Evidence [J]. Journal of Empirical Finance, 2011 (18): 36-55.

[219] MaraFaccio, Maria-Teresa Marchica and Roberto Mura. Large Shareholder Diversification and Corporate Risk-Taking [J]. The Review of Financial Studies, 2011 (24): 3602-3641.

[220] Marc Goergen, Luc Renneboog. Introduction to the Special Issue on Managerial Compensation [J]. Journal of Corporate Finance, 2011 (17): 1065-1067.

[221] Marc Goergena, b, Luc Renneboog. Managerial Compensation [J]. Journal of Cor-

porate Finance, 2011 (17): 1068–1077.

[222] Marc Jegers. Financing Constraints in Nonprofit Organisations: A "Tirolean" Approach[J]. Journal of Corporate Finance, 2011 (17): 640–648.

[223] Marcia Millon Cornettá Başak Tanyeri and Hassan Tehranian. The Effect of Merger Anticipation on Bidder and Targetfirm Announcement Period Returns [J]. Journal of Corporate Finance, 2011 (17): 595–611.

[224] Marco Bonomo, René Garcia, Nour Meddahi and Roméo Tédongap. Generalized Disappointment Aversion, Long–run Volatility Risk, and Asset Prices [J]. The Review of Financial Studies, 2011 (24): 82–122.

[225] Marianne Bertrand, Adair Morse. Information Disclosure, Cognitive Biases, and Payday Borrowing [J]. The Journal of Finance, 2011 (66): 1865–1893.

[226] Mariarosaria Agostino, Danilo Drago and Damiano B. Silipo. The Value Relevance of IFRS in the European Banking Industry[J]. Review of Quantitative Finance and Accounting, 2011 (36): 437–457.

[227] Marina Martynovaa, Luc Renneboog. Evidence on the International Evolution and Convergence of Corporate Governance Regulations [J]. Journal of Corporate Finance, 2011 (17): 1531–1557.

[228] Mark Abrahamson, Tim Jenkinson and Howard Jones. Why Don't U.S. Issuers Demand European Feesfor IPOs [J]. The Journal of Finance, 2011 (66): 2055–2082.

[229] Mark L. Humphery–Jennera, Ronan G. Powell. Firm Size, Takeover Profitability, and the Effectiveness of the Market for Corporate Control: Does the Absence of Anti–takeover Provisions Make a Difference [J]. Journal of Corporate Finance, 2011 (17): 418–437.

[230] Mark T. Leary, Roni Michaely. Determinants of Dividend Smoothing: Empirical Evidence [J]. The Review of Financial Studies, 2011 (24) 2013–12–10 3197–3249.

[231] Martin Carlsson–Wall, Kalle Kraus and Johnny Lind. The Interdependencies of Intra–and–inter Organisational Controls and Work Practices—The Case of Domestic Care of the Elderly [J]. Management Accounting Research, 2011 (22): 313–329.

[232] Martin J. Conyona, Lerong He. Executive Compensation and Corporate Governance in China [J]. Journal of Corporate Finance, 2011 (17): 1158–1175.

[233] Martin Kornberger, Lise Justesen and Jan Mouritsen. "When You Make Manager, We Put a Big Mountain in Front of You": An Ethnography of Managers in a Big 4 Accounting Firm[J]. Accounting, Organizations and Society, 2011 (36): 514–533.

[234] Martin J. Conyon, John E. Core and Wayne R. Guay. Are U.S. CEOs Paid More Than U.K. CEOs Inferences from Risk–adjusted Pay[J]. The Review of Financial Studies, 2011 (24): 402–438.

[235] Matteo P. Arena. The Corporate Choice between Public Debt, Bank Loans, Tradi–

tional Private Debt Placements, and 144A Debt Issues [J]. Review of Quantitative Finance and Accounting, 2011 (36): 391-416.

[236] Matthew Hall, David Lewis and Brendan O'Dwyer. Accounting, Non-governmental Organizations and Civil Society [J]. Accounting, Organizations and Society, 2011 (36): 1-2.

[237] Matthew Hall. Do Comprehensive Performance Measurement Systems Help or Hinder Managers' Mental Model Development [J]. Management Accounting Research, 2011 (22): 68-83.

[238] Matthew J. Claytona, Bjorn N. Jorgensen. Corporate Equity Ownership, Investment, and Product Market Relationships [J]. Journal of Corporate Finance, 2011 (17): 1377-1388.

[239] Matthew M. Wieland. Identifying Consensus Analysts' Earnings Forecasts that Correctly and Incorrectly Predict an Earnings Increase [J]. Journal of Business Finance & Accounting, 2011 (38): 574-600.

[240] Meijun Qian. Is "Voting with Your Feet" an Effective Mutual Fund Governance Mechanism [J]. Journal of Corporate Finance, 2011 (17): 45-61.

[241] Merle Ederhof. Incentive Compensation and Promotion-Based Incentives of Mid-Level Managers: Evidence from a Multinational Corporation[J]. The Accounting Review, 2011 (86): 131-153.

[242] Mi (Meg) Luo. A Bright Side Offinancial Constraints in Cash Management [J]. Journal of Corporate Finance, 2011 (17): 1430-1444.

[243] Micah S. Officer. Overinvestment, Corporate Governance, and Dividend Initiations [J]. Journal of Corporate Finance, 2011 (17): 710-724.

[244] Michael Bradleya, Dong Chen. Corporate Governance and the Cost of Debt: Evidence from Director Limited Liability and Indemnification Provisions [J]. Journal of Corporate Finance, 2011 (17): 83-107.

[245] Michael D. Kimbrough, Henock Louis. Voluntary Disclosure to Influence Investor eactions to Merger Announcements: An Examination of Conference Calls [J]. The Accounting Review, 2011 (86): 637-667.

[246] Michael S. Drake, Lynn Rees and Edward P. Swanson. Should Investors Follow the Prophets or the Bears Evidence on the Use of Public Information by Analysts and Short Sellers [J]. The Accounting Review, 2011 (86): 101-130.

[247] Mine Ertugrula, Karthik Krishnan. Can CEO Dismissals be Proactive[J]. Journal of Corporate Finance, 2011 (17): 134-151.

[248] Ming Jian, Kin Wai Lee. Does CEO Reputation Matter for Capital Investments [J]. Journal of Corporate Finance, 2011 (17): 929-946.

[249] Mohamed A. Elbannan. Accounting and Stock Market Effects of International Accounting Standards Adoption in an Emerging Economy [J]. Review of Quantitative Finance and Accounting, 2011 (36): 207-245.

[250] Mohamed Z. Elbashir, Philip A. Collier and Steve G. Sutton. The Role of Organizational Absorptive Capacity in Strategic Use of Business Intelligence to Support Integrated Management Control Systems Mohamed Z. Elbashir [J]. The Accounting Review, 2011 (86): 155-184.

[251] Muliaman D. Hadad, Maximilian J. B. Hall, Karligash A. Kenjegalieva, Wimboh Santoso and Richard Simper. Banking Efficiency and Stock Market Performance: An Analysis of Listed Indonesian Banks [J]. Review of Quantitative Finance and Accounting, 2011 (37): 1-20.

[252] Murillo Campello, Chen Lin, Yue Ma and Hong Zou. The Real and Financial Implications of Corporate Hedging [J]. The Journal of Finance, 2011 (66): 1615-1647.

[253] MurilloCampello, Erasmo Giambona, John R. Graham and Campbell R. Harvey. Liquidity Management and Corporate Investment During a Financial Crisis [J]. The Review of Financial Studies, 2011 (24): 1944-1979.

[254] Neal M. Stoughton, Youchang Wu and Josef Zechner. Intermediated Investment Management [J]. The Journal of Finance, 2011 (66): 947-980.

[255] Neil Marriotta, Howard Mellettb and Louise Macniven. Loose Coupling in Asset Management Systems in the NHS [J]. Management Accounting Research, 2011 (22): 198-208.

[256] Nick Topazio. Elephant in the Room [J]. Financial Management, 2011 (June): 54-55.

[257] Nina Baranchuk, Glenn MacDonald and Jun Yang. The Economics of Super Managers [J]. The Review of Financial Studies, 2011 (24): 3321-3368.

[258] Ning Gao. The Adverse Selection Effect of Corporate Cash Reserve: Evidence from Acquisitions Solely Financed by Stock [J]. Journal of Corporate Finance, 2011 (17): 789-808.

[259] Paolo Fulghieri, Merih Sevilir. Mergers, Spinoffs, and Employee Incentives [J]. The Review of Financial Studies, 2011 (24): 2207-2241.

[260] Patrick Bolton, Hui Chen, and Neng Wang. A Unified Theory of Tobin's Q, Corporate Investment, Financing, and Risk Management[J]. The Journal of Finance, 2011 (66): 1545-1578.

[261] Pei-Gi Shu, Yin-Hua Yeh, Shean-Bii Chiu and Fu-Sheng Ho. The Reputation Effect of Venture Capital [J]. Review of Quantitative Finance and Accounting, 2011 (36): 533-554.

[262] Peter Schuster. VOFI: A More Realistic Method for Investment Appraisal[J]. Management Accounting Quarterly, 2011 (12): 24-34.

[263] Philip Hardwick, Mike Dams and Hong Zou. Board Characteristics and Profit Efficiency in the United Kingdom Life Insurance Industry [J]. Journal of Business Finance & Accounting, 2011 (38): 987-1015.

[264] Price V. Fishback, Alfonso Flores-Lagunes, William C. Horrace, Shawn Kantor and Jaret Treber. The Influence of the Home Owners' Loan Corporation on Housing Markets During the 1930s [J]. The Review of Financial Studies, 2011 (24): 1782-1813.

[265] Qing Hao. Securities Litigation, Withdrawal Risk and Initial Public Offerings [J]. Journal of Corporate Finance, 2011 (17): 438-456.

[266] Qingzhong Ma, David A. Whidbee and Athena Wei Zhang. Value, Valuation, and the Long-run Performance of Mergedfirms [J]. Journal of Corporate Finance, 2011 (17): 1-17.

[267] Radhakrishnan Gopalan, Kangzhen Xie. Conglomeratesand Industry Distress [J]. The Review of Financial Studies, 2011 (24): 3642-3687.

[268] Radhakroshnan Gopalan, Vikram Nanda and Vijay Yerramilli. Does Poor Performance Damage the Reputation of Financial Intermediaries Evidence from the Loan Syndication Market[J]. The Journal of Finance, 2011 (66): 2083-2120.

[269] Ranko Jelic. Staying Power of UK Buy-Outs[J]. Journal of Business Finance & Accounting, 2011 (38): 945-986.

[270] Ravi Bansal, Ivan Shaliastovich. Learning and Asset-price Jumps [J]. The Review of Financial Studies, 2011 (24): 2738-2780.

[271] Richard A. Cazier. Measuring R&D Curtailment Among Short-horizon CEOs [J]. Journal of Corporate Finance, 2011 (17): 584-594.

[272] Richard Fu, Ajay Subramanian. Leverage and Debt Maturity Choices by Undiversified Owner-managers [J]. Journal of Corporate Finance, 2011 (17): 888-913.

[273] Richard J. Barndt, Chalesh Mcge and A.J.Cataldo Ii. Failure to Benchmark: An Out-of-Balance Scorecard at an Academic Institution [J]. Management Accounting Quarterly, 2011 (12): 49-56.

[274] Robert Freeman, Adam Koch and Haidan Li. Can Historical Returns-earnings Relations Predict Price Responses to Earnings news [J]. Review of Quantitative Finance and Accounting, 2011 (37): 35-62.

[275] Robert Pinsker. Primacy or Recency A Study of Order Effects When Nonprofessional Investors are Provided a Long Series of Disclosures [J]. Behavioral Research in Accounting, 2011 (23): 161-183.

[276] Ronald Bremer, Bonnie G. Buchanan and Philip C. English Ii. The Advantages of

Using Quarterly Returns for Long-term Event Studies [J]. Review of Quantitative Finance and Accounting, 2011 (36): 491-516.

[277] Ronald W. Masulis, Shawn Mobbs. Are All Inside Directors the Same Evidence from the External Directorship Market [J]. The Journal of Finance, 2011 (66): 823-872.

[278] Ronald W. Masulis, Peter Kien Pham and Jason Zein. Family Business Groups around the World: Financing Advantages, Control Motivations, and Organizational Choices [J]. The Review of Financial Studies, 2011 (24): 3556-3600.

[279] Ross Jennings, Ana Marques. The Joint Effects of Corporate Governance and Regulation on the Disclosure of Manager-Adjusted Non-GAAP Earnings in the US [J]. Journal of Business Finance & Accounting, 2011 (38): 364-394.

[280] Rüdiger Fahlenbrach, Bernadette A. Minton and Carrie H. Pan. Former CEO Directors: Lingering CEOs or Valuable Resources [J]. The Review of Financial Studies, 2011 (12): 3486-3518.

[281] Sabrina Chikh, Jean-Yves Filbien. Acquisitions and CEO Power: Evidence from French Networks [J]. Journal of Corporate Finance, 2011 (17): 1221-1236.

[282] Salim Chahine, Marc Goergen. The Two Sides of CEO Option Grants at the IPO [J]. Journal of Corporate Finance, 2011 (17): 1116-1131.

[283] Salim Chahine, Marc Gogergen. VC Board Representation and Performance of US I-POs [J]. Journal of Business Finance & Accounting, 2011 (38): 413-445.

[284] Sandy Q. Qu, David J. Cooper. The Role of Inscriptions in Producing a Balanced Scorecard [J]. Accounting, Organizations and Society, 2011 (36): 344-362.

[285] Sanjiv Sabherwal, Salilk K. Sarkar and Ying Zhang. Do Internet Stock Message Boards Influence Trading Evidence from Heavily Discussed Stocks with No Fundamental News [J]. Journal of Business Finance & Accounting, 2011 (38): 1209-1237.

[286] Seet-Koh Tan, Lisa Koonce. Investors' Reactions to Retractions and Corrections of Management Earnings Forecasts [J]. Accounting, Organizations and Society, 2011 (36): 382-397.

[287] Shengquan Hao, Qinglu Jin and Guochang Zhang. Investment Growth and the Relation between Equity Value, Earnings, and Equity Book Value [J]. The Accounting Review, 2011 (86): 605-635.

[288] Sheng-Syan Chen, I-Ju Chen. Inefficient Investment and the Diversification Discount: Evidence from Corporate Asset Purchases [J]. Journal of Business Finance & Accounting, 2011 (38): 887-914.

[289] Shimin Chen, Zheng Sun, Song Tang and Donghui Wu. Government Intervention and Investment Efficiency: Evidence from China [J]. Journal of Corporate Finance, 2011 (17): 259-271.

[290] Shourun Guo, Edith S. Hotchkiss and Weihong Song. Do Buyouts (Still) Create Value [J]. The Journal of Finance, 2011 (66): 478-517.

[291] Shu Lin, Mina Pizzini, Mark Vargus and Indranil R. Bardhan. The Role of the Internal Audit Function in the Disclosure of Material Weaknesses [J]. The Accounting Review, 2011 (86): 287-323.

[292] Simon Gervais, J.B.HEATON and Terrance Odean. Overconfidence, Compensation Contracts, and Capital Budgeting [J]. The Journal of Finance, 2011 (66): 1735-1777.

[293] Snehal Banerjee. Learning from Prices and the Dispersion in Beliefs[J]. The Review of Financial Studies, 2011 (24): 3025-3068.

[294] Somnath Das, Kyonghee Kim and Sukesh Patro. An Analysis of Managerial Use and Market Consequences of Earnings Management and Expectation Management [J]. The Accounting Review, 2011 (6): 1935-1967.

[295] Stefan Hirth, Marc Viswanatha. Financing Constraints, Cash-flow Risk, and Corporate Investment [J]. Journal of Corporate Finance, 2011 (17): 1496-1509.

[296] Stephen P. Keef, Mohammed S. Khaled. Are Investors Moonstruck Further International Evidence on Lunar Phases and Stock Returns [J]. Journal of Empirical Finance, 2011 (18): 56-63.

[297] Steven Ongena, Günseli Tümer-Alkan and Bram Vermeer. Corporate Choice of Banks: Decision Factors, Decision Maker, and Decision Process—First Evidence [J]. Journal of Corporate Finance, 2011 (17): 326-351.

[298] Steven R. Grenadier, Andrey Malenko. Real Options Signaling Games with Applications to Corporate Finance [J]. The Review of Financial Studies, 2011 (24): 3993-4036.

[299] Young S. E., Yang J. Stock Repurchases and Executive Compensation Contract Design: The Role of Earnings per Share Performance Conditions [J]. The Accounting Review, 2011 (86): 703-733.

[300] Suman Banerjee, Lili Dai and Keshab Shrestha. Cross-country IPOs: What Explains Differences in Underpricing [J]. Journal of Corporate Finance, 2011 (17): 1289-1305.

[301] Susan M. Albring, Inder K. Khurana, Ali Nejadmalayeri and Raynolde Pereira. Managerial Compensation and the Debt Placement Decision [J]. Journal of Corporate Finance, 2011 (17): 1445-1456.

[302] Susan McCracken, Steven E. Salterio and Regan N. Schmidt. Do Managers Intend to Use the Same Negotiation Strategies as Partners [J]. Behavioral Research in Accounting, 2011 (23): 131-160.

[303] Tatyana Sokolyk. The Effects of Antitakeover Provisions on Acquisition Targets [J]. Journal of Corporate Finance, 2011 (17): 612-627.

[304] Thierry Foucault, David Sraer and David J. Thesmar. Individual Investors and

Volatility [J]. The Journal of Finance, 2011 (66): 1369-1406.

[305] Thomas J. Boulton, Scott B. Smart and Chad J. Zutter. Earnings Quality and International IPO Underpricing [J]. The Accounting Review, 2011 (86): 483-505.

[306] Thomas J. Chemmanur, Karthik Krishnan and Debarshi K. Nandy. How Does Venture Capital Financing Improve Efficiency in Private Firms A Look Beneath the Surface [J]. The Review of Financial Studies, 2011 (17): 4037-4090.

[307] Tim Bollerslev, Viktor Todorov. Tails, Fears, and Risk Premia[J]. The Journal of Finance, 2011 (66): 2165-2211.

[308] Tim Loughran, Bill Mcdonald. When Is a Liability Not a Liability Textual Analysis, Dictionaries, and 10-Ks [J]. The Journal of Finance, 2011 (66): 35-65.

[309] Todd A. Gormley, David A. Matsa. Growing Out of Trouble Corporate Responses to Liability Risk [J]. The Review of Financial Studies, 2011 (24): 2781-2821.

[310] Tomas Mantecon, Paul D. Thistle. The IPO Market as a Screening Device and the Going Public Decision: Evidence from Acquisitions of Privately and Publicly Held Firms[J]. Review of Quantitative Finance and Accounting, 2011 (37): 325-361.

[311] Toogood, Aaron. Paper P1: Performance Operations [J]. Financial Management, 2011 (June): 41-44.

[312] Trond M. Doskeland, Hans K. Hvide. Do Individual Investors Have Asymmetric Information Based on Work Experience [J]. The Journal of Finance, 2011 (66): 1011-1041.

[313] Tsung-Kang Chen, Hsien-Hsing Liao and Chia-Wu Lu. A Flow-based Corporate Credit Model [J]. Review of Quantitative Finance and Accounting, 2011 (36): 517-532.

[314] Ulrike Malmendier, Geoffrey Tate and Jon Yan. Overconfidence and Early-Life Experiences: The Effect of Managerial Traits on Corporate Financial Policies[J]. The Journal of Finance, 2011 (66): 1687-1733.

[315] Ute Bonenkamp, Carsten Homburg and Alexander Kempf. Fundamental Information in Technical Trading Strategies [J]. Journal of Business Finance & Accounting, 2011 (38): 842-860.

[316] Vasiliki Athanasakou, Norman C. Strong and Martin Walker. The Market Reward for Achieving Analyst Earnings Expectations: Does Managing Expectations or Earnings Matter [J]. Journal of Business Finance & Accounting, 2011 (38): 58-94.

[317] Venkat Subramaniam, Tony T. Tang, Heng Yue and Xin Zhou. Firm Structure and Corporate Cash Holdings [J]. Journal of Corporate Finance, 2011 (17): 759-773.

[318] Victoria Dickinson. Cash Flow Patterns as a Proxy for Firm Life Cycle[J]. The Accounting Review, 2011 (86): 1969-1994.

[319] Victoria Ivashina, Anna Kovner. The Private Equity Advantage: Leveraged Buyout Firms and Relationship Banking [J]. The Review of Financial Studies, 2011 (24): 2462-

2498.

[320] Viet A. Dang. Leverage, Debt Maturity and Firm Investment: An Empirical Analysis [J]. Journal of Business Finance & Accounting, 2011 (38): 225–258.

[321] Vineet Aga Rwal, Richard Taffler and Mike Brown. Is Management Quality Value Relevant [J]. Journal of Business Finance & Accounting, 2011 (38): 1184–1208.

[322] Vineeta Sharma. Independent Directors and the Propensity to Pay Dividends [J]. Journal of Corporate Finance, 2011 (17): 1001–1015.

[323] Viral V. Acharya, S. Viswanathan. Leverage, Moral Hazard, and Liquidity [J]. The Journal of Finance, 2011 (66): 99–138.

[324] Viral V. Acharya, Stewart C. Myers and Raghuram G. Rajan. The Internal Governance of Firms [J]. The Journal of Finance, 2011 (66): 689–720.

[325] Vivek Sharma. Stock Returns and Product Market Competition: Beyond Industry Concentration [J]. Review of Quantitative Finance and Accounting, 2011 (37): 283–299.

[326] W. Brooke Elliott, Jessen L. Hobson and Kevin E. Jackson. Disaggregating Management Forecasts to Reduce Investors' Susceptibility to Earnings Fixation [J]. The Accounting Review, 2011 (86): 185–208.

[327] Wayne R. Landsman, Bruce L. Miller, Ken Peasnell and Shu Yeh. Do Investors Understand Really Dirty Surplus [J]. The Accounting Review, 2011 (86): 237–258.

[328] Wei Luo, Yi Zhang and Ning Zhu. Bank Ownership and Executive Perquisites: New Evidence from an Emerging Market [J]. Journal of Corporate Finance, 2011 (17): 352–370.

[329] Weller, Nick. Paper P3 Performance Strategy [J]. Financial Management, 2011 (November): 44–46.

[330] Whittle, Norwood. Paper P2 Performance Management [J]. Financial Management, 2011 (July): 41–44.

[331] William Dimovski, Simmala Philavanh and Robert Brooks [J]. Review of Quantitative Finance and Accounting, 2011 (37): 409–426.

[332] William F. Messier, Jr., J. Kenneth Reynolds, Ch ad A. Simon and David A. Wood. The Effect of Using the Internal Audit Function as a Management Training Ground on the External Auditor's Reliance Decision [J]. The Accounting Review, 2011 (86): 2131–2154.

[333] William Funga, David A. Hsieh. The Risk in Hedge Fund Strategies: Theory and Evidence from Long/short Equity Hedge Funds [J]. Journal of Empirical Finance, 2011 (18): 547–569.

[334] Wilson, Elliot. Managing Volatility [J]. Financial Management, 2011 (June): 26–30.

[335] Wolf Wagner. Systemic Liquidation Risk and the Diversity Diversification Trade-off [J]. The Journal of Finance, 2011 (66): 1141–1175.

[336] Wolfgang Kuersten, Rainer Linde. Corporate Hedging versus Risk-shifting Infinanially Constrainedfirms: The Time-horizon Matters [J]. Journal of Corporate Finance, 2011 (17): 502-525.

[337] Woo-Jong Lee. Managerial Entrenchment and the Value of Dividends[J]. Review of Quantitative Finance and Accounting, 2011 (36): 297-322.

[338] Xavier Giroud, Holger M. Mueller. Corporate Governance, Product Market Competition, and Equity Prices [J]. The Journal of Finance, 2011 (66): 563-600.

[339] Xiaogang Bi, Alan Gregory. Stock Market Driven Acquisitions versus the Q Theory of Takeovers: The UK Evidence [J]. Journal of Business Finance & Accounting, 2011 (38): 628-656.

[340] Xiaowen Jiang. The Smoothing of Pension Expenses: A Panel Analysis [J]. Review of Quantitative Finance and Accounting, 2011 (37): 451-476.

[341] Xilong Chen, Eric Ghysels. News—Good Bad—and Its Impact on Volatility Predictions over Multiple Horizons [J]. The Review of Financial Studies, 2011 (24): 46-81.

[342] Xu Li. Behavioral Theories and the Pricing of IPOs' Discretionary Current Accruals [J]. Review of Quantitative Finance and Accounting, 2011 (37): 87-104.

[343] Yanfeng Xue, May H. Zhang. Fundamental Analysis, Institutional Investment, and Limits to Arbitrage [J]. Journal of Business Finance & Accounting 2011 (38): 1156-1183.

[344] Yan-Leung Cheung, Aris Stouraitis and Weiqiang Tan. Corporate Governance, Investment, and Firm Valuation in Asian Emerging Markets [J]. Journal of International Financial Management & Accounting, 2011 (22): 246-273.

[345] Yanzhi Wang, Sheng-Syan Chen and Yen-Ting Cheng. Revisiting Corporate Dividends and Seasoned Equity Issues [J]. Review of Quantitative Finance and Accounting, 2011 (36): 133-151.

[346] Yao-Min Chiang, David Hirshleifer, Yiming Qian and Ann E. Sherman. Do Investors Learn from Experience Evidence from Frequent IPO Investors [J]. The Review of Financial Studies, 2011 (24): 1560-1589.

[347] Yee Shih Phua, Margaret A. Abernethy and Anne M. Lillis. Controls as Exit Barriers in Multiperiod Outsourcing Arrangements [J]. The Accounting Review, 2011 (86): 1795-1834.

[348] Ying-Ju Chen, Mingcherng Deng. Capital Rationing and Managerial Retention: The Role of External Capital [J]. Journal of Management Accounting Research, 2011 (23): 285-304.

[349] Yonca Ertimur, Fabrizio Ferri and Volkan Muslu. Shareholder Activism and CEO Pay[J]. The Review of Financial Studies, 2011 (24): 535-592.

[350] Yuan Xie. The Market Effects of Breaking a String of Meeting or Beating Analysts' Expectations: Downward Revision of Future Cash Flows or Increase in Cost of Equity Capital [J]. Journal of Business Finance & Accounting, 2011 (38): 95-118.

[351] Yuanpeng Li, Jianjun Niu, Ran Zhang and James A. Largay Iii. Earnings Management and the Accrual Anomaly: Evidence from China [J]. Journal of International Financial Management & Accounting, 2011 (22): 205-245.

[352] Yuanto Kusnadi, K.C. John Wei. The Determinants of Corporate Cash Management Policies: Evidence from around the World [J]. Journal of Corporate Finance, 2011 (17): 725-740.

[353] Yue Maggie Zhou, Xiaoyang Li and Jan Svejnar. Subsidiary Divestiture and Acquisition in Afinancial Crisis: Operational Focus, Financial Constraints, and Ownership [J]. Journal of Corporate Finance, 2011 (17): 272-287.

[354] Zhenxu Tong. Firm Diversification and the Value of Corporate Cash Holdings [J]. Journal of Corporate Finance, 2011 (17): 741-758.

[355] Zhi Da, Joseph Englberg and PengJie Gao. In Search of Attention [J]. The Journal of Finance, 2011 (66): 1461-1499.

后 记

一部著作的完成需要许多人的默默贡献，闪耀着的是集体的智慧，其中铭刻着许多艰辛的付出，凝结着许多辛勤的劳动和汗水。

本书在编写过程中，借鉴和参考了大量的文献和作品，从中得到了不少启悟，也汲取了其中的智慧菁华，谨向各位专家、学者表示崇高的敬意——因为有了大家的努力，才有了本书的诞生。凡被本书选用的材料，我们都将按相关规定向原作者支付稿费，但因为有的作者通信地址不详或者变更，尚未取得联系。敬请您见到本书后及时函告您的详细信息，我们会尽快办理相关事宜。

由于编写时间仓促以及编者水平有限，书中不足之处在所难免，诚请广大读者指正，特驰惠意。